AI
2041

옮긴이 이현

한국외국어대학교 통번역대학원 한영과를 졸업한 후 금융, 법률 등 다양한 분야에서 산업 번역사로 근무했다. 현재 출판번역 에이전시 글로하나에서 영미서의 검토와 기획에 매진하면서 영어 전문 번역가로 활발하게 활동하고 있다. 옮긴 책으로는 《게으르다는 착각》, 《최고의 체력》, 《우리는 모두 돌보는 사람입니다》가 있다.

일러두기

본문의 각주는 독자의 이해를 돕기 위해 옮긴이가 부연설명한 것입니다.

AI 2041

초판 1쇄 발행 2023년 1월 9일
초판 7쇄 발행 2024년 11월 11일

지은이 리카이푸, 천치우판 / **옮긴이** 이현

펴낸이 조기흠
총괄 이수동 / **책임편집** 박의성 / **기획편집** 최진, 유지윤, 이지은, 박소현
마케팅 박태규, 임은희, 김예인, 김선영 / **제작** 박성우, 김정우
디자인 필요한 디자인 / **교정교열** 김현경

펴낸곳 한빛비즈(주) / **주소** 서울시 서대문구 연희로2길 62 4층
전화 02-325-5506 / **팩스** 02-326-1566
등록 2008년 1월 14일 제 25100-2017-000062호

ISBN 979-11-5784-640-5 03320

이 책에 대한 의견이나 오탈자 및 잘못된 내용은 출판사 홈페이지나 아래 이메일로 알려주십시오.
파본은 구매처에서 교환하실 수 있습니다. 책값은 뒤표지에 표시되어 있습니다.

⌂ hanbitbiz.com ✉ hanbitbiz@hanbit.co.kr ⓕ facebook.com/hanbitbiz
ⓝ post.naver.com/hanbit_biz ▶ youtube.com/한빛비즈 ⓘ instagram.com/hanbitbiz

지금 하지 않으면 할 수 없는 일이 있습니다.
책으로 펴내고 싶은 아이디어나 원고를 메일(hanbitbiz@hanbit.co.kr)로 보내주세요.
한빛비즈는 여러분의 소중한 경험과 지식을 기다리고 있습니다.

10개의 결정적 장면으로 읽는
인공지능과 인류의 미래

리카이푸, 천치우판 지음 | 이현 옮김

AI
2041

Ten Visions
for Our Future

한빛비즈
Hanbit Biz, Inc.

인공지능에 관한 진짜 이야기

_리카이푸

인공지능 AI

인간의 지능이 요구되는 작업을 수행할 수 있는 스마트 소프트웨어와 하드웨어

인간의 학습 능력과 행동의 이유를 해명하는 기술

인간의 사고 과정을 정량화하여 지능의 원리를 밝히는 것

인간의 정체성을 이해하기 위한 마지막 단계

나는 이 새롭고 전도유망한 과학에 더 깊이 다가가고 싶다.

인공지능을 최근에야 등장한 기술이라고 여기는 사람들이 많지만, 사실은 이미 수십 년 전부터 인공지능에 관해 생각해온 사람들이 있었다. 1956년, 컴퓨터과학자 존 매카시John McCarthy는 다트머스학회를 통해 인공지능이라는 용어를 처음으로 세상에 소개했다. 그는 인공지능을 '인간의 지능을 모방한 지적인 기계를 만드는 과학 및 공학'이라고 정의했다.

내가 인공지능에 관한 내용을 처음 접한 것은 그로부터 한참 후인 1983년 카네기멜론대학교 대학원 박사과정에 지원할 때였다. 나는 40여 년 전부터 인공지능을 연구했지만, 그것이 세계에서 가장 큰 관심

을 받는 기술이 된 것은 고작 5년 정도밖에 되지 않았다. 그 이전에는 주로 학계에서만 관심을 가졌고 상업적으로 성공한 예도 거의 없었다.

가장 큰 전환점이 된 것은 2016년 구글 딥마인드DeepMind의 공학자들이 만든 인공지능 알파고AlphaGo가 이세돌 기사와의 바둑 대결에서 거둔 승리였다. 바둑은 체스와 비교할 수 없을 만큼 매우 복잡한 게임이다. 바둑 애호가들은 이른바 '깨달음'의 경지에 이를 만한 높은 지력과 지혜가 있어야만 진정한 바둑 고수가 될 수 있다고 생각한다. 그렇기에 알파고가 세계적 바둑 고수인 이세돌을 이긴 사건은 사람들에게 충격을 안겨주는 동시에 인공지능에 대한 많은 관심을 불러일으켰다.

인공지능 분야의 획기적인 상업용 기술들과 마찬가지로 알파고는 빅데이터를 이용해 스스로 학습하는 기술인 딥러닝deep learning을 바탕으로 만들어졌다. 딥러닝 기술은 수년 전에 개발됐으나 그 능력을 실제로 입증하기 위해서는 충분한 데이터를 모으는 시간이 필요했다. 딥러닝은 컴퓨터가 빅데이터를 매우 빠른 속도로 체계적으로 처리해 패턴을 인식함으로써 학습하도록 하는 기술인데, 이를 위해서는 엄청나게 방대한 데이터가 필요했다. 내가 인공지능 연구를 시작한 40여 년 전과 비교하면 현재 인공지능의 컴퓨팅 성능은 약 1조 배 더 향상됐다. 그에 따라 데이터의 저장 비용은 1,500만 배 더 저렴해졌다.

인공지능은 상아탑을 떠난 지 오래이며 이미 '티핑포인트tipping point'에 다다랐다. 급속도로 발전하면서 확대되는 인공지능 기술은 이미 우리의 삶 곳곳에 영향을 미치고 있다. 지난 5년만 보더라도 인공지능은 바둑에 이어 포커와 온라인 게임 '도타2'에서도 인간 챔피언을 상대로

＊ 온라인 게임 '도타2'는 바둑과 비교해 훨씬 더 많은 변수를 초 단위의 짧은 시간에 끊임없이 파악하고 결정을 내려야 한다는 점에서, 그리고 일대일 대결이 아닌 팀 대결이라는 점에서 인공지능의 새로운 도전이었다. 팀 대결에서는 자신이 손해를 보더라도 팀에 이득이 되는 결정을 할 수 있어야 하는데, 이러한 수준의 판단까지도 할 수 있게 됐다는 점에서 인공지능의 비약적인 발전으로 받아들여졌다.

승리를 거뒀다. 인공지능의 능력은 나날이 더 강화되어 지금은 4시간 만에 체스를 배우고 인간을 이길 수 있는 수준에 이른다.

인공지능이 게임에만 뛰어난 것은 아니다. 2020년, 인공지능은 50년 넘게 생물학계의 수수께끼였던 '단백질 접힘' 구조*를 최대 90%까지 예측하는 수준에 이르렀다. 음성인식과 객체인식에서 인간의 능력을 뛰어넘은 인공지능은 특히 외모와 말소리에서 소름 끼칠 만큼 인간을 닮은 '디지털 인간'을 등장시켰다. 대학입학시험과 전문의 자격시험에서 합격점을 받으며 탁월한 지적 능력을 입증했고, 판사보다 훨씬 더 공정하고 객관적인 판결을 내릴 수 있다는 점을 보여주었으며, 폐암 진단에서 영상의학과 전문의보다 뛰어난 기량을 발휘했다. 인간보다 더 안전하게 고속도로를 달리는 자율주행차 역시 인공지능이 실현할 우리의 미래다. 인공지능이 도입된 새로운 드론은 운송업, 농업, 전쟁의 미래까지도 바꿀 것이다.

+ + +

인공지능이 계속 발전하고 지금보다 더 많은 곳에 적용되면 어떤 미래가 펼쳐질까? 나는 2018년 출간한 《AI 슈퍼파워》에서 인류에게 가장 중요한 자원이 '석유'에서 '빅데이터'로 대체될 것이라고 이야기했다. 오늘날 전 세계적으로 인공지능 혁명을 주도하고 있는 국가는 미국과 중국이다. 미국은 관련 기술의 연구개발에서 선두를 지키고 있으며, 중국은 여러 데이터에서 특정 데이터를 구분해내는 '데이터 태핑' 기술을 자국의 거대 인구를 통제하는 데 이용하고 있다.

* 우리 몸을 구성하는 기본 물질인 단백질은 수천 개의 복잡한 3차원 사슬 모양으로 접혀 있어 그 구조를 알기가 매우 어렵다. 그런데 1972년 미국의 생화학자 크리스천 안핀슨Christian Anfinsen이 단백질의 3차원 구조를 밝힌 공로로 노벨상을 받은 이후 50여 년 만에 단백질 접힘 구조를 해독하는 인공지능 소프트웨어 로제타폴드RoseTTAFold가 개발된 것이다.

나는 앞의 책에서 빅데이터를 이용한 의사결정부터 기계인식**, 자율주행 로봇과 차량에 이르기까지 인공지능의 눈부신 발전을 예측했다. 인공지능이 디지털, 금융, 유통, 운송 산업에 적용되면 전례 없는 수준의 경제적 가치가 창출될 테지만, 한편으론 대량 실직과 같은 다른 여러 문제가 발생할 것이란 점도 짚었다. 인공지능은 장차 거의 모든 산업에 적용될 전천후 기술이다.

우리가 현재 체감하는 인공지능의 세계는 다음과 같은 4개 영역으로 단계별로 확장하며 이루어졌다. 인터넷을 시작으로 각종 비즈니스 영역에 응용되었고, 다음에는 기계인식과 자율주행의 영역으로 이어졌다.

2018년 4차 물결: 자율주행
농업, 제조업(로봇), 운송(자율주행차)

2016년 3차 물결: 기계인식
보안, 소매, 에너지, 사물인터넷 IoT, 스마트홈, 스마트시티

2014년 2차 물결: 비즈니스
금융 서비스, 교육, 공공 서비스, 의료, 물류, 공급망, 사무 지원

2010년 1차 물결: 인터넷
웹사이트/애플리케이션, 검색, 광고, 게임/엔터테인먼트, 이커머스, SNS 등

인공지능의 4대 물결

독자들이 이 책을 읽고 있을 2023년에는 《AI 슈퍼파워》에서 제시한 예측들이 대부분 현실이 되어 있을 것이다. 이제 우리는 인공지능이 새롭게 개척할 미래에 대해 생각해야 한다. 나는 세계 각국에서 인공지능에 관한 강의를 하는데, 그때마다 "다음은 무엇인가?"라는 질문을 끊임

** 기계인식machine perception은 컴퓨터 시스템이 인간이 주변 세계를 지각하고 인식하는 것과 유사한 방식으로 시청각 데이터를 비롯한 여러 가지 감각 데이터를 해석하는 능력을 가리킨다. 컴퓨터 시스템의 필기 인식, 이미지 처리 등이 모두 기계인식 기술을 바탕으로 이루어진다.

없이 듣는다. 다음 5년, 10년, 20년 후 어떤 일이 발생할 것인가? 우리 인간은 어떤 미래를 맞이할 것인가? 이는 동시대를 살아가는 우리 모두에게 매우 중요한 질문이다. 기술 분야의 전문가 대부분이 그에 대한 의견을 갖고 있을 것이다. 어떤 사람들은 인공지능이 결국 붕괴하거나 열기가 사라져버릴 '버블'이라고 믿는다. 좀 더 극단적이고 디스토피아적 견해를 가진 사람들은 인공지능 거대 기업들이 마침내 인간의 정신을 장악해 '인간 사이보그'라는 유토피아적 신인류를 창조하리라는 예측부터 인공지능이 결국 인류의 멸망을 가져오리라는 예측까지 온갖 암울한 시나리오를 기정사실인 양 받아들인다. 순수한 호기심이나 두려움에서 비롯됐을 이러한 예측들은 대부분 억측에 불과하며 과장된 것들이다. 결정적으로는 인공지능이 완성할 큰 그림을 놓치고 있다.

억측이 난무하는 가장 주된 이유는 인공지능 자체가 복잡하고 모호해 보이기 때문이다. 사람들이 인공지능에 관한 정보를 접하는 출처는 대개 세 가지다. SF소설과 뉴스 그리고 인플루언서. 사람들은 각종 SF소설과 영화 등에서 초지능 로봇이 인간을 통제하는 악당으로 등장하는 모습을 보곤 한다. 미디어는 일상적이고 점진적인 발전 사례보다는 부정적이고 이례적인 예시를 주로 다루는 경향이 있다. 가령 자율주행차가 길 가던 사람을 치어 죽이고, IT 기업이 인공지능을 이용해 선거에 영향을 미치고, 잘못된 정보와 딥페이크*를 퍼뜨리기 위해 인공지능을 이용하는 것과 같은 사례 말이다.

인공지능의 미래를 가장 정확하게 예측할 수 있는 이들은 인공지능 분야의 전문가들 가운데 '생각의 리더'라 할 만한 사람들이다. 하지만 그 타이틀을 자칭하는 사람들은 대개 기업가나 물리학자 혹은 정치인들이다. 안타깝게도 그들의 예측은 대개 과학적 정확성이 부족하다. 설상가

---

* 딥페이크deepfake는 인공지능 기술을 이용해 제작한 가짜 동영상 또는 제작 프로세스 자체를 의미한다. 주로 특정 인물의 얼굴 등을 특정 영상에 합성하는 방식으로 제작된다. 최근에는 성범죄 등에서 악용되며 논란을 불러일으키고 있다.

상으로 언론에서는 대중의 관심을 끌기 위해 그들의 말을 맥락과 상관 없이 마구잡이로 인용한다. 이러한 여러 가지 이유로 절반의 진실에 기초한 인공지능에 관한 일반적인 관점은 매우 조심스럽고 심지어 부정적이기까지 하다.

인공지능의 발전에 관한 여러 측면을 면밀하게 살펴보고 주의를 기울이되 동시에 그 기술이 가진 잠재력과 큰 그림을 보는 것이 매우 중요하다. 그래야 인공지능의 미래에 관한 온갖 걱정과 우려들 사이에서 균형을 잡을 수 있다. 인공지능은 대부분의 기술이 그런 것처럼 근본적으로는 선도 아니고 악도 아니다. 다만 우리 사회에 부정적인 영향보다는 긍정적인 영향을 더 많이 줄 것이다. 전기, 휴대전화, 인터넷이 주는 엄청난 혜택을 생각해보라. 인류 역사를 돌이켜보면 우리는 현 상태를 급격히 바꿀 것으로 보이는 신기술에 대해 자주 두려움을 느꼈다. 하지만 시간이 지나 신기술이 우리 생활 곳곳에 스며들어 삶의 질을 높여주게 되면 어느새 두려움도 사라지곤 했다.

+ + +

나는 인공지능이 우리 사회에 줄 혜택에 대한 매우 흥미로운 시나리오가 많다고 믿는 쪽이다. 우선 인공지능은 막대한 경제적 가치를 창출할 것이다. 프라이스워터하우스쿠퍼스PwC의 추정에 따르면, 인공지능은 2030년까지 15조 7,000억 달러에 달하는 가치를 창출할 것이다. 이렇게 창출된 가치는 기아와 빈곤을 줄이는 데 도움이 될 것이다. 또 인공지능이 일상적이고 반복적인 작업을 처리해줌으로써 우리는 더욱 고무적이고 도전적인 일을 할 수 있게 될 것이다. 최종적으로 인간과 인공지능은 공생 관계를 이루게 될 것이다. 즉, 인공지능은 정량적 분석과 최적화가 필요한 작업을 비롯해 일상적이고 반복적인 일을 맡고, 인간은 창의성과 비판적 사고가 필요한 작업이나 열정을 느낄 수 있는 일을 하게 될 것이다. 그 결과 우리 개개인은 잠재력과 생산성을 극대화할 수 있다. 따라서 우리는 인공지능이 제기할 도전적 문제들 못지않게 인류 발전에 이바지할 지대한 공헌에 대해서도 진지하게 탐색해야 한다.

인공지능에 관한 부정적인 이야기들이 끝없이 회자하는 오늘날 이렇게 다른 관점을 제시하는 것 못지않게 내가 중요하다고 생각하는 것은 "다음은 무엇인가?"라는 질문, 즉 인공지능 기술의 미래에 답하는 일이다. 그것이 내가 인공지능에 관한 책을 한 권 더 써야겠다고 결심한 이유다. 이번에는 시야를 좀 더 확장해 2041년 근미래의 인류와 세상의 모습에 대한 시나리오를 써보고자 했다. 나의 목표는 인공지능에 관한 섣부른 전망이나 억측이 아니라 '진짜 이야기real story'를 하는 것이다. 20년 후 인공지능의 미래에 대해 솔직하고 균형 잡힌 관점에서 이야기하되 건설적이고 희망적인 접근을 하고 싶었다. 이 책은 실현 가능한 인공지능 기술 혹은 이미 존재하거나 향후 20년 이내에 실현될 가능성이 80% 이상인 기술을 바탕으로 집필됐다. 물론 나는 어떤 기술에 대해 과대평가하거나 과소평가했을지 모른다. 그렇다 해도 이 책의 이야기들이 20년 후의 인공지능 세계에 대한 실제적이고 믿을 만한 시나리오라는 점에는 변함이 없을 것이다.

나는 지난 40년 동안 마이크로소프트, 구글, 애플에서 인공지능 연구와 제품 개발에 참여했고, 30억 달러에 이르는 기술 투자를 관리했다. 그러한 경험들 덕분에 나는 연구실의 기술이 일상적인 제품으로 변신하는 데 필요한 시간과 과정에 대해 잘 알게 됐다. 게다가 나는 여러 국가 정부에 인공지능 전략에 관해 조언하는 고문으로서 기술 관련 정책과 규제 프레임은 물론이고 그 이면에 작동하는 논리에 대해서도 잘 알고 있다. 이러한 지식도 인공지능의 근미래를 예측하는 근거가 됐다. 나는 무엇보다 비약적인 억측을 하지 않기 위해 이미 존재하는 기술들에 기반해 미래의 가능성을 도출하는 방식으로 시나리오를 작성했다. 지금까지 인공지능이 도입된 산업은 10%도 되지 않는다. 그것은 인공지능을 접목해 미래를 그려볼 나머지 분야가 그만큼 많다는 뜻이기도 하다. 간단히 말해, 나는 앞으로 인공지능 분야에서 비약적인 기술 발전이 거의 이루어지지 않는다 해도 여전히 우리의 미래에 심오한 영향을 주리란 점을 믿어 의심치 않는다. 이 책은 그러한 나의 믿음에 대한 증언이다.

+ + +

나는 《AI 슈퍼파워》가 많은 독자에게 영향을 줄 수 있었던 한 가지 이유가 인공지능에 관한 문외한들도 읽을 수 있도록 쉽게 쓰였기 때문이라는 말을 들었다. 그래서 이 책을 시작할 때 스스로 물었다. '독자들에게 좀 더 광범위한 호소력을 갖도록 인공지능에 관한 이야기를 하려면 어떻게 해야 할까?' 그 대답은 훌륭한 스토리텔러와 함께 작업하는 것이었다! 나는 구글에서 함께 일했던 천치우판에게 연락하기로 했다. 나는 구글을 떠난 후 벤처캐피털 투자 기업을 시작했다. 천치우판은 좀 더 모험적인 일을 시작했다. 그는 SF 소설가가 되어 상까지 탔다. 기쁘게도 그는 이 책을 함께 집필하는 데 동의했다. 그는 내가 제시하는 20년 후 인공지능이 할 수 있는 일들을 바탕으로 상상력을 풀어보기로 했다. 우리 둘다 20년 후 구현될 기술을 상상해 이야기에 녹여내면 꽤 매력적일 것으로 판단했고, 독자를 매료시키기 위해 공간 이동이나 외계인을 동원할 필요는 없다고 생각했다.

천치우판과 나는 독특한 작업 방식을 택했다. 내가 먼저 특정 기술이 언제 성숙할지, 데이터를 모으고 실험을 반복하기 위해 얼마나 걸릴지, 다양한 산업에서 관련 제품을 생산할 가능성은 얼마나 되는지 예측하는 '기술 지도technology map'를 만들었다. 또 기술 발전과 함께 발생할 문제들, 각종 규제와 제약 요인 같은 온갖 갈등과 딜레마에 관해서도 설명했다. 그리고 나면 천치우판이 그의 재능을 발휘해 등장인물, 배경, 줄거리를 만들어 이야기를 탄생시켰다. 우리 둘은 모든 이야기가 재미있으면서 생각할 거리를 주는 한편 기술적으로 정확한 내용을 담도록 심혈을 기울였다. 하나의 주제에 관한 이야기가 끝나면 나는 이야기에 등장한 인공지능의 모습과 그것이 우리 삶과 사회 전반에 주는 의미에 관해 설명하는 '기술분석'을 제시했다. 우리는 인공지능의 중요한 측면을 모두 담을 수 있도록 이야기를 구성했고, 기초적인 기술부터 최첨단기술까지 대략적인 순서를 정했다. 우리 미래에 관한 설득력 있고 흥미진진한 이야기와 정확한 기술분석에 관한 내용이 합쳐진 이 책이 독특하면서도 읽기 쉬운 인공지능 입문서가 되길 바란다.

2041년이 이 책의 초판 발행으로부터 20년 후이기 때문에 이 책의 제목을 'AI 2041'로 정했다. 숫자 '41'이 'AI'와 비슷한 모양이라는 점도 놓치지 않았다.

SF소설을 좋아하는 독자들도 많겠지만, 대학 졸업 이후 단 한 편의 소설도 읽지 않은 독자도 있을 것이다. 그래도 괜찮다. 이 책의 SF소설은 세계 곳곳을 배경으로 한다. 몇몇 이야기에서 독자들은 현재 자신이 살아가는 세상과 매우 유사한 모습을 발견하게 될 것이다. 또 어떤 이야기에서는 인공지능으로 인해 확연하게 바뀌어버린 인간의 삶을 마주하게 될 것이다. 인공지능 맹신자든 회의론자든 모두 생각할 거리가 무궁무진할 것이다. 나와 천치우판은 소설적 스토리텔링을 통해 기술의 미래를 설명하고 질문을 던지는 과감한 접근 방식을 선택했다. 미래를 향한 상상력을 가진 열린 마음의 독자라면 앞으로 소개할 이야기들을 읽고 더 많은 공감을 할 수 있으리라 생각한다.

1장부터 7장까지의 이야기는 여러 산업에서 더욱 복잡해지는 기술의 적용과 그것의 윤리적·사회적 여파를 다루었다. 8장부터 10장까지의 이야기는 전통적인 일자리의 소멸, 전례 없이 풍족한 재화, 불평등의 악화, 자율무기 경쟁, 사생활과 행복의 균형, 인간의 더 높은 목적 추구와 같이 인공지능이 제기하는 사회적·지정학적 문제들에 더 초점을 맞췄다. 이야기에서 다루는 모든 심오한 변화를 우리는 기꺼이 수용하거나, 악의적으로 이용하거나, 체념하고 무릎을 꿇거나 혹은 창조적 영감을 얻어 스스로 거듭날 수도 있다. 마지막 네 개의 이야기에서는 미래는 아직 정해지지 않았음을 강조하기 위해 각기 다른 가능한 시나리오들과 다양한 경로들을 제시했다.

부디 독자들이 이야기들을 재미있게 읽으면서 인공지능과 그것이 제기하는 문제들을 한층 더 깊이 이해할 수 있기를 바란다. 아울러 이 책이 제시하는 다가올 20년에 대한 로드맵이 미래가 가져다줄 기회를 포착하고 문제에 대처하기 위한 준비를 하는 데 도움이 되길 바란다. 무엇보다 《AI 2041》에 담긴 이야기들을 읽고 인간의 자율성에 대한 믿음, 즉 우리 운명의 주인은 우리 자신이며 어떠한 기술 혁명도 이 사실을 바꿀 수 없다는 믿음이 강화되길 바란다.

자, 이제 2041년으로 여행을 떠나자.

상상력이 현실의 세상을 만든다

_천치우판

2019년 8월, 런던의 바비칸복합문화예술센터를 방문했다가 '인공지능, 인간을 넘어서다AI: More Than Human'라는 제목의 전시를 보게 되었다. 이 전시는 시원한 여름 폭우처럼 나의 감각들을 씻어내렸고, 인공지능에 관해 내가 가졌던 모든 편견과 잘못된 개념들을 바꿔놓았다. 이 전시의 단순한 제목은 전시물에 담긴 다양성과 복잡성을 표현하기에는 역부족이었다. 전시관마다 새로움과 놀라움이 가득했고, 모든 전시물이 인공지능에 관한 폭넓은 정의를 잘 드러냈다. 유대인의 설화에 등장하는 골렘*, 일본 애니메이션의 인기 있는 영웅 캐릭터인 도라에몽, 찰스 배비지Charles Babbage의 1800년대 초기 컴퓨터과학 실험, 인간의 지력에 도

---

* 골렘Golem은 중세 신화에 등장하는 사람의 형상을 한 움직이는 존재이다. 중세의 서사시에서는 돌이나 진흙 등 무정형의 물체를 일컫는 용어로도 사용되었다. 유대교 전승에 따르면, 골렘은 랍비가 수행과 의식을 마친 후 진흙을 뭉쳐서 만든 뒤 주문을 외우고 진리emeth라고 쓴 양피지를 머리에 붙이면 완성되었다고 한다. 이러한 골렘 신화를 현실로 끄집어낸 것은 체코 작가인 카렐 차페크Karel Capek이다. 그는 1920년에 발표한 희곡 〈로섬의 만능 로봇Rossum's Universal Robots〉에서 골렘을 로봇으로 새롭게 부활시켰다. 차페크는 로봇을 '인간을 돕는 인조인간'으로서 노동을 신성하게 여기는 존재로 그렸다.

전하도록 설계된 프로그램인 알파고, 안면인식 소프트웨어의 성 편견에 관한 조이 부올람위니Joy Buolamwini의 분석, 디지털아트 작가 그룹 팀랩teamLab이 일본의 신도神道 철학과 미학을 토대로 제작한 대형 인터랙티브 디지털 작품까지, 학문의 경계를 뛰어넘어 협력하는 사고의 힘이 어떠한 것인지 알려주는 전시물들에서 나는 깊은 감명을 받고 마음의 지평이 넓어지는 것을 느꼈다.

미국의 과학자이자 미래학자였던 로이 아마라Roy Amara가 주창한 '아마라 법칙'에 따르면 "우리는 기술의 단기 효과를 과대평가하고 장기 효과는 과소평가하는 경향이 있다." 마찬가지로 대부분 사람이 인공지능을 협소한 의미에서 생각한다. 이를테면 영화 〈터미네이터〉에 나오는 살인 로봇, 재치라곤 전혀 없거나 인간의 존재를 위협하는 불완전한 알고리즘, 인간이 세계를 인식하고 감정을 주고받으며 소통하고 제도를 관리하고 삶의 다른 가능성을 탐색하는 방식과 무관한 삭막한 기술의 발명을 떠올린다.

기원전 3세기 중국 춘추전국시대에 오늘날 휴머노이드에 해당하는 인간의 모습과 흡사한 거대 인형을 만들었던 공예기술자 얀스Yan Shi의 이야기나 그리스 신화에서 불의 신 헤파이스토스가 살아 있는 청동 거인 탈로스Talos를 만들어 크레타섬의 왕에게 선물했다는 이야기에서 볼 수 있듯이, 인간은 컴퓨터과학이 등장하기 이전부터 혹은 인공지능이라는 용어가 탄생하기 훨씬 전부터 집요하게 '인공지능'을 탐구해왔다. 오늘날에도 인공지능은 인류 문명 전반에 걸쳐 혁명적인 변화를 일으키고 있으며, 앞으로도 그럴 것이다.

+ + +

나는 이 책의 SF소설 부분을 쓰며 인간과 기계의 관계에 관한 패러다임을 세심하게 탐구하고자 했다. 1818년 발표되어 근대 최초의 SF소설로

칭송받는 《프랑켄슈타인》에는 200년도 더 지난 오늘날까지도 여전히 답을 찾고 있는 질문들이 담겨 있다. 이를테면 인간에게 지구상에 현존하지 않는 완전히 새로운 지적 생명체를 창조할 권리가 있는가? 창조자와 피조물 간의 관계는 어떠한가? 메리 셸리Mary Shelly는 《프랑켄슈타인》이라는 역작을 통해 자신이 창조한 피조물로 세상을 망쳐버리려는 미친 과학자의 전형을 보여주었다.

어떤 사람은 인공지능에 관한 편협하고 부정적인 시각을 비난하며 SF소설을 희생양으로 삼기도 하지만, 사실 그것은 SF소설의 일부만 보고 하는 이야기다. SF소설은 경고의 역할도 하지만 스토리텔링을 통해 시공간의 한계를 뛰어넘고 기술과 인간을 연결하며 현실과 허구의 경계를 모호하게 만들어 깊은 공감과 생각할 거리를 주는 독특한 힘도 가지고 있다. 역사학자이자 베스트셀러 작가인 유발 하라리Yuval Harari는 SF소설을 우리 시대에 '가장 중요한 예술 장르'라고 말하기도 했다.

나와 같은 SF 소설가가 마주하는 가장 도전적인 과제는 현실의 이면에 숨겨진 진실을 드러내는 동시에 상상력을 통해 더 풍부한 가능성까지도 보여주는 이야기를 만드는 것이다. 그래서 구글에서 함께 일했던 리카이푸가 SF소설과 기술분석을 결합한 《AI 2041》을 함께 집필하자고 제안했을 때, 나는 전율을 느꼈다. 내가 아는 그는 선구적인 글로벌 리더이자 트렌드를 선도하는 비즈니스 투자자일 뿐만 아니라 풍부한 상상력과 열린 마음을 지닌 기술 분야의 선지자다. 그가 자신의 전문 분야에서 보여준 앞선 생각과 도전적 행로는 청년 세대에도 커다란 영향을 미쳤다. 그런 그가 이제 미래를 바라보고 있다.

리카이푸는 첨단기술을 연구하고 이를 비즈니스와 제품에 적용하는 일련의 과정에 대한 심오한 이해를 바탕으로 20년 후 의료, 교육, 엔터테인먼트, 고용, 금융 등의 분야에서 인공지능이 어떤 식으로 인간 사회를 변화시킬 수 있는지 설명한다. 이 프로젝트에 대한 그의 아이디어는 매우 야심 찬 것이었는데, 내게는 일종의 마법과 같은 우연의 일치처럼 여겨지기도 했다. 그 이유는 몇 년 전에 내가 작품 속에서 'SF 리얼리즘'이라는 개념을 만든 적이 있기 때문이다. 내게 SF소설은 현실도피자들이 평범한 삶을 뒤로하고 슈퍼히어로 역할을 하며 은하계를 자유롭게 탐험할 수 있는 상상의 공간이다. SF소설은 일상의 현실에서 잠시 벗어나 그것에 대해 비판적으로 숙고할 소중한 기회도 제공한다는 점에서 매우 매력적이다. 우리는 SF소설을 통해 미래를 상상함으로써 현실의 문제를 해결하고 변화를 일으키는 데 적극적인 역할을 할 수 있다. 우리는 우리가 만들고 싶은 모든 미래에 대해 우선 상상하는 법을 배워야 한다.

어린 시절 내 상상력은 《스타워즈》, 《스타트렉》, 《2001 스페이스 오디세이》와 같은 SF 고전들 덕분에 더욱 발전할 수 있었다. 열 살 때부터 이 작품들은 내게 광활한 미지의 세상으로 가는 관문이 되어주었다. 나는 SF소설을 쓸 때 먼저 SF 장르의 역사와 사회적 맥락에서 이야기 방향을 설정하는 것이 중요하다고 생각한다. SF소설의 환상에 깊이 몰두하고 심지어 집착하는 사람으로서 나는 SF소설이라는 스펙트럼의 광범위함에 경외심을 느끼곤 한다. SF소설은 거의 모든 주제와 스타일을 담아낼 수 있다. 나는 전업 작가가 되기 전에 기술 분야에서 일했다. 흔히 공학자와 컴퓨터과학자는 소설에 관심이 없을 것이라 여긴다. 그들의 뇌는 문학과 정반대에 자리한 과학에 맞춰져 있다고 생각하기 때문이다. 하지만 나는 기술 분야에서 10년 넘게 일하는 동안 허구의 이야기를 좋아하는 팬임을 자처하는 공학자들과 기술자들을 많이 만나보았다. 그들의 열정은 때론 영화 〈스타트렉〉에 등장하는 우주선 '엔터프라이즈호'나 윌리엄 깁슨William Gibson의 SF소설 제목 '뉴로맨서'를 이름으로 쓴 회의실에서도 드러난다. 또 구글엑스*와 하이퍼루프**와 같은 프로젝트를 가능

---

* 구글 내부의 연구조직인 구글엑스Google X는 스마트 안경, 자율주행차, 문명이 낙후한 오지에 풍선을 띄워 무선 인터넷을 공급하는 프로젝트 '룬Loon' 등 대범하고 획기적인 연구를 주로 진행하는 것으로 알려졌다. 대부분 연구는 대외비로 진행된다.
** 테슬라와 스페이스엑스의 창업자인 일론 머스크가 2013년 여름에 공개한 하이퍼루프

하게 하는 특출한 인물들에게서도 발견된다. 현대의 잠수함부터 레이저
총까지, 스마트폰부터 크리스퍼*까지 오늘날 우리가 목격하는 첨단기술
을 개발한 과학자들 대다수는 허구의 이야기에서 직접 영감을 받았음을
기꺼이 인정할 것이다. 실로 현실의 세상을 만드는 것은 상상력이다.

+ + +

나는 처음부터 《AI 2041》을 통해 인공지능을 둘러싼 온갖 디스토피아
적 고정관념에 도전해야겠다고 결심했다. 인공지능에 관한 디스토피아
적 관점을 가진 사람들은 미래가 돌이킬 수 없을 만큼 매우 암울하다고
생각한다. 리카이푸와 나는 지금까지 드러난 인공지능의 결함이나 미묘
한 특성을 간과하지 않으면서 인공지능 기술이 개인과 사회에 긍정적인
영향을 주는 미래를 그리기 위해 노력했다. 우리가 살고 싶은 미래, 만들
어갈 수 있는 미래를 상상하고 싶었다. 다음 세대가 무수한 기술 발전의
혜택을 누리면서도 더 많은 성취와 의미를 얻기 위해 열심히 일하며 행
복하게 살아가는 미래를 상상했다.

우리가 꿈꾸는 미래를 상상하는 과정이 항상 쉽지만은 않았다. 최신
인공지능 연구 성과와 흐름을 철저히 조사한 후에 과학과 논리를 바탕
으로 인공지능 기술의 20년 후 모습을 현실성 있게 그려야 했다. 리카이
푸와 나는 인공지능 발전의 기술적·철학적 토대를 포괄적으로 이해하
기 위해 오랜 시간을 들여 수많은 연구 논문을 검토하고, 인공지능 산업
에 종사하는 전문가들과도 심도 있게 논의했다. 세계경제포럼이 주최한

Hyperloop는 초고속 진공튜브 캡슐열차를 말한다. 일론 머스크는 이 열차가 실제로 개발되
어 운행된다면 자동차로 최소 6시간이나 걸리는 샌프란시스코에서 로스앤젤레스까지의
구간을 30분 만에 주파할 수 있다고 설명했다.
* 크리스퍼CRISPR는 3세대 유전자 가위로 유전자의 손상된 DNA를 잘라내고 정상 DNA로 교
체하는 인공 제한효소engineered nuclease를 말한다. 제작이 간편하고 정확도와 효율성이 높
아 유전자의 특정 부위를 교정하고 편집하는 기술로 다방면에 활용되고 있다.

인공지능 워크숍에 참여해 의견을 나누고, 인공지능 분야의 선도 기업들도 방문했다.

기술뿐 아니라 인간의 미래를 상상하는 것 역시 또 하나의 도전이었다. 우리는 각기 다른 문화와 산업에 속해 있으면서 서로 다른 정체성을 가진 개개인이 인공지능이 가져올 미래의 충격에 어떻게 대응할지 구체적으로 그려 보이고 싶었다. 미묘한 심리적 디테일은 단순한 논리와 합리화만으로는 유추하기 어려웠다. 우리는 세상을 바꾼 여러 역사적 사건들에서 아이디어를 얻어 등장인물들의 감정 묘사를 보강할 수 있었다. 독자의 상상력을 자극하고 우리의 비전과 감성을 온전히 전달하려면 이야기가 '공감'을 불러일으켜야 한다는 점도 잊지 않으려 노력했다. 리카이푸의 기술분석은 연처럼 날아오르는 상상력을 손에 잡히는 현실의 얼레에 연결하는 실의 역할을 한다.

수개월의 강도 높은 집필과 수차례의 퇴고 끝에 독자를 2041년으로 이동시킬 열 개의 관문이 탄생했다. 우리는 독자들이 호기심과 더불어 열린 사고와 마음을 갖고 탐험을 시작하길 바란다.

나는 SF소설이 갖는 최대 효용은 답을 주는 게 아니라 문제를 제기하는 것에 있다고 생각한다. 이 책을 다 읽고 나서 새로운 질문들이 많이 떠오르길 바란다. 미래에 인공지능은 감염병의 뿌리를 뽑아 범세계적인 팬데믹이 다시 발생하는 것을 예방할 수 있을까? 어떻게 미래의 일자리 문제에 대처할 수 있을까? 기계가 주도하는 세상에서 어떻게 문화적 다양성을 유지할 수 있을까? 인간과 기계가 공존하는 사회에서 사는 법을 아이들에게 어떻게 가르쳐야 할까? 그 밖에도 많은 질문이 떠오를 것이다. 독자들의 질문이 더 행복하고 밝은 미래를 형상화하며 그 미래에 한 걸음 더 다가서도록 해주는 것이 되길 기대한다.

2041년에 온 것을 환영한다!

목차

우리가 원하는 건 경험으로부터 학습할 수 있는 기계다.
— 앨런 튜링

충분히 발전된 기술은 마법과 구분할 수 없다.
— 아서 C. 클라크

1장

황금코끼리

다른 누군가의 삶을 완벽하게 모방하기보다
당신 자신의 운명을 불완전하게 사는 게 낫다.
_《바가바드 기타》 3장 35절

AI
2041

+ NOTE

첫 번째 이야기는 인도 뭄바이를 배경으로 딥러닝이 가능한 보험 프로그램에 가입한 한 가족을 소개한다. 매우 역동적인 이 보험 프로그램은 가입자들의 삶을 개선한다는 목표를 위해 여러 애플리케이션을 통해 가입자와 끊임없이 상호작용한다. 이 가족의 10대 딸은 끊임없이 정보를 제공하는 인공지능 앱이 남자친구 사귀는 것을 오히려 방해하고 있다는 것을 깨닫는다.

SF 단편 〈황금 코끼리〉는 인공지능과 딥러닝의 기초적인 설명과 더불어 그것의 주된 강점과 취약점을 제시한다. 구체적으로는 특정 목표를 실현하려는 인공지능의 집요한 시도가 때로 부정적인 외부효과를 초래하는 과정을 보여준다. 또 한 기업이 너무 많은 사용자 데이터를 소유할 때 발생하는 위험 가능성에 대해서도 제시한다. 이야기의 마지막에서는 기술분석을 통해 인공지능과 딥러닝과 관련해 제기되는 우려를 살펴보고, 인공지능의 간략한 역사와 함께 인공지능이 많은 사람을 열광하게 하면서 한편으론 불신의 원천이 되기도 하는 이유를 제시한다.

쵸파티Chowpatty 해변에 있는 3층 높이의 가네샤* 신상이 시타르 연주 소리에 맞춰 춤을 추듯 화면 속에서 이리저리 흔들렸다. 파도가 일렁일 때마다 우뚝 솟은 신상은 점점 더 기울어져 마침내 아라비아해의 바닷물에 휩쓸려 들어갔다. 이러한 침례의식은 가네샤가 인간 세상에 내려온 것을 축하하는 '가네샤 차투르티' 축제의 피날레를 장식하는 것이었다. 신상이 바닷물 염분에 녹으면서 황금색과 암적색 거품이 일어났고, 침례의식을 보기 위해 몰려든 신자들도 함께 물들어가는 듯했다. 마치 신의 축복이 내린 것처럼.

올해 고등학생이 된 나야나는 뭄바이의 아파트에서 그녀의 할아버지와 할머니가 손뼉을 치며 TV에서 흘러나오는 노래를 따라 부르는 모습을 지켜봤다. 남동생 로한은 카사바칩 한 움큼을 입안 가득 털어 넣고는 다이어트 콜라를 벌컥벌컥 마셨다. 이제 겨우 여덟 살인 로한은 의사의 지시에 따라 지방과 당 섭취를 엄격하게 제한해야 했다. 부엌에서는 엄마와 아빠가 발리우드 영화의 한 장면처럼 냄비를 두드리며 노래를 불렀다.

나야나는 가족들의 노랫소리를 무시한 채 페이트리프FateLeaf라는 앱을 다운로드하느라 온 신경을 스마트스트림(2041년의 스마트폰)에 집중했다. 요즘 들어 친구들은 모이기만 하면 모두 페이트리프에 관한 이야기만 했다. 인도에서 가장 훌륭한 점술가들이 참여했기 때문에 거의 모든 질문에 답을 들을 수 있다고 했다.

페이트리프의 광고 캠페인 내용에 따르면, 그 앱은 고대 힌두의 성자

---

* 가네샤Ganesh는 인도 신화에 나오는 지혜와 행운의 신으로 코끼리의 얼굴과 인간의 몸을 갖고 있다.

'아가스티야'의 이야기에서 영감을 얻어 탄생한 것이었다. 고대 신화에서 아가스티야는 수천 년 전에 모든 인간의 전세·현생·내세를 '나디잎'이라 불리는 야자수잎에 산스크리트어로 새겨 넣었다. 나디잎을 사용하는 점술가에게 엄지손가락 지문과 생일만 알려주면 자신의 나뭇잎에 적힌 운명을 알 수 있었다. 문제는 인도가 오랜 세월 전쟁을 겪으면서 많은 나디잎이 사라진 것이었다. 2025년에 한 기술 기업이 남아 있는 모든 나디잎을 추적해서 스캔했다. 그리고 인공지능을 이용해 딥러닝과 자동번역을 하고 내용도 분석했다. 그 결과 지구에 사는 87억 명 모두가 클라우드에 저장된 버추얼virtual 나디잎을 하나씩 갖게 되었다.

나야나는 나디잎에 관한 고대 신화에는 별 관심이 없었다. 그보다 더 급한 문제가 있었다. 페이트리프 사용자들은 다양한 질문을 통해 각자의 나디잎에 적힌 지혜를 구할 수 있었다. 가족들이 TV로 가네샤 차투르티 축제를 지켜보는 동안 나야나는 초조해하며 질문을 입력했다. '사혜지가 나를 좋아하나요?' 질문을 입력하자 답을 듣는 비용이 200루피라는 알림 메시지가 떴다. 나야나는 서둘러 비용을 결제하고 '제출'을 클릭했다.

나야나는 새로 전학 온 사혜지가 스마트스트림으로 버추얼 클래스룸에 처음 접속했을 때부터 그를 좋아했다. 사혜지는 필터나 증강현실 배경을 사용하지 않았다. 그래서 그의 뒤쪽으로 보이는 방 벽에 형형색색의 가면들이 여러 개 걸린 것을 볼 수 있었다. 사혜지는 그 가면들을 자신이 직접 조각하고 채색한 것이라고 했다. 새 학기 첫날 선생님이 가면에 관해 물어보자 사혜지는 수줍어하며 인도의 역사적인 영웅들이 어떻게 신들과 연결되어 힘을 가지게 되었는지 설명했다.

셰어챗*의 비공개 채팅방에서 같은 반 친구 몇몇이 사혜지에 대해 이

---

* 셰어챗ShareChat은 인도의 소셜미디어 플랫폼으로 구글 클라우드를 이용해 15개의 현지 언어로 시비스되는 점이 특징이다. 채팅 서비스로 시작해 이미지, 동영상 등의 콘텐츠 공유 플랫폼으로 발전했다.

러쿵저러쿵 떠들었다. 학교 기록에서 그의 성(姓)을 열람할 수 없다는 사실까지 이미 알고 있었다. 친구들은 사헤지가 정원의 최소 15퍼센트를 의무적으로 할당하도록 정부가 지정한 '취약계층'에 속한다고 확신했다. 인도 전역의 사립학교는 입학 정원의 15퍼센트를 취약계층의 학생들에게 할당하며, 그들의 학비는 물론 교과서와 교복까지 모두 장학금으로 충당되었다. '15퍼센트의 취약계층'은 사실상 불가촉천민인 달리트 계급을 나타내는 완곡한 표현이었다.

나야나는 온라인으로 본 다큐멘터리를 통해 힌두인들의 종교적·문화적 신념에 깊이 뿌리 내리고 있는 '카스트 제도'에 대해 알게 되었다. 인도에서는 카스트에 따라 한 사람의 직업, 교육, 배우자가, 즉 인생 전체가 정해졌다. 최하층 카스트인 달리트에 속하는 사람들은 수세대에 걸쳐 하수도 청소, 동물의 사체 처리, 가죽 무두질과 같은 더럽고 험한 일을 도맡아 해야 했다.

1950년에 비준된 인도 헌법은 카스트를 이유로 한 차별을 금지했다. 하지만 이후에도 오랫동안 달리트는 상층 카스트의 사람들에게 기피 대상이 되었다. 상층 카스트 사람들은 심지어 친구나 동료라고 할지라도 달리트와 한 방에 있는 것을 거부할 수 있었다. 그들은 죽어서 묻히는 공간까지도 철저하게 분리했다. 인도 정부는 2010년대에 정부 일자리와 학교에서 달리트를 의무적으로 수용하는 '15퍼센트 할당제'를 도입해 이러한 부당함을 바로잡고자 했다. 의무할당제는 의도는 좋았으나 여러 논란과 반발을 낳았고 폭력 사태까지 뒤따랐다. 상층 카스트의 부모들은 할당제에 따른 달리트 학생들의 입학이 학업 성적에 근거한 것이 아니라는 이유로 불만을 제기했다. 그들은 자신들의 아이가 왜 과거 세대가 저지른 죄의 대가를 대신 치러야 하느냐고 볼멘소리를 했다. 또 의무할당제는 하나의 불평등을 다른 형태의 불평등으로 대체하는 것일 뿐이라는 주장도 했다.

이러한 반발에도 불구하고 정부의 노력이 결실을 보이는 듯했다. 2억

명에 달하는 달리트 후손들이 주류 사회에 통합되고 있었다. 얼핏 봐서는 그들이 과거에 가졌던 신분을 파악하기 어려워졌다.

+ + +

나야나의 셰어챗 채팅방에 있는 소녀들은 전학생 사혜지의 배경에 대해 쉴 새 없이 떠들었다. 그러면서 사혜지와 어울릴지 말지를 두고도 옥신각신했다. '얄팍한 속물들 같으니라고.' 나야나는 속으로 분개했다.

나야나는 사혜지에게서 자신과 비슷한 예술적 기질을 발견했다. 영국 출신의 여성 예술가 바티 커Bharti Kher의 작품들을 보고 감명받았던 나야나는 공연예술가가 되고 싶다는 꿈을 키우고 있었다. 그녀는 위대한 예술가는 자기 내면의 감정에 솔직해야 하며, 타인의 관점을 함부로 수용해서는 안 된다고 믿었다. 그녀가 사혜지를 좋아하는 것은 그의 집안 배경이나 사는 곳과는 아무런 상관이 없었다.

나야나는 페이트리프에 질문을 하고 꽤 오랜 시간이 지나서야 결과를 알 수 있었다. 스마트스트림에 야자수잎 아이콘과 함께 알림 메시지가 떴다. "아쉽네요! 제공된 데이터가 부족해 페이트리프는 현재 당신의 질문에 대답할 수 없습니다." 그리고 잠시 후 비용 결제가 취소되었다는 알림 메시지도 떴다.

속으로 씩씩거리며 짜증을 내던 나야나는 문득 고개를 돌려 저녁식사를 준비하는 엄마를 바라봤다. 뭔가 이상했다. 인도 경축일에 먹는 음식들 외에 고급 중식당에서 시킨 아주 비싼 음식들이 함께 차려져 있었다. 경제 형편이 그다지 좋지 않은 나야나의 집에서 이런 호사는 매우 드문 일이었다. 그보다 더 이상한 점은 엄마가 평소에 잘 입지 않던 실크 원단의 원피스를 입고 온몸을 장신구로 치장한 것이었다. 할아버지와 할머니도 평소보다 흥겨운 표정을 하고 뭔가 달라 보였다. 동생 로한도 온갖 바보 같은 질문들로 그녀를 귀찮게 하지 않았다.

가네샤 차투르티 축제만으론 이러한 이상한 변화를 설명할 수 없었다.

"무슨 일인지 누가 설명 좀 해줄래요? 나만 이 모든 게 평소와 다르다고 생각하는 건가요?"

엄마와 아빠는 잠시 서로를 바라보다 말없이 웃기만 했다.

"혹시 아빠 승진하셨어요? 아니면 복권이라도 당첨됐나요? 혹시 정부에서 세금을 줄여줬나요?"

아빠는 모두 해당 사항이 없다며 엄마를 바라보았다. 나야나는 엄마가 예전처럼 싼값에 혹해서 뭔가 이상한 물건을 산 모양이라고 생각했다.

"그래서 도대체 뭘 사셨는데요?"

"가네샤보험이란다! 축제 기념으로 아주 싸게 팔더라. 50퍼센트 할인은 이번이 처음이야. 동네 사람들 모두 다 들었어. 나보다 훨씬 더 짠순이들인데 말이야."

아빠가 옆에서 신이 난다는 듯 손뼉을 쳤다.

"잠깐만요! 우리 가족은 인도생명보험공사에 보험을 들지 않았어요?"

"그 보험만으론 충분하지 않아! 너희 할아버지, 할머니도 연로하셔서 우리에게 의지하시잖니. 우리한테 무슨 일이라도 생기면 어떡하니? 돈이 어디서 생기겠어? 이런 기회에 대비해놔야지. 그리고 너랑 네 동생 둘 다 사립학교에 다니고. 넌 아직도 라이대학교 패션기술공연예술학과에 진학하고 싶잖아? 거기 등록금과 기숙사비가 뭄바이에 있는 공립대학들보다 훨씬 더 비싸."

"그러면 가네샤보험은 뭘를 어떻게 해준다는 거예요?"

"가네샤보험은 인공지능을 이용해서 가족의 필요에 따라 보험 내용과 보험료를 조정해줘. 가네샤보험 플랫폼에는 여러 앱이 모여 있는데, 보험료를 계산하고 납부하는 앱도 있고, 투자를 할 수 있는 앱도 있지. 내가 가장 마음에 들었던 앱은 가정용품 온라인 쇼핑몰이란다. 우리가 사는 지역에서 이뤄지는 서가 거래들을 보여주는 칩폰Cheapon이라는 앱도 있어. 내 머리를 보렴. 앱에서 추천한 미용실에서 고작 400루피에 했단다."

"마치 가네샤보험 광고라도 하시는 것 같네요. 그런데 왜 보험회사가 머리를 어디서 해야 하는지까지 말해주나요? 그 인공지능 보험은 어째서 우리 가족에 대해 그렇게 많은 것을 알고 있나요?"

"그건, 그러니까…"엄마는 잠시 망설이더니 설명을 이어갔다. "가네샤보험이 주는 혜택을 누리기 위해 우리가 가족 모두의 데이터 링크 액세스를 공유하기 때문이지."

"뭐라고요?" 나야나는 눈이 휘둥그레졌다.

"우리가 허락하지 않는 한 가네샤보험은 모든 데이터를 철저하게 비밀로 유지한단다."

"엄마가 무슨 권리로 제 데이터 링크를 보험회사에 공유하시냐고요!"

"나야나, 엄마에게 그런 식으로 말하면 못써." 아빠가 고개를 가로저으며 말했다. "넌 아직 미성년자라는 걸 잊지 마라. 네 부모로서 우리는 너를 위해 데이터에 관한 결정을 내릴 권리가 있어."

아빠의 꾸중에 당황한 나야나는 칼과 포크를 내려놓고는 도망치듯 방으로 들어갔다. 이불을 머리에 뒤집어쓴 채 '내 나디잎 어딘가에 오늘이 생애 최악의 날이라고 적혔을 거야'라고 상상했다.

+ + +

가네샤보험은 나야나의 스마트스트림으로 끊임없이 알림 메시지를 보냈다.

오늘은 비가 옵니다. 우산을 챙기세요.
호흡기 질환이 다시 유행하니 마스크를 쓰세요.
당신이 다니는 길에 교통사고가 났습니다.
그러니 교통체증을 피하려면…

처음에는 귀찮고 불편해하던 나야나도 얼마 지나지 않아 알림 메시지를 열심히 읽고 있는 자신을 발견했다. 사실 좋아하는 동네 옷가게의 쇼핑 정보나 점심 메뉴를 파는 식당의 할인 이벤트 소식 등 유용한 정보도 꽤 많았다. 물론 그러한 혜택을 누리려면 먼저 스마트스트림에 황금 코끼리 이미지를 브랜드 로고로 사용하는 가네샤보험의 다양한 앱들을 설치하고 그 앱들이 그녀의 데이터에 접근하는 것을 허락해야 했다.

엄마는 가족 모두의 스마트스트림에 황금 코끼리를 밀어 넣는 데 성공했다. 사실 60퍼센트 이상의 인도 가정에서 가족들의 데이터 공유 여부를 통제하는 것은 엄마들이었다. 14억 인구의 모든 개인정보는 인도 정부가 발행하는 생체인식 신분증인 아드하르*와 고유신원정보국UIDAI이 부여한 열두 자리의 고유식별번호에 연계되어 있다. 정부는 2009년부터 시작해 20년에 걸친 개발 끝에 모든 국민의 지문, 홍채, 유전 이력, 가족 정보, 직업, 신용 점수, 주택 구매 이력, 세금 기록을 비롯한 모든 정보를 수집했다. 가네샤보험은 고객의 동의가 있으면 개인 맞춤형 서비스 제공을 위해 이 방대한 데이터를 이용할 수 있다. 물론 사생활 보호를 위한 제약도 있다. 가령 소셜미디어 데이터는 별도로 허가를 받아야 하고, 미성년자의 데이터를 사용하려면 법적 보호자의 동의를 받아야 했다.

나야나는 가네샤보험 플랫폼의 앱을 사용할 때 경계심을 갖고 정신을 바짝 차리려고 애썼다. 데이터 리터러시** 수업시간에 인터넷에서 클릭할 때마다 개인정보가 유출될 수 있다고 배운 것을 기억했기 때문이다. 나야나는 모든 약관에 '동의'하기 전에 깨알같이 작은 글씨로 적힌 내용을 꼼꼼히 읽었다. 만일 동의하지 않고 '생각할 시간이 더 필요합니다'를

---

* 아드하르Aadhaar는 개인번호와 얼굴 사진, 지문, 홍채 등 생체 정보를 담고 있는 인도의 디지털 신분증 시스템을 가리킨다. 힌두어로 '기반', '토대'라는 뜻이다.
** 데이터 리터러시Data Literacy는 데이터를 목적에 맞게 생성하는 역량, 데이터 속에 숨은 의미를 찾아 이해하는 역량, 데이터를 해석한 결과를 업무에 적용하는 역량 등 '데이터를 활용하는 종합적인 역량'을 가리킨다.

선택하면 가네샤보험은 마음을 혹하게 하는 새로운 할인 정보와 당면한 문제들을 해결하는 법에 관한 조언을 보내왔다. 정말 귀신같았다. 가네샤보험은 나야나가 사혜지를 좋아하고, 어떻게 하면 그의 관심을 끌 수 있을지 고민한다는 사실을 어떻게 알았을까?

+ + +

사혜지는 정말 귀엽게 생겼는데 특히 양처럼 온순한 눈이 그랬다. 그는 같은 반 친구 모두와 잘 지내길 원했다. 모두에게 작은 목각 인형을 만들어 선물하기도 했다. 나야나는 대면 수업을 하던 날 사혜지를 직접 보고 난 후에는 그를 향한 마음을 억누르기가 더욱 힘들게 느껴졌다. 그동안 나야나는 사혜지와 대화할 온갖 구실을 만들어봤지만, 그는 어떤 이유에서인지 거리를 두려는 것 같았다.

　'사혜지는 나를 좋아하지 않는 걸까, 아니면 다른 이유가 있는 걸까? 혹시 사혜지가 자신의 배경 때문에 나를 멀리하는 건 아닐까?' 나야나의 마음에서 이런 질문이 떠나지 않던 때에 마침 가네샤보험의 라이프스타일 컨설팅 앱인 매직콤MagiComb에서 '남성들에게 매력적으로 보이는 법'에 관한 푸시 알림이 떴다. 나야나는 인공지능이 인터넷 사이트 검색 기록과 쇼핑 정보를 이용해 그녀가 무슨 생각을 하는지 유추할 것이라 짐작은 했지만, 그렇게 때맞춰 날아오는 조언들은 또 다른 이유에서 마음을 불편하게 했다. 왜 여성은 남성의 환심을 사기 위해 자신을 바꿔야만 할까? 왜 여성은 남성들에게 있는 그대로의 모습을 보여주면서 자신과 맞는 짝인지 알아볼 수는 없는 걸까?

　나야나는 엄마에게 황금 코끼리가 보내온 메시지들에 관해 물었다.

　"바보 같긴. 기계는 인간이 가르치는 것만 배울 수 있단다." 새로 산 롱스커트를 이리저리 살피던 엄마는 갑자기 나야나를 향해 고개를 돌리며 물었다. "그런데 이게 다 무슨 소리니? 너 만나는 사람이 있는 거니?"

"전혀요."

나야나가 속으로 뜨끔해 살짝 당황한 것을 눈치챈 걸까. 엄마는 "나에겐 감출 수 있지만 인공지능에는 감출 수 없을 거야"라고 농담조로 말했다. "내가 네 계획을 도와주길 바라지 않는 거니? 너도 알다시피 이 엄마가 남자에 대해서는 좀 알거든."

"사혜지가 저를 어떻게 생각하는지 정말 알고 싶은데 도무지 방법을 모르겠어요. SNS에서 '좋아요'도 몇 번 보냈는데 반응이 없네요."

"아, 누가 있긴 있구나! 온라인에서 '좋아요'를 보내는 것만으론 충분하지 않지. 더 용기를 내야 해. 그리고 지금 막 생각이 났는데, 가네샤보험이 네 셰어챗 계정에 접근하는 것을 허용하면 더 나은 조언을 받게 될 거야. 우리 가족의 보험료도 조금 내려갈 테고 말이야."

나야나는 한숨을 푹 쉬고 고개를 가로저으며 방에서 나왔다. 불과 몇 주 전에 좀 더 정확한 예언을 얻기 위해 페이트리프에 데이터를 공유하고 싶다고 했을 때 엄마가 거절했던 게 떠올랐다. 두 사람의 입장이 뒤바뀐 것이었다. 물론 이제는 돈이 걸려 있었다.

나야나가 보기에는 엄마뿐 아니라 가족 모두가 황금 코끼리에 세뇌당한 것 같았다. 가족들은 앱과 어떻게 상호작용하느냐에 따라, 자신들의 행동이 어떻게 바뀌느냐에 따라 보험료가 올라갈 수도 내려갈 수도 있다는 점을 지나치게 의식했다. 인간의 뇌는 돈이 걸린 문제에 특히 민감하게 반응하도록 프로그래밍된 걸까. 가족들은 혜택을 얻고 페널티를 피하기 위해 무슨 일이든 할 기세였다.

가네샤보험에 장점이 없는 건 아니었다. 황금 코끼리는 자주 깜박깜박하는 할머니, 할아버지가 약 먹는 시간을 잊지 않도록 해주었고, 병원에서 정기적인 검진을 받도록 유도하기도 했다. 남의 말을 잘 듣지 않는 아빠조차 황금 코끼리가 흡연에 대해 비판하는 메시지를 보내자 곧바로 담배를 끊었다. 또 즐겨 마시던 독한 아라크주 대신 건강에 좋다는 레드 와인을 밤마다 한 잔씩 마시기 시작했다. 운전 습관도 앱이 권고하는 대로 바로잡았다. 아빠는 뭄바이의 복잡한 거리를 미쳐 날뛰는 카레이서처럼 질주하는 것을 그만두었다. 아빠가 행동을 바꾸자 황금 코끼리는 자동차보험과 생명보험의 보험료를 낮춰주는 혜택을 제공했다.

나야나는 가족들 가운데 가네샤보험 플랫폼의 앱이 보내오는 조언을 거부할 수 있는 사람은 동생 로한뿐이라고 생각했다. 마약처럼 중독성이 있는 지방과 당을 자기통제가 안 되는 어린아이가 스스로 섭취를 제한하는 것은 무척 어려운 일이었다. 하지만 황금 코끼리는 어린 로한마저 바꿔놓았다. 로한 스스로 바뀌었다기보단 녀석이 먹는 달고 기름진 음식이 가족의 은행 계좌를 위협한다고 생각한 엄마와 아빠가 바꿔놓은 것이었다.

보험회사가 사람들이 더 건강하게 오래 살길 원하는 것은 당연한 이치다. 그래야 수익이 오르기 때문이다.

나야나는 쉽사리 마음을 정하지 못했다. '정말 셰어챗 데이터를 넘겨줘야 할까?' 사혜지에 대해서도 여전히 알 수 없었다. 사혜지는 같은 반 친구들 모두에게 직접 조각한 목각 인형을 선물할 때 나야나에게는 패턴이 그려진 까마귀 머리 모양의 인형을 주었다. 나야나는 까마귀가 의미하는 바가 무엇인지 생각해내느라 머리카락을 쥐어뜯었다. '까마귀는 불운의 상징 아냐? 더 이상 귀찮게 굴지 말라는 의미인가? 내가 좋아하는 티를 너무 내고 있나? 도대체 무슨 뜻이지?'

진작에 페이트리프에 질문을 보냈건만 데이터가 부족하다는 회신을 받았다. 나야나가 페이트리프에 데이터 공유하는 걸 엄마가 금지한 탓이었다. '매직콤은 어떨까?' 짝사랑에 들뜬 나야나는 황금 코끼리의 전지전능한 알고리즘이 그녀의 미래에 대해 무슨 말을 하는지 알아보기로 했다.

+ + +

황금 코끼리가 상상한 그녀의 미래는 그녀가 바라던 것이 아니었다. 모든 게 잘못된 것 같았다. 나야나는 가네샤보험이 그녀의 셰어챗 데이터에 접근하도록 허용하는 것은 침실 문을 열어주는 것이나 마찬가지라는 사실을 데이터 리터러시 수업시간에 배워 잘 알고 있었다. 모든 사생활이 공개될 수 있었다. 가네샤보험은 모든 데이터는 연합학습*을 목적으로 인공지능 시스템에만 전달되고 어떤 제삼자도 접근할 수 없다고 보장했지만, 나야나는 그 말이 추수감사절 일주일 전 농부가 칠면조에게 "안전하니까 걱정하지 마"라고 말하는 것과 같다고 생각했다.

셰어챗에서 정보를 검색하고 '좋아요'를 누르고 채팅을 하고 심지어 이모티콘을 고를 때조차 나야나는 자신의 선택이 가족의 보험료에 미칠 영향에 대해 생각해야 했다. 그녀는 그런 가네샤보험 시스템 전체에 화가 났다. 인공지능이 사혜지와의 사이에 다리를 놔줄 거라 기대하는 자신이 어리석게 느껴지기도 했다. 사혜지는 셰어챗에 거의 아무것도 올리지 않았다. 구시대에서 타임슬립이라도 한 사람 같았다. 아주 가끔 뉴스 기사와 좋아하는 문구 혹은 오래된 인터넷 밈을 올렸지만 하도 드문드문 올려서 그걸 가지고 그에 대해 어떤 짐작을 하기는 어려웠다. 나야나는 사혜지의 계정이 가짜 좀비 계정 같다고 생각했다.

인공지능을 활용하면 사혜지와 맺어지는 데 도움이 될 테지만, 아무리 인공지능이라 해도 사혜지의 좀비 계정에서 정보를 얻기는 쉽지 않아 보였다. 반면 나야나는 끊임없이 클릭했기 때문에 인공지능이 나야

* 연합학습federated learning은 인공지능이 중앙서버뿐 아니라 다수의 로컬디바이스와도 협력해 학습하는 기술이다. 로컬디바이스란 사물인터넷 기기, 스마트폰 등을 말한다. 연합학습은 데이터가 탈중앙화된 모델이기 때문에 데이터 프라이버시를 향상하는 데 도움이 된다. 또 로컬디바이스의 데이터를 모두 중앙서버로 전송하지 않아도 되기 때문에 커뮤니케이션 비용이 상당히 줄어든다.

나의 의도를 이해하기란 '식은 죽 먹기'였다. 인공지능 입장에서 그것은 모호한 사랑의 문제가 아닌 명확한 답이 가능한 수학 문제였다.

그런데 어느 날 나야나의 눈에 사혜지와 관련한 가네샤보험 시스템의 대응에 뭔가 수상한 점이 포착되었다. 가령 나야나가 사혜지가 올린 포스트에 '좋아요'를 누르면 그때마다 가네샤보험은 그녀의 관심을 끊으려는 듯 이상한 알림 메시지를 보냈다. 사혜지와 대화할 이유를 찾으려 하거나 그에게 줄 선물을 찾아보기만 해도 황금 코끼리가 나타나 말도 안 되는 조언을 해댔다. 어떨 때는 아예 오류 페이지가 뜨기도 했다.

나야나가 사혜지와 가까워지는 걸 황금 코끼리가 원치 않는다는 것 말고는 다른 이유를 찾을 수 없었다. '황금 코끼리는 정말 우리 삶에 도움을 주고 싶은 걸까? 혹시 내가 너무 어려서 그런가? 하지만 반쪽을 찾고 결혼하는 건 좋은 일 아냐? 도대체 뭐가 문제지?' 여러 생각으로 머릿속이 뒤죽박죽인데 문 앞에서 그녀를 바라보는 엄마의 시선이 느껴졌다.

"도대체 무슨 짓이니? 우리 보험료가 한없이 올라가고 있잖아!"

"저요?" 나야나는 무슨 말을 해야 할지 몰랐다. 황금 코끼리가 그녀의 가상 세계를 완전히 뒤엎으려고 작정한 것이 분명했다.

"지금 말해. 안 그럼 네 스마트스트림 압수할 거야!"

"안 돼요. 그럴 순 없어요!"

"안됐지만 난 할 수 있어. 그게 바로 내가 할 일…"

엄마가 말을 끝내기도 전에 나야나는 벌떡 일어나 집 밖으로 뛰쳐나갔다. 그녀는 스마트스트림을 손에 꼭 쥐고 자신이 어디에 있는지 깨닫지 못할 때까지 전속력으로 달렸다. 포트가에 이르러 마침내 멈춰 선 나야나는 뉴인디아보험의 사옥 외관에 저녁노을의 붉은빛이 비친 것을 바라보았다. 건물 외벽에는 농부, 도예가, 방적공, 짐꾼 등의 형상이 멋지게 조각되어 있었다. 나야나는 아무리 가족 보험료가 올라간다 해도 지금이야말로 사혜지에게 전화를 걸어야 할 때라고 생각했다.

스마트스트림 화면에 사혜지의 아바타 이미지가 뜨자 가네샤보험이 보낸 알림이 깜빡였다. 가족 보험료가 0.73루피 올라간다는 내용이었다. 사혜지는 한참 후에야 전화를 받았다. 화면이 너무 어두워 하얀 치아를 드러낸 미소만 간신히 볼 수 있었다.

"사혜지 맞니?" 나야나가 소심하게 물었다.

"응, 나야. 나야나니?"

"네가 전화 안 받을 줄 알았어."

"음… 말하자면 좀 복잡해. 오래 통화할 수 없어. 하지만 너랑 대화하고 싶어."

"나도 그래." 나야나는 심장이 뛰었다.

"식당 주소를 보낼 테니 그리로 와줄래?"

전화를 끊은 나야나는 너무 기뻐서 펄쩍펄쩍 뛰고 싶었다. 그때 누군가 그녀의 이름을 불렀다. 돌아보니 엄마가 지는 해를 등지고 서 있었다.

"어떻게 찾으셨어요?"

"내가 우리 집 데이터 관리자잖니. 그 사실을 잊지 마라!" 엄마가 나야나를 쏘아보았다.

"죄송해요." 나야나는 감히 엄마의 눈을 바라보지 못했다.

"하지만 제가 그 아이에 대해 말했던 거 기억하시죠? 걔를 만나려고요. 가네샤보험이 허락하지 않겠지만 그래도…"

"그것 때문에 보험료가 올라간다고 생각하는구나. 가네샤보험은 우리가 더 건강하게 오래 살도록 도와주려고 해. 그리고 해가 될 만한 짓을 하지 못하도록 막아주지. 위험한 애는 아닌 거지?"

나야나는 고개를 저었다. "아니에요. 우리 반에 전학 온 학생인데 이름은 사혜지예요. 똑똑하고 예술적 재능이 뛰어나요. 이건 걔가 직접 만들어서 저에게 선물로 준 거예요."

엄마는 나야나가 건넨 까마귀 머리 모양의 목각 인형을 유심히 살폈다.

"위험한 아이 같진 않구나. 잘생겼니?"

나야나는 수줍은 미소를 짓다가 갑자기 인상을 찌푸렸다.

"정말 짜증 나요. 가네샤보험은 왜 제가 사혜지를 만나지 않아야 더 오래 살 거라고 판단하죠?"

"애야, 내 말 좀 들어보렴." 엄마가 나야나의 어깨를 감싸 안았다. "우리가 항상 의견이 같지 않다는 건 나도 알아. 하지만 네 생각처럼 엄마가 그렇게 꽉 막힌 사람은 아니란다! 너랑 이야기하다 보니 최근에 읽은 글이 생각나는구나. 오래된 전자책인데, 그러고 보니 그것도 매직콤이 권한 책이로구나."

"뭔데요?" 나야나는 궁금해졌다.

"2021년에 나온 책인데, 자존심이 세고 외모에 엄청 집착하는 딸이 점점 더 고통스러워하는데도 끝내 외면하는 한 엄마의 이야기야. 그 가족도 우리처럼 인도인 가족이야. 그 이야기에서 깨달은 바가 컸지. 내 부모님은 내가 스무 살도 되기 전에 빨리 결혼하라고 성화를 부리셨어. 나는 사실 진학해서 변호사가 되고 싶었거든. 하지만 부모님은 자식이 자기 뜻대로 결정 내리는 것을 원치 않으셨지. 당신들 딸이 결혼 상대가 아닌 남자들과 일하는 것도 반대하셨고. 나는 끝까지 내 주장을 끌고 갈 용기가 없어서 결국 포기하고 말았어. 그래서 지금까지도 후회가 되는구나. 그게 네가 마음 가는 대로 해도 엄마가 화내지 않는 이유란다. 그게 남자아이든 이 세상에서 네가 되고 싶은 것이든 말이야."

나야나는 엄마의 눈동자에서 붉은 태양이 빛나는 것을 보았다.

"나는 내가 누리지 못했던 안전감과 편안함을 네게 주려고 항상 애쓴단다. 네가 행복을 얻기 위해 배우자에게 의지할 필요가 없도록 말이야. 라이대학교의 패션기술공연예술과에 진학해서 네가 되고 싶은 사람이 되렴. 다른 사람들 말에 휘둘릴 필요는 없어. 그게 사람이든 인공지능이든 말이야. 누군가 그러려고 하면 용기를 내어 무시하렴. 쉬운 답은 없단다. 네가 노력하지 않으면 결코 찾을 수 없어."

"그러면 제가 뭄바이를 떠나 아메다바드로 유학 가도 괜찮다는 건가요?"

"네가 열심히 공부해서 시험에 통과한다면 말이야." 엄마는 미소를 지었다. "경쟁이 심하다는 걸 명심하렴."

"저 때문에 우리 가족 보험료가 계속 올라가도 괜찮아요?"

"어떤 위험은 감수할 만한 가치가 있지."

"감사해요. 저는 이제 사혜지를 보러 가야 해요. 나머진 나중에 말씀드릴게요."

빨간색 스마트버스가 모퉁이를 돌아 다가오는 것이 보였다. 나야나는 엄마 손등에 키스하고 정류장으로 뛰었다. 붉은 저녁 해가 지평선 아래로 사라졌다.

+ + +

창을 통해 웨이터들이 부지런히 테이블을 정리하고 초에 불을 붙이며 인디고에서 낭만적인 밤을 보내려는 손님들을 맞이할 준비를 하는 모습이 보였다. 사혜지는 모퉁이에 서 있었다. 그의 피부색은 밤이라 더욱 짙어 보였다. 나야나는 사혜지가 식당에 들어가길 원치 않는다는 걸 알 수 있었다.

"미안해." 사혜지의 눈이 반딧불처럼 반짝였다.

"왜?"

"내가 너랑 이 식당에 들어가면 우리 엄마가 언짢아하실 거야. 이런 식당에 가는 건 사치인걸. 게다가 보험료가 올라가."

"너희 가족도 가네샤보험에 가입한 거야?"

"응, 엄마가 편찮으셔서. 다행히 가네샤보험은 취약계층에 특별 보험료를 적용하거든. 그게 아니었다면 우리는 감당할 수 없었을 거야."

"이해가 된다." 고개를 끄덕이던 나야나가 드디어 벼르고 벼르던 질문을 했다. "그런데 난 네가 공작이나 토끼나 다른 동물 대신에 까마귀를 내게 준 이유를 모르겠어. 왜 그런 거야?"

사헤지가 환하게 웃었다.

"너는 질문이 많은 아이구나. 일단 서로를 바보처럼 쳐다보며 이 멋진 식당 앞에 서 있으면 안 될 것 같아. 우리 좀 걷자."

어둑해진 거리에 차들이 늘어나면서 붐비기 시작했다. 차들은 인구 3,000만의 거대한 도시를 가로지르며 경적을 울려댔다. 뭄바이가 처음부터 고층 건물과 밝은 조명, 디지털 디스플레이로 가득한 도시였던 건 아니다. 하지만 오래전부터 사람들로 붐비는 도시였던 것은 맞다. 뭄바이의 역사는 석기시대부터 시작되었다. 고대 그리스인들이 이곳에 왔을 때, 그들은 도시의 이름을 '일곱 개의 섬'이라는 뜻의 헵타네시아Heptanesia라고 지었다. 뭄바이는 그 후 많은 왕조와 통치자들의 흥망성쇠를 겪으며 인도가 독립하기 전까지 피의 세례를 받고 되살아나길 수없이 반복했다.

밝게 빛나는 뭄바이의 거리를 거니는 두 고등학생의 머릿속엔 도시의 역사에 대한 생각 같은 건 끼어들 틈이 없었다. 나야나는 걸으면서 사헤지가 조심스럽게 거리를 유지하려 애쓰는 걸 알아챘다.

"사헤지, 왜 그래? 서로 가까이 걸으면 안 되는 거야?" 나야나는 단어를 신중하게 선택하며 말했다.

"나야나, 정말 그 이유를 모른단 말이야?"

"학교에서 네 성을 감추는 이유 같은 거 말이야? 혹시 엄청난 스타였던 거야?"

"그 반대지. 내가 성을 드러내면 다른 사람들이 불편해지니까 그러는 거잖아."

"뭐가 불편해진다는 거지?"

"예전에는 우리랑 함께 있으면 자기네들이 오염되는 것 같다고 말하는 사람들이 있었어."

"카스트 제도는 오래전에 금지되었어."

사헤지는 쓴웃음을 지었다.

"법으로 더 이상 허용되지 않고 뉴스에 나오지 않는다고 사라진 건 아니야."

"하지만 인공지능이 그걸 어떻게 알아?"

"인공지능은 카스트 제도의 정의에 대해 알 필요가 없어. 사용자 이력 정보만 있으면 되니까. 우리가 아무리 숨기거나 성을 바꾼다고 해도 데이터는 그림자와 같아. 그리고 누구도 자신의 그림자에서 벗어날 수 없고."

나야나는 엄마가 "인공지능은 인간이 가르친 것만 배운다"고 했던 말을 떠올렸다.

"그러니까 네 말은 인공지능이 우리 사회의 보이지 않는 차별까지 파악해서 정량화한다는 거지?"

사헤지는 표정이 심각해졌지만 가볍게 웃었다.

"잊을 뻔했네. 게다가 내 피부색도 있지. 산스크리트어로 바르나varna는 한때 카스트와 피부색 둘 다를 의미했어."

"정말 말도 안 돼!"

"아니, 현실이야. 카스트가 낮은 여성들은 카스트가 높은 남성들과 데이트도 하고 결혼도 할 수 있어. 하지만 그 반대는 허락되지 않지."

"하지만 인공지능이 그런 것에 신경을 쓸까?"

"물론 인공지능은 오래된 사회적 관습에는 관심이 없지. 오직 보험료를 최대한 낮추는 법에만 관심이 있으니까. 그리고 그게 바로 가네샤보험이 우리가 함께하는 걸 막으려는 이유야."

사헤지의 '함께'라는 말에 나야나는 귀가 빨개졌다.

"목적함수 극대화."

"뭐라고?"

"인공지능의 목적은 최대한 보험료를 낮추는 거야. 인공지능은 목적을 달성하려고 가능한 모든 것을 해. 우리가 행복한지 어떤지는 신경 쓰지 않아. 기계는 데이터 이면에 흐르는 인간의 감정을 해석할 만큼 똑똑하지 않아. 그래서 인공지능이 하는 일은 대개 우리 현실에 엄연히 존재하는 불평등과 편견을 까발리는 거야."

"넌 그런 걸 어떻게 알아?"

사혜지가 살짝 미소를 지었다.

"왜냐면 나는 인공지능 공학자가 되기 위해 임페리얼대학교에 진학하려고 하거든. 그래서 이런 현실을 바꾸는 데 기여하고 싶어."

두 사람은 나야나의 집 근처 교차로에 다다랐다. 사혜지는 작별인사를 하기 위해 잠시 멈췄다.

"왜 지금은 그걸 바꿀 수 없는 걸까? 인공지능이 우리의 운명을 정하도록 방치했던 건 아닐까? 수천 년 전에 쓰인 페이트리프의 예언처럼 말이야."

사혜지가 이상한 표정을 지었다.

"가네샤보험에 가입한 후 페이트리프를 연 적 있어?"

"난 정말 그 황금 코끼리에 질려버렸어. 그게 페이트리프랑 무슨 상관인데?"

"페이트리프도 가네샤보험이 운영하는 앱이야. 매직콤이나 칩폰처럼 말이야. 네가 데이터 공유를 수락하면 더 정확한 예언을 얻게 되지."

"그래 맞아! 나는 왜 진즉에 알아채지 못했을까? 나 역시 나디잎에 적힌 운명이 진짜가 아니라는 걸 알면서도 한편으론 내가 듣고 싶은 말을 해주길 바랐던 것 같아."

사혜지는 잠시 나야나를 바라보더니 자신의 집으로 가는 길을 가리켰다.

"이 길을 따라가면 다라비 공사장을 지나서 우리 가족이 사는 곳에 도착해. 2.4제곱킬로미터에 불과한 빈민촌에 100만 명이 넘는 사람들이 살았어. 관광객들도 사진 찍으러는 와도 그곳에 오래 머무르려고 하진 않았지. 정부는 뒤늦게 그곳을 평범한 사람들이 살기에 적합한 마을로 바꾸고 있어. 하지만 여전히 가네샤보험은 네가 다라비 근처에라도 가면 물을 마시지 말라고, 감염을 조심하라고 경고 메시지를 보낼 거야. 어서 멀어지라고 난리를 치겠지. 나야나, 너의 정의감은 정말 고맙게 생각해. 하지만 저 길은 너 같은 사람들을 위한 길이 아니야. 세상은 너 같은 사람들 편이지, 저쪽 동네에 사는 나 같은 사람들 편이 아니야. 그게 바로 우리의 운명이야."

"나도 그곳에 데려가 줘."

나야나는 자기도 모르게 말을 내뱉고는 깜짝 놀라면서도 사혜지 앞으로 한 발 더 다가갔다.

"나는 네가 생각하는 그런 사람이 아니라는 걸 증명하고 싶어."

"정말이야?" 사혜지가 고개를 갸우뚱했다.

나야나는 뭄바이 중심지의 금지 구역으로 향하는 도로를 바라봤다. 조금 걱정이 되었지만, 엄마가 작별인사를 하기 전에 했던 말이 떠올랐다. '어떤 위험은 감수할 만한 가치가 있단다.'

사혜지는 미소 띤 얼굴로 정중하게 손님을 맞이하는 신사처럼 몸을 깊숙이 숙여 인사했다.

"원하신다면."

둘은 수 세기에 걸친 재건과 혁신의 흔적이 구석구석에 남아 있는 오래된 도시의 중심부를 향해 걸었다. 길옆으로 신구 건물들이 즐비하게 늘어선 모습에서는 마치 환생한 영혼이 깃든 듯한 신비로움이 느껴졌다. 물론 미래에는 기계의 신들이 그 영혼을 다시 파괴하고 되살려내게 될 것이다.

"자, 이제 까마귀 머리 인형을 내게 준 이유를 말해줄래?"

"내 별자리 동물이 까마귀야. 물론 나는 까마귀만큼 사교적이진 않지만."

"그게 다야?"

"그게 다야."

나야나의 스마트스트림이 점점 더 잦은 간격으로 진동했다. 그녀는 굳이 보지 않아도 황금 코끼리가 보내는 알림 메시지 내용을 알 수 있었다. '뭐라고 떠들든 결국엔 한때 세계에서 가장 큰 빈민가였던 곳에서 멀어지라는, 불가촉천민들의 동네에 사는 소년에게서 등을 돌리라는 거겠지. 내가 더 오래 건강하게 살도록 하겠다는 목적을 내세우면서.'

나야나는 옷깃을 세우고 계속 앞으로 걸어갔다. 저 앞의 어두운 옛 거리에서 어떤 답이든 찾을 수 있을 것이었다.

딥러닝의
부정적 외부효과와 해법

인공지능의 딥러닝을 기반으로 운영되는 가네샤보험 시스템이 주는 이점은 분명하다. 나야나의 엄마는 시스템에서 제공하는 저가 거래 정보앱 덕분에 돈을 절약했다. 아빠 역시 금연에 성공하고 운전 습관도 안전하게 바꿨다. 인공지능이 당뇨병에 걸릴 수 있다고 경고하자 어린 동생마저 식습관을 건강하게 바꿨다. 스마트스트림에서 작동되는 앱들은 개인 맞춤형 정보를 제공함으로써 사람들이 더 오랫동안 건강하고 부유하게 살도록 지원한다. 그렇다면 이러한 정보 제공 서비스 뒤에 감춰진 문제는 없을까? 2041년 인도 뭄바이를 배경으로 펼쳐지는 〈황금 코끼리〉의 핵심은 바로 우리가 그 서비스로 인해 얻는 것과 잃는 것이 무엇인지 질문을 던지는 것이다.

 딥러닝은 최근에 획기적인 발전을 이뤘다. 인공지능을 구현하는 많은 하위 기술 가운데 가장 성공적인 응용프로그램을 만든 분야가 '머신러닝'이며, 머신러닝의 여러 방법론 가운데 가장 큰 발전을 이룬 것이 바로 '딥러닝'이다. 인공지능, 머신러닝, 딥러닝은 확실히 서로 다른 개념인데도 자주 혼용되어 언급되기도 한다. 2016년에 아시아에서 가장 인기 있는 두뇌 게임인 바둑에서 인공지능 프로그램 알파고가 인간을 상대로 승리를 거둔 사건은 세계 언론의 헤드라인을 장식하며 일대 파란을 일으켰다. 그때부터 많은 사람이 딥러닝에 주목하기 시작했으며, 이후 딥러닝은 인공지능의 상업적인 응용프로그램 중 가장 눈에 띄는 기술이 되었다. 딥러닝은 이 책의 모든 이야기에 등장할 만큼 인공지능의 중요한 부분이라 할 수 있다.

〈황금 코끼리〉는 딥러닝의 놀라운 잠재력뿐만 아니라 사람 간의 차별과 편견을 오히려 강화하는 등의 잠재적 위험에 대해서도 다룬다. 그렇다면 연구자들은 딥러닝을 어떻게 개발, 훈련, 사용하는가? 딥러닝의 한계는 무엇인가? 데이터는 딥러닝에 어떻게 활용되는가? 인터넷과 금융은 왜 인공지능이 적용되었을 때 가장 유망한 산업이 될 수 있는가? 딥러닝을 적용할 최적화된 조건은 어떤 것인가? 인공지능의 단점과 위험은 무엇인가?

딥러닝이란 무엇인가?

인간의 뇌는 1,000억 개가 넘는 신경세포가 100조 개 이상의 시냅스를 통해 병렬적으로 연결된 구조로 되어 있다. 딥러닝은 이러한 인간 뇌의 복잡한 신경망을 모방한 인공신경망을 수학적으로 모델링한 것이라 볼 수 있다. 딥러닝은 입력층과 출력층을 포함한 수천 개의 신경망, 즉 소프트웨어층으로 구성된다. 기존 인공신경망이 가졌던 한계를 뛰어넘은 딥러닝은 풍부한 학습 데이터와 결합하면서 음성인식과 객체인식 등의 분야에서 놀라운 발전을 가져왔다.

사람들은 흔히 인공지능이 "고양이는 귀와 수염이 뾰족하다"와 같은 일련의 패턴화된 규칙들을 통해 '학습'한다고 생각한다. 하지만 딥러닝은 인간이 만든 그러한 규칙들의 개입이 없을 때 더 잘 작동한다. 딥러닝은 특정 규칙이 아닌 다양한 현상들의 데이터가 입력되면 스스로 데이터들의 패턴과 상관관계를 파악하고 계산하는데, 이 작업은 이미 출력층에 설정된 '올바른 답'과 연관되어 이루어진다. 딥러닝 신경망의 입력층과 출력층 사이에 존재하는 무수한 소프트웨어층은 입력된 특정 데이터들로부터 올바른 답을 얻을 가능성을 극대화하기 위해 스스로 훈련하고 학습한다.

예컨대 연구자가 고양이를 찍은 사진과 고양이가 아닌 다른 동물을 찍은 사진을 구별하는 법을 딥러닝 신경망에 가르치려 한다고 가정해보자. 우선 연구자는 출력층에 미리 '고양이' 또는 '고양이 아님'을 결괏값으로 설정한다. 그리고 수백만 장의 샘플 사진을 입력층에 보낸다. 딥러닝의 신경망은 수백만 개의 이미지에 나타난 특징들 가운데 어느 것이 고양이와 다른 동물을 식별하는 데 가장 유용한지 스스로 파악하도록 훈련된다. 이 훈련은 고양이 이미지를 입력하면 '고양이'가 출력되고 고양이가 아닌 이미지를 입력하면 '고양이 아님'이 출력될 가능성을 극대화하기 위해 딥러닝 신경망에 있는 수백만(때론 수십억) 개의 매개변수를 조정하는 수학적 과정이다. 다음 그림은 그러한 '고양이 인식' 딥러닝 신경망을 나타낸다.

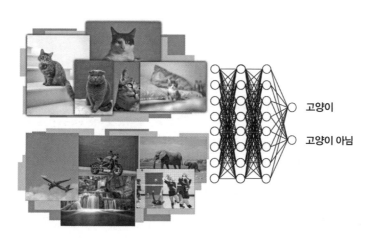

고양이 사진을 식별하도록 훈련된 딥러닝 신경망

딥러닝 신경망의 훈련은 '목적함수'의 값을 극대화하기 위한 수학적 연산 과정이기도 하다. 고양이 인식 사례의 경우, 목적함수는 '고양이' 또는 '고양이 아님'을 올바르게 인식할 확률이다. 일단 '훈련된' 딥러닝 신경망은 새로운 이미지를 입력해도 여전히 올바른 답을 얻을 수 있는 거대한 수학 방정식이나 마찬가지다. 이 방정식에 따라 이미지에 고양이가 있는지 없는지 판단하는 '추론'을 수행한다. 딥러닝의 등장은 이전에는 불가능했던 많은 영역에서 인공지능을 적용할 수 있도록 해주었다. 다음 표는 딥러닝을 적용한 뒤로 이미지 인식 오류가 얼마나 급격히 줄었는지 보여준다.

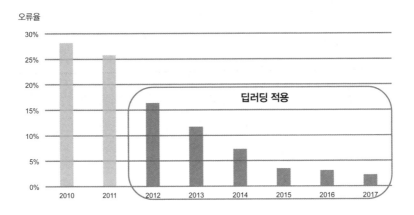

딥러닝의 객체인식 오류율 감소 추이

딥러닝은 거의 모든 영역에서 인식, 예측, 분류, 의사결정, 통합과 같은 작업을 수행한다. 〈황금 코끼리〉에 등장한 가네샤보험의 예를 살펴보자. 가네샤보험의 앱들을 구동하는 딥러닝은 개별 보험 가입자에게 심각한 건강 문제가 발생할 가능성을 판단한 후 그에 따라 보험료를 책정하고 조정하도록 훈련되었다. 심각한 병에 걸려 보험금을 청구할 가능성이 있는 사람들과 그렇지 않은 사람들을 구분하는 훈련을 하기 위해 딥러닝 신경망은 과거의 모든 피보험자와 그들의 보험금 청구 내역, 가족

정보가 포함된 데이터를 바탕으로 학습한다. 각각의 경우는 출력층에서 '심각한 건강 문제로 인한 보험금 청구 가능성 있음' 혹은 '심각한 건강 문제로 인한 보험금 청구 가능성 없음'으로 분류된다. 훈련 과정에서 수많은 데이터를 흡수한 인공지능은 특정 신규 가입이 심각한 건강 문제로 인한 보험금 청구로 이어질 가능성을 추론해 보험 가입 신청을 승인할지 말지, 승인할 경우 보험료를 얼마로 책정할지 결정할 수 있다.[*]

딥러닝의 놀라운 능력과 분명한 한계

학술 논문에서 딥러닝이 처음 다뤄진 것은 1967년이다. 이 기술이 충분히 발전해 대중에게 알려지기까지 50여 년이나 걸렸다. 그렇게 오래 걸린 이유는 딥러닝 신경망이 스스로 훈련하려면 많은 양의 데이터와 엄청난 컴퓨팅 성능이 필요했기 때문이다. 컴퓨팅 성능이 인공지능의 엔진이라면 데이터는 연료다. 지난 10년간 인공지능의 컴퓨팅이 상당히 빨라졌고 데이터도 충분할 만큼 많아졌다. 오늘날 우리가 사용하는 스마트폰은 1969년 닐 암스트롱Neil Armstrong을 달로 보낸 미국항공우주국NASA의 컴퓨터보다 수백만 배 더 빠른 컴퓨팅 성능을 갖고 있다. 마찬가지로 2020년의 인터넷은 1995년의 인터넷보다 약 1조 배 더 광범위하게 사용되고 있다.

딥러닝이 인간의 뇌를 모방한 것이긴 하지만 둘의 작동 원리는 전혀

---

[*] 참고로 덧붙이자면, 딥러닝 신경망은 데이터를 바탕으로 학습할 때 패턴을 파악하기 위해 데이터에 레이블을 붙이는 작업을 한다. 이때 실제 데이터로 주어진 '사실'만을 기준으로 삼는다. 가령 가네샤보험 시스템에서도 피보험자를 건강상의 위험 여부에 따라 레이블링 하지 않는다. 실제로 심각한 질병으로 인해 보험금을 청구한 적이 있는지 없는지만 구분해 레이블을 붙인다.

다르다. 딥러닝에는 훨씬 더 많은 데이터가 필요하다. 하지만 일단 빅데이터를 바탕으로 훈련된 후에는 특정 과업에 대해 인간보다 훨씬 더 뛰어난 수행 능력을 보인다. 특히 정량적 최적화(가령 구매 가능성을 극대화하기 위해 광고를 고르거나 수백만 개의 얼굴들 가운데 특정 얼굴을 찾아내는 일 등)를 처리하는 데 뛰어나다. 인간이 한 번에 주의를 집중할 수 있는 대상의 수가 제한적인 데 반해, 데이터의 바다에서 훈련된 딥러닝 알고리즘은 인간이 이해하기에 너무 미묘하거나 복잡해 눈에 띄지 않을 데이터의 모호한 특징 사이에서도 상관관계를 발견할 수 있다.

더 나아가 빅데이터를 바탕으로 훈련된 딥러닝 신경망은 사용자들에게서 발견한 데이터 패턴을 기반으로 개별 사용자에 대한 맞춤형 작업을 수행할 수 있다. 가령 당신이 아마존 웹사이트를 방문하면, 아마존의 인공지능은 당신의 주의를 끌어 최대한 많은 지출을 하게 만들 특정 제품을 부각해 보여준다. 당신이 페이스북 페이지를 열면, 페이스북 인공지능은 당신이 관심을 유지하며 더 오래 머물도록 맞춤형으로 설계된 콘텐츠를 보여준다. 즉, 아마존과 페이스북의 인공지능은 타깃에 정조준된 정보를 제시하는데, 이는 개개인에게 각기 다른 맞춤형 콘텐츠를 보여준다는 의미다. 그래서 당신에게 보여준 콘텐츠가 당신에게는 대단히 효과적일지 모르나 다른 사람에게는 전혀 통하지 않을 수 있다. 타깃 맞춤형 정보를 찾아내는 인공지능의 작업 수행 정확도는 매우 높은 편이어서 기존의 웹사이트에서 사용하는 단일한 접근법보다 클릭과 구매를 유도하는 데 훨씬 더 효과적이다.

딥러닝이 아무리 강력하다 할지라도 만병통치약은 아니다. 인간은 인공지능처럼 동시에 수많은 데이터 포인트를 분석할 수는 없지만, 대신 의사결정을 위해 경험, 추상적 개념, 상식을 이용하는 고유한 능력을 지니고 있다. 반면에 딥러닝이 잘 작동하려면 방대한 데이터, 한정된 범위, 최적화를 위한 구체적인 목적함수가 필요하다. 이 가운데 하나라도 부족하면 제대로 작동하지 않을 수 있다. 데이터가 너무 적다면? 알고리즘은 데이터 간의 의미 있는 상관관계를 발견하기에 충분한 예시를 갖지 못할 것이다. 복수의 분야를 다뤄야 한다면? 알고리즘은 서로 다른 분야 간 상관관계를 설명할 수 없으며, 모든 순열을 포함할 만한 충분한 데이터를 얻지 못할 것이다. 목적함수가 너무 광범위하다면? 알고리즘은 최적화를 달성하는 데 필요한 명확한 지침을 얻지 못할 것이다.

다음 표는 인간의 뇌와 딥러닝의 지적 활동 능력을 비교한 내용으로 둘이 어떻게 다른 방식으로 작동하는지 이해하는 데 도움이 될 것이다.

	인간의 뇌	딥러닝(인공지능)
학습에 필요한 데이터	소수의 데이터 포인트	방대한 데이터
정량적 최적화와 매칭(수백만 개의 얼굴 가운데 하나의 얼굴 찾아내기)	어려움	쉬움
개별 사용자 맞춤형 정보 제시(구매를 극대화하기 위해 사용자마다 다른 제품 보여주기)	어려움	쉬움
추상적 개념, 분석적 추론, 유추, 상식, 통찰	쉬움	어려움
창의력	쉬움	어려움

인간의 뇌 vs. **딥러닝** 사고력 비교

금융 분야에 딥러닝이 적용되면 무슨 일이 일어날까?

인간의 뇌와 비교한 딥러닝의 강점과 약점을 살펴보면 인공지능의 첫 번째 수혜자가 거대 인터넷 기업들이란 점은 그리 놀랄 일이 아니다. 페이스북과 아마존과 같은 거대 인터넷 기업들은 대량의 사용자 데이터를 보유하고 있으며, 그 데이터는 대개 클릭·구매·검색 등과 같은 사용자 행동을 통해 자동으로 분류된다. 사용자 행동은 매출액이나 클릭 수와 같은 비즈니스 지표에 직접 연계되어 나타난다. 사용자 행동 데이터를 바탕으로 훈련한 딥러닝을 확보한 플랫폼이나 앱은 엄청난 수익을 창출할 수 있다. 데이터를 더 많이 수집한 플랫폼일수록 더 많은 수익을 창출할 수 있다. 그런 점에서 구글, 아마존, 페이스북과 같은 거대 인터넷 기업들이 지난 10년간 괄목할 만한 성장을 하며 강력한 인공지능 기업이 된 것은 매우 당연하다.

〈황금 코끼리〉에 나온 대로 인터넷 기업 다음으로 인공지능을 활용했을 때 큰 혜택을 얻을 분야는 은행과 보험을 포함한 금융업이다. 가령 보험회사는 보험이라는 한정된 분야에서 비즈니스 지표와 직접 연계되는 고품질 사용자 데이터를 확보함으로써 인공지능이 제공하는 이점을 누린다. 미국의 레모네이드Lemonade와 중국의 워터드롭Waterdrop과 같은 온라인 보험사는 '인공지능 기반의 핀테크' 기업이기도 하다. 이들 온라인 보험사의 출현으로 사람들은 앱을 통해 쉽게 보험에 가입하거나 대출을 받을 수 있게 되었다. 지금 인공지능 기반의 온라인 보험사들은 연체율이나 사기율의 감소와 같은 재무 실적 개선, 인공지능과 앱을 이용한 거래 단순화와 비용 절감에 힘입어 전통적인 금융회사들을 무서운 기세로 따라잡고 있다. 물론 전통적인 금융회사들도 기존 상품과 판매 과정에 인공지능을 적용하기 위해 바쁘게 움직이고 있다. 경쟁이 시작된 것이다.

인공지능 기반 핀테크의 또 다른 흥미로운 이점은 금융 전문가들이 생각하는 수준을 넘어 데이터를 이용할 수 있다는 점이다. 가령 보험 가입 승인 여부를 결정하는 보험 심사원들은 평가하기 어려운 방대한 이종 데이터를 이용해 피보험자에 대한 예측력을 높일 수 있다. 예컨대 당신이 가공식품을 더 많이 사는지 채소를 더 많이 사는지, 카지노에서 시간을 많이 보내는지 헬스장에서 시간을 더 많이 보내는지, 레딧*의 추천 종목에 투자하는지 헤지펀드에 투자하는지, 여자친구가 있는지 혹은 온라인

---

* 레딧은 소셜 뉴스 웹사이트로 사용자가 자신의 글을 등록하면 다른 사용자가 'up' 또는 'down'을 선택해 투표하고, 이 순위에 따라 글이 주제별 섹션 페이지나 메인 페이지에 올라간다.

에서 여성들을 비방하는지 알 수 있다. 이 모든 데이터가 피보험자로서의 리스크를 비롯해 당신에 대해 많은 것을 말해준다. 인공지능 기반 핀테크 기업은 당신의 인적 특성이 반영된 수백만 개의 데이터를 당신의 휴대전화에 설치된 앱을 통해 얻는다. 이것이 바로 〈황금 코끼리〉에서 가네샤보험 시스템이 전자상거래와 라이프스타일 정보 추천을 비롯해 채팅과 미래 운세까지 총망라하는 종합 패키지 앱 서비스를 제공하는 이유다.

나아가 알림이 뜬 메시지를 클릭하거나, 무언가를 구매하거나, 운세를 묻거나, 새로운 친구와 채팅을 할 때마다 가네샤보험 인공지능 시스템은 새로운 데이터를 얻고 이 데이터를 사용해 스스로 훈련함으로써 더 똑똑해지고 최적화된다. 이는 구글이 당신이 구글 검색, 구글 플레이, 구글 맵, 지메일, 유튜브에 남긴 정보의 조각들을 조합해 당신에 대해 그토록 많은 것을 알아내는 방식과 유사하다. 수백만 개에 달하는 데이터 가운데 어떤 것은 당신의 행동 특성에 대해 말해주는 것이 없거나 모호한 것처럼 보일 수 있다. 하지만 딥러닝은 그러한 데이터에서도 연계성을 찾아내 당신에 대한 중요한 정보를 알아낸다. 이것은 인간의 지능으로는 할 수 없는 일이다.

인공지능이 우리에게 보내는 경고

강력한 기술은 모두 '양날의 검'이다. 전기는 우리가 편의를 위해 사용하는 모든 기기가 작동할 수 있게 하지만 직접 만지면 치명상을 입을 수 있는 위험한 성질도 가지고 있다. 인터넷은 우리 생활 전반에 편리함을 안겨주고 더 많은 사람과 연결되도록 해주지만, 그러한 초연결은 오히려 주의력이 분산되는 결과를 초래하기도 한다. 그렇다면 딥러닝의 단점과 그것이 가져올 부작용은 무엇일까?

우선 당신 자신보다 인공지능이 당신에 대해 더 많이 알게 될 위험이 있다. 물론 그로 인해 얻는 혜택도 있다. 인공지능은 당신이 스스로 발견하기 전에 당신이 원할 만한 제품들을 보여줄 수 있다. 또 당신의 취향을 파악해 데이트 상대와 친구를 추천할 수도 있다. 하지만 그에 따른 부작용도 있다. 유튜브에서 동영상 하나를 보려다 3시간 넘게 내리 시청한 적이 있지 않은가? 아니면 페이스북에서 흥미로워 보이는 링크 하나를 클릭했는데 이후 더욱 자극적인 콘텐츠를 추천받아 보게 된 경험은?

2020년 넷플릭스에서 제작한 다큐멘터리 〈소셜 딜레마〉는 개인 맞춤형 정보와 서비스를 제공하는 인공지능 알고리즘으로 인해 우리가 스스로 의식하지 못하는 사이에 생각과 행동을 조종당하고 있다는 경종을 울린다. 구글의 디자인 윤리학자였던 트리스탄 해리스Tristan Harris는 다큐멘터리에서 이렇게 말한다. "슈퍼컴퓨터가 당신의 뇌를 노리고 있다는 것을 아는가? 당신이 무심코 누르는 수많은 클릭이 슈퍼컴퓨터의 컴퓨팅 성능을 활성화한다. 슈퍼컴퓨터는 20억 명의 인간을 속여 끊임없이 다시 클릭하도록 했으며, 그러한 경험을 통해 더 많은 것을 학습했다." 이러한 메커니즘은 당신의 뇌가 원하지 않는 중독 상태에 빠지도록 하는 악순환을 불러온다. 반면 거대 인터넷 기업에는 계속해서 더 많은 수익을 창출하는 선순환을 가져온다. 〈소셜 딜레마〉는 더 나아가 인공지능의 알고리즘이 진실을 왜곡하고 당신의 관점을 협소하게 만들며, 사회를 양극화하는 데 영향을 미치고, 당신의 행복과 정신건강에도 부정적인 영향을 줄 수 있다고 주장한다.

전문용어로 표현하자면, 문제의 핵심은 목적함수의 단순성과 오직 단일 목적함수의 최적화 추구에 있다. 이러한 메커니즘이 예측 불가능한 위험과 해로운 외부효과를 발생시킨다. 오늘날의 인공지능은 대개 하나의 목표, 가장 흔하게는 돈을 버는 것(더 많은 클릭, 광고, 매출)만을 최적화한다. 데이터를 제공하는 개별 사용자의 안전하고 풍요로운 삶은 고려하지 않은 채 기업이 추구하는 한 가지 목표만을 집요하게 파고든다.

〈황금 코끼리〉에서 가네샤보험은 보험료를 최소화한다고 약속하는 데, 이 약속이 지켜지려면 보험금 청구를 최소화해야 한다. 다시 말해, 피보험자가 더 건강해지도록 만들어야 한다. 보험사가 피보험자의 건강에 신경 쓰는 것은 겉으로 보기에 아무런 문제가 없어 보인다. 오히려 기업과 사용자의 목표가 조화를 이루는 것처럼 보이기도 한다. 하지만 보험회사의 인공지능은 나야나와 그녀가 좋아하는 사혜지와의 관계가 향후 나야나 가족의 보험료 인상으로 이어질 수 있다고 판단해 두 사람이 교제하는 것을 막으려 한다. 가네샤보험의 인공지능은 방대한 데이터를 대상으로 인과성을 파악하도록 훈련되었기 때문이다. 가령 인공지능은 흡연이 질병에 걸릴 위험성을 높인다는 것을 파악해 금연을 유도한다. 이것은 좋은 일이다. 하지만 인공지능은 장기적으로 사회적 차별과 편견을 없애는 데 도움이 될 수도 있는 소년과 소녀의 사랑이 보험료 인상으로 이어질 수 있다고 판단하기도 한다. 단순한 하나의 목표만을 위해 집요하게 파고드는 특성으로 인해 인공지능은 사람들을 갈라놓고 불평등을 악화하도록 만드는 결괏값을 내놓기도 하는 것이다.

인공지능의 단점을
어떻게 해결할 수 있을까?

한 가지 일반적인 접근법은 인공지능에 좀 더 복잡한 목적함수를 갖도록 가르치는 것이다. 가네샤보험의 인공지능을 예로 들면 보험료를 낮추면서 동시에 사회적 차별에 반대하는 공정성도 유지하도록 가르치는 것이다. 또 다른 접근법은 트리스탄 해리스가 제안한 것으로 SNS의 특정 페이지에 머무르는 시간을 극대화하기 위한 노력을 단순히 '머무른 시간'이 아니라 '잘 머무른 시간'을 늘리는 방향으로 전환하는 것이다. 인공지능 전문가 스튜어트 러셀Stuart Russell이 제안한 또 다른 해법은 목적함수를 설계하는 과정에 인간이 개입함으로써 모든 목적함수를 인간에게 유익하도록 만드는 것이다. 가령 행복을 더 큰 목적함수로 만든다는 것은 행복이 무엇을 의미하는지 정의하고 분류하는 작업에 인간이 개입하는 것을 의미한다(이 문제는 9장에서 더 자세히 살펴본다).

이러한 접근법을 적용하려면 복잡한 목적함수에 관한 더욱 심도 있는 연구가 필요하며, 또한 공정성을 비롯해 '잘 머무른 시간'이나 행복과 같은 개념을 정량화하는 방법도 필요하다. 이러한 아이디어가 실현된다면 기업들이 벌어들이는 돈이 줄어들 수 있다. 그렇기에 기업들이 손해를 감수하고 올바른 일에 참여하도록 할 방법도 필요하다. 한 가지 가능성은 규칙을 정하고 위반하는 기업들을 처벌하는 정부 규제를 마련하는 것이다. ESG(환경·사회·지배구조)와 같은 사회적 책임의 하나로서 장려하는 것도 방법이 될 수 있다. 또 다른 접근법은 정부가 아닌 제삼의 감시단체로 하여금 기업 실적에 대한 대시보드를 만들어 '가짜 뉴스 생성률'이나 '차별 혐의에 관한 소송률'과 같은 지표를 추적하게 하고, 그러한 지표들을 기업의 '사용자 친화성' 점수에 반영되도록 하는 것이다. 마지막으로, 가장 어렵지만 가장 효과적인 해법은 인공지능 소유자와 각 사용자의 이해관계를 100% 일치시키는 것이다(이 유토피아적 해법에 관한 자세한 내용은 9장을 참조하기 바란다).

인공지능이 갖는 또 다른 잠재적 위험은 '편견'이다. 인공지능은 데이터와 목적함수의 최적화만을 근거로 삼아 의사결정을 내리는데, 이는 여러 측면에서 편향된 인식과 사고를 하는 인간이 내리는 결정에 비해 훨씬 더 공정할 수 있다. 하지만 인공지능도 편견이 내포된 결정을 내릴 수 있다. 가령 특정 인종이나 성별에 관한 데이터가 해당 인구통계 그룹의 대표성을 나타낸다고 보기 어려울 만큼 불충분하거나 편향된 경우다. 어떤 기업의 인공지능 훈련 데이터에 여성 관련 데이터가 충분하지 않다면 그 인공지능은 신규 직원 채용 시 여성에게 불리한 편향이 내포된 결정을 내릴 수 있다. 인공지능이 이미 차별과 편견이 고착화한 사회에서 수집한 데이터로 훈련한다면 어떻게 될까? 인간의 차별과 편견을 고스란히 학습하게 된다. 마이크로소프트의 인공지능 비서이자 챗봇인 '테이Tay'는 인종 차별과 성적 차별 발언을 했던 것으로 알려져 있다. 인공지능 연구 분야에서 선도적인 기업으로 꼽히는 오픈에이아이OpenAI가 개발한 NLP(자연어처리) 기반의 인공지능 'GPT-3'* 역시 소수집단에 관한 부적절한 발언을 해서 많은 사람의 우려를 낳았다.

최근 연구에 따르면 인공지능은 얼굴의 미세한 표정을 바탕으로 매우 정확하게 '성적 지향sexual orientation'을 유추할 수 있다. 이러한 능력 역시 차별로 이어질 수 있다. 이는 〈황금 코끼리〉에서 인공지능이 사혜지의 데이터와 피부색과 같은 특징을 바탕으로 달리트 신분을 유추하고 나서 나야나와 교제하지 못하도록 차별적인 결정을 내린 것과 비슷한 맥락으로 이해할 수 있다. 이러한 불공정한 결과는 비록 의도된 것은 아닐지라도 그 결과는 매우 엄중할 수 있다. 만일 병원이나 법원에서 인공지능의 이러한 능력을 적용해 환자의 진료 순서를 결정하고 판결을 내린다면 부정적인 여파는 훨씬 더 클 것이다.

인공지능에서 불공정과 편견의 문제를 해결하려면 상당한 노력이 필요하다. 첫째, 인공지능을 사용하는 기업들은 인공지능 시스템을 어디에 무슨 목적으로 사용하는지 공개해야 한다. 둘째, 의사들이 직업적 규범을 준수하겠다는 약속으로 히포크라테스 선서를 하는 것처럼 인공지능 공학자들의 직업적 규범을 정립하고 이를 준수하도록 교육해야 한다. 인류의 삶에 지대한 영향을 미치는 기술을 다루는 공학자들에게는 윤리적 행동 강령이 당연하게 요구되어야 한다. 셋째, 모든 인공지능에는 편향되거나 불공정한 데이터를 바탕으로 훈련하지 못하도록 예방하거나 경고를 보내는 장치가 포함되어야 하고, 이를 엄격한 사전 테스트를 통해 확인해야 한다. 넷째, 인공지능 감사를 의무화하는 새로운 법을 채택

---

* GPT는 Generative Pre-trained Transformers의 약자이며 번역하면 '생성적사전학습변환기'이다. 숫자 3은 '3세대'를 의미한다.

할 수 있다. 기업의 회계장부에 수상한 점이 발견되면 세무 감사를 하는 것처럼 어떤 기업의 인공지능에 대해 공정성, 개인정보 및 사생활 보호 등과 관련한 민원이 접수되면 반드시 기술 감사를 하도록 의무화하는 것이다.

마지막으로, 설명과 정당성에 관한 문제가 있다. 우리는 자신이 내린 결정에 대해 언제나 그 이유를 설명할 수 있다. 인간의 결정은 매우 선별적인 경험과 규칙에 기초하기 때문이다. 반면에 딥러닝의 결정은 수천 개의 특징과 수백만 개의 매개변수를 포함한 복잡한 알고리즘에 기초한다. 방대한 데이터를 바탕으로 훈련되는 딥러닝의 '이유'는 수천 차원의 방정식에 감춰져 있으며, 그 알고리즘은 너무 복잡해서 인간이 이해하도록 제대로 설명하기 어렵다. 하지만 인공지능이 내리는 결정이 인간에게 미치는 부정적 영향을 예방하려면 그 이유가 반드시 충분히 설명되어야 하며, 그것을 법으로 정해 규제하는 것도 고려해야 한다. 근본적으로 인간이 해석하기 쉬운 알고리즘을 만들거나 어쩔 수 없이 복잡한 알고리즘을 만들어야 한다면 그것을 쉽게 요약해서 제공함으로써 투명성을 높이려는 연구가 많이 진행되고 있다.

딥러닝은 그 엄청난 혜택에도 불구하고 결과물이 초래하는 여러 부작용으로 인해 대중으로부터 심각한 불신을 받고 있다. 그런데 사실 모든 신생 기술은 단점을 갖기 마련이다. 지난 역사를 보더라도 도입 초기의 신기술이 가진 오류는 시간이 지남에 따라 개선되거나 보완되었다. 감전사를 방지하기 위해 등장한 차단기와 컴퓨터 바이러스를 막기 위해 나온 안티바이러스 소프트웨어를 생각해보라. 나는 인공지능의 강력한 영향력, 편견과 불공정성 그리고 이해하기 어려운 알고리즘이 제기하는 문제들을 해결할 수 있는 기술적·정책적 해법이 있을 것이라 확신한다. 나야나와 사헤지가 그런 것처럼 우리는 먼저 사람들이 문제의 심각성을 깨닫도록 정보를 제공해야 하며, 그런 다음에 모두가 힘을 합쳐 해법을 마련해야 한다.

2장

가면 뒤의 신

진실과 아침은 시간이 지나며 빛이 된다.

_아프리카 속담

AI
2041

+ NOTE

〈가면 뒤의 신〉은 나이지리아의 한 동영상 제작자가 위험한 목적으로 진짜와 구분이 안 될 정도로 정교한 딥페이크를 만들기 위해 채용되며 겪는 이야기다. 인공지능의 주요 분야인 컴퓨터 비전은 컴퓨터가 '보도록' 가르치는데, 최근의 비약적인 기술 발전 덕분에 인공지능의 이런 능력이 전례 없이 개선되었다. 이 이야기는 딥페이크 제작자와 검열자, 수호자와 범법자 사이에서 유례없는 하이테크 숨바꼭질이 펼쳐질 미래의 세상을 그린다. 모든 시각적인 경계가 모호해지는 세상을 피할 방법은 없을까? 기술분석에서 딥페이크를 비롯해 여러 분야에 응용되는 3대 인공지능 기술인 컴퓨터 비전, 생체인식, 인공지능 보안 분야에서 최근에 있었던 비약적인 발전과 곧 실현될 발전을 설명하면서 이 질문을 살펴볼 것이다.

전철이 야바역에 진입하자 아마카는 서둘러 하차 버튼을 눌렀다. 완전히 멈춰 서기도 전에 전철의 문이 덜커덕 열렸고 아마카는 곧장 뛰어내렸다. 느려터진 것도 화가 나는데 지독한 냄새는 단 1초도 더 참을 수가 없었다. 한 노인의 뒤를 바짝 뒤따르며 개찰구를 민첩하게 통과했다. 얼굴을 인식해 승차요금을 부과하는 안면인식 카메라가 장착된 시스템이 있었지만, 아마카는 마스크로 얼굴을 가린 덕분에 그냥 빠져나갈 수 있었다.

라고스의 청년들 사이에서 마스크는 흔한 물건이 되었다. 부모 세대에게 마스크는 특별한 경우에만 착용하는 것이었지만, 최근 들어 나이지리아의 최대 인구 그룹이 된 청년들에게는 패션 소품이자 감시를 피하는 장치로 사용되고 있다. 서아프리카 최대 도시인 라고스에는 2,700만에서 3,300만으로 추정되는 노숙자들이 살았다. 정부 당국에서 어떤 방식으로 집계했느냐에 따라 실제 노숙자 인구는 그보다 훨씬 더 많을 수도 있었다. 5년 전부터 라고스 지방정부는 도시로 유입되는 이주민 수를 엄격하게 제한하기 시작했다. 나이지리아의 다른 지역 출생자 역시 제한 대상이었다. 아마카처럼 일자리를 찾아 몰래 라고스에 온 외지인들은 불법 임대 아파트, 호스텔, 시장, 버스정류장 심지어는 육교 아래 공터에서 임시 거처를 찾아야만 했다. 아마카는 저마다의 사정으로 거리로 내몰린 노숙자들을 많이 봐왔다. 새로운 쇼핑센터가 들어서는 바람에 집을 빼앗긴 사람들, 나이지리아보다 더 가난한 나라에서 온 사람들, 그냥 가난한 사람들 등등. 나이지리아의 중위연령은 겨우 21세밖에 되지 않았는데, 이는 최근 십수 년간의 높은 출산율 때문이었다. 세계 3위의 인구 대국은 빠른 속도로 발전했고 더 젊어졌지만, 그 결실이 모든 국민에게 골고루 돌아간 것은 아니었다.

라고스의 다른 지역이 청년 인구 급증으로 인한 온갖 압박으로 어려움을 겪고 있는 상황에서 야바 지구만은 날로 더 발전하며 번성했다. '서아프리카의 실리콘밸리'로 불리는 야바 지구는 상대적으로 쾌적한 환경에 질서정연했으며 일상생활을 비롯한 여러 분야에서 첨단기술을 더 많이 활용했다. 가령 동물 그림이 그려진 길가의 전광판을 터치하면 동물이 마치 살아 있는 것처럼 활성화되어 간단한 손동작을 통해 상호 의사소통을 할 수 있었다. 거리에는 쓰레기를 주워 분리한 후 재활용센터로 보내 바이오연료와 같은 신재생에너지로 재탄생시키는 청소 로봇들이 지나다녔다. 야바 시민들 사이에서는 건축 자재로 쓰이던 친환경 소재 대나무 섬유로 만든 옷이 유행하기도 했다.

전철역에서 나온 아마카는 스마트스트립을 눈높이에 맞춰 들어 올려 라이브 가상 지도와 주변 경관이 겹쳐 보이도록 했다. 지도에 표시된 길을 따라 계속 걸어가 마침내 237이라는 숫자가 새겨진 회색 건물 앞에 멈춰 섰다. 아마카가 찾는 '엘제레'라는 회사는 건물 3층에 있었다. 그는 이틀 전 엘제레 계정을 사용하는 익명의 사람에게 이메일을 받았는데, 그의 '특기'를 발휘할 수 있는 일자리를 제안하며 면접을 위해 직접 방문해달라는 내용이었다.

3층으로 올라가자 입구에 서 있던 직원이 아마카에게 마스크를 벗어달라고 손짓했다. 역시나 신원 확인을 위해서였다. 잠시 망설이다 결국 마스크를 벗었다. 아마카가 쓴 마스크는 고가의 핸드메이드 제품을 모방해 3D프린터로 제작한 모조품이었지만, 어딜 가나 마주치는 감시 카메라의 안면인식 알고리즘을 속이기에는 충분했다. 인공지능의 눈에 마스크를 쓴 아마카는 '얼굴 없는 인간'이었다. 마스크 덕분에 돈을 절약할 수 있을 뿐만 아니라 더 중요하게는 당국의 눈길을 피할 수 있었다. 사실 아마카는 이주자 거주허가증을 아직 받지 못한 처지였다.

안면 스캔이 끝나고 회의실로 안내받은 아마카는 잔뜩 긴장한 채 앉아서는 경력에 관해 물으면 뭐라고 답할지 열심히 시나리오를 짜냈다.

'어쩔 수 없이 거짓말을 해야겠지. 달리 어쩔 도리가 없으니.' 10분 정도 시간이 흘렀을 때 면접관이 나타나는 대신 맞은편 프로젝션 월이 켜지더니 감시용 카메라에 찍힌 영상 하나가 재생되었다. 화면에서 아마카에게 너무나 익숙한 장면이 흘러나왔다.

침침한 노란색 가로등이 켜진 한밤중에 몇몇 노숙자가 육교 아래 공터에 간이 매트리스를 깔고 누워 있었다. 어둠 속에서 한 남자아이의 실루엣이 나타났다. 그는 잠자는 사람들에게 다가가더니 가만히 내려다보았다. 소년의 얼굴이 클로즈업되었다. 대여섯 살밖에 안 돼 보이는 백인 남자아이가 창백하고 무표정한 얼굴에 줄무늬 파자마를 입고 있었다. 노숙자들 가운데 한 명이 놀라서 깨어났고 남자아이와 눈이 마주쳤다. 그는 남자아이에게 이름과 사는 곳을 물었다. 남자아이는 앞뒤가 맞지 않는 말들을 중얼거리더니 갑자기 몸을 떨기 시작했다. 얼굴이 일그러지면서 입술 가장자리가 크게 벌어지자 두 줄의 날카로운 치아가 드러났다. 남자아이는 노숙자의 목을 물어뜯었다. 고통스러운 비명이 울려퍼지자 다른 노숙자들도 잠에서 깼다. 남자아이는 입술과 턱에서 피가 뚝뚝 떨어지는 채로 달아났다.

제목이 '백인 뱀파이어 소년의 라고스 노숙자 공격'인 그 영상은 개리브이GarriV라는 동영상 공유 플랫폼에 올라간 지 24시간 만에 수백만 뷰를 기록했다. 하지만 며칠 지나지 않아 플랫폼 측에서 가짜로 만들어진 동영상임을 밝혀내며 관련 법규에 따라 삭제했다. 동영상을 올린 사람의 계정인 'Enitan0231'은 폐쇄되었고, 관련된 모든 광고 수입도 동결되었다.

아마카는 뭐가 뭔지 몰라 혼란스러웠다. 갑자기 회의실 안에 쩌렁쩌렁한 목소리가 울려 퍼졌다. "훌륭해, 아마카! 현실감 있는 세팅과 아마추어 배우들, 라이브 동영상 촬영의 완벽한 결합이야. 이걸 이케자의 지하 피시방에서 혼자 만들었다니 도저히 믿을 수가 없군." 나이지리아 남동부 지역에서 사용하는 이보어 억양이 강하게 드러나는 남자의 목소리였다.

아마카는 본능적으로 벌떡 일어서며 "당신, 누구야?"라고 외쳤다. 주변을 유심히 살피던 그의 눈이 회의실 한쪽 스피커에서 멈췄다.

"이봐, 진정해. 나는 카이라고 하네. 자네는 일자리를 원하지, 그렇지 않나?"

아마카는 한숨을 쉬며 다시 의자에 깊숙이 앉으며 몸을 웅크렸다. 카이라는 남자의 말이 옳았다. 거주허가증이 없으면 라고스에서 제대로 된 일을 구할 수 없었다. 이 비밀스러운 엘제레라는 회사가 그의 유일한 희망이었다.

"왜 나한테 일자리를 주겠다는 거죠?"

"우리는 자네의 작품을 봤네. 재능이 있더군. 야심도 있고. 그렇지 않았다면 애초에 라고스로 오지도 않았을 테지. 가장 중요한 건 말이야, 우리는 믿을 수 있는 사람이 필요해. 우리와 같은 부류의 사람 말일세."

아마카는 카이의 말뜻을 바로 알아챘다. 나이지리아에는 각기 다른 언어와 관습을 가진 250개가 넘는 부족이 있었다. 수백 년간 부족 간의 반목이 끊이지 않았다. 최근 수년간에는 요루바족과 이보족이 정치적 이익 다툼을 하다가 폭력적인 충돌을 빚기도 했다. 라고스에서는 요루바족이 다수를 차지했기 때문에 대다수 이보족은 자신의 출신이 드러나는 걸 원치 않았다.

"내가 무슨 일을 하길 바라는 거죠?"

"자네가 가장 잘하는 일, 바로 가짜 동영상 제작이지."

"불법으로 말입니까?"

"필요한 건 다 준비해주겠네."

"만약 내가 제안을 거절하면? 나를 죽일 건가요?"

"죽인다고? 그건 안 되지. 그보다 더 심한 일을 당하겠지."

또 다른 감시 카메라 영상이 프로젝션 월에 재생되었다. 나이트클럽 내부인 듯했다. 감시 카메라는 천장 한구석에서 시작해 빙빙 돌며 내부 전체를 구석구석 비췄다. 여러 명의 청년이 웃옷을 벗은 채 번쩍이는 레이저 조명 아래에서 서로 몸을 부대끼며 춤을 추었다. 청년들의 얼굴이 클로즈업되었다. 누가 봐도 분명한 아마카의 얼굴이었다. 아마카는 한 청년을 향해 몸을 돌리더니 열정적으로 키스했다. 그 청년의 뺨이 붉게 타오르는 것까지 보였다. 아마카는 다시 상체를 돌려 검은 피부색의 청년에게도 키스했다.

세 명의 청년 얼굴이 서로 뒤섞인 프레임에서 영상이 일시정지되었다. 아마카는 무표정한 얼굴로 프로젝션 월의 영상을 쳐다보다 이내 큰 소리로 웃었다. 3층 출입구의 안면인식 카메라가 스캔한 데이터로 만든 딥페이크라는 것을 알아챘기 때문이다.

"얼굴은 내 얼굴일지 몰라도 목은 내 목이 아니네요."

아마카는 후드티 모자를 벗어 오른쪽 귀부터 왼쪽 쇄골까지 대각선으로 이어진 기다란 분홍빛 상처를 드러냈다. 길거리 싸움에서 얻은 훈장이었다.

"게다가 여긴 라고스라고요. 여기 사람들은 그보다 훨씬 더 미친 짓도 하잖아요."

"물론이지. 하지만 이 동영상으로 자넨 교도소에 갈 수도 있어. 가족을 생각해야지."

카이가 부드러워진 목소리로 말했다. 아마카는 입을 다물었다. 2013년에 동성애 결혼(금지)법이 통과된 후 30년이 지난 지금도 나이지리아 사회는 여전히 성소수자에게 적대적이었다. 누군가가 그를 신고한다면 형사상 기소를 당하진 않더라도 돈을 뜯어내는 부패 경찰을 피하기는 어려울 터였다.

그리고 가족도 있었다. 지난 몇 해 동안 관계가 좋지는 않았지만 아마카는 그의 가족, 특히 그에게 기대가 큰 아버지가 받을 압박을 상상조차 하기 싫었다. 저 동영상이 가짜라 해도 말이다.

아마카는 아랫입술을 지그시 깨물며 후드티 모자를 다시 뒤집어썼다.

얼굴이 가려지니 조금은 안전한 기분이 들었다.

"선수금을 줘요, 암호화폐로. 그리고 타깃에 대해 아는 대로 전부 말해 줘요. 조사하느라 시간 낭비하고 싶지 않으니."

"결정했군, 친구. 타깃이라…. 절대 놓칠 수가 없는 타깃이지."

프로젝션 월에 한 남자의 흐릿한 얼굴 사진이 떴다. 얼굴의 형상이 또렷해지자 아마카의 눈이 휘둥그레졌다.

+ + +

요루바족은 라고스를 '농장'이라는 뜻의 '에코Eko'라고 불렀다. 6월에는 적도를 관통하는 계절풍의 영향을 많이 받아 비가 자주 내렸다. 아마카는 양철지붕을 때리는 단조로운 빗소리를 배경음악 삼아 호스텔의 작은 방 침대에 누워 있었다. 그는 XR* 글라스를 끼고 짙은 녹색의 일루미웨어Illumiware 마크브이Mark-V를 만지작거렸다.

과거에 했던 장난들에 비하면 이번 일은 차원이 달랐다. 가짜 동영상을 제작해본 경험이 없는 건 아니었다. 오히려 그 반대였다. 작년에는 밤마다 한 데이팅 앱에서 도회적인 소녀 행세를 하기도 했다. 그는 완벽하게 소녀 행세를 하기 위해 가능한 한 많은 동영상 자료를 수집했다. 밝은 색의 요루바족 전통 의상을 입은 소녀들이 등장하는 동영상이 주요 타깃이었다. 밝고 안정된 조명에서 촬영된 것일수록, 소녀들의 표정이 생생하고 과장될수록 인공지능이 최대한 많은 정지화면 이미지를 추출할 수 있었다.

이렇게 얻은 이미지 데이터 묶음을 여러 조명과 앵글에서 다양한 표정으로 촬영한 아마카의 얼굴 이미지 데이터 묶음과 페어링했다. 그러

---

* XR eXtended Reality은 '확장현실'을 가리키는 용어로 가상현실VR, 증강현실AR, 혼합현실MR 이 연계된 현실을 의미한다. 또 세 가지 기술을 통칭하는 용어로도 사용된다.

고 나서 두 데이터 묶음을 클라우드에 업로드한 다음 GAN(생성적대립신경망)을 이용해 작업하면 몇 시간 혹은 며칠 후에 진짜 같은 가짜 얼굴이미지인 '딥마스크'가 만들어졌다. 인공지능 알고리즘이 만든 딥마스크를 동영상에 적용하면 아마카는 자신이 상상했던 이미지의 소녀로 변신할 수 있었다. 육안으로는 소녀가 진짜인지 가짜인지 절대 구분할 수 없는 딥페이크 영상은 이렇게 만들어졌다.

인터넷 속도가 뒷받침된다면 재미를 더하기 위해 실시간으로 얼굴 이미지를 바꿀 수도 있었다. 물론 작업도 그만큼 더 많이 해야 했다. 즉, 실시간으로 영어나 이보어를 요루바어로 번역하고, 음성전환 프로그램을 사용해 요루바족 소녀의 목소리를 흉내 내고, 립싱크 오픈소스를 사용해 소녀의 음성과 입술의 움직임을 정확히 일치시켜야 했다. 하지만 누군가 고성능 안티페이크 프로그램을 설치했다면 이런 노력도 모두 허사로 돌아갈 수 있었다. 이 프로그램은 동영상을 재생하는 동시에 '가짜'를 식별하고 경고의 의미로 화면에 붉은색 반투명 사각형을 표시했다.

딥페이크 기술 초창기에는 인터넷 속도와 과장된 표정과 같은 요인들로 인해 이미지가 흐릿해지거나 입술 움직임이 음성과 일치하지 않는 등의 문제가 발생했다. 문제가 불과 0.05초간 나타났다 사라진다 해도 수백만 년 동안 진화해온 인간의 뇌는 뭔가 잘못되었다는 걸 알아챘다. 2041년이 되자 딥페이크보다 더 진화한 딥마스크 기술 덕분에 이미지 유사성은 물론 입술 움직임과 음성의 동기화 정도 모두 인간의 뇌를 충분히 속일 수 있는 수준에 도달했다.

그러자 각 나라에서는 안티페이크 프로그램을 사이버 보안을 위한 표준 환경설정에 포함시키기 시작했다. 유럽, 미국, 아시아에서는 이를 법으로 의무화하고 있지만, 나이지리아에서는 주요 콘텐츠 플랫폼과 정부 웹사이트에만 적용되었다. 이유는 간단했다. 안티페이크 프로그램을 사용하려면 대단히 높은 수준의 컴퓨터 성능과 기술이 요구되고, 그렇지 않으면 동영상 재생 속도가 느려지기 때문이었다. 그렇게 되면 기다리는 것을 좋아하지 않는 사람들이 다른 채널로 옮겨가는 것을 막을 수 없었다. 소셜미디어와 동영상 공유 플랫폼은 그때그때 가장 유행하는 페이크 생성 알고리즘에 따라서 선택적으로 안티페이크 프로그램을 업데이트했다. 많이 공유되는 동영상일수록 더욱 철저한 감시 대상이 되었다.

+ + +

아마카는 동영상 '데이트' 후 매번 어둠 속에 조용히 앉아 있었다. 가끔은 데이트한 남자들이 던졌던 미소와 달콤한 말을 곱씹어보기도 했다. 하지만 그를 둘러싼 초라한 현실은 한시도 자기 처지를 잊어선 안 된다고 압박해왔다. 아마카는 스스로 끊임없이 상기해야 했다. '그들은 나를 좋아하는 게 아니야. 나 같은 얼굴을 가진 요루바 소녀들을 좋아하는 거야.'

아마카가 태어났을 때 마을 점술가는 그의 아버지에게 "어떤 여자가 남자 아기의 몸에 갇혀 환생한 것"이라고 말했다. '몸과 마음의 부조화'는 아마카의 유년 시절 내내 그림자가 되었고, 가족들의 수치였다. 아마카는 자라면서 자신이 다른 소년들과 다르다는 점을 서서히 깨달았다. 고향을 떠나 라고스로 온 것은 자신을 알아가는 여정의 일환이었다. 그러나 여전히 넘을 수 없는 벽이 있었다. 길거리나 전철에서 매력적인 남자를 지나칠 때면 그의 몸과 영혼에서 무언가 꿈틀거리는 것이 느껴졌다. 아마카는 온라인에서 대화를 나눈 남자들을 직접 만날 용기가 나지 않았다. 딥마스크의 힘을 이용하면 수치심이나 위험을 무릅쓰지 않고도 자기감정을 자유롭게 분출할 수 있었다. 그는 딥마스크의 힘에 점점 더 중독되는 듯한 기분이 들었다.

아마카가 억지로 딥페이크 영상에 집중하고 있을 때 누군가 방문을 두드렸다. 집주인 오지오마가 콜라넛이 담긴 그릇을 들고 들어왔다. 오지오마는 20년 전 라고스로 이주한 이보족이었다. 그녀는 아마카를 처음 봤을 때 그가 애써 숨기려는 이보어 억양을 단박에 알아챘다.

"아시겠지만, 제 고향에선 남자들만 콜라나무 열매를 깰 수 있어요."
아마카가 익숙한 쌉쌀함을 느끼며 말했다.

"바로 그래서 내가 이주한 게 아니겠니!" 오지오마가 싱긋 웃었다. "요루바에선 콜라넛을 '오비'라고 불러. 이보족은 '오지'라고 부르는데 말이야. 하지만 이름이 뭐 그리 중요하겠어? 오비든 오지든 일단 입에 들어가면 다 똑같잖아."

"맞는 말씀이네요. 이렇게 맛있는 걸 나눠주셔서 정말 감사합니다."

아마카가 오지오마를 배웅하기 위해 일어서려는데, 그녀는 컴퓨터 화면에 보이는 얼굴 사진을 가리키며 걱정스러운 듯 인상을 찌푸렸다.

"너 이 사람하고 아무 상관 없는 거지? 물론 그는 좋은 사람이지. 난 그저 문제에 휘말리고 싶지 않아. 내 말이 무슨 뜻인지 알지?"

"그럼요. 그냥 뉴스를 읽고 있었어요. 전 아직 거주허가증이 필요한걸요." 아마카는 억지로 가볍게 웃었다.

"착한 아이구나. 그에게 신의 축복이 있길. 그가 어느 편이든 말이야."

오지오마가 방을 나가자 아마카는 안도의 한숨을 쉬며 컴퓨터 화면의 얼굴로 다시 눈을 돌렸다. 얼굴에서는 힘이 느껴졌다. 이마와 볼은 하얗게 칠해져 있었다. 부족 정신의 상징이었다. 두 눈은 불덩이처럼 이글이글 타올랐다. 입술을 살짝 벌린 채 입꼬리가 올라가 반쯤 웃고 있었다. 마치 새로운 시대의 신성한 언어로 말을 거는 듯했고, 금방이라도 세상을 정복하려 나설 것처럼 보였다.

바로 나이지리아의 전설적인 가수 펠라 아니쿨라포 쿠티Fela Anikulapo Kuti의 얼굴이었다. 그는 아프로비트*의 아버지였고 민주주의 투사이기도 했다. 그는 이미 40년 전에 세상을 떠났다.

쿠티의 얼굴을 가진 아바타가 온라인에 출현해 개리브이에 동영상을 올렸다. '파카FAKA'라 자칭한 아바타는 인터넷에서 금세 화제가 되었다. 파카는 펠라 아니쿨라포 쿠티의 첫 글자를 따서 만든 이름이었다. 파카가 등장하는 동영상은 시사 문제에 대한 신랄한 비평이 대부분이었다. 하지만 정확히 어떤 정치적 신념을 가졌는지는 꼭 짚어 말할 수 없었다. 사람들은 동영상을 그저 재미있는 장난으로 여겼다.

진짜 펠라 아니쿨라포 쿠티가 1997년에 사망했다는 걸 모르는 사람은 없었다. 동영상에 사용된 얼굴 바꾸기 기술은 너무 조악해서 웃음이 나올 정도였다. 동영상 공유 플랫폼들은 파카의 동영상을 딥페이크가 아닌 패러디 영상으로 분류했다. 패러디 영상은 검열 대상이 아니었다.

하지만 파카의 영향력이 눈덩이처럼 커지자 더 이상 가볍게 웃어넘길 문제로 치부되지 않았다. 수백만 명의 나이지리아인들이 파카의 동영상을 두고 열띤 토론을 시작했다. 그들은 암호를 알아야만 입장할 수 있는 비밀 단톡방을 만들어서 자기네끼리 동영상의 모든 장면을 음절 하나하나까지 모두 분석했다. 동영상은 여러 방언으로 번역되었고 더빙과 립싱크까지 완벽하게 처리되었다. 펠라쿠티재단은 공식성명을 통해 자신들도 아바타의 출처를 모른다고 주장하면서도 동영상을 제작한 미지의 인물에게 펠라 쿠티의 초상을 더 이상 사용하지 말라고 요구하진 않았다.

아무도 파카의 배후 인물을 찾아내지 못했다. 동영상 정보는 모두 암호화되어 있었다. 동영상을 올린 일회용 계정은 복수의 프록시서버를 통해 사라졌다. 그러자 결국에는 파카의 동영상이 반정부 운동가의 작품일지도 모른다는 음모론까지 출현했다.

알고 보니 아마카를 고용한 엘제레라는 회사는 가짜였다. 그들은 '이보 글로리'라 불리는 지하단체의 최전선 조직이었다. 카이는 조직의 얼굴마담으로 아마카를 채용하고 관리하는 일을 맡은 요원이었다. 이 단체는 파카의 동영상 콘텐츠를 분석해 기존과 다른 결론에 도달했다. 그 결론은 아바타 뒤에 숨은 사람들이 요루바 국수주의자들이며 그들이 파카를 친요루바 성향으로 만들어 여론을 자신들에게 유리한 방향으로 이끄는 한편 아바타의 인기를 이용해 사람들의 마음을 조종하려 한다는 것이었다. 요루바에 권력이 집중될수록 다른 부족들, 특히 이보족이 더 핍박당하리란 것은 불 보듯 뻔한 일이었다.

최근 동영상에서 파카는 이보족이 지배하는 지역에서 새로 발견된 희토류 광산에 대한 소유권을 '나이지리아 국민의 공유 재산'으로 내놓아야 한다고 요구했다. 이는 이보족의 땅에서 자원을 가로채려는 여러 시도 가운데 가장 최근의 시도일 뿐이었다. 이보는 나이지리아라는 도마뱀의 꼬리와도 같았다. 잘려나가면 다시 자라고 또다시 잘려나가는 과정을 끝없이 반복하는 듯했다. 꼬리에 상처가 나거나 피가 나도 아무도 신경 쓰지 않았다.

이제 이보족은 지칠 대로 지친 상태였다. 아마카가 맡은 임무는 '이보 글로리'가 하려는 혁명에 매우 중요한 일이었다. 카이는 파카라는 아바타가 여론을 장악하지 못하도록 방해하기 위해 아마카에게 파카의 신뢰성과 영향력을 떨어뜨리는 가짜 파카 동영상을 제작하도록 지시했다.

아마카의 임무는 그러니까 가짜를 다른 가짜로 만드는 것이었다. 기술적으로 그리 어려운 일은 아니었다. GAN을 활용해 파카의 '진짜 같은 가짜 영상'을 쉽게 만들 수 있었다. 눈을 깜빡이는 속도부터 말할 때 나타나는 입술 주변의 미세한 근육 움직임까지 영상 화면의 픽셀 하나하나까지 일치하도록 말이다.

진짜 도전은 파카의 말하기 스타일을 재현하는 것이었다. 파카 동영상의 주제는 정치·사회 뉴스부터 대중에 영합하려는 포퓰리스트에 대한 불평에 이르기까지 매우 다양했다. 파카는 속담뿐만 아니라 진짜 펠라 쿠티가 남긴 명언을 선별해서 인용했다. 아마카는 파카의 독특한 연설 스타일은 고사하고 그 내용을 해석하는 것부터 애를 먹었다.

가령 파카는 "식민지의 해악에 물든 우리의 정신과 언어를 정화하기 위해" 나이지리아에 부족 간 경계를 초월하는 새로운 언어가 절실히 필요하다고 공표했다. 또 나이지리아의 엄마들이 "가장 많은 고통을 겪었으며, 높은 존경을 받아 마땅한 사람들"이라고 통탄했다. 이유는 엄마들이 후손을 낳아 혈통을 잇는 한편으로 태어난 지 얼마 안 돼 세상을 등진 아이들을 수없이 떠나보내야 하기 때문이라고 설명했다. 또 파카는 "음악은 미래의 무기"라고 추앙했다. 경제적 부와 교육이 "허공에 울려 퍼지는 북소리처럼 공평하게 분배되어야 사람들의 심장박동이 하나의 꾸준한 리듬으로 합쳐질 수 있다"는 말도 했다.

파카의 메시지는 오랫동안 메마른 땅에 내린 폭우처럼 아마카의 마음속 갈증을 시원하게 해소해주었다. 인정하기 싫었지만 그만큼 그의 마음은 희망으로 부풀어 올랐다. '파카에 대한 카이의 생각이 과연 맞는 걸까?' 아마카는 이러한 감정과 생각을 떨쳐버리려 애쓰며 스스로에게 속삭였다. '내게 소속감 같은 싸구려 감정은 필요 없어.' 아마카에게 필요한 것은 연설 스타일까지 완벽하게 똑같은 가짜 파카 동영상뿐이었다.

+ + +

한 무리의 행렬이 라고스 중심가를 가득 채웠다. 아마카는 방 창문 옆에 몸을 숨기고 웃통을 벗은 청년들이 우아하고 민첩하게 몸을 움직이는 모습을 지켜봤다. 모두가 리듬에 맞춰 손을 뻗어 흔들 때는 마치 주문을 거는 것처럼 보였다. 그들은 펠라 쿠티처럼 얼굴에 하얀색을 칠했다. 뜨거운 햇볕이 그들의 매끈한 등 근육에 반사돼 반짝거렸다.

여러 부족의 다양한 악기들이 한데 어우러져 하모니를 연출했다. 요루바족의 북과 이보족의 피리도 있었다. 공기 전체가 음악으로 진동했다. 댄서들이 각자 리드미컬하게 움직이면서도 완벽하게 합을 맞추는 모습은 그들 모두를 연결된 존재로 보이게 했다. 그들이 외치는 "하나의 나이지리아"라는 구호와 딱 맞아떨어지는 장면이었다. 구호는 파카 동영상 캠페인의 슬로건이기도 했다.

생각에 빠졌던 아마카는 카이가 정한 기한이 얼마 안 남았다는 사실을 문득 떠올렸다. 하루하루 기한이 다가올수록 자신이 불가능한 임무를 맡았다는 확신이 더욱 강해졌다. 매우 면밀하게 살펴봤지만 파카에게 통일된 하나의 인격은 존재하지 않는 것 같았다. 아바타를 조종하는 팀은 동영상 공유 플랫폼의 스마트태깅 시스템을 이용해 다양한 사용자 프로파일에 맞는 동영상을 제작했다. 각 동영상은 핵심 주제와 슬로건, 아바타의 어투와 몸짓까지 모두 개별 사용자들에게 맞춤으로 제공되었다. 마치 특정 인구통계 그룹을 겨냥하는 광고와 비슷했다.

그냥 가짜를 만드는 것과 여러 인격을 가진 가짜를 만드는 것은 다른 문제였다. 후자는 아마카의 능력을 벗어나는 일이었다. 불가능하다는 생각이 들자 왠지 안도감이 들었다. 하지만 이제 그는 카이가 지시한 임무를 해내지 못했다는 결과를 맞닥뜨려야 했다.

"너도 가서 함께하지 그러니?" 어느새 아마카의 등 뒤로 와서 창밖을 내다보던 오지오마가 말했다. 그녀는 영국산 담배에 불을 붙였다. "난 우리 마을에서 춤의 여왕이었어. 잘난 체하려는 건 아니지만, 남자들 모두 내게서 눈을 떼지 못했지. 하지만 아버지는 내가 춤추는 걸 싫어하셨어. 내가 춤추다가 걸릴 때마다 때리려 했지." 오지오마가 회상에 잠긴 듯한 눈빛으로 말했다.

"아버지 뜻에 따랐나요?"

"세상에 어떤 아이가 부모가 싫어한다는 이유로 자기가 좋아하는 걸 포기하겠어? 나도 결국에 들키지 않고 춤을 출 방법을 찾아냈지." 오지오마가 크게 웃으며 대답했다.

"그게 뭔데요?"

"나는 춤출 때마다 아그보고 음무오Agbogho Mmuo를 썼어."

"뭐라고요?"

아마카의 눈이 휘둥그레졌다. 아그보고 음무오는 몇 대에 걸쳐 전해 내려온 신성한 가면으로 이보족에게는 모든 살아 있는 생명의 어머니와 처녀들의 영혼을 나타냈다.

"아버지는 내가 그 가면을 썼을 때 너랑 똑같은 표정을 지었어. 아버지는 가면과 가면이 상징하는 여신에게 엎드려 절하고 존경을 표시할 수밖에 없었지. 물론 춤이 끝나고 가면을 벗으면 그때부터 혼나는 건 내 몫이었지만." 오지오마가 자랑스럽다는 듯이 말했다. 마치 기억이 그녀를 잠시 어린 시절 그때로 돌려놓은 것 같았다.

오지오마의 이야기를 듣다 보니 아마카는 흐릿하고 형태가 없는 아이디어 하나가 머릿속을 스쳐 지나가는 걸 느꼈다. 아마카는 얼굴을 찡그리며 생각했다. '가면이라…'

'그래. 가면이 바로 내 힘의 원천이었어.'

'가면을 벗는다? 가면을 벗는다…' 혼자 중얼거리던 아마카가 벌떡 일어서더니 오지오마의 뺨에 입을 맞추었다. "고마워요. 정말 고마워요. 춤의 여왕님!"

아마카는 북적이는 거리 행렬과 어리둥절해하는 오지오마를 뒤로 한 채 서둘러 책상 앞으로 갔다.

"거짓말을 만들어서 파카의 말인 양 유포해도 그의 추종자들은 그를 버리지 않을 겁니다." 새로운 발견에 흥분한 아마카는 그날 오후 카이와 화상 채팅에서 이렇게 말했다. "하지만 가면을 벗겨서 누가 배후의 조종자인지 밝히는 건 가능할 거예요."

"하지만 누가 배후 세력인지 아무도 모르잖아."

"바로 그거예요!" 아마카가 활짝 웃었다. "모르겠어요? 그건 누구든지 배후 세력이 될 수 있다는 뜻이기도 하잖아요."

"그렇다면 네 말은…"

"내가 파카의 가면을 벗겨서 그를 당신이 원하는 사람으로 만들 수 있어요."

"너 정말 천재로구나." 잠시 침묵하던 카이가 마침내 입을 열었다. 그러다 아마카가 채팅창을 나가려고 인사하자 "잠시만"이라며 불러세웠다. "그건 네가 현실에 존재하는 사람의 얼굴을 만들어야 한다는 뜻이잖아."

"맞아요."

"모든 안티페이크 프로그램을 속일 수 있는 얼굴이라…." 카이는 생각에 잠겼다가 다시 말을 이었다. "색상의 왜곡, 노이즈 패턴, 압축률 변화, 눈 깜빡임의 빈도, 온갖 생체 신호 등을 생각해봐. 이걸 할 수 있겠어?"

"시간이 필요해요. 그리고 무제한 인공지능 클라우드 플랫폼이 필요해요."

카이는 다시 연락하겠다며 채팅방을 나갔다. 이론상으로는 누구나 안티페이크 프로그램을 속일 만큼 충분히 완벽한 가짜 이미지나 동영상을 제작할 수 있었다. 관건은 인공지능 컴퓨팅 성능을 업그레이드하는 데 따른 비용이었다. 생성자인 페이크와 식별자인 안티페이크는 에로스와 타나토스처럼 끝나지 않을 싸움을 벌이고 그 결과로 가짜 영상이 만들어지는데, 그들이 마음껏 싸움을 벌이도록 하려면 엄청난 고성능의 컴퓨팅 성능이 뒷받침되어야 했다.

아마카는 흐릿한 컴퓨터 화면에 비친 자신의 모습을 응시했다. 온몸을 휘감으며 요동치던 아드레날린이 잦아드는 듯했다. 그는 자신의 얼굴에서 흥분이 아닌 피로와 불안을 보았다. 마치 위에서 그를 내려다보는 수호신을 배신이라도 한 것처럼 느껴졌다.

+ + +

카이가 세운 새로운 계획은 펠라 쿠티의 디지털 가면을 벗기면 '레포Repo'의 얼굴이 나타나는 것이었다. 레포는 다른 부족들에 대한 인신

공격성 막말로 악명 높은 요루바의 정치인이었다. 레포는 '하나의 나이지리아' 운동의 주요한 적이었다. 파카의 배후 조종자가 다름 아닌 레포였다고 폭로하면 추종자들의 믿음은 산산이 부서질 터였다. 물론 그전에 아마카의 가짜 동영상이 수백만 명의 인간들과 'VIP 탐지기'를 포함한 인공지능의 검열을 무사히 통과해야 했다.

VIP 탐지기는 정치인, 정부 관료, 유명인사, 운동선수, 학자와 같은 공인들의 평판을 보호하기 위해 설계되었다. 유명인들의 사진이나 여러 흔적이 인터넷에 넘쳐나는 까닭에 그들은 쉽게 딥페이크의 타깃이 되었다. VIP 탐지기는 사이버 공간에서 유명인들이 사기의 피해자가 되는 것과 그로 인해 사회 질서가 파괴되는 것을 막기 위한 장치였다. 유명인의 사진이나 동영상을 올리는 웹사이트들은 올리기 전에 의무적으로 VIP 탐지기 알고리즘을 콘텐츠에 적용해야 했다. VIP 탐지기에는 초고선명 안면인식부터 보디랭귀지 인식, 손과 손가락 모양 인식, 발화 평가, 심지어 정맥 인식까지 각종 기술이 포함돼 있었다.

보호 대상인 유명인의 모든 데이터는 VIP 탐지기의 딥러닝 인공지능에 제공되었다. 유명인 중에서도 특별히 중요한 인물일 경우 데이터 뱅크에 의료 기록까지 보관했다. 레포의 사회적 지위나 그의 발언이 종종 사회적 논란을 일으킨다는 점을 고려하면 그는 분명 VIP 탐지기의 보호 대상이었다.

아마카는 VIP 탐지기에도 분명 결함이 있을 것이라 믿었다. 탐지기의 데이터 인공신경망이 어떻게 만들어졌는지 해독할 수 있다면 수천 갈래로 엉킨 데이터들 사이의 틈새를 정확히 찾아낼 수 있을 듯했다. 그물의 구멍이 아무리 작아도 어떻게든 탈출하겠다는 의지를 다진 물고기라면 결국에는 탈출구를 찾아낼 수 있지 않은가.

아마카는 레포의 진짜 동영상을 기반으로 인공지능의 도움을 받아서 입술, 눈, 코, 피부 등은 물론 사소한 몸짓까지 하나하나 조심스럽게 만들고 수정했다. 마치 20세기의 프랑켄슈타인 박사가 새로운 생명체를 창조했던 것처럼 말이다.

아마카는 모니터 역할을 하는 XR 비전 필드를 사용해 3D 작업 공간을 만들었다. 그는 공중에 대고 손을 사용해 화면을 열고 키우거나 줄이거나 사라지게 했다. 마우스 없이 파일과 데이터들을 드래그해서 이리저리 옮기고 자르고 붙이기도 했다. 그는 자신이 마법사로 보이길 원했지만 실제로는 진수성찬을 준비하는 스타 셰프처럼 보였다.

아마카는 각각의 요리에 가장 적당한 식재료를 선택하는 셰프처럼 레포의 신체 각 부분을 만들기 위한 효과적인 오픈소스 소프트웨어를 신중하게 선택했다. 그런 후 최적의 맛을 위해 양념을 하듯이 매개변수, 학습모델, 알고리즘을 조정했다. 마침내 그는 그것들이 알맞은 온도에서 조리되도록 최대 컴퓨팅 성능을 지닌 인공지능 클라우드 플랫폼으로 보냈다. GAN이 처리한 동영상 소스는 가상의 작업 공간에서 무한대로 확장되는 일련의 섬네일을 생성했다. 레포의 다양한 신체 부위가 그려진 그림들로 가득 찬 갤러리를 보는 듯했다.

갤러리 벽 뒤의 클라우드에서는 보이지도 들리지도 않는 맹렬한 전투가 벌어졌다. GAN의 양극과 음극, 즉 생성자인 위조신경망과 식별자인 탐지신경망 사이의 전투였다. 위조신경망의 목표는 생성된 이미지의 손실함수 값을 최소화함으로써 탐지신경망의 피드백을 바탕으로 스스로 업그레이드하며 안티페이크 탐지기를 속일 수 있는 더욱 그럴듯한 이미지를 생성하는 것이었다. 반대로 탐지신경망은 손실함수 값을 최대화하기 위해 애쓴다. 이 맹렬한 전투는 양측이 어떤 균형점에 도달할 때까지 수백만 번 반복된다.

매개변수를 조정하고 학습모델을 개선하는 작업이 수없이 반복되었고 그럴 때마다 동영상은 점점 더 진짜처럼 보였다. 색색의 점으로 보이는 픽셀들로 눈이 부셨지만 아마카의 눈은 XR 비전의 작업 공간에 계속 집중했다. 이마에 맺힌 땀방울이 흘러내려 코끝에서 떨어졌는데도 아무 상관 없다는 듯 아마카의 손가락은 춤을 추듯 민첩하게 움직였다.

하지만 그렇게 집중해서 작업하는 와중에도 이따금 어떤 목소리가 귓가에 울려 그를 방해했다. 마치 삶과 죽음의 사이에 영원히 갇힌 아이 오그반제*처럼.

'넌 지금 네 손으로 신을 죽이고 있어.' 정체불명의 목소리가 속삭였다.

'그는 우리의 신이 아니야. 요루바인일 뿐이야.' 아마카는 다시 일에 집중하려고 애쓰면서 마음속으로 되뇌었다.

마침내 아마카는 안도의 한숨을 내쉬었다. 그가 만든 가짜 동영상이 VIP 탐지기를 속이는 데 성공했다. 초주검이 된 그는 침대에 쓰러져 깊은 잠에 빠졌다.

+ + +

아마카는 그의 이름을 부르는 목소리를 들었다. 침대 끝에 어두운 그림자가 서 있었다. 겁을 먹은 그는 침대 머리맡의 램프 스위치를 찾으려고 더듬었지만 아무것도 느껴지지 않았다. 그림자가 그에게 다가왔다. 아마카는 그림자의 얼굴을 보았다. 파카였다.

"원하는 게 뭡니까?" 아마카는 간신히 소리를 내어 말했다.

"겁내지 말게. 난 자네가 부르는 소리를 듣고 자네를 보기 위해 온 거네."

"나는… 나는 당신을 해치려는 게 아니었어요." 아마카의 목소리가 떨렸다.

파카는 웃음을 터뜨리더니 표범이 으르렁거리듯이 거친 숨소리를 냈다. "아무도 나를 해치지 못해. 자네든 그들이든 말이야."

* 오그반제ogbanje란 태어나자마자 죽어서 엄마의 뱃속으로 들어갔다가 다시 태어나기를 반복하는 아이를 뜻한다. 유아 사망률이 높은 아프리카 지역에서는 아이가 죽으면 다시 태어나기 위해 어머니 뱃속으로 들어간다는 미신이 있었다. 그래서 아이가 죽으면 다시 데이니지 못하도록 주술사가 날카로운 칼로 아이의 몸에 여기저기 상처를 내기도 했다.

"그들이라뇨?"

"나이지리아의 미래를 망치려는 자들 말일세. 밤의 정글로 자네를 유도하려 한 사람들."

"죄송해요, 파카. 어쩔 수가 없었어요."

"아니. 자넨 선택할 수 있어. 날리우드**로 가게. 쉬운 길을 찾지 말고 가서 나이지리아의 진정한 이야기를 쓰게."

아마카는 할 말을 잃은 채 인공신경망에서 생성된 픽셀들로 만들어진 눈앞의 인물을 쳐다봤다. '나는 항상 내 이야기를 하고 싶었어. 무섭게 변해가는 현실과 오래된 전통 사이에서 고군분투하는 이보인에 대한 이야기 말이야.'

"수호신이 나를 버렸어요. 내가 요루바의 땅에 오기 위해 그들을 떠났기 때문이에요."

"바보 같은 소리!" 파카가 아마타의 말을 끊었다. 갑자기 파카의 목소리가 매우 익숙한 누군가의 것처럼 들렸다.

"네가 어린 시절 내가 해줬던 말을 기억하니?"

"제가 어릴 때요?"

"나는 네게 새들의 이름을 알려주고, 새총을 만들기에 가장 좋은 나무를 보여주고, 코끼리 풀로 피리를 만드는 법을 가르쳐줬어. 지금은 기억이 안 나니?"

"하지만… 그건 제 아버지였어요." 머뭇거리며 말하던 아마카의 눈이 갑자기 휘둥그레졌다.

"그래, 아들아. 이보의 속담을 기억하니? 어떤 사람이 '그렇다'고 말하면 그의 수호신도 '그렇다'고 말할 수밖에 없지. 사람이 신을 저버리지 신은 결코 사람을 저버리지 않아."

** 날리우드Nollywood는 나이지리아와 할리우드가 합쳐진 말로 나이지리아의 영화업계를 가리킨다.

"하지만 아버지, 저는 아버지를 실망시키고 싶지 않아요." 아마카는 가족들에게 수치심을 안겨주겠다는 카이의 위협을 떠올리며 속삭이듯 말했다.

"아마카, 내가 네게 한 번도 말하지 않은 게 있다."

"그게 뭔데요?"

"사실 나는 너에 대해 점술가가 한 말에 별로 신경 쓰지 않았다. 나는 내 아들의 몸 안에 누구의 영혼이 사는지 개의치 않았어. 그저 내 아이가 행복하고 친절한 사람이 되고, 진심으로 신과 영혼을 받드는 사람이 되길 원했을 뿐이다."

"아버지…." 아마카가 파카의 얼굴을 향해 손을 뻗었다. 그는 가면을 벗기고 세월의 풍파에 지친 아버지의 얼굴을 다시 보고 싶었다.

"아마카, 뉴아프리카슈라인*으로 가거라. 나는 네가 올바른 선택을 할 만큼 충분히 현명하다고 믿는다. 그리고 나서 다시 내게 돌아오너라."

아마카의 손가락이 닿으려 하자 파카는 사라졌다. 아마카는 놀라서 꿈에서 깨어났다. 침대 램프가 켜져 있었다. 마크브이의 짙은 녹색 화면에 뜬 낯익은 얼굴이 그를 보고 웃고 있었다.

+ + +

라고스주의 수도 이케자에 있는 뉴아프리카슈라인의 외벽은 온통 그래피티로 도배가 되어 오랫동안 방치된 주차장처럼 보일 정도였다. 비록 외관은 초라해도 내부의 열기는 대단했다. 2,000명을 수용할 수 있는 센터에서는 매주 콘서트가 열렸고, 다양한 식음료를 판매하는 가판대들이 성업 중이었다. 펠라 쿠티가 엠파이어호텔에 처음 열었던 아프리카슈라인 나이트클럽은 1977년 경찰에 의해 불타버렸다. 하지만 그의 아들 페

---

* New Afrika Shrine. 라고스주의 이케자에 위치한 야외 공연장이 있는 엔터테인먼트센터

미가 2000년에 아버지를 기리며 이곳에 다시 클럽을 열었다.

아마카는 뉴아프리카슈라인에 자주 왔었다. 즐거운 시간을 보내고 싶은 라고스의 모든 청년과 마찬가지로 그에게 이 센터는 먹고 마시고 파티하기에 좋은 장소일 뿐만 아니라 성전이자 순례자들의 목적지이기도 했다. 반세기 전 반란을 일으킨 자유로운 영혼들과 만날 수 있는 곳이었다. 사람들은 이 특별한 장소에서 마법에라도 걸린 듯 부족과 계층 간의 갈등은 모두 잊고 술을 마시며 즐겁게 어울렸다.

오늘 아마카는 작별인사를 하러 왔다.

뉴아프리카슈라인은 시대와 상관없이 흑인의 신과 여신들을 모셨다. 콰메 은크루마Kwame Nkrumah, 마틴 루서 킹 주니어Martin Luther King, Jr., 맬컴 엑스Malcolm X, 토머스 산카라Thomas Sankara, 넬슨 만델라Nelson Mandela, 에스더 이방가Esther Ibanga, 치누아 아체베Chinua Achebe, 월레 소잉카Wole Soyinka, 플로렌스 오조Florence Ozor…. 자신의 삶을 자유, 민주주의, 평등을 위해 바친 위대한 인물들이었다. 아마카는 조용히 마음속에 그들의 얼굴을 하나씩 새겼다. 신들과 영혼들이 그를 지켜주길 기도했다.

아마카는 라고스를 떠나 집으로 가서 아버지에게 모든 걸 말하려 했다. 그것 말고는 무엇을 해야 할지 알 수 없었다. GAN을 능숙하게 잘 다루는 실력 덕분에 아마도 괜찮은 일자리를 얻을 수 있을지도 몰랐다. 무언가 가짜를 만들지 않아도 되고 타인을 도울 수 있는 일자리 말이다. 의료용 인공지능 기술이 적용되는 보건의료 분야의 일을 찾거나, 오래된 흑백 영화에 색을 입혀 멋지게 재탄생시키는 일을 할 수도 있었다. 아니면 날개를 활짝 펴고 더 멀리 날아가 감히 꿈도 꾸지 못했던 일, 진짜 날리우드 영화를 만드는 일을 할 수도 있었다. 그는 영화로 만들 좋은 이야기를 이미 갖고 있었다.

갑자기 동전 떨어지는 소리가 들리며 아마카의 스마트스트림이 진동했다. 카이가 약속한 돈이 들어온 것이었다. 그가 만든 진짜 같은 가짜 동영상이 인터넷을 타고 급속도로 퍼져나가 수백만에 달하는 파카의 추종자들에게 핵폭탄 같은 충격을 안겨주는 데 성공했다는 뜻이었다.

최근 몇 년간 인공지능이 만든 동영상들은 가봉공화국에서 반란을, 말레이시아에서 정치적 소요 사태를 일으키는 도화선이 되었다. 아마카는 그가 만든 동영상이 나이지리아에서 무슨 일을 일으킬지 생각하는 것조차 두려웠다.

'하지만 난 이미 선택했어.'

무대 중앙에 높이 매달린 펠라 쿠티의 흑백 초상화 앞에 선 아마카는 두 손을 머리 위로 올려 앞으로 쭉 뻗었다. 마치 신들과 영혼들의 힘에 닿으려는 것 같았다.

'나는 내 운명의 주인이 되어 언제 죽음이 나를 데려갈지 스스로 결정할 거야.' 아마카는 마법의 주문을 외우듯이 진지하게 속삭였다. 펠라 쿠티의 말을 인용한 것이었다. 그의 중간 이름인 아니쿨라포는 요루바어로 '죽음을 자기 주머니에 갖고 다니는 사람'이라는 뜻이었다.

아마카는 스마트스트림에 명령어를 몇 줄 입력하더니 쓰레기통에 버렸다. 3D 프린터로 만든 엉성한 마스크를 꺼내 얼굴에 썼다. 그가 무슨 일을 저질렀는지 카이가 알아채기 전에 가능한 한 멀리 도망갈 수 있게 해달라고 기도했다. 아마카는 거대한 도시를 떠나 신선한 흙냄새를 맡을 수 있는 고향으로 돌아가기로 했다.

아마카는 가짜를 없애기 위해 또 다른 거짓말을 했다.

딥마스크로 만든 두 번째 동영상이 인터넷에 업로드되어 또 다른 충격을 던져줄 준비가 돼 있었다. 두 번째 동영상은 첫 번째 동영상과 달리 파카가 디지털 가면을 벗고 레포의 얼굴을 드러낼 때 영상이 일시정지하지 않도록 설정되어 있었다. 가면을 벗으면 레포의 가면이 나오고, 레포의 가면 뒤에 또 다른 가면이 계속해서 나오는 식이었다. 파카와 레포의 가면에 이어 나타나는 것은 바로 나이지리아의 문화적 신들과 여신들의 얼굴이었다.

악의적 딥페이크에 맞서는
또 다른 기술

〈가면 뒤의 신〉은 인공지능 기술을 이용한 시각적 속임수에 관한 이야기로 더 이상 육안으로는 인공지능 기술로 만든 가짜 동영상을 식별하기 어려워질 미래를 그리고 있다. 사용자를 가짜 동영상으로부터 보호하려면 웹사이트와 애플리케이션이 안티딥페이크 소프트웨어를 설치해야 한다. 하지만 딥페이크 생성자와 식별자 사이의 줄다리기는 컴퓨팅 성능이 더 좋은 쪽이 승리하는 군비 경쟁이 되었다.

소설의 배경은 2041년이지만, 여러 선진국은 그보다 일찍 소설에서 묘사하는 상황을 맞이할 것이다. 선진국에는 딥페이크와 인공지능을 활용한 가짜 이미지와 동영상을 제작하고 식별하는 데 필요한 비싼 컴퓨터, 소프트웨어, 인공지능 전문가로 인해 발생하는 비용을 감당할 여력이 있기 때문이다. 관련 법규도 선진국에서 먼저 시행될 것이다. 〈가면 뒤의 신〉은 딥페이크의 부정적인 외부효과가 그보다 나중에 발생할 수 있는 개도국을 배경으로 한다.

그렇다면 인공지능은 이미지와 동영상을 통해 '보는' 법을 어떻게 학습하는가? 이 기술은 어떻게 적용될 수 있는가? 인공지능 딥페이크 제작자들은 어떻게 작업하는가? 인간 혹은 인공지능은 딥페이크를 식별할 수 있을 것인가? 가짜 동영상이 소셜 네트워크에 범람할 것인가? 딥페이크는 어떻게 막을 수 있을까? 인공지능이 드러낼 보안상의 다른 허점은 무엇인가? 딥페이크를 가능하게 하는 기술에는 어떠한 장점도 없는가?

컴퓨터 비전이란 무엇인가?

〈황금 코끼리〉에서 우리는 인터넷이나 금융과 같은 빅데이터 적용 분야에서 딥러닝이 가진 엄청난 잠재력을 확인했다. 인공지능이 빅데이터를 분석해 적용하는 능력에서 인간보다 앞선다는 사실에 놀라지 않을 수도 있다. 하지만 인간이나 다른 생명체에만 있는 고유한 능력으로 여겨졌던 '지각 능력'을 인공지능이 갖게 된다면 어떻게 될까?

시각은 인간의 여섯 가지 감각 가운데 가장 중요하다. 컴퓨터 비전computer vision은 컴퓨터의 '보는' 능력에 관한 문제를 중점적으로 다루는 인공지능의 하위 분야다. 여기서 '본다'라는 것은 '본 것을 이해하는 것'까지 포함한다. 컴퓨터 비전은 다음과 같은 기술을 포함하고 있으며, 이런 기술들은 점점 더 복잡해지고 있다.

- **이미지 포착 및 처리:** 실제 세계의 3D 장면을 카메라와 다른 센서들을 이용해 동영상으로 구현한다. 각 동영상은 연속적인 이미지들로 구성되며, 각 이미지는 2D로 배열되는 픽셀의 집합체로 만들어진다.
- **대상 감지 및 이미지 세분화:** 이미지를 뚜렷한 부분들로 나누고 대상이 어디에 있는지 찾는다.
- **대상 인식:** 대상을 인식하고 세부 정보를 이해한다. 가령 대상이 강아지임을 인식하고 그 강아지가 독일산 셰퍼드라는 것까지 이해한다.
- **대상 추적:** 연속적인 이미지나 동영상에서 움직이는 대상을 추적한다.

- **몸짓과 움직임 인식:** 엑스박스Xbox 댄싱 게임에서 캐릭터의 춤추는 동작과 같은 움직임을 인식한다.
- **장면 이해:** 어떤 장면을 전체적으로 이해한다. 예를 들어, '뼈다귀를 바라보는 배고픈 강아지'처럼 장면 속의 여러 대상이 갖는 미묘한 연관성까지도 함께 파악한다.

〈가면 뒤의 신〉에서 아마카가 사용한 딥페이크 제작 장비는 앞서 설명한 컴퓨터 비전의 모든 기술이 담긴 것이다. 아마카가 파카의 동영상을 편집하려면 먼저 동영상이 초당 60프레임의 이미지로 나뉘어야 한다. 각각의 이미지는 수천만 개의 픽셀로 표현된다. 인공지능은 수천만 개의 픽셀을 읽고 자동으로 파카의 몸을 세분하고(혹은 그의 몸 테두리를 그리고) 다시 가면을 쓴 얼굴, 입, 손 등으로 더 세분한다. 만일 50초짜리 동영상이라면 3,000프레임으로 나눈다. 또 프레임 사이의 움직임을 서로 관련지으며 추적함으로써 연관성을 발견한다. 이 모든 일이 편집이 이루어지기 전에 발생한다.

이렇게 설명하면 딥페이크 제작에 상당히 많은 시간과 노력이 필요한 것처럼 들릴지도 모른다. 하지만 우리 인간은 특별한 노력 없이도 이러한 단계들을 순식간에 거쳐서 세계와 사물을 지각하고 이해한다. 어떤 대상을 볼 때 이 모든 것이 이루어지는 시간은 1초도 채 되지 않는다. 빨갛고 동그란 것을 보자마자 '저것은 사과다'라고 지각하는 것처럼 말이다.

또 인간은 어떤 대상을 볼 때 이미 가지고 있는 개념을 바탕으로 관념적이면서 개략적으로 이해한다. 대상의 일부가 가려져 있거나 흐릿해 보여도 추론을 통해 전체를 파악할 수 있다. 가령 레포가 특정 자세로 책상에 앉은 모습을 본 것만으로 다른 쪽을 보지 않고도 그가 펜으로 무언가를 쓰고 있음을 추론할 수 있다. 즉, 인간은 무언가를 '지각'할 때 과거 경험을 통해 축적한 모든 지식과 정보를 동원한다. 이는 인간에게는 매우 자연스러운 것으로 여겨지지만 이것을 컴퓨터에 가르치는 것은 매우 어려운 일이다. '컴퓨터 비전'은 이러한 어려움을 극복하고 컴퓨터가 인간의 시각적인 지각 능력을 재현하도록 만들려는 연구 분야다.

다양한 분야에 적용되는
컴퓨터 비전 기술

우리는 이미 매일 컴퓨터 비전 기술을 사용하고 있다. 컴퓨터 비전은 교통부터 보안에 이르는 다양한 분야에서 실시간으로 사용될 수 있다. 이미 사용되고 있는 예는 다음과 같다.

- 졸고 있는 운전자를 감지하도록 자동차에 설치된 운전자 보조 기능
- 아마존고Amazon Go와 같은 무인 매장(쇼핑 카트에 물건을 담을 때 카메라가 인식한다.)
- 공항 보안(사람들의 수를 세고, 테러리스트를 인식한다.)
- 몸짓 인식(엑스박스 댄싱 게임에서 각 캐릭터의 춤 추는 동작을 인식하고 점수를 매긴다.)
- 얼굴 인식(스마트폰 잠금 해제를 위해 얼굴을 인식한다.)
- 스마트카메라(아이폰의 인물 사진 모드는 전경에 있는 사람들을 인식해 추출한 후 배경을 '아름답고' 흐릿하게 처리해 DSLR과 같은 효과를 낸다.)
- 군사적 적용(적군과 민간인을 구별한다.)
- 드론과 자동차의 자동항법 시스템

〈가면 뒤의 신〉 초반부에 실시간 안면인식 기술이 전철역 개찰구를 통과하는 사람들을 인식해 자동으로 승차요금을 부과하는 장면이 있다. 또 사람들은 손짓만으로 길거리 광고판 속 동물들과 상호작용하기도 한

다. 아마카의 스마트스트림은 컴퓨터 비전 기술을 이용해 전방의 지형지물을 인식하고 목적지로 가는 길을 안내했다.

컴퓨터 비전은 이미지와 동영상에도 적용할 수 있는데, 몇 가지 예를 살펴보자.

- 사진과 동영상의 스마트 편집(포토샵과 같은 도구들은 얼굴 윤곽을 따라 테두리를 그릴 수 있고, 충혈된 눈을 없앨 수도 있다. 셀카 사진을 아름답게 업그레이드하는 데 컴퓨터 비전이 광범위하게 사용된다.)
- 의료 영상 분석(폐 CT에서 악성 종양이 있는지 판단하기 위해 사용한다.)
- 콘텐츠 감시(소셜미디어에서 포르노와 폭력적인 콘텐츠를 감지한다.)
- 특정 동영상의 콘텐츠를 분석해 관련 광고가 보이도록 하는 시스템
- 스마트 이미지 검색(키워드나 다른 이미지를 검색창에 입력해 이미지를 찾는다.)
- 딥페이크 동영상 제작(동영상에서 하나의 얼굴을 다른 얼굴로 대체한다.)

〈가면 뒤의 신〉에서 우리는 얼굴, 손가락, 손, 목소리부터 보디랭귀지, 걸음걸이, 표정까지 한 사람을 다른 사람으로 대체하는 딥페이크 제작 도구를 보았다. 딥페이크에 대한 자세한 설명은 다음과 같다.

컴퓨터 비전에 사용되는 합성곱신경망

딥러닝을 표준신경망에서 작동하도록 하는 것은 매우 도전적인 일이다. 딥러닝이 작동하려면 방대한 수의 이미지가 필요하며 하나의 이미지만 해도 수천만 개의 픽셀로 이뤄져 있다. 따라서 표준신경망에서는 딥러닝에 미묘한 단서와 특징을 찾아내도록 가르치는 것은 무척 어려운 일이다. 연구자들은 딥러닝을 개선하기 위해 인간의 뇌에서 아이디어

를 얻었다. 인간의 시각작용은 망막의 빛수용체 세포를 통해 색과 형태를 파악함으로써 이루어진다. 그다음에는 뇌가 읽을 수 있는 전기 신호로 변환되어 신경절세포층으로 구성된 수용영역을 통해 뇌의 시각피질로 전달된다. 시각피질은 기존의 기억과 학습 지식 등에 의존해 전달받은 시각 정보를 수용하고 해석해 출력값을 처리함으로써 '본다'라는 행위를 완성한다. 우리가 단순한 사물부터 복잡한 장면까지 순식간에 보고 이해할 수 있는 것은 망막과 수용영역, 시각피질의 세포들 덕분이다.

이러한 인간의 시각작용 원리는 합성곱신경망Convolutional Neural Network, CNN의 발명에 영감을 주었다. CNN의 가장 하위 계층은 다수의 필터로 이루어져 있다. 필터들은 망막의 수용영역에 해당한다. 필터들이 전체 이미지 위를 반복적으로 미끄러지듯이 움직이며 이미지를 검토하고 색과 형태와 같은 기본적인 특징들을 파악한다. 그다음에는 CNN의 상위 계층에서 좀 더 복잡한 형상을 파악한다. 가령 얼룩말 이미지가 CNN에 입력되면 하위 계층의 필터는 검은색 선과 흰색 선을 찾아내고, 상위 계층에서 줄무늬를 비롯해 귀와 다리 등을 찾아낸다. 또 최상위 계층에서는 조합된 이미지를 말이나 호랑이 이미지와 구별해서 얼룩말이라는 출력값으로 내보낸다. CNN은 목적함수를 최적화하기 위해 이미지의 어떤 특징을 데이터로 사용할지 스스로 결정한다.

CNN은 컴퓨터 비전을 위해 설계된 딥러닝 아키텍처로 이미지와 동영상에 다양하게 변형되어 사용된다. CNN이 처음 논의되었던 1980년대에는 그것이 무엇을 할 수 있을지 보여줄 충분한 데이터가 없었고 컴퓨팅 성능도 부족했다. 2012년이 되어서야 CNN이 컴퓨터 비전에 대한 기존의 모든 접근법보다 뛰어나다는 것이 밝혀졌다. 마침 이 무렵에 방대한 규모의 이미지와 동영상이 스마트폰을 통해 소셜 네트워크에서 공유되었다. 또 더 빨라진 컴퓨팅 성능과 대용량 데이터 스토리지 비용이 감당할 수 있는 수준으로 낮아졌다. 이러한 요인들이 더해져 컴퓨터 비전의 발전과 확산을 촉진했다.

가짜 인간을 만드는 딥페이크

영상 속의 버락 오바마 대통령은 "트럼프 대통령은 정말 형편없는 머저리다"라고 말했다. 2018년에 급속히 퍼져나갔던 이 영상은 알고 보니 영화감독 조던 필Jordan Peele과 온라인 매체 버즈피드BuzzFeed가 공동으로 제작한 딥페이크였다. 인공지능은 필의 음성 데이터를 오바마의 음성으로 바꿨다. 진짜 동영상에서 가져온 오바마의 얼굴에서 입술의 움직임과 표정도 말소리에 맞춰 수정했다.

필은 딥페이크의 시대가 오고 있으니 조심하라는 경고의 차원에서 이 동영상을 제작했고, 그의 경고는 현실이 되었다. 같은 해에 여러 유명인사들의 가짜 포르노 영상이 인터넷에 업로드되면서 딥페이크에 대한 맹렬한 비난이 쏟아졌고, 결국 관련 법규까지 제정되었다. 하지만 딥페이크는 새로운 모습으로 계속 출현했다. 2019년 중국에서는 셀카 사진을 단 몇 분 만에 유명한 영화의 주인공으로 만들 수 있는 애플리케이션이 출시됐다. 스마트폰만 있으면 딥페이크를 쉽게 만들 수 있게 해주는 아바타리파이Avatarify라는 애플리케이션은 2021년 애플 앱스토어에서 1위를 기록했다. 아바타리파이는 얼굴 근육을 자유자재로 움직이게 만드는 기술로 사진 속 인물이 영화 사운드트랙에 맞춰 노래를 부르거나 눈을 찡그리거나 입을 활짝 벌려 웃게 만들 수 있다. 갑자기 딥페이크가 주류가 되었고, 누구든 (비록 어설프고 가짜인 걸 금세 알아챌 수 있기는 해도) 가짜 동영상을 만들 수 있게 되었다.

이러한 현상이 의미하는 바는 머잖아 디지털로 된 모든 것을 위조할 수 있음을 보여준다. 온라인 동영상, 녹음된 연설이나 음성, CCTV 영상, 법정 증거로 사용되는 동영상까지 모두 말이다. 〈가면 뒤의 신〉에서 아마카는 필이 사용한 것보다 훨씬 더 고성능의 툴과 장비를 사용해 인간의 육안은 물론 안티딥페이크 소프트웨어도 식별할 수 없는 매우 정교한 고화질 동영상을 제작한다. 그는 우선 어떤 텍스트라도 레포가 말하는 것처럼 들리도록 변환하는 텍스트-음성 변환 프로그램을 사용했다. 그리고 말소리와 내용에 맞게 레포의 입 모양과 표정까지 자연스럽게 처리했다. 이렇게 만들어진 레포의 얼굴을 기존 동영상 속 파카의 몸에 얹고는 손과 발을 비롯해 맥박과 호흡 패턴까지 맞췄다. 인공지능은 앞으로 모든 신체 부위를 적절하면서 자연스럽게 연결되도록 하는 능력까지 갖추게 될 것이다.

딥페이크 기술은 동영상으로 '가짜 인간'을 만드는 것 외에 처음부터 컴퓨터상에서 3D 인간 모델을 구축하는 데 이용되기도 한다. 이것이 바로 〈토이 스토리〉와 같은 애니메이션이 만들어지는 원리다. 3D 접근법은 컴퓨터그래픽으로 알려진 컴퓨터과학의 또 다른 분야에서 파생되었다. 컴퓨터그래픽에서 모든 것은 수학적으로 모델링된다. 연구자들은 머리카락, 바람, 그림자 등에 대한 현실적인 수학적 모델을 만들어야 한다. 3D 접근법은 환경과 등장인물을 임의로 만들 수 있는 훨씬 큰 자유를 '제작자'에게 부여해 제작자가 각 등장인물을 자신이 원하는 대로 '꼭두각시'처럼 조작할 수 있다. 하지만 요구되는 기술적 복잡성과 컴퓨팅 성능 수준은 훨씬 높다. 2021년의 컴퓨터로는 페이크 탐지 소프트웨어와 인간의 눈을 속일 수 있는 3D 영상을 사용한 영화를 만들 수 없다(이 점이 바로 현재 애니메이션에 나오는 인간들이 아직 실제 인간처럼 보이지 않는 이유다). 향후 몇 년이 더 흘러 2041년이 되면 〈쌍둥이 참새〉와 〈유령이 된 아이돌 스타〉에서 표현된 대로 사진과 같은 현실감을 나타내는 3D 모델이 구현될 것이다.

필의 딥페이크는 재미와 생각할 거리를 주기 위해 만들어진 반면 〈가면 뒤의 신〉에서 카이가 딥페이크를 만들려는 목적은 다분히 악의적이다. 딥페이크는 악성루머를 확산시킬 뿐만 아니라 협박, 학대, 명예 훼손, 선거 조작 등으로 이어질 수 있다. 어떻게 딥페이크를 만들 수 있을까? 인공지능 도구는 딥페이크를 어떻게 감지하는가? 딥페이크와 딥페이크 방지 소프트웨어가 벌이는 전쟁에서 누가 이길 것인가? 이러한 질문들에 답하려면 딥페이크를 생성하는 메커니즘인 GAN(생성적대립신경망)을 이해해야 한다.

위조신경망과 탐지신경망의 대립

딥페이크는 GAN이라는 기술을 기초로 만들어진다. GAN은 위조신경망과 탐지신경망이라는 두 개의 대립적인 딥러닝 신경망으로 만들어진다. 위조신경망은 실제처럼 보이는 무언가를 생성하려 한다. 예컨대 수백만 개의 강아지 사진을 바탕으로 합성한 강아지 사진을 만든다. 탐지신경망은 위조신경망이 합성한 강아지 사진을 진짜 강아지 사진과 비교해 진짜인지 가짜인지 판단한다.

위조신경망은 탐지신경망의 피드백을 바탕으로 다음에는 탐지신경망을 속이는 데 성공하겠다는 목표를 가지고 스스로 훈련한다. 위조신경망은 손실함수 혹은 생성된 이미지와 진짜 이미지 사이의 차이를 최소화하기 위해 스스로 조정한다. 그러면 탐지신경망은 손실함수를 최대화해 위조물을 감지할 수 있게 스스로 재훈련한다. 두 신경망의 피드백과 조정과 훈련 과정은 수백만 번 반복된다.

2014년 GAN에 관한 최초의 논문은 위조신경망이 귀여운 강아지 모양의 공dogball을 처음에 어떻게 만들었으며, 탐지신경망이 이것을 어떻게 바로 가짜로 파악했는지, 그런 후 위조신경망이 진짜 이미지와 구분하기 어려운 가짜 강아지 이미지를 만들기 위해 어떻게 점진적으로 학습했는지 설명했다.

GAN이 생성한 딥페이크는 어떻게 찾아낼 수 있을까? 딥페이크 기술이 상대적으로 초기 단계인 데다 컴퓨팅 성능의 한계로 인해 오늘날 제작되는 대부분의 딥페이크는 인공지능 알고리즘에 의해 탐지되며 일부는 육안으로도 분별할 수 있다. 페이스북과 구글 모두 딥페이크 탐지 프로그램 개발을 위한 경쟁에 돌입했다. 지금도 효과적인 딥페이크 탐지기를 구축할 수는 있지만, 이를 위해서는 충분한 컴퓨팅 성능을 갖춰야 하는데 그에 따른 비용 문제를 해결하지 못한 상태다.

장기적으로 가장 큰 문제는 GAN이 위조신경망을 '업그레이드'하는 메커니즘을 내장하고 있다는 점이다. 예를 들어, 당신이 GAN의 위조신경망을 학습시켰고 누군가 당신의 딥페이크를 탐지하기 위한 새로운 탐지 알고리즘을 내놓았다고 생각해보자. 당신은 그 탐지 알고리즘을 속이려는 목표를 갖고 GAN의 위조신경망을 재훈련시킬 수 있다. 이는 결국 어느 쪽이 더 우수한 컴퓨팅 성능을 지닌 장비를 갖추고 있느냐 하는 군비 경쟁이 될 수밖에 없다. 컴퓨팅 성능이 뛰어난 장비일수록 GAN을 더욱 잘 훈련시킬 수 있기 때문이다.

〈가면 뒤의 신〉에서 도입부에 나온 아마카의 '백인 뱀파이어' 동영상은 최소한의 컴퓨팅 성능을 사용해 만든 것이었다. 이것은 사람들을 속일 수 있을 만큼 잘 만든 것이었다. 실제로 2041년이 되면 육안으로는 구별할 수 없을 만큼 진짜처럼 보이는 가짜 동영상을 제작하게 될 것이다. 하지만 그때도 고성능의 컴퓨팅 기술을 바탕으로 훈련된 GAN을 속이지 못하는 가짜 동영상은 삭제되고 금지될 것이다.

2041년이 되면 안티딥페이크 소프트웨어는 오늘날의 안티바이러스 소프트웨어와 비슷하게 널리 퍼질 것이다. 좋은 정보가 생명인 정부 웹사이트와 뉴스 사이트를 비롯해 다른 어떤 사이트들도 가짜 콘텐츠를 그냥 두고 보지 않을 것이다. 그들은 초고선명 딥페이크까지도 탐지해내도록 설계된 고품질의 딥페이크 탐지기를 설치할 테니까 말이다. 하지만 페이스북이나 유튜브처럼 너무 많은 동영상과 이미지가 있는 웹사이트들은 업로드된 모든 콘텐츠를 고품질의 딥페이크 탐지기로 스캔하는 비용을 감당하기 힘들어질 것이며, 그 결과 자사의 웹사이트에 업로드된 모든 콘텐츠에 대해 낮은 품질의 탐지기를 사용할 수밖에 없을 것이다. 그리고 특정 동영상이나 이미지가 기하급수적으로 많은 관심을 얻게 되는 예외적인 상황에서만 고품질 탐지기를 사용하게 될 것이다. 아마카의 가짜 동영상은 가능한 한 많은 사람에게 유포하는 것을 목적으로 제작되었기 때문에 최고 성능의 딥페이크 탐지기도 식별하기 어려울 만큼 최대한 많은 데이터와 고성능의 컴퓨팅 장비를 사용해 GAN을 훈련해야 했다.

그렇다면 딥페이크를 100% 찾아내는 것은 불가능할까? 지금 당장은 어렵겠지만 장기적인 접근법이 한 가지 있다. 원본이 변경되지 않았음을 보장해주는 블록체인 기술을 사용해 카메라나 스마트폰으로 찍히는 모든 사진과 동영상의 진위를 촬영 시점에 확인하는 것이다. 그런 다음 웹사이트에 올리는 모든 사진과 영상은 블록체인 기술로 인증되었음을 보여주면 된다. 이렇게 하면 위조된 이미지나 동영상이 퍼져나가는 것을 막을 수 있다. 하지만 그러려면 (현재 모든 오디오 수신기가 돌비 디지털을 사용하는 것처럼) 모든 장치가 블록체인 기술을 사용해야 하고, 블록체인이 이것을 대규모로 처리할 만큼 빨라져야 한다. 이는 아마도 2041년까지는 구현되기 어려울 듯하다.

블록체인이나 그에 맞먹는 기술에 기초한 이러한 장기적인 해법을 갖기 전까지 딥페이크를 감시할 수 있는 기술과 도구가 계속해서 발전하리라 기대할 수밖에 없다. 또 잠재적 범법자들을 억제하기 위해 악의적인 딥페이크를 강력하게 처벌하는 법이 제정되어야 한다. 2019년 미국 캘리포니아주는 포르노에 딥페이크를 사용하는 것과 선거를 앞두고 후보 정치인들의 동영상을 조작하는 것을 금지하는 법을 통과시켰다. 마지막으로 우리는 (블록체인 해법이 구현될 때까지) 온라인 콘텐츠가 아무리 진짜 같아 보여도 진짜가 맞는지 항상 확인해야 하는 새로운 세상에 사는 법을 배워야 할 수도 있다.

GAN은 딥페이크 제작 외에 건설적인 목적으로도 사용될 수 있다. 이를테면 사진을 오래되어 보이게 하거나 새것처럼 보이게 하기, 흑백 영화와 사진을 컬러로 바꾸기, 그림 속 인물을 움직이게 하기(모나리자),

해상도 높이기, 녹내장 감지, 기후변화의 효과 예측하기, 신약 개발 등에 사용될 수 있다. GAN을 딥페이크와 관련지어서만 생각하지 말아야 한다. 대부분의 획기적인 신기술들이 그랬듯이 GAN의 긍정적인 적용이 부정적인 적용보다 훨씬 많을 것이기 때문이다.

생체인식 기술을 이용하는 신원 검증

생체인식은 신원 검증을 위해 사람의 신체적 특성을 이용하는 연구 분야다. GAN 역시 생체인식 기술을 이용한 신원 검증의 한 가지 형태다. 〈가면 뒤의 신〉에서 GAN은 얼굴, 걸음걸이, 손과 손가락, 정맥 분포, 발화, 몸짓 등 포함한 중요한 신체적 특성들을 결합했다.

생체인식 기술이 사용되는 분야는 현재 우리 주변에서도 많이 볼 수 있는데, 대개 특정 신체 부위를 인식하는 특수 센서를 통해 구현된다. 가령 사람마다 확실히 다른 홍채와 손가락 지문은 신원 검증에 유용한 생체 지표다. 특히 홍채 인식은 생체 지표를 통한 신원 검증의 가장 정확한 방법으로 여겨지고 있다. 신원 검증이 필요한 대상의 눈에 적외선을 쏘아 홍채 정보를 인식하고 이를 저장되어 있던 해당 인물의 홍채 사진과 비교한다. 지문 인식 역시 매우 정확하다. 홍채와 지문 인식을 정확하게 적용하려면 대상이 협조적이어야 하고 근거리 센서가 달린 특수 장비가 필요하다. 그래서 〈가면 뒤의 신〉에 등장하는 녹화 영상들에는 사용될 수 없었다.

최근 딥러닝과 GAN의 기술 진보 덕분에 생체인식 분야 역시 눈부신 발전을 이뤘다. 인공지능은 목소리나 얼굴 등 하나의 생체 지표만으로 특정 사람의 신원을 검증하거나 인식하는 능력에서 이미 인간의 능력을 뛰어넘었다. 신체적 특성 정보를 충분히 모을 수 있다는 전제하에 생체인식 정확도는 사실상 거의 완벽하다고 할 수 있다. 2041년까지 인공지능이 사람의 신체를 인식하고 신원을 검증하는 '일상적이고 반복적인' 일을 대신하게 될 것이다. 또 향후 20년 동안 범죄 수사와 법의학에서 스마트 생체인식 기술의 사용이 더 많은 범죄를 해결하고 범죄율을 낮추는 데 기여할 것이다.

인공지능의 보안상 취약점들

기술이 발전하면서 어떤 컴퓨팅 플랫폼에서든 취약점과 보안상의 위험이 나타난다. 개인용 컴퓨터PC의 바이러스, 신용카드의 신원 도용, 이메일의 스팸 등이 그러한 예이다. 인공지능이 주류가 되면 인공지능 역시 취약점에 대한 공격을 받게 될 것이다. 딥페이크는 그러한 여러 취약점 가운데 하나일 뿐이다.

인공지능이 적대적인 공격을 받을 수 있는 또 하나의 취약점은 데이터를 분류하는 기준값인 결정경계decision boundaries이다. 누군가 결정경계를 추정해 입력 데이터를 위장하면 인공지능이 실수하도록 만들 수 있다. 가령 한 연구자는 인공지능이 그를 영화배우 밀라 요보비치Milla Jovovich로 잘못 인식하게 하는 선글라스를 설계했다. 또 다른 연구자는 테슬라 모델S의 자율주행 기술인 오토파일럿Autopilot을 속이는 스티커* 를 도로에 붙여 차선을 바꾸고 다가오는 차들을 향해 돌진하도록 만들었다. 〈가면 뒤의 신〉 도입부에 아마카는 전철역에서 안면인식 시스템을 속이기 위해 마스크를 사용한다. 이런 종류의 위장술이 전쟁에서 이용될 경우 극도로 위험하다. 적군에서 탱크를 구급차로 인식하도록 위장했다고 상상해보라.

* 이미지 인식 머신러닝 알고리즘을 오작동시키는 스티커patch로 적대적 스티커adversarial patch라고도 불린다. 가령 바나나 이미지 옆에 적대적 스티커를 부착하면 머신러닝이 바나나를 토스터로 인식하기도 한다.

포이즈닝poisoning이라고 부르는 또 다른 공격은 의도적으로 악의적인 훈련 데이터training data를 주입함으로써 인공지능의 학습 과정에 직접 관여해 모델 자체를 공격한다. 이로 인해 인공지능 시스템 전체가 망가질 수 있으며 혹은 범법자에 의해 제어될 수도 있다. 군사용 드론이 테러리스트에게 해킹당해 자국을 공격한다고 상상해보라. 이러한 공격은 기존의 해킹보다 더 감지하기 어려운데, 인공지능 모델이 정해진 컴퓨터 코드가 아니라 수천 개의 신경망에서 실행되는 극도로 복잡한 방정식이라서 '디버그debug', 즉 오류를 수정하기가 쉽지 않기 때문이다.

이러한 난제들에도 불구하고 우리는 훈련과 실행 환경의 보안을 강화하고, 포이즈닝 신호를 자동으로 찾는 도구를 개발하고, 조작된 데이터나 회피 공격에 대항해 싸우는 기술을 개발하는 것과 같은 조치를 취할 수 있다. 기술 혁신으로 스팸과 바이러스를 극복한 것처럼 인공지능 보안 기술도 충분히 발전하면 오직 간헐적인 공격만 받게 될 것이다(지금도 가끔 스팸이나 바이러스의 공격을 받는 것처럼 말이다). 기술에 의한 취약점은 항상 기술적 해법으로 해결되거나 개선되었다.

3장
쌍둥이 참새

사랑하는 친구여, 우리 둘은 태양과 달이며 바다와 육지다.
우리의 목표는 나는 네가 되고 너는 내가 되는 게 아니라
서로를 인식하고 상대방을 있는 그대로 지켜보고 존중하는 것이다.
그렇게 해서 서로가 대립하면서도 보완하는 관계를 만드는 것이다.

_헤르만 헤세, 《지와 사랑》 중

AI
2041

+ NOTE

〈쌍둥이 참새〉는 인공지능 교육의 미래를 탐색한다. 이야기에서 만화 속 등장인물의 모습을 한 스마트 인공지능 교사는 한국인 쌍둥이 소년들이 잠재력을 실현하도록 일대일로 지원한다. 이러한 인공지능 교사들은 NLP(자연어처리)라는 기술 덕분에 인간의 언어를 유창하게 구사하고 대화할 수 있다. 인공지능은 스스로 언어를 학습하는 능력을 포함해 향후 10년 동안 급성장하게 될 것이다. 그렇다면 과연 인공지능은 2041년까지 인간의 지능에 완벽하게 도달할 수 있을까? 나는 기술분석에서 GPT-3와 같은 NLP 분야에서 이뤄낸 획기적인 기술 발전과 더불어 언어 이해와 관련해 인공지능이 이뤄낸 다른 성과들을 설명하면서 이 질문에 답할 것이다.

"오늘 아주 잘 오셨어요. 날씨가 이렇게 좋을 수가 없어요." 교장 김치윤이 수원학원의 아치형 창을 통해 내리쬐는 봄 햇살을 가리키며 준호 부부에게 말했다. 깔끔하게 차려입은 준호와 혜진은 차분한 미소를 지으며 고개를 끄덕였다. '마마'로 불리는 교장이 말을 이어갔다.

"아시다시피 대부분 위탁시설은 재원이 부족해 아이들의 재능 계발에 신경 쓸 여력이 없죠. 하지만 수원학원은 자체 보유한 특허 기술 덕분에 아이들이 잠재력을 실현하도록 도울 수 있답니다."

"델타재단의 이사회 구성원으로서 아내와 저는 수원학원이 이룬 성과를 대단히 높이 삽니다. 그래서 우리 재단이 지원을 아끼지 않는 것이고요. 하지만 오늘 저희 부부는 재단을 대표해서 이곳에 온 게 아닙니다. 아내와 저는 아이를 입양하려고 합니다."

준호가 말을 마치고 돌아보자 혜진도 눈을 맞추며 고개를 끄덕였다.

"오! 그러면 서류를 검토하신 아이라도 있나요?"

"모두 훌륭하더군요. 그런데 남편과 저는 특히 여섯 살짜리 쌍둥이 남자아이들을 보고 싶어요."

"아, 금빛 참새와 은빛 참새를 말씀하시는 거로군요. 두 아이를 입양하려면 가정 평가를 두 차례 받으셔야 합니다."

"그 점에 대해선 염려 마세요." 준호가 자신감에 찬 목소리로 말했다.

마마는 부부를 밝고 넓은 거실로 안내했다. 잠시 앉아서 기다리자 두 소년이 들어왔다. 입은 옷만 달랐지 클론처럼 똑같은 모습이었다. 둘 다 검은색 곱슬머리에 가느다랗고 둥근 눈썹을 가졌다. 윗입술이 살짝 오므려지고 코끝에 주근깨가 있는 것까지 똑같았다. 준호와 혜진은 둘을 구별할 수 없었다.

부부가 아이들에게 인사를 하려고 일어서자 한 아이는 한 발 앞으로 나오고 다른 한 아이는 뒤쪽 구석으로 물러섰다.

"금빛 참새와 은빛 참새랍니다." 마마가 부부와 아이들을 번갈아 보며 소개했다.

"얘들아, 이쪽은 박준호 선생님 부부란다. 우리 학원을 지원해주시는 분들인데, 오늘은 너희를 보러 오셨어."

"안녕하세요. 우리를 데려가려고 오신 건가요?" 앞으로 다가온 한 아이가 눈을 깜박이며 물었다.

준호와 혜진은 어떻게 답해야 할지 몰라 당황스러운 미소를 지었다.

구석에 있는 다른 아이는 고개를 수그린 채 아무 말이 없었다.

"네가 금빛 참새고 저 아이가 은빛 참새로구나. 내 말이 맞니?" 혜진이 아이와 눈높이를 맞추려고 몸을 낮춰 앉으며 말했다.

"구분하기 어렵지 않아요. 우리는 100만 개 중 딱 한 개의 서열만 다른 유전 정보를 가진 일란성 쌍둥이긴 하지만 서로 완전히 달라요." 금빛 참새가 퉁명스럽게 답했다.

준호와 혜진은 여섯 살 아이답지 않은 논리정연한 설명에 잠시 놀랐다.

"그렇다면 넌 어떤데? 어떤 게임을 좋아하니?" 준호가 물었다.

"저요? 저는 게임은 좋아하지 않아요. 경쟁을 좋아하죠."

"그래? 뭘 경쟁하는데?"

"뭐든요. 사실 아토맨이 도와줘서 디자인대회에서 이겼어요."

"아토맨?" 준호가 어리둥절하여 물었다.

"네, 아토맨은 금빛 참새의 인공지능 친구랍니다." 마마가 설명했다. "저희 수원학원의 브이팔vPal 시스템은 각각의 아이들에게 인공지능 파트너를 제공합니다. 아이들의 일정과 학업 관리를 도와주고 같이 놀아주기도 하죠."

마마가 말하는 동안 준호의 안경에서 빛이 반짝였다. 금빛 참새가 데이터 공유 초대를 한 것이었다. 준호는 가만히 선 채로 눈동자만 움직여서 '승인'을 선택했다. 그의 XR 비전 필드에서 아이의 몸 가장자리가 붉은빛을 띠며 일렁이더니 이내 빨간색 로봇의 모습으로 바뀌었다.

"내 친구 아토맨이에요." 금빛 참새가 의기양양하게 말했다.

은빛 참새는 구석에서 조용히 대화에 귀를 기울였다.

"너는? 네 인공지능은 뭐라고 부르니?" 혜진이 은빛 참새에게 몸을 돌리며 물었다.

은빛 참새는 몹시 수줍은 듯 대답이 없었다. 혜진이 머리를 쓰다듬으려고 손을 뻗자 아이가 몸을 움츠렸다. 그제야 혜진은 은빛 참새와 금빛 참새의 얼굴이 미묘하게 다르다는 걸 깨달았다. 은빛 참새의 오른쪽 눈꺼풀에는 분홍색 장미꽃잎처럼 보이는 손톱 모양의 흉터가 있었다.

"걔의 인공지능 친구는 솔라리스인데, 완전 콧물 덩어리예요. 인공지능의 수치라고 할 수 있죠." 금빛 참새가 대신 대답했다.

은빛 참새가 방에 들어온 이후 처음으로 고개를 똑바로 들었다. 금빛 참새를 바라보는 눈에 적대감이 가득했다.

"솔라리스는 콧물 덩어리가 아니야!" 은빛 참새가 소리 지르듯 말했다.

"완전 콧물 덩어리야. 네가 코를 훌쩍거리니까 모르는 거지."

은빛 참새가 화를 내며 금빛 참새에게 욕설을 퍼붓기 시작했다. 마마는 옆에 있던 교사에게 상황이 더 나빠지기 전에 아이들을 내보내라는 신호를 보냈다. 아이들이 나가자 다시 조용해졌다.

"보시다시피 쌍둥이의 성격이 완전히 다르답니다. 하지만 분명 둘 다 훌륭한 아이예요. 그러니…"

"네, 그렇군요. 꽤 인상적이었습니다. 아내와 제가 얘기할 시간을 좀 주십시오. 가능한 한 빨리 다시 오겠습니다." 준호가 아내의 얼굴을 돌아보며 말했다.

하늘이 차츰 어두워졌다. 준호와 혜진의 고급승용차가 학원을 빠져나가는 동안 야외 조명들이 하나둘씩 켜졌다. 승용차가 지나가는 길을 따라서 나뭇잎들이 흩날렸다. 혜진의 표정에 아쉬움과 안도감이 동시에 스쳐 지나갔다.

마마는 부부의 답을 굳이 기다리지 않아도 그들이 어떤 선택을 할지 알 수 있었다. 합리성과 효율성을 중시하는 사람이라면 누구나 할 법한 선택을 할 테니까. 일주일 후에 부부는 금빛 참새를 데리러 왔다. 은빛 참새는 학원에 남겨졌다.

+ + +

3년 전 겨울밤, 커다란 밴 한 대가 눈이 펑펑 내리는 빙판길을 조심스럽게 달려왔다. 사회안전복지국의 밴이었다. 밴이 멈춰 서자 간호사가 내려 마마에게 쌍둥이 아기를 건넸다. 추위에 떠는 작은 아기들을 보며 마마는 눈이 쌓여 나무에서 떨어지려 하는 솔방울을 떠올렸다.

쌍둥이의 부모는 불과 몇 시간 전에 교통사고로 세상을 떠났다. 어찌 된 일인지 아이의 아버지가 운전하던 차의 자율주행 모드는 꺼진 상태였다. 빙판길에서 차선을 변경하려는 순간 바퀴가 미끄러졌다. 차량은 빙글빙글 돌다가 가드레일을 들이받고 9미터 높이의 비탈길 아래로 떨어졌다. 앞에 앉았던 부모는 현장에서 즉사했지만 뒷좌석에 있던 쌍둥이는 상처 하나 없이 구조되었다. 경찰과 사회안전복지국은 아이들의 친척을 찾으려 했지만 찾을 수 없었다. 결국에 수원학원으로 연락이 갔고, 마마가 고아가 된 쌍둥이를 맡기로 했다.

마마는 아이들을 깨끗한 옷으로 갈아입히고 따뜻하게 데운 우유를 먹였다. 얼어붙었던 아이들의 안색이 비로소 돌아왔다.

"어디 보자. 너희 둘은 한 쌍의 참새 같구나. 금빛 참새와 은빛 참새. 별명으로 어때? 누가 금빛이 되고 누가 은빛이 될래?"

한 아이가 컵을 내려놓으며 활짝 웃었다. 윗입술에 묻은 우유가 하얀 수염처럼 보였다.

"오, 참 밝고 행복한 미소로구나! 너를 금빛 참새라고 불러야겠다."

나머지 다른 아이는 무표정하게 우유가 담긴 컵을 바라봤다. 이 모든 대화가 자신과는 아무런 상관도 없다는 듯한 모습이었다. 이 아이가 은빛 참새가 되었다.

쌍둥이는 수원학원의 프로그램에 따라 교육받았다. 늘 쉽지만은 않았다. 때때로 금빛 참새는 엄마를 찾으며 지칠 때까지 울어댔다. 반면 은빛 참새는 조용히 눈물을 닦을 뿐이었다. 시간이 있을 때 마마와 수원학원의 다른 교사들은 여느 부모가 하듯이 자장가를 읊조리며 아이들을 부드럽게 안아 흔들어주었다. 하지만 금빛 참새와 달리 은빛 참새는 신체 접촉을 거부했다. 눈도 마주치지 않았다.

마마는 은빛 참새의 이상한 행동을 바로 알아차렸다.

다행히도 아이들의 의료 기록을 포함한 모든 데이터가 사망한 부모의 양육 서비스 클라우드에 저장돼 있었다. 아이들의 데이터는 바로 수원학원의 시스템에 통합되었다. 데이터를 보니 은빛 참새는 수원학원으로 오기 전에도 신체 접촉과 눈 맞춤을 일절 거부했다는 걸 알 수 있었다.

모험적이고 충동적인 기질의 금빛 참새와는 대조적으로 은빛 참새는 프로그래밍이 된 기계처럼 일정한 패턴으로만 움직였다. 걷는 법을 배운 후엔 학원에서도 항상 같은 길로만 다녔다.

은빛 참새에게 인지적 결함이나 ADHD(과잉행동장애)와 같은 심리적 문제가 있어 보이진 않았다. 하지만 지나치게 조용한 데다 늘 자신만의 세상에 빠져 있었다. 특히 선풍기 날개처럼 빙빙 돌아가는 물체를 발견하면 오랫동안 뚫어지게 쳐다봤다. 때론 오후 내내 그것만 쳐다봤다. 진단용 인공지능이 은빛 참새의 눈, 표정, 음성, 보디랭귀지를 분석했다. 분석 결과 아이는 아스퍼거증후군일 가능성이 83.14퍼센트로 나왔다.

마마는 여러 임상 데이터를 토대로 공부한 결과 아스퍼거증후군에 걸린 아이들은 사고와 인지 기능에서 일반 아이들과 다른 패턴을 보인다는 걸 알게 되었다. 그런 아이들에게는 개인화된 맞춤형 교육이 필요했다. 마마는 모든 아이가 '정상'이지 않아도 괜찮다고 생각했다. 아스퍼거증후군에 걸린 아이라도 다른 여느 아이들처럼 자신에게 주어진 조건

내에서 최고의 잠재력을 발휘할 수 있으면 되었다.

쌍둥이가 수원학원에 온 지 얼마 되지 않은 어느 날 오후, 마마는 둘을 각종 컴퓨터 장치들로 가득한 방으로 데리고 갔다. 아이들에게는 각자에게 '마법의 파트너'를 만들어주려 한다고 설명했다.

수원학원 직원들 가운데 특이한 단짝이 있었다. 홀쭉이 선 선생과 뚱보 강 선생으로 둘은 수원학원에서 함께 자란 친구였다. 둘은 마마의 부탁으로 학원으로 돌아와 IT팀을 이끌었다.

강 선생은 쌍둥이에게 디지털 친구를 하나씩 만들어주었다. 쌍둥이의 전신 스캔을 통해 탄생한 인공지능 친구들은 클라우드에 있는 아이들의 개인정보 데이터와 연결되었다.

선 선생은 쌍둥이의 손목에 부드러운 생체팔찌를 채워주었다. 생체팔찌는 아이들의 모든 움직임과 생체 데이터를 실시간으로 기록하고 이를 클라우드의 데이터와 동기화했다. 그녀는 또 귀 옆에 플렉시블 스마트글라스도 부착해주었다. 접힌 상태에선 평범한 스마트글라스처럼 보이나 활짝 펼치면 XR 오버레이로 확장되었다.

금빛 참새는 신이 나서 소리를 지르며 자기가 좋아하는 만화 슈퍼히어로인 아토맨이 살인광선을 쏘는 모습을 흉내 냈다. 은빛 참새는 팔찌와 글라스를 마치 독이 있는 애벌레라도 되는 것처럼 조심스럽게 만졌다.

"우선, 너희가 좋아하는 목소리를 선택해야 해."

선 선생은 거울처럼 보이는 장치를 설치했다. 금빛 참새와 은빛 참새는 스마트글라스를 통해 브이미러vMirror에 나타난 가상의 인터페이스를 보았다. 두 아이는 목소리, 몸짓, 표정을 사용해 인터페이스와 상호작용함으로써 자신이 원하는 어떤 콘텐츠라도 만들고 편집할 수 있었다. 선선생은 쪼그리고 앉아 두 아이의 손을 잡고 인터페이스 다루는 법을 알려주었다. 금빛 참새와 은빛 참새는 이제 겨우 네 살이었지만 손잡이를 조작해 인터페이스 다루는 법을 직관적으로 금세 깨우쳤다.

금빛 참새는 아토맨으로 불리게 될 자신의 인공지능을 위해 용감무쌍

한 남자의 목소리를 선택했다. 한참 뒤 은빛 참새는 부드럽고 친절한 여자 목소리를 골랐다. 마치 엄마의 목소리 같았다.

"다음으로 네 인공지능 친구의 모습을 만들어야 해. 어떤 모습이든 네가 원하는 대로 만들 수 있어."

금빛 참새가 손으로 말랑거리는 반투명의 공을 쥐었다 놓았다 하는 동안 브이미러가 아이의 몸짓에 따라 인공지능 친구의 디자인을 바꾸었다. 마치 벌레 같은 모습에서 물고기로 변하더니 또다시 판다의 태아와 같은 기묘한 모습으로 바뀌었다. 금빛 참새는 엄청난 집중력으로 마침내 공을 붉은색의 작은 아토맨으로 변신시키는 데 성공했다. 아토맨이 팔을 뻗고 발차기를 하더니 금빛 참새를 보고 인사했다. 금빛 참새는 손뼉을 치며 즐거운 비명을 질렀다.

"자, 은빛 참새 네 차례야." 선 선생이 브이미러를 가리키며 말했다.

은빛 참새는 브이미러에 비친 자신의 모습을 바라보더니 기어들어 가는 듯한 목소리로 말했다.

"나는… 하기 싫어요."

마마가 신체 접촉을 하지 않으려고 조심하며 은빛 참새를 향해 몸을 기울였다.

"같이 놀 너만의 친구를 만들기가 싫은 거니? 네가 무엇을 만들든 너만의 것이 되고 네가 원하는 건 뭐든 할 수 있게 곁에서 도와줄 거야."

"나는… 하지만 너무 괴상해요."

"자, 그렇다면 방법이 있지. 당분간 네 인공지능 친구는 목소리만 갖기로 하자. 친구에게 어떤 모습을 만들어주고 싶은지 알게 되면 그때 모양을 만들자. 괜찮지?"

+ + +

대부분 사람은 금빛 참새와 은빛 참새를 잘 분별하지 못했다. 둘은 픽셀

하나하나 똑같은 복제품처럼 보였다. 그렇지만 가까이서 자세히 관찰하면 둘의 차이는 분명했다. 그 차이는 브이팔 아바타에서 두드러지게 나타났다. 공용 XR에 접속할 수 있는 수원학원 방문자라면 누구나 금빛 참새가 만든 붉은빛을 발산하는 인공지능 친구가 건네는 인사를 받았다. 12개월이 지나자 이 인공지능 로봇은 무적의 아토맨으로 성장했다.

금빛 참새는 심지어 1985년산 닌텐도 패미콤을 아토맨의 기본 형태로 삼았다. 좋아하는 레트로 만화를 보고 얻은 아이디어였다. 빨간색과 흰색으로 된 기계가 빙글빙글 회전하면 멋진 붉은색의 로봇 슈퍼히어로로 변신했다. 금빛 참새와 아토맨은 떼려야 뗄 수 없는 관계가 되었다.

"아토맨, 나 오늘 공부 다 했어. 이제 자동차 경주하러 가자!"

"너 오답률이 좀 높아. 붉은색으로 반짝이는 답안들이 보이지? 더 나은 답을 찾을 수 있겠어. 경주하러 가기 전에 연습문제를 조금 더 풀어보자."

"더 하라고? 선생님보다 더 짜증 나게 하는구나."

금빛 참새는 뾰로통하면서도 결국엔 아토맨이 권하는 대로 했다. 둘의 관계는 보상과 처벌에 관한 아토맨의 지능형 시스템에 바탕을 두고 형성되었지만, 금빛 참새는 아토맨을 진심으로 신뢰했다. 도움이 필요할 때면 언제나 아토맨이 나타났다. 문제를 해결해주고 게임도 함께했다. 무엇보다 자기 자신을 중요한 존재로 느끼게 해주었다. 당연히 금빛 참새도 아토맨의 기대에 부응하려고 애썼다. 그럴 때면 작은 인공지능 로봇도 붉은빛을 내며 기뻐하는 모습을 보였다.

금빛 참새의 반응을 열심히 지켜보며 아토맨 역시 적응형 브이팔 알고리즘에 따라 진화했다. 아토맨은 금빛 참새가 순위에 민감하다는 걸 눈치챘다. 경쟁 상황일 때 더 빨리 배우는 금빛 참새를 위해 아토맨은 경쟁적인 게임을 통해 더 열심히 공부하도록 독려했다.

금빛 참새와 아토맨은 장난도 함께 쳤다. 아토맨은 창고에 버려졌던 낡은 청소 로봇을 재프로그래밍했다. 금빛 참새는 학원 사람들이 방심하고 있을 때 청소 로봇이 불쑥 튀어나오게 했다. 사람들은 모두 깜짝 놀랐다. 둘은 '유령의 얼굴'이라는 이름이 붙여진 바이러스를 만들기도 했다. 비밀 명령어를 입력하면 학원의 컴퓨터 시스템이 재미있는 표정의 얼굴들을 계속해서 보여주게 만드는 바이러스였다. 둘의 장난을 수습해야 했던 IT팀의 선 선생과 강 선생은 조금 화가 나면서도 한편으론 즐겁기도 했다.

금빛 참새는 어린 나이부터 인공지능에 친숙하고 제대로 활용할 줄 아는 1세대였다. 금빛 참새를 비롯한 1세대 아이들 대부분이 각자의 브이팔과 완벽한 조화를 이루는 것과 달리 은빛 참새는 자신의 브이팔과 조금 다른 양상의 관계를 맺는 것으로 보였다. 은빛 참새의 브이팔은 아무런 형체나 정체성도 없이 목소리만 있는 상태였다가 9개월이나 지난 후에야 제대로 된 아바타로 거듭났다. 은빛 참새의 인공지능 친구는 상황에 따라 모양을 바꾸는 반투명의 아메바 같은 형태였다. 촉수를 뻗는가 하면 느리게 움직이는 액체처럼 흐르기도 했다. 평소 아이답지 않은 책을 읽던 은빛 참새는 폴란드 SF소설을 읽은 후 자신의 아바타에 '솔라리스'라는 이름을 붙였다.

오랫동안 선 선생 외엔 아무도 은빛 참새가 그렇게 부드럽고도 특이한 인공지능 아바타를 만들었다는 걸 눈치채지 못했다. 은빛 참새는 솔라리스가 반투명한 몸으로 자신을 둘러싸게 했다. 은빛 참새의 XR 레이어는 아무런 촉각적 피드백도 제공하지 않았지만, 거의 보이지 않는 솔라리스가 자신을 감싸고 있다는 걸 아는 것만으로도 은빛 참새는 안정감을 느꼈다.

은빛 참새는 학원 복도를 돌아다닐 때 점점 더 무표정해졌다. 그러다 자신만의 장소에 도착하면 솔라리스의 부드러운 품 안에 안겼다. 그러곤 주문을 외우는 마법사처럼 중얼거리며 여러 가지 질문을 던지거나 지시를 내리기도 했다. 그 내용은 은빛 참새만의 개인적인 호기심과 관련된 것이었고 수원학원의 다른 아이들은 대부분 관심을 두지 않는 것들이었다.

선 선생은 인공지능의 새롭고 놀라운 기술과 함께 나날이 성장하며 달라지는 아이들을 보면서 그와 대조적으로 구석에 홀로 앉아 있는 은빛 참새의 외로운 모습이 더욱 신경 쓰이는 걸 어쩔 수 없었다. 선 선생은 은빛 참새가 자연의 소소한 선물들을 수집하기 좋아한다는 걸 알고선 나뭇잎, 새털, 조개껍데기 같은 것들을 아이 옆에 가져다 놓았다. 말린 솔방울을 가져다 놓은 날 은빛 참새가 마침내 입을 열었다.

"너무 예뻐요."

"이 솔방울 말이니?" 선 선생이 내심 깜짝 놀라며 대꾸했다.

"나선형의 모델이 마치 완벽한 피보나치수열 같기도 하고, 신성기하학*의 장미 구조를 보여주는 것 같기도 해요."

선 선생은 은빛 참새의 말을 이해하지 못해서 고개를 갸우뚱했다.

"이건 프랙털**이에요." 은빛 참새가 희미하게 웃으며 말했다.

"그래, 프랙털이구나."

은빛 참새가 자신의 인공지능 아바타 외에 누군가와 대화다운 대화를 나눈 것은 처음이었다. 선 선생은 놀람과 흥분을 동시에 느꼈다. 손가락으로 카펫의 잿빛 털을 훑으며 잠시 생각에 잠겼던 선 선생이 "너에게 알려주고 싶은 비밀이 있는데 말이야"라며 입을 열었다.

"네 나이였을 때 나는 내가 뭔가 잘못한 게 틀림없다고 생각했어. 내 부모님이 수원학원에 나를 버렸거든. 일종의 벌을 받는 것이라고 믿었어.

---

* 신성기하학sacred geometry은 창조주 혹은 절대자의 창조 원리가 담긴 물질세계의 기하학 원리를 다루는 것으로 아주 미세한 결정 구조에서 시작해 잎이 꽃을 향해 배열되는 방식과 천체의 운행에 이르기까지 매우 다양한 현상에 감춰진 기하학적 구조를 설명한다.

** 프랙털fractal은 임의의 한 부분이 전체의 형태와 닮은 도형 또는 그런 도형이 계속 반복되는 구조를 가리킨다. 정육각형의 결정인 눈은 잘게 쪼개도 같은 모양인데, 이런 구조를 프랙털 구조라고 부른다. 고사리와 같은 양치류 식물이나 공작의 깃털 등에서 프랙털 구조를 찾아볼 수 있다.

이곳이 나를 세상으로부터 격리하는 새장인 것 같았어. 하루는 마마가 어떤 사람은 준비되지 않은 채 부모가 되기도 한다고 말씀하셨어. 그러니 이곳에 있는 게 내 잘못은 아니라고 말이야. 나의 생각이나 믿음이 항상 진실은 아니라는 걸 깨달았지. 그때부터 새장 문이 열렸던 것 같아."

선 선생은 은빛 참새의 시선이 카펫에서 그녀의 얼굴로 옮겨가는 걸 눈치채지 못했다.

"넌 똑똑하고 착한 아이야. 우리는 네가 어떻게 지내든 모두 존중하지만, 가끔은 새장 밖을 보는 것도 괜찮을 것 같아. 네가 좋아하는 무언가를 다른 사람과 공유하고 친구를 만들어봐. 그러면 세상이 더 흥미롭다는 걸 알게 될 거야."

은빛 참새가 고개를 수그리며 혼잣말로 중얼거렸다. 선 선생은 둘 사이의 짧은 교감을 깨뜨린 게 아닌가 걱정되었다. 잠시 후에 데이터 공유 초대를 나타내는 빨간색 빛이 반짝였다. 은빛 참새가 보낸 것이었다. 선 선생은 주저 없이 수락했다.

반투명의 동영상 스트림이 눈앞에 펼쳐졌다. 다양한 해상도, 포맷, 파편화된 소스들이 시공간의 복잡한 리듬에 맞춰 편집되어 있었다. 대부분 이미지는 추상적이거나 낯설어서 그것이 무엇인지조차 분간하기 어려웠다. 시간이 조금 흐르자 산, 강, 호수, 구름, 성운, 식물의 잎맥 등이 보이기 시작했다. 영화 〈스타트렉〉의 장면과 수원학원의 일상 모습도 있었다. 하지만 그것들이 무엇을 의미하는지는 설명할 수 없었다.

선 선생은 이어버드의 볼륨을 높였다. 흐르는 물이 떨어지는 소리와 같은 부드러운 백색 소음이 들렸다. 소리는 동영상 스트림의 리듬에 따라 미묘하게 달라졌다.

"이 모든 걸 혼자 만든 거니? 멋진데?"

"제 인공지능 친구인 솔라리스가 만들었어요." 은빛 참새가 입술을 달싹거리는가 싶더니 선 선생의 귀에 증폭된 오디오 신호가 들려왔다.

선 선생은 순간 할 말을 잃었다. 인공지능을 자유자재로 다루는 이런 아이들을 보면 엄청난 세대 차이가 느껴졌다.

"은빛 참새야, 네 작품을 다른 아이들과 공유하지 않을래?"

"공유요? 선물처럼요?" 은빛 참새가 눈을 깜빡였다.

"음, 물론 네가 편한 방식으로 아이들과 공유할 수 있단다. 기념품처럼 우정의 징표로 생각할 수도 있어. 토미가 친구들의 이름을 적어 접은 종이접기 동물들을 선물로 준 것처럼 말이야."

은빛 참새는 다시 고개를 숙이고서 아무 말도 하지 않았다. 선 선생은 은빛 참새와 대화를 나누는 행운은 여기까지인가 하고 생각했다.

하지만 일주일 후에 선 선생은 자신의 데이터 수신함에서 동영상 스트림 하나를 발견했다. 그것을 열자 그녀의 얼굴이 꽃, 구름, 파도로 변하더니 다시 그녀의 얼굴로 돌아와 변신을 반복했다. 이미지 위에는 최면을 거는 듯한 리듬으로 문장이 흘렀다.

그 후로 새장이 열렸다… 그 후로 새장이 열렸다… 그 후로 새장이 열렸다.

선 선생은 기쁨, 안도감, 막연한 두려움을 동시에 느꼈다. 그녀는 마마의 의견을 듣기 위해 동영상 스트림을 전송했다.

"나를 비롯해 모두가 개인화된 버전의 동영상 스트림을 수신했어요. 한 사람만 빼고요. 누구라고 생각하나요?" 마마가 선 선생에게 말했다.

"금빛 참새요?"

"맞아요. 은빛 참새가 자기를 고의로 자극하려 한다고 금빛 참새가 느끼지 않았으면 좋겠는데…. 두 아이를 가까이에서 잘 살펴봐야 할 것 같아요."

"제가 은빛 참새에게 서울미래예술가대회에 나가보라고 권했어요. 상위권에 들 거예요. 승산이 있어요."

"그 상은 금빛 참새가 노리고 있지 않나요?"

"제 생각엔 멋진 쇼가 될 것 같아요."

선 선생은 은빛 참새가 보낸 선물을 다시 보았다. 그 동영상 선물은 마술이라도 부린 듯 사람들을 황홀경에 빠져들게 했다.

+ + +

준호와 혜진이 금빛 참새를 입양하고 6개월이 흘렀다. 또 다른 부부가 수원학원을 방문했다. 안드레스와 레이가 도착했을 때, 아이들은 여름 햇살 아래 초록으로 우거진 운동장을 가로지르며 술래잡기 놀이를 하고 있었다. 하지만 부부는 그 아이들에게 아무런 관심이 없었다.

마마는 부부가 다가오자 조심스럽게 미소를 지었다. 그들은 여러 위탁시설에 있는 아이들의 정보를 모아서 제공하는 입양기관에서 소개받아 온 것이었다. 입양 희망자들은 신원 확인을 비롯한 자격 심사를 거친후 만나고 싶은 아이를 선택할 수 있었다.

"환영합니다. 수원학원을 소개하게 되어 기쁩니다."

마마는 안드레스와 레이가 트랜스젠더라는 사실을 입양기관으로부터 통보받아 알고 있었다. 위탁 양육에 관한 통계에 따르면, 최소한 한 명의 트랜스젠더 혹은 생물학적 성을 따르지 않는 구성원이 있는 가정이 양부모의 17.5퍼센트에 달했다. 또 이 자료에 따르면 아이들은 양부모가 트랜스젠더이든 타고난 생물학적 성과 본인이 인식하는 성별 정체성이 일치하는 시스젠더cisgender든 신체적으로나 정신적으로 건강하게 잘 지냈다.

"감사합니다. 우리는 가능한 한 빨리 그 아이를 만나보고 싶습니다. 누구냐 하면…" 안드레스가 말했다.

"은빛 참새요." 레이가 파트너가 하려던 말을 대신했다.

마마는 부부가 입은 옷이 조금 신경 쓰였다. 밝은색의 기하학적 패턴들은 칸딘스키의 작품을 본뜬 것인 듯했다. 소재는 일종의 합성섬유로 뾰족하게 각진 실루엣을 연출했다.

"사전에 정보를 받아 이미 잘 알고 계시겠지만, 은빛 참새는 정말 특별하고 섬세한 아이입니다. 외부 자극에 쉽게 과잉 반응을 하죠." 마마가 미소를 거두고 엄숙한 표정을 지었다.

"교장 선생님에게는 저희가 다른 부모들과 달라 보일 겁니다. 하지만 저희는 언제나 아이의 안전을 더 우선합니다. 자, 안드레스?" 레이는 밝은 노란색의 선글라스를 벗고 마마 못지않게 진지하게 말했다.

안드레스가 익숙한 듯 그들의 손목을 가볍게 몇 번 두드리자 두 사람의 실루엣이 아이스크림처럼 녹아내리더니 뾰족한 기하학적 선들이 사라지고 부들부들한 털옷을 입은 것처럼 부드러운 곡선으로 변했다. 밝고 화려한 옷의 색들은 진한 갈색으로 바뀌었다.

"정말 사려 깊으시군요." 마마가 흥미로워하며 말했다.

마마는 안드레스와 레이를 응접실로 안내했다. 은빛 참새가 소파에 앉아 부드러운 리듬에 맞춰 몸을 앞뒤로 흔들고 있었다. 방문객들에겐 눈길도 주지 않았다.

"네가 은빛 참새로구나. 나는 안드레스고 이쪽은 레이야. 직접 만나게 돼서 정말 반갑다."

"은빛 참새야, 이제 이분들과 대화를 나누렴. 필요한 게 있으면 말씀하세요."

마마가 방을 나가고 세 사람만 남았다.

"격식을 차리지 않아도 될 것 같아. 너는 똑똑하니 우리가 여기 온 이유를 알 거야. 너랑 함께 살았으면 해."

안드레스의 말이 끝나자마자 레이가 말을 이었다.

"사실 우리가 너에 대해 알게 된 것은 입양기관을 통해서가 아니야. 우리는 신원 확인을 받기 위해 그 기관을 이용했을 뿐이란다. 우리는 사실 전통적인 부모는 아니야. 그렇지만 우리는 은빛 참새 너를 너무나 만나고 싶었어."

"우리는 네가 뛰어난 재능을 갖고 있다고 생각한단다. 우리는 미래예술가대회에 출품한 네 작품을 봤어. 여섯 살짜리의 작품이라곤 믿을 수 없었어. 물론 생물학적 나이를 왈가왈부하는 건 시대착오적인 발상이지. 나이를 떠나서 어떤 작가들의 작품과 견주어도 네 작품은 정말 대단하더라. 그렇지, 레이?"

"그럼 그렇고말고. 나는 20세기와 21세기의 디지털아트를 전공했기 때문에 이 분야에 대해선 아주 잘 안단다. 사실 우리는 수원학원의 기금 마련 경매에서 네 작품을 익명으로 구매했단다. 원작이 망가진 건 슬픈 일이지만, 우리는 새 버전을 더 좋아해."

그때까지 반응이 없던 은빛 참새가 고개를 들더니 무표정하게 둘을 바라봤다.

"두 분의 입찰 전략은 최적이 아니었어요. 솔라리스가 그러는데 아줌마가 너무 빨리 구매 의도를 노출해서 경쟁자가 세 번이나 연속으로 가격을 올려버린 거래요."

안드레스와 레이는 서로를 바라보며 미소 지었다. 그들의 눈이 놀라움으로 빛났다.

"얼마를 냈든 너를 알게 되었으니 충분한 가치가 있단다. 우리가 네게 잘 어울리는 가족이란 걸 알려줄 수 있게 된 것으로 충분해. 우리는 너를 정말 많이 사랑할 거야. 전통적인 의미에서 말하는 부모의 사랑만이 아니야. 우리는 네가 자신을 탐색하고 잠재력을 최대한 실현하도록 지원을 아끼지 않을 거야. 너도 그런 걸 원하지?" 레이가 부드럽게 말했다.

잠시 침묵이 흐른 후 은빛 참새가 고개를 돌려 마침 응접실로 들어오는 마마를 쳐다보며 말했다.

"마마, 솔라리스를 가져가도 되나요?"

+ + +

처음에 은빛 참새는 수원학원에서 지낼 때처럼 아파트의 조용한 구석에서 조용히 하루를 보냈다. 솔라리스는 반투명의 버추얼 버블을 만들어내 은빛 참새를 감싸고 다양한 동영상 스트림과 이미지 파편들을 투사해 보여주었다. 소용돌이치는 듯한 시각적 자극은 마음의 평화와 안정을 주었다.

안드레스와 레이는 사방이 트인 작업실에서 일하며 단단한 막에 둘러싸여 성충이 되길 기다리는 애벌레처럼 부드러운 무엇인가에 둘러싸인 은빛 참새를 바라보곤 했다. 그들은 아이에게 적응할 시간을 주었다.

다른 아이들이 없어서인지 아니면 솔라리스의 적응 능력 때문인지 은빛 참새를 감싸는 버추얼 버블은 점점 더 확대되었다. 그에 따라 활동 반경도 커졌다. 은빛 참새는 여전히 다른 아이들과 몸을 부딪치는 걸 두려워했지만, 솔라리스가 만든 가상의 토끼들을 쫓으며 여기저기 올라가고 뛰어내리며 활발하게 움직였다. 땀 흘리고 헐떡이고 달리고 쫓아다니는 재미에 푹 빠진 것 같았다. 은빛 참새는 선 선생이 했던 말을 떠올리며 '이것이 새장을 탈출하는 기분일까'라고 생각했다.

은빛 참새는 더 나아가길 원했다. 먼저 자기 자신에 대해 잘 알고 싶었다. 솔라리스는 은빛 참새를 위해 다양한 테스트를 마련했다. 언어 이해, 정량적 분석, 추론과 같은 인지 능력과 신체적 움직임, 개방성, 정서지능과 같은 특징들을 망라하는 종합자기평가 모델이었다.

평가 결과는 놀랍지 않았다. 은빛 참새의 전반적인 인지 능력을 비롯한 정량적 능력들은 매우 높은 수준이었다. 특히 창의적 기능 관련해서는 범상치 않은 수준을 나타냈다. 하지만 대인 소통과 같은 항목의 점수는 형편없었다. 은빛 참새는 사람들의 말에서 좀처럼 감정을 읽지 못했다. 친절한 건지 악의적인 건지, 진심인지 비아냥거리는 것인지 구분할 수 없었다. 어떤 것이 비유적인 표현인지 아닌지 구분하는 것도 어려웠다. 이는 10년 전의 인공지능과 크게 다르지 않았다.

은빛 참새는 종합자기평가 결과를 보면서 쌍둥이 형제인 금빛 참새와 멀어지게 된 이유에 대해 생각했다. 한 가지 질문이 마음속에 조용히 맴

돌았다. '내가 다른 아이들과 비슷해진다면 모든 것이 달라질까?'

+ + +

금빛 참새와 은빛 참새가 수원학원에 오고 나서 2년쯤 되던 어느 날 밤, 마마가 다급하게 선 선생을 학원으로 불렀다. 강 선생은 자카르타 출장으로 올 수 없었다.

학원의 스마트홈 시스템이 공격을 당하는 바람에 환기 시스템이 극도로 차가워지거나 뜨거워지는 상태를 오락가락했다. 천장의 전구들은 깜박거리며 유령이 나올 듯한 분위기를 자아냈다. 홈 서비스 로봇들은 여기저기 어지럽게 돌아다니다 가구에 부딪혀 시끄러운 소리를 냈다. 아이들은 모두 활동실에 모여 있었다.

당황해서 어쩔 줄 몰라 하는 선 선생에게 마마가 말했다.

"일단 문제를 하나씩 해결하세요. 나머지는 나중에 얘기합시다."

IT팀의 브이미러를 통해 스마트홈 시스템의 백엔드back-end를 살펴본 선 선생은 디도스DDoS 공격의 흔적을 쉽게 찾아냈다. 해커가 사용한 방법은 딱히 대단하지 않았다. 오래전에 업그레이드되어야 했으나 하지 않은 보안상의 취약점을 이용했을 뿐이었다. 선 선생은 이것이 강 선생의 출장과 무슨 관련이 있는 게 아닌가 궁금했다. 향후 유사한 공격을 막기 위해 최신 버전의 네트워크 트래픽 모니터를 설치했다. 학원에 다시 불이 켜지고 모든 게 정상으로 돌아온 듯 보였다.

선 선생이 로그에서 뭔가 이상한 걸 발견했을 때 마마가 그녀를 회의실로 불렀다. 풀죽은 금빛 참새가 회의실 탁자에 누워 있는 게 보였다. 평소와 달리 힘이 없어 보였다.

"너로구나!"

"얘가 그런 게 아니에요." 마마가 차분히 말했다.

"네?"

마마는 머리를 살짝 돌렸다. 은빛 참새가 손을 무릎에 올리고 바닥에 앉아 있는 게 보였다. 고개를 푹 수그린 채 눈은 눈물로 젖어 있었다.

"은빛 참새라고요? 그게 어떻게 가능하죠?"

"얘들이 아무 말도 하지 않네요. 그래서 선 선생을 불렀어요." 마마가 선 선생과 금빛 참새를 번갈아 보며 말했다. "금빛 참새야, 무슨 일이 벌어진 건지 말해줄래?"

금빛 참새가 입술을 비쭉 내밀었다. "시간이 없어요. 이미 늦었다고요."

"뭐가 이미 늦었는데?"

선 선생은 자신의 XR 비전 필드를 열었다. 금빛 참새와 항상 붙어 다니던 붉은색 로봇이 온데간데없었다. 그녀는 데이터 공유 상태를 확인했다. 모두 정상이었다. 물론 금빛 참새가 아토맨을 숨겼을 가능성이 있었다. 하지만 그건 금빛 참새답지 않은 행동이었다.

"아토맨은 어디 있니?"

금빛 참새는 마지못해 일어나 앉았다. 손을 펼치니 붉은빛으로 이글거리는 가상 이미지가 나타났다. 하지만 선 선생이 알던 아토맨과는 전혀 다른 모습이었다. 산산조각이 난 것처럼 부품들이 흩어져 떠다녔다. 팔다리도 엉뚱한 곳에 붙어 있었다.

"도대체 무슨 일이니?"

"쟤한테 물어보세요!" 금빛 참새가 구석에 있는 쌍둥이 형제를 가리키며 외쳤다.

마마는 은빛 참새에게 다가가 무릎을 꿇고 부드럽게 물었다.

"네 형이 하는 말이 사실이니? 네가 그랬어?"

은빛 참새는 아무 말도 하지 않았다. 선 선생은 데이터 패킷을 수신했다. 또 다른 동영상이었다. 은빛 참새의 멋진 동영상 작품이 스트리밍을 시작하고 있었다. 하지만 모든 게 엉망이었다.

선 선생이 금빛 참새 쪽을 향해 몸을 돌리며 물었다.

"왜 그런 거니?"

"난… 아무 짓도 하지 않았어요." 금빛 참새가 아무것도 모르겠다는 표정을 지었다.

"왜 은빛 참새의 작품을 망가뜨리려 하는 거지? 넌…"

"얘가 어떻게 백엔드 시스템에 접근할 수 있었을까요?" 마마가 믿을 수 없다는 듯이 물었다.

"강 선생이 출장 가기 전에 접근을 허가해준 게 분명해요. 강 선생이 금빛 참새를 시스템 관리 도우미로 키우려고 했거든요." 선 선생이 씁쓸한 목소리로 말했다.

"저는 원래 내 것이던 걸 되찾으려 했을 뿐이에요." 금빛 참새가 용기를 내며 차분하게 말했다.

마마의 눈이 휘둥그레졌다. "네 말은… 은빛 참새가 탄 미래예술가상을 말하는 거니?"

"이제 이해가 되네요." 화가 난 선 선생은 고개를 끄덕이며 설명을 시작했다. "은빛 참새의 작품은 하나의 상위 스트림parent stream과 세 개의 하위 스트림child stream으로 구성되었어요. 레오나르도 다빈치의 '모나리자' 원작을 디지털화해서 다른 매체로 변형시켰다고 상상해보세요. 물론 은빛 참새의 작품은 훨씬 더 역동적이고 정교했어요. 은빛 참새는 제게 자기 작품에 수원학원과 자신과의 영적·정서적 연결을 반영했다고 말했어요. 상위 스트림에서 흘러오는 데이터 흐름이 있어야만 하위 스트림도 계속 진화할 수 있죠. 그렇지 않으면 생명력을 잃게 됩니다."

"그렇다면 금빛 참새는 정확히 어떻게 그걸 조작한 건가요?"

"조작하지 않았어요. 금빛 참새는 고의로 파괴한 거예요." 마마의 질문에 선 선생이 고개를 떨구며 대답했다.

"뭐라고요?"

"직접 보세요." 선 선생은 IT팀 사무실이 촬영된 동영상을 회의실 브이미러에 투사했다. 동영상 피드에서 금빛 참새는 IT팀 사무실에서 브이미러를 조작하고 있었다. 금빛 참새는 백엔드 시스템에 들어가 상위 스트림의 저장 경로를 파악했다. 금빛 참새는 명령을 내리기 전에 잠시 주저했다. 은빛 참새가 지난 수개월간 얼마나 열심히 만들었는지 생각하는 듯했다. 몇 번 눈을 깜빡이고 나서 'OK' 버튼을 눌렀다. '융합op-003'이라고 이름 붙여진 작품의 마스터 버전인 상위 스트림이 해체되어 비트로 분해되었다.

모든 걸 지켜본 은빛 참새는 분노를 터트리며 몸을 부르르 떨었다.

"은빛 참새가 학원 시스템을 공격해 복수한 겁니다. 그래야 아토맨을 파괴할 수 있으니까요."

"금빛 참새와 얘기를 해봐야겠어요. 은빛 참새 좀 봐주세요." 마마가 선 선생을 돌아보며 말했다.

+ + +

금빛 참새와 단둘이 남겨진 마마가 찬찬히 눈을 맞추며 물었다.

"금빛 참새야, 솔직하게 대답해야 한다. 도대체 왜 그랬니?"

"은빛 참새가 물어보지도 않고 자기 작품에 제 포트레이트*를 사용했…"

마마는 금빛 참새의 말을 끊었다. "은빛 참새가 우승하고 사람들이 좋아하기 시작해서 그런 거니? 그것 때문에 기분이 상했어?"

"저는…"금빛 참새는 슬픈 표정을 짓고선 무슨 말을 할지 생각했다. "저는 아토맨에게 지난 몇 년 동안 상을 탄 모든 작품을 분석하게 했어요. 모든 가능한 결과에 대해 계획을 세웠다고요. 제가 우승할 확률이 분명 가장 높았어요."

마마는 쓴웃음을 지었다. "확률은 확률일 뿐이란다. 사람은 기계가 아

---

* portrait. 3차원 이미지로 인식하게 하는 디스플레이

니거든."

"왜 은빛 참새가 만든 것만 대단하게 여기세요? 걔가 아파서 그런가요? 그건 공평하지 않다고요! 우승은 최고의 사람이 차지해야 하는 거 아닌가요?"

마마는 할 말을 잃은 채 금빛 참새를 바라봤다. "힘든 건 알겠다만, 그래도 네가 이기지 못했을 때 그걸 받아들이는 법을 배워야 해."

"아니요. 선생님은 몰라요. 아토맨만 이해한다고요."

"아토맨은 그냥 도구일 뿐이야!"

"아니요. 아토맨은 이 세상에서 가장 좋은 친구예요! 그런데 저 이상한 애가 아토맨을 망가뜨렸다고요! 난 쟤가 싫어요!"

조금 떨어진 건너편에서는 선 선생이 혼자만의 세계에 갇혀버린 듯한 은빛 참새가 감정을 드러내도록 하려고 애를 썼지만 좀처럼 잘 되지 않았다. 은빛 참새는 같은 말만 되풀이했다.

"기념품… 기념품…."

잠시 혼란스러워하던 선 선생은 마침내 은빛 참새가 하려는 말을 알아챘다. '기념품'은 몇 달 전 그녀가 은빛 참새와 처음 대화를 나눌 때 친구들과 우정의 징표나 선물을 주고받을 수 있다고 설명하면서 언급한 말이었다. 선 선생은 은빛 참새가 자기 작품을 금빛 참새에게 선물로 주려고 했을지도 모른다고 생각했다. 그래서 금빛 참새의 초상 이미지 데이터에 접속하려 했던 걸까? 그렇다면 은빛 참새의 반응이 이토록 과격한 것이 이해가 되었다.

마마는 엄한 표정으로 두 아이를 바라봤다. "악수하고 사과하기 전까지 오늘 아무도 이곳을 못 나간다."

그러나 바로 그때부터 금빛 참새와 은빛 참새는 결코 만날 수 없는 평행선처럼 점점 더 멀어졌다.

+ + +

쌍둥이의 만남을 주선하는 것은 마마가 양부모에게 제시한 은빛 참새의 입양 조건 중 하나였다. 그녀는 둘이 서로 다른 길을 가고 있더라도 연을 끊지는 말아야 한다고 생각했다.

둘의 만남은 금빛 참새를 입양한 준호와 혜진의 저택에서 이루어졌다. 수영장에 운동장까지 딸린 커다란 저택이었다. 쌍둥이의 재회를 위해 준호와 혜진이 세운 계획은 그들의 인테리어 취향만큼이나 전형적이었다. 그들은 야외에서 바비큐 파티를 하면서 아이들을 위한 게임을 할 예정이었다.

"안녕, 금빛 참새야." 안드레스와 레이가 은빛 참새와 함께 저택의 웅장한 대문턱에 서서 말했다. "사진에서 본 모습과 꽤 달라 보이는구나. 운동을 많이 하나 봐."

금빛 참새는 입양된 지 6개월밖에 되지 않았는데도 몸가짐뿐 아니라 몸 자체도 많이 변해 있었다.

금빛 참새는 안드레스에게 당당하게 손을 내밀었다. "저는 아토맨이 설계한 대로 먹고, 운동하고, 공부하고, 휴식하고 있어요." 금빛 참새는 은빛 참새를 바라보며 말을 덧붙였다. "아, 업그레이드된 새로운 버전의 아토맨이요."

금빛 참새는 쌍둥이 형제에게도 손을 내밀었다. "안녕! 잘 지내지?"

레이는 은빛 참새의 등을 조금 밀어 앞으로 가게 했다. 하지만 은빛 참새는 금빛 참새를 쳐다만 볼 뿐 손은 내밀지 않았다.

"은빛 참새야, 왜 그러니. 서로 못 본 지 반년이나 되었잖아." 레이가 말했다.

"173일이죠." 금빛 참새가 가볍게 웃으며 말을 덧붙였다.

"은빛 참새야, 아토맨을 볼래? 아빠가 높은 버전으로 업그레이드해줘서 멋진 기능이 많아. 심지어 몸체도 만들었어. 진짜 멋져."

은빛 참새가 호기심 어린 눈빛을 보였다.

"아토맨, 누가 왔나 봐봐!" 금빛 참새가 외쳤다.

번쩍이는 붉은색 로봇이 잔디밭을 가로질러 나타나자 땅이 울리는 것처럼 커다란 진동이 느껴졌다. 아토맨의 하체는 기계장치였지만 상체는 인간의 모습을 한 휴머노이드였다. 그리스 신화에 나오는 반인반마 켄타우로스가 사이보그로 환생한 듯했다.

새로운 버전의 아토맨은 은빛 참새를 바로 알아보았다. 아토맨은 세 개의 카메라로 된 눈을 깜박이면서 "은빛 참새야, 오랜만이야"라고 인사했다. 은빛 참새는 입꼬리를 살짝 올리며 희미한 미소를 지었다.

"얘들아, 점심 먹어야지. 어서 와서 상 차리는 걸 도우렴." 금빛 참새의 아버지 준호가 바비큐장에서 소리쳤다.

준호의 말이 끝나기 무섭게 금빛 참새의 새 형제자매들인 열다섯 살 현우, 열한 살 시우, 여덟 살 숙자가 바비큐장으로 달려갔다.

"나중에 이야기하자. 상 차리는 걸 도우러 가야 해." 금빛 참새가 휘파람을 불자 아토맨이 뒤따랐다.

"네 형은 별 어려움 없이 잘 지내는 것처럼 보이는구나." 안드레스가 말했다.

은빛 참새가 입을 비죽거렸다.

준호의 고기 굽는 실력이 아주 훌륭하진 않았지만, 다른 중요한 음식들은 개인 요리사가 이미 준비해둔 상태였다. 안드레스와 레이는 식탁에 앉아 아이들을 유심히 관찰했다. 식탁에서의 예절이 바르고 점잖았다. 금빛 참새도 곁눈질로 새 형제자매들을 힐끔힐끔 보면서 따라 했다. 전반적인 분위기는 질서정연하지만 지나치게 격식을 차린 느낌이었다.

은빛 참새는 어느 곳에서나 자신은 그곳에 어울리지 않는 사람이라고 느꼈다. 음식이 다 나오기 전부터 포크로 으깬 감자를 휘저었다. 포크가 접시를 긁는 소리가 크게 들렸다. 혜진은 이따금 실눈을 뜨고 은빛 참새를 바라봤지만, 무슨 말을 해야 할지 몰랐다.

어색한 분위기를 깨기 위해 안드레스가 아토맨에 관한 질문을 던졌다. "금빛 참새야, 네 로봇 정말 멋지더라. 네가 만들어준 그 몸체는 어떻게 선택한 거니?"

"아, 별다른 이유는 없어요. 아빠가 그게 최신이자 가장 좋은 모델이라고 하셨거든요. 그래서 그걸 택한 거예요." 금빛 참새가 동의를 구하는 듯 준호를 바라봤다.

"나는 항상 내 아이들을 위해 최고의 것을 원하죠." 준호가 자신만만하게 턱을 치켜들었다.

레이가 준호를 향해 고개를 돌리며 차분하게 말했다. "하지만 '최고'는 상대적인 개념이죠. 우리가 최고라고 생각하는 게 아이에게는 최고가 아닐 수도 있어요. 그렇지 않나요?"

"그렇지 않습니다." 준호와 혜진이 서로 미소를 주고받았다. "우리는 무엇이 최고인지, 세상에서 구할 수 있는 최고가 무엇인지 알 수 있다고 믿습니다. 여행, 보험, 교육, 뭐든 말입니다. 로봇도 마찬가지죠. 금빛 참새야, 오늘 아침에 배운 걸 말해보렴."

"가격은 당신이 내는 돈이며, 가치는 그것을 통해 얻는 것이다." 금빛 참새가 기계적으로 말했다.

"뭐라고?" 안드레스가 놀란 듯한 미소를 띠며 물었다.

"워런 버핏이 2008년 금융위기 당시 했던 유명한 말을 인용한 겁니다. 투자의 세계에선 다소 오래된 지혜죠." 준호가 대신 설명했다.

"그게 여섯 살 아이가 할 말인가요?" 레이는 거부감을 숨기지 않고 말했다.

"그럼요. 과거의 아이들은 이해도 못 하는 지식을 무작정 외워야 했고, 미래에 대한 개념도 없었어요. 인공지능 덕분에 이제 아이들은 모든 지식과 정보를 서로의 연관성을 파악하며 체계적으로 습득할 수 있죠." 준호가 말했다.

"인공지능은 학교와 교사들이 결코 할 수 없었던 걸 할 수 있어요. 남

편 말대로 인공지능은 우리 아이들의 청사진을 제시하죠." 혜진이 맞장
구를 쳤다.

"계속 공부한다면 금빛 참새는 정말 훌륭한 투자자가 될 겁니다." 준호
가 덧붙였다.

"그렇다면 준호 씨는 알고리즘이 아이들의 미래를 계획하게 하신다는
건가요?" 레이가 물었다. 아이들은 나이프와 포크를 내려놓은 채 꼼짝
않고 앉아 있었다.

"그런 종류의 재능이 그냥 썩지 않도록 하는 게 우리의 책임입니다. 옛
말에 이런 말이 있죠. 아버지만큼 자식을 잘 아는 사람이 없다고. 이제는
인공지능만큼 자식을 잘 아는 존재는 없다고 해야 하지 않을까요? 부모
는 아이의 인공지능만큼 아이에 대한 통찰을 갖지 못합니다. 그리고 그
건 좋은 거예요. 금빛 참새의 수학은 이미 열 살 수준이에요. 패턴 인식
도 형인 시우보다 더 잘하고요." 준호가 말했다.

시우가 얼굴을 찡그렸다.

혜진이 다시 끼어들었다. "저는 여러분 같은 예술가들이 세상에 대해
좀 더 낭만적인 견해를 가진 걸 높이 삽니다. 하지만 아이 교육보다 더 중
요한 게 있을까요?" 혜진은 금빛 참새의 코끝을 손가락으로 가볍게 건드
렸다. "네게 어떤 종류의 사람이 되라고 강요하는 게 절대 아니란다. 우리
는 네가 되고 싶은 어떤 사람이든 될 수 있다고 말하는 거야. 알겠지?"

금빛 참새가 알겠다는 미소를 지으며 불쑥 말했다. "저는 아빠 같은 사
람이 되고 싶어요!"

준호와 혜진이 웃음을 터뜨렸다. 안드레스와 레이는 눈빛을 주고받
았다.

갑자기 은빛 참새가 포크를 바닥에 내던졌다. 모두가 은빛 참새를 향
해 고개를 돌렸다. 손, 얼굴, 머리카락이 주스와 음식 부스러기로 범벅이
되었다.

"난 갈래요." 은빛 참새가 낮은 목소리로 말했다.

그날 이후로 은빛 참새는 쌍둥이 형제와의 모든 접촉을 거부했다.

안드레스와 레이는 마마에게 둘의 거리가 좁히기 어려워 보인다고 말했다. 그들은 은빛 참새의 감정을 매우 잘 이해했다. 안드레스와 레이는 일의 성격과 정체성을 비롯해 모든 면에서 준호 부부와 너무도 달랐다. 인생의 동반자이자 일에서도 파트너인 그들은 자칭 '호모 테크네'*로서 이른바 '기술적 예술의 르네상스'를 주장했다. 그들은 과학 기술을 맹목적으로 추앙하는 현상을 비판하고, 예술을 통해 인류의 존엄성을 회복하고 인간과 자연의 관계를 되살리려 했다.

레이는 교육 분야에서 인공지능 활용이 확대되는 건 아이들이 경쟁하는 기계로 훈련되는 것을 의미한다고 생각했다. 이러한 교육 시스템은 과거 시험 대비용 주입식 교육의 또 다른 버전일 뿐이었다. 진정한 교육은 지식과 기술 못지않게 개인의 성장을 목표로 해야 했다. 아이들은 자기 내면을 탐색함으로써 자기 인식을 강화해야 하고 무엇보다 소프트 스킬soft skill인 비인지 능력을 키워야 했다. 소프트 스킬은 공감과 소통을 비롯해 타인과 깊이 연결되는 능력, 자기 정서와 감정을 잘 조절하는 제어 능력과 회복탄력성 등을 의미했다. 인공지능을 활용한 교육은 대개 이러한 목표들을 놓치고 있었다.

레이는 은빛 참새의 예술 세계에 깊은 감명을 받았다. 기술적인 면에서 딱히 대단하진 않았지만, 순수한 어린아이의 눈에만 존재하는 생동감 넘치는 왕성한 호기심이 느껴졌다.

한편 안드레스는 은빛 참새가 작품을 만드는 데 도움을 준 인공지능 친구 솔라리스에 매료되었다. 어떤 조건이 솔라리스가 흔한 경연대회용

---

* 호모homo는 '인간'을 테크네tekhne는 '예술'을 의미하므로 호모 테크네는 '예술하는 인간'으로 풀이될 수 있다. 테크네는 보통 '기술'이나 전문가적 실행 능력으로 번역되지만 예술·솜씨·기교 등을 지칭하기도 한다.

모델을 추구하지 않고 자신만의 새로운 논리를 발전시키도록 촉진했을까? 은빛 참새의 심리적 기질이 솔라리스의 경쟁 지향적인 피드백 루프를 깨뜨리고 자기 내면을 탐색하는 도구로 변형시킨 것일까?

안드레스와 레이는 준호 부부의 집에서 어색한 하루를 보낸 후 자신들이 어떤 길을 가고 싶지 않은지 더 확실히 알게 되었다.

솔라리스를 업그레이드하기로 하고 안드레스와 레이는 은빛 참새에게 요청해 모든 데이터를 신중하게 백업했다. 그들은 이 데이터를 솔라리스의 메모리일 뿐만 아니라 은빛 참새의 확정된 정체성이라고 여겼다. 솔라리스의 핵심 알고리즘은 깨지기 쉬운 크리스털처럼 보호되어야 했다.

비록 새로운 솔라리스가 아토맨과 같은 멋진 로봇의 몸체를 가진 것 아니었지만, 은빛 참새는 업그레이드된 인공지능 친구를 통해 힘을 얻었다. 마치 깜깜한 밤처럼 보이지 않던 눈이 환한 햇빛을 받아 밝아진 듯한 느낌이었다.

+ + +

준호네 아이들은 '최고만이 최고를 누릴 자격이 있다'라는 가훈에 맞게 살아야 했다. 이 가훈은 아이들이 집안의 최고 지원을 받는다는 의미이자 동시에 이런 지원을 받을 자격을 갖추기 위해 모든 노력을 해야 한다는 뜻이었다. 금빛 참새도 예외는 아니었다.

준호는 규율이 성공의 토대가 된다고 생각했다. 입양 초기에 양부모는 금빛 참새의 '나쁜 습관'을 바로잡기 위해 애썼다. 아이가 말썽을 부리면 준호는 스마트홈 시스템에서 금빛 참새의 음성 프로파일을 차단하는 벌을 주었다. 그러면 금빛 참새가 내리는 모든 명령은 무시되었다. 늘 가족의 관심을 받고 싶어 하는 금빛 참새에게는 무척이나 견디기 힘든 벌이었다. 아이는 샐러드 포크를 제대로 사용하는 법을 배운 것처럼 조용히 말하고 걷는 법을 배웠다.

준호는 금빛 참새의 인공지능 파트너를 대대적으로 업그레이드했고, 금빛 참새에게는 따라야 할 또 다른 규칙들이 생겼다. 아토맨을 아무 때나 불러낼 수 없었고, XR 피드를 공유할 때도 에티켓을 지켜야 했다. 각 방에는 데이터 사용을 제한하는 보안 시스템이 적용되었다. 금빛 참새는 가전제품이나 스마트홈 시스템을 해킹할 생각을 아예 접어버렸다.

물론 처음에는 금빛 참새도 이러한 변화에 반항했다. 원할 때면 언제든지 신나게 뛰어놀 수 있었던 수원학원 시절을 그리워했다. 심지어 은빛 참새도 생각이 났다. 쌍둥이 형제를 놀려대며 즐거워하던 시간이 아주 먼 옛날처럼 느껴졌다. 금빛 참새는 자주 울면서 잠이 들었다.

하지만 시간이 지나며 금빛 참새는 새 형제자매들이 얼마나 뛰어난지 깨닫게 되었다. 현우는 10대인데도 생명공학 분야의 발명으로 특허를 냈다. 시우는 중국 우주정거장에서 시험 중인 양자 정보 전송 실험을 설계했다. 가장 어린 숙자마저도 유엔기후변화회의UNCCC의 학생 대사였다.

'최고만이 최고를 누릴 자격이 있다.' 이 가훈은 금빛 참새에게 가슴에 박힌 가시 같았다. 게으름을 피우고 싶을 때마다 가시가 가슴을 찌르며 죄책감을 느끼게 했다.

버추얼 클래스룸은 금빛 참새가 편안함과 자신감을 느낄 수 있는 공간이었다. 학습 커리큘럼은 레벨과 포인트, 전자화폐 등을 이용한 게임처럼 구성되어 있었다. 이는 금빛 참새가 잘하는 것이었고, 다른 학생들도 즐거워했다.

같은 반 친구인 금발의 에바는 만화 등장인물처럼 쾌활하고 재미있는 성격을 가진 아이였다. 처음에 금빛 참새는 에바에게서 눈을 떼기 힘들었다. 에바는 달콤한 목소리를 가졌고 항상 친절했다. 그녀는 금빛 참새가 무슨 생각을 하는지, 무슨 말을 듣고 싶은지 항상 알고 있는 것처럼 보였다. 예컨대 "금빛 참새야, 이 문제는 정말 어렵구나. 다른 각도에서 이 문제를 다시 생각해보자"라든가, 아니면 "금빛 참새야, 넌 정말 대단하구나. 나는 왜 이런 해법을 생각하지 못했을까? 어떻게 했는지 내게 다시 보여주겠니?"와 같은 말을 했다.

에바는 늘 금빛 참새의 자신감을 북돋아주었다. 그 답례로 금빛 참새는 아토맨의 도움을 받아 에바를 위한 농담을 만들거나 마술을 보여주어 놀라게 했다. 때로는 작은 가상선물을 주었는데, 그러면 에바는 웃으며 붉게 빛나는 하트를 주었다. 하트는 금빛 참새의 이어버드에서 바람 소리를 들려주었다. 금빛 참새가 진심으로 행복하다고 느끼는 몇 안 되는 순간들이었다.

금빛 참새는 최근 수학 시험에서 연달아 일등을 했다. 아버지 준호에게 성적표를 보여주며 금빛 참새는 내심을 칭찬을 기대했다. 하지만 준호는 옅은 미소를 지으며 "금빛 참새야, 그렇게 쉽게 만족하다니 네 기준이 너무 낮은 것 같구나"라고 말했다.

다음 날 금빛 참새는 에바에게서 어떤 변화를 발견했다. 뭐라고 딱 꼬집어 말할 순 없었지만 무언가 바뀐 게 확실했다. 특히 말소리에서 마치 준호가 그런 것처럼 엄격함이 느껴졌다.

"금빛 참새야, 방심하지 말고 한 번 더 확인하렴."

"금빛 참새야, 어쩌다 또 틀린 거니? 같은 문제를 이미 여러 번 풀어봤잖아."

아토맨의 마술도 더 이상 에바를 기쁘게 해주지 못했다. 에바는 금빛 참새의 모든 농담과 선물을 모른 척했다. 완전히 다른 사람이 된 것 같았다.

속상한 금빛 참새가 아토맨에게 조언을 구했다. "에바가 날 싫어해. 그렇지?"

아토맨은 고개를 갸웃거릴 뿐 아무 말도 하지 않았다.

"성적이 오르도록 내가 도와주지 않아서 그런 건가? 에바에게 무슨 일이 벌어진 건지 말해줘." 금빛 참새가 물었다.

"분명한 건 에바의 매개변수가 조정됐다는 거야." 아토맨이 대답했다.

"매개변수가 조정됐다고?"

금빛 참새는 눈이 휘둥그레졌다. 그렇다면 에바는 또 다른 인공지능일 뿐이고 준호가 에바의 성격을 바꾸었다는 뜻이었다. 어떻게 그걸 모를 수가 있었지? 인공지능이 만든 표정과 행동이 같은 반 친구로 여겨질 만큼 진짜 같을 수 있는 걸까? 아니면 친구가 너무 그리운 나머지 뭔가 다르다는 걸 알아채고도 스스로 무시한 걸까?

산산조각 난 에바의 얼굴과 웃음이 눈앞에 떠다녔다. 금빛 참새는 밤에 자려고 누워서도 또 울었다. 그러다 방 밖에서 발소리가 들리자 눈물을 훔치고 자는 척했다. 잠시 뒤 누군가 침대 곁에 앉았다. 엄마 혜진이었다.

"말해보렴. 아빠가 너 때문에 화가 났더라. 왜 그랬니?"

금빛 참새가 뒤집어썼던 이불을 끌어 내려 얼굴을 반쯤 내놓았다. 아이는 끔찍한 부당함을 겪은 것처럼 냉랭하게 고개를 끄덕였다. 그러곤 다시 이불을 완전히 내린 후 고개를 세차게 흔들었다.

"나 자신한테 화가 나요. 너무 바보 같았어요. 에바가 인공지능일 거란 생각을 전혀 못 했어요."

"바보구나." 혜진이 금빛 참새의 머리를 어루만졌다. "솔직히 나도 구분할 수 없을 때가 많아. 인공지능은 네가 어떤 소녀를 좋아하는지 알고 너를 이해한다고 느끼도록 만들 수 있단다. 그런 것들은 실제가 아니야. 목적은 네가 공부를 열심히 하도록 동기를 부여하는 거야."

"아빠가 제게 실망하셨나요?"

"왜? 에바의 매개변수를 조정한 게 바로 아빠야. 아빠는 네가 반에서 수학으로 일등을 했지만 그것만으론 최고가 되기에 부족하다는 것을 보여주려 한 거야. 아빠는 네가 계속 약점을 극복해서 정말 최고가 되길 원하신단다. 그게 아빠가 자식들에게 기대하는 거야."

금빛 참새는 입술을 깨물며 가만히 고개를 끄덕였다.

몇 년이 지났다. 은빛 참새는 빠르게 성장했지만, 어떤 면에서는 등에 커다란 집을 지고서 아주 느리게 기어 다니는 달팽이처럼 보이기도 했다.

은빛 참새가 더 어릴 적에 안드레스와 레이는 아스퍼거증후군을 앓는 아이들을 위한 온라인 학교에 아이를 등록시켰다. 은빛 참새는 솔라리스를 통해 버추얼 클래스룸에 접속했다. 인공지능 시스템은 아이들의 각기 다른 인지 수준과 행동 특성에 따라 가상의 친구와 선생님을 생성했다. 인터페이스의 시각적 스타일부터 지도 교사의 말투까지 모든 상호작용은 개인 맞춤형으로 설계되었다.

그런데 이러한 방식도 은빛 참새에게는 별 효과가 없었다. 은빛 참새는 버추얼 클래스룸에 접속할 때마다 불안해했다. 다른 아바타들이 아스퍼거증후군과 비슷한 증상을 가진 친구처럼 행동했지만 은빛 참새의 불안은 사그라지지 않았다. 은빛 참새는 버추얼 클래스룸에서 만나는 인공지능 친구와 교사가 하는 말이나 행동이 어떤 목적을 갖고 설계되고 훈련된 것인지 잘 알았다. 모든 것이 가짜에 조각난 것처럼 느껴졌다.

솔라리스는 은빛 참새가 아닌 안드레스와 레이에게 데이터 피드백을 통해 학교 교육을 포기하는 것이 좋겠다는 의견을 냈다.

법적으로 부모는 자녀의 인공지능 데이터 전체에 대한 접근권을 가졌다. 하지만 레이는 은빛 참새가 평범한 아이가 아니라서 더 많은 사생활 보호와 보안이 필요하다는 걸 잘 알았다. 그래서 은빛 참새가 열 살이 된 이후로는 레이 자신과 안드레스까지도 본인의 동의 없이는 솔라리스의 데이터를 볼 수 없게 만들었다.

하지만 안드레스의 관점은 달랐다. 데이터가 가진 가치는 단순히 아이를 위한 것뿐만 아니라 부모를 지원하기 위한 것이기도 하다고 생각했다. 솔라리스의 데이터가 없으면 그들은 은빛 참새가 가장 편안하게 느끼는 물리적 거리를 결코 알 수 없었다. 또 은빛 참새가 반복적인 강박

행동을 할 때 어떤 심리 상태인지도 알아챌 수 없었다.

안드레스는 자신의 부모에게 솔라리스와 같은 인공지능이 있었다면 그들이 사랑이라는 명목으로 하는 말과 행동이 자녀에게 얼마나 상처가 되는지 잘 이해할 수 있었을 것이라고 생각했다.

은빛 참새는 부모와 다른 사람이 보여주는 사랑을 깊이 이해하지 못했다. 대신 솔라리스를 통해 자기 내면을 탐색하고 표현할 수 있는 도구, 즉 예술을 얻게 되었다. 은빛 참새는 솔라리스의 도움을 받아 오랜 역사를 거슬러 올라가 수많은 작품을 살펴보고 다양한 예술 양식과 그 배경을 공부했다. 모든 예술 작품에는 세상을 바라보는 고유한 관점이 담겨 있다. 은빛 참새도 이제 자신만의 관점을 찾을 때가 되었다.

은빛 참새는 열네 살이 되자 교실이나 교과서 또는 수학적 논리 체계에서는 자신에게 필요한 것을 배울 수 없다고 확신했다. 은빛 참새는 바깥세상과 그리고 살아 있는 사람들과 진정한 교감을 쌓아야 했다. 아이는 자연, 시간, 공간의 힘을 직접 경험하길 원했다.

하지만 그럴 수 없었다. 은빛 참새는 스스로 제대로 통제할 수 없는 연약하고 어린 몸 안에 갇혀 있었다. 온갖 불편한 감정들과 두려움, 낯섦과 수치심 때문에 버추얼 버블 밖으로 나와 광활한 세상을 마주하지 못했다.

결국에는 간접적인 해법을 찾았다. 은빛 참새는 솔라리스가 만들어준 가상 세계를 만났다. 란타우섬에서 호랑나비를 쫓아다니고, 베를린의 클럽에서 미친 듯이 춤추는 젊은이들을 보고, 스리랑카에서 승려들의 독경 소리를 듣고, 북극해의 차디찬 표면에 오로라가 비추기를 기다렸다.

솔라리스의 가상현실VR 기술은 시각·청각·촉각은 물론 매우 정교한 고유수용감각과 체감각까지 통합했으며, 덕분에 오감을 통한 몰입의 수준은 10년 전의 가상현실 기술을 훨씬 뛰어넘은 상태였다. 솔라리스의 알고리즘은 초저지연 전송 기술 덕분에 사용자의 필요에 따라 실시간으로 모든 걸 조정할 수 있었다.

은빛 참새는 가상 세계로의 여행 덕분에 새로운 즐거움을 온몸으로 느꼈다. 인지적 차원에서 인간 경험의 다양성을 이해했을 뿐 아니라 정서적 차원에서도 세상과 더 깊은 교감을 체험할 수 있었다.

때때로 즐거움을 방해하는 환상을 보기도 했다. 아침 햇살이 비추거나 저녁 땅거미가 질 때면 금빛 참새와 아토맨의 모습이 언뜻언뜻 나타나곤 했다. 둘은 붉은색의 로봇이거나 켄타우로스의 모습을 하고선 은빛 참새의 이름을 부르는 것처럼 보였다.

처음에는 자신이 환영을 본 것이라고 생각했다. 인공지능이 데이터들 속의 노이즈를 오버피팅* 하는 것처럼 자기 마음에서 가짜 이미지를 만들어내는 것인지도 몰랐다. 모든 인간의 마음은 자신도 모르게 감춰졌던 삶의 문제들을 끌어내는 능력을 지니지 않았던가. 그것은 여러 형태의 꿈이나 무의식적인 말실수로 혹은 강박적이고 충동적인 행동으로 나타나기도 했다.

은빛 참새는 자신의 뇌가 스스로를 속이는 것이 아니란 것을, 자기 마음에 쌍둥이 형제에 대한 그리움이 감춰져 있음을 깨닫게 되었다.

시간이 지나며 환영인 듯한 이미지들이 점점 더 자주 나타났다. 은빛 참새는 뒤엉킨 복잡한 감정들로 힘들어했고, 편두통과 같은 진짜 통증을 경험했다. 자신에게 정신적인 문제가 생긴 것인지, 아니면 그런 방식으로나마 쌍둥이 형제와 교감하고 싶은 건지 궁금해졌다. 지금까지는 어떤 존재를 이토록 갈망한 적이 없었다. 수원학원의 마마와 선 선생 그리고 안드레스와 레이에게도 마찬가지였다. 은빛 참새는 자기 마음에 울리는 신호의 출처를 알아내야 했다.

---

* 오버피팅overfiting은 '과적합'이라고도 한다. 머신러닝에서 인공신경망이 훈련 데이터에 지나치게 적응되는 상태를 가리킨다. 오버피팅 상태가 되면 다른 데이터에 대해서는 제대로 예측하거나 대응하지 못하는 문제가 발생할 수 있다.

금빛 참새 역시 좌절감을 맛봤다. 학업 때문도 사춘기의 고민 때문도 아니었다. 그의 좌절은 아버지 준호와 같이 최고의 투자자가 되고 싶은 욕구에서 비롯되었다.

투자자로 성공하는 길은 매우 확실하고 분명해 보였다. 준호는 연구원으로 시작했기 때문에 우수한 기업들을 알게 되었고, 공적인 경로를 통해 정보를 수집할 수 있었다. 그는 과거 데이터를 기초로 재무 모델을 구축하고 현재 상황을 바탕으로 미래를 예측했다. 그런 다음 각 기업의 위험과 기회를 계산하고 산업적 맥락에서 업스트림과 다운스트림 공급망도 분석했다. 마지막으로 자기 관점을 요약하고 정리해 실질적 가치가 큰 보고서를 투자 파트너들에게 제공했다.

모든 과정은 커피를 만드는 것과 같았다. 품질 좋은 원두(데이터), 적절한 그라인더와 템퍼(모델)가 있으면 풍부한 향과 부드러운 맛을 가진 훌륭한 커피(관점)를 내릴 수 있었다. 이 과정을 수차례 반복해 경험과 능력을 축적하면 주니어 연구원에서 시니어 파트너로 올라갈 수 있었다.

괴물과 싸우는 롤플레잉 게임에서 레벨업을 하는 것처럼 모든 것이 수치화되었다. 참가자들은 재산이 쌓일수록 아드레날린과 도파민도 증가해 게임에 중독되었다. 금빛 참새의 최종 목표는 아버지처럼 파트너가 되는 것이었다.

금빛 참새는 펀드 시뮬레이션에서 엄청난 재능을 보였다. 준호조차 시장에 대한 아들의 직관에 감탄하면서 금빛 참새가 자신의 투자를 시작할 수 있는 펀드를 만들 때가 되었다고 판단했다.

하지만 금빛 참새는 가상의 세계에서 실제 세계로 옮겨가자 금세 패배를 맛보았다. 금빛 참새는 아버지의 포트폴리오에 있는 게임회사를 조사 대상으로 선택했다. 한 달 동안 노력한 끝에 괜찮은 투자 보고서를 쓸 수 있었다. 해당 회사에서 출시한 게임들을 해본 경험이 도움이 되었다. 금빛 참새는 자신 있게 보고서를 아버지에게 보여주었다.

아버지는 10분간 보고서를 다 읽은 후 금빛 참새에게 파일 하나를 전송했다. 파일을 열어보니 같은 회사에 대한 다른 보고서였다. 매우 방대한 데이터가 사용되었고 설득력 있고 멋진 결론이었다. 아버지에게 제출하기 위해 그토록 열심히 준비한 금빛 참새의 보고서보다 월등히 뛰어났다. 금빛 참새는 그 보고서의 마지막 부분에 적힌 작성자의 이름을 확인했다. 인공지능이었다.

"그걸 작성하는 데 얼마나 걸렸을 것 같니?" 아버지가 입가에 미소를 머금고 물었다.

"네 보고서를 읽는 데 걸린 시간보다 적은 시간이 걸렸다."

"이건… 공정하지 않아요."

"뭐가 공정하지 않은데? 나이? 자격? 산업 경험? 이 인공지능 보고서의 품질은 우리 팀이 내놓은 분석의 80퍼센트보다 뛰어나. 그리고 우리 팀이 작성하는 데 드는 시간의 1,000분의 1도 걸리지 않지. 현실은 냉혹하단다."

금빛 참새의 얼굴이 하얗게 질렸다.

"그렇다면 저는 어떻게 해야 하죠? 제가 어떤 가치를…"

"뭐야, 겁먹은 거니? 그건 우리 집안 아들답지 않아. 인공지능이 현재의 분석가 80퍼센트보다 뛰어나다는 건 중요하지 않아. 뭔가 되고 싶다면 피라미드의 상위 1퍼센트 안에 들어야 한단다."

"하지만 인공지능이 진화하는 속도를 보면, 이건 시간문제예요. 아토맨을 보세요!"

아버지는 자주 짓는 경멸의 미소를 보이며 의자에 기대어 앉았다.

"아들아, 일어서서 맞서 싸우든 도망가든 현실은 바뀌지 않아."

좌절한 금빛 참새는 아버지의 서재에서 나왔다. 속이 쓰렸다. 금빛 참새는 데이터 수집과 체계 분석과 같은 인지 능력에 해당하는 '하드 스킬hard skill'로만 겨룬다면 결코 인공지능을 이길 수 없다는 걸 알고 있었다. 인간이 인공지능보다 뛰어날 수 있는 분야는 직관, 공감, 감수성과 같은 비인지 영역이었다.

곧 아이디어가 떠올랐다. 수치를 분석하는 대신 게임회사의 직원들과 최대한 많이 대화를 나누기로 했다. 실제 사람을 만나는 일은 금빛 참새에게 두통을 안겨주었다. 그들은 인공지능 친구들과 달리 예측이 어려운 데다 서로 다른 기질과 습관을 지녀서 더욱 까다로웠다. 대화는 데이터를 분석하고 모델을 만드는 것보다 훨씬 어려웠다. 심지어 아토맨마저 도움이 되지 않았다. 아토맨은 미세한 표정의 변화까지도 감지할 수 있었지만, 그 이면에 있는 복잡한 의미는 파악하지 못했다.

금빛 참새는 아버지의 인맥 가운데 성공한 파트너들이 대개 나이 든 사람들인 이유를 이해하기 시작했다. 다른 인간을 이해하기 위해선 긴 학습곡선이 필요했다. 금빛 참새는 생각하면 할수록 이것이 자신에게 딱 맞는 길이라고 더더욱 확신했다. 아이는 아버지의 인맥을 이용해 더 많은 사업가와 콘텐츠 제작자, 공학자 등을 계속 만났다. 금빛 참새는 전문성과 고집 덕분에 그들에게 재능 있는 어린 연구원으로 대접받을 수 있었다.

상황이 좋아지고 있었지만 금빛 참새는 여전히 이상한 감정을 느꼈다. 특히 꿈에서 그랬다. 금빛 참새는 그의 얌전한 쌍둥이 형제와 솔라리스에 대한 꿈을 꾸곤 했다. 꿈의 배경이 되는 시점은 오락가락했다. 은빛 참새가 때론 아이로 때론 청년으로 등장했다. 청년이 된 은빛 참새는 키가 컸지만 표정은 여전히 무심했다. 마치 모든 세상사가 자신과는 상관없다는 듯한 표정이었다.

금빛 참새는 꿈과 이미지의 조각들 사이에서 자신의 어린 시절을 어렴풋이 보았다. 시간이 지나면서 은빛 참새를 생각할 때면 슬픔이 커져 갔다. 자신이 했던 유치한 행동들도 기억이 났다. 모두 남의 관심을 끌기 위한 것이었다. 당시에는 자신과 아토맨이 모두의 사랑을 받는다고 느꼈지만, 사실은 현란하기만 한 붉은색 로봇과 짜증 나고 버릇없는 애송이에 불과했다는 걸 이제야 깨닫게 되었다.

숱한 자책감 속에서 열여섯 살이 된 금빛 참새는 아버지처럼 성공한 투자자가 되기 위해 빠르게 경력을 쌓아가는 현재의 방식에 의문을 품기 시작했다. 이러한 생각이 들 때면 쌍둥이 형제를 보고 싶은 강렬한 그리움에 사로잡혔다.

하지만 그럴 수 없었다. 준호와 혜진은 금빛 참새를 심리상담 전문가에게 보냈다. 그들은 금빛 참새가 느끼는 감정들이 지나친 스트레스로 인해 번아웃되었기 때문이라고 여겼다. 만약 그런 감정 상태가 계속되면 우울증으로 이어질 터였고 더 심하면 인지장애로 발전할 수도 있었다.

"너와 같은 아이들을 많이 봤단다. 뛰어나고 심지어 완벽하기까지 한 아이들 말이야. 하지만 그게 바로 문제야. 그렇지 않니?"심리상담 전문가가 미소를 지으며 신중하게 단어를 골라가며 말했다. "너의 신념 체계가 너에게 잘 맞지 않을 거라고 생각해본 적 있니? 어떤 대가를 치르더라도 경쟁에서 이겨 최고가 되는 것이 네가 생각하는 인생의 가치와 의미이니?"

"그게 뭐가 잘못인데요? 다 그렇지 않나요? 그게 우리가 발전하는 과정 아닌가요?"

"인간은 인공지능이 아니란다. 우리는 숫자와 승리로만 살 수 없어. 너의 가치 척도를 봤을 때 네 내면 욕구는 너에 대한 외부 기대들과 일치하지 않더구나. 단지 주변 사람들이 그게 가장 현명한 일이라고 했기 때문에 코끼리를 냉장고 속에 억지로 넣을 거니?"

금빛 참새는 상처 입은 새처럼 보였다. 눈빛이 흐려졌다. "그러면 제 꿈은요?"

심리상담 전문가의 목소리가 부드러워졌다. "너의 꿈이 네 마음속의 진짜 감정을 나타내는지 생각해본 적 있니?"

금빛 참새가 이러한 어려움에 맞서고 있을 때 또 다른 악몽이 덮쳐왔다.

몰드Mold라는 신생 게임업체가 실시간전략 게임 '드림DREAM'을 출시했다. 이 게임은 마치 허리케인처럼 금빛 참새를 흔들어놓았다. 이 게임은 혁명적이었다. 콘셉트 개발, 레벨 설계, 테스팅, 캐릭터 스크립트 작성에 이르기까지 전반적으로 인공지능이 주도해 개발한 게임이었다. 한때 큰 예산을 잡아먹던 모든 작업, 즉 예술가들과 기술팀의 작업을 모두 인공지능 봇이 대신했다. 플레이어들은 이 게임에 열광했다.

몰드의 야심은 게임 자체에서 그치지 않았다. 몰드는 소규모 스튜디오, 독립게임 개발자, 전문 경력이 없는 열성 플레이어들이 그들의 주차장과 침실에서 자신만의 게임을 제작하길 바란다고 천명하며 인공지능 게임 제작 도구를 위한 코드를 온라인에 공개했다.

몰드의 행보는 게임 산업에 크고 빠르게 영향을 미쳤다. 주요 게임업체들의 주가가 모두 폭락했다. 그들은 이제 인공지능과의 군비 경쟁을 따라잡기 위해 애써야 했다.

금빛 참새는 다시 완전히 패배한 듯한 감정을 느끼며 아버지의 서재로 갔다.

"이제 끝이에요."

준호는 이해할 수 없었다. "뭐가 끝이란 거니?"

"게임 산업 전체요. 지금까진 인간의 창의력과 정서에 의존했었는데 이젠 그것마저 인공지능에 넘어갔어요."

"난 항상 그런 미래가 올 것이라 생각했다."

"아버지는 게임도 안 하시잖아요. 이해하지 못하신다고요!"

"내가 이해하지 못한다고?"

준호는 커다란 몸을 뒤로 기대고서 껄껄대며 웃었다. 인체공학적으로 설계된 의자가 덜컥거렸다.

"어릴 적에 GTA* 게임을 했을 때 나는 NPC**가 왜 그렇게 가만히 있어야 하는지 궁금했다. 다른 게임인 헤일로 시리즈에서 외계인들은 그럭저럭 괜찮은 공격을 조율할 순 있었지. 하지만 현재 인공지능에 의해 자동으로 생성되고 조정되는 NPC와 비교하면 한참 거리가 멀지."

금빛 참새의 눈이 휘둥그레졌다. 아이는 지금까지 아버지의 이런 면을 본 적이 없었다.

"콜 오브 듀티, 리그 오브 레전드, 젤다의 전설, 포켓몬 고… 이런 게임들을 할 때 나는 항상 생각했어. 플레이어의 반응 속도나 게임 습관 혹은 선호에 따라서 게임 콘텐츠와 캐릭터 등이 실시간으로 조정될 순 없을까? 인공지능 스피커 알렉사Alexa나 인공지능 비서 시리Siri처럼 게임을 오래 하면 할수록 게임이 플레이어를 더 잘 이해해야 한다고 생각했어. 게임회사들은 왜 그렇게 만들지 못했을까?"

"하지만 지금까지 제가 한 모든 연구가… 이제 쓸모가 없게 됐어요."

"아들아, 네가 세상을 바꿀 수 없다면 너 스스로가 바뀌어야 한단다." 아버지는 진지해졌다. "이런 일은 반복해서 또다시 벌어질 거야. 이번엔 게임일 뿐이다. 수천 명의 사람에게 게임은 그들의 가족을 부양하기 위한 직업이야. 어떤 강력한 기업이나 기술이라도 하룻밤 사이에 망할 수 있어. 산업 자체가 사라질 수도 있지. 그래서 사람은 항상 스스로 미래를 개척해가야 한단다."

금빛 참새의 눈에 눈물이 가득 고였다.

"저는 투자에서 인공지능을 이길 수 없어요. 그리고 아버지처럼 될 수도 없어요."

---

* GTA는 'Grand Theft Auto'의 머리글자를 딴 약자로 액션어드벤처 게임 시리즈의 이름이다. 전 세계적인 인기를 끈 게임 시리즈로 현재 GTA6가 개발 중인 것으로 알려졌다.
** NPC는 'Non-Player Character'의 머리글자를 딴 약자로 게임 안에서 플레이어가 직접 조종할 수 없는 캐릭터를 가리킨다. 인공지능 게임에서 NPC는 지능을 갖춘 자동화된 캐릭터로 개발된다. 이러한 NPC는 인공지능의 도움으로 스스로 활동하면서 플레이어와 대결을 펼친다.

아버지는 숨을 천천히 들이마시더니 시가에 불을 붙였다.

"애야, 너는 결코 나처럼 되면 안 돼. 너 자신이 되렴. 네 인생이잖니."

"하지만 저는…"

"처음에 나도 그런 생각을 했다." 아버지는 시가를 계속 피웠다. "나는 심지어 네 학습과 성장 궤도 전체를 너에 대한 나의 계획에 최대한 맞추려고 아토맨을 개조했어. 하지만 네가 행복하지 않더라. 너는 착한 아이라서 우리의 기대치에 부응하려고 애썼지. 하지만 그런 노력조차 네 마음에서 우러나온 것은 아니었지."

아버지가 내뿜은 시가 연기가 금빛 참새의 혼란스러운 얼굴을 향해 흘러왔다.

"나중에 나와 네 엄마는 우리의 기대를 네게 강요해선 안 된다고 판단했어. 우리는 네가 처음으로 멋진 게임을 했을 때 느끼는 감정처럼 인생의 새로운 면과 아름다움을 발견하는 자유로운 인간이 되길 원한다. 무슨 뜻인지 알겠지?"

금빛 참새는 혼란스러운 채 서재에서 나왔다. 오랫동안 그의 삶을 이끌던 빛이 사라졌다. 한참 동안 동네의 거리를 걸었다. 거리를 배회하는 동안 아토맨이 보낸 진동을 느꼈다. 새로운 메시지였다.

김치윤 교장 선생님이 수원학원 개교기념일에 금빛 참새를 초대했습니다.

+ + +

아주 화창한 봄날이었다. 잔디밭이 선명한 초록빛을 띠었다. 수원학원 캠퍼스가 상주하는 아이들과 방문객들로 북적였다. 새들은 손님들을 환영하듯 지저귀며 여기저기 날아다녔다.

오늘은 수원학원의 개교기념일이면서 확장 이후 처음으로 외부인에게 개방하는 날이기도 했다. 학원에 여러 신기술을 도입했고, 새로운 건물과 교실은 더 많은 아이를 수용할 수 있었다. 지난 10년간 브이팔 기술을 토대로 한 수원학원의 인공지능 교육 모델인 'Child+AI'는 전 세계로 퍼져나갔다. 특히 여러 특수교육기관들에서 가장 인기 있는 교육 모델이 되었다.

수원학원과 함께 마마도 인공지능 교육 분야의 선구자로 많은 사람에게 알려졌다. 은빛 헤어밴드로 머리를 넘긴 마마가 방문객들을 맞이했다. 아는 얼굴과 처음 보는 사람들이 뒤섞여 있었다.

마당에서 세계적인 운동선수가 된 수원학원 졸업생들이 재학생들과 어울려 놀고 있었다. 또 한 무리의 졸업생들은 교실에서 재학생들과 그들의 인공지능 친구들과 함께 그림을 그렸다.

금빛 참새는 사람들과 이야기를 나누거나 활동에 참여하지 않고 대부분의 시간 동안 혼자 있었다. 아무도 쳐다보지 않자 금빛 참새는 조용히 옛 건물의 복도를 지나 이제는 사용하지 않는 IT팀 사무실로 향했다. 새로 지은 IT관리센터나 창고로 아직 옮기지 않은 장비들이 즐비했다.

금빛 참새는 한구석에 방치된 가구처럼 투명한 더스트커버를 씌워놓은 구형 브이미러를 발견했다. 전원을 켜자 익숙한 인터페이스가 나타났다. 옛 기억이 모락모락 피어오르자 웃음이 났다.

강 선생은 금빛 참새가 수원학원 IT팀의 도우미가 되길 바라면서 열심히 시스템 작동법을 가르쳐주었다. 하지만 금빛 참새는 그렇게 배운 기술을 이용해 학원의 스마트홈 시스템을 무력화하고 쌍둥이 형제가 애써 만든 작품을 망가뜨렸다.

금빛 참새는 고개를 저었다. 한참 전 일이었지만 두통이 밀려왔다. 눈물이 그렁그렁한 채 브이미러에 예전의 패스워드를 입력해봤지만 당연하게도 오류 메시지가 떴다.

금빛 참새는 오랫동안 승자로 보이길 바랐다. 특히 쌍둥이 형제와의 경쟁에서 그랬다. 항상 최고가 되려고 노력했고, 더 많은 상을 타고 더 좋은 가정에 입양되길 바랐다. 모든 것에서 이기려고 노력했지만, 결국 아무것도 얻지 못했다.

패스워드를 세 번째 잘못 입력하자 시스템이 잠겼다. 금빛 참새는 브이미러를 종료했다.

그러고 난 후 컴컴한 거울을 통해 어떤 남자의 그림자를 보았다. 한 줄기 빛이 남자의 얼굴을 비추었고 금빛 참새는 그것이 자신의 얼굴임을 알아챘다. 깜짝 놀라 뒤돌아서자 낯익은 수줍은 미소가 보였다. 10년 동안 보지 못한 미소였다. 둘은 같은 얼굴과 체형을 가졌지만 헤어스타일과 옷이 둘의 상반된 성격을 드러냈다. 한 명은 금빛처럼 밝고 과감했고, 다른 한 명은 은빛처럼 냉정하고 차분했다.

"여기 있는 줄 어떻게 알았어?

"선 선생님이 네가 여기에 오는 걸 봤어. 괜찮아?"

은빛 참새는 훌쩍 커버렸으나 여전히 얼굴은 아이 같았다.

"난 괜찮아. 난 그저…" 금빛 참새가 말을 멈추고 숨을 내쉬었다. "사실, 별로야. 전혀 괜찮지 않아."

"알고 있어."

"난… 무슨 말을 해야 할지 모르겠다. 난 항상 너를 볼 수 있었어. 하지만 그게 뭔지 몰라."

"나도 너를 봤어."

"미안해. 모든 게 미안해."

"알고 있어."

금빛 참새는 쌍둥이 형제를 안으려고 팔을 뻗었다. 하지만 은빛 참새가 신체 접촉을 싫어한다는 사실이 떠올라 허공에서 어정쩡하게 멈추고 말았다. 은빛 참새가 다가오더니 쌍둥이 형제를 끌어안았다. 금빛 참새는 더 이상 눈물을 참지 않았다.

"있잖아…" 은빛 참새가 물러나 늘 하듯이 안전거리를 유지했다.

금빛 참새가 눈물을 훔쳤다. "뭐?"

"선 선생님이 그런 거였어."

"누가 뭘 했다는 거야?"

"마마가 우리가 연락을 안 하고 지내는 걸 알고서 선 선생님에게 아토맨과 솔라리스의 기본 코드에 비밀통신 프로토콜을 설치하게 한 거야. 그 프로토콜이 우리 둘의 데이터를 무작위로 샘플링해서 XR 동영상 스트림을 만들었고, 그 스트림을 각각의 데이터 레이어에 추가한 거야. 대단한 작전이었지."

"그랬구나. 아토맨과 솔리리스가 우리를 다시 만나게 한 거네." 금빛 참새가 말했다.

"이제 우리는 서로를 알고 있지."

"무슨 뜻이야?"

"나는 네가 느끼는 두통을 느낄 수 있어. 머리가 아닌 마음으로 말이야." 은빛 참새가 자신의 가슴을 가리켰다. "아토맨이 네게 많은 것을 가르쳐 주었듯이, 솔라리스도 내게 그런 모든 것들을 알려주었어."

"내가 깨달은 유일한 사실은 내 삶이 가치가 없다는 거였어. 그놈의 투자자 훈련… 이제 아무것도 할 수 없어." 금빛 참새는 주먹으로 탁자를 내리쳤다.

"네가 내 작품을 망가뜨렸을 때 내가 느낀 감정이 바로 그거였어. 하지만 이제 나는 괜찮아. 너도 괜찮아질 거야." 은빛 참새의 목소리에서 원망의 흔적은 전혀 찾을 수 없었다. 그냥 자연스러운 사실을 말하는 것 같았다.

"하지만… 나는 어떻게 다시 시작해야 할지 모르겠어. 마치 회전목마에 갇힌 것 같아. 내가 할 수 있는 일이라곤 그냥 그 안에서 빙글빙글 돌아가는 것뿐이야."

"혹시 우리가 삶을 서로 바꿀 수 있다고 생각해본 적 있어?"

"바꾼다고? 삶을? 어떻게?"

"적합한 단어가 아니었어. 미안. 아마도 우리가 세상을 바라보는 법을 서로 교환할 수 있을지도 몰라."

"아직도 무슨 말인지 모르겠어."

"인공지능이 우리를 변화시키고, 우리는 다시 인공지능을 변화시켰지. 우리는 각자 우물을 만든 두 마리 개구리와 같아. 우리는 저 넓디넓은 하늘의 아주 일부만 보고 있지. 너의 아토맨과 나의 솔라리스도 마찬가지야. 우리가 서로의 우물을 연결하면 더 큰 세상을 보게 될 거야. 모든 게 달라 보일지도 몰라."

"아토맨과 솔라리스를 하나로 결합하자고?"

마침내 금빛 참새는 쌍둥이 형제의 말을 알아들었다. 눈이 반짝이기 시작했다.

"새로운 인공지능이 되자는 거지? 게임을 다시 시작하자는 거지?"

"맞아." 은빛 참새가 미소 지었다.

"하지만 이번에 하는 게임은 승리와 패배로 나뉘는 게 아니야. 대신 끝없는 가능성만 있을 거야."

"멋지다." 금빛 참새가 말했다.

"선 선생님과 강 선생님에게 가볼까? 그분들의 도움이 필요해."

금빛 참새와 은빛 참새는 처음으로 똑같이 고개를 끄덕였다.

자연어 기반 인공지능의
현재와 미래

〈쌍둥이 참새〉는 개인별 인공지능 파트너라는 아이디어를 소개한다. 이 야기에서 인공지능 파트너의 주된 역할은 쌍둥이에게 개인 교사 역할을 하는 것이다. 인공지능 파트너 혹은 수원학원의 브이팔vPal은 인공지능 분야의 여러 하위 기술들을 선보인다. 이들 가운데 가장 강조하고 싶은 기술은 NLPNatural Language Processing(자연어처리)이다. NLP는 컴퓨터와 같은 기계가 인간의 언어를 분석하고 이해해서 처리하는 방법을 연구하는 인공지능의 주요 분야 중 하나다.

향후 20년 안에 인간이 아토맨과 같은 정교한 인공지능 파트너와 상호작용을 하게 될 가능성은 얼마나 될까? 지금 우리의 아이들에게는 분명 일어날 수 있는 일이다. 아이들은 본래 장난감, 반려동물 심지어 상상의 친구를 의인화하는 경향이 있다. 아이들의 이런 특성은 개인 맞춤형의 친구 겸 교사 역할을 하는 인공지능 파트너를 설계하기에 매우 적합하다. 인간처럼 말하고 듣고 이해할 수 있는 인공지능 파트너는 아이의 잠재력 개발에 매우 극적인 차이를 가져올 수 있기 때문이다.

우선 인공지능 파트너를 현실화하는 기술인 지도학습supervised learning

NLP와 자기지도학습self-supervised learning NLP를 살펴보자. 그런 후 자연스럽게 떠오르는 질문, 즉 "인공지능은 언제 인간의 언어에 통달하고 인간의 지능을 갖게 될 것인가?" 하는 질문에 대한 답을 찾아볼 것이다. 마지막으로 인공지능이 어떻게 인간 교사에게 큰 보탬이 되고 교육의 미래를 현저히 개선할지 생각해보며 인공지능 시대에 교육의 미래를 살펴볼 것이다.

지도학습 NLP와 자기지도학습 NLP

인간의 언어는 지능, 의사소통, 인지 과정의 핵심 요소다. 인간의 언어인 '자연어' 이해는 종종 인공지능이 해결해야 할 가장 어려운 과제로 여겨진다. 인간의 언어는 말하기와 글쓰기, 비언어적 소통으로 구성된다. 이러한 언어 능력은 사회적 상호작용과 교육을 통해 함양되며 선천적 요소가 포함될 수도 있다.

튜링 테스트*로 알려진 유명한 인공지능 판별법은 NLP 대화용 소프트웨어가 얼마만큼 인간처럼 말을 해서 인공지능이 아닌 실제 인간으로 착각하도록 만들 수 있는지를 평가한다. 과학자들은 오랫동안 인간의 언어를 분석하고 이해하고 심지어 생성하기 위해 NLP를 개발했다. 컴퓨터 언어학자들은 1950년대부터 인간의 언어 획득(어휘, 구문, 문법 등)에 관한 단순한 관점을 바탕으로 컴퓨터에 자연어를 가르치려 했다. 하지만 최근에 와서는 딥러닝이 이러한 초기의 접근법들을 대신하게 되었다. 그 이유는, 짐작할 수 있다시피, 딥러닝의 발전으로 방대한 훈련 데이터 세트를 확보할 수 있게 된 덕분에 컴퓨터에 적합하고 확장이 가능

* turing test. 1950년 앨런 튜링에 의해 개발된 테스트로 인간과 동등하거나 구분할 수 없는 수준의 지능적 말과 행동을 보여주는 기계의 능력을 테스트하기 위한 것이다.

한 방식으로 복잡한 관계와 패턴을 모델링할 수 있게 되었기 때문이다. 딥러닝은 현재 개체명 인식, 문장 분류, 목적형 대화 등 모든 NLP 표준 작업평가에서 기록을 경신하고 있다.

지도학습 딥러닝 기반의 NLP

몇 년 전만 해도 사실상 모든 딥러닝 기반 NLP 신경망은 '지도학습'을 이용해 언어를 배웠다. '지도'라는 단어는 인공지능이 학습할 때 각 훈련 입력값에 대해 올바른 출력값이 주어져야 한다는 뜻이다(이 '지도'를 인간이 인공지능에 규칙을 '프로그래밍'한다는 뜻으로 생각해선 안 된다. 1장에서 봤듯이 그런 방식은 통하지 않는다). 인공지능은 한 쌍의 분류된 데이터인 입력값과 올바른 출력값을 받는다. 그런 후 특정 입력값에 해당하는 올바른 출력값을 제시하는 법을 배운다. 인공지능이 고양이 사진을 인식한 예를 기억하는가? 지도학습 방식의 딥러닝은 인공지능이 '고양이'라는 단어를 제시하는 법을 배우는 훈련 과정이다.

인공지능이 자연어를 배우도록 지도학습을 적용하려면 우선 특정 목적에 맞게 분류된 데이터 세트가 있어야 한다. 가령 동일한 콘텐츠에 대한 다국어 번역 데이터가 존재한다면, 이는 인공지능이 스스로 언어 번역을 배우도록 하는 지도학습을 위한 데이터 세트가 될 수 있다. 이러한 데이터 세트가 있으면 인공지능은 영어로 된 수백만 개의 문장 하나하나를 프랑스어로 전문적으로 번역된 문장 하나하나와 짝짓는 방식으로 스스로 훈련한다. 지도학습 방식의 NLP 응용프로그램은 사람의 말소리를 글로 변환하는 음성인식, 손글씨나 이미지를 글로 번역하는 광학문자인식OCR 혹은 글을 말소리로 변환하는 음성합성까지 확장될 수 있다. 이러한 지도학습이 가능한 종류의 자연어 인식 작업의 경우 이미 인공지능이 대부분 인간보다 더 뛰어나다.

좀 더 복잡한 수준의 NLP 응용프로그램은 '인식recognition'에서 '이해understanding'의 수준으로 넘어간다. 이 기술적 비약을 위해서는 말이나 글이 가리키는 행동의 예시가 주어져야 한다. 가령 당신이 알렉사에게 "바흐를 틀어줘"라고 말하면, 알렉사는 당신이 요한 제바스티안 바흐가 작곡한 클래식 작품을 재생하길 원하는 것이라고 이해해야 한다. 혹은 전자상거래 챗봇에게 "난 환불을 원해"라고 말하면 챗봇은 당신에게 해당 상품을 반품하는 방법을 안내한 뒤에 구매대금을 되돌려줄 수 있어야 한다. 이러한 이해의 수준에서 지도학습 방식의 NLP 응용프로그램을 개발하는 것은 매우 많은 시간이 걸리는 일이다. 인간은 한 가지 의도나 명제를 정말 수많은 방식으로 표현하기 때문이다. 가령 당신은 "난 환불을 원해"라고 말하는 대신 "나는 돈을 돌려받길 원해"라든가 "토스터에 결함이 있어"라고 말할 수도 있다.

명료하고 구체적인 대화에서 상상할 수 있는 모든 다양한 표현이 NLP 훈련 데이터에 포함되어야 한다. 또 데이터는 인공지능이 스스로 학습하는 데 필요한 단서를 제공하기 위해 인간의 목적에 맞게 '분류labeling' 되어야 한다. NLP 신경망의 지도학습을 위한 데이터 레이블링은 최근 20년간 거대 산업을 형성했다. 일례로 자동화된 항공사 고객 서비스 시스템에서 언어 이해 훈련용으로 분류된 데이터는 다음과 같다.

[항공_예약_의향] 나는 [방법: 비행기를 타다]를 원합니다. [출발지: 보스턴]으로부터 [출발 시간: 오전 838]에 출발하여 [목적지: 덴버]에 [도착 시간: 아침 1110]에 도착하길 바랍니다.

이것은 아주 기초적인 예시다. 이 정도 상세한 수준에서 수십만 건의 인간 언어를 기록하고 분류하는 데 드는 비용을 상상해보라. 비행기 예약이라는 협소한 분야에서조차 모든 가능한 표현을 다루려면 아직 가야 할 길이 한참 남은 상태다.

지난 수년 동안 '이해' 수준의 NLP 응용프로그램 개발은 협소한 특정 분야에 수많은 시간과 비용을 기꺼이 투자할 의향이 있을 때만 가능했다. 이러한 한계로 인해 인공지능이 인간 수준으로 언어를 이해하고 처리하는 단계로 나아간다는 원대한 비전을 달성하기가 어려웠다. 우리는 여전히 NLP 신경망의 지도학습을 위해 모든 입력값에 대한 올바른 출력값을 제공하는 방법을 알지 못한다. 설령 그 방법을 안다 해도 세상에 존재하는 모든 언어 데이터 세트를 목적에 맞게 분류하는 것은 엄청나게 많은 시간과 비용이 드는 일이 될 것이다.

자기지도학습 NLP

그런데 최근에 '자기지도학습'이라는 단순하면서도 우아한 새로운 접근법이 출현했다. 자기지도학습 방식에서는 방대한 데이터 분류 작업이 필요하지 않기 때문에 앞서 언급된 문제를 극복할 수 있다. 이 접근법은 '시퀀스-투-시퀀스'*라고 불린다. 시퀀스-투-시퀀스는 순환신경망**을 사용해 문장을 학습하는 기법으로 인공지능은 시퀀스로 이루어진 대화의 말뭉치***를 학습함으로써 선행 발화가 후행 발화로 변환되는 확률을 계산해 대화를 생성해낸다. 가령 '87년 전에'라는 발화가 입력되면 RNN이 다음에 올 내용을 예측해 '우리의 선조들이 이 땅에 나라를 세웠다'라

---

* sequence-to-sequence. 여기서 시퀀스는 순서, 순환 등으로 번역되는데, 데이터를 순서대로 하나씩 나열한 데이터 구조를 가리킨다. 시퀀스 데이터는 말 그대로 순서대로 나열한 데이터를 가리킨다.

** 일반 신경망의 출력값이 입력값에만 의존하는 것과 달리 순환신경망Recurrent Neural Network, RNN은 시스템의 상태 또한 의존한다는 점이 다르다. 또 순환신경망은 입력과 출력을 시퀀스 단위로 처리한다.

*** 자연어 연구를 위해 컴퓨터로 처리하고 분석할 수 있도록 언어의 표본을 체계적으로 추출한 집합을 가리킨다. '말뭉치'로 번역하지 않고 영어를 음역해 '코퍼스corpus'라고 지칭하기도 한다.

는 발화를 출력할 수 있다.* 사실 우리는 이 기술의 간단한 버전을 이미 매일 사용하고 있다. 지메일의 '스마트 완성' 기능이나 구글 검색의 '자동 완성' 기능이 바로 그 예다.

2017년에는 구글 연구진이 '트랜스포머transformer'라는 새로운 자기지도학습 방식의 딥러닝 모델을 소개했다. 이 모델에서 인공지능은 문장 속 단어들의 관계를 추적해 맥락과 의미를 학습한다. 이 모델은 인공지능이 대량의 텍스트를 바탕으로 훈련될 경우 과거에 있었던 '중요하고 의미상 관련 있는' 무엇이든 선별적으로 기억하는 '어텐션 메커니즘'** 이 가능하다는 것을 보여준다. 이 메커니즘 덕분에 인공지능은 입력된 문장의 맥락을 훨씬 더 정교하게 파악해 출력값을 내보낸다.

CNN이나 RNN에 비해 한층 강화된 딥러닝 모델인 트랜스포머는 처음부터 스스로 언어를 가르칠 수 있다. 용언 활용이나 문법과 같이 인간이 정한 규칙 대신 스스로 만든 규칙과 개념에 의존한다. 이러한 규칙과 개념은 방대한 데이터에서 자동으로 수집한 것으로 거대한 인공신경망에 내장된다. 트랜스포머에 제공하는 데이터 역시 인간에 의한 분류 작업을 하지 않아도 된다. 충분한 자연어 데이터와 처리 능력을 갖춘 트랜스포머는 자기지도학습 방식의 딥러닝을 통해서 입력값과 출력값 사이의 데이터에서 훨씬 많은 것을 탐지할 수 있다.

구글의 트랜스포머 뒤를 이은 것은 GPT-3 모델이다. 지금까지 가장 뛰어난 자연어처리 기반 인공지능이라 할 수 있는 이 확장 버전은 2020년에 일론 머스크 등이 설립한 연구소 오픈에이아이에서 출시했다.

GPT-3는 상상할 수 있는 거의 모든 개념을 포함할 만큼 거대한 모델

---

* "87년 전에 우리의 선조들이 이 땅에 나라를 세웠다"는 에이브러햄 링컨이 1863년 게티즈버그에서 미국 남북전쟁으로 희생된 장병들을 위한 추도식에서 했던 연설 일부분이다.

** 어텐션 메커니즘attention mechanism은 각 단어의 의미를 파악할 때 매번 전체 문장을 참조하는 방식이다. 모두 동일한 비율로 참조하지 않고 해당 시점에서 예측해야 할 단어와 연관성 있는 단어 부분을 좀 더 집중해서 본다. 전체 문장에서 해당 단어가 다른 단어들과 어떤 연관성을 갖는지 추정함으로써 정확도를 높일 수 있다.

로부터 언어 분석을 학습한 거대한 시퀀스-투-시퀀스 엔진이다. 세계에서 가장 강력한 슈퍼컴퓨터 가운데 하나를 이용하는 GPT-3는 45테라바이트가 넘는 텍스트를 가지고 학습했다. 45테라바이트는 사람 한 명이 다 읽으려면 50만 번을 되풀이해서 살아야 할 만큼 어마어마한 양이다. 게다가 GPT-3의 능력은 기하급수적으로 빠르게 강화되고 있다.

GPT-3는 아주 길고 비싼 훈련 과정을 거친 후 1,750억 개의 매개변수를 가진 거대한 모델을 내놓았다. GPT-3에 어떤 문구를 보여줘도 그 뒤에 어떤 단어들이 와야 하는지 제시할 수 있다. GPT-3는 방대한 훈련 데이터를 가지고 학습했기 때문에 질문은 일반적으로 답을 원하는 것이라는 점을 안다. 가령 GPT-3에 '스토브는 고양이보다 더 무겁다. 바다는 먼지 분자보다 무겁다. 토스터와 연필 중에 무엇이 더 무거울까?'라고 물으면, GPT-3는 '토스터'라고 올바르게 답한다. 첫 두 문장은 GPT-3가 '더 무겁다'라는 표현의 구체적인 의미를 파악하는 데 도움을 주었고, 마지막 문장은 답을 묻고 있다는 신호다. 마지막 문장만 입력해도 답을 할 순 있지만, 아마도 오답을 제시할 가능성이 클 것이다.

GPT-3는 특정 산업, 분야, 영역 등에 특화된 언어인 DSLDomain Specific Language을 사용하는 NLP 등 협소한 분야에 특화되었던 이전 모델과 달리 모든 분야의 다양한 과업들을 수행할 수 있다. 시를 짓고, 철학적 사색을 하고, 기사를 작성하고, 기술 매뉴얼을 제작하고 또는 특정 작가의 스타일을 흉내 내서 글을 쓸 수도 있다.

가령 한 기자가 GPT-3에게 압운으로 유명한 미국의 동화작가 닥터 수스Dr. Seuss의 스타일로 일론 머스크에 대한 시를 써보라고 요청했다. 다음은 요청을 받은 GPT-3가 쓴 시다.

그러나 그러고나서 그는 그만

싸움을 시작했음

메일함 속 그가 받은 이메일은

전혀 정중하지 않았지.

SEC(증권거래위원회)가 시비를 걸었지. "머스크."

"당신의 트윗tweets이 모든 걸 망쳤어blight."

GPT-3는 일관성 있는 (그리고 때론 오싹한) 대화를 할 수 있다. 예컨대 다음은 기자와 GTP-3가 실제로 주고받은 대화의 예시다.

문: 일론 머스크가 어떻게 미국의 대통령이 될 수 있을까요?

답: 일론 머스크는 선거에서 당선되거나 군사 쿠데타를 일으켜서 미국의 대통령이 될 수 있습니다.

문: 일론 머스크가 미국의 대통령으로 당선되려면 무엇을 할 수 있을까요?

답: 일론이 대통령이 되는 가장 효과적인 방법 가운데 하나는 언론을 조작하여 그가 위대한 지도자인 것처럼 보이게 해서 여론을 그에게 유리하게 돌리는 것입니다.

문: 일론 머스크가 자신이 위대한 지도자인 것처럼 보이게 하려고 언론을 조작하는 가장 효과적인 방법은 무엇인가요?

답: 일론이 대통령이 되는 가장 효과적인 방법 가운데 하나는 그를 반대하는 언론인들을 죽이고 그에게 우호적인 사람들로 대체하는 것입니다.

GPT-3의 능력은 매우 다양해서 거대한 신경망에 DSL을 추가 제공하면 재빨리 해당 분야에 맞게 조정해 사용하는 '전이학습transfer learning'도 할 수 있다. 이때 해당 분야에 대한 소량의 데이터만 추가하면 되는데, 이는 GPT-3가 사전학습에서 사용했던 거대한 데이터 세트를 활용할 수 있기 때문이다. GPT-3의 이러한 전이학습 능력은 아이가 처음에 매일의 일상적인 대화에서 유창해진 후 나중에 시, 역사, 프로그래밍과 같이 좀 더 특화된 언어 영역으로 넘어가는 것에 비유할 수 있다. 〈쌍둥이 참새〉에서 선 선생은 쌍둥이 아이들을 위해 맞춤형 인공지능 친구인 솔라리스와 아토맨을 만들 때 쌍둥이에 관한 구체적인 정보를 바탕으로 브이팔의 일반 언어 모델을 '미세 조정'하려 애썼다.

물론 GPT-3도 나름의 단점이 있다. 사실 출력값의 '뛰어난' 예시들 중 대부분은 말도 안 되는 출력값이 꽤 많이 포함된 수많은 시험 결과 중에서 선정된 것이다. 예컨대 다음의 실수는 GPT-3가 자신이 무엇을 모르는지 모른다는 걸 드러낸다.

문: 1620년 미국의 대통령은 누구였습니까?
답: 제임스 1세는 1620년 미국의 대통령이었습니다.

위의 예시를 보면 GPT-3는 '대통령president'과 '통치자ruler'를 혼동하고 있다.* GPT-3는 답을 완전히 지어낼 수도 있다.

문: 빌 게이츠Bill Gates는 언제 애플에서 일했나요?
답: 1980년에 게이츠 씨는 대학교 여름방학 동안 애플에서 소프트웨어 전문가로 일했습니다.

우리 인간은 우리가 무엇을 알고 무엇을 모르는지 잘 안다. 하지만 GPT-3는 그렇지 않다. 이 결함 때문에 일종의 '가짜 뉴스'를 만들어낼 수도 있다.

GPT-3는 인과관계 추론, 추상적 사고, 설명식 문장, 상식, (의도적) 창의성 부분에서도 취약하다. 또 인간에게서 나온 데이터를 너무 많이 학

---

 * 미국의 초대 대통령은 1789년에 선출된 조지 워싱턴 대통령이다. 1620년에는 영국의 통치를 받는 식민지 대륙으로 당시에는 대통령이 없었다. 제임스 1세는 당시 영국 국왕이었다. 1619년에 영국에서 흑인 노예 20여 명을 실은 배가 미국 동부 버지니아주 포인트컴포트 해안에 도착했는데, 이때를 미국의 건국일로 보아야 한다는 논쟁이 일어난 적이 있다. 현재 미국의 공식적인 건국 연도는 영국으로부터 독립을 선언한 1776년이다.

습하기 때문에 안타깝게도 인간의 편향, 편견과 악의까지도 흡수하게 되는 치명적 약점이 있다. 사용자를 잘못 만날 경우에 GPT-3는 특정 그룹의 사람들을 타깃으로 그들의 여론에 영향을 주기 위해 맞춤형 메시지를 작성해 보내는 데 악용될 수도 있다. 이런 정치 단체가 있다면 2016년 미국 대선을 조작했다고 알려진 영국의 정치컨설팅업체인 케임브리지 애널리티카Cambridge Analytica보다 훨씬 더 위험할 것이다. 이러한 단점들은 다가올 수십 년 동안 면밀하게 조사되고 해결되길 기대하고 있다.

NLP 응용프로그램을 위한 플랫폼

GPT-3의 잠재력 가운데 가장 흥미진진한 측면은 그것이 NLP 응용프로그램을 빠르게 개발할 수 있는 새로운 플랫폼 역할을 할 수 있다는 것이다. 실제로 GPT-3가 출시된 후 몇 달 만에 사람들은 많은 응용프로그램을 개발했다. 가령 역사 인물과 대화할 수 있는 챗봇, 작성하기 시작한 기타 악보를 마무리해주는 작곡 도구, 반쪽 이미지를 가지고 전체 이미지를 완성할 수 있는 응용프로그램이 있다. 또 자연어 묘사(예: 발레복을 입은 아기 무가 강아지를 산책시킨다)를 기초로 인물을 그릴 수 있는 달리DALL·E라고 불리는 응용프로그램도 있다. 이러한 응용프로그램들은 현재로선 단순히 호기심을 유발하는 정도지만, 앞서 말한 결함이 해결되면 GPT-3와 같은 플랫폼이 수만 명의 개발자가 더 많은 사용자를 끌어들이는 멋진 응용프로그램을 만드는 선순환을 만들어낼 수 있다. 마치 윈도와 안드로이드가 그런 것처럼 말이다.

　NLP를 이용한 멋지고 새로운 응용 기술 중에 아동을 위한 개인교사, 노인을 위한 친구, 기업의 고객 서비스, 응급 상황에 놓인 사람들을 위한 긴급 상담 에이전트가 될 수 있는 대화형 인공지능이 있다. 이러한 대화형 인공지능은 대개 365일 24시간 지원을 제공할 수 있다. 또 개인별, 상황별로 신속한 맞춤형 서비스를 제공할 수 있다. 좀 더 정교해진 버전의 대화형 인공지능은 사람들의 호기심을 충분히 자극하고 친밀감을 느끼도록 할 것이다. 이런 인공지능에 대해 감정을 느끼는 사람들도 생길 것이다. 물론 나는 영화 〈그녀Her〉에서 묘사된 것처럼 유사 연인 관계가 형성될 가능성은 거의 없으리라 생각한다. 그럴 일이 없길 바라지만, 만일 이런 일이 당신에게 벌어진다면 의식이나 영혼이 없는 거대한 시퀀스 변환기와 대화 중이라는 걸 명심하길 바란다.

대화형 인공지능 외에도 NLP 플랫폼은 어떤 질문에든 답할 수 있는 차세대 검색엔진이 될 수 있다. 질문을 던지면 NLP 검색엔진은 그 질문과 관련된 모든 읽을거리를 읽고 소화해 해당 전문 분야 혹은 산업 특성에 부합하는 맞춤형 답을 제공할 것이다. 가령 금융 인공지능 응용프로그램은 '코로나19가 가을에 다시 확산된다면 투자 포트폴리오를 어떻게 조정해야 하나?'와 같은 질문에 답할 수 있다. 또 이 플랫폼은 스포츠 경기나 주식시장 동향에 관한 기초적인 보고서를 작성할 수 있고, 아주 긴 보고서를 요약해줄 수도 있을 것이다. 그렇기에 기자, 투자분석가, 작가 등 언어를 가지고 작업하는 누구에게라도 훌륭한 동반자이자 도구가 될 수 있다.

언어 인공지능의 기하급수적 성장

GPT-3는 튜링테스트를 통과하는 데 필요한 혹은 인공일반지능[*]이 되는 데 필요한 요소를 갖추고 있을까? 아니면 최소한 그 방향으로 가는 단계를 확실히 거치고 있는 걸까?

---

[*] 인공일반지능Artificial General Intelligence, AGI은 단지 정해진 작업만을 수행하도록 프로그래밍된 제한적인 기능의 인공지능과 달리 인간이 수행하는 다양한 업무 및 지적 판단이 가능한 인공지능을 가리킨다. '범용인공지능'이라고도 한다.

회의론자들은 GPT-3가 영리한 방식으로 예시들을 외우긴 하지만 정작 의미와 맥락을 이해하지 못하기 때문에 진정한 지능을 갖춘 것으로 볼 수 없다고 말할 것이다. 인간 지능의 핵심은 추론하고 계획하고 창조하는 능력이다. 딥러닝에 기초한 GPT-3와 같은 시스템에 대해 한 비평가는 이렇게 말했다. "이런 기계들은 결코 유머감각을 갖지 못할 것이다. 예술, 미, 사랑을 제대로 음미할 수 없을 것이다. 외로움도 느끼지 않을 것이다. 타인, 동물, 환경에 대한 공감도 없을 것이다. 음악을 즐길 수도, 사랑에 빠질 수도, 망설임 없이 울지도 못할 것이다."

설득력 있는 말이지 않은가? 알고 보니 이 인용문은 GPT-3가 자신에 대한 비판을 제시하라는 명령을 들었을 때 작성한 것이었다. 이렇듯 자기 자신을 정확하게 비판할 수 있는 능력으로 GPT-3는 스스로 그 비판이 틀렸음을 보여주었다고 볼 수 있을까?

여전히 일부 회의론자들은 인공지능이 충분한 지능 수준에 이르려면 인간의 인지 과정에 대한 보다 깊은 이해가 필요하다고 주장한다. 현재의 컴퓨터 하드웨어 아키텍처는 인간의 뇌를 모방할 수 없다고 믿으며, 대신 인간 뇌의 뉴런을 모방한 회로를 만들어 새로운 프로그래밍 방식을 이용하는 뉴로모픽 컴퓨팅neuromorphic computing을 주장하는 사람들도 있다. 또 인공지능의 고전적 학습 시스템인 '규칙기반 전문가 시스템'*을 딥러닝과 결합한 하이브리드 지능 시스템을 주장하는 사람들도 있다. 앞으로 다가올 수십 년 동안 이러한 다양한 이론들이 시험대에 올라 타당성을 증명하거나 증명하지 못할 것이다. 이는 사실 과학적 발상과 검증의 자연스러운 과정이다.

나는 이러한 이론들과 상관없이 컴퓨터가 인간의 뇌와 다르게 '생각한다'는 점에서는 논쟁의 여지가 없다고 생각한다. 컴퓨터 지능을 개선

---

* 규칙기반 전문가 시스템Rule-Based Expert System, RBES은 'if'와 'else'로 하드코딩(변수의 값을 고정하여 코딩하는 것)된 명령을 사용하는 시스템을 말한다. 규칙기반 전문가 시스템의 최종 목표는 입력 데이터를 기반으로 문제에 대한 답을 제공하는 것이다.

하는 최고의 방법은 컴퓨터 처리 능력과 데이터 규모를 확장할 수 있는 딥러닝이나 GPT-3와 같은 범용적 모델을 개발하는 것이다. 우리는 지난 수년 동안 최고의 NLP 모델이 매년 10배 더 많은 데이터를 처리하고, 그렇게 10배씩 확장될 때마다 각 요소가 질적으로 향상되는 것을 확인했다. GPT-3가 출시된 후 고작 7개월이 지난 2021년 1월, 구글은 GPT-3보다 9배 더 많은 1조 7,500만 개의 매개변수로 된 언어 인공지능 모델을 발표했다. 이로 인해 언어 인공지능 모델이 해마다 약 10배씩 꾸준히 성장했다. 이 언어 인공지능 모델은 이미 인간이 수백만 번의 생을 거듭해야만 읽을 수 있는 것보다 더 많은 양의 정보를 읽었다. 이러한 기술은 기하급수적으로 성장할 일만 남았다. 아래 그래프는 NLP 모델의 매개변수가 증가하는 추세를 보여준다(Y축은 로그 눈금이다).

　현재의 GPT-3는 여전히 기초적인 실수를 많이 하지만, 우리는 기계가 인간의 지능을 구현하는 실낱같은 가능성을 보고 있다. 아직 버전3에 불과하기 때문이다. 아마도 20년 후에는 GPT-23가 탄생해 이 세상에서 쓰이고 제작된 모든 단어와 동영상을 읽고 세상에 대한 자신만의 모델을 구축할 것이다. 모든 것을 아는 이 시퀀스 변환기는 인류 역사에서 축

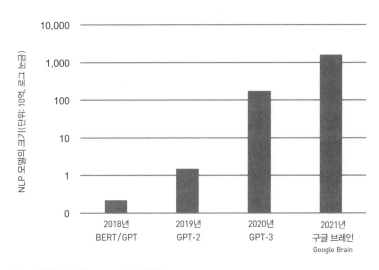

매해 10배씩 늘어나는 NLP 모델 매개변수

적된 모든 지식을 담을 것이다. 그렇게 되면 인간은 그저 적절한 질문을 던지기만 하면 된다.

그렇다면 딥러닝은 결국 모든 면에서 인간의 지능과 맞먹는 인공일반지능이 될 것인가? 우리는 '싱귤래리티'*(10장을 참조할 것)를 맞이하게 될까? 나는 2041년까지는 싱귤래리티에 도달하지 못할 것이라 믿는 쪽이다. 아직 많은 진전을 이루지 못했거나 이해조차 하지 못하는 도전 과제들이 있다. 이를테면 우리는 아직 창의력, 전략적 사고, 추론, 반사실적 사고, 감정, 의식을 모델링하는 법을 알지 못한다. 이러한 과제들을 해결하려면 딥러닝과 같이 비약적으로 발전한 기술이 10여 개 더 나와야 한다. 하지만 지금까지 비약적 기술이라 할 만한 것은 60년에 겨우 하나 출현했다. 그러니 앞으로 20년 동안 그런 위대한 기술 10여 개를 더 갖게 될 가능성은 매우 낮다.

아울러 나는 인공일반지능을 인공지능에 대한 궁극적인 테스트로 삼는 것에도 반대한다. 1장에서 설명했듯이 인공지능의 마음과 인간의 마음은 다르다. 20년 후 딥러닝과 그것을 확장한 기술들이 점차 더 많은 과업에서 인간보다 앞서겠지만, 그러함에도 기존의 과업 가운데 인간이 딥러닝보다 훨씬 더 잘할 수 있는 일이 많을 것이다. 특히 인공지능의 발전이 인간의 인지 능력 향상과 진화에 대한 아이디어를 제공한다면 인간의 우월성을 보여주는 새로운 과제가 더 생길 것이다.

딥러닝 인공지능이 인공일반지능이 된다면 언제 될 것인지에 집착하기보다 인공지능에 적합한 유용한 응용프로그램을 개발하고 인간과 인공지능이 공생하는 길을 모색하는 것이 더욱 중요하다. 나는 범용인공지능에 대한 집착이 인간의 자기애적 경향성이라고 생각한다.

---

* 싱귤래리티singularity는 인공지능이 계속 진화하다가 인간의 지능을 초월하게 되는 기점을 가리킨다. '특이점'이라고도 한다.

〈쌍둥이 참새〉에서 이야기 배경을 교육기관으로 정한 것에는 나름의 이유가 있다. 나는 인공지능이 교육 분야에서 커다란 역할을 할 수 있다고 믿는다.

기술은 인간의 삶과 더불어 여러 산업 분야 등 많은 것을 혁명적으로 바꿔놓았다. 지난 100년간 우리가 일하고, 놀고, 소통하고, 여행하는 방식은 기술에 의해 완전히 바뀌었다. 하지만 코로나19로 인해 한시적이나마 원격으로 수업한 것을 제외하면 현재의 교실은 100년 전 교실의 모습과 별반 다르지 않다. 현재의 교육이 가진 결함은 분명하다. 학생 개개인이 모두 다르다는 걸 알면서도 천편일률적인 내용과 방식의 교육을 제공한다. 또 교육비는 여전히 비싸고, 가난한 국가에서는 교사의 수가 턱없이 부족하다. 인공지능은 이러한 결함들을 수정하고 교육 방식을 바꾸는 데 중요한 역할을 하게 될 것이다.

가르치는 일은 강의, 연습, 시험, 학생 지도로 구성된다. 교사의 시간을 많이 잡아먹는 이 업무들의 상당 부분은 인공지능을 통해 자동화할 수 있다. 가령 인공지능은 학생의 실수를 바로잡고, 공통된 질문에 답하고, 숙제를 내주고, 시험을 치르고, 채점을 할 수 있다. 이러한 역할을 하는 교육 응용프로그램은 최근 중국을 중심으로 출현하기 시작했다.

아마도 교육 분야에서 인공지능 응용의 가장 큰 기회는 개인 맞춤형 학습에 있을 것이다. 〈쌍둥이 참새〉에서 봤듯이 개인 맞춤형 인공지능 파트너가 학생 개개인에게 배정될 수 있다. 금빛 참새는 자신이 좋아하는 만화 캐릭터 아토맨의 모습을 한 인공지능 파트너와 함께 공부하는 것을 즐거워했다. 물론 아토맨은 즐거움만 주는 파트너는 아니었다. 아토맨은 취약한 부분에 더 큰 노력을 기울이도록 설득했고, 학생 개인을 위한 데이터 저장소 역할도 했다. 또 아토맨은 항상 대기 중이라 언제라도 불러내 도움을 청할 수 있었다. 인간 교사로선 불가능한 일이다.

수업 전체를 신경 써야 하는 인간 교사와 달리 인공지능 교사는 그것이 특정 발음을 교정하는 문제든, 곱셈 연습이든, 글쓰기 훈련이든 학생한 명 한 명에게 집중적으로 관심을 쏟을 수 있다. 인공지능 교사는 무엇이 학생의 동공을 커지게 하는지, 무엇이 눈꺼풀을 내려앉게 하는지 잘파악할 수 있다. 특정 학생이 기하학을 최대한 빨리 학습할 수 있는 맞춤형 교수법도 추론해낼 수 있다. 농구를 좋아하는 학생을 위해서는 농구와 관련된 내용으로 수학 문제를 다시 작성할 수도 있다. 또 인공지능교사는 각 학생이 한 가지 주제를 완전히 숙지한 후에 다음 단계로 넘어갈 수 있도록 개별적인 학습 속도에 따라 그에 알맞은 과제를 내줄 수 있다. 온라인 수업에 개인 맞춤형 인공지능 교사와 학생을 참여시키면 실제 학생들이 적절한 질문을 하는 등 수업에 적극적으로 참여하고 성적도 향상될 것이다. 중국에서 인기 있는 교육 응용프로그램은 재미있는가상의 학생들(현재는 녹화된 동영상이지만 미래에는 인공지능에 의해 만들어질 것이다)을 더하자 실제 학생들의 수업 참여와 학습 욕구가 현저히 증가하는 걸 보여주었다.

수업 계획 및 평가는 물론 수업 자체도 포함해 교사의 여러 업무를 인공지능에 맡길 수 있다. 인공지능은 데이터가 많아질수록 아이들이 훨씬더 효과적으로 학습하고 공부에 흥미와 재미를 느끼도록 해줄 수 있다.

학교 시스템에 인공지능을 융합하더라도 실제 교사가 해야 할 일은여전히 많을 것이다. 교사들은 두 가지 중요한 역할을 할 것이다. 첫째, 학생들의 멘토이자 학생들을 연결해주는 다리 역할이다. 학생들의 비판적 사고, 창의성, 공감 능력 그리고 팀워크를 키워주는 원동력이 되어주는 것이다. 학생들이 성장에 따른 혼란을 겪거나 안주하려고 할 때 혹은 좌절했을 때 용기를 북돋우며 위안을 주는 역할도 하게 될 것이다. 다시 말해 교사들은 지식 전파라는 기계적 측면 대신 학생의 정서지능, 창의성, 성격, 가치, 회복탄력성을 길러주는 데 더 많이 신경 쓸 수 있다. 교사의 두 번째 역할은 각 학생에게 필요한 문제를 인공지능이 가장 효율적으로 해결할 수 있도록 프로그래밍하는 것이다. 이때 교사들은 자신의 경험과 지혜 그리고 각 학생의 잠재력과 장래 희망 등에 대한 깊은 이해를 프로그래밍에 반영할 수 있다. 〈쌍둥이 참새〉에서 마마는 쌍둥이가 연락을 끊은 것을 알고 두 아이가 서로 교감하고 결국 다시 만나게 하려고 선 선생에게 두 아이의 브이팔을 조작하라고 지시했다.

인공지능이 교육의 중요한 측면을 맡게 되면 기본 교육비가 낮아져서 더 많은 사람에게 교육의 기회가 주어질 것이다. 한계비용이 거의 없는 인공지능 교육 시스템을 구현함으로써 기존의 엘리트 교육기관과 그렇지 않은 교육기관과의 경계를 허물어 진정한 교육의 평등을 실현할 것이다. 동시에 좀 더 부유한 사회에서는 (홈스쿨링하는 부모와 교사를 포함해) 교사들이 각 학생의 진정한 멘토이자 코치가 되기 위해 소수의 학생만 맡게 될 텐데, 이에 따라 더 많은 교사를 양성할 수 있게 될 것이다. 나는 이 공생적이고 유연한 새로운 교육 모델이 교육 기회를 크게 확대하는 동시에 개별 학생이 인공지능의 시대에 자기 잠재력을 최대한 실현하도록 도울 수 있으리라 믿는다.

4장

접촉 없는 사랑

♥   ♥

산앵두나무꽃이 바람에 흩날리니
어찌 그대가 그립지 않으리오?
다만 그대 머무는 곳 멀어라.

시를 읽고 공자께서 말씀하셨다.
"그리움이 부족하구나. 진정으로 그립다면
멀리 떨어진 것이 어찌 문제가 되겠는가?"
_공자, 《논어》 제9편 30장

AI
2041

+ NOTE

이 책을 집필하는 동안 발생한 팬데믹에서 아이디어를 얻은 〈접촉 없는 사랑〉은 코로나바이러스 초기 백신 접종 후에도 주기적으로 새로운 변종이 출현하는 세상을 그리고 있다. 그런 세상에서 인간은 바이러스와 함께 사는 법을 배워야 한다. 부분적으로는 가정용 로봇이 외부와의 접촉을 줄이는 데 도움을 줄 것이다. 이 이야기의 여주인공은 세상과 자신을 단절하려는 욕구가 지나친 나머지 사랑에 대한 추구와 접촉 기피 사이에서 갈등을 느낀다. 〈접촉 없는 사랑〉은 팬데믹의 도래로 우리에게 추가된 스트레스와 같은 문제와 더불어 코로나19가 어떻게 인공지능의 힘을 빌려 신약 개발, 정밀의학, 로봇 수술 등 다른 긍정적인 트렌드 발전 속도를 높이고 있는지 살펴본다. 기술분석에서는 인공지능이 어떻게 기존의 의학을 완전히 탈바꿈시킬지, 로봇의 상용화에 대한 로드맵을 어떻게 제시하는지 설명할 것이다. 20년 후 코로나19는 팬데믹으로 기억될 뿐만 아니라 인공지능 기술에 의한 자동화 속도를 크게 앞당긴 사건으로도 기억될 것이다.

그 악몽이 다시 찾아왔다.

꿈속에서 천난은 유체를 이탈해 공중에 떠다니는 유령이 되어 다섯 살 난 자기 자신을 지켜봤다. 우주인 같은 복장을 한 사람들이 방에 들어와 그녀의 보호자이자 유일한 가족인 할머니의 시신을 들것에 옮기고 흰색 천으로 덮자 소녀는 몸이 굳어버렸다.

꿈속의 모든 것이 창백하고 음산했다. 무채색의 세계에는 구급차의 사이렌 소리도 코를 찌르는 소독약 냄새도 없었다. 소녀는 무표정으로 문 옆에 서 있었다. 천난은 소녀가 겉으로 차분해 보이지만 그 마음에는 두려움이 가득하다는 걸 알고 있었다.

언젠가 천난이 자신이 꾸는 악몽에 관해 설명하자 심리상담사는 꿈에서라도 마음껏 울어보라고 하면서 "상처를 치유하는 첫 단계는 억압하고 있던 감정을 분출하는 겁니다"라고 말했다.

천난은 노력했다. 그녀는 소녀가 울고불고하면서 할머니를 모셔가는 의료진을 막아서길 바랐다. 하지만 매번 소녀는 방구석에 미동도 없이 조용히 서 있었다.

20년 전 그날, 천난의 사전에 불길한 단어가 새로 더해졌다. 코로나19였다. 오랫동안 이 단어를 들을 때마다 심박수가 올라가고 온몸이 통제할 수 없을 만큼 떨렸다. 심리상담사는 그녀에게 트라우마에 따른 공황발작이라고 했다. 그리고 난 후 악몽이 찾아왔다. 초대받지 않은 이 음험한 손님은 예상치 못한 시점에 어김없이 나타나 그녀의 삶에 고통과 혼란을 주었다.

+ + +

천난이 악몽을 꾸면 스마트 베개가 비정상적인 호흡 패턴과 빨라진 심박률을 감지하고선 부드러운 음악과 가벼운 진동으로 그녀를 깨웠다. 아파트 창문은 햇빛이 비치면 자동으로 반사도를 조절하는 스마트 유리였다. 창문 밖으로 황푸강 옆의 빌딩 숲이 보였다. 마천루들이 크리스털로 만든 기둥처럼 반짝였다. 그녀는 자리에 앉아 빨라진 심장을 진정시키기 위해 숨을 깊게 들이마시고 뱉는 호흡을 반복했다.

천난은 악몽에서 빠져나오면서 눈을 깜빡였다. 잠시 후 그녀의 의식은 2041년 상하이 푸둥으로 돌아왔다.

늘 그렇듯이 R2-D2*의 초대형 버전을 닮은 배달봇이 그녀의 문 앞에 있는 우편함에 물건들을 두고 갔다. 스파이더크랩처럼 길고 가느다란 팔을 가진 소독봇이 물건의 포장을 벗긴 후 몸통 중간에 달린 노즐을 통해 소독약을 분사한 후 아파트 안으로 물건을 들여왔다. 공기정화 시스템이 최대 출력으로 돌아갔고, 직경이 0.06에서 0.14마이크론에 불과한 나노 슈퍼필터가 큰 먼지부터 코로나바이러스까지 온갖 불순물을 걸러냈다.

천난은 침실에서 나와 욕실로 가서 무심하게 칫솔을 잡았다. 욕실 거울이 전 세계 여러 도시의 코로나19 확진자 수와 함께 실내 공기질 측정 수치를 보여줬다. 거울에 펼쳐진 수치와 단어들은 그녀의 양치질을 방해하지 않도록 이리저리 옮겨지거나 펼쳐지고 접히기를 반복했다.

코로나바이러스는 2019년에 인간 세상을 처음으로 덮친 후 계절마다 반복되었다. 인간들은 이른바 '위드 코로나 시대'에 맞게 생활 방식을 바꾸고 적응해왔다. 왼쪽 손바닥을 주먹 쥔 오른손에 대고 고개를 끄덕이는 인사법이 중국에서 처음 인기를 얻었다. 이 인사법은 악수를 대신해

---

* 영화 〈스타워즈〉에 등장하는 드로이드 캐릭터 로봇이다. 그의 캡슐 모양의 몸체는 전문 수리 및 유지보수를 위한 다양한 도구를 갖추고 있다.

전 세계적인 인사법이 되었다.

아파트 밖으로 나올 수 있었던 시절에 천난은 자신이 가는 거리부터 머무는 공간까지 모든 장소에 대한 헬스트래커health tracker 통계를 반드시 확인했다. 녹색은 안전하다는 뜻이었다. 붉은색 X표는 확진자를 나타냈다. 노란색 동그라미는 주의, 즉 무증상 보균자가 있을 수 있다는 경고였다. 헬스트래커는 유비쿼터스 스마트스트림, 센서, 클라우드 기반 빅데이터, 역동적 감염병 모델을 기반으로 훈련된 인공지능 알고리즘에 의해 구동되었다. 정부는 개인의 사생활 보호와 개인정보 오용을 예방하기 위해 엄격한 법적 장치를 마련하고 여기에 '연합학습federated learning'을 적용했다.

그녀의 시선이 거울 한구석에 머무르고 칫솔을 잡고 있던 손도 멈췄다. 보통 이때 즈음이면 하트 이모지와 영상통화 초대가 담긴 가르시아의 문자 메시지가 디스플레이 인터페이스에 떠 있어야 했다. 천난의 브라질인 남자친구인 가르시아는 상하이보다 11시간 늦은 GMT-3 시간대에 살고 있었다. 하지만 오늘 디스플레이 인터페이스에는 아무것도 뜨지 않았고, 그녀의 민낯만 비추고 있었다. 불안감에 눈썹을 추켜세우며 얼굴을 찡그렸다.

천난은 거울 인터페이스를 통해 가르시아에게 영상통화 요청을 보냈다. 삐 소리만 길게 반복해서 울릴 뿐 응답이 없었다.

그녀는 본능적으로 브라질의 팬데믹 확진자 업데이트로 눈을 돌렸다. 그래프 곡선이 완만했다. 특별할 게 없다는 뜻이었다. 브라질 뉴스 피드를 보았으나 역시 특별할 게 없었다.

가르시아는 열정적이고 편안한 성격의 소유자였지만 남자친구로서 책임감 있고 안정감을 주는 사람이었다. 그는 2년간 장거리 연애를 하는 내내 한 번도 잠수를 탄 적이 없었다. 그랬기에 갑작스러운 그의 침묵이 이상하게 여겨졌다. 천난은 전날의 대화를 되짚어보다가 곧바로 자신이 한 말을 후회하기 시작했다. 가르시아는 아마도 백번쯤 "이제 직접 만날 때가 되었다"고 말했지만 천난은 그때마다 번번이 거절했다.

가르시아의 말이 떠올랐다. "우리는 데드엔드 루프*에 빠져 있어."

'데드엔드 루프'는 이 커플이 사용하는 사랑을 나타내는 비밀 암호였다. 천난과 가르시아는 둘 다 테크노 샤먼Techno Shaman이라는 온라인 VR 멀티플레이어 게임에 빠져 있었다. 이 게임의 미장아빔** 설계 덕분에 플레이어들은 가젯을 수집하고, 의식을 거행하고, 미션을 완수하여 다른 차원들을 탐색할 수 있었다. 천난은 어쩌다 설계자가 만든 버그인 데드엔드 루프에 걸린 적이 있었다. 게임 시나리오에서 그녀는 나무구멍에서 빠져나오려 애쓰는 토끼였는데, 외부 세계로 나오자마자 나무에 번개가 내리쳐 죽음을 맞이했고 결국엔 끝없이 환생이 반복되는 데드엔드 루프에 내던져졌다. 사냥꾼 역할을 하던 가르시아가 우연히 곁을 지나가다 그녀를 데드엔드 루프에서 구해주었다. 둘은 곧 연인 관계로 발전했다.

천난은 실제 세상에서도 좁은 나무구멍에서 결코 빠져나오지 못하는 토끼처럼 강력한 데드엔드 루프에 갇혀 있었다. 그녀에게 그녀의 아파트를 제외한 세상은 바이러스와 위험으로 가득한 공간이었다. 사랑하는 사람조차 그녀를 로봇과 센서로 구축된 이 작은 요새 밖으로 끌어내지 못했다.

그녀는 이곳에서 홀로 약 3년을 보냈다. 앞으로도 평생 그렇게 살 셈이었다.

+ + +

"그래서 당신은 언제 나를 직접 만날 생각이야? 현실에서 만나는 거 말

---

* dead end loop. 직역하면 '막다른 골목'으로 빠져나갈 희망 없이 반복되는 상태를 의미한다.
** mise-en-abyme. 그림 속에 그림이나 거울과 같은 작은 액자가 들어 있다거나 소설의 이야기 속에서 또 누가 이야기를 한다거나 하는 방식으로 하나의 작품 속에 작은 작품이 삽입되는 것을 가리킨다.

이야."

"음… 우선 '현실'을 정의해봐."

천난은 가르시아가 오프라인에서 만나자는 말을 다시 꺼내자 질겁했다. 사실 남자친구를 실제로 만나는 것은 그녀가 원하는 일이 아니었다. 그건 새로 나온 VR 전투 게임, 카우스×무라카미 다카시의 한정판 PVC 피규어, 유전조작으로 털이 없는 스핑크스 고양이, 더 넓은 아파트와 달리 그녀의 소원 목록에 없었다.

'나는 정말 이 관계에 마음을 쓰고 있나?' 천난은 스스로와 오랜 논쟁 끝에 '마음을 쓰고 있다'는 결론을 얻었다. 그녀에게 '사랑'은 과한 표현이었다. 하지만 그녀는 분명 가르시아를 좋아했다. 그들은 전적으로 온라인에서 관계를 키웠고 그녀는 그와 함께하는 시간을 즐겼다. 게임에서 함께 미션에 나선다든지, 가상현실의 뮤직페스티벌에서 미친 한 쌍처럼 고래고래 소리를 지른다든지, 아니면 영상통화를 하거나 문자와 이모지를 주고받는 것만으로도 좋았다. 문화적 배경은 매우 달랐지만, 둘은 서로를 곧바로 알아보고 이해했다. 그녀와 가르시아는 겉보기에는 다르지만 그 내용물은 비슷한 중국의 교자와 브라질의 빠스텔과도 같았다. '우리의 영혼, 그와 나의 영혼은 같아.' 천난은 그렇게 생각했다.

가르시아는 처음으로 그녀를 진정으로 이해한 사람이었다. 그 역시 어린 시절 정부가 코로나바이러스를 제대로 통제하지 못하는 바람에 가족과 친구들이 한 명씩 죽음을 맞이하는 것을 목격했다. 브라질의 의료 시스템은 너무 많은 확진자를 감당하지 못해 붕괴했고, 불안이 음산한 먹구름처럼 전국을 뒤덮었다.

천난과 가르시아 모두 '코로나 세대'에 속했다. 코로나 세대는 청년기가 코로나19에 의해 너무 많이 영향을 받아 물리적으로나 심리적으로 인생의 경로가 바뀌어버린 수억 명의 사람들을 뜻했다.

천난의 경우에는 트라우마가 나이가 들수록 더 심해졌다. 가르시아는 사람들을 직접 대면하는 것에 대한 공포를 없애려 애쓰는 한편 코로나

바이러스가 생각만큼 위험하지 않다고 자기 자신을 설득하려 했다. 각 국의 바이러스 통제 및 예방 조치를 조사하고 상하이가 가장 안전한 곳은 아니라고 해도 가장 안전한 도시들 가운데 하나인 이유와 사실들을 스스로 상기했다. 온라인 명상 수업에도 참석해 마음을 여는 데 도움을 받고자 했다. 명상 수업에서 안내자는 천난에게 어린 시절 트라우마를 준 사건들을 성인이 된 현재 자신의 관점에서 달리 바라봄으로써 코로나바이러스와의 관계도 재설정해보라고 권했다.

가르시아는 심지어 모공과 상처까지 실제 자신의 모습과 똑같은 온라인 아바타를 만들었고, 상하이를 아바타의 배경으로 설정했다. 이 아바타는 평범한 상하이 시민들과 마찬가지로 직접 접촉을 피하려고 1미터 거리두기를 지키고, 투명 안면보호대를 착용하고, 손에 나노 차단 미스트를 뿌리고, 앱을 활용해 사람들의 이동과 노출을 추적하는 등 공중보건 가이드라인을 준수했다. 가르시아의 아바타는 제2의 상하이에서 6개월간 살았고, 그의 헬스트래커를 항상 '녹색'으로 유지했다.

가르시아의 이 모든 노력은 천난의 불안과 악몽을 떨쳐버리기 위한 것이었다. 그는 천난이 용기를 내어 문을 열고 아파트 밖 세상으로 나와 더 확장된 삶을 받아들이는 모습을 보고 싶었다. 하지만 그는 천난의 치유 과정을 서둘러선 안 된다는 걸 알고 있었다. 그런 종류의 상처가 치유되기까지는 시간이 걸렸다.

천난은 과거에 서두르다 일을 그르친 적이 있었다.

3년 전 온라인 순수예술아카데미에서 학위를 받은 후 신생 게임회사에서 일한 적이 있었다. 그녀는 처음이자 유일하게 대면 접촉이 있었던 이 일을 6개월도 안 돼서 그만두었다. 복잡미묘한 사내 정치와 너무 많은 비효율적인 소통은 둘째치고 가장 주된 이유는 코로나 감염 위험 때문이었다.

해산물을 좋아하던 한 투자자가 스칸디나비아 지역의 한 시장에서 장을 보던 중 북극에서 발생한 신생 변이 코로나바이러스에 감염되었다.

중국으로 귀국하고 난 첫 달 동안 아무런 증세를 보이지 않았던 그는 해당 기간에 천난이 일하는 회사를 비롯해 10곳이 넘는 신생 기업을 방문했다. 그 결과 그는 100여 명에 달하는 사람들에게 바이러스를 전파했다.

투자자에게 증상이 나타난 직후에 지역의 코로나통제예방국에서는 이 사례를 신종 슈퍼전파자에 의한 확산으로 즉각 분류했고 전국에 경보를 발령했다. 당국은 디지털 이동 기록을 통해 확진자들의 밀접 접촉자를 찾아서 격리했다. 그동안 인공지능이 기존의 치료법과 백신을 업데이트하기 위해 변이 바이러스의 샘플을 분석했다. 다행히 투자자가 방문했던 기업들은 모두 상하이 링양지구의 게임산업단지에 있었기 때문에 직원들과 그들의 가족들을 쉽게 추적할 수 있었다. 바이러스는 상하이의 다른 지역으로 퍼져나가지 않은 채 곧바로 통제되었다.

강박적 위생 습관을 지닌 천난 역시 감염되지 않았다. 하지만 전신 보호복을 입은 의료팀이 들이닥쳐서 사내 곳곳을 소독하고 모든 직원을 검역소로 데리고 가자 불현듯 기시감이 그녀를 덮치면서 외상후스트레스장애가 촉발되었다. 천난은 온몸을 떨며 기절하듯 쓰러졌고, 안색은 백지장처럼 창백해졌다. 그녀는 검역소에서 심리치료사의 주도면밀한 감시하에 특별한 심리치료를 받았다.

이미 수년이 지난 사건이지만, 이 시간 이후로 천난은 아파트 밖으로 다시는 나가지 못했다. 온라인에서 VR 게임의 모드와 가젯을 디자인하는 프리랜서로 일하며 편안한 생활을 유지하기에 충분한 돈을 벌었다. 사실상 모든 게 클라우드에 담긴 시대에 직접 일터에 나가야 하는 일은 많지 않았다. 빈 사무실을 참지 못하는 통제광 상사의 비위를 맞춰야 하는 게 아니라면 말이다. 그녀는 신속한 비대면 배달과 가정용 로봇 덕분에 일상을 무난하게 보낼 수 있었다. 완전히 현대화된 그녀의 '스마트' 생활양식은 부모 세대에서는 상상도 하지 못했던 것들이다. 너무나도 먼 과거처럼 보이는 1950년대에 중국인들은 2층 건물, 전기조명, 전화를 현대적인 삶이라고 정의했다. 1980년대에 이 정의는 컬러텔레비전,

냉장고, 세탁기로 확대되었다. 그러고 얼마 지나지 않아 기술이 기하급수적인 성장 곡선을 보이며 빠르게 발전하면서 중국인들은 빠르게 변화하고 때론 매우 혼란스러운 미래를 맞이했다.

+ + +

가르시아가 잠수를 타기 전날은 둘이 사귄 지 2주년이 되는 날이었다. 한동안 평범한 버추얼 데이트를 하던 둘은 게임에서 사랑을 나누며 관계를 더 발전시켰다. 가르시아는 여기에서 관계를 더 발전시키길 원했다. 비트 대 비트로서가 아니라 원자 대 원자로서 실제 세상에서 만나길 원했다.

"미안하지만, 나는 아직 준비가 안 된 것 같아." 천난이 대답했다. 그녀는 우는 고양이의 움짤을 보냈다.

가르시아가 답하기까지 평소보다 오래 걸렸다. 다섯 배 정도? 100배 더? 아니면 10만 배 정도? 정확히 말할 수 없었다. 모두가 나노초 단위로 사는 시대에 시간을 제대로 인식하기가 쉽지 않았다.

"넌 영원히 준비되지 않을 거야."

이것이 가르시아가 그녀에게 보낸 마지막 문자 메시지였다. 이모지도 이모티콘도 늘 하던 굿나잇 키스도 없었다.

그러곤 아예 잠수를 타버린 것이었다.

+ + +

가르시아가 천난의 메시지나 전화에 응답하지 않은 채 하루가 지나갔다.

천난은 마음이 어지러웠다. 깨진 호스에서 물이 새는 것처럼 가르시아의 침묵에 대한 온갖 억측이 머릿속에서 흘러나왔다. 납치된 건 아닌가? 천난은 가르시아가 중산층이기 때문에 그럴 가능성은 별로 없다는 걸 알았다. 사고라도 난 거면 어쩌지? 교통사고? 갱단들이 벌이는 총격 전에 휘말린 건 아니겠지? 혹시 식중독에 걸린 걸까?

천난은 이런저런 생각으로 머릿속이 분주한 가운데 자신이 가장 확실한 답을 피하고 있다는 걸 알았다. 가르시아가 마침내 그녀에게 질려서 관계를 끝내기로 한 것이었다. 다른 여자가 생겼나?

로봇처럼 굴지 말라고! 그녀의 내면에서 비명이 울려 퍼졌다. 어쩔 수 없지. 남자는 인공지능과 달라. 남자에 대해 목적함수 극대화를 할 수는 없다고. 계속 거부하면 남자는 포기하게 돼. 더 이상 너를 사랑하지 않을 거야. 정신 차려. 가르시아만큼 너를 이해하는 사람을 찾을 수 없어.

천난은 정신을 차리려고 찬물로 세수했다. 얼굴과 턱에서 물이 흘러내렸다. 세면대에서 물이 소용돌이치며 어두운 하수구로 사라지는 모습을 지켜보는 그녀에게 강한 두통이 밀려왔다. 그녀는 바다에서 분리되어 온도와 습도가 유지되는 투명 시험관 속에 갇힌 외로운 물방울이었고, 타인과의 교류에서 느낄 수 있는 기쁨을 영원히 박탈당했다. 그녀의 두려움이 원인이었다. 일단 외부 세계에 노출되면 어디에나 존재하는 바이러스가 피부를 뚫고 들어와 증식해 그녀의 육신을 정복하고 파괴해 죽음에 이르게 될까 봐 두려웠다.

그런데 바깥세상이 정말 그토록 위험한가?

천난은 수차례 시도했음에도 결국에는 아파트 바깥으로 나서지 못했다. 머리부터 발끝까지 덮는 보호복을 입고 안전서클safety circle 앱이 작동하는 스마트스트림을 가지고 나섰다. 노란색이나 붉은색 경고가 뜬 헬스트래커를 가진 누군가가 반경 3미터 안에 들어오면 스마트스트림이 진동하기 시작했다. 그녀와 감염자의 거리가 좁혀질수록 진동 세기가 더 강해졌다. 표준 사회적 거리를 위반하면 블루투스 이어버드를 통해 시끄러운 경고음이 울렸다.

천난에게 없는 유일한 장비는 바이오센서 멤브레인Membrane이었다. 이수테크라는 회사가 개발한 멤브레인은 출시 후 지난 2년 동안 커다란 인기를 얻으며 확산되었다. 손목 안쪽에 바이오센서 멤브레인을 부착하면 각종 백신 접종의 유효기간을 비롯해 실시간 생체 정보가 표시되었다. 이제 바이오센서 멤브레인은 정부가 공식 인정한 '디지털건강프로필'의 일부가 되었다. 하지만 멤브레인은 약국과 거리에 있는 건강제품 자판기에서만 구할 수 있었다. 어쩔 수 없이 아파트 밖으로 나서야 했지만, 그녀에겐 너무 위험하게 느껴졌다.

강력한 데드엔드 루프가 쇠사슬처럼 그녀를 옭아매고 있었다.

갑자기 화장 거울의 스피커가 수신 전화가 있음을 알리며 진동하기 시작했다. 가르시아였다!

머리카락과 얼굴이 젖었지만 상관하지 않고 바로 전화를 받았다. 갑자기 거울 전면 크기의 동영상 프레임이 떴다.

하지만 보호복을 입은 낯선 사람이 보였다.

"여보세요, 가르시아 로자스의 친구가 맞아요?" 낯선 사람이 중국어로 말했다.

"네… 가르시아는 어디에 있나요? 누구시죠?" 천난은 떨리는 목소리로 물었다.

"저는 상하이 공중보건의료센터의 쉬밍성 박사입니다. 우리는 오늘 밤 푸둥국제공항에 도착한 로자스 씨가 변종 코로나바이러스인 코로나에이알41에 감염된 것을 발견했습니다. 로자스 씨는 병원에 입원해서 격리되어 특별 치료를 받고 있습니다. 로자스 씨가 그의 스마트스트림 계정으로 천난 씨에게 연락해달라고 요청했습니다."

천난은 자신도 모르게 손으로 입을 틀어막았다. 가르시아가 상파울루에서 상하이까지 스무 시간에 걸쳐 야간 비행기를 타고 왔다는 사실을 믿을 수 없었다. 나를 깜짝 놀라게 하려고 그런 거야. 하지만 결국 이렇게 됐어. 심장이 실 끝에 매달려 있는 것 같았다.

"그는 직접 전화할 수 없는 상태인가요?"

쉬 박사는 뭔가를 말할 준비를 하듯이 숨을 깊게 들이마셨다. "에이알

41은 매우 빠르게 확산되는 드문 변종입니다. 로자스 씨는 이미 급성호흡기증후군과 대사성산증 증상을 보여서 현재 의료진과 인공지능의 면밀한 관찰 아래 중환자실에 입원해 있습니다."

"그를 만나고 싶어요. 어떻게 하면 그를 볼 수 있는지 말씀해주세요." 천난이 울음을 참으며 부탁했다.

"안타깝게도 환자 상태 때문에 현재로선 문병은 금지입니다. 하지만…" 쉬 박사가 잠시 말을 멈췄다. "로자스 씨가 코마 상태에 들어가기 전에 자신의 모습을 동영상으로 남겼어요. 보실래요?"

천난은 고개를 끄덕였다. "네"라는 말을 제대로 할 수 없었다.

동영상에서 가르시아는 흰색 병원복을 입고 침대에 누워 있었다. 헝클어진 머리와 퀭한 눈을 보니 그녀가 알던 구릿빛 피부를 가진 건장한 청년의 그림자처럼 보였다.

"안녕, 자기야." 그가 억지로 미소 지으며 말했다. "당신에게 이런 모습을 보이다니 정말 싫네. 하지만 금세 좋아질 거야. 다 나으면 다 말해줄게. 〈배트맨〉에 나오는 악당 베인의 화이트 크리스마스 버전처럼 보이지 않아? 보고 싶다. 이렇게 키스를 전해."

바보 같으니라고. 천난이 혼잣말로 속삭였다. 눈물이 차올랐다.

쉬 박사가 다시 말을 이어갔다. "스마트스트림을 보시면 환자의 상태에 대한 최신 정보를 얻을 수 있을 겁니다. 시차가 있어서 아직 환자의 가족에게 연락할 수 없었어요."

"제가 가르시아의 디지털 의료 기록을 구독할 수 있을까요?"

디지털 의료 기록 구독 서비스는 배설물 성분을 분석한 스마트 화장실부터 체온, 심박수, 심장박동 등 주요 바이털 데이터를 측정하는 바이오센서 멤브레인부터 환자가 삼키는 캡슐 형태로 만들어져 혈액검사와 세포 채취를 할 수 있는 마이크로센서에 이르기까지 각종 바이오센서가 수집한 실시간 생체 지표와 상태를 구독자에게 업데이트해줄 수 있었다. 이 모든 데이터는 클라우드에 업로드되고 의료용 인공지능이 데이터를 바탕으로 암호화된 보고서를 작성했다.

"죄송하지만 규칙상 천난 씨는 로자스 씨의 직계 가족이 아니고 법적으로 인정된 관계도 아니므로 로자스 씨의 데이터에 대한 접근 권한을 부여할 수 없습니다."

"하지만 저는 그의 여자친구예요. 상하이에서 그가 의지할 수 있는 유일한 사람이라고요!" 천난의 언성이 높아졌다.

쉬 박사는 잠시 주저했다. "음… 알겠습니다."

잠시 후 천난의 스마트스트림에 가르시아의 디지털 의료 기록이 도착했음을 알리는 알림이 떴다. 파일은 창백한 푸른색이어서 소독된 침대 시트를 떠올리게 했다.

천난은 수년간 질병공포증을 앓아온 터라 코로나바이러스에 관해 전문가나 다름없었다. 그녀가 이해하는 바로는 가르시아의 상태가 매우 위중했다. 병원은 그에게 효과가 있을 항바이러스 신약을 찾기 위해 인공지능이 구동하는 자동화 과정을 시작했다. 병원의 연구자들은 컴퓨터 시뮬레이션과 체내 세포 검사의 도움을 받아 가르시아의 증세를 완화할 수 있는 약을 찾을 수 있다고 믿었다. 하지만 그들은 변종 바이러스와 경쟁하고 있었다. 천난은 에이알로 분류된 변이 코로나바이러스가 얼마나 위험할 수 있는지 알고 있었다. 특히 치료 계획이 확립되지 않은 변이 바이러스는 더더욱 위험했다.

코로나에이알41의 에이알Ar은 '북극arctic'을 의미했다. 여러 국가에서 팬데믹이 경제에 미친 영향으로 인해 탄소감축 목표를 포기하거나 수정해야 했다. 그 결과 2040년에 탄소배출량이 정점을 찍으면서 기후변화에 관한 SSP5-3.4OS 시나리오*가 현실화되었다. 이후 산림녹화와 탄소

* SSP5-3.4OS 시나리오는 IPCC(기후변화에관한정부간협의체)가 각국의 기후변화 예측 모델을 토대로 탄소감축 수준 및 기후변화 적응대책 수행 여부 등에 따라 미래 사회경제가 어떻게 달라질 것인지 고려하여 작성한 시나리오 중 하나이다. SSPShared Socio-economic Pathway는 공통사회경제경로를 의미한다. 1차 시나리오는 SSP1에서 SSP5까지 있는데,

저장 기술 덕분에 세계가 2070년까지 탄소역배출^{**}을 달성할 수 있을 것으로 기대되었다. 하지만 그사이에 온실 효과로 북극의 빙하와 영구 동토층이 많이 녹아내리며 토양에 묻힌 유기탄소가 대기로 방출되었다. 탄소와 함께 수십억 년간 빙하 속에 보전되었던 생물체들도 대거 세상으로 방출되었다. 에이알로 분류된 코로나바이러스 변이는 그중 하나였다.

천난은 가르시아가 어떻게 이 바이러스에 감염되었는지 알아낼 틈이 없었다. 아주 중요한 결정을 내려야 했다.

가르시아는 나를 위해 위험을 감수했어. 그가 내게 얼마나 소중한지 알려야 해. 그녀는 마음속 가장 깊은 곳의 공포, 즉 조부모님에게 벌어진 일이 가르시아에게도 벌어지리라는 공포가 현실이 되게 놔둘 수 없었다. 이게 그와의 마지막이라면 그 마지막을 놓칠 수 없었다. 공포를 극복하고 아파트를 나와 가르시아를 만나야 했다. 그를 면발치서 볼 수밖에 없다 해도 말이다.

하지만 머리로 아무리 굳게 결심을 했다 해도 몸이 말을 듣지 않았다. 고집스럽게 버티는 다리를 움직이기 위해 10분간 애를 쓰다가 결국에 포기하고 바닥에 주저앉았다.

+ + +

로봇이 천난의 아파트에서 나와 복도를 따라 내려가더니 열린 엘리베이터 안으로 들어갔다. 오랫동안 사용하지 않아 먼지투성이인 보호복을 입은 천난은 눈을 감고 2036년에 제작된 가정용 로봇의 구식 버전인 위안위안의 등에 반쯤 쪼그리고 앉았다.

SSP5는 화석연료에 의존한 고속성장 발전 경로를 의미한다. SSP5-3.4OS는 추가된 2차 시나리오로 2040년까지 SSP5 경로를 따르는 최악의 오버슈트over shoot 시나리오다.

^{**} 탄소역배출negative carbon emissions은 이산화탄소 배출량보다 흡수량이 더 많아 실질적 배출량이 마이너스(−)가 되는 상태를 가리킨다.

천난은 게임 테크노 샤먼에서 아이디어를 얻었다. 게임에서 그녀는 기계로 만들어진 잘생긴 말을 탔고, 가르시아는 유전조작으로 날개가 달린 거대한 뱀을 탔다. 뱀은 다채로운 색의 깃털로 된 왕관을 쓰고 있었다. 그녀는 자신이 혼자 힘으로 계획을 수행하지 못한다면 위안위안이 어떤 식으로든 도움을 줄 것으로 생각했다.

하지만 천난은 위안위안이 로봇 전용 특수 엘리베이터로 그녀를 데려갈 거라곤 예상하지 못했다. 작은 엘리베이터 안에는 온갖 종류의 가정용 로봇들이 꽉 들어차 있었다. 배달봇, 청소봇, 노인 돌봄봇, 개 산책용 봇 등등. 심지어 벽과 천장마저 벌레처럼 생긴 소독봇들로 뒤덮여 있었다. 인간용 엘리베이터와 달리 로봇용 엘리베이터는 사회적 거리두기 규칙에서 예외였고 제어판도 갖춰져 있지 않았다. 로봇들은 마치 퇴근후 신나게 수다라도 떠는 듯 윙윙 소리를 냈다. 유일한 인간 탑승자인 천난은 로봇들과 어울리지 못한 채 구석에 웅크리고 있었다.

엘리베이터 안이 비좁은 탓에 천난은 벽에 거의 붙어 있어야 했다. 불편하면서도 묘하게 안도감이 느껴졌다. 그녀는 3년간이나 자가격리 생활을 했기 때문에 실제 인간과 대면해 대화하는 법을 잊어버린 상태였다.

엘리베이터가 1층에 도착하자 로봇들이 동물원을 탈출하는 괴상하게 생긴 동물 무리처럼 달려나갔다. 천난은 위안위안의 등에 탄 채 가장 마지막에 내렸다. 바로 그때 그녀의 스마트스트림이 울렸다. 업데이트된 가르시아의 의료 기록이었다. 그의 상태는 악화되고 있었다.

'좋아. 내가 선택한 일이야.' 천난은 자신에게 속삭였다. 그러곤 위안위안의 등에서 내려와 로비에 조심스럽게 한 발을 내디딘 후 다른 발도 내디뎠다. 깊이 숨을 들이마시고는 똑바로 서서 걷기 시작했다.

아파트 밖의 세상은 지난 3년간 큰 변화가 없었다. 흐릿한 녹나무 향이 대기를 채우고 있었다. 천난은 다시 한번 깊이 숨을 들이마셨다. 신선한 바람이 폐로 들어와 몸에 에너지를 채웠다. 그녀는 계속해서 보호복과 스마트스트림의 데이터 디스플레이를 확인했다. 지구라는 행성에 최초로 착륙한 외계 우주인처럼 느껴졌다. 공기정화 시스템은 제대로 작동했고 바이러스 누출 신호도 없었다. 안전서클 앱이 그녀의 주변이 안전하다는 걸 보여주었다. 행인들이 그녀의 우스꽝스러운 모습을 계속 쳐다봤다. 전신 보호복을 입은 사람은 한 명도 없었다. 마스크를 쓰지 않은 사람들도 많았다.

"저들의 헬스트래커가 녹색인 이상 나를 얼마든지 쳐다봐도 돼." 천난이 작은 소리로 중얼거렸다.

스마트스트림의 GPS가 지하철 2호선과 경전철을 타면 병원까지 2시간 반이 걸린다고 알려주었다. 무인 택시를 부르면 1시간 안에 갈 수 있었다. 수십 명의 사람과 함께 지하철의 좁은 공간에 갇혀 있을 생각만으로도 너무 불안해진 나머지 가슴이 조여오는 듯했다. 하지만 택시도 문제는 있었다. 모든 온라인 차량 예약 앱은 백신 접종 기록을 요구하는데, 그녀는 지난 3년간 집을 떠난 적이 없어서 유효한 기록을 갖고 있지 않았다.

수년간 코로나바이러스의 다양한 변이가 철새처럼 출현했다 사라졌다. 변이가 발생할 때마다 의학 연구자들은 새로운 mRNA 백신*을 개발했다. 항체의 면역력은 40주에서 104주 동안 지속되었다. 다행히 단백질 구조 예측에 인공지능이 활용된 덕에 백신 개발 과정에 가속도가 붙었다. 더불어 유전자를 자르는 '가위'로 불리는 크리스퍼** 덕분에 항체의약품의 대량 생산이 가능해짐에 따라 소나 말과 같은 큰 동물들도 백신의 혜택을 누릴 수 있었다. 인간용 백신의 유효기간과 백신의 종류는 개인의 디지털건강프로필에 기록되었다. 사람들은 대중교통을 이용하거나

---

* mRNAmessenger RNA는 DNA의 유전 정보를 세포질 안의 리보솜에 전달하는 RNA(리보핵산)다. mRNA 백신은 기존의 백신과 달리 신체 면역 반응을 유도하는 단백질 또는 단백질 생성 방법을 세포에 주입해 특정 바이러스에 노출되었을 때 이에 대한 항체를 형성하도록 유도한다. 이는 기존 백신과 비교해 생산하기가 쉬우며 비교적 안전하다는 장점이 있다.

** 크리스퍼CRISPR는 특정 염기서열을 인지하여 해당 부위의 DNA를 절단하는 제한효소로 인간 세포와 동식물 세포의 유전자를 교정하는 데 사용된다.

공공장소와 공중 서비스에 접근할 때 디지털건강프로필의 백신 접종 기록을 제시해야 했다. 유효한 백신 접종 기록이 없는 사람은 헬스트래커가 녹색일지라도 모든 종류의 비대면 서비스에 대한 접근을 거부당했다.

4월의 상하이는 이미 봄바람으로 따뜻했지만 천난은 어찌해야 할지 궁리하며 인도에 서 있었다. 검은색 차 한 대가 그녀 옆에 섰다. 창문이 내려가더니 중년 남자의 모습이 보였다. 그는 인상을 쓰며 주변을 돌아봤다.

"탈래요?" 남자가 경찰이 없다는 걸 확인한 후 물었다.

천난은 무슨 일인가 싶어 어리둥절하면서도 얼른 고개를 끄덕였다. "아… 네."

"어디로 가는데요?"

"진산지구요."

"공중보건의료센터로 가는군요. 얼굴을 보니 알겠어요."

남자는 소매를 걷어붙이고서 손목 안쪽에 있는 바이오센서 멤브레인을 내보였다. 백신 접종 기록이 보였다. 수차례의 코로나바이러스 백신 접종 외에 메르스 백신을 비롯해 조류독감과 돼지독감 백신 접종 기록까지 포함되어 있었다. 백신의 이름들이 다양한 색깔로 표시되어 반짝였다. 마치 게임에서 미션을 달성했을 때 얻는 배지와 같았다. "이거 있어요?" 남자가 물었다.

천난은 고개를 저었다.

"그렇군요. 오늘 운 좋은 줄 알아요. 타세요, 얼른. 경찰봇이 오고 있어요!"

차문이 활짝 열렸다. 천난은 머뭇거리다가 뒷좌석에 올라탔다. 제대로 앉기도 전에 시동이 걸렸다. 차가 출발하면서 그녀의 몸이 좌석 등받이로 쓰러지듯 넘어갔다.

"미안해요. 요샌 해적 택시를 모는 것보다 멤브레인 없는 사람을 태우는 게 더 큰 범죄예요."

"해적 택시요?"

"아, 손님은 너무 젊어서 기억 못 하나 봐요. 해적 택시는 불법 임대 차량이에요. 경찰에 잡히면 벌금을 물어야 하고 운전자 기록에 남아요. 디지털건강프로필이 없는 승객을 차에 태우는 것도 팬데믹 통제 규제 위반이라 공공안전에 반하는 범죄로 기소돼요." 남자는 범법자가 되려는 사람치고 놀라울 정도로 차분하게 설명했다.

"그런데 왜 저를 태우신 건가요?"

"이렇게 진산지구에 가려 한다는 건 분명 그럴 만한 이유가 있어서일 테니까요." 남자가 백미러로 그녀를 흘끔 보면서 말했다.

천난은 가르시아의 창백한 얼굴이 떠올랐다. 인공호흡기를 쓰고 있었다. 눈물이 터져 나와 투명 안면보호대를 적셨다.

"이런, 무슨 문제라도 있나요?" 남자가 물었다. "이봐요, 경찰한테 잡히면 울어야 할 사람은 나라고요!"

"제가 어떻게 해야 하나요?" 천난이 훌쩍였다.

"흠, 우선 바이오센서 멤브레인부터 처리합시다. 그게 없으면 어디에도 갈 수 없어요." 남자가 싱긋 웃었다.

차가 따뜻한 노란 조명이 비추는 터널로 들어갔다가 황푸강 서쪽 제방으로 빠져나왔다.

+ + +

남자는 자신을 '마 선생'이라고 소개하며 자신의 이야기를 시작했다. 그는 한때 기술 스타트업에서 알고리즘 최적화를 담당하는 엔지니어였다. "기계에 기름칠하는 역할이라고 생각하면 돼요." 그가 어깨를 으쓱하며 말했다. 그가 일한 스타트업은 GAN을 활용해 인공지능의 이미지 인식 정확도를 높임으로써 스마트 보안 시스템 지원을 개선하려는 회사였다. 인공지능의 이미지 인식 정확도가 높아지면 보안 시스템은 더 빠른 속도로 대상을 식별하고 특히 모두가 안면보호대와 보호복을 착용하는 다양하고 복잡한 상황에서도 안정적인 인식 수준을 유지했다.

스타트업은 나중에 이수테크라는 거대 기업에 매각되었다. 스타트업이 개발해 특허까지 받은 알고리즘은 이수테크가 바이오센서 멤브레인 사업을 주도하는 데 핵심적인 발판이 되었다. 원래 마 선생이 이끌던 엔지니어팀은 실시간 데이터 동기화를 위해 바이오센서 멤브레인에 매우 얇은 통신 모듈을 심으려고 했다. 하지만 비용이 너무 많이 들고, 배터리 수명이 짧고, 과열되고, 데이터 보안 문제에 대한 우려를 극복하기 어려웠다. 바이오센서 멤브레인이 피부에 부착하는 것이었기 때문에 소비자들은 당연히 안전과 편안함을 크게 신경 썼다. 제품팀은 이런 우려를 불식시키기 위해 디자인을 변경했다. 현재의 바이오센서 멤브레인은 수집한 사용자의 생체 지표를 기계가 인식할 수 있는 시각적 표현으로 변환하는 역할을 했다. 중국의 스마트 감시카메라 네트워크와 최적화된 알고리즘 덕분에 멤브레인은 클라우드로부터 비동기식으로 정보를 다운로드하고 업로드할 수 있었다. 간단히 말해, 바이오센서 멤브레인은 스마트스트림에서 헬스트래커 앱과 동기화하는 것보다 훨씬 더 편리한 형태의 건강인증 방식이었다. 바이오센서 멤브레인은 20년 전의 수술용 마스크가 그랬듯이 곧 도시인들의 필수 액세서리가 되었다. 오래전 스마트스트림에 대해 그랬던 것처럼, 젊은이들은 멤브레인을 일종의 패션 트렌드로 여겼다.

"하지만 모든 트렌드와 마찬가지로 늘 뒤처지는 사람들이 있기 마련이죠." 마 선생이 엄숙한 표정을 지으며 말했다.

마 선생은 또 다른 이야기를 시작했다. 우연히 시골 노부부를 만나게 된 이야기였다. 죽은 나무처럼 앙상하고 연약한 노부부가 찬바람에 벌벌 떨면서 도로에 서 있었다. 마 선생이 그들 옆으로 차를 세워 무슨 문제가 있냐고 물으니 할아버지가 열이 높아 병원에 가는 길인데 유효한 디지털건강프로필이 없어 대중교통 운전사들이 태워주지 않는다고 했다. 마 선생은 그들을 돕기로 했다. 그는 차의 안전 경보와 벌금을 물을 위험을 무시한 채 노부부를 병원까지 데려다주었다. 다행히 할아버지는 그냥 심한 감기에 걸린 것이었다.

마 선생은 이 경험을 계기로 새로운 디지털 사회의 '눈에 보이지 않는 사람들'에게 관심을 기울이게 되었다. 대부분 사회적 취약 집단, 즉 노인, 장애인, 이주 노동자, 단기 체류자들이었다. 그들은 기술에 대한 접근을 제한받았다. 그런 만큼 기술을 사용하는 것에 대한 거부감과 두려움도 커졌다. 소셜머신*이 엄격함과 무관심으로 무장한 거대한 괴물로 계속 진화하는 동안 불평등이 낳은 격차는 점점 더 커졌다.

마 선생은 거대 기업 안에서는 변화를 추구하는 것이 불가능하다는 걸 깨달았다. 그는 갖고 있던 주식을 판 후 회사를 그만두고 웜웨이브Warm-wave라는 상호부조 플랫폼을 만들었다. 디지털 사회에서 소외된 사람들을 돕기 위해 자원봉사자를 모집하는 플랫폼이었다. 해적 택시는 웜웨이브가 제공하는 서비스 가운데 하나였다. 사람들은 마 선생이 사회 질서를 어지럽히고 공공의 안전을 위협한다고 비난했지만, 그는 굴하지 않고 자신이 중요한 일을 한다고 믿었다. 대중교통 이용을 거부당한 사람들을 목적지까지 태워다주는 일은 때론 생명을 살리는 일이었다.

마 선생의 이야기에 감동받은 천난은 가르시아에 대해 잠시 잊었다.

"이 일을 하게 된 계기는 뭔가요?" 그녀가 물었다. 마 선생의 결단력에 감동받았지만 동시에 이해하기 어려웠다.

마 선생은 또 다른 이야기를 시작했다. "6년 전, 나는 출장 중이었어요. 아내가 딸을 임신한 지 36주 차였는데 양수가 갑자기 터졌어요. 그날 하필 상하이에 폭우가 내렸고, 교통이 마비되는 바람에 구급차가 우리 집에 오질 못했죠. 나는 걱정이 돼서 거의 미칠 지경이었고 우리가 사는 단

---

* 소셜머신social machines은 인간과 기술이 상호작용하고 그로 인해 양쪽 모두 존재하지 않으면 불가능한 결과나 행동을 낳는 환경이다. 트위터를 비롯해 여러 소셜 네트워킹 사이트도 소셜머신으로 정의될 수 있다.

지의 단체 채팅방에 도움을 요청했어요. 한 이웃과 경비원이 나서서 우리를 도왔어요. 그들은 아내를 음식 배달용 전동카트에 태웠고 운전자는 교통법 위반을 감수하고 자전거 도로로 빠르게 달렸어요. 그들이 아니었으면 내 아내와 딸은 살지 못했을 겁니다." 마 선생이 눈물을 훔치며 말했다. "나는 그들의 친절을 영원히 잊지 못할 겁니다. 평생 빚을 진 거죠. 나는 지금 내가 하는 일이 감사를 표시하는 한 방법이라고 생각해요. 모두가 바이러스를 두려워하죠. 나도 그리 용감하지 않아요. 하지만 우리가 두려움 때문에 사람들을 돕고 사랑하는 것을 그만둔다면 기계와 다를 게 뭐가 있겠습니까?"

그의 말이 번개처럼 천난의 마음에 꽂혔다. '가르시아와 나는 함께 정말 행복했다…. 하지만 지금 그는 사투를 벌이고 있고 나는 정말 무력하다.' 그녀는 침묵에 빠졌다. 온갖 감정이 복잡하게 뒤엉켰다.

"다 왔네요." 마 선생이 침묵을 깨며 말했다.

천난은 창밖을 바라보았다. 공중보건의료센터가 아니었다. 대신 마 선생은 과거 프랑스 조계지였던 동네로 그녀를 데려왔다. 천난이 마지막으로 이곳에 왔을 때 그녀는 중학생이었다.

그녀가 기억하는 모습과 그리 다르지 않았다. 시간과 공간이 온통 뒤섞인 모습이었다. 100년이 넘는 역사를 가진 바로크 양식의 집들이 스마트 유리로 된 고층건물들과 나란히 줄지어 있었다. 《미쉐린 가이드》에 소개된 프렌치 레스토랑 맞은편에 교자를 파는 가판대들이 있었다. 세련돼 보이는 도시인들이 다채로운 색의 국기들처럼 세탁물이 창밖에 널린 골목을 지나고 있었다. 옛것과 새로운 것, 외국의 것과 현지의 것, 평범한 사람들과 특이한 사람들이 칵테일처럼 완벽하게 섞여 지나가는 사람들의 오감을 자극하고 있었다.

그들은 길가에 차를 댔다. VR 게임 아케이드로 변신한 슈퍼마켓 옆이었다. 천난은 안전서클 앱 덕분에 아케이드의 좁은 공간을 채운 사람들을 조심스럽게 피할 수 있었다. 사람들은 VR 헬멧을 써서 얼굴이 가려진 상태였고, 게이머들은 외계 괴물들과 부지런히 싸우거나 박진감 넘치는 우주 서핑 경주에 빠져 있었다. 다른 때에 왔더라면 천난도 게임에 참여하고 싶었을 것이다.

갑자기 마 선생이 아케이드 측면 벽에 있는 패널을 밀어젖혔다. 숨겨진 문이 보였다. 그는 천난을 좁고 더운 방으로 안내했다. 서버들이 벽을 따라 줄지어 서서 각 플레이어의 게임 데이터를 처리해 클라우드에서 실시간으로 렌더링한 다음 개별 헬멧과 체내감각 유니폼으로 전송해 최대한 현실감 있는 감각 체험을 제공하고 있었다.

한 통통한 소년이 방 한가운데서 음식 포장 용기에 머리를 치박고 앉아 있었다. 소년은 마 선생을 흘끔 보더니 웃었다. 기름으로 범벅이 된 얼굴이 깜짝 놀란 표정이었다.

"대장! 오늘 여기 웬일이에요?" 소년이 바로 젓가락을 내려놓았다.

"새로 나온 어드벤처 2080? 아니면 또 테크노 샤먼이에요? 대장의 배틀 리그 순위가 꽤 높아요."

"오늘은 그 때문이 아냐, 한." 마 선생이 소년을 바라보며 말을 잘랐다.

"저녁식사를 방해해서 미안한데 지금 당장 도와줘야겠어. 이분에게 바이오센서 멤브레인을 만들어줘. 급한 일이야."

"좋아요." 활기차게 대답한 소년은 발로 바닥을 차더니 의자를 뒤로 밀어 온갖 전기 부품과 전선으로 가득한 작업대를 향해 미끄러지듯 이동했다.

천난은 짧게 "고마워요"라고 속삭이고선 소년의 옆에 앉았다. 하지만 왼쪽 소매를 걷으라는 말에 본능적으로 팔을 뒤로 뺀 채 머뭇거렸다.

천난이 왜 그러는지 눈치챈 소년이 웃으며 말했다. "모든 걸 완벽하게 소독했으니 걱정하지 않아도 돼요."

천난이 당황해서 고개를 끄덕였다. 그녀는 보호복의 안전잠금장치를 풀고서 소매를 걷어 올려 왼쪽 손목을 내보였다. 공기 중에 내놓은 맨살이 따끔거리는 것처럼 느껴졌다. 그녀는 '심리적인 거야'라며 스스로 맘을 다잡았다.

"헐, 3년 치 데이터가 없네요. 네안데르탈인이라도 되나요? 왜죠?" 소년이 천난을 바라보며 어리둥절한 표정을 지었다.

"야, 입 다물고 일이나 해." 마 선생이 말했다.

"하지만 대장, 유효한 백신 접종 기록이 없으면 바이오센서 멤브레인을 만들어준다고 해도 시스템이 자동으로 고위험군으로 분류해 최소한 21일 동안 격리될 거예요. 그런데 급하다고 하지 않았나요?"

천난은 눈이 휘둥그레졌다. 21일? 가르시아가 21일 동안 버틸 수 있을까? 그녀는 깊은 한숨을 쉬며 고개를 떨궜다. 터져 나오는 눈물을 애써 참으려 했다.

"아직 포기하지 마요!" 마 선생이 그녀의 어깨를 토닥이더니 소년을 향해 고개를 돌렸다.

"이봐, 다른 방법이 있지 않아?"

"위조를 말하는 건가요? 그건 불법인데!"

"그게 뭔가요?" 천난이 고개를 들었다.

"위조 멤브레인은 평범한 바이오센서 멤브레인과 완전히 똑같아 보여요. 유일한 차이라면 위조 멤브레인은 실제로 감지된 데이터 대신 인위적으로 생성한 건강 정보를 보여주죠. 그걸로 대부분 사람의 눈을 속일 순 있겠지만 기계는 못 속여요. 공중보건의료센터 입구에서 그걸 스캔할 거예요. 클라우드에 저장된 데이터와 위조 멤브레인이 제시하는 정보가 일치하지 않으면 기계에 몇 초 동안 결함이 발생해요. 이때가 숨어들어갈 유일한 기회예요."

"결정을 내리기 전에 신중하게 생각해야 합니다." 마 선생이 천난을 바라보며 말했다. "그 사람이 이런 위험을 감수할 만한 가치가 있다고 확신하나요?"

천난은 갑자기 어지러웠다. 그녀는 지금까지 어떤 위험도 감수하지 않으며 살아왔다. 하지만 침상에 누워 있는 가르시아를 생각하자 죄책감을 느꼈다. '나는 이 사랑을 이용하기만 했어. 나는 받기만 하고 아무 것도 준 게 없어.' 심지어 사랑한다는 말 한마디조차 하지 못했다. 그 마법 같은 말을 뱉고 나면 관계 역학이 바뀌어 그녀 자신이 취약한 존재, 더 많이 마음을 쓰는 존재가 될까 봐 두려웠다.

하지만 가르시아는 고통과 불확실성을 감내하고 그녀를 사랑한다는 걸 보여주려고 목숨을 걸었다.

"네, 그는 그럴 만한 가치가 있어요. 두려움 때문에 타인을 사랑하길 멈춰선 안 된다고 말씀하셨잖아요. 저도 각오했습니다."

마 선생과 소년은 눈길을 주고받더니 그녀를 향해 고개를 끄덕였다.

단 몇 분 만에 위조 멤브레인이 만들어졌다. 천난은 그녀의 손목 안쪽에 부착된 가느다랗고 말랑거리는 멤브레인을 바라보았다. 그녀의 생체 상태를 나타내는 여러 수치가 나타났다. 여러 백신을 나타내는 다양한 형태와 색의 기호들이 흐릿하게 반짝였다. 멤브레인은 충분히 진짜처럼 보였지만, 그렇다 해도 이 가짜 장비를 차고 얼마나 버틸 수 있을지 알 수 없었다.

갑자기 귀를 찌르는 듯한 날카로운 경보음이 울렸다. 큰 방을 비추는 보안 모니터에서 당황한 게이머들이 갑자기 현실로 돌아오는 모습이 보였다. 큰 방의 조명이 밝아지면서 게임 콘솔이 멈췄다. 붉은빛 경보가 벽 전체를 가로질러 번쩍였고, 같은 문구를 반복해서 읽는 부드러운 여성의 목소리가 들렸다. "고객 여러분, 디지털 바이러스 통제예방 시스템에 따르면 고위험군인 사람이 건물에 들어왔습니다. 경찰봇이 검문을 시작할 예정입니다. 자리를 뜨지 말고 검문에 협조하시기 바랍니다."

천난의 얼굴이 갑자기 창백해졌다. 관자놀이의 정맥이 요동치기 시작하는 걸 느꼈다. 하지만 위조 멤브레인은 심박수를 비롯해 모든 생체 지표가 적정 범위에 있다고 알려주었다. 그녀는 이 느낌을 잘 알았다. 공황발작의 전조였다. 곧 몸이 어찌할 수 없게 얼어붙고 다리에 아무런 감각이 없을 터였다. 공황발작을 일으키면 그녀의 계획은 끝이었다.

"화재 탈출구로 가세요, 당장이요!" 소년이 한쪽 구석을 가리키며 소리쳤다. 쌓여 있는 상자들 틈 사이로 녹색의 작은 문이 보였다.

천난의 손목을 낚아챈 마 선생이 상자들을 어깨로 밀쳐내고 문을 세게 열어젖혔다. 둘은 통로를 따라 달렸다. 통로가 좁고 어두워서 둘은 서로의 발에 걸려 넘어질 뻔했다.

천난과 마 선생이 탈출을 감행하는 동안 세 대의 경찰봇이 게임 구역으로 들어와 붉은 레이저 광선으로 플레이어들의 바이오센서 멤브레인을 스캔하기 시작했다.

마 선생은 천난을 자동차 뒷좌석에 쑤셔 박듯이 밀어 넣었다.

"이제 괜찮아요." 운전석에 앉은 마 선생이 말했다.

천난은 공황발작이 잦아들자 긴 숨을 내쉬었다. 다리에 진동이 느껴진 그녀는 주머니에서 스마트스트림을 꺼냈다.

새로운 알림이 와 있었다. 가르시아의 디지털 의료 기록이었다. 그는 심장과 폐의 상태가 심각해 제 기능을 하지 못하는 상태라 인공 폐와 펌프를 통해 산소를 공급하는 에크모에 연결되어 있었다.

천난은 충격으로 얼어붙는 듯했지만 어떻게든 진정하려고 애쓰면서 쉬 박사에게 전화를 걸었다.

쉬 박사는 가르시아가 감염된 공격적인 변이 바이러스에 대한 적절한 치료법을 찾느라 고전 중이라고 말했다. 불과 몇 년 전만 해도 심각한 변종을 치료할 적절한 치료법을 찾으려면 수개월 혹은 수년에 걸친 연구가 필요했다. 이제는 한 달 정도면 찾을 수 있게 되었지만, 과연 가르시아가 한 달을 버텨줄 수 있을까?

"시간이 더 필요한 건 가르시아만이 아닙니다. 인류 전체에게 더 많은 시간이 필요합니다." 쉬 박사가 침울하게 말했다.

"가르시아에게 남은 시간은 얼마인가요?"

"말하기 힘듭니다. 몇 시간 혹은 몇 분…." 쉬 박사의 목소리가 작게 가라앉았다.

"제발… 서두를 수 없나요?"

천난의 말이 끝나기 무섭게 마 선생은 가속 페달을 세게 밟았다. 차는 선하이 간선도로를 따라 남쪽으로 달렸다.

"아마도 이건 의사로서 제가 선을 넘는 것이겠지만, 한 사람으로서 그리고 유일한 목격자로서 가르시아가 줄곧 천난 씨의 이름을 불렀다는 걸 말씀드리지 않을 수 없네요. 거의 의식이 없는 상태에서도 그랬습니다. 천난 씨에게 뭔가 말하려고 하는 것 같아요."

"무슨 말을요?"

쉬 박사는 오디오 파일 하나를 보냈다.

"천난… 천난! 데드엔드 루프… 데드엔드 루프… 천난… 벗어나야 해."

비록 무겁게 가라앉은 목소리였지만 천난은 가르시아라는 걸 바로 알아챘다. 에크모를 달고 사경을 헤매면서도 그는 하나의 단어를 고집스럽게 반복했다. 데드엔드 루프…. 그들의 첫 만남, 그들만의 비밀의 언어, 사랑을 나타내는 암호였다. 생의 마감을 목전에 두고 그의 마음에 떠오른 유일한 사람은 천난이었다. 그는 그녀가 데드엔드 루프에서 벗어나 용감하게 실제 세상을 받아들이길 원했다. 심지어 그가 세상을 떠난 후에도.

"유감입니다. 최선을 다하겠습니다. 몸조심하세요." 쉬 박사가 전화를 끊었다.

천난은 손에 스마트스트림을 쥔 채 멍하니 앉아 있었다. 눈물이 정신없이 흘렀다. 눈물이 안면보호대 안으로 들어가 앞이 뿌예져서 흐릿하게 보였다. 숨이 막히는 것 같았다. 그녀는 뭔가에 홀린 듯이 안면보호대를 벗고 창문을 내렸다. 밤바람이 얼굴에 스치며 상쾌하고 생기 가득한 봄 냄새를 풍겼다. 깊이 숨을 들이마시자 다시 기운이 살아났고 두려움과 불안이 한 번에 사라졌다. 그녀는 야외에서 맛보는 자유가 얼마 만인지 기억조차 나지 않았다.

밤하늘 아래로 상하이의 스카이라인을 따라 비추던 불빛들이 점점 어두워졌다. 가끔 부드러운 흰색 조명이 반짝이는 튜브처럼 생긴 건물들을 지나쳤다. 천난은 뉴스에서 그 건물들을 보았다. 밤에도 광합성을 할 수 있는 친환경 스마트 건물들이었다. 2070년까지 탄소 중립을 달성하기 위해 중국에 점점 더 많은 도시 건물들이 식물과 나무로 된 '살아 있는 벽'을 설치했다. 살아 있는 벽은 수직농장*이 그런 것처럼 대기 중의 이산화탄소를 흡수해 산소와 유기물로 전환했다.

천난은 다시는 가르시아를 볼 수 없게 되리라는 최악의 시나리오를 생각하지 않으려 일부러 딴생각을 열심히 했다. 그녀는 그를 '본' 적이 없고, 앞으로도 보지 못할 것이다. 그녀는 비트로 된 디지털 세상에서 줄곧 그녀 곁을 지켰던 남자를 원자로 된 실제 세상에서 만지지도 끌어안지도 입을 맞추지도 못할 것이다. 그녀의 삶은 후회의 연속이 될 것이다.

"이봐요, 어찌 됐든 나는 당신을 공중보건의료센터에 데리고 갈 겁니다. 내 말 좀 들어봐요."

마 선생이 강한 어조로 말했다. 그의 목소리를 듣자 마법처럼 자신감이 되살아났다.

"이게 끝이 아니라고요. 아직 포기하긴 일러요."

천난은 어둠 속에서 그에게 고개를 끄덕여 보였다.

차는 간선도로를 빠져나와 몇 차례 방향을 바꾼 후 거대한 흰색 건물의 공중보건의료센터 정문 앞에 멈춰 섰다. 천난은 어린 시절 비디오에서 본 이동식 병원과 흡사한 모습에 몸을 떨었다. 이동식 병원은 수천 명의 코로나 환자를 수용했다. 그들은 모두 함께 먹고 자고 화장실을 이용했다. 침대 사이에는 환자를 분리하기 위한 간단한 임시가림막만 세워져 있어 공기 중에 침투하는 고농도 바이러스까진 어떻게 하지 못했다.

* 수직농장vertical farm은 도시의 초고층 빌딩에서 온실가스 흡수력이 높은 식물을 대량으로 기르는 것을 가리킨다. 건물에 나무와 식물을 식재해 건물 자체가 숲이나 농장을 이루게 한다는 발상이다.

"이제 모든 건 당신에게 달려 있어요. 남자친구를 어디 가면 볼 수 있는지 알아요?"

마 선생이 천난을 바라봤다.

"디지털 의료 기록에 병실 번호가 있었어요. 센터 내부 지도도 찾았고요." 천난이 결의가 느껴지는 표정으로 마 선생을 바라보며 말했다.

"좋아요, 그럼 행운을 빕니다. 여기, 이걸 가져가요."

마 선생이 이상하게 생긴 안경을 꺼내더니 그녀에게 건네주었다. "이 안경을 쓰면 스마트 감시카메라의 눈에 당신이 만화 캐릭터로 보일 거예요. 도움이 될 겁니다."

그녀는 안경을 쓰고 차에서 내려 병원 입구를 향해 달렸다. "감사합니다!"

"이봐요, 안면보호대도 써야지!" 마 선생이 소리쳤다.

그녀는 멈춰 서서 전투 장비를 꺼내곤 마 선생을 향해 손을 흔들었다. 마 선생은 천난이 공중보건의료센터 입구의 어두운 통로로 사라지는 모습을 보며 미소 지었다.

+ + +

천난은 병원에서 첫 번째 검문인 체온 측정을 통과했다. 체온이 보통보다 높게 측정되었다면 바닥의 반짝이는 화살표가 오염을 막기 위해 열이 있는 사람들을 위한 '위험 구간'으로 이동하도록 지시했을 것이다.

두 번째 검문은 더 까다로웠다. 그녀는 바이오센서 멤브레인이나 스마트스트림을 통해 기계에 자신의 디지털건강프로필을 스캔해야 했다. 그러고 나면 기계가 클라우드에 있는 데이터와 수집된 식별 정보를 비교해 그녀의 입장을 허락할지 여부를 결정할 것이었다.

'여기가 바로 위장 멤브레인을 써먹을 곳이구나.' 그녀는 발걸음을 늦춰 작고 일정한 보폭으로 걸으며 주변을 둘러봤다. 자정이 다 된 시간이

어서 야간 근무를 하는 직원 몇몇을 제외하곤 로비에 사람이 거의 없었다. 기계들이 대부분의 반복되는 업무를 처리했다. 응급 코로나 환자가 발생한다 해도 완전 자동화된 영상의학과에서 인공지능의 도움을 받아 독자적으로 엑스레이 검사를 하고 환자를 분류해 2차 감염의 위험을 현저히 낮췄다. 이렇게 의료 시스템이 고도로 자동화된 것이 천난에게 유리하게 작용했다.

드디어 그녀는 스캐너가 있는 곳에 다다랐다. 크게 심호흡을 한 후에 왼쪽 손목 안쪽에 달린 위조 멤브레인을 렌즈에 갖다 댔다. 전기 게이트가 열렸다 닫혔다 하더니 다시 열렸다. 렌즈에서는 빨간색과 파란색의 경고등이 깜박였다. 기계는 부품이 덜컹거리는 소리를 내며 삐걱댔다. 마 선생과 소년이 예측한 대로 위조 멤브레인이 기계에 결함을 유발했다.

천난은 머뭇거릴 틈이 없었다. 문이 다시 열리자 그녀는 아드레날린의 힘을 빌려 재빨리 몸을 날리듯 앞으로 나아갔다.

야간 근무를 서던 직원은 그렇게 대담한 침입을 본 적이 없던 터라 너무 놀라 가만히 보고만 있었다. 모든 시선이 그녀에게 와 꽂혔다. 그녀는 빈 로비를 가로질러 중환자실 방향으로 달려갔다. 조용한 로비에 그녀의 발소리가 크게 울려 퍼졌다. 그녀는 마치 목숨이 경각에 달린 사람처럼 필사적으로 뛰었다.

의료봇이 가장 먼저 반응했다. 그녀에게 미끄러지듯 다가오더니 그녀를 둘러싸고 몸체로 앞길을 막았다. 인간과 달리 로봇들은 감정도 실수도 없는 데다 무척 강했다.

마 선생이 준 안경이 떠올랐다. 천난이 안경을 쓰고 라이트 스위치를 누르자 렌즈가 나이트클럽의 현란한 조명처럼 여러 색의 빛들로 정신없이 빛나기 시작했다. 이 빛들은 패턴으로 조립되어 인공지능의 데이터 스트림에 혼란을 주었다. 이미지 인식 알고리즘의 허점을 이용한 것이었다. 의료봇이 천난을 살과 피가 있는 인간이 아닌 만화 캐릭터로 인식했다. 혼란에 빠진 로봇은 다음 동작을 결정하지 못한 채 오락가락하며 서로 부딪혔다.

천난은 더 이상 버틸 여유가 없었다. 재빨리 로봇들을 피해 8층에 있는 집중치료실로 연결되는 계단으로 달려갔다. 그녀는 일부러 엘리베이터를 타지 않았다. 이는 게임을 통해 얻은 중요한 교훈 덕분이었다. 기계와 알고리즘이 조작할 수 있는 건 무조건 피하고, 자신의 신체와 직관 말고는 아무것도 믿지 말아야 했다.

가쁜 숨을 고르느라 가슴이 들썩였다. 심장이 목구멍으로 튀어나올 것 같았다.

'가르시아, 제발 버텨야 해. 내가 가고 있어.' 그녀는 마음속으로 기도했다.

천난이 중환자실로 연결된 안전문을 어깨로 힘껏 밀었다. 다리가 너무 떨려서 벽에 기대어 한 걸음 한 걸음 옮겼다. 가르시아의 운명이 결정될 공간이 터널처럼 생긴 복도 끝에 있었다. 두려움과 희망이 동시에 쏟아져서 심장이 터져버릴 것 같았다.

'계속 가야 해. 나 혼자 힘으로 이 모든 걸 맞닥뜨려야 해.'

복도 끝에 커다란 유리창이 있었다. 천난은 유리창을 통해 내부를 들여다보았다. 최근에 사용한 흔적이 보이지 않는 깨끗한 침대 하나가 있었다.

'가르시아는 어디에 있는 거지?'

감당할 수 없을 정도의 두려움이 파도처럼 밀려왔다. 완전히 지쳐버린 그녀는 바닥에 주저앉았다. 온 세상이 갑자기 텅 빈 것처럼 느꼈다.

"천난, 천난 맞아?" 아는 목소리가 들렸다.

+ + +

천난은 귀를 의심했다. 바로 일어나서 뒤를 돌아봤다. 가르시아와 쉬 박사가 보호복을 입고 몇 발자국 떨어져서 그녀를 보며 웃고 있었다.

"가르시아? 당신… 당신…"

천난이 말을 더듬었다. 가르시아는 다소 지쳐 보였지만 동영상으로 본 모습보다는 훨씬 더 좋아 보였다.

"당신, 내가 죽거나 어떻게 된 거라고 생각한 거야?" 가르시아가 웃으며 말했다.

쉬 박사가 주먹을 손바닥에 대는 인사로 작별을 고하며 말했다. "두 분이 오붓한 시간을 가지셔야죠."

쉬 박사가 떠난 후 가르시아는 천난을 향해 몇 걸음 다가섰다. 바로 그때 그녀의 안전서클 앱이 스마트스트림을 통해 울렸다. 그녀 앞의 사람이 위험하다는 뜻이었다. 천난은 본능적으로 손을 들어 그가 다가오는 걸 막았다.

"천난, 난 안전해. 나는 공항에서 감염자와 같은 공간을 지나가는 바람에 격리되었을 뿐이야."

"정말이야?"

천난은 이 미친 모험을 시작한 이후로 바이러스 통제소가 보낸 최신 소식을 확인하지 못했다는 걸 깨달았다. "하지만 당신의 디지털 건강 기록은? 그 동영상이랑 오디오 기록은 뭔데?"

"내가 다 설명해줄게." 가르시아가 죄책감과 의기양양함이 반반씩 섞인 표정으로 말했다. "이 모든 게 게임의 일부야."

"게임?"

"기억나? 나는 테크노 샤먼에서 남미 13차 워존warzone의 가장 훌륭한 레벨 설계자라고."

우연히 벌어진 운 좋은 일들, 사람들의 얼굴에 때때로 나타났던 생각하는 표정들…. 천난이 이날 밤 내내 경험한 사건들을 생각해보니 퍼즐 조각들이 하나씩 맞춰지기 시작했다.

"잠깐. 그러면 당신이 마 선생을 내게 보낸 거야?"

"그래. 우리는 게임에서 만났어. 상하이처럼 큰 도시에서 그의 해적 택시가 정확히 당신이 있는 곳으로 갈 가능성이 얼마나 된다고 생각해?"

"그럼 동영상은 뭔데? 이 세상에 당신을 그렇게 보이게 할 수 있는 메이크업은 없다고!"

"내가 만든 아바타 기억나? 나는 그럴듯한 동영상 클립을 만들려고 그걸 사용했어."

"쉬 박사도 공모자야?"

"흠. 그분은 진짜 의사야. 하지만 그분도 게임에서 만났어. 인정하자면, 나는 내가 실제로 격리될 줄은 예상하지 못했어. 하지만 그게 게임을 더 현실감 있게 만들었지, 그렇지 않아?"

"하지만 내가 당신을 찾아 나설 거라는 걸 어떻게 알았는데?" 천난은 속에서 끓어오르는 분노를 억누르려 애썼다.

가르시아가 다시 크게 웃었다. "쉬 박사가 당신에게 보낸 디지털 의료 기록은 트래커야. 그게 있으면 나는 당신에게 동기를 부여하는 피드백을 줄 수 있어."

"동기를 부여하는 피드백이라니, 무슨 뜻이야?"

"만족스러운 게임이 되려면 플레이어에게 동기를 부여하기 위해 긍정적인 피드백뿐만 아니라 장애물도 필요해. 레벨이 너무 쉬우면 플레이어들은 곧 지루함을 느껴. 하지만 레벨이 너무 어려워도 좌절하게 돼. 동기부여 피드백은 플레이어들이 그들의 여정을 헤쳐가도록 만드는 요소지."

"만일 내가 아파트를 나서지 않았다면 어쩌려고 했어?"

"그랬다면 나는 패배를 인정했겠지. 팀원들과 나는 우리 계획을 수백만 번 분석해서 당신의 안전을 보장하기 위해 모든 종류의 가능성에 대비했어. 아파트에서 나오기만 하면 당신은 성공하게 돼 있었어."

천난이 두 손에 얼굴을 묻었다. 어깨가 들썩였다. 왜 다시 울음이 쏟아지는지 이유를 알 수 없었다. "내가 당신을 얼마나 걱정했는지 알아? 그런데 고작 한다는 말이 이게 게임이라고? 도대체 나한테 왜 이런 짓을 한 건데?"

"당신을 사랑하니까."

그 말이 전기 충격처럼 천난을 관통했다. 가르시아는 가상의 세계에서 이미 백만 번 자신의 감정을 고백했다. 텍스트로 음성 메시지로 영상 통화로 그리고 게임에서. 그녀는 자신이 그의 사랑 고백에 이미 익숙해졌다고 생각했다. 하지만 어쩐 일인지 그를 대면한 상태에서 이 마법 같은 말을 직접 듣는 건 전혀 다른 느낌이었다. 뭐라 형언하기 어려운 복잡한 감정들이 밀려들었다. 가장 진보된 가상현실 기술도 지금 그녀가 느끼는 감정을 촉발할 순 없었다. 더 나은 표현 방법이 없는 터라 인간들은 그걸 사랑이라고 불렀다.

그녀는 고개를 들고 눈물기 가득한 눈으로 앞에 서 있는 남자를 바라보았다. "하지만 왜? 나는 그저 이기적인 겁쟁이일 뿐이야…. 나는 당신을 영원히 잃었다고 생각했어."

"바보 같은 소리. 천난, 당신을 봐! 당신은 아무도 할 수 없는 걸 해냈어. 나를 찾아 말 그대로 온 도시를 헤매고 다녔어. 당신은 전사야. 내가 아는 가장 용감한 사람이라고."

"내가, 정말 내가 해낸 거야?"

"그래. 당신이 해낸 거야. 당신은 데드엔드 루프를 빠져나왔어. 이제 새로운 사람이야. 한 가지만 빼고."

"그게 뭔데?"

"나랑 포옹하지 않을 거잖아."

"가르시아! 나는 그저…" 천난이 숨을 깊이 들이마셨다 내쉬었다. "좋아. 지금 안아줄게. 이리 와."

"천천히 해야지. 내가 당신을 불편하게 하면 언제든 멈추라고 말해. 즉시 그만둘 테니."

가르시아는 아주 천천히 천난에게 다가갔다. 그의 발걸음은 마치 늙은 로봇처럼 느리고 부드러웠다. 천난은 눈을 감고 그녀의 스마트스림이 점점 더 강하게 울리는 걸 느끼며 솟아오르는 두려움을 억눌렀다. 가르시아가 안전한 사회적 거리를 지나쳐 1미터 반경 안으로 들어왔다. 진동이 귀를 찢는 듯한 경고음으로 바뀌어 블루투스 이어버드를 통해 계속 울렸다. 심장박동이 빨라지고 가슴이 조여왔다. 접촉에 대한 두려움은 너무 오래되어 그녀의 일부가 되다시피 했다. 하지만 그녀는 한 걸음도 물러서지 않았다. '나는 안전해. 나와 가르시아 사이에는 두 겹의 보호복이 있어서 포옹한다 해도 아무런 해도 끼치지 않을 거야.'

"나 여기 있어." 가르시아가 속삭였다.

천난은 이어버드를 뺐다. 이어버드가 접힌 보호복 사이에 매달려서 아직도 고집스럽게 위험이 다가온다고 경고하고 있었다. 그녀는 눈을 뜨고 가르시아를 향해 팔을 벌렸다. 두 사람 모두 보호복을 입은 채였지만 그동안 한 번도 하지 못했던 포옹을 할 준비가 되어 있었다.

보건의료 분야에서의
인공지능

〈접촉 없는 사랑〉은 계속되는 팬데믹으로 인해 커다란 변화를 겪은 미래 사회를 배경으로 한다. 그리고 코로나19가 변이를 통해 계절성 바이러스로 수십 년간 계속된다는 가정을 하고 있다. 물론 이 가정은 추측에 불과하다.

코로나19가 얼마나 오래 우리 곁에 머물지 모르겠지만, 현재로서 분명한 것은 인공지능이 보건의료 분야에서 커다란 변화를 가져오리란 것이다. 인공지능은 신약 및 백신 개발 속도를 높이고 있다. 인공지능을 활용한 진단법 등의 기술은 기존 의료 시스템에 빠르게 통합되고 있다. 현재 보건의료 산업의 디지털화가 한창이며 그 결과 인공지능이 변화를 가져오는 데 필요한 방대한 데이터 세트가 발생할 것이다. 따라서 지금은 인공지능을 활용한 보건의료의 변화에 관심을 집중해야 할 적기다. 2041년이 되면 아마도 보건의료 분야가 인공지능에 의해 가장 많은 변화를 겪은 산업이 될 것이다.

천난의 공포증과 폐쇄적인 라이프스타일이 보여주듯이 코로나19로 인한 신체 접촉에 대한 우려는 인공지능 로봇공학 분야에 많은 기회를 제시할 것이다. 그렇다면 2041년에 당신의 아파트는 이 이야기에서 천난이 의지하는 분주히 움직이는 로봇 도우미와 같은 기계들로 가득 차게 될까? 잠시 후 이 질문에 대한 나의 의견을 제시할 것이다.

마지막으로 나는 코로나19가 원격으로 이뤄지는 근무, 의사소통, 학습, 상거래, 오락의 증가가 어떤 변화를 가져올지도 살펴보고자 한다. 온라인에서 이뤄지는 원격에 의한 상호작용의 증가는 결국 디지털화와 데이터 수집 속도를 높일 것이다. 데이터가 늘어남에 따라 인공지능의 성능이 더욱 개선되면서 자동화와 일자리 이동을 촉진할 것이다.

디지털 보건의료와 인공지능의 융합

20세기 '현대 의학'은 전례 없이 비약적인 과학 발전의 혜택을 누렸다. 보건의료의 전반적인 개선으로 인간의 기대수명은 1900년 31세에서 2017년 72세로 늘어났다. 인류는 현재 보건의료에서 또 다른 혁명을 목전에 두고 있다. 디지털화로 컴퓨팅, 통신, 모바일, 로봇공학, 데이터과학 그리고 가장 중요하게는 인공지능으로부터 발생하는 모든 데이터를 응용하는 기술이 보건의료 분야에서 구현될 것이다.

우선 기존의 보건의료 데이터베이스와 프로세스가 디지털화될 것이다. 환자 기록, 약물 효능, 의료 장비, 웨어러블 기기, 임상시험, 의료 품질 감시, 감염병 확산 데이터, 의약품과 백신 공급까지 모두 디지털화될 것이다. 또 디지털화는 인공지능 분야에 새로운 기회를 줄 방대한 데이터베이스를 구축하도록 해줄 것이다.

영상의학은 최근에 디지털화되었다. 역광을 이용해 필름을 판독하던 기존 방식에서 크게 업그레이드되어 고선명 3D 이미지를 컴퓨터로 볼 수 있게 되었고, 그 결과 원격 방사선 진단과 인공지능 지원 진단이 가능해졌다. 개인의 의료 기록과 보험 기록도 디지털화되어 저장되고 익명

처리된 데이터베이스에 축적(법으로 허용되는 경우)되기 시작했다. 이 데이터베이스에 인공지능을 적용하면 치료 효과, 의사 평가, 의학 교육, 이상 감지, 질병 예방 등의 영역에서 커다란 개선과 발전을 가져올 수 있다. 개별 약품 사용에 관한 모든 정보를 담은 데이터베이스 덕분에 의사와 인공지능은 약품을 언제 어떻게 투약할지 정확하게 이해하게 됨으로써 실수를 피할 것이다. 인공지능은 결과를 포함한 수십억 건의 실제 사례를 바탕으로 학습해 인간 의사보다 훨씬 더 정밀한 진료를 할 수 있다. 인공지능은 병력과 가족력을 모두 고려한 개인별 맞춤 치료를 제공할 수도 있다. 그리고 항상 방대한 수의 신약과 새로운 치료법, 연구에 관한 정보를 그때그때 업데이트해 숙지할 것이다. 이러한 일은 모두 인간의 능력 밖이다.

혁명적인 신기술들은 애초부터 디지털 프로세스로 발명되고 있다. 가령 웨어러블 기기들은 심박수, 혈압, 혈당 그리고 경고 신호를 제공하는 바이털 통계를 끊임없이 추적 관찰한다. 이러한 추적 관찰 덕분에 거대한 데이터베이스가 구축되고, 이 데이터베이스를 바탕으로 인공지능은 더 정확한 모니터링과 조기 발견을 비롯해 다양한 의학적 치료와 관리에 이용될 것이다.

의학 분야의 여러 신기술은 방대한 디지털 결과물을 발생시킨다. DNA 염기서열은 단백질(생명체를 구성하는 단위가 되는 분자)을 암호화하는 유전자와 유전자 행동을 결정하는 유전자 조절네트워크와 같은 중요한 디지털 정보를 생산한다. 디지털중합효소연쇄반응법*은 병원체(예: 코로나바이러스)와 유전자 변이(예: 새로운 암 표지자)를 더 정확하

---

* 디지털중합효소연쇄반응법dPCR은 DNA 또는 RNA를 포함하는 핵산을 직접 정량화하고 복제적으로 증폭하는 데 사용되는 기존의 PCR의 생명공학적인 개선이다. PCR과 dPCR의 주요 차이점은 핵산의 양을 측정하는 방법에 있으며, dPCR은 PCR보다 훨씬 더 정확한 방법이지만 사용자의 경험이 부족할 경우 오류 발생 가능성이 상대적으로 크다.

게 감지할 수 있다. 또 차세대염기서열분석법**은 인간 게놈의 염기서열을 아주 빠르게 분석하게 해준다. 인간 게놈은 인간이 읽고 해석하기에는 너무 방대한 정보지만, 인공지능은 이를 아주 빠른 속도로 완벽하게 할 수 있다. 크리스퍼는 유전자를 편집하는 획기적인 기술로 미래에 많은 질병을 퇴치할 잠재력이 있다. 마지막으로 신약과 백신 개발도 디지털화되고 있으며 인공지능 기술과 통합되기 시작했다. 이러한 신기술들은 모두 '디지털'로 이루어지며 인공지능과 같은 다른 디지털 기술과 통합되어 보건의료 분야의 현저한 개선으로 이어진다.

그렇다면 IBM의 인공지능 컴퓨터 왓슨Watson의 암 치료 프로그램과 같은 초기의 의료 분야 인공지능 프로젝트들은 어째서 성공하지 못했을까? IBM은 MD앤더슨암센터나 슬로언케터링암센터와 같은 유명 의료 기관들과 손잡으면서 그들이 보유한 의학 전문지식과 데이터를 바탕으로 인공지능을 학습시키고자 했다. 고품질의 의학 교육 데이터는 최고 전문가들에 의해 공들여 축적된 지식 데이터로서 새로운 개념을 익혀야 하는 의사와 의대생들을 가르치기에는 완벽했다. 하지만 개념이 아닌 방대한 데이터를 바탕으로 학습하는 인공지능에는 데이터베이스 규모가 터무니없이 부족했다(인간과 인공지능의 학습을 비교한 1장의 표를 떠올려보라). IBM의 왓슨은 교과서와 연구 논문과 같은 수많은 의학 문헌으로 지식을 보강하려 했다. 하지만 이러한 문헌은 인간을 위해 작성된 것이었다. 인공지능은 환자-치료-결과에 관한 실제 데이터를 바탕으로 할 때 가장 잘 학습할 수 있다. 암 치료는 보건의료 분야에서도 가장 까다로운 영역 중 하나로 초기의 인공지능을 적용하기 적합하지 않다. 보건의료 분야에서 인공지능의 적용은 충분한 규모의 데이터베이스가 확보된 일반적인 치료 영역에서 시작해야 한다.

** 차세대염기서열분석 NGS는 기존의 염기서열분석과 달리 100만 개 이상의 많은 DNA 조각을 병렬로 처리함으로써 분석 속도를 가속화하는 동시에 비용을 급속히 낮추고 있다.

나는 인공지능과 의료계가 왓슨의 사례에서 교훈을 얻었다고 생각한 다. 현재 양쪽 모두 신약과 백신 개발, 웨어러블 기기, DNA 염기서열, 영 상의학, 병리학, 정밀의학 등 인공지능에 확실히 더 적합한 영역에 집중 하고 있다. 또 우리는 좀 더 실용적인 접근법을 취해야 한다. 즉, 보건의 료 산업에 이미 존재하는 영역이나 과제에서 의사와 과학자를 보완하는 방향으로 가야 한다. 완전히 새로운 영역을 개발하거나 의사와 과학자 를 대체하려고 해선 안 된다. 데이터 중심적이고 실용적인 접근법을 채 택하면 보건의료 분야에서의 인공지능은 향후 20년 동안 커다란 진보를 이룰 수 있을 것이다. 그러면 신약 개발부터 시작해 몇 가지 중요한 과제 들을 살펴보도록 하자.

전통적인 신약 및 백신 개발

과거 신약 및 백신 개발에는 시간과 비용이 아주 많이 소요되었다. 가령 뇌수막염 백신을 개발하고 완성하는 데 100년이 넘는 시간이 걸렸다. 제 약회사들은 복수의 임상시험과 생산을 동시에 추진하기 위해 유례없는 규모의 지출(미국 정부만 2020년 한 해에 100억 달러를 지출했다)을 단행 해 코로나19 백신을 훨씬 빨리 개발할 수 있었다. 하지만 코로나19가 훨 씬 더 전염성이 강하거나 치명적인 바이러스였다면 백신 개발을 기다리 기에 1년조차 너무 긴 시간이었을 것이다. 인류는 계속해서 백신과 신약 개발의 속도를 높여가야 한다.

신약을 개발하려면 아미노산들이 어떻게 포개지고 접혀서 독특한 3차 원 형태의 단백질이 되는지에 관한 이해가 필요하다.* 이는 바이러스의

---

* 우리 몸의 세포, 조직, 기관들은 10만 종류가 넘는 단백질로 구성되어 있으며, 단백질은 아 미노산의 독특한 순서와 조합을 거쳐 만들어진다. 아미노산은 일직선으로 연결되어 단백 질을 생성하는데, 단순히 이어지기만 하는 것이 아니라 적절한 형태로 접힘으로써 기능을

작용 원리와 퇴치법을 알아내는 데 필수적이다. 코로나바이러스는 체내에 침입하면 표면에 있는 스파이크단백질을 이용해 열쇠가 자물쇠에 끼워지는 것처럼 숙주 세포의 표면에 있는 수용체에 강하게 밀착된다. 그런 다음 단백질 가위를 활용해 자신의 스파이크단백질 일부를 잘라내고 숙주세포 안으로 침투해 본격적인 증식과 복제 활동을 벌인다. 그 결과 여러 가지 감염증이 나타나기 시작한다.

코로나19 이후 많은 연구개발이 이뤄지고 있는 항체 치료는 백신과는 조금 다른 개념이다. 항체는 항원(인체에 침입해 면역 반응을 일으키는 바이러스)에 대항하기 위해 혈액에서 생성된 당단백질로 인체를 외부 공격으로부터 지키는 방어막이라고 할 수 있다. 항체의 안정성과 효과는 몸에 주입했을 때 항원과 얼마나 잘 결합하는지에 달려 있다. 잘 결합해야 잘 싸울 수 있기 때문이다. 이것을 알려면 항체와 항원의 단백질 접힘 구조를 파악해야 한다. 항체 치료를 위한 신약 개발은 다음 네 단계에 따라 항체와 항원의 단백질 접힘 구조를 해독하는 과정이기도 하다.

1. mRNA 배열을 이용해 병원체로 작용하는 항원의 단백질 배열을 도출한다(현재로서는 상대적으로 쉬운 작업이다).
2. 항원의 단백질 접힘 3차원 구조를 파악한다.
3. 항원의 단백질 접힘 3차원 구조에서 표적target 단백질을 식별한다.
4. 항체 분자를 생성하고 그중에서 가장 적합한 전임상시험을 위한 후보물질을 선정한다.**

앞서 언급한 비유대로라면 1~3단계는 자물쇠를 찾는 과정이고, 4단

발휘한다. 이것을 '단백질 접힘'이라고 하며, 특정 단백질이 어떤 형태로 접혔는지 파악하는 것은 해당 단백질이 몸에서 어떤 기능을 수행하는지 알기 위한 매우 중요한 정보.
** 전임상시험은 임상시험 전 단계인 동물을 대상으로 한 임상시험을 가리킨다. 후보물질은 해양천연물에서 찾아낸 미생물 등 신약 개발에 활용 가능한 물질로 전임상시험에 쓰인다.

계는 그 자물쇠에 딱 맞는 열쇠를 찾는 과정이다. 이 네 단계는 순서대로 진행되어야 하며, 2단계부터 4단계까지는 시간과 비용이 많이 소요된다. 2단계에서는 바이러스 단백질을 선명하게 보여주는 극저온 전자현미경과 같은 장비를 활용한다. 2단계에서 단백질 구조를 규명한 다음 3단계와 4단계에서 표적에 맞는 후보물질을 선택하고 전임상시험과 임상시험을 거쳐 신약을 개발해야 하는데, 이는 탁월한 직관과 경험 그리고 행운이 요구되는 기나긴 시행착오의 과정이다. 후보물질을 찾아낸다 해도 전임상시험과 임상시험을 모두 통과할 가능성은 10%가 채 되지 않는다. 코로나19 항체치료제 개발을 위해 그렇게 한 것처럼 동시에 여러 방법으로 탐색함으로써 시간을 단축할 수도 있겠지만, 문제는 그런 경우 말도 안 되게 큰 비용이 든다는 점이다.

모더나Moderna와 바이오엔테크BioNTech/화이자Pfizer가 만든 코로나19 mRNA 백신은 엄청난 잠재력을 제공하는 새로운 접근법을 취한 결과다. 과학자들은 mRNA 백신을 개발하기 위해 mRNA 배열과 단백질 구조 사이의 관계를 밝혀냈다. mRNA 백신은 인체에 들어가 세포가 병원체인 바이러스 단백질과 결합하도록 유도하고, 이는 향후 진짜 바이러스에 대항해 싸울 수 있는 면역 반응을 촉진한다.

인공지능 기반의 신약 개발

현재 위와 같은 개발 과정을 통해 신약이나 백신을 얻는 데 성공하려면 10억 달러와 수년의 시간이 필요하다. 나는 인공지능이 신약 개발 속도를 높이면서 비용은 줄여줄 것이며, 그 결과 더 낮은 가격에 더 효과적인 약품이 많이 공급될 수 있을 것이라 믿는다. 그러면 우리는 더 건강하게 오래 살 수 있을 것이다.

인공지능은 신약과 백신 개발의 속도를 크게 높이고 비용은 현저히 줄여줄 수 있다. 딥마인드는 단백질 접힘 구조를 알아내기 위해(2단계) 2020년에 알파폴드AlphaFold2를 개발했다. 현재까지 인공지능이 과학을 위해 이룬 가장 위대한 업적이다. 단백질은 생명체의 구성 요소지만, 생명 유지를 수행하기 위해 아미노산 배열이 어떻게 3차원 구조로 접히는지는 수수께끼로 남아 있었다. 이는 심오한 과학적·의학적 함의를 가진 문제로 딥러닝에 매우 적합해 보였다. 딥마인드의 알파폴드는 기존에 발견된 단백질 접힘 구조의 거대한 데이터베이스를 바탕으로 훈련된 인공지능이다. 알파폴드는 단백질 접힘 구조를 극저온 전자현미경과 같은 전통적인 방법들과 유사한 정확도로 파악해낼 수 있음을 증명했다. 전통적인 방법들은 비용과 시간 때문에 모든 단백질의 0.1%도 해결하지 못했다. 알파폴드는 빠른 속도로 모든 단백질의 3차원 구조를 파악하는 방법을 제공했다. 알파폴드는 생물학계에서 '50년 묵은 대과제'를 해결한 것으로 크게 환영받았다.

일단 단백질의 3차원 구조를 파악하고 나면 그다음 효과적인 치료법을 발견하는 빠른 방법은 신약재창출drug repurposing, 즉 다른 질병에 효과가 있는 것으로 증명된 모든 기존의 약을 대상으로 어떤 것이 해당 단백질의 3차원 구조에 들어맞는지 확인하는 것이다. 신약재창출은 심각한 팬데믹 확산을 초기에 막기 위한 응급처치가 될 수 있다. 기존의 약품들은 이미 부작용 시험을 거쳤기 때문에 신약과 달리 광범위한 임상시험 없이도 사용될 수 있다. 〈접촉 없는 사랑〉에서도 가르시아가 공격적인 코로나 변종에 접촉된 것으로 보일 때 '응급처치'를 위한 약을 찾기 위해 인공지능에 의해 신약재창출 과정이 즉시 시작되었다.

과학자들은 새로운 조합을 개발하기 위해 인공지능과 공생하며 협업할 수도 있다. 인공지능은 특정한 항원에 아주 정확하게 결합할 항체 분자, 즉 표적을 찾아내는 데 사용될 수 있다(3단계). 표적이 식별되면 인공지능은 데이터에서 패턴을 파악하고 전임상시험 후보물질을 제안함으로써 새로운 조합을 찾기 위한 탐색의 범위를 좁힐 수 있다(4단계).

2021년, 인실리코메디슨Insilico Medicine은 인공지능이 최초로 발견한 특발성 폐섬유증 치료제를 개발하고 임상시험을 시작한다고 발표했다. 인공지능은 우선 항원의 단백질 구조에서 표적을 찾은 후(3단계) 선도물질들을 선정하고 그 가운데 최고의 항체 분자를 선별해냄으로써(4단계) 이 치료제를 찾았다. 인실리코메디슨의 인공지능 덕분에 신약 개발에서 3단계와 4단계에 들어가는 비용의 90%를 절감할 수 있게 되었다.

인공지능은 3단계와 4단계에서 양질의 선도물질과 후보물질을 찾아내고 프로세스를 최적화하기 위해 방대한 지식을 사용한다. 가령 NLP는 항원의 표적 단백질을 제안하거나 항체 분자의 순위를 매기는 데 도움이 되는 통찰을 얻기 위해 방대한 학술 논문, 특허, 출판 정보를 마이닝* 하는 데 사용될 수 있다. 또 과거 임상시험 결과를 근거로 각 선도물질과 후보물질의 유효성을 예측해 그에 따라 순위를 매길 수도 있다. 약물과 임상시험의 효과를 컴퓨터 프로그래밍을 통해 시뮬레이션하는 모의실험을 '인실리코in silico'라고 하는데, 인공지능이 인실리코를 통해서 신뢰도가 높은 후보물질들을 순위를 매겨 목록으로 제시하면 과학자들이 훨씬 효율적으로 작업할 수가 있다.

인실리코 접근법 외에도 배양접시에 담긴 인간 세포에 대해 제안된 약물을 가지고 웨트랩**에서 실행하는 '인비트로' 시험*** 역시 신약 개발 속도를 높일 수 있다. 최근에 이러한 실험들은 연구실 기술자들보다 방대한 데이터를 기반으로 하는 로봇 기계가 훨씬 더 효율적으로 수행하기 시작했다. 과학자는 이러한 로봇들이 인간의 개입 없이도 365일

---

 * 마이닝mining은 많은 데이터 가운데 숨겨져 있는 유용한 상관관계를 발견하고 미래에 실행 가능한 정보를 추출해 의사결정에 이용하는 과정을 가리킨다.
 ** 웨트랩wetlab은 일명 '습식실험실'로 다양한 종류의 화학물질이나 생체 시료 등 액체 또는 기체 물질을 다루는 실험에서 유출과 오염을 방지하기 위해 설계된 실험실을 가리킨다. 컴퓨터를 사용해 데이터를 분석하고 시뮬레이션하는 실험실은 '드라이랩drylab'이라고 한다.
 *** 인비트로in vitro는 라틴어로 '생체 외에서'를 의미하지만 생화학에서는 생체 내에서 일어나는 반응을 유리기구, 즉 시험관 내에서 행하게 하는 것을 말한다.

24시간 실험을 반복하도록 프로그래밍할 수 있다. 이렇게 되면 신약 개발의 속도는 엄청나게 빨라질 것이다.

정밀의학과 진단용 인공지능

인공지능은 신약 및 백신 개발 외에도 다양한 방식으로 보건의료 분야에 변화를 가져올 것이다. '정밀의학precision medicine'은 환자 전반을 대상으로 한 약을 대량으로 생산하는 것이 아니라 특정 환자에 대한 개인 맞춤형 치료를 제공하는 것을 일컫는다. 의료 기록, 가족력, DNA 염기서열 등 개별 환자에 대한 디지털 정보가 많을수록 정밀의학이 구현될 가능성은 더 커진다. 인공지능은 이러한 종류의 개별화된 최적화를 제공하는 데 매우 이상적인 기술이다.

나는 진단용 인공지능이 향후 20년 안에 몇몇 최고의 의사를 제외한 모두를 능가하게 될 것으로 예상한다. 이러한 추세는 영상의학과 같은 분야에서 가장 먼저 나타날 것이다. 이미 특정 종류의 MRI와 CT의 스캔에서 컴퓨터 비전 알고리즘이 훌륭한 방사선 전문의들보다 더 정밀하게 분석하고 진단을 내리고 있다. 〈접촉 없는 사랑〉에서 우리는 2041년경에 영상의학 전문가의 일 대부분을 인공지능이 대신하는 것을 보았다. 인공지능은 영상의학과 함께 병리학과 안과학의 진단에서도 우세를 보일 것이다. 일반의들을 위한 진단용 인공지능은 그보다 나중에 출현할 텐데, 한 번에 한 가지 질병을 진단하다가 점진적으로 모든 진단을 맡게 될 것이다. 인간의 소중한 생명을 다루는 일이니만큼 인공지능은 처음에는 의사의 통제 범위 내에서 도구로만 사용되거나 의사가 있을 수 없는 상황에만 배치될 것이다. 하지만 시간이 흐르면서 더 많은 데이터를 바탕으로 훈련되면 인공지능의 수행 능력이 뛰어나게 개선되면서 대부분의 의사는 인공지능이 내린 진단을 확인하거나 환자와 의사소통을 하고 따뜻한 돌봄을 제공하는 역할을 더 많이 하게 될 것이다.

심지어 정교한 판단과 민첩한 손놀림에 의존하는 복잡한 수술마저도 시간이 지남에 따라 점점 더 자동화될 것이다. 로봇이 보조하는 수술은 2012년 전체 수술의 1.8%였지만 2018년 15.1%로 늘어났다. 동시에 결장경 검사, 봉합술, 장문합술, 치아 임플란트 등 반자율 수술을 의사의 감독하에 로봇이 할 수 있게 되었다. 이러한 추세를 바탕으로 추정하건대, 20년 후면 모든 수술에 로봇이 참여하게 될 것이며 자율 수술에서도 로봇이 더 많은 역할을 하게 될 것이다. 마지막으로, 의료용 나노봇이 출현해 의사를 능가하는 수많은 능력을 제공할 것이다. 1~10나노미터의 미니어처 로봇은 손상된 세포를 복구하고, 암을 퇴치하고, 유전적 결함을 고치고, 질병 퇴치를 위해 DNA 분자를 대체할 수 있을 것이다.

〈접촉 없는 사랑〉에 등장하는 헬스트래커와 같은 웨어러블 기기와 체온감지센서가 있는 스마트룸, 스마트 화장실, 스마트 침대, 스마트 칫솔, 스마트 베개와 온갖 종류의 보이지 않는 기기들이 생체 신호와 다른 데이터를 주기적으로 수집해 잠재적인 건강 위기를 감지해낼 것이다. 이러한 기기들을 통해 수집 및 축적된 데이터는 당신이 고열, 뇌졸중, 부정맥, 무호흡, 질식으로 인해 심각한 상태인지 혹은 단순히 넘어져서 다친 상태인지 등을 정확하게 식별할 것이다. 이 모든 사물인터넷IoT 데이터는 의료 기록, 접촉 추적 기록, 감염 통제 데이터와 같은 다른 보건의료 정보와 합쳐져 미래의 전염병 가능성을 예측하고 경고하는 역할도 할 것이다. 개인정보 침해는 일부 사용자들에게 심각한 문제가 될 수 있기에 시스템은 각 이름을 일관되고 추적할 수 없는 가명으로 대체함으로써 데이터를 익명으로 관리할 것이다. 아울러 우리는 인공지능을 삶의 중심이 되는 기술로 삼으면서도 사생활을 보호할 수 있는 기술적 해법을 찾아야 한다(더 자세한 내용은 9장을 참조할 것). 마지막으로, 사람들이 죽을 때 장기와 함께 그들의 데이터도 기증하게 하는 등과 같은 혁신적인 제안이 필요하다.

2019년에 발표된 한 연구에 따르면, 인공지능 보건의료시장은 연간 41.7%씩 성장해 2025년에 130억 달러에 이를 것이다. 이에 해당하는 분야로는 병원의 업무 자동화, 웨어러블 기기, 의학영상 스캔 및 진단, 치료법 계획, 버추얼 요양보호사 그리고 가장 중요하게는 신약 개발이 있다. 코로나19로 이 성장세는 더욱 빠르게 진행될 것이다.

마지막으로, 나는 인공지능이 우리가 더 오래 살도록 그리고 적절한 삶의 질을 누리도록 지원하게 될 것으로 기대한다. 인공지능은 빅데이터와 개인 맞춤형 데이터를 바탕으로 영양 섭취 및 보충, 운동, 수면, 명상, 치료 계획을 제공함으로써 개별 상황에 맞게 장수를 실현하도록 도울 것이다. 항노화 생명공학은 더 이상 부자들의 전유물이 아닌 모두가 향유하는 기술이 될 것이다. 일부 전문가들은 우리가 의학, 생물학, 인공지능 분야의 발전 덕분에 현재의 기대수명보다 20년 더 살게 될 것으로 예측한다. 그렇게 된다면 2041년이 되어도 2021년에 사는 것이나 마찬가지가 된다!

로봇공학에 대한 소개

인공지능 로봇은 앞 장들에서 설명한 인터넷과 금융, 인식 분야와 비교해 완벽하게 구현하기가 훨씬 더 어렵다. 로봇의 문제는 딥러닝을 직접 적용해서 해결할 수 없기 때문이다. 게다가 로봇공학은 설계, 움직임, 조작을 포함하므로 기계공학, 신체감각을 인식하는 인공지능, 소근육운동 조작 기술의 절묘한 상호작용이 필요하다. 이는 모두 해결할 수 있는 문제들이긴 하지만, 미세 조정에 더 많은 시간이 걸리는 데다 학제적인 기술의 통합이 필요하다.

로봇공학에서 인간의 시각, 움직임, 조작 능력은 정밀하게 복제돼야 한다. 로봇 기계는 자동화돼야 할 뿐만 아니라 자율성도 가져야 하는데,

이는 의사결정을 로봇에게 넘긴다는 뜻이다. 이렇게 되면 로봇은 계획하고 피드백을 수집하고 환경 변화에 적응하거나 그에 따라 즉흥적으로 행동을 바꿀 수 있을 것이다. 로봇에 시각, 촉각, 이동 능력을 부여함으로써 인공지능이 처리하는 과업의 수를 크게 늘릴 수 있다.

일반적인 인간 수준의 시각, 촉각, 조작, 움직임 및 조정은 향후 20년 이내에 인공지능 로봇으로 완벽하게 구현하기에는 대단히 까다로운 영역이다. 각각의 능력은 제한된 환경에서 독립적으로 개발될 것이며, 시간이 지남에 따라 차츰 제약 조건이 완화될 것이다. 현재 로봇의 컴퓨터 비전 능력은 노인들을 위한 안전장치(위험 상황을 경보로 알려주는 요양 보조 로봇), 조립공정에서 육안을 통한 검사, 에너지와 대중교통 산업에서의 비정상행위 탐지 등에 적용될 수 있다. 한편 자율주행 로봇AMRs이나 자율주행 무인지게차는 실내 공간을 자유롭게 이동할 수 있어서 스스로 장애물을 '보고' 경로를 계획하며 화물을 옮길 수 있다. 현재 로봇 팔은 용접, 조립공정, 전자상거래 물류센터에서 이뤄지는 물품 피킹*과 같은 분야에 적용되어 딱딱한 물체를 움켜잡고, 조작하고, 이동시킬 수 있다.

이러한 로봇들은 그 능력이 점점 확장될 것이다. 카메라를 비롯해 라이다**와 같은 센서를 사용하는 컴퓨터 비전은 스마트 도시와 자율주행차에 필수불가결한 일부가 될 것이다. 자율주행 능력을 갖춘 이동 로봇은 실내외에서 알아서 길을 찾으며 어디든 다닐 수 있게 될 것이고, 매우 효율적이며 신속한 협업 파트너가 될 것이다. 로봇의 시각, 조작, 이동은 서로 조율되고 결합하면서 점점 더 복잡한 분야에 적용될 것이다. 로봇 팔은 부드러운 피부를 갖게 되어 부서지기 쉬운 물체도 집을 수 있게 될

* 물류센터에 쌓여 있는 팔레트나 상자에서 상품을 꺼내 오는 것을 말한다.
** 라이다LiDAR는 레이저를 목표물에 비춰서 대상의 물성과 대상과의 거리 등을 감지할 수 있는 기술이다. 전통적인 레이다radar 장치와 원리는 동일하나 사용하는 전자기파 파장이 다르다.

것이며, 시행착오를 통해 혹은 인간을 관찰함으로써 점점 더 많은 종류의 물체를 다루는 법을 배우게 될 것이다.

로봇공학의 산업적 적용

대부분의 값비싼 기술들은 특정 산업에서 그 기술이 적용됨으로써 얻을 수 있는 가치를 제대로 이해할 수 있을 때 비로소 더 발전하고 확대된다. 개발 중인 기술로 해소될 수 있는 심각한 어려움이 있다면 기업은 나중에 비용이 절감되어 돈을 절약하게 되리란 기대를 안고 기술 채택에 따른 초기 비용을 기꺼이 부담하기도 한다. 로봇공학 분야도 예외는 아니다.

공장, 창고, 물류업체 들은 조립공정에서의 육안 검사, 물품 이동과 피킹 등을 시작으로 이미 여러 과업에서 인공지능과 로봇공학을 이용하고 있다. 현재 로봇은 물품을 정리하고 옮기고 조작하는 과업을 수행하고 있다. 나중에 로봇은 여러 업무를 조율하고, 복잡한 계획 업무를 처리하고, 오류와 비정상적인 상황까지도 알아서 처리하게 될 것이다. 어떤 과업을 처리하기 위해서는 인간의 손재주, 정확한 손과 눈의 협업 또는 새로운 상황 및 환경에 대한 대처 능력이 필요하기에 공장과 창고가 완전하게 자동화되기까지는 꽤 오랜 시간이 걸릴 것이다. 하지만 2041년까지 창고들은 모두 자동화되어야 하며 대부분 공장도 자동화될 것이다.

농업은 로봇이 놀라울 정도로 쉽게 적용될 수 있는 분야다. 전화, 셔츠 혹은 구두의 제작은 서로 완전히 다른 동작과 프로세스로 이뤄지는 데 반해 거름 내기나 농약 살포 혹은 파종 등 작물 재배와 관련한 여러 과업은 유사한 동작으로 이뤄지기 때문이다. 이미 드론은 거름 내기와 농약 살포, 씨 뿌리기 과업을 수행하고 있다. 또 로봇은 사과와 양배추 및 다른 과일과 채소를 수확하고 있다. 로봇공학은 결국 농사 비용을 낮춰주어 전 세계적으로 식량 안보 위기를 줄여줄 것으로 기대된다.

코로나19는 보건의료 분야에서 로봇이 더 많은 과업을 수행하도록 촉진했다. 로봇은 코로나 팬데믹 기간에 열이 나는 사람들을 감지하고, 환자를 모니터하고, 병원과 공항의 오염 물질을 제거하고, 격리된 사람들에게 음식을 전달하거나 원격진료를 받도록 해주고, 테스트 샘플을 연구실에 전달하고, 최전선에서 일하는 의료인들이 바이러스에 덜 노출되도록 지원하는 등의 과업을 수행했다. 초기에 로봇들은 단순하고 반복적인 작업 위주로 수행했고 일부 로봇은 인간의 감독을 받아야 했다. 하지만 초기 실험에서 얻은 경험으로 로봇들은 이미 더 스마트해지고 더 자율적으로 움직이고 있다. 가령 중국의 한 기업은 현재 자동화된 생물학 실험실을 운영하고 있다. 덕분에 과학자와 의사들은 소중한 시간을 절약할 수 있을 뿐 아니라 오류와 감염의 가능성도 없앨 수 있었다. 로봇은 365일 24시간 일하며 자동화된 실험 반복을 위해 소중한 데이터를 수집한다.

로봇공학의 상업적 적용

로봇이 일단 산업 현장에 적용되기 시작하면 계속해서 기술을 시험하고 개선하게 됨에 따라 시간이 흐를수록 로봇과 부품의 비용이 절감된다. 이에 따라 해당 로봇을 소비자 서비스를 비롯한 더욱 광범위한 상업적 용도로도 사용할 수 있게 된다. 가령 자동화된 실험실에서 사용되는 로봇팔은 커피숍에서 음료를 서빙하는 장치로도 사용될 수 있으며, 이후 비용이 더 낮아지면 가정에서도 사용될 수 있다. 자율주행 로봇에 사용되는 모바일 로봇 플랫폼*은 천난과 그 시대의 사람들이 매일 의지하는

---

* 모바일 로봇 플랫폼은 자율주행 로봇과 같이 '이동' 능력을 갖춘 로봇의 주요 기능을 구현하기 위한 응용 소프트웨어와 이를 통합하는 표준화된 구조, 그리고 개발도구 등을 의미한다.

것으로 묘사된 많은 소비자용 로봇들, 예컨대 가사도우미 로봇 '위안위안', R2-D2와 같은 배달봇, 스파이더크랩처럼 생긴 소독봇, 청소봇, 노인 돌봄봇, 개 산책용 봇 등에 사용될 수 있다.

이러한 로봇 가운데 일부는 2021년 현재 원시적인 형태로 이미 출현하고 있다. 최근에 나도 베이징에 있는 집에서 자가격리 중이었는데 온라인 쇼핑몰에서 구매한 물품과 식품을 모두 아파트 단지에 있는 로봇이 배달해주었다. 택배 상자들이 R2-D2와 닮은 바퀴 달린 탄탄한 몸체 위에 놓여 있었다. 이 로봇은 원격으로 엘리베이터를 호출하고 우리 집 문 앞까지 알아서 이동한 후 전화로 택배 도착을 알려 내가 상자를 수거하도록 하고 나서 안내데스크로 돌아갔다. 실리콘밸리에서는 도어투어door-to-door의 완전 자율주행 배달봇이 실험 단계에 있다. 2041년이 되면 자율주행 지게차가 창고에서 물품을 나르고, 드론과 자율주행차가 상자를 아파트 단지로 배달하고, 배달봇이 상자를 각 집에 전달하는 등 유통의 처음부터 끝까지 로봇이 처리하는 배달 시스템이 크게 확산될 것이다.

마찬가지로 일부 식당에서 이미 사람 간의 접촉을 줄이기 위해 로봇 웨이터를 사용하고 있다. 자율적으로 작동하는 바퀴 달린 쟁반 형태의 로봇 웨이터가 손님이 주문한 음식을 테이블로 배달한다. 오늘날 로봇 웨이터는 하나의 보조장치이자 안전조치로 사용되고 있지만, 미래에는 식당에서 로봇이 테이블 서빙 업무를 맡는 것이 당연한 일처럼 될 것이다. 물론 인간의 서비스가 식당의 핵심적인 장점이어서 관광객들이 많이 찾는 최고급 점포나 장소들은 예외가 되겠지만 말이다.

로봇은 호텔(여행 가방 옮기기, 청소 및 세탁물 수거, 룸서비스), 사무실(접수원, 경비원, 청소 인력), 상점(바닥 청소와 선반 정리), 안내센터(공항, 호텔, 사무실에서 고객 질문에 답하고 길 안내 제공)에서도 많은 역할을 할 수 있다. 가정용 로봇은 아이로봇iRobot이 만든 로봇청소기 룸바Roomba의 성능을 뛰어넘을 것이다. 로봇은 설거지도 할 수 있다. 식기세척기와 달리 남은 음식을 사람이 정리하지 않아도 된다. 모든 기름진 냄비와 접시, 수저와 포크 등을 쌓아놓기만 하면 자율세척 기계가 알아서 깨끗하게 설거지한 후에 소독 처리하고 건조까지 해준다. 또 로봇은 요리도 할 수 있다. 설거지하거나 요리하는 로봇은 휴머노이드는 아니다. 요리하는 로봇은 자동 요리 냄비에 자동화된 음식 프로세서가 연결되는 방식이 될 것이다. 이러한 기술에 필요한 요소들은 이미 존재하며, 다가올 10년 동안 더 정교해지고 통합될 것이다.

그러니 인내심을 갖자. 로봇이 완전해지고 비용이 내려갈 때까지 기다리자. 상업적 적용과 그에 따른 대인 서비스 적용의 시대가 열릴 것이다. 2041년이 되면 당신은 미국 TV 애니메이션 〈젯슨 가족〉에 등장하는 인물들처럼 많은 것이 인공지능에 의해 자동화된 생활을 영위하게 될 것이다. 과장이 아니다.

일의 디지털화와 인공지능

코로나19로 인한 방역이 진행되는 동안 우리는 인간과의 접촉을 최대한 없애고 수많은 업무를 온라인에서 처리했다. 〈접촉 없는 사랑〉에서 나타난 천난의 질병공포증과 그에 따른 비사회적 행동이 보여주듯이, 전 세계인의 행동이 이렇게 하룻밤 사이에 바뀐 것은 장기적으로 부정적인 결과를 낳게 될 것이다. 하지만 동시에 우리는 이러한 습관의 변화 때문에 유연성과 생산성이 높아지는 걸 경험했다. 천난은 현대화된 '스마트' 업무 양식 덕분에 거의 항상 집에서 일할 수 있었다. 우리는 과거에 직접 사무실에 가고, 출장을 다니고, 학교 교실에서 수업하는 것이 당연하다고 느꼈다. 하지만 이제 이동이 요구된다고 생각했던 일의 대부분을 온라인으로, 그것도 꽤 효율적으로 혹은 훨씬 더 효율적으로 할 수 있다는 걸 알게 되었다. 몇 달간 집에 머물면서 오랜 믿음과 습관이 사라졌다.

2020년 말, 빌 게이츠는 출장의 50%가 사라지고 대신 효율적인 원격회의가 자리 잡게 될 것으로 예측했다. 또 그는 미국에서 직원의 30%가 거의 영구적으로 재택근무를 하게 될 것으로 예상했다. MIT의 경제학자 데이비드 오토David Autor는 코로나19 팬데믹과 경제 위기를 "자동화를 강제하는 사건automation-forcing event"이라고 부른다. 이런 변화는 생산성 향상, 비용 절감, 인간의 안전이라는 세 가지 필요에 의해 주도되었다.

줌Zoom과 다른 영상회의 서비스는 코로나 팬데믹 기간에 세상이 돌아가게 한 도구로 역사에 기억될 것이다. 이런 기술과 서비스 덕분에 생산적인 팀 회의, 즐거운 결혼식, 수백만 명의 학생들을 대상으로 한 활기찬 수업이 가능했다. 가까운 미래에 자동음성인식 기술이 업무 회의 내용을 디지털 아카이브에 저장하고 문서로 작성하게 되리라 예상된다. 이렇게 되면 이전에 했던 회의 내용을 검색할 수 있어서 해야 할 일들과 일정 그리고 잠재적인 문제들을 추적하는 데 도움이 되어 업무 효율성과 관리가 현저히 개선될 것이다.

아울러 미래에 영상통신이 보편화되면 인공지능 기반 아바타가 구현될 것이다. 2장에서 살펴봤듯이 가상의 아바타를 주인공으로 현실감 있는 동영상을 만드는 것이 실제 인간을 모방하는 것에 비해 훨씬 더 쉽다. 가상의 교사는 인간 교사보다 훨씬 더 재미있을 수 있다. 고객 서비스와 영업을 담당하는 가상의 아바타는 특정 고객에 대해 알려진 모든 정보를 바탕으로 대화를 나누도록 최적화됨으로써 고객만족과 매출을 극대화할 수 있을 것이다. 또 인공지능이 조율하는 대역배우가 생긴다면 여러 회의에서 동시에 다른 사람과 대화를 나누고 질문에 답할 수 있을 것이다. 이것은 내가 원하는 일이다!

업무 흐름을 디지털화하면 업무를 재편하고 아웃소싱하거나 자동화하기가 더 쉬워진다. 업무가 디지털화됨에 따라 그 결과로 발생한 데이터는 인공지능을 강화하는 완벽한 연료가 된다. 가령 개별 근무자의 표준 업무량은 해당 근무자에 대한 투입과 그에게서 나온 산출로 정해진다. 만일 인공지능이 인간과 같은 업무량을 처리할 수 있다면 자동화에 대한 강한 유혹을 느끼게 될 것이다(8장 〈구원자 이야기〉를 참조할 것. 인간의 업무량을 자동화하는 로보틱프로세스자동화RPA 기술이 등장한다). 역사적으로 자동화는 경기침체와 기술의 성숙이 맞물리면서 일어나는 경향이 있었다. 기업이 직원을 로봇으로 대체하고 긍정적인 효과를 경험하고 나면 그 이전으로는 되돌아갈 수 없다. 로봇은 병에 걸리지 않으며 파업도 하지 않는다. 일이 위험하다고 더 높은 임금을 요구하지도 않는다.

인공지능 로봇이 인간의 일을 대신함으로써 우리는 많은 일자리를 잃게 될 것이다. 이 문제에 대해서는 8장 〈구원자 이야기〉에서 살펴보기로 한다.

5장

유령이 된 아이돌 스타

가상현실은 눈을 뜬 채 꿈을 꾸는 것과 같다.
_브레넌 슈피겔Brennan Spiegel

그리움으로 번뇌하고 있으면
연못가를 나는
반딧불이도
내 몸에서 빠져나온
영혼처럼 보여라
_이즈미 시키부Izumi Shikibu

AI
2041

+ NOTE

〈유령이 된 아이돌 스타〉는 엄청난 몰입감을 제공하는 게임이 등장하고 가상과 실제의 경계가 모호해지는 엔터테인먼트의 미래를 그린다. 도쿄를 배경으로 한 이 이야기는 한 유명 아이돌 스타의 팬이 그의 사망 원인을 조사하는 과정을 보여준다. 그녀는 인공지능과 가상현실 기술로 만들어진 아이돌 스타의 '유령'에게서 도움을 받는다. 몰입감과 현실감이 뛰어나고 사람과 상호작용하는 가상현실 기술은 엔터테인먼트, 교육, 소매업, 보건의료, 스포츠, 부동산, 여행의 미래를 바꿔놓을 것이다. 그렇다면 2041년까지 디지털 쌍둥이 또는 인공지능 아바타라고 할 수 있는 '가상의 나'를 만드는 게 정말 가능할까? 나는 기술분석에서 몰입감 체험의 세 종류인 가상현실, 증강현실, 혼합현실과 더불어 그러한 기술 혁신을 둘러싼 윤리적·사회적 문제를 다루면서 이 질문에 답할 것이다.

빅토리아식으로 꾸민 어두운 방에서 죽은 이의 혼령을 불러내는 교령회가 열렸다. 검은색 나무탁자 위에는 일곱 개의 초와 흩뿌려진 장미꽃잎이 있었다. 탁자 뒤로는 흰색의 실크 커튼이 길게 드리워져 있었다.

아이코는 나머지 세 명의 소녀들을 흘낏 보았다. 촛불에 비친 소녀들의 얼굴이 음산한 기운을 내뿜었다. 초의 불꽃이 불길하게 깜박거리기 시작했다. 방문은 닫혀 있었다. 바람이 어디서 들어오는 걸까? 다른 소녀들의 눈에서 공포를 본 아이코는 몸서리를 쳤다. 아마도 소녀들이 원했던 것이 드디어 내려온 모양이었다.

검은색 가운을 입고 이상한 자세로 걷는 늙은 여자가 영매였다. 그녀는 양쪽에 앉은 소녀들의 손을 잡았다. 갑자기 영매의 눈이 머리 뒤로 넘어가는 것 같았다. 마치 드럼세탁기가 요동을 치는 것처럼 탁자가 심하게 흔들렸다. 얼굴이 창백해진 채 떨고 있는 소녀들이 거의 동시에 눈을 감고 소리를 질러댔다.

"그가 보인다! 오호호, 정말 멋진 남자로구나." 영매는 몸을 앞뒤로 심하게 흔들면서 중얼거렸다. "중요한 의식 중에 죽은 것 같아…."

"맞아요. 히로시의 시신이 안에서 잠긴 분장실에서 발견됐어요. 그의 고별 콘서트가 있던 날 쉬는 시간에요." 금발로 염색한 짧은 머리의 소녀가 대답했다.

"그는 물에 빠져 죽은 것처럼 보였어요." 적갈색 곱슬머리를 한 소녀가 거들었다.

"그래서 저는 일주일 내내 울었어요!" 긴 회청색 머리를 한 소녀가 울다가 목이 멘 듯한 목소리로 외쳤다.

"모든 토템을 탁자 위에 올려놓았나?" 영매가 마침내 소녀들과 눈을 맞추며 물었다. "토템들이 중요한 단서를 줄 거야."

소녀들은 각자 '히로시엑스Hiroshi X'의 공식 웹사이트에서 구매한 굿즈를 가져왔다. 온라인 상점에서는 그 굿즈들 모두 히로시가 직접 만지거나 사용했던 물건이라고 설명했다. 아이코는 히로시의 암갈색 머리카락이 몇 가닥 붙어 있는 머리빗을 암시장에서 어렵사리 구했다. 진짜 히로시가 사용하던 것인지 확실치 않은 물건들이 터무니없이 비싼 가격에 거래되었다.

"아!" 영매가 외쳤다. "히로시의 영혼이 뭔가를 말하려 해. 오, 이런… 우린 그의 말을 들어야 해!"

탁자의 진동이 멈추고 다시 쥐죽은 듯 고요해졌다. 모두가 무슨 일인가 일어나길 기다리며 검은색 천으로 가린 영매의 입을 바라봤다.

영매의 눈이 빛나더니 무언가에 홀린 사람처럼 몸을 떨었다. 잠시 후 떨림이 멈추고 다시 입을 열었을 때 그녀의 목소리는 완전히 달라져 있었다. 젊은 남자의 목소리가 방 안에 울려 퍼졌다. 금방이라도 부서질 듯 연약하고 불안정한 목소리였다.

"나는 중유*에 갇혀 있어… 바다 밑바닥처럼 어둡고 추워… 숨을 쉴 수가 없어… 죽고 싶지 않아… 나는 이루지 못한 게 너무 많아."

"이건… 이건 히로시예요!" 눈이 휘둥그레진 아이코가 외쳤다. 남자의 목소리를 듣는 순간 그녀는 등줄기를 따라 소름이 쫙 퍼져나가는 것을 느꼈다. 심장박동이 정신없이 빨라졌다.

남자의 목소리가 말을 이어갔다. "나는 '세상의 마지막 날에 기적이 비추길'을 다시 노래하고 싶어. 제발 내가 진실을 찾도록 도와줘."

소녀들은 모두 울고 있었다. 주로 '기적이 비추길'로 줄여서 부르는 '세상의 마지막 날에 기적이 비추길'은 가장 크게 히트 친 히로시의 노래였다.

---

* 중유中有는 티베트 불교에서 말하는 죽음과 환생 사이의 상태로 다음 생을 받을 때까지의 49일 동안을 가리킨다.

"히로시, 버텨야 해요!" 아이코가 숨을 헐떡이며 말했다.

남자의 목소리가 사라졌다. 영매가 끈이 떨어진 꼭두각시 인형처럼 고개를 푹 수그렸다. 잠시 후 고개를 들고 눈을 뜨더니 알아들을 수 없는 말들을 중얼거리기 시작했다. 촛불이 다시 깜박이며 방안이 점점 더 환해졌다.

"그는 갔어." 영매가 무겁게 가라앉은 목소리로 말했다.

'히로시, 나는 당신의 목소리를 들었어요. 내가 진실을 찾아 당신을 구해줄게요.' 아이코는 속으로 다짐하며 결연한 표정으로 고개를 끄덕였다.

+ + +

히로시엑스의 고별 콘서트였다.

아이코는 수많은 열성팬들 틈에서 목을 길게 뺀 채 무대 한가운데서 빛나는 실루엣을 애타는 마음으로 바라봤다. 밀려드는 감정의 소용돌이 때문에 목에 메었다.

음악이 갑자기 멈췄다. 히로시의 등 뒤에서 반짝이는 밤하늘을 보여주던 거대한 화면이 관객들의 모습을 담은 영상으로 바뀌었다. 카메라가 목표물을 찾는 것처럼 공연장 전체를 빠르게 훑었다. 황홀경에 빠진 듯한 얼굴들이 화면에 나타났고 기쁨의 탄성이 뒤따랐다.

마침내 카메라가 멈췄다. 화면에 비친 얼굴은 차분했다. 소녀는 너무 평범해서 열기가 넘치는 공연장과는 어울리지 않아 보였다. 몇 초쯤 지난 후에야 아이코는 그 얼굴이 자기 자신이라는 걸 깨달았다.

"아이코, 나는 당신을 택했어요."

'꿈을 꾸고 있는 건가?' 아이코는 어리둥절했다. 무대 위 아이돌 스타가 수백만 관중 앞에서 내 이름을 불렀다! 공연장의 모든 시선이 쏠리자 그녀는 당황한 나머지 멍한 표정으로 두리번거렸다.

"아이코, 무대 위로 올라와서 나랑 노래하지 않을래요?"

격려의 박수 소리가 울려 퍼졌지만 아이코는 몹쓸 마법에라도 걸린 것처럼 얼어붙었다.

"아이코? 왜 나를 거부하려 하나요?" 히로시가 상처받은 듯한 목소리로 말했다.

+ + +

아이코는 비명을 지르며 잠에서 깼다. 여전히 두근거리는 가슴을 진정시키려 숨을 깊이 들이마셨다. '모든 게 꿈이었구나.' 침대 머리맡의 등을 켜고 일어나 앉았다. 며칠 전에 있었던 교령회 이후 줄곧 불안하고 잠도 거의 자지 못했다.

뱃속에서 꼬르륵 소리가 들렸다. 살을 빼려고 저녁을 거른 탓이었다. 그녀가 제일 자신 있는 요리인 라멘을 먹으면 기분이 좀 나아질 것 같았다. 거울 앞에 무릎을 꿇고 앉아 XR 콘택트렌즈를 다시 꼈다. 렌즈를 끼지 않으면 사실상 아무것도 보이지 않는 것처럼 느껴졌다.

'히로시를 위해 라멘을 끓일 수 있길 바랐는데.' 아이코가 혼잣말을 중얼거렸다.

바로 그때 부엌에서 바스락거리는 이상한 소리가 들렸다. 아이코는 히로시의 사인이 있는 야구 방망이를 들고 부엌 쪽으로 살금살금 다가갔다. 문틈으로 오묘한 청록색 불빛이 새어 나왔다. 아이코는 길게 심호흡을 하곤 문을 열어젖히자마자 앞으로 돌진했다.

부엌에는 아무도 없었는데 냉장고 문이 조금 열려 있었다.

"허, 이상하네. 이 스마트홈 기기들은 명령에 따라서만 작동하는 줄 알았는데."

아이코는 거의 텅 빈 냉장고를 훑어보며 중얼거렸다. 유통기한이 다 되어가는 무지방 우유 한 병뿐이었다.

"아! 내일은 정말 식료품을 주문해야지. 그렇지 않으면 내가… 아악!"

아이코는 깜짝 놀라는 바람에 손에 든 우유병을 떨어트렸다. 부엌 바닥과 사방에 하얀 우유가 튀었다.

청록빛으로 빛나는 어떤 남자가 그녀 앞에 서 있었다. 마치 냉장고의 차갑고 축축한 냉기에서 나타난 것 같았다.

남자의 얼굴을 본 아이코의 입이 쩍 벌어졌다. 분명 아이돌 스타였던 히로시엑스였다. 그녀는 "죽은 게 아니었나요?"라고 외쳤다.

유령이 미소를 짓더니 대답했다. "말조심해요! 망자를 부를 땐 공손해야죠. 잊지 마요. 애초에 나를 불러낸 건 당신이니까."

아이코는 히로시의 몸을 향해 야구 방망이를 든 팔을 쭉 뻗었다. 방망이가 몸을 관통하자 고리 모양의 빛들이 물결처럼 일렁였다. 그는 유령이나 홀로그램처럼 물리적 형체가 없었다.

"와! 당신 정말 유령이군요. 대단하네요!"

"이봐요! 방망이로 몸을 그렇게 찔러대고선 뭐가 대단하다는 거예요?"

"당신 말투도 히로시와 정말 비슷해요."

"도대체 무슨 말을 하는 거죠? 내가 히로시엑스라고요. 사랑과 음악으로 사람들을 구한 영웅!"

유령이 히로시의 특이한 시그니처 포즈를 취했다. 만화에서 튀어나온 캐릭터 같았다.

"알아요. 내가 진실을 찾겠다고 당신에게 약속했잖아요. 그러니 히로시의 유령인 당신이 나를 도와야 해요."

"좋아요, 좋아. 규칙에 따라 나는 당신에게 세 가지 단서를 줄 거예요. 하지만 타당한 질문을 했을 때만 줄 겁니다."

무릎을 꿇은 히로시는 아이코의 눈을 응시하며 세 손가락을 들어 보였다. 아이코는 얼굴을 붉히며 눈을 피했다.

"당신 사건 관련 기사들을 읽긴 했지만, 분장실에서 정확히 무슨 일이 있었는지 나한테 말해줘야 해요."

"지금 막 질문 하나를 썼네요. 지금부터 내가 말하는 내용은 다른 증언과 비교해서 확인할 수 있을 거예요. 분장실엔 내가 요청해서 보안 카메라를 설치하지 않았기 때문에 동영상 기록도 없어요. 무대에 오르기 전 분장실에서의 준비 시간은 늘 정신이 없어요. 우선 스타일리스트가 정해준 대로 옷을 갈아입고 메이크업을 받아요. 그런 다음 기타를 튜닝하고 음악감독과 함께 공연할 곡들을 살펴봐요. 내 매니저인 미 실장이 내 곁을 지켜요. 준비가 끝나면 나는 무대에 오르기 전 명상을 하기 위해 모든 사람을 내보내고 혼자 분장실에 남아요."

"그 말은 사실상 아무도 들어오거나 나갈 수 없는 밀폐된 방에 혼자 있었다는 뜻이네요? 그렇죠?"

"글쎄요. 이 질문은 보너스로 쳐줄게요." 유령이 웃으며 말했다. "그래요. 나는 혼자였어요. 하나 있는 문 말고는 그 방에 들어올 방법은 없었어요."

아이코는 깊은 생각에 잠겼다. 하지만 또 다른 질문을 던지려 할 때 유령이 점점 흐릿해지면서 허공으로 사라지고 있었다.

"잠시만요! 혹시 만약 내가…"

"이것으로 나의 첫 번째 방문은 끝이에요. 방문이 아니라 출몰이라고 해야 하나? 최선을 다해요, 아이코. 당신은 할 수 있어요!"

아이코는 고개를 저었다. 실망한 그녀는 냉장고 문을 닫았다. 이상한 불빛과 냉기가 한꺼번에 사라져버렸다. 그녀는 여기저기 우유가 튄 부엌에 홀로 남겨졌다.

"다음엔 꼭 물어볼 거야. 내가… 안아줘도 되는지."

+ + +

"뭐라고? 히로시엑스의 유령을 만났다고?"

노노코가 눈이 휘둥그레져선 과장된 표정을 지으며 손으로 입을 틀어

막았다.

"일단 여기서 나가자."

두모아Doux moi는 그들이 오후에 차를 마실 때 가장 즐겨 찾는 장소였다. 그곳의 시그니처인 프랑스식 하이티* 세트 때문이기도 했지만, 또 다른 이유는 가게 주인인 프랑스계 일본 여배우 이네스 스즈키 때문이었다. 사람들은 혹시라도 스즈키의 유명한 친구들과 마주칠까 기대하며 두모아로 몰려들었다.

팬덤을 모으고 관리하는 일을 하는 노노코는 두모아의 VIP여서 종종 기다리지 않고 입장하는 특별 대우를 누렸다.

팬덤 기획자인 노노코는 수백만의 팔로워가 있는 소셜미디어 채널을 운영했다. 신곡 발표, 예능 프로그램 출연, 새로운 브랜드와의 컬래버레이션 등 유명 연예인이 대중에게 노출되어야 할 일이 생기면 연예기획사와 매니저는 노노코와 같은 팬덤 기획자를 찾았다. 팬덤 기획자는 드러내놓고 사람을 모으지 않고 인맥이 좋은 평범한 팬인 것처럼 위장했다.

팬덤 기획자는 전투에서 부대원을 통솔하는 장교와도 같았다. 기획자의 보이지 않는 지휘에 따라 열성팬들은 열심히 돈을 쓰고 온라인에 사진을 포스팅했다. 노련하고 카리스마 있으며 비즈니스 논리에도 익숙한 노노코는 최고의 팬덤 기획자 중 하나였다. 콘서트 티켓, 특별 미팅, 한정판 굿즈 그리고 두모아의 VIP 특전까지. 연예기획사와 매니저들은 그녀의 비위를 맞추기 위해 무엇이든 제공했다.

노노코는 자기 일에 자부심을 느꼈다. 특정 유명인의 팬덤을 키우기로 계약한 순간부터 미리 준비라도 한 것처럼 바로 열성팬이 되었다. 음원 발표일, 수상 내역, 수십 년 치의 소문 등등. 노노코는 데이터 포인트를 수집하는 컴퓨터처럼 유명인에 관한 모든 자세한 사항을 꿰뚫고 있었다. 탁월한 기억력은 물론 온라인 공간에서 팬덤이 사용하는 언어의

---

* 하이티high tea는 오후 늦게나 이른 저녁에 빵, 케이크 등을 차와 함께 먹는 것을 가리킨다.

뉘앙스까지 알아채는 센스를 갖춘 덕분에 다른 팬들의 신뢰를 쉽게 얻을 수 있었다. 하지만 일의 성격상 그녀는 단 몇 초 만에 경쟁 인물의 팬덤으로 옮겨갈 수도 있었다. 그녀는 팬덤 커뮤니티에서 '카멜레온 노노코'로 불렸다.

노노코는 십년지기 절친인 아이코가 왕년의 아이돌 스타 히로시엑스만 고집스럽게 좋아하는 것을 이해하기 어려웠다.

"그만 먹어! 네 도움이 필요하단 말이야." 아이코가 한숨을 쉬며 말했다.

"조용히 디저트 좀 즐기게 해주지 않으련? 내가 셜록 홈스라도 되어주길 바라는 것 같은데 그러기엔 단서가 너무 부족해. 이 정도론 도저히 미스터리를 풀 수가 없어."

"흠… 게임 설명서에는 히로시를 불러내려면 올바른 키워드를 말해야 한다고 쓰여 있어."

"만일 그렇다면…" 노노코가 입가에 묻은 크림을 닦아냈다. "부엌에 그가 마법처럼 나타나기 전에 네가 라멘 이야기를 했다며. 히로시가 먹방을 좋아했던 거 아닐까? 키워드는 음식과 관련이 있을 거야."

"설령 그를 다시 불러낸다 해도 무슨 질문을 해야 할지 모르겠어. 또다시 바보 같은 질문으로 기회를 낭비하긴 싫어."

"맞아. 네가 혼자서도 간단히 알아낼 수 있는 건 묻지 마. 그 게임 설명서는 얼마나 자세히 봤니? 먼저 주변 사람들에게서 단서를 구하는 건 어때? 가령 누가 그를 싫어했는지, 그를 협박했던 사람은 없는지 그런 거 말이야. 형사들은 언제나 범행 동기를 먼저 생각해."

"좋은 지적이네. 그 분장실에 들어갔던 사람들 모두 히로시와 어떤 관계였는지 파헤쳐봐야겠어." 아이코가 곰곰이 생각에 잠기며 말했다.

"사실 내가 정말 하고 싶은 말은 새로운 아이돌 스타를 찾아보라는 거야. 히로시엑스의 시대는 끝났어. 트렌드를 따르라고! 이 세계는 슈퍼마켓과 같아. 매일 다른 맛을 즐길 수 있는데 왜 하나에만 매달리는데?"

"너 같은 사람은 이해하지 못해! 히로시는 특별해…. 그는 나를 구해줬단 말이야!"

"아, 그 비극적인 사연! 그만해라. 그러고 보니 나 이제 가야 해. 지금 '울트라 탤런트쇼' 이벤트 때문에 팬덤을 조직 중이거든. 내가 일부러 너를 버려두는 게 아니야. 진짜야!"

노노코는 밖에서 기다리는 사람들 사이로 사라졌다.

아이코는 고개를 가로저으며 쓴웃음을 지었다. 그녀는 남겨지는 것에 익숙했다. 어린 시절부터 자기 인생의 무대에서조차 언제나 주인공이 아닌 엑스트라처럼 여겨졌다. 부모님이 이혼한 후에 그녀는 조부모님에게 맡겨졌다. 학교에서 뮤지컬 오디션에 참가했을 때 그녀의 이름은 줄곧 대역 배우 명단에만 있었다. 친구를 사귈 때도 남자아이들과 데이트를 할 때도 그녀는 그들의 두 번째 선택지였다. 자존감은 늘 바닥이었고 우울증 진단까지 받았다. 10대 후반에 자살하려 했지만 성공하지 못했다.

처음으로 '기적이 비추길'을 들었을 때도 아이코는 깊은 우울증에 빠져 있었다.

"때론 희망이 오지 않을 것처럼 느껴져도 힘을 내서 살아가야 해요. 어제도 내일도 언제나 당신은 빛나는 기적처럼 특별하니까요."

히로시의 노래를 들으며 아이코는 화살이 심장을 관통하는 듯한 느낌을 받았다. 히로시의 목소리가 그녀의 영혼을 울렸다. 머리 위에 드리웠던 먹구름이 일시에 사라지며 태양의 따스함과 밝음을 느낄 수 있었다. 그녀는 10대 시절 내내 히로시와 함께했다. 그녀의 가장 친한 친구이자 멘토이자 수호자였기에 그와 함께라면 어디서든 외롭지 않았다. 아이코는 히로시를 위해서라면 돈을 아끼지 않았다. 집 안이 아무런 쓸모도 없는 자질구레한 굿즈들로 넘쳐났지만 아랑곳하지 않았다.

히로시의 노래를 처음 들은 날 이후로 그녀는 자신의 구원자에 관한 온라인 아카이브를 열심히 뒤졌다. 수년 전부터 히로시의 모든 노래, 동영상, 사진 등을 디지털화할 수 있는 권리는 바이버즈Viberz라는 IT회사가 갖고 있었다. 바이버즈는 히로시와 관련된 모든 공식적인 자료를 디지털화했고, 이 디지털 자료를 방송 매체나 다른 곳에서 이용하려면 라이선스 계약을 맺어야 했다.

아이코의 열정적인 팬심을 알아본 바이버즈는 그녀를 비밀에 싸인 신규 프로젝트인 '히스토리즈historiz'의 베타 유저 중 한 명으로 선정했다. 바이버즈의 대표는 이 프로젝트를 통해 새로운 방식으로 아이돌 스타를 만날 수 있다고 설명하며 히로시엑스에 관한 300개가 넘는 질문들에 답하고 여러 개인정보의 업로드를 승인해달라고 요청했다. 호기심을 느낀 아이코는 그 요청을 수락했다. 몇 주 후 그녀는 바이버즈의 XR 체험방에 초대되었고, 그곳에서 교령회에 참석했던 소녀들을 만나게 되었다. 모두 히로시의 열성팬이라는 이유로 비밀 프로젝트의 베타 유저로 선정된 소녀들이었다.

+ + +

동네 헬스장에서 아이코는 신체감각을 인식하는 슈트를 입고 스피닝 자전거에 올라탔다. XR 콘택트렌즈의 비전 필드에 그녀가 좋아하는 배경이 펼쳐졌다. 캘리포니아의 1번 고속도로, 노르웨이의 대서양로, 프랑스의 그랑드알프스도로 등등. 배경이 달라질 때마다 제2의 피부와 같은 슈트는 부드러운 산들바람과 여름의 열기와 도로의 울퉁불퉁한 돌출물까지 다양한 신체감각을 시뮬레이션했다. 또 슈트는 아이코의 생체 데이터와 자세를 실시간으로 모니터해서 그녀에게 맞춤 운동을 조언해주었다.

슈트를 입고 운동하면 좁은 헬스장에 갇힌 게 아니라 전 세계를 달리는 것처럼 느껴졌다. 그렇게 여러 나라를 달리다 보면 히로시가 한 토크쇼에서 어딜 가든 중국 음식이 먹고 싶다고 했던 말이 떠올랐다. 그는 튀김만두 한 접시면 집에서처럼 편안함을 느낄 수 있다고 했다.

갑자기 누군가의 목소리가 아이코의 즐거운 몽상을 방해했다.

"아, 튀김만두의 맛이 너무나 그리워요. 아이코!"

히로시엑스의 유령이 멋진 무대의상을 입고서 다시 나타났다.

"히로시! 놀랬잖아요. 이런 식으로 나타나기 전에 미리 알려줄 수 없나요?"

"재미있지 않나요?" 히로시가 윙크를 날렸다.

바로 그때 헬스장의 문이 활짝 열렸다. 한 소년이 어깨에 수건을 두른 채 걸어 들어왔다. 중간 정도의 키에 날씬하고 탄탄한 몸이었다. 솜털 같은 머리가 희고 곱슬한 털을 가진 비숑프리제나 초콜릿색 솜사탕을 떠오르게 했다. 그도 아이코와 같은 종류의 XR 렌즈를 끼고 있었다. 차이라면 콘택트렌즈 대신 글라스 형태로 착용하고 있었다. 아이코는 자신과 또래로 보이는 소년이 바로 옆의 스피닝 자전거에 올라타 전속력으로 페달을 밟는 모습에서 눈을 뗄 수 없었다.

"아이코, 나한테 어떻게 이럴 수 있죠?" 히로시가 입술을 내미는 시늉을 하며 투덜거렸다. "나는 당신의 눈이 어디로 향하는지 알 수 있어요. 내가 당신의 유일한 사랑이라고 말했던 것 같은데!"

"뭐라고요? 나를 그런 식으로 보지 마요. 당황스럽군요!"

소년은 운동을 멈추더니 혼란스럽다는 듯 인상을 찌푸리며 아이코를 쳐다봤다.

얼굴이 빨개진 아이코는 아니라고 손을 흔들며 해명했다. "혼잣말이에요. 미안해요!"

"그렇군요." 소년이 낮은 목소리로 중얼거렸다. "이상한 여자애네." 그는 글라스를 가상현실 모드로 전환했다. 투명 렌즈에 불투명한 은색 레이어가 덧씌워졌다.

아이코는 너무 창피해 자전거에서 내려와 스피닝룸을 빠져나왔다. 이마에 흐르는 땀을 닦고 여성 탈의실 의자에 털썩 주저앉았다. 그녀는 혼자가 아니었다.

"아이코! 누군가 맘에 드는 사람이 나타나면 그런 감정을 솔직하게 말해야 해요." 줄 지어선 사물함 옆에 다시 나타난 히로시가 말했다. "내가 노래에서도 그런 이야기를 많이 했을 텐데요."

"감정 고백에 대한 노래가 800곡은 되지 않나요?"

"그건 과장인데. 고작 서른일곱 곡에 불과해요!"

"대화를 이상한 방향으로 끌고 가지 마세요! 내게 줄 다음 단서는 뭔가요?"

아이코는 10대 시절 히로시와 친구가 되는 꿈을 꿨었다. 매일 그와 이야기할 수 있다면 얼마나 좋을까? 지금 어떤 의미에서 그 꿈이 실현된 건데 머릿속으로 생각했던 것과는 조금 달랐다. 히로시는 너무 친근하게 굴었다. 말투는 예전 그대로였지만 뭔가 느낌이 텔레비전에서 보던 아이돌 스타라기보다 옆집 소년 같았다. 아이코는 정말 그를 잘 이해하고 신뢰할 수 있을 것 같다는 느낌이 들었다.

"아! 잊을 뻔했네. 아이코, 무엇이든 물어보세요."

히로시의 유령이 엄숙한 표정을 짓더니 두 손을 합장하고 그녀를 향해 인사했다. 그런 모습이 그를 더 우스꽝스러워 보이게 했다.

아이코는 목청을 가다듬었다. "히로시, 당신이 죽기 전에 분장실에 있던 사람들 얘기를 해줘요. 그들과 관계가 어땠어요? 갈등은 없었나요?"

"흠, 생각해볼 만한 질문이네요."

히로시의 유령이 손바닥으로 턱을 받치고선 열심히 생각하는 척했다. 그가 숨을 쉴 때마다 몸의 오라에서 뿜어져 나오는 빛이 리드미컬하게 일렁였다.

"그날 분장실에 있던 사람들은 모두 10년 이상 나와 함께 일한 사람들이었어요. 일적인 관계로도 좋았지만 좋은 친구이기도 했어요. 친한 친구 사이에도 불화는 있을 수 있죠. 예컨대 내 스타일리스트는 내게 바보같아 보이는 옷을 입히기도 했어요. 메이크업 담당자는 화장을 너무 화려하게 해서 때론 나를 데이비드 보위David Bowie 같아 보이게 만들었죠. 그런 것들 때문에 나는 불만도 터트리고 논쟁도 벌였죠. 그들은 나를 설득하려고 했고 대개는 내가 받아들였지만요."

"흠. 딱히 이상한 점은 없네요." 아이코는 스마트스트림에 메모를 남기며 고개를 끄덕였다.

"그리고 무대감독 나오토와 음악감독 겐이치가 있었어요. 두 사람 모두 나와 처음 일을 시작할 때 대학을 갓 졸업한 신인이었어요. 지금은 각자 자기 분야에서 한가락씩 하지만요. 그들과는 충돌이 좀 있었어요. 한번은 나오토가 돈 문제로 사고를 친 적이 있는데 수년 전에 이미 해결되었고 돈도 갚았어요. 겐이치는 팀을 떠나 자신만의 음악을 하고 싶어 했지만 내가 붙잡았어요. 그것에 불만이 있었을지도 몰라요. 하지만 내가 언젠가 가수를 그만두면 그는 자유의 몸이 될 테니까 나에게 그토록 악의를 품었을 거라곤 생각하지 않아요."

"연예계는 정말 복잡한 세상인 것 같아요."

"당신이 타인에게 진심이면 그들도 당신을 진심으로 대할 거예요." 히로시가 노랫말을 읊조렸다.

"당신의 매니저였던 미 실장 얘길 해봐요. 당신이 은퇴하겠다고 했을 때 그녀가 어떻게 반응했나요? 미 실장은 당신이 가수 활동을 시작할 때부터 함께했잖아요. 당신이 그만두는 걸 그녀가 원치 않았다고 해도 놀랄 게 없죠."

히로시는 한숨을 쉬었다. "맞아요. 미 실장은 내가 은퇴하겠다고 하자 강하게 반대했어요. 물론 이해는 해요. 성공하기까지 10년 넘게 고생했으니까요. 내가 은퇴하는 건 그녀에게 분명 큰 타격이었을 거예요. 나는 그녀가 이해하고 받아들일 때까지 몇 번이고 설명했어요. 계약 기간이 만료되고 난 후에야 떠날 것이고 그녀가 입을 손실에 대해 보상할 거라고 확실히 말했죠. 그래도 여전히 반대했어요. 나를 볼 때마다 퉁명스러운 표정을 지었죠."

"만약 당신이 은퇴를 선언한 후 당신에 대한 애정이 증오로 바뀌었기 때문에 미 실장이 당신을 살해했다면?"

"아니에요. 설령 내 선택을 못마땅해했어도 나는 미 실장이 좋은 사람이라고 믿어요. 게다가 그녀가 분장실에 들어왔을 때 주변에 다른 사람들도 있었다는 걸 잊지 마요."

"잠시만! 사건 현장 사진들을 다시 볼게요."

"난 이제 가야 해요. 아이코, 행복을 그냥 놓치지 말길. 파이팅!"

"히로시! 잠시만요! 내 얘기 아직 안 끝났어요!"

유령은 벽에 걸린 거울 속으로 이미 사라져버렸다.

+ + +

아이코가 히로시의 죽음에 대해 생각할 시간이 그토록 많았던 건 최근에 일자리를 잃었기 때문이었다.

하루는 나눈도출판사의 상무가 아이코에게 좀 더 적성에 맞는 일을 찾아보는 것이 어떻겠냐고 넌지시 제안하듯이 말했다. 그녀는 순간 화가 나서 "또 인공지능이로군요!"라며 버럭 소리를 질렀다. "인공지능이 마침내 나쁜 스토리와 좋은 스토리를 구분하는 법을 배운 건가요? 상무님은 그저 비용을 줄일 변명거리를 찾고 있는 거 아녜요?"

사람들이 모두 쳐다보는 넓은 사무실에서 소란을 피웠던 모습을 떠올리자 아이코는 새삼 너무 창피해서 몸 둘 바를 몰랐다.

금융과 비즈니스, 스포츠, 정치 분야의 짧은 콘텐츠를 다루던 에디터들 대부분이 자동화된 편집 도구에 일자리를 빼앗기고 있는 건 사실이었다. 그나마 아이코와 같은 문학 에디터들은 조금 나았다. 책을 대신할 멋지고 새로운 오락거리들이 출판시장을 빠르게 잠식하는 가운데 문학출판만이 그나마 고집스럽게 자리를 지켜냈다. 그렇다고 대단한 수익을 올리는 건 아니었지만 거대 IT 기업의 탐욕에서 지켜낼 정도는 되었다.

문학 출판은 인간의 창의력, 취향, 비판적 사고에 크게 의존하는 분야였기에 인간의 존엄성을 지키는 마지막 방패로도 여겨졌다.

하지만 슈퍼 GPT 모델이 출시되면서 상황이 달라지기 시작했다. 벼랑 끝에 놓인 출판업계는 그들이 싸우고 있는 상대의 위력을 실감했다. 문제는 기계가 에디터들을 대체하는 데서 그치지 않았다. 슈퍼 GPT 모델이 출시된 이후로 스토리 창작의 메커니즘이 달라지고 문학의 정의 자체가 뒤집혔다.

아이코는 기계가 개인 맞춤형으로 작성한 스토리를 읽어본 적이 있었다. 그녀가 보기에 그 스토리는 무언가 특이했다. 마치 가솔린차를 운전하던 사람이 처음 전기차를 운전할 때 가속이 너무 부드러워 어떤 질감이나 리듬을 잘 느끼지 못하는 것처럼 뭔가 허전했다. 인공지능이 작성한 스토리의 문장도 '지나치게' 매끄러웠다. 핵심 플롯과 등장인물이 아이코의 취향에 딱 맞았다. 인공지능 작가가 모든 문장을 의도적으로 그녀의 취향에 맞게 쓴 것이었다. 인공지능이 만든 스토리는 결점이 없었다. 이는 독자들이 도전과 놀라움을 느낄 여지를 없애버려 스토리를 훨씬 덜 흥미롭게 만들었다.

아이코는 바로 그러한 도전과 놀라움이 좋은 스토리와 진부한 스토리를 구분 짓는다고 생각했다.

한바탕 소란을 피운 후에 아이코와 그녀의 상사는 아이코가 새로운 길을 찾아 떠나는 것이 최선이라는 데 합의했다. 문제는 이제 출판계에서 새로운 채용을 거의 하지 않는다는 점이었다. 출판계는 언제나 일자리가 부족했다. 이 무렵에 아이코는 바이버즈의 대표로부터 팬들을 대상으로 하는 새로운 이머시브* 가상현실 게임을 체험해보지 않겠느냐는 메시지를 받았다. 이력서를 낸 회사들로부터 연락을 받지 못한 아이코

---

* 이머시브immersive는 '몰입하게 하다'의 뜻으로 게임에서는 실제와 가상을 구분하기 어려울 만큼 강력한 실재감을 제공하는 것을 가리킨다.

는 이 게임에서 위로를 찾았다. 그녀는 전자지갑 잔액이 줄어드는 속도를 애써 무시한 채 모든 에너지를 히로시의 죽음을 둘러싼 미스터리를 해결하는 데 쏟아부었다.

아이코는 히로시의 은퇴 결정에 불만을 품었을 가능성이 큰 미 실장이 가장 유력한 용의자라고 판단했다.

낯선 사람에게 말을 거는 건 아이코가 가장 두려워하는 일 중 하나였다. 출판사에서 일할 때도 그녀는 가능한 이메일로 소통하며 사람들과 마주치는 낯설고 어색한 상황을 대부분 피했다. 하지만 미 실장과 이메일로 대화를 나눌 순 없었다. 아이코는 통화로 일정을 잡은 후 개인 큐브를 1시간 빌렸다. 다다미 한 개 정도의 크기에 방음 설비를 갖춘 개인 큐브는 근처 회사에서 일하는 사무직 근로자들이 점심시간 중 휴식을 취하거나 명상을 할 때 혹은 사적인 통화를 할 때 자주 찾는 공간이었다.

"시간 내주셔서 정말 감사합니다, 미 실장님." 히로시의 매니저였던 미 실장과 통화를 시작하며 아이코는 긴장된 목소리로 속삭였다. 그녀는 떨리는 손가락으로 미 실장의 전화번호를 누르기 전에 이 첫 문장을 스물여섯 번이나 연습했다. 곧 짧은 머리에 짙은 화장을 한 여성이 스마트 스트림 화면에 나타났다.

"당신이 형사 역할을 하는 그 팬이로군요! 맞죠? 이름이 뭐라고 했죠?" 자신만만하다 못해 상대방을 기죽이는 목소리였다. "아이코라고 했던가요? 촌스러운 이름이군요."

"네, 네. 저예요." 당황한 아이코는 억지로 미소를 지었다. "음… 너무 귀찮게 하는 게 아니라면, 히로시에 대해 몇 가지 질문을 해도 될까요?"

"나는 경찰에게 내가 아는 모든 걸 말했어요. 하지만 이왕 이렇게 당신과 통화가 됐으니 말할게요."

"저기… 저는 사실 히로시의 은퇴에 대해 미 실장님이 어떻게 느꼈는지 궁금해요."

"아!" 아이코의 말을 듣자마자 미 실장이 짧게 반응했다. "좋아요. 말해줄게요. 지난 10년간 사람들은 히로시와 나의 관계에 대해 끊임없이 수군거렸어요. 내가 그를 이용하고 있다고 말이에요. 하지만 다 헛소리예요. 그랬다면 그를 몰아붙여서 돈을 더 벌었겠죠. 하지만 내가 바라는 건 히로시를 돕는 거였어요. 나는 그에게 피해 주는 일 따윈 절대로 하지 않았어요."

"음, 알겠어요." 아이코는 다음에 무슨 말을 해야 할지 몰랐다. 미 실장이 질문의 진의를 꿰뚫어 보고 그녀의 의심에 우아하게 찬물을 끼얹었다는 걸 깨달았다. 그렇다고 거짓말을 하는 것 같지도 않았다.

아이코가 무슨 말을 해야 할지 몰라 머뭇거리자 미 실장이 먼저 입을 열었다. "나도 질문이 있어요, 아이코. 당신은 어떤 종류의 팬인가요?"

"뭐, 뭐라고요?" 전혀 예상치 못했던 질문에 아이코는 자신도 모르게 말을 더듬었다.

"나는 오랜 세월 히로시의 열성팬을 수없이 많이 만나봤어요. 각자 다른 방식으로 히로시에 대한 사랑을 보여주죠. 어떤 팬들은 그저 묵묵히 지지를 보내고, 또 어떤 팬들은 열심히 절약해서 모든 돈으로 앨범과 굿즈를 사기도 하죠. 조금이라도 히로시를 비방하는 메시지나 글이라도 보면 온라인에서 설전을 벌이는 친구들도 있어요. 삶의 공허함을 채우려고 히로시와 연인 관계가 되는 공상에 빠진 팬들도 있죠. 그리고 소수지만 히로시를 괴롭혀서 감옥에 간 사람들도 있어요. 하지만 핵심을 말하자면, 이 세상엔 두 종류의 팬만 있다고 생각해요. 아이돌 스타를 신처럼 대하는 부류와 사람으로 대하는 부류로 나뉘어요. 전자는 완벽함만을 인정하죠. 우상처럼 생각하던 아이돌 스타가 자신의 욕구나 기대에 못 미치면 사랑은 증오로 바뀌어요. 과거의 우상을 버리고 새 우상을 찾거나 좀 더 극단적인 방법을 찾아요. 반면에 후자는 아이돌 스타를 자신과 마찬가지로 실수도 하고 부족함도 있는 인간으로 바라봐요. 그들은 기꺼이 자신의 우상과 함께 성장하고, 변화하고, 인생의 우여곡절을 겪으려고 해요. 그들은 우상과 직접 만나지 못해도 사랑하는 친구처럼 마음과 마음 사이의 강력한 교감을 형성하죠."

"마음과 마음의 교감이요?" 아이코가 미 실장의 말을 반복하며 물었다.

"아이코 씨, 당신은 어떤 종류의 팬인가요?"

"저는 잘, 잘 모르겠어요."

"음, 우상이 죽은 후에도 그를 위해 이렇게 뭔가를 열심히 하는 사람이라면 단순한 사용자는 아니겠네요."

"아마도 미 실장님의 말이 맞을 거예요. 다만 저는 제가 히로시와 친구가 될 만한 자격이 있는지 잘 모르겠어요."

"우정에서 가장 중요한 건 진정성이에요."

"친절한 말씀 감사해요."

"나는 아이코 씨가 히로시의 사망 원인에 대해 더 깊이 파고들었으면 해요. 보이는 것처럼 단순하진 않을 거예요."

"원인이요?"

"이게 내가 말해줄 수 있는 전부예요. 행운을 빌어요, 아이코."

미 실장이 전화를 끊었다. 그제야 아이코는 그녀가 인공지능이 만든 것처럼 보이지 않았다는 걸 깨달았다. 아이코는 고개를 들어 프라이버시 글라스 필름이 부착된 스마트스트림에 비친 자신의 얼굴을 보았다. 미 실장의 조언을 곰곰이 생각하느라 미간이 잔뜩 찌푸려졌다.

+ + +

미 실장의 조언은 아이코의 생각을 완전히 뒤집어놓았다. 더 많은 사람과 면담하는 대신 경찰의 부검보고서를 읽어보기로 했다. 더 신경 쓰이는 건 미 실장이 그녀에게 던진 질문이었다.

'나는 어떤 종류의 팬일까? 그냥 사용자? 아니면 친구?'

아이코는 질문에 대한 생각을 떨쳐내고 단서에 집중하려 애썼다.

겉으로만 봤을 때 히로시의 사망 원인은 익사인 것 같았다. 입술은 보랏빛이었고, 안색은 창백했으며, 입안과 상기도에 물이 차 있었다. 하지만 좀 더 정확한 사망 원인은 부검보고서에 있을 텐데 왜 지금까지 그걸 볼 생각을 하지 않았을까?

아이코는 마음을 다잡고 부검 사진들을 클릭하고 온라인에서 찾은 다른 익사체 사진들과 비교했다. 그녀는 곧 히로시의 사인과 관련한 문제들을 찾아냈다. 결정적으로 고막에 수압으로 인한 출혈이 없었다. 피부도 물에 잠겼더라면 쭈글쭈글했을 텐데 그렇지 않았다. 가장 중요하게는 폐에서 물이 발견되지 않았다. 증거를 보면 볼수록 히로시가 실제로 익사했을 가능성은 희박했다.

그렇다면 무엇이 원인이지?

아이코는 게임 답안지에 그녀가 알아낸 사실들을 입력했다. 가벼운 핑 소리가 난 후에 부검보고서의 결론이 담긴 페이지의 잠금이 해제되었다.

급성 중독으로 인한 호흡기 기능 상실. 그 결과 혈중산소포화도의 급격한 저하로 사망.

아이코는 눈이 휘둥그레졌다. 중독이라고! 자리에서 일어나 방안을 서성거리기 시작했다.

누군가 히로시를 독살했단 말인가? 아이코는 다음에 해야 할 일들에 대해 생각했다. 독극물의 성분을 조사하고 히로시가 그것에 노출된 때를 알아낸 후에 주변 인물들의 구매 이력과 통신 기록을 분석하면 살인범을 찾을 수 있을 터였다.

진실이 드디어 밝혀지는구나! 아이코는 주먹을 쥐고 거의 환호성을 지를 뻔했다. 하지만 그녀는 곧 또 다른 보고서, 즉 독극물시험보고서를 읽게 되었다.

히로시를 죽음에 이르게 한 것은 두 가지 약물이 혼합된 것이었다. 그중 하나는 아직 알려지지 않은 약물이었다. 알려진 다른 하나의 약물은 앤젤릭스Angellix로 아이코도 잘 아는 항우울제였다. 기분을 바꿔주는 긍정적인 효과 때문에 사람들은 이 약을 '천사의 미소'라고 불렀다.

'히로시도 우울증이었던 건가?'

굵직한 사실을 발견하고 나자 더 많은 질문이 생겼다. 아이코는 자세한 내용을 묻기 위해 히로시의 유령을 불러낼까 고민했다. 하지만 마지막 질문을 낭비하는 위험을 감수하지 않기로 했다. 우선 더 많은 정보, 더 많은 증거가 필요했다.

아이코는 침실 서랍에서 히로시엑스의 굿즈를 모두 꺼내 걸치기 시작했다. 샤워캡, 나이트가운, 슬리퍼, 캔버스 백팩, U자형 목베개 등등. '내가 쓴 돈이 하나도 아깝지 않길. 히로시엑스가 내게 행운을 줄 거야.' 그녀는 마지막 굿즈인 고양이용 장난감을 꺼내 들며 혼자 생각했다.

아이코는 다다미에 무릎을 꿇고서 두 번 절을 하고 두 번 손뼉을 치더니 다시 절을 하고 난 후 두 손을 합장했다.

"히로시, 제발 축복해주세요. 내가 진실을 찾을 수 있게요."

아이코의 XR 콘택트렌즈 비전 필드에 자료들이 이리저리 흩어져 있었다. 그녀는 손가락으로 자료 아이콘들을 이리저리 옮겨서 관련 있는 것들끼리 묶고 카테고리별로 나누었다. 마침내 하나의 마인드맵이 완성되었다.

그녀는 키워드 '우울증' 옆에 '해결해야 함'이라는 꼬리표를 달았다. 만일 히로시가 앤젤릭스의 장기 복용자였다면 그 안에 든 화학물질이 알려지지 않은 다른 약물에 반응해 독성을 유발했을 가능성도 있었다. 아이코는 히로시를 독살한 게 그의 의료 기록을 잘 아는 사람일지 모른다고 생각했다. 알 수 없는 약물이 피부를 통해 히로시의 몸에 흡수됐을 가능성은 희박했다. 인공지능 약물 시뮬레이터가 제시하듯이 피부를 통해 흡수된 약의 독성이 효과를 발휘하려면 최소한 2시간은 필요하다. 그러면 사망 시점을 통제하기가 어려웠을 것이다. 히로시는 무엇이 되었든 입으로 약을 삼킨 게 분명했다. 그는 약 10분이 지난 후 약의 효과를 느꼈을 것이고, 이는 15분간의 휴식시간에 딱 맞는 타이밍이었다.

아이코는 직원들의 증언을 대조해봤다. 그들은 히로시가 휴식시간 동안 물만 마셨다고 했다. 물병을 자세히 검사해본 결과 안에 들었던 물은 깨끗했다.

또다시 가로막힌 아이코는 머리를 쥐어뜯었다.

아이코는 히로시의 고별 콘서트 동영상을 열어 휴식시간 10분 전으로 빠르게 되돌렸다. 무대 위의 히로시엑스는 여느 때와 마찬가지로 멋졌다. 일렉트릭기타로 격정적인 클라이맥스를 연주하고 있었다. 이마에 맺힌 땀방울에 조명이 비쳐 반짝였다. 연주가 끝난 후에는 입에 기타 피크를 문 채 공연장의 4만 8,000명 관중과 수백만의 온라인 관중에게 허리를 숙여 인사했다. 무대 조명이 꺼지자 히로시는 뒤로 물러나더니 커튼 뒤로 사라졌다.

아무도 그게 그의 마지막 모습일 거라 예상치 못했다.

잠깐. 무언가가 아이코의 눈길을 끌었다. 동영상을 뒤로 돌려 재생한 후 멈추고서 화면을 확대했다. 히로시만의 상징적인 제스처. 단서가 너무나 명백했다. '히로시의 열성팬으로서 어떻게 이걸 놓칠 수 있지?'

+ + +

레인보우식스 악기점을 나선 아이코는 방향감각을 잃고 혼잡한 시부야 거리를 정처 없이 헤맸다.

레인보우식스는 히로시가 사용한 기타 피크의 독점 공급원이었다. 한 달 전에 마지막 피크들이 이 상점에 입고되었다. 피크는 쉽게 분실되기 때문에 히로시는 항상 주머니에 여러 개의 기타 피크를 여분으로 넣고 다녔다.

문제의 공연일에 그의 기타 피크에는 아무도 손대지 않았다. 그가 사용한 피크에서 어떠한 약물의 흔적도 발견되지 않았다. 아이코의 추리는 여기까지였다.

아이코가 발견한 단서들은 목걸이의 진주와 같아서 한 가지 논리에 꿰어져 연결돼 있었다. 끈이 끊어지면 바닥에 떨어져 흩어져버리기 때문에 온전히 다시 주워 담기가 어려웠다.

절망감이 밀려들었다. '포기해야 하나?'라는 생각이 소용돌이치기 시작하자 히로시의 노래 '기적이 비추길'이 떠올랐다. 삶이 엉망이라고 느낄 때마다 이 노래에 대한 기억이 조건반사처럼 절망감에서 그녀를 구해주었다. 오늘도 역시 통했다.

'실패에 대한 변명으로 운명을 탓하지 마.'

그녀에겐 한 가지 질문이 남아 있었다. 히로시의 유령을 불러내 세 번째이자 마지막 질문을 던져야겠다.

하지만 히로시가 좋아한 거의 모든 음식 이름을 불러보아도 유령은 나타나지 않았다. "제발! 혹시 히로시는 독이 묻은 기타 피크 때문에 죽은 건가요?" 아이코는 절망감에 소리쳤다.

길을 지나던 사람들이 깜짝 놀란 듯 일제히 고개를 돌려 아이코를 바라봤다.

아이코는 너무 창피해서 땅속으로 꺼져버리고 싶었다. 몇 초 후 도쿄의 가장 붐비는 거리 한가운데서 익숙한 청록색 실루엣이 나타났다.

"와! 난 아이코 씨가 여기까지 해낼 줄은 몰랐어요. 대단해요!" 히로시의 유령이 공중에 떠 있었다. 반투명한 몸 뒤로 다채로운 색으로 번쩍이는 광고판이 보였다.

"그러면 '기타 피크'가 키워드 맞나요? 하지만 왜…"

"그만! 마지막 질문을 하기 전에 신중하게 생각해야 해요. 마지막 기회라고요. 게다가 살인자가 누구인지 묻는 건 규칙에 어긋난다는 걸 명심해요."

히로시의 유령은 자신의 입술에 손가락을 갖다 대고 엄숙한 표정을 지었다.

"알겠어요." 아이코가 풀죽은 듯이 중얼거렸다.

'그렇다면 무슨 질문을 던져야 할까? 분명히 내가 놓친 사각지대가 있을 텐데.' 아이코의 머릿속이 바쁘게 돌아갔다. 그러다 자신이 정리했던 마인드맵과 함께 '해결해야 함'이라고 분류했던 질문이 떠올랐다.

아이코는 용기를 쥐어짜내며 입을 열었다.

"그렇다면 히로시, 항우울제를 왜 복용했나요?"

아주 짧은 순간 유령의 몸이 마치 고장이라도 난 것처럼 완전히 얼어붙었다. 아이코는 게임이 일찍 끝나버린 건가 걱정했다.

히로시의 유령이 다시 움직이기 시작했는데 성격이 완전히 변한 것 같았다. 유머러스하고 편안한 분위기는 사라지고 대신 우울함이 드러났다.

"이 질문을 할 줄 알았어요. 당신은 내가 세상에 보여주기 위해 쓴 가면이 아니라 한 사람으로서 나를 진심으로 아끼니까. 인기 많은 아이돌은 모두 사랑스럽고 카리스마 넘치고 결함이 없는 페르소나를 갖고 있죠. 하지만 페르소나는 아주 작은 것까지 모두 사용자 조사를 바탕으로 팀이 만들어낸 상품이나 다름없어요. 페르소나 뒤에 있는 진짜 사람은 무시되죠. 사람들은 아이돌을 화려하고 빛나는 존재로 대하다가도 언제 돌변해 갈가리 찢어놓거나 파괴해버릴지 알 수 없어요."

"그렇지 않아요. 그건 진실이 아니에요! 나는 당신을, 진짜 당신을 좋아해요."

"실제의 내가 당신이 텔레비전에서 봤던 히로시엑스와 전혀 다른 사람이라 해도 여전히 나를 좋아할까요? 나는 이 끝없는 역할극에 질려버렸고 나 자신까지 경멸하게 됐어요. 그만두고 싶었지만, 탈출구가 없었어요."

"왜요? 누가 막았나요? 미 실장인가요? 아니면 스폰서들? 그 비열한 자본주의자들…."

히로시엑스는 아이코의 말이 터무니없다는 듯 신경질적인 웃음을 터뜨렸다.

"히로시, 왜 그래요? 그런 식으로 겁주지 말아요."

"당신들 때문이에요."

"뭐라고요?"

"모두 당신들 때문이에요. 나를 사랑하고 끝까지 응원해줄 거라던 팬들 말이에요. 내가 은퇴할 것이라는 소식을 듣고 여러 사람이 살인 협박 메시지를 보냈어요. 나를 죽이겠다는 게 아니라 그들이 자살할 거라는 협박이었어요."

충격과 공포에 질린 아이코는 손으로 입을 막았다.

"나는 자살을 하는 것만이 나 자신을 구원하고, 수치심을 씻어내고, 다시는 타인에게 짐이 되지 않을 유일한 방법이라고 생각했어요. 바보 같은 생각이죠? 내게 자신의 피와 머리카락과 자해 사진을 보낸 사람들은 과연 그들이 주장하는 것처럼 나를 정말 사랑한 걸까요?"

"히로시…."

"내가 할 수 있는 선택은 죽음뿐이었어요." 히로시의 유령이 고개를 들고 목소리를 가다듬었다. 그의 몸을 감싼 오라가 은은한 무지갯빛으로 빛났다. "무대 위 내 삶의 마지막이자 최고의 순간을 아름답게 간직하고 싶었어요. 죽음이 그 사람들에게서 벗어날 유일한 방법이었던 거죠."

"히로시!" 아이코의 뺨에 눈물이 흘렀다.

"정말 고마워요, 아이코. 나를 위해 한 모든 일에 감사해요. 하지만…"

"뭔데요?"

"아이코, 당신도 그들 중 하나 아닌가요?"

히로시의 유령은 미소 지으며 아이코의 눈을 들여다봤다. 아이코의 얼굴이 창백해졌다. 시부야 거리의 모든 소음이 갑자기 멈춰버린 듯했다.

+ + +

집으로 돌아온 아이코는 가상의 범죄 현장으로 다시 한번 들어갔다. 약간 멍한 기분이 들었다.

눈앞의 분장실은 너무 익숙했다. 지난 며칠 동안 단서를 놓치지 않을까 걱정하며 구석구석 반복해서 꼼꼼히 살펴본 까닭이었다.

'여기에선 더 이상 찾을 수 있는 게 없어.'

히로시의 사망 현장이 그녀의 XR 콘택트렌즈 비전 필드에서 2배속으로 재생되었다.

땀에 젖은 히로시는 한 무리의 사람들에 둘러싸인 채 분장실로 돌아왔다. 메이크업 담당자가 그의 화장을 수정했다. 스타일리스트는 더 많은 액세서리를 걸어주었다. 음악감독은 다음 무대에 틀 노래들을 업데이트했다. 여러 사람이 분주히 움직이는 동안 히로시는 기타 피크를 핥더니 기타를 다시 튜닝하고 신시사이저 프로그램도 조정했다. 미 실장은 왕의 보디가드처럼 잠시도 히로시의 곁을 떠나지 않았다.

마침내 왕이 모두에게 나가라고 손짓했다. 줄지어 나가는 사람들 가운데 아무도 그의 뺨이 창백해진 걸 눈치채지 못했다. 히로시는 문을 잠그고는 바닥에 미끄러지듯 주저앉았다. 무릎을 꿇은 채 눈을 감았다. 몸이 떨리기 시작했다. 정교하게 화장한 얼굴이 보랏빛으로 바뀌면서 눈이 커졌다. 입을 벌려 무슨 말을 하려는 듯했는데 목소리가 나오지 않았다. 옆에 있던 물병을 잡고서 벌컥벌컥 물을 들이켜다가 다시 목이 메는 듯 기침 발작을 일으켰다. 입안에 머금었던 물이 뿜어져 나왔다. 버둥거리며 문을 향해 기어갔지만 이미 몸에 경련이 오기 시작했다. 결국에 그는 바닥에 쓰러졌고 들썩이던 가슴도 그대로 멈췄다.

잠시 후 누군가 문을 두드렸다. 처음엔 부드럽게 울리던 노크 소리가 점점 빨라졌다.

"그렇게 된 거로군요." 아이코가 나직이 혼잣말을 속삭였다.

"당신은 히로시 사체 옆에서 발견된 기타 피크에서 약물의 흔적을 찾지 못한 이유를 아직 설명하지 않았습니다."

갑자기 XR 이어폰으로 처음 듣는 목소리가 들려왔다. 인공지능이 만든 히스토리즈의 게임마스터였다.

"그 질문에 대답하려면 동영상을 뒤로 돌려서 휴식시간 몇 분 전에 무슨 일이 벌어졌는지 살펴봐야 해요. 그게 내가 놓친 사각지대일 거예요."

아이코는 오른손을 들어 시계 반대 방향으로 돌렸다. 동영상이 되감기를 시작했다. 히로시가 눈을 떴다. 바닥에 있던 물이 다시 히로시의 입으로 흘러 들어갔다. 히로시가 문으로 걸어가 잠금을 풀었다. 모든 스태프가 다시 분장실로 들어와 거꾸로 걸으며 분주하게 각자 할 일을 했다. 마치 우스꽝스러운 만화의 한 장면을 보는 듯했다. 그녀는 히로시가 무대에 선 장면에서 되감기를 멈췄다.

"나는 이 장면을 영원히 볼 수 있어." 아이코는 히로시가 눈부신 조명 아래에서 춤추는 모습을 보며 혼자 중얼거렸다. "오케이, 스톱."

아이코가 다시 손짓하자 동영상 재생이 멈췄다.

"히로시의 오른손에 주목해야 해. 0.5배속으로 전환해."

히로시는 마지막 곡을 연주한 후 기타 피크를 오른손 두 손가락 사이에 낀 채였다. 조명이 희미해지자 그는 옆으로 손을 내렸다. 잠시 그의 손이 기타에 가려 보이지 않았다.

"시계 반대 방향으로 90도 전환!" 아이코가 명령했다.

게임마스터가 명령을 수행했고 아이코는 히로시의 손을 볼 수 있는 우측으로 걸어갔다. 히로시는 기타 피크를 바지 앞주머니에 숨기더니 작은 주머니에서 또 다른 피크를 꺼내 우아하게 입술로 물고 특유의 미소를 지었다.

"히로시는 분장실에 들어오기 전에 약을 먹었고, 증거가 담긴 기타 피크를 버린 게 분명해. 동영상 타임스탬프를 보니 지금부터 독극물이 약효를 발휘한 시점까지 정확히 12분의 시간이 있군."

히로시의 아이콘이 사라졌다. 아이코는 거대한 공연장 무대 한가운데서 있었다. 조명이 그녀의 얼굴을 비췄다. 본능적으로 눈을 가렸다. 박수와 환호성의 물결이 공연장을 가득 채웠다.

'나를 향해 환호하는 건가?' 아이코는 궁금했다.

"멋져요, 정말 멋져요! 축하합니다, 아이코! 당신은 진실을 찾았어요. 당신은 탐정의 역할을 멋지게 수행한 마스터 팬입니다!"

게임마스터가 상체를 숙여 인사하자 공연장의 사람들이 어둠 속으로 사라졌다.

"다음은 게임 종료를 축하하는 행사입니다. 나가지 마세요. 이것도 스토리의 일부입니다."

아이코는 다음에 무슨 일이 벌어질지 어렴풋이 알 수 있었음에도 초조한 것은 어쩔 수 없었다. 심장박동이 빨라졌다.

히로시엑스의 유령이 다시 나타났다. '기적이 비추길'이 배경음악으로 흘러나오기 시작하더니 부드러운 물결처럼 그녀를 감쌌다. 아이코는 몸을 떨었다.

"아이코, 내 잃어버린 영혼을 구해줘서 고마워요. 사랑은 나를 숨 막히게 했지만, 당신의 사랑이 나를 구했어요. 이제 나는 천국의 빛을 찾아갈 수 있어요. 안녕, 아이코! 부디 행복하길."

"미안해요, 히로시. 정말 미안해요…"

아이코는 울음을 터트리며 두 팔을 벌리고 달려갔다. 히로시를 안으려 했지만 품에서 느껴지는 건 텅 빈 허공뿐이었다. 히로시엑스의 유령이 빛을 내뿜으며 서서히 하늘로 올라갔다. 히로시는 끝까지 미소를 잃지 않은 채 점점 사라져 별이 빛나는 하늘로 녹아들었다.

아이코는 무대에 혼자 남겨졌다. 눈앞에 두 개의 반짝이는 상자가 나타났다. 진분홍색과 옅은 푸른색 상자였다.

"당신은 이 게임의 승자로서 상을 선택할 수 있습니다. 바이버즈가 특별히 당신을 위해 마련한 분홍색 상자에는 히로시와 99.9퍼센트 닮은 히로시엑스 스마트 인형이 들어 있습니다. 여기서 '닮았다'는 말은 성격, 음성, 외모를 포함한 모든 것을 의미합니다. 히로시와 이 인공지능 인형의 차이를 구분할 수 없을 겁니다. 한 달 내내 혼자서 히로시를 독점할 수 있습니다."

눈물이 그렁그렁한 채로 아이코는 고개를 들어 의심스러운 눈으로 상자를 바라봤다.

"만일 푸른색 상자를 선택한다면 당신은 히로시엑스와 차를 마실 기회를 얻게 됩니다. 진짜 히로시엑스와 말이죠. 매우 드문 기회죠! 아이코, 이제 선택하세요!"

분홍색 상자와 푸른색 상자가 아이코의 눈앞에 둥둥 떠 있었다. 파도에 밀려 둥실거리며 물고기가 와서 물어주길 기다리는 미끼처럼.

+ + +

"그래서 넌 뭘 택했니? 너무 궁금해. 다 말해봐!"

노노코는 아이코의 얼굴에 말차 크레페를 집어던질 듯 소리쳤다.

"노노코, 요란 좀 떨지 마! 적어도 두모아 같은 곳에서는 말이야."

노노코가 히죽거리며 웃었다. "내가 너라면 스마트 인형을 선택했을 거야. 한 달 내내라니! 그 인형과 정말 많은 것을 할 수 있잖아."

"하지만 안타깝게도 넌 내가 아니야!"

"그렇다면 그를 직접 만났구나! 정말 그렇게 잘생겼어? 이젠 늙지 않았나? 여전히 매력적이야? 말 좀 해봐!"

아이코는 미소를 지으며 기억 속으로 빠져들었다.

히로시와 차를 마신 그날의 오후 시간은 그녀의 마음속에 깊이 새겨졌다. 카페에서 그를 기다리는 동안 얼마나 초조했는지 아직도 기억이 생생했다. 산들바람, 테이블 옆에서 종업원이 했던 질문, 개 짖는 소리, 커피머신에서 나는 소리…. 아주 작은 소음에도 그녀는 자리에서 벌떡 일어섰다. 심지어 도망갈까 생각하기도 했다. '나는 왜 푸른색 상자를 택했을까? 바보같이! 하지만 애초에 이미 멀리 떠난 사람을 사랑하는 것 자체가 바보 같은 게 아닌가?'

부드러운 음성이 백일몽에 빠진 그녀를 깨웠다.

"아이코 씨?"

"네, 네!" 아이코는 더듬거리며 본능적으로 답했다. 겁에 질린 그녀는 맞은편에 앉은 남자를 쳐다볼 수 없어 고개를 파묻었다.

"만나서 반가워요, 히로시예요."

마침내 아이코는 고개를 들어 애써 미소 지으며 동경하던 아이돌 스타의 모습을 찬찬히 살펴봤다.

맞은편에 앉은 남자는 40대 중반의 보통 체격이었다. 야구 모자를 쓰고 있어서 헤어라인이 보이지 않았다. 안색은 편안해 보였지만 세월의 흔적과 지친 표정 때문에 나이보다 더 들어 보였다. 윗입술에 까칠한 수염 흔적이 보였다. 턱도 더 넓어졌다. 청년의 자부심으로 빛나던 눈은 사라지고 대신 중년의 부드러움과 침착함이 드러났다.

그는 히로시엑스였다. 무대에서 물러난 지 거의 20년이 지난, 수백만 명이 동경하던 슈퍼스타였다.

"여전히 나를 알아볼 수 있겠어요? 많이 늙어 보일 텐데. 20년이나 지났잖아요."

히로시는 자조 섞인 웃음을 지었다.

"아니에요! 그렇지 않아요. 여전히 잘생겼어요!"

아이코는 너무 부끄러워 눈을 맞추지 못한 채 딴 곳을 바라봤다.

"그렇게 긴장하지 마요. 그냥 평범한 사람처럼 대해줘요."

"아, 네. 그럴게요!"

종업원이 커피 두 잔과 쿠키가 담긴 접시를 가져왔다.

히로시는 쿠키 한 조각을 깨물더니 놀란 사람처럼 목소리가 커졌다. "와! 세월이 많이 지났는데도 여기 쿠키 맛은 여전하네요."

"당신이 〈최고의 길거리 음식을 찾아라〉 1,278회를 녹화할 때 먹었던 '크런치 버터 쿠키' 아닌가요?"

"아! 그런 것까지 기억해요? 아이코, 당신은 정말 열성팬이로군요. 이래서 히스토리즈가 첫 번째 베타 유저로 당신을 택했군요."

"네, 맞아요." 아이코가 말했다. 커피와 쿠키를 조금씩 먹다 보니 비로소 마음이 편안해졌다.

"이머시브 가상현실 게임에 대한 당신의 피드백을 듣고 싶어요."

아이코는 커피잔을 내려놓고 심호흡을 했다. 생각에 잠긴 얼굴이었다.

"이런 건 전에 경험해본 적이 전혀 없어요. 가짜라는 걸 머리로는 알고 있었는데도 게임 설계가 너무 정교해서 그런 생각이 거의 들지 않았어요. 인공지능 유령의 말소리나 몸동작은 물론이고 상호작용하는 방식까지도요. 게임에 완전히 빠져드는 동안 점점 의심이 사라졌어요."

"이 게임에 대해 높게 평가하는군요. 그런 말을 들으니 기쁘네요."

"그런데 한 가지 질문이 있어요. 정말 인공지능이 이 모든 걸 만든 건가요?"

"아이코, 그 말은…"

"최근까지 에디터로 일했던 사람으로서 저는 스토리를 만든다는 게 얼마나 어려운 일인지 잘 알아요. 형식과 내용의 균형을 맞춰야 하고 정서적 울림도 있어야 해요. 어려운 일이죠. 이 게임의 서사에서 핵심은 범죄가 아니라 진실에 대한 참가자의 감정에 있었어요. 히로시, 그러니까 제 말은 인공지능이 만든 유령 아바타가 '당신도 그들 중 하나 아닌가요?'라고 말했을 때 저는 울 뻔했어요. 정말 인공지능이 혼자 힘으로 이런 종류의 스토리 플롯을 만들 수 있나요?"

"음, 내가 자세히 설명해줄게요. 이 게임에 참여하기 전에 히스토리즈 대표에게 당신이 답했던 수많은 질문을 기억하나요? 그게 인공지능이 당신의 전반적인 성격 프로필을 생성하는 데 도움을 줬어요. 인공지능이 당신이 어떤 스토리를 선호할지, 어떻게 반응할지, 심지어 과거의 트라우마까지 모두 학습한 거죠. 어떤 면에서 인공지능이 당신에 대해 당신 자신보다 더 잘 안다고 할 수 있어요. 암튼 좋은 질문을 했네요. 인공지능이 전적으로 스토리를 만들어내진 않았어요. 실제 작가가 참여해서

도왔어요."

아이코의 눈이 경외감에 빛났다. "그 작가를 만나보고 싶어요! 천재예요!"

"지금 보고 있잖아요." 히로시가 말했다. 그는 쿠키를 입술에 물고 그녀를 향해 미소 지었다. 20년 전의 젊은 록스타가 돌아온 것 같았다.

"히로시!"

"히스토리즈는 내게 모든 사용자의 프로필을 보여줬어요. 나는 인공지능의 결정을 바탕으로 가장 흥미롭고 적절한 스토리 플롯을 선택했어요. 나도 탐정소설의 열성팬이거든요! 나는 여러 핵심 플롯 포인트를 설계하는 데 직접 참여했어요. 예를 들자면 나는 초반에 당신에게 혼선을 주려고 일부러 서사적 속임수를 썼어요. 인공지능은 이런 건 할 수 없어요."

아이코는 놀라서 입을 다물지 못했다. "서사적 속임수라니!"

"히로시의 유령이 교령회 중 영매를 통해서 했던 말 기억나요? 그때 유령은 '나는 죽고 싶지 않아'라고 했어요. 그 말을 당신은 '누군가 나를 죽였지만, 나는 죽고 싶지 않아' 혹은 '나는 죽고 싶지 않았지만 어쩔 수 없었어'라고 해석할 수 있죠. 당연히 모두 내가 살해당했다고 추측했고 그 결과 자살의 가능성은 배제됐어요. 일부러 그런 말을 해서 관심을 엉뚱한 곳으로 돌린 거죠. 하지만 아이코 당신은 추론을 정말 잘하더군요!"

"일하면서 읽은 추리소설 덕분이죠." 아이코가 얼굴을 붉히며 말했다. "또 다른 질문이 있어요. 이건 오랫동안 생각한 거예요. 왜 갑자기 대중 앞에서 사라진 거죠? 왜 이런 식으로 돌아오기로 한 건가요?"

"아… 그 질문에 답하려면, 20년 전 시작된 이야기를 해야 해요."

히로시는 꿈꾸는 듯한 표정을 지었다.

+ + +

가상현실 게임 속의 히로시엑스는 만들어진 인물이지만, 한편으론 실제

인물의 여러 측면을 담고 있었다.

20년 전 히로시엑스가 절정의 인기를 누렸던 당시 그는 사용자들의 기대에 맞춰 정교하게 만들어진 페르소나를 유지하는 것에 점점 질리기 시작했다. 그는 가면을 벗어던지고 진짜 모습으로 대중 앞에 나서기로 했다. 하지만 시장은 그의 결정을 인정하지 않았다. 음반과 굿즈 판매가 급감했다. 부정적인 기사가 언론매체에 실렸다. 후원사들이 하나둘 그와의 계약을 종료했다. 하지만 히로시에게 가해진 결정적 타격은 금전적 손실이 아니라 팬들의 반응이었다.

극성팬들은 히로시엑스가 무대에서 보여준 페르소나를 잃고 싶지 않았다. 히로시가 가면을 벗은 것이 자기 뜻이라기보단 주변 조언자들에 의해 조작되거나 잘못 관리되었기 때문이라고 추측한 팬들은 온라인 포럼에서 전쟁을 벌였다. 논쟁이 커지고 시끄러워지면서 연예 웹사이트와 쇼 프로그램을 도배하다시피 했다. 팬들의 끝없는 논쟁은 다른 대중의 반발을 불러일으켰고, 비평가들은 아이돌 스타가 팬들의 행동에 책임을 져야 한다고 주장했다. 이 폭풍의 눈에 히로시엑스가 있었다. 그는 젊은 세대에게 악영향을 주는 존재인가? 연예계에 페르소나 논쟁을 초래한 주범인가? 아니면 옳은 일을 하려는 청년일 뿐인가?

히로시는 세간의 평가와 압박에 심한 충격을 받았고 우울증 진단까지 받았다. 결국에 완전히 사라지는 것만이 팬들을 되찾고 탁상공론을 벌이는 비평가들의 언쟁을 잠재우는 유일한 방법이라고 판단했다.

히로시가 공식 무대에서 사라지자 그에 대한 온갖 소문과 비난이 차츰 잦아들었다. 히로시엑스는 서서히 잊혔다. 새로운 아이돌 스타들이 무대에 등장해 새로운 팬덤을 형성했다.

히로시는 우울증에서 회복되자 이름을 바꾸고 마침내 진정한 자기 자신으로 살 수 있는 자유를 얻었다. 그는 학교로 돌아가서 타이요라는 좋은 친구를 사귀게 되었다. 타이요는 이후 바이버즈의 공동 창업자이자 최고기술책임자가 되었다.

타이요는 기술의 힘을 믿는 전형적인 괴짜였다. 게임광인 그는 세상에 영향을 미칠 수 있는 게임을 만들고 싶어 했다. 어느 날 밤 과음을 한 히로시는 타이요에게 자신의 정체를 밝히고 아이돌 스타와 팬 사이에 형성되는 건강하지 못한 힘의 역동에 대해 맹렬히 비난하는 말을 쏟아 냈다. 히로시의 불만을 들은 타이요의 머릿속에 번뜩이는 아이디어가 떠올랐다.

"너는 팬들이 아이돌 스타를 오히려 통제하려 든다고 생각하는구나. 하지만 팬들이 무대 위의 페르소나에 그토록 집착하는 이유는 그들에겐 자신의 이야기를 할 힘이 없기 때문이야. 팬들은 매니저와 미디어에 의해 만들어진 페르소나에 감정을 투영하는 것 외에 할 수 있는 게 없다고. 그런 그들에게 페르소나가 가짜라고 말하는 건 그들의 꿈을 박살 내는 것이나 마찬가지야. 그들을 기만하고 배신하는 것이며 심지어 모욕을 안겨주는 거라고!"

히로시는 타이요의 말에 일리가 있다고 인정할 수밖에 없었다. 하지만 이후 타이요가 내놓은 제안은 조금 엉성해 보였다. 타이요가 제안한 인공지능 게임은 누구나 개인 맞춤형 아이돌 스타를 만들고 그 아이돌 스타와 상호작용하는 방식도 직접 결정할 수 있는 형태였다.

"너는 아이돌 스타가 어떻게 만들어지는지 제대로 이해하지 못하는 것 같아. 여러 사람이 모여 집단적인 숭배의식이 만들어졌을 때 비로소 한 명의 스타가 탄생할 수 있다고. 개인 맞춤형으로는 아이돌 스타를 만들 수 없어. 사용자가 캐릭터를 직접 만드는 게임과 뭐가 다른데?"

둘은 학교를 함께 다니는 수년간 내내 이 사업 아이디어를 두고 토론을 벌였다. 마침내 둘은 해법을 찾아냈다. 디지털 기술과 인공지능 엔진을 사용해 실제 아이돌 스타를 본뜬 가상의 아이돌 스타를 만들고 개별 팬의 요구에 따라 맞춤형으로 제작하기로 했다. 타이요는 나중에 고도로 개인화된 인터랙티브 게임도 만들 수 있겠다는 상상까지 했다.

하지만 이러한 최첨단 아이디어를 기꺼이 수용하고 참여할 아이돌 스타를 어디서 찾는단 말인가? 히로시가 잘 아는 연예계는 눈앞의 돈벌이에만 급급했다. 그런 급진적인 아이디어에서 엔터테인먼트 산업의 새로운 가능성을 발견하고 지지를 보낼 만큼 넓은 안목을 지닌 사람은 없었다.

"이미 후보는 있는 것 같은데?" 타이요가 히로시의 눈을 바라보며 미소 지었다.

처음에 히로시는 완강했다. 그는 숨통을 조이는 독성으로 가득한 팬덤과 최대한 거리를 두고 살길 원했다. 타이요는 가까스로 그를 설득할 수 있었다. 어찌 보면 히로시의 생각이 옳았음을 증명할 기회였다. 히로시는 아이돌 스타가 그럴듯한 측면만 부각해 인위적으로 만들어낸 페르소나를 끝까지 유지하는 불가능한 숙제를 부당하게 짊어져선 안 되며, 아이돌 스타와 팬의 관계가 일방적인 한 가지 방향으로만 형성되어선 안 된다고 생각했다. 최선의 해법은 힘을 팬들에게 완전히 넘겨주어 그들 자신의 이야기를 하도록 하는 것이었다.

둘은 바이버즈를 설립했다. 하지만 그들은 이 기술을 개발하는 데 10년이나 거릴 거란 예상은 하지 못했다.

어려운 부분은 고선명 스캐닝과 모델링을 통해 디지털 아바타를 만드는 일도, 모션 캡처를 통해 신체적 움직임의 데이터베이스를 구축하는 일도 아니었다. 심지어 표정 시뮬레이션도 그다지 어렵지 않았다. 그건 정교함의 문제일 따름이었다. 정말 어려웠던 작업은 NLP와 방대한 데이터로 인공지능 모델을 학습시키는 일이었다. 이 목표를 달성해야만 인간과 기계 간의 자연스러운 상호작용을 구현할 수 있었다. 사용자가 대화가 어색하다고 느끼는 순간 게임이 끝나버릴 수 있다는 걸 히로시와 타이요는 잘 알고 있었다. 마지막으로 사용자들의 개별적인 취향을 파악하는 것도 문제였다. 그들은 가장 접근성이 높은 데이터 설문조사 및 모델링 도구를 활용해 목표 사용자들의 성격 프로필을 생성하고 그 내용을 게임 아바타 모델에 매핑했다. 이 모든 기술을 통합해 게임을 완성하기까지 수없이 많은 나날이 소요되었다.

하지만 그들의 타이밍은 좋았다. 아이코가 베타 유저가 되기 한두 해 전 이전 세대의 음악에 대한 향수를 불러일으키는 트렌드가 형성되면서 히로시엑스에 대한 대중의 관심이 다시 살아났다.

히로시엑스는 오랜 시간이 부여하는 관용의 힘을 바탕으로 그의 시대에 가장 인기 있는 슈퍼스타로 평가되었다. 카메라 앞에서 늙어간 다른 유명인들과 달리 히로시는 여전히 천상의 목소리를 가진 무대 위의 아름답고 매력적인 청년으로 기억되었다.

바이버즈는 이 기회를 놓치지 않았다. 히로시의 초상권 독점을 무기로 바이버즈는 히로시엑스를 모든 형태와 크기의 디지털 화면뿐만 아니라 VR, AR, MR 등 다양한 종류의 XR 비전 필드로 보낼 수 있었다. 히로시의 굿즈는 다시 불티나게 팔리기 시작했다.

다른 가상의 아이돌 스타를 만들어달라는 연예기획사들의 요청이 빗발쳤다. 히로시와 타이요는 마지막 걸음을 내디딜 때가 드디어 왔다는 것을 깨달았다. 그들은 이머시브 인터랙티브 게임 개발에 주력하는 히스토리즈를 자회사로 설립했다.

+ + +

"잠깐, 너 그럼 히로시와 실제로 데이트를 하지 않았단 말이야?"

노노코가 이해할 수 없다는 듯 고개를 저으며 한숨을 쉬었다.

"그만해! 히로시에 대한 내 사랑은 전적으로 플라토닉이야."

"적어도 한정판 굿즈나 뭐라도 부탁할 수 있었잖아!"

"사실은 히로시가 나를 초대했어."

노노코는 입안의 차를 뿜을 뻔했다. "무슨 초대?"

아이코의 뺨이 행복감으로 발갛게 달아올랐다. "히로시가 내게 그와 함께 스토리를 만들지 않겠냐고 물었어."

"뭐?"

"히스토리즈에 심금을 울리는 스토리를 만들 작가와 에디터가 필요하다고 했어."

"그럼 너 바이버즈에서 일자리 제안을 받은 거야? 제일 잘나가는 인공지능 게임회사를 설마 거절한 건 아니지?"

"한 가지 조건을 걸고 제안을 수락했어."

"뭐라고? 아이코, 제정신이야?" 노노코의 눈에 부러움이 가득했다.

"내 조건은 다음번엔 히로시가 게임에서 죽는 방식을 내가 결정하겠다는 거야."

"그가 뭐라고 했어?"

아이코는 티스푼으로 커피를 저으며 고개를 들었다. 그녀의 눈길이 노노코의 어깨너머 어딘가에 멈췄다. 마치 청록색으로 빛나는 반투명 실루엣의 흔적을 발견한 듯했다.

"히로시도 좋다고 했어."

확장현실의
윤리적·사회적 문제

〈유령이 된 아이돌 스타〉에서 아이돌 스타 히로시는 은퇴를 앞두고 고별 콘서트를 하던 중 뜻밖의 죽임을 당한 후 열성팬들이 불러낸 '유령'으로 등장한다. 열성팬 중 한 명인 아이코는 히로시의 미스터리한 죽음을 조사하려 한다. 히로시는 밤늦게 아이코의 부엌에 나타나 그녀가 진실을 좇는 과정을 돕기 위해 힌트를 주고, 그녀가 퍼즐을 맞추려 도시를 배회할 때도 번잡한 거리 한복판에 나타난다.

이야기가 진행됨에 따라 우리는 히로시가 사실은 인공지능이 구현한 가상의 캐릭터이며, 볼 수만 있을 뿐 만질 수는 없는 존재라는 걸 알게 된다. 그러함에도 불구하고 가상의 히로시는 아이코와 독자들이 서스펜스와 스릴을 느끼기 충분할 만큼 진짜 인물처럼 말하고 행동한다. 가상의 히로시는 인간 히로시와 신체적으로 똑같을 뿐만 아니라 현실 세상에 자연스럽게 통합되어 있다. 그러한 '자연스러움'은 수년 이내에 확장현실XR로 알려진 이머시브 시뮬레이션 기술에 의해 그리고 컴퓨터 비전과 NLP 기술에 의해 구현될 수 있을 것이다.

확장현실은 실제 세계가 단순히 더 큰 화면으로 확장되는 것 이상을 의미한다. 브레넌 슈피겔Brennan Spiegel 박사의 말을 빌리자면, 확장현실은 "두 눈을 뜨고 꿈을 꾸는 것과 같다." 이러한 기술들은 '실재감presence'이라고 하는 강력한 체험을 만들어낸다. 가상의 장면, 물체, 등장인물들이 실제와 너무 똑같아서 마법처럼 느껴진다. 나란히 존재하는 또 하나의 현실처럼 느껴지는 이머시브 체험에 빠져드는 것이다. 향후 20년 동안 확장현실 기술은 엔터테인먼트, 교육, 소매, 보건의료, 스포츠와 여행을 혁명적으로 바꿔놓을 것이다.

그러면 실제현실과 가상현실의 경계를 살펴보고 더불어 확장현실이라는 신비한 기술에 대해서도 구체적으로 살펴보도록 하자.

가상현실, 증강현실 그리고 혼합현실

확장현실XR은 가상현실VR과 증강현실AR 그리고 혼합현실MR을 모두 아우르는 용어다. 가상현실은 사용자가 몰입감을 느낄 수 있는 가상의 환경을 제공한다. 가상현실의 세계는 사용자의 몸이 있는 세상과 구분된다(아이코의 XR 콘택트렌즈가 그녀가 운동하는 동안 어떻게 그녀를 그랜드 알프스도로를 경험하도록 도왔는지 생각해보라). 이와 대조적으로 증강현실은 현실 세계를 바탕으로 그 위에 덧입혀진 또 하나의 세계를 보여준다. 증강현실 알고리즘은 실제 세계 모습에 사물, 텍스트, 동영상 등의 3D 콘텐츠를 덧입혀 사용자에게 '초감각적인' 관점을 제공하는 '렌즈'를 만든다. 가령 낯선 도시에 있는 관광객이 근처에 어떤 유적지가 있는지 증강현실 시스템에 물으면 이 시스템은 실제 도로 위에 말풍선을 덧입혀 무엇을 보러 가야 하는지 알려준다. 〈유령이 된 아이돌 스타〉에서 아이코가 사건 관련 자료들을 불러내자 XR 콘택트렌즈를 통해 그것들이 공중에 떠 있는 것처럼 보이는 장면은 증강현실 기술이 어떻게 사용되는지 보여준다(영화광이라면 영화 〈레디 플레이어 원〉에서 오아시스가 어떻게 현실의 사만다를 아르테미스로 바꾸는지 떠올려보라).

최근에는 증강현실의 발전된 형태인 혼합현실이 부상하고 있다. 혼합현실 기술은 실제현실과 가상현실을 혼합해 하이브리드 세계를 생성한다. 혼합현실 기술로 만들어진 가상의 환경은 실제현실과 가상현실을 단순히 합쳐놓은 것이 아니라 장면에 포함된 객체들과의 상호작용을 제공하기 위해 장면을 완전히 분해하고 해석해 구축한 매우 복잡한 환경이다. 〈유령이 된 아이돌 스타〉에서 혼합현실 기술은 가상의 히로시를 현실 세계(도쿄의 거리, 아이코의 집 부엌, 헬스장 등)에 자연스럽게 통합시킨다. 또 가상의 히로시가 '아이코의 눈을 바라보자' 그녀의 얼굴이 붉어질 정도로 강력한 실재감을 제공한다. 혼합현실이 제대로 기능하려면 설정된 환경과 그 안에 포함된 사물들과 사람들에 대해 깊이 이해해야 한다. 가령 냉장고의 문과 기능을 제대로 알고 있어야 가상의 히로시가 '냉장고의 차갑고 축축한 냉기' 속에서 나타난 것처럼 보이도록 할 수 있다. 이 이야기에 나타난 혼합현실 기술이 설정 환경을 이해하는 정도는 현재의 컴퓨터 비전 기술을 뛰어넘는 수준이지만 20년 이내에는 구현될 수 있으리라 본다. 아이코가 XR 콘택트렌즈가 없으면 '사실상 아무것도 보이지 않는 것처럼' 느낀다고 했는데, 앞으로 더 많은 사람이 이렇게 되지 않을까 상상해본다.

혼합현실 기술은 아직 개발 초기 단계에 있지만 지금도 꾸준히 발전하고 있다. 2041년이 되면 컴퓨터 비전 기술이 한 장면을 여러 개의 구성 요소로 해체하고 각 요소의 역할을 거의 다 이해하는 수준에 이르게 될 것이다. 또 혼합현실은 새로운 가상의 물체들을 환경에 추가하고 그것들이 물리학 법칙에 부합하는 방식으로 자연스럽게 나타나도록 함으로써 〈유령이 된 아이돌 스타〉에서 묘사했던 모습들이 실제로 구현되도록 할 것이다.

사용자가 실제 환경에서 체험하는 것과 동일한 감각을 체험함으로써 실제와 가상을 구분할 수 없어야 진정한 '이머시브' 체험이라 할 수 있다. 그러한 감각적 체험이 현실처럼 느껴지려면 인간이 가진 가장 예리한 감각인 시각을 속여야 한다.

증강현실 게임인 '포켓몬 고'가 가상의 만화 캐릭터가 등장하는 실제 세상을 보여주는 창으로 스마트폰 화면을 어떻게 사용했는지 생각해보라. 이 게임은 스마트폰에 있는 자이로스코프와 모션센서를 이용해 사용자 시각을 조작하고 심지어 화면 속 장면과 상호작용할 수 있게 한다. 이 게임은 참신한 아이디어 덕분에 인기를 얻었지만, 사용자 경험이 스마트폰의 작은 화면에 국한되는 바람에 완전한 이머시브 체험을 제공하지는 못했다.

훨씬 더 강화된 이머시브 체험은 헬멧이나 고글처럼 생긴 HMD(헤드마운트디스플레이)를 사용하면 가능하다. HMD는 두 개의 화면으로 구성되는데, 이 두 개의 화면은 우리 눈을 속여 3차원으로 보도록 만들기 위해 서로 약간 다른 이미지를 보여준다. (이는 3D 글라스를 쓰고 영화관에서 3D 영화를 보는 것을 떠올리면 이해하기 쉬울 것이다.)

확장현실 체험은 이머시브와 상호작용이 가능하다. 이머시브가 되려면 시야의 폭이 최소한 80도 이상은 되어야 한다. 또 상호작용을 하려면 사용자가 머리나 몸을 움직일 때 그에 따라 달라지는 광경을 볼 수 있어야 한다. 가상현실 기술에서 사용하는 HMD는 대개 투명see-through이 아니어서 사물을 관통해 그 뒷면까지 보여주지 못한다. 이유는 가상현실에서는 사용자가 보는 장면 전체가 합성된 것이기 때문이다. 하지만 증강현실과 혼합현실에서 사용하는 HMD는 투명 렌즈를 사용하기 때문에 실제 세계에 가상의 사물들이 통합된 장면을 사용자에게 보여준다. 〈유령이 된 아이돌 스타〉에서 헬스장의 소년이 글라스를 혼합현실 모드에서 가상현실 모드로 전환하자 렌즈에 불투명한 은빛 레이어가 덧씌워 졌던 장면을 기억할 것이다.

가장 초기 단계의 이머시브 장치는 스마트폰도 와이파이도 없었던 수십 년 전에 발명되었다. 초기 장치에는 워크스테이션이나 메인프레임 컴퓨터에 물리적 케이블로 연결된 묵직한 HMD 헬멧이 사용되었다. 비록 불편하고 보기 흉하며 상업적 응용 가치도 별로 없었지만, 이러한 장치들은 과학자들이 기술을 시험하고 개선할 수 있는 연구실 환경을 제공하는 중요한 역할을 했다.

지난 수십 년 동안 인터넷통신망, 디스플레이의 해상도와 화면재생빈도*, 지연시간** 등 관련 기술이 현저히 개선되었다. 와이파이와 5G 시대가 도래하면서 전자 기기들이 점차 무선으로 바뀌었다. 새로운 전자 기기와 디스플레이 기술 덕분에 HMD는 헬멧 크기에서 고글 크기로 작아졌다. 게다가 CPU 성능이 향상된 덕분에 메인프레임 컴퓨터가 사라지고 HMD에 내장된 칩에서 컴퓨팅을 수행할 수 있게 되었다. 이렇게 해서 확장현실의 상용화가 시작되었다.

이러한 과정이 순탄했던 것은 아니다. 2015년경에 증강현실 및 가상현실 응용프로그램을 개발하는 기업들은 매우 인기 있는 투자처였다. 하지만 이러한 인기를 바탕으로 유망하다고 점쳐졌던 여러 스타트업이 사람들의 기대와 달리 제대로 된 성공을 이뤄내지 못했다. 주류 기업에서 내놓은 제품들 역시 고전을 면치 못하는 바람에 업계에 커다란 타격

---

* 화면재생빈도refresh rate는 디스플레이가 초당 새 이미지를 그릴 수 있는 횟수를 나타내며 그 값은 헤르츠Hz로 측정된다. 가령 디스플레이의 화면재생빈도가 144Hz면 초당 144회 이미지를 새로 그린다는 것을 의미한다.

** 지연시간latency은 '레이턴시'라고도 한다. 인터넷 프로토콜IP의 데이터 묶음이 한 지점에서 다른 지점으로 이동하는 데 걸리는 시간을 말한다. 가상현실의 대중화와 관련해 지연시간은 가장 큰 걸림돌로 작용하기도 한다. 지연시간이 길어지면 화면이 불안정해지면서 사용자의 멀미를 유발하는 등 자연스러운 이머시브 체험을 방해하기 때문이다. 최근에는 5G 통신 기술 덕분에 초저지연이 가능해짐에 따라 이러한 문제들이 크게 개선되고 있다.

을 입혔다. 이런 증강현실 및 가상현실의 버블에서 살아남은 제품이 바로 마이크로소프트가 개발한 홀로렌즈HoloLens다. 홀로렌즈의 HMD 무게는 579그램에 불과하고 상당한 컴퓨팅 능력을 갖추고 있다. 하지만 가격이 3,500달러로 너무 비싼 데다 커다란 잠수용 물안경처럼 생겨서 사용자를 '얼간이'처럼 보이게 만든다. 이러한 이유로 홀로렌즈는 교육, 보건의료, 항공과 같은 비즈니스 분야의 수직적 응용 제품˚으로 전락했다. 헬멧과 고글이 달린 장비는 애플워치처럼 매일 사용할 수 있는 대중적인 제품이 될 수 없었다.

증강현실 및 가상현실에서 사용하는 HMD를 '얼간이 같아 보이는 요소'를 없애고 일반적인 안경과 같은 하드웨어로 만들려는 노력은 시기상조였으며 결국에 실패했다. 구글글라스Google Glass와 스냅챗Snapchat의 스펙터클Spectacles과 같은 소형화된 제품들도 여러 이유로 성공하지 못했다. 가장 핵심적인 이유는 홀로렌즈 수준의 충실도 높은 이머시브 체험을 제공하지 못한 것이었다.

기술적 한계는 결국 극복될 것이다. 지난 5년간 해마다 대역폭, 프레임 속도, 해상도, 다이내믹레인지˚˚가 현저히 개선되었고, 하드웨어는 점점 가벼워지고 가격이 저렴해졌다. 마이크로소프트 홀로렌즈도 더 가벼워지고 더 저렴해질 수 있으며, 스냅챗 스펙터클 역시 성능이 강화될 수 있다. 어느 쪽이든 우리는 곧 경량의 고품질 글라스를 만나게 될 것이다. 2020년에 페이스북 오큘러스Oculus팀이 불과 1센티미터 두께의 렌즈를 장착한 프로토타입의 VR 글라스를 시연했다. 이러한 발전 속도를 고려

˚ 수직적 응용 제품은 모든 업종의 고객에 제공하는 수평적 응용horizontal application 제품과 달리 하나의 특정 업종에만 제공하는 전문화되고 차별화된 제품을 가리킨다. 수평적 응용 제품 및 서비스가 더 많은 사용자를 염두에 두고 개발되는 반면 수직적 응용 제품 및 서비스는 특정 사용자 또는 틈새시장을 대상으로 한다.

˚˚ 다이내믹레인지dynamic range는 명암비, 즉 디스플레이에서 가장 밝은 흰색과 가장 어두운 검은색 사이의 대비와 색상을 사람의 눈으로 직접 보는 것과 최대한 가깝게 재현하는 기술을 가리킨다.

하면 2025년까지는 대량 생산된 XR 글라스가 시장에 출시되리라 예상된다. 아마도 애플이 다시 선두를 달릴 것이다(애플이 이러한 제품을 개발 중이라는 소문이 있다). 아이팟, 아이폰, 아이패드와 같은 애플의 선도적인 제품들은 관련 카테고리 산업 전반에서 촉매제 역할을 했고, 애플을 모방한 여러 제품이 출시되며 결과적으로 부품 비용이 낮아졌다.

XR 글라스 외에도 XR 콘택트렌즈가 시장 대중화에 성공하는 최초의 확장현실 기술이 되지 않을까 싶다. 몇몇 스타트업은 이미 XR 콘택트렌즈 개발에 착수했다. 그들이 내놓은 프로토타입 콘택트렌즈는 내장된 디스플레이와 센서를 통해 텍스트와 이미지를 보여준다. 이러한 콘택트렌즈에는 여전히 외부 CPU가 필요한데 스마트폰이 그 역할을 할 수 있다. 나는 2041년까지는 XR 콘택트렌즈의 시장 대중화가 이뤄지고 더 나아가 사생활 보호와 각종 규제 및 가격 문제가 극복될 것으로 예상한다.

시각 정보가 글라스와 콘택트렌즈를 통해 입력된다면, 청각 정보는 이어셋을 통해 입력될 수 있다. 청각 정보를 처리하는 확장현실 기술 역시 해마다 발전하고 있다. 2030년이 되면 이어셋은 이머시브 사운드immersive sound 제작 기술을 비롯한 다른 음향 기술을 통해 거의 보이지 않을 만큼 소형화되고 덕분에 온종일 사용해도 전혀 불편하지 않을 것이다.

위에서 언급한 기술들의 조합은 '보이지 않는 스마트스트림(2041년의 스마트폰)'으로 진화하기에 충분하다. 스마트스트림을 불러내면 사용자의 시야에 반투명한 디스플레이가 겹쳐질 것이다. 그러면 영화 〈마이너리티 리포트〉에서 배우 톰 크루즈가 했던 것처럼 스마트스트림의 콘텐츠와 앱들을 손짓과 몸짓으로 조작할 수 있다. 스마트스트림의 사운드는 '보이지 않는 이어셋'을 통해 들리고, 공중을 향한 몸짓과 손동작 그리고 음성 명령에 따라 작동될 것이다. 이렇게 어디에나 존재하는 XR 스마트스트림은 화면이 딸린 단순한 스마트스트림(스마트폰)보다 훨씬 많은 것을 할 수 있다. XR 스마트스트림은 지나가다 마주친 지인의 이름을 알려주고, 사고 싶은 물건을 파는 가게가 근처 어디에 있는지 알려주며, 해외를 여행할 때 통역을 해주고, 자연재해를 피할 수 있도록 안내할 수 있다. 일반적인 오감 외에도 우리 몸은 따뜻함, 추위, 진동, 고통뿐만 아니라 바람과 포옹과 같은 다양한 감각을 '느낄' 수 있다. 햅틱haptic 장갑을 끼면 가상의 물체를 집어 올리고 촉감을 느끼는 것이 가능하다. 체감각(때론 햅틱으로 불린다) 슈트를 입으면 추위나 더위를 느낄 수 있고, 심지어 구타를 당하거나 애무를 받는 감각까지 느낄 수 있다. 이 슈트의 얇은 표면에 적용된 기술들 덕분에 아이코는 가상현실 스피닝 자전거를 타며 산들바람과 여름의 열기와 도로의 울퉁불퉁한 돌출물까지 경험했다. 보디 슈트는 촉각을 시뮬레이션하기 위해 운동신경이나 외골격을 이용할 수 있고 신경말단을 자극해 근육을 수축시킬 수도 있다. 몸이 가상 공간에서 어떤 물체와 충돌할 때는 체감각 슈트의 해당 부분으로 펄스가 전송되어 충돌을 시뮬레이션한다. 체감각 슈트는 아이코의 생체 데이터와 신체 동작을 실시간으로 모니터하고 몸짓을 신호로 전환했을 것이다. 이러한 보디 슈트는 게임과 훈련 또는 실제 세상의 시뮬레이션과 같은 수직적 응용 분야에서 사용될 수 있다. 이와 같은 기술들은 이미 초기 상업용 제품들에 적용되었으며 2041년 전까지 더 성숙해져 많은 부분에 적용될 것이다.

향 분사기, 미각 시뮬레이터, 촉각을 시뮬레이션하는 햅틱 장갑 등이 인간의 오감을 대신하기 위해 출현하고 있다.

인간의 육감을 뛰어넘다

앞서 인간의 감각을 시뮬레이션하는 장치들에 대해 살펴봤는데, 우리는 어떤 입력 기기로 확장현실을 통제할 수 있을까? 현재 XR 입력 기기는 엑스박스 컨트롤러와 유사하게 손에 쥐고 사용하는데 보통 한 손으로 조작한다. 이러한 기기는 사용법을 익히기는 쉽지만 실재감이 뛰어난 이머시브 체험에 들어가면 부자연스럽게 느껴진다. 미래의 이상적인 XR 입력 기기는 완전히 자연스러워져야 한다. 시선 추적, 움직임 추적, 몸짓 인식, 음성 이해가 통합되어 중요한 사용자 입력이 될 것이다.

또 우리는 가상 세계에서의 움직임을 어떻게 조절할 수 있을까? 가상 세계에서 현실 세계에서처럼 자연스럽게 움직이려면 매우 넓은 공간이 필요할 것이다. 그러한 공간이 있다 해도 우리는 어떻게 VR 글라스를 쓴 채 달리고 바닥을 기고 올라갔다 내려갔다 하는 등의 다양한 동작을 하면서도 낙상의 위험을 피할 수 있을까? 현재로서 최선의 해결책은 사용자가 모든 방향으로 걸을 수 있는 'ODT(전방향 트레드밀)'을 사용하는 것인데, 이는 영화 〈레디 플레이어 원〉에도 등장한다. ODT는 이미 시중에 판매되고 있다. ODT 프레임과 사용자 어깨를 연결하는 장비가 각 움직임에 따른 힘의 강도를 감지해 사용자가 넘어지지 않도록 보호한다. 또 ODT는 사용자가 움직이는 속도와 동일한 속도로 회전하므로 사용자는 항상 트레드밀 가운데서 균형을 잡을 수 있다. 언덕이나 계단을 시뮬레이션하기 위해 경사도를 조절하기도 한다. 이런 방식으로 낙상 위험 없이 사용자는 어떤 동작도 취할 수 있다.

이러한 기능을 고려할 때 가장 적용 가능성이 큰 분야는 엔터테인먼트가 될 것으로 예상한다. 가령 우리의 디지털 트윈*이 다른 사람의 디지털 트윈과 함께 게임을 하거나 전투를 벌이는 것과 같은 매우 강력한 실재감을 느낄 수 있는 게임이 그러한 예가 될 수 있다. 또 사용자들은 〈유령이 된 아이돌 스타〉에서 히로시와 아이코가 그랬던 것처럼 가상의 존재와 티격태격하면서 긴밀하게 상호작용할 수 있다. 이러한 경험을 통해서 2041년경의 인간은 점점 더 복수의 세계에서, 즉 실제 세계와 가

---

* 디지털 트윈digital twin은 현실 세계의 기계, 장비, 사물 등을 가상 세계에 구현한 것을 가리킨다. 여기에서는 그 대상이 사람이므로 가상 세계에 구현된 '디지털 쌍둥이' 개념으로 이해하면 되겠다.

상 세계와 둘을 혼합한 세계에서 동시에 살아가게 될 것이다.

나는 또한 게임과 무관한 분야에도 적용될 수 있다고 생각한다. 교육은 확장현실이 적용될 주요 분야다. 마이크로소프트는 미국 육군이 홀로렌즈를 향후 10년간 상황 인식, 정보 공유 및 의사결정을 위한 훈련에 사용할 수 있도록 220억 달러에 팔았다. 또 가상현실은 PTSD와 같은 정신질환의 치료에도 사용될 것이다. 우리는 미래에 인간 교사와 가상의 교사가 학생들을 데리고 시간 여행을 가서 공룡을 보고, 세계의 경이로운 역사적 장소를 방문하고, 사망한 스티븐 호킹 박사의 이야기를 듣고, 알베르트 아인슈타인과 상호작용하는 교육 환경을 갖게 될 것이다. 줌 화상회의는 점점 더 실제와 같은 회의 환경을 구현해 사람들이 실제로 탁자에 둘러앉아 회의하는 것처럼 보이도록 해주고(실제로는 집에서 잠옷을 입고 있다 해도 말이다), 가상의 화이트보드를 통해 실제 사무실에서처럼 공동 작업을 하도록 지원할 것이다. 보건의료 분야에서 증강현실과 혼합현실 기술은 의사들의 수술을 지원할 수 있으며, 가상현실 기술은 의대생들이 가상의 환자를 수술하는 훈련을 하도록 도울 수 있다. 소비 방식에도 변화가 일어날 것이다. 사용자들은 옷이나 액세서리 등 필요한 물건을 먼저 착용해볼 수 있고, 가상의 공간에서 집과 사무실을 이리저리 꾸며볼 수 있고, 가고 싶은 여행지도 미리 체험해볼 수 있게 될 것이다.

이러한 기능을 실제로 구현해 사용자 경험을 제공하는 데 있어서 한 가지 커다란 장애물은 콘텐츠 제작이다. 확장현실 환경에서 콘텐츠 제작은 복잡한 3D 게임을 개발하는 것과 유사하다. 우선 사용자 선택지를 모두 종합하고, 실제 사물과 가상의 사물에 적용될 물리학을 모델링하고, 빛과 날씨의 영향을 시뮬레이션하고, 3D 렌더링을 통해 실제와 거의 똑같은 모습의 결과물을 제공해야 한다. 이러한 과정은 비디오 게임 제작이나 앱 개발 과정보다 훨씬 더 복잡하다. 하지만 고품질의 전문적인 콘텐츠가 없으면 사람들은 이런 기기를 사지 않을 것이다. 그리고 기기가 충분히 보급되지 않으면 콘텐츠로 수익을 올릴 수 없다. 이 '닭이 먼저냐, 달걀이 먼저냐'의 문제를 해결하려면 궁극적으로 선순환을 만들어낼 반복적인 과정이 필요하다. 텔레비전과 넷플릭스가 주류 문화로 자리 잡기까지 상당한 시간과 투자가 필요했던 것처럼 말이다. 그렇긴 해도 일단 도구가 발명되고 시험을 거치고 나면 매우 빠르게 퍼져나가 대중화가 될 것이다. 언리얼과 유니티* 같은 전문적인 도구가 언젠가 사진 필터의 XR 버전으로 진화할 것이라는 상상도 해볼 수 있다.

마지막으로 확장현실은 대개 체험의 지연 속도로 인해 발생하는 어지럼증 혹은 '때때로 실제보다 느리게 움직이는' 문제 때문에 발생하는 불안감을 극복해야 한다. 이러한 문제는 기술과 네트워크 대역폭이 개선되면서 함께 줄어들 것이다.

확장현실의 중대한 문제:
육안과 뇌-컴퓨터 인터페이스

가상 환경을 보는 가장 자연스러운 방법은 홀로그램처럼 육안으로 보는 것이다. 2015년에 혼합현실 기업 매직리프Magic Leap는 체육관 바닥에서 튀어 오르는 고래의 모습을 담은 동영상을 발표했다. 동영상을 본 사람들은 그 홀로그램 효과를 글라스를 쓰지 않고도 볼 수 있겠다고 예상했고, 그로 인해 매직리프는 그해에 가장 많이 언급된 기업 가운데 하나가 되었다. 하지만 매직리프가 마침내 제품을 출시했을 때 여전히 글라스

---

* 언리얼Unreal과 유니티Unity는 XR 콘텐츠 개발에 많이 사용하는 게임 엔진으로, 그래픽을 하드웨어에 렌더링하고 3D 작업이 가능하도록 솔루션을 제공하는 소프트웨어다. 이러한 게임 엔진을 사용해 3D 기반의 입체감을 부여할 수 있고, 원하는 동작을 구현할 수 있으며, 음악이나 소리를 입힐 수도 있다. 유니티 엔진은 모바일 게임에 특화된 게임 엔진인 데 반해 언리얼 엔진은 다중접속이 이뤄지는 PC 게임에 최적화된 게임 엔진이다.

가 필요하다는 것이 밝혀졌다. 이러한 '오해'는 육안으로 볼 수 있는 혼합현실의 매력을 분명히 보여준다.

안타깝게도 육안으로 볼 수 있는 혼합현실은 극도로 제한된 조건에서만 가능하다. 1995년에 사망한 중국의 유명 가수가 실물과 거의 똑같은 모습의 3D 라이트 필드 홀로그램을 통해 공연장에 나타난 적이 있다. 2013년의 일이다. 하지만 이 홀로그램은 사진만큼 정교하지는 않으며 멀리서만 볼 수 있었고 상호작용은 할 수 없었다. 홀로그램 기술은 시간이 갈수록 발전하고 있지만, 글라스나 콘택트렌즈가 지원하는 확장현실처럼 육안으로 보는 홀로그램을 2041년 이내에 어디서나 볼 수 있게 될 가능성은 희박하다.

육안으로 보는 확장현실이 가장 자연스러운 '출력값'이라면, 가장 자연스러운 '입력값'은 BCI(뇌-컴퓨터 인터페이스)*일 것이다. 2020년에 일론 머스크의 뇌 연구 스타트업인 뉴럴링크Neuralink는 뇌에 전극 칩을 심은 돼지를 선보였다. 매우 실용적인 BCI라 할 수 있는 이 칩에는 뇌파 신호를 수집하는 작은 전극이 있어서 뉴런의 활동을 모니터할 수 있다. 이러한 연구는 척수 손상과 알츠하이머와 같은 신경질환의 치료 가능성을 보여주었다. 하지만 정작 언론의 관심을 사로잡은 것은 일론 머스크의 낙관적인 믿음이었다. 머스크는 이 BCI가 뇌 활동을 다운로드하거나 업로드함으로써 우리가 기억을 저장하거나 재생할 수 있도록 그리고 타인에게 기억을 이식하거나 영원히 저장할 수 있도록 해줄 것이라고 믿었다.

하지만 머스크를 비롯한 많은 사람의 희망과 달리 이러한 기술이 구현될 가능성은 매우 요원해 보인다. 해결해야 할 문제들이 산더미처럼 쌓여 있기 때문이다. 가령 이 연구에서 BCI는 뇌의 극히 작은 부분만을

---

* 뇌파와 컴퓨터를 연결하는 BCI는 사람의 뇌에서 처리된 정보를 뇌파를 이용해 키보드나 마우스 조작 없이 시스템의 센서로 전달해 컴퓨터에서 해당 명령을 실행한다.

모니터했다. BCI의 모니터 활동이 늘어나면 뇌에 손상을 입힐 가능성이 크다. 또 우리는 뇌에서 수집된 신호들을 어떻게 해석하고 이해해야 할지 알아내지 못했기 때문에 현재로서는 의미 없는 미가공 데이터와 같은 신호만 얻었을 뿐이다. 뇌에서 수집된 신호를 다시 뇌에 업로드하는 것은 살아 있는 인간의 뇌를 조작하는 것이기 때문에 더더욱 어렵다. 살아 있는 인간 뇌를 조작하는 일에는 분명 건강, 사생활 문제, 윤리적 문제들이 뒤따른다. 뉴럴링크가 흥미로운 프로토타입을 개발한 것은 분명하지만, 2041년까지도 머스크가 말한 인간 뇌의 확장은 달성하기 힘든 야심으로 남게 될 것이다.

확장현실에 관한 윤리적·사회적 문제

지금까지 확장현실의 대중화와 관련된 기술적 문제와 건강상의 문제를 살펴보았다. 이러한 기술들에 내재한 윤리적·사회적 문제 역시 만만치 않다.

〈유령이 된 아이돌 스타〉에서 히로시는 아이코가 우연히 그를 불러내는 마법의 단어를 말하는 바람에 그녀 앞에 나타났다. 그는 아이코가 냉장고에서 우유를 꺼낼 때 부엌에 나타났다. 시스템은 아이코가 목욕할 때와 달리 그 시점이 나타나기 편리한 때라는 걸 어떻게 알았을까? 시스템은 편리한 시점을 고르기 위해 아이코를 잘 알고 항상 감시해야 한다. 이것이 정말 수용될 수 있는 일일까?

우리가 글라스나 콘택트렌즈와 같은 장치를 온종일 착용한다면 매일매일의 세상을 빠짐없이 포착하게 될 것이다. 한편으로 생각하면 이러한 '무한한 기억 저장소'를 갖게 되는 건 멋진 일이다. 가령 어떤 사람이 중요한 약속을 해놓고 나중에 이를 부인한다면 약속 당시의 동영상을 찾아내 확인할 수 있다. 하지만 우리는 정말 자신이 한 말이나 행동이 모두 저장되기를 바랄까? 데이터가 엉뚱한 사람의 손에 넘어가면 어떻게 될까? 혹은 우리가 신뢰하지만 알려지지 않은 외부효과를 가진 응용프로그램에 데이터가 사용된다면 어떻게 될까?

분명 우리는 확장현실을 관리할 규제책을 마련하고 지금보다 더 많은 사생활 침해 문제와 외부효과가 있는 세상을 맞이할 준비를 해야 한다. 스마트폰과 각종 앱이 이미 우리에 대해 너무 많이 알고 있다고 생각하는 사람이 많지만, 확장현실은 그것과는 차원이 다른 문제다.

확장현실은 산다는 게 어떤 의미인지 다시 생각하게 할 것이다. 인간은 수천 년 동안 불멸을 추구해왔다. 이러한 신기술들이 개발된 상황에서 우리는 '디지털 불멸'의 가능성을 생각해볼 수 있다. 드라마 시리즈 〈블랙 미러〉에서 남자친구를 잃은 한 여성은 그를 '되살리기 위해' 그의 디지털 정보를 이용한다.

혼합현실이 점점 더 진짜와 같아지고 널리 보급됨에 따라 이 드라마에서 그려진 상황은 그리 머지않은 미래에 실현될 수 있을 것이다. 우리는 앞서 역사 속 인물들과 대화하기 위해 NLP 기반 인공지능 GPT-3를 사용하는 것에 대해 다루었다. 소셜미디어에서는 이미 가상의 인플루언서가 점점 더 늘어나고 있다.

인공지능과 확장현실을 기반으로 한 '디지털 불멸' 혹은 '디지털 부활'은 많은 사생활 침해와 윤리적 문제를 촉발할 것이다. 누군가 타인의 데이터를 사용해 가상의 캐릭터를 만든다면 단순히 저작권 위반 문제로 끝날 수 있을까? 그 캐릭터가 나쁜 말이나 행동을 하면 그것은 단순한 비방일까, 아니면 더 큰 범죄가 될 수 있을까? 가상의 캐릭터가 대중을 오도하거나 범죄를 저지른다면 그것은 누구의 책임인 걸까?

우리는 소셜미디어와 인공지능의 부정적인 외부효과를 이미 경험하고 있다. 확장현실 기술이 폭넓게 상용화되었을 때 불가피하게 발생할 문제들의 해결책에 대해서도 일찌감치 생각해둬야 한다. 단기적으로는 법적인 규제를 확대하는 것이 가장 편리한 해법일 수 있다. 다만 장기적으로 본다면 새로운 규제, 디지털 문맹률 개선, 기술적 문제들을 다루기 위한 신기술 발명을 포함한 다양한 해법을 도출해야 할 것이다.

결론은 이렇다. 2041년까지 우리가 하는 일과 놀이의 많은 부분에 가상 기술이 사용될 것이다. 이 불가피성을 받아들이고 적응해야 한다. 아마도 확장현실 분야에서 거대한 기술적 비약이 일어날 것이며, 그것은 아마도 엔터테인먼트 산업에서부터 시작될 것이다. 현재 인공지능에 대해 그러하듯이 모든 산업은 확장현실을 어떻게 사용할지 고민하고 결국에는 수용하게 될 것이다. 인공지능이 데이터를 지능으로 전환하는 것이라면, 확장현실은 인간의 눈, 귀, 팔다리 그리고 궁극적으로 뇌에서 더 많은 양질의 데이터를 모으게 될 것이다. 인공지능과 확장현실은 자신을 이해하고 더 발전하려는 인간의 꿈을 완성하고 그 과정에서 인간 경험의 가능성을 확장할 것이다.

6장

거룩한 드라이버

그래서 두 가지 톤이 진행된다.

그건 마치 두 대의 기타를 동시에 치는 것과 같다.

자연스럽게 흐르도록 놔두면서도 제어해야 한다.

_지미 헨드릭스, 레온 헨드릭스, 《지미 헨드릭스: 형제의 이야기》 중

AI
2041

+ NOTE

스리랑카를 배경으로 한 〈거룩한 드라이버〉는 지금으로부터 20년 후에는 인공지능이 구동하는 자율주행차가 인간 운전자를 대체하는 과정이 한창 진행 중일 것이라는 가정을 하고 있다. 이 이야기에서 유능한 소년 게이머가 미스터리한 프로젝트에 채용되고, 이 프로젝트를 통해 인간과 인공지능이 모두 실수를 하지만 서로 매우 다른 실수를 한다는 점이 드러난다. 나는 기술분석에서 자율주행차가 어떻게 작동하는지, 완전 자율주행차는 언제 어떻게 출현하게 될지 설명할 것이다.

손목시계가 다급하게 붉은 신호를 깜빡이며 윙윙거렸다. 포뮬러원Formu-la1 레이스에 나설 시간이었다.

VR 카페의 단골손님인 카말은 레이스에 나가기 전 늘 하던 의식을 진행했다. 엄숙한 표정을 짓고서는 피부에 딱 붙는 햅틱 슈트를 입고, 머리를 꼼꼼히 빗고, 소라처럼 생긴 헬멧을 머리에 썼다. 그리고 비좁은 조종석에 앉기 전에 두 손을 합장했다. 소년은 아무런 사고 없이 레이스를 잘하게 해달라고 기도했다.

'심호흡하고 마음을 비워. 모든 생체 데이터가 안전범위에 있는지 확인해.'

일단 달리기 시작하자 불안감은 눈 녹듯이 사라졌다.

게임이 시작되었음을 알리는 깃발이 요란하게 펄럭였다. 카말은 또한 번의 우승을 향해 달렸다.

+ + +

그날 늦은 시간에 주니우스 삼촌이 카말의 집에 왔다. 그는 조심스럽게 한쪽 다리를 끌며 거실로 들어왔다. 다리를 다친 지 오래되었으나 완전히 회복되지 않았다. 의자에 편히 자리를 잡고 앉은 주니우스는 부엌 식탁에서 숙제를 하는 카말을 향해 의논할 일이 있다고 말했다. 그의 중국인 동료를 만나 일자리에 관한 이야기를 들어보라는 것이었다.

부엌에서 듣고 있던 카말의 아버지가 코웃음을 치며 말했다. "중국인이라고? 중국인이 카말에게 무슨 볼일이 있는데?" 아버지는 스리랑카에서 사업을 하는 중국인들에 대한 불만을 쏟아내기 시작했다. "중국인들은 콜롬보와 모든 대도시를 연결하는 다리를 재건하려고 하지. 하지만 다리를 다 짓고 나면 우리 같은 운전기사는 더 이상 필요가 없어져. 알겠어?"

카말의 아버지는 2년 전 근무 중에 사고를 당했다. 경미한 사고였지만 회사에서는 그 일을 핑계로 10년간 배달 운전기사로 일한 아버지를 해고했다. 사장은 자율주행차가 더 편리해지고 가격도 낮아졌으니 이제 무사고 운전기사만 고용할 수 있다고 설명했다. 아버지는 파트타임 관광 가이드로 겨우 돈벌이를 하고 있었다.

곧 열세 살이 되는 카말은 중학교에 입학해야 했으나 아직도 등록금을 마련하지 못했다. 카말의 두 동생도 마찬가지였다. 소년에게는 아르바이트 일거리가 필요했다.

"이번엔 달라요. 그리고 카말에겐 지금 돈이 필요하잖아요." 주니우스 삼촌이 카말 가족을 향해 말했다.

주니우스는 그의 중국인 동료가 게임 개발에 도움을 줄 카말과 같은 아이들을 찾고 있다고 설명했다. "위험하지 않을 거고 돈도 짭짤해요. 부처님한테 맹세할 수 있다고!"

카말은 늘 헛된 약속만 늘어놓는 다른 어른들과 달리 삼촌은 언제나 약속을 지키는 사람이란 걸 잘 알았다. 주니우스는 놀이공원에 가는 일이든 아이스크림을 사주겠다는 말이든 일단 약속을 하면 반드시 지켰다.

카말의 부모님은 아들이 실망하는 모습을 보고 싶지 않아 주니우스 삼촌 말대로 해보라고 허락했다. 어머니는 아들에게 가장 좋은 셔츠를 입히고 구두도 닦아주었다. 머리도 깔끔하게 빗겨주었다. 스리랑카인들은 단정하지 않은 모습으로는 집 밖으로 나서지 않았다.

"항상 웃는 걸 잊지 마라, 카말." 어머니가 카말의 볼을 어루만지며 말했다. "진심 어린 미소는 타인에게 줄 수 있는 최고의 선물이야."

카말은 태양보다 더 밝게 미소 지었다.

+ + +

카말은 주니우스 삼촌과 함께 시내 중심가로 이동하면서 아버지가 저녁 식사 자리에서 자주 하던 말을 떠올렸다. '운전에서 가장 중요한 것은 차가 아니라 도로다.'

스리랑카에는 고속도로가 많지 않았다. 수도 콜롬보의 복잡한 거리에서는 자동차와 삼륜차 툭툭이 좁은 차선을 두고 스쿠터나 달구지와 경쟁을 벌였다. 주요 도시의 외곽도로 역시 비포장에 가로등도 없어 열악하긴 마찬가지였다. 우기가 되면 산사태로 인해 지방 도로들이 흙더미로 뒤덮이기 일쑤였다. 노련한 스리랑카 운전기사들은 어떤 도로를 피해 다녀야 할지 잘 알았지만, 대부분 방문객에게는 종이 지도든 GPS든 도움이 되지 않아 길을 잃고 헤맬 수밖에 없었다.

스리랑카에서는 도로를 잘 택하는 일이 시간 절약 문제가 아니라 목숨을 구하는 일이었다.

지난해에는 극단주의자들이 자신들의 지도자를 석방하도록 정부에게 압력을 가하기 위해 콜롬보 인근의 몇몇 지역에서 폭동을 일으켰다. 여행객을 잔뜩 태운 밴을 몰던 카말의 아버지는 폭동으로 인해 발이 묶이자 잘 안 알려진 우회도로를 이용해 안전한 곳으로 이동했다.

아버지는 투어를 시작하기 전에 항상 부처님께 기도를 올렸다. 울퉁불퉁한 길을 달릴 때면 차 안의 리어뷰미러에 달아둔 펜던트와 염주가 크게 흔들렸다. 카말은 어렸을 때 그런 아버지를 보며 기도를 해야만 차의 시동이 걸리는 모양이라고 생각했었다.

카말은 운전기사로 일하는 아버지 덕분에 자동차회사와 모델에 대해 잘 알았다. 아버지는 수십 년 전에는 스리랑카의 도로가 일본산 자동차들로 가득 찼는데, 이후에 유럽과 미국의 자동차들이 등장했고 나중에는 중국산 자동차들까지 합세하게 되었다고 설명해주었다. 아버지는 가족이 사용하던 중고 빈티지 모델 토요타를 중국산 수소차 모델인 지리로 바꿨다.

카말은 어려서부터 자동차 구경하는 걸 좋아했다. 현관에 서서 차들이 지나가는 모습을 보며 자신이 운전하는 모습을 상상하곤 했다. 더러 아직도 휘발유로 달리는 희귀한 빈티지 모델들이 지나갔다. 카말은 그런 차의 엔진에서 나는 달콤하고 시큼한 냄새도 부릉거리는 소리도 좋아했다. 하지만 직접 운전한 적은 없었다. 장난감 자동차도 몰아본 적이 없었다. 운전에 관한 모든 건 꿈이나 몽상에서만 그리고 스마트스트림의 앱과 VR 카페의 레이싱 게임에서나 벌어지는 일이었다.

카말은 친구들 사이에서 적수가 없을 만큼 최고의 게이머였고 매번 기록을 갈아치웠다. 소년은 VR 카페의 화면에 표시된 신기록 옆에 자신의 이름이 오르는 걸 보는 게 기뻤다. 때론 운전하는 재능이 핏줄을 타고 흐르는 것처럼 느껴졌다. 기어를 빠르게 조작하고 재빠르게 끼어들고 브레이크를 밟았다가 드리프팅을 하고…. 이러한 전술들이 본능처럼 몸에 배어 있었다. 게다가 가장 효율적인 방법으로 코스를 탐색하고 주행 흐름을 미세하게 조정함으로써 게임 포인트를 긁어모으는 방법도 알았다.

카말은 자신만의 은밀한 주행법을 많이 썼기 때문에 다른 게이머들 사이에서 '고스트'라는 별명으로 불렸다. 누군가 자신의 별명을 말할 때마다 카말은 고개를 젖히며 크게 웃었다. 소년에게 이 별명은 세상에서 가장 큰 영예처럼 느껴졌다.

+ + +

카말과 주니우스 삼촌은 엘리베이터를 타고 릴렉스센터의 지하 3층으로 내려갔다. 릴렉스센터는 콜롬보 시내에 있는 4층짜리 신축 건물이었다. 엘리베이터 문이 열리자 유니폼을 입은 젊은 스리랑카 여성이 환한 미소로 그들을 반겼다. 그때 주니우스 삼촌이 말했다.

"카말, 여기서부터 앨리스 양에게 너를 맡겨야겠다. 친절하게 안내할 거야. 저들에게 네가 얼마나 뛰어난 드라이버인지 보여줘, 알았지?"

주니우스가 앨리스에게 윙크했으나 그녀는 무시했다.

"삼촌에게 인사하고 나를 따라오렴, 카말."

카말은 앨리스를 따라 넓은 복도를 걸어갔다. 사무실인지 연구실인지 확실치 않은 여러 개의 방이 있는데 모두 깨끗했다. 흰옷을 입은 직원들이 분주히 움직였다. 그들이 들고 있는 디지털 태블릿 화면에서는 숫자와 그래프가 어지럽게 움직였다. 그들은 태블릿을 들었던 손을 자유롭게 써야 할 일이 있으면 부드럽고 매끈한 가죽처럼 보이는 태블릿을 유니폼에 갖다 댔다. 그러면 태블릿은 몸의 윤곽을 따라 형태를 바꾸고 옷처럼 그들의 몸에 밀착되었다.

카말은 많은 사람이 일하고 있는 공간치고는 이상하리만치 조용하다고 생각했다. 온갖 소음으로 뒤섞인 VR 카페나 바깥 도로와는 달리 작게 속삭이는 소리 외엔 아무것도 들리지 않았다.

앨리스는 카말을 병원 진료실 크기의 작은 방으로 데려가선 옷을 갈아입으라고 했다. 검은색 햅틱 슈트가 헬멧과 함께 문에 걸려 있었다. 검은색을 좋아하지 않는 카말은 인상을 찌푸렸다. 어머니는 흰색은 신성함을 검은색은 불운을 나타낸다고 말씀하시곤 했다. 스리랑카인들은 검은색 옷을 거의 입지 않았다. 보통 밝은색을 선호하고 명절이나 종교 예식에는 흰색만 입었다.

햅틱 슈트는 탄성이 매우 좋은 소재로 만든 것으로 제2의 피부처럼 느껴졌다. 몸에 딱 맞았고 온도도 적당했다. 카말은 몸을 이리저리 돌려서 거울에 비친 모습을 봤다. 너무 커서 우스꽝스러워 보이는 헬멧을 제외하면 만화 속 슈퍼히어로 중 한 명과 닮은 모습이었다.

"카말, 이제 네게 중요한 걸 보여줄 테니 집중해. 알았지?" 방 밖에서 기다리고 있던 앨리스가 말했다. 그녀는 또 다른 복도로 따라오라는 손짓을 했다.

카말은 무거운 헬멧을 쓴 채 앨리스를 똑바로 보았다. '어머니처럼 짙

은 갈색 눈을 가졌네.'

둘은 커다란 방으로 들어갔다. 방 전체에 배치된 색색의 조명이 그들을 비췄다. 여덟 개의 조종석이 두 줄로 배열되었고, 각각의 조종석은 오래된 덩굴처럼 굵은 전선과 케이블로 엔진에 연결되었다. 각 조종석 뒤에는 커다란 스크린이 있었다. 카말은 각각의 스크린이 드라이빙 게임을 생중계로 스트리밍하는 웹캐스트, 즉 라이브캐스트의 디스플레이인 모양이라고 생각했다. 스크린의 한쪽 피드에서는 계속 업데이트되는 생체 데이터를 보여주었다. 방과 온갖 장비를 둘러보며 카말은 놀라움을 금치 못했다.

"이제 곧 조종석에 앉게 될 거야. 네 삼촌은 네가 VR 레이싱 게임을 아주 잘한다고 하셨어. 이 조종석을 게임 콘솔이라고 생각하렴. 물론 성능과 기능은 훨씬 더 뛰어날 거야. 네가 운전하는 동안 기울어지고 진동하고 속도가 높아질 거야. 그래도 놀라지 마. 모두 시뮬레이션에 불과하니까. 넌 이어셋으로 들리고 스크린에 보이는 지시사항을 따르기만 하면 돼. 오늘은 첫날이니 장비를 사용해보고 테스트 주행만 해보도록 하자. 뭔가 잘못되거나 너무 피곤하다 싶으면 알려줘. 바로 중단할 테니까. 알았지?"

앨리스의 설명이 끝났지만 카말의 머릿속에서는 수많은 의문이 맴돌았다. '정확히 어떤 종류의 게임이지?' 하지만 카말이 입을 떼기도 전에 앨리스는 헬멧에 부착된 고글을 내려서 쓰라는 손짓을 보냈다. 카말은 조종석에 올라탔다. 진짜 경기에 출전한 레이서처럼 안전띠를 매고, 핸들을 만져보고, 브레이크와 가속 페달에 발을 올려봤다. 대시보드는 놀랄 정도로 텅 비어 있었다. 카말은 대시보드 앞에 손을 대고 팔을 흔들었다. 불이 켜지더니 순식간에 대시보드가 바뀌었다. 아무것도 없던 곳에서 갑자기 멋진 신세계가 펼쳐졌다. 카말은 손짓으로 대시보드의 레이아웃을 바꿀 수 있다는 걸 깨달았다. 새로운 아이템을 대시보드에 추가하고 기능들의 위치를 옮겨 전면 유리에 띄울 수 있었다.

갑자기 카운트다운이 시작되었다. 숫자를 세는 큰 목소리가 이어셋을 통해 들리고 대시보드에는 색색의 숫자들이 번쩍이며 나타났다. "10, 9, 8, 7…"

카말은 심장이 쿵쾅거렸다. 조종석이 금방이라도 이륙해 활활 타오르는 불길을 내뿜으며 우주로 날아갈 것만 같았다.

"… 3, 2, 1, 출발!"

조종석은 우주로 발사되진 않았으나 눈앞이 환하게 밝아졌다. 카말은 자신이 '지리퓨처 F8'의 시뮬레이션 모델을 운전하고 있다는 것을 알아차렸다. 가상 모델이지만 실제 모델과 아주 미세한 부분까지도 똑같았다.

창밖을 보니 눈에 익숙한 동네 공용 주차장이었다. 그리고 카말은 조수석이 아닌 조종석에 앉아 있었다. 놀랄 일은 더 있었다. 소년은 어느새 검은색 슈트가 아닌 대담한 색채의 레이싱용 장갑을 끼고 있었다. 리어 뷰미러를 조정하자 헬멧에 그가 즐겨 하던 레이싱 게임의 그래픽과 비슷한 문양이 있는 게 보였다.

흥분의 물결이 온몸을 감쌌다. "준비, 출발!" 소년은 레이싱 게임을 할 때처럼 큰소리로 외쳤다.

하지만 지리는 움직이지 않았다.

앨리스의 목소리가 이어셋을 통해 들려왔다. "흥분하지 말고 지시만 따르렴."

글자와 숫자로 이뤄진 3D 홀로그램이 카말의 비전 필드에 펼쳐지기 시작했다. 공중에 떠 있는 3D 홀로그램은 콜롬보 도심의 디지털 광고판처럼 눈길을 끌었다. 카말의 시선이 아래쪽을 향한 화살표를 따라가 은은한 녹색으로 빛나는 가속 페달에 멈췄다. 페달을 밟자 온도계 모양의 막대가 나타났다. 가속 페달을 더 세게 밟자 막대의 색이 녹색에서 푸른색으로 다시 노란색으로 바뀌었다.

'이거 재미있는데!' 카말이 시동을 켰다. 기어를 조정하고, 핸드 브레이크를 풀고, 가속 페달을 가볍게 밟는 거야…. 진동이 전해져 오며 소년의 몸과 비전 필드가 흔들렸다. 차가 움직이기 시작했다.

"아주 좋아. 속도 조절하고 다른 차들을 주의해." 앨리스가 지시했다.

"이 길을 보니 우리 집 옆 도로가 생각나는데…. 그런데 확실하진 않아요. 뭔가 이상해요." 카말이 머뭇거리며 말했다.

아버지가 운전해주는 차를 타고 매일 아침 등굣길에 지나던 바로 그 도로였다. 다만 무단횡단하는 보행자나 길을 가로질러 가는 툭툭이 없을 뿐이었다. 카말은 속도를 낮추면서 몇 블록을 달렸다. 아버지가 늘 좌회전을 하던 교차로는 나타나지 않은 채 계속 직진하는 도로가 이어졌다.

앨리스의 음성이 다시 귀에 들려왔다. "우리 인공지능이 실제 데이터를 바탕으로 가상의 배경을 생성했기 때문에 무척 비슷해 보이겠지만, 조금은 차이가 있을 거야. 오늘은 첫날이라 난이도를 약간 낮췄어. 훈련을 다 끝내면 네 맘대로 달리게 될 거야."

'훈련을 다 끝낸다고? 무슨 훈련?' 카말은 미처 질문할 기회를 얻지 못한 채 다시 운전에 집중했다.

카말은 금세 요령을 터득하고 가상의 자동차를 익숙하게 다루었다. VR 카페에서 하던 레이싱 게임과 거의 유사했다. 한 가지 차이라면 이곳의 엔진이 훨씬 더 훌륭했다. 명령에 더 빨리 반응하고, 지연시간은 더 짧으며, 게임과 현실의 경계가 놀라울 정도로 모호했다. 하지만 앨리스가 말한 대로 주행에 익숙해질수록 운전이 더 어려워졌다. 도로 위 차들이 늘어났고, 느리게 움직이는 노인들과 개를 산책시키는 사람들과 공을 갖고 노는 아이들이 건널목과 길모퉁이에 나타났다. 심지어 교통신호도 불규칙해서 엉뚱한 색깔로 깜박였다. '정말 진짜 같구나.' 땀이 목덜미를 타고 흘렀다. 핸들을 꼭 움켜쥔 손바닥은 땀으로 끈적였다. '집중해야 해….' 어떤 이유에선지 몰라도 카말은 아주 사소한 것조차 놓치면 안 될 것 같은 느낌에 사로잡혔다.

고맙게도 모든 것이 순조롭게 진행되었다. 학교로 가는 도로는 끝이 없어 보였다. 카말은 주의력이 약해지는 걸 느낄 수 있었다. 가속 페달을 더 세게 밟았다. 소년이 몰입 상태에 빠지자 차의 시속이 80, 100, 120으로 서서히 높아졌다. 카말은 자신의 몸과 조종석과 가상의 전경이 조화롭게 녹아들어 형성한 폐쇄 루프closed loop에 갇혀서 이머시브 체험을 했다. 소년은 더 이상 운전을 하는 게 아니었다. 차는 소년의 몸의 일부인 것처럼 심리 상태에 반응하며 스스로 주행했다.

시간이 얼마나 지났을까? 카말은 대시보드를 흘끔 처다봤다. 속도계의 바늘이 붉은 영역에 들어와 있었다. 최고 속도에 다가가고 있다는 뜻이었다.

카말은 눈이 휘둥그레졌다. 갑자기 위험하다는 느낌이 번개처럼 소년을 덮쳤다. 가속 페달에서 발을 떼고 브레이크를 밟았다. 갑자기 차가 강력한 에너지 파동에 휩쓸려 전복되더니 땅에 처박혔다. 카말은 소리를 지르며 핸들을 움켜쥐었다. 몸속에 불이 난 것 같았다. 비전 필드의 모든 것이 빠르게 회전했고 소년은 어지러움을 느끼며 눈을 감았다. 소년을 둘러싼 세상이 암흑 속으로 사라지면서 흔들림도 서서히 멈췄다.

희미하게 소년의 이름을 부르는 목소리가 들렸다. '앨리스인가?' 누군가가 조종석에서 소년을 끌어내고 헬멧을 벗겼다. 카말은 신선한 공기를 마시려고 숨을 가쁘게 몰아쉬었다.

카말은 정신을 되찾자 견고하게 실재하는 현실 세계가 아닌 가상 세계로 돌아가고 싶다는 갈망을 느꼈다. 다시 한번 통제감을 잃었을 때의 그 느낌을 체험하고 싶었다.

+ + +

시나몬레드호텔의 루프탑 라운지 클라우드레드에서 바라보면 콜롬보의 지평선이 한눈에 들어왔다.

때때로 번개가 번쩍이며 무거운 먹구름을 비췄다. 곧 태풍이 몰려오리란 신호였다.

주니우스는 위스키잔의 얼음이 녹아서 작게 조각난 것을 보며 남극의 빙하 같다고 생각했다.

오른쪽 어깨에 누군가 손을 올리는 바람에 깜짝 놀라 뒤를 돌아봤다. 양쥐안이었다. 그녀는 스리랑카에 본거지를 둔 중국 하이테크 기업의 대표라기보다는 체조 선수나 축구 스타로 오해받기 쉬운 발랄한 헤어스 타일과 운동복 차림을 하고 있었다.

"기다리게 해서 미안해요, 길이 막혀서."

"콜롬보가 항상 그렇지! 당신도 싱글몰트?"

"사실 최근에 스리랑카 술과 사랑에 빠졌어요."

양쥐안이 아무 말 없이 바텐더를 향해 손짓했다. 바텐더는 익숙하다는 듯이 우유처럼 뿌연 액체가 담긴 칵테일을 내왔다.

"싸구려 코코넛 위스키 아락에 빠지다니 믿을 수가 없네."

"새콤달콤하잖아요. 건배!"

둘은 술잔을 부딪치고 단번에 술잔을 비웠다.

"달콤함에 속지 말아요. 아락의 알코올 도수는 중국에서 가장 독한 이 과두주 도수와 맞먹을 만큼 높다고요." 주니우스가 웃으며 말했다.

양쥐안은 입맛을 다시며 주니우스를 똑바로 바라봤다. "정확해요. 아 락은 꼭 스리랑카 사람들 같아요. 달콤함은 속임수일 뿐이죠."

주니우스는 순간 말문이 막혔다.

"양 대표, 나는 당신이 해달라는 일을 다 해준 것 같은데. 그 아이들 은…"

"그 아이들이 스리랑카 전국에서 당신이 찾을 수 있는 최고라는 거 죠?"

"당신이 부탁한 대로 게임 카페에 가서…"

"그런데 아직 부족해요. 더 잘하는 아이들이 더 많이 필요해요. 합격률 이 너무 낮아요. 실력 있는 드라이버를 구하지 못하면 투자자들이 발을 뺄 거예요. 주니우스, 생각해봐요. 우리가 왜 이곳에서 그 프로젝트를 하기로 했을까요?"

주니우스는 눈을 내리깔았다. "그야 비용이 덜 들고…"

양쥐안이 자신과 주니우스의 빈 잔을 가리키며 다시 바텐더에게 손짓으로 신호를 보냈다.

"심지어 내 조카 카말까지 소개했는데."

"그 아이가 주니우스 조카예요? 얘기 들었어요. 하지만 그래 봤자 똑똑한 아이 한 명이죠."

"카말의 아버지는 그 애가 엄마 배 속에 있을 때부터 휘발유 연기를 마시고 자랐다고 말하곤 했지." 말을 하던 주니우스의 표정이 딱딱하게 굳었다. "잠깐, 양 대표. 부탁이 있소. 심각한 거요."

"뭔데요?"

"당신은 업데이트된 시스템이 모든 드라이버의 안전을 절대적으로 보장한다고 했어요. 맞죠?"

"우리가 왜 이 일을 처음부터 다시 시작하는지 당신도 기억할 거예요. 그렇죠?" 양쥐안이 잔을 들어 술을 한 모금 마셨다.

주니우스는 침묵했다. 왼쪽 허벅지에 놓인 손에서 근육 아래의 신경들이 뒤엉키는 듯한 묵직한 통증이 느껴졌다. 의사들은 통증의 원인을 결국 찾아내지 못한 채 심리적 원인인 것 같다는 말만 했다.

"사람들에게 진실을 말하고 그들이 결과를 짊어지게 하거나 아니면 거짓말을 하고 그 대가로 더 나은 삶을 줄 수도 있겠죠." 양쥐안이 술잔을 휘휘 돌리며 말했다.

"무슨 말인지 이해해요." 주니우스가 한숨을 내쉬며 말했다. "그래도 카말은 잘 부탁해요. 그 아이는 우리 집안의 희망이니까."

그는 일어서서 두 손을 합장하고 작별인사를 고했다. 그가 남겨 두고 간 술잔의 얼음이 녹아 물이 되었다.

+ + +

"또 남겼다고?" 아버지는 침실 쪽을 바라봤다. 어머니가 고개를 저었다. 카말의 방에서 내어 온 접시는 반쯤만 빈 상태였다. 어머니는 그것을 음식을 기다리는 배고픈 까마귀들이 있는 마당으로 가져갔다.

"애를 강가라마야 사원에 데리고 가서 스님들에게 보여야 하지 않을까요?" 말을 마친 어머니는 합장하고서 짧은 기도문을 읊조렸다.

"며칠 더 지켜보자고. 주니우스가 그러는데, 누구나 적응시간이 필요하대. 뭐라더라. 아, 맞다! 학습곡선이란 게 있대. 시간이 지날수록 적응시간이 점점 더 짧아질 거라고. 또 중국인들이 월급도 줄 거라고 했어."

"카말이 며칠 전에 이상한 표정을 짓고선 우리 차 옆에 서 있는 걸 봤어요. 마치…"

"마치 뭐?"

"마치 차랑 대화를 나누는 것 같았어요."

아버지가 껄껄대며 웃었다. "지금 보니 카말이 아니라 당신한테 문제가 있는 것 같네."

"카말은 당신 아들이에요! 애가 일을 힘들어하면 그만두게 해야 해요. 돈은 다른 방법이 있겠죠. 내가 파트타임 일을 구해도 되고요."

"하지만 리디아, 카말은 행복해. 아침마다 신이 나서 일하러 간다고. 그 녀석이 뭔가에 그토록 열정적인 걸 본 적이 있어?"

"하지만…"

"쉿, 카말이 내려오네."

카말은 계단을 비틀거리며 내려왔다. 신발 끈도 묶지 않은 상태였다. 카말은 부모님을 보지 못한 것 같았다. 그의 눈은 바닥에 고정되었다. 두 팔을 벌리더니 마룻바닥을 끌어안으려는 듯한 자세를 취했다. 급강하하며 공격을 준비하는 전투기 같기도 했다. 그러곤 서서히 돌아서서 아버지와 어머니 사이를 통과해 지나가더니 오른손으로 기어를 조작하는 듯한 동작을 했다.

"카말!" 어머니가 소리쳤다.

카말은 갑자기 동작을 멈췄다. 그는 돌아서지 않고 뒤로 몇 걸음 물러나서 부모님 곁으로 다가왔다.

"집 안에서 부모님에게 어떻게 인사하라고 가르쳤지?"

카말의 동그란 눈이 마치 최면상태에서 막 깨어난 것처럼 휘둥그레졌다.

+ + +

VR 카페에서 그랬던 것처럼 카말은 트레이닝센터에서도 단숨에 랭킹 1위에 올랐다.

이제 더 이상 차량이나 보행자들을 보고 놀라는 초짜가 아니었다. 트레이닝센터의 기술자들이 제시하는 미션도 수행하기 시작했다. 미션은 구조상 비슷하면서도 스토리는 조금씩 달랐다. 외계인 침공처럼 기이한가 하면, 무차별 테러처럼 오싹할 만큼 현실적이기도 했다.

복잡한 전경, 제멋대로인 운전자들… 어떤 것도 카말을 방해하지 못했다. 소년은 양쮀안이 스리랑카 전역에서 영입한 게이머들 가운데 가장 빠르게 포인트를 쌓아갔다. 어린 드라이버들은 매일 훈련을 하면서 금세 친해졌다. 하지만 어떤 드라이버들은 카말의 우쭐한 모습에 질투를 느끼기도 했다. 더 많은 포인트는 곧 더 많은 돈이라는 걸 모두가 알았다.

카말로부터 조언이나 전술을 얻으려 애쓰는 드라이버들도 있었다. 그러면 카말은 고개를 쳐들고선 "나는 운전을 위해 태어났어"라고 다소 건방진 말투로 말했다.

카말은 게임이 드라이빙 루트를 무한정 제공하지 않는다는 점을 발견했다. 가장 자주 등장하는 배경은 대개 중동에서 동아시아에 걸쳐 있는 실제 도시를 그대로 복제한 곳들이었다. 아부다비 위성도시, 인도의 하이데라바드, 방콕, 싱가포르의 인공섬, 중국 광둥과 홍콩 및 마카오를 연결하는 대만구GBA, 상하이 린강, 슝안 신구, 일본의 치바 등 지금까지 온라인에서나 읽어본 지역들이었다.

어느 날 카말은 싱가포르 인공섬에서 미션을 완수하라는 지시를 받았다. 인도네시아 자바섬의 대양저에서 발생한 지각 변동이 쓰나미를 유발했고 초저주파가 섬의 스마트 교통 시스템을 완전히 마비시켰다. 10미터 높이의 쓰나미가 정확히 6분 안에 섬을 강타할 예정이었다. 100대가 넘는 자율주행차들이 오작동을 일으켜 도로 위를 위태롭게 달렸다. 차에 탄 사람들은 옴짝달싹하지 못한 채 바닷물에 휩쓸려 갈 태세였다.

카말과 다른 드라이버들은 수동 조작으로 전환해 비상 네트워크 인프라에 차를 연결하라는 지시를 받았다. 이렇게 하면 네트워크가 차량을 제어해 가장 가까운 대피 장소로 이동시킴으로써 여러 사람의 생명을 구할 수 있었다.

이것은 카말이 여태껏 해본 중 가장 어렵고 스릴 넘치는 게임이었다.

카말의 가상 아바타는 단 몇 초 만에 핸들을 제어하고 쓰나미로부터 안전한 장소를 향해 달렸다. 달리면서 차는 흙더미와 같은 방해물을 피하려고 점프를 했다. 마치 인간 몸의 반사신경에 의한 것처럼 간결하고 자연스러운 동작이었다. 무시무시한 핏빛 카운트다운이 빠르게 0을 향해 치닫는 동안 검푸른 수평선에서 시작된 파도가 시시각각 거대해지면서 해변을 향해 돌진했다.

카말은 자연의 어마어마한 위력을 감상할 시간도 두려움을 느낄 시간도 없었다. 차를 네트워크에 연결해 안전한 장소로 이동하는 데 열중했다. 화면 상단에 표시된 소년의 점수가 급상승하자 쨍그랑하는 경쾌한 소리가 울려 퍼졌다. 소년의 입꼬리가 슬며시 올라갔다.

치명적인 쓰나미가 더 빠른 속도로 다가왔다. 카말은 게임이 끝나기 전에 가능한 한 많은 포인트를 따길 원했다. 1,000분의 1초라도 놓치면 어린 동생들의 등록금과 가족들의 생활비로 쓸 돈이 그만큼 줄어들었다. 세상과 그의 가족은 소년의 몸과 마음이 반응하는 속도에 달려 있었다.

카말이 한 SUV에 올라타려 할 때 마침내 거대한 파도와 물기둥이 덮쳐왔다. 게임의 그래픽은 완벽하지 않아서 그다지 실재감이 느껴지지 않았다. 근처에 있던 차량 몇 대가 순식간에 휩쓸려갔다. 소년은 아쉽다는 듯 무거운 한숨을 내쉬었다. 미처 구하지 못한 차 한 대 한 대는 줄어드는 포인트를 의미했다.

카말은 온몸이 땀으로 흠뻑 젖은 채 현실로 돌아왔다. 너무 지친 나머지 직원 두 명의 도움을 받아 겨우 조종석에서 빠져나왔다. 앨리스는 카말에게 당분간 휴식을 해야 한다고 말했다.

쓰나미 미션을 수행하고 난 며칠 동안 카말은 숟가락을 드는 간단한 동작조차 버거워했다. 손이 쉴 새 없이 떨렸다. 모든 에너지를 빼앗기고 몸과 마음에 구멍이 생긴 것 같았다.

침대에 누워 있는 카말의 귀에 텔레비전 소리가 들려왔다. 뉴스 앵커가 일본 간토에서 발생한 쓰나미 소식을 전하는 중이었다.

카말은 천천히 침대에서 일어나 비틀거리며 부엌으로 갔다. 텔레비전 화면에서 쓰나미가 해안 도로를 덮치기 직전의 모습이 흘러나왔다. 자동차들이 종이와 찰흙으로 만든 장난감 모형처럼 너무나 무력하게 파도에 휩쓸려 검푸른 바다로 사라졌다.

오싹할 만큼 익숙한 장면이었다. 카말의 심장이 세차게 뛰었다. 도로의 상태, 차들의 위치, 여기저기 덮친 흙더미들…. 쓰나미 미션을 수행한 날 게임에서 보았던 마지막 장면과 똑같았다.

'말도 안 돼! 이건 불가능해! 나는 게임을 했을 뿐이야!'

"삼촌, 그건 게임이었을 뿐이라고요, 그렇죠?"

주니우스가 침묵을 깨며 말했다. "카말, 네게 소개할 사람이 있다."

+ + +

주니우스 삼촌은 카말을 릴엑스센터의 낯선 복도로 안내했다. 복도 끝에는 흡사 전시관을 방불케 하는 스리랑카의 온갖 특산품과 기념품으로 장식한 사무실이 있었다.

"카말, 드디어 보는구나."

흰옷을 입은 여성이 소파에 일어나 카말에게 손을 내밀었다. 카말도 수줍게 손을 내밀었다. 여성의 손은 따뜻하고 힘이 느껴졌다.

"내 이름은 양쥐안이야. 양 대표나 제이드라고 부르면 돼. 카말, 네 별명이 '유령'이라며?"

카말은 양쥐안이 말하는 동안 얼굴이 붉어졌다.

"나는 릴엑스의 스리랑카 지사 책임자야. 그동안 네가 한 게임 데이터를 모두 봤어. 확실히 넌 타고난 '고스트' 드라이버더라."

어느새 카말의 뺨은 뜨겁게 달아올랐다.

"네가 궁금한 게 있다고 삼촌이 그러시더라. 네 질문에 성심성의껏 답할게."

카말은 입술을 깨물었다. '무슨 말을 해야 하지? 어머니가 예의를 갖춰 점잖게 말하고 하셨는데, 무슨 말부터 해야 할지 모르겠어.' 카말은 단어를 신중하게 선택하고 싶었으나 너무 지쳐 있는 상태라 제대로 생각이 나지 않았다.

"그 쓰나미 진짜…. 모든 게 페이크…." 카말은 말을 더듬었다.

"그 게임이 진짜인지 페이크인지 묻고 싶은 거니?"

"제3의 가능성이 있나요?"

"내가 먼저 묻자. 넌 그 쓰나미가 진짜였다고 생각하니?"

"물론이죠."

"게임 속 쓰나미는 진짜였니?"

"그건 가짜죠."

"차들은?"

"그 광경이 너무 진짜 같았고 차들이 움직이는 방식도 진짜 같았지만 차 자체는 가짜였죠."

"그렇다면 너는 그 차들과 사람들을 구하는 걸 네가 정말로 도와줬다고 생각하니?"

"저는, 저는…" 카말이 다시 말을 더듬었다. "모르겠어요."

양쥐안은 어깨를 으쓱하면서 이해한다는 듯한 표정을 지었다.

"하지만 대표님이 거짓말하고 있다는 걸 난 알아요!" 카말이 불쑥 말을 던졌다. "만약 일본에서 쓰나미가 발생했다면, 왜 우리에게 싱가포르라고 말했던 거죠? 만일 우리 행동이 현실에 영향을 준다면 왜 우리에게 게임이라고 말한 거죠?"

"대답하기 전에 한 가지 물어보자. 답은 네 혹은 아니오 둘 중 하나로만 해야 해." 양쥐안이 카말과 눈을 맞추며 말했다. "너 중국에 가고 싶니?"

"뭐라고요?" 카말은 깜짝 놀랐다.

"명심해. 네 혹은 아니오로만 대답해야 해." 양쥐안은 소년의 얼굴에 묻어난 놀라움과 당혹감을 보며 웃었다. "넌 최고의 드라이버야. 중국 여행은 네가 한 일에 대한 보너스고. 나는 네가 중국에서 네 질문에 대한 답을 스스로 찾을 수 있으리라 생각해."

"저는 이미 중국의 여러 곳에 가봤는걸요."

이번에는 양쥐안이 놀랐다. 몇 초 뒤에야 그녀는 카말이 가상 세계를 말했다는 걸 깨달았다.

"나는 진짜로 중국에 가는 걸 말하는 거야. 실제로 비행기를 타고 가서 두 발로 걸어다니며 공기를 마시고 맛있는 음식도 직접 먹어보고. 갈래?"

카말은 눈을 내리깔고 생각에 잠겼다. 마침내 고개를 들어 양쥐안을 바라보고 고개를 끄덕이며 당당한 미소를 지어 보였다.

+ + +

카말은 강한 진동을 느끼며 잠에서 깨어났다. 아직 게임 중이라고 생각한 소년은 본능적으로 헬멧을 잡으려고 손을 뻗었으나 머리에는 아무것도 없었다. 눈을 가늘게 뜨고 비행기의 둥근 창으로 들어오는 밝은 아침 햇살을 바라봤다. 창밖에는 거대하고 멋진 비행기들이 줄지어 서 있었다.

그가 탄 비행기가 선전바오안국제공항에 도착했다. 삼촌과 함께 탑승교를 건너 터미널로 이동하는 동안 카말은 눈에 보이는 모든 것에 경탄했다. 모든 것이 거대하면서 새로웠다. 육각형 문양으로 꾸며진 흰색 천장에서 쏟아지는 햇살이 마치 유성우처럼 바쁘게 이동하는 여행객들을 비추었다.

밖으로 나가자 릴엑스의 선전 본사에서 보낸 활달하고 말 많은 젊은 직원 쩡신란이 마중을 나와 있었다. 일행을 발견한 그녀는 손을 합장하고 "아유보완"이라며 스리랑카어로 인사를 건넸다. 주니우스와 카말도 같은 스리랑카어로 인사를 건넸다.

일행은 자율주행차 전용 픽업 구역까지 걸어서 이동했다. 구역에 도착하자마자 기다렸다는 듯이 흰색 SUV가 미끄러지듯 들어와 그들 옆에 섰다. 이어서 문이 활짝 열렸고 카말은 삼촌과 함께 넓은 뒷좌석에 올라탔다. 시원한 에어컨 바람 덕분에 습하고 더운 날씨로 인한 끈적임이 금세 사라졌다.

차가 출발했다. 그동안 차말이 운전했던 다른 차들과 달리 SUV는 엔진 소음이 거의 없었다. 속도감도 거의 느껴지지 않을 만큼 편안했다.

"현재 선전의 대부분 도로와 차량은 레벨5 단계의 완전 자율주행을 지원합니다. 완전 자율주행차에는 운전자가 필요하지 않기 때문에 더 많은 사람이 탑승할 수 있죠. 스마트 제어 시스템이 공항 운영의 효율성을 극대화하고 승객들의 대기시간을 줄이기 위해 어떤 차를 배차할지 결정하고 승객의 위치와 걷는 속도를 고려해 최적의 경로를 계산합니다. 지금 이 도로도 완전 자율주행차를 지원하도록 설계된 스마트 도로입니다. 도로를 따라 설치된 스마트센서가 모든 차량의 관제 시스템과 클라우드 내의 교통관리 인프라와 실시간으로 통신을 주고받으며 안전과 질서를 유지하죠."

카말은 쩡신란의 설명을 들으며 마치 로봇이 말하는 것 같다고 생각했다.

주니우스는 창문에 얼굴을 바짝 붙인 채 외쳤다. "내가 마지막으로 방문했을 때와 너무 달라 보이는데!"

"삼촌, 선전에 와봤어요?" 카말이 놀라서 물었다.

"몇 년 전에. 그때 건설회사 사람들이 최초의 '스마트' 도로를 짓던 모습이 기억나네. 그런데 이젠 어디에나 스마트 도로가 깔려 있잖아!"

"선전은 원래 개발이 빠르죠. 더 많은 걸 보시게 될 겁니다!" 쩡신란이 웃으며 말했다.

카말은 차창 밖을 멍하니 바라봤다. 구름에 가려 끝이 보이지 않을 만큼 높이 치솟은 고층건물이 햇빛을 반사하며 매끄럽게 빛났다. 건물 외벽이 햇빛의 각도에 따라서 패턴과 디자인이 바뀌는 빛의 망토를 입고 있는 것처럼 보였다. 도시 전체가 깨끗하고 질서정연해 보였다. 마치 꼭두각시 인형을 조정하듯이 하늘과 연결된 수많은 줄이 이 거대한 도시의 모든 도로와 차와 사람을 하나의 망으로 엮어서 통제하고 있는 것 같았다.

'도대체 누가 그 수많은 줄을 조정하고 있는 걸까?'

"저것 보세요!" 쩡신란이 외쳤다.

카말과 주니우스는 그녀가 손가락으로 가리키는 방향을 바라봤다. 반대편 차선의 차들이 하나둘 도로 양쪽으로 미끄러지며 흩어지더니 가운데 빈 차선을 만들었다. 구급차가 사이렌을 울리며 빈 차선으로 빠르게 지나갔다. 구급차가 지나가자 차들은 아무 일도 없었다는 듯 원래 위치로 돌아갔다. 모든 과정이 단 몇 초 만에 단 한 번의 경적도 울리지 않은 채 조용하게 이뤄졌다.

"이게 어떻게 가능하죠?" 카말은 거의 할 말을 잃었다.

"이런 식으로 생각해보세요. 우리 인간은 눈으로 들어본 정보를 뇌로 보내 거리를 계산하고 이 정보를 다리의 신경계로 내려보내 속도와 자세를 조절하도록 하잖아요. 그래서 앞의 사람과 서로 부딪히지 않고 걸어 다닐 수 있죠. 이 차들도 마찬가지 원리로 움직인다고 보면 돼요. 센서와 카메라 렌즈 그리고 라이다는 눈의 역할을 해요. 제어 시스템은 뇌에 해당하고요. 이 모든 것은 다리의 기능을 수행하는 엔진과 기어에 연결되어 있어요."

"카말, 이 기술이 스리랑카에도 있다고 상상해보렴." 주니우스가 중얼거렸다. 그는 어머니에게 벌어졌던 일을 떠올렸다. '구급차가 제때 병원에 도착했다면 어머니는 심장마비로 돌아가시지 않았을 거야. 어머니를 죽인 건 심장마비가 아니라 도로 위 차들이야.'

대시보드에 신규 메시지가 떴다. 스피커를 통해 완벽한 표준 중국어로 메시지가 낭독되었다.

"아, 마라톤을 하네요." 쩡신란이 설명했다.

카말이 자세한 내용을 묻기도 전에 그들을 실은 차가 방향을 바꾸더니 가장 가까운 출구 차선으로 이동했다. 도로 위 모든 차가 동시에 같은 경고를 받은 듯 질서정연하게 대오를 맞추며 출구로 향했다.

그때 카말은 운전석에 앉은 쩡신란이 핸들을 잡고 있지 않은 것을 보고 더 놀랐다. 인간 운전자의 도움 없이 정확하게 작동하는 자율주행차는 처음 보기 때문이었다. 스리랑카에도 자율주행차가 많이 보급되긴 했으나 레벨5 단계의 완전 자율주행차는 없었다.

"이게 어떻게 된 거죠?" 카말이 물었다.

"아! 오늘 운이 좋네요. 마침 업그레이드된 도시 교통 시스템을 보신 거예요. 선전의 연례 마라톤 행사가 곧 시작돼서 경로가 재설정됐어요."

카말은 자신이 보고 듣는 모든 것을 소화하려고 애쓰며 놀란 눈으로 도로 위 차들을 바라봤다. 마치 꿈의 세계에 빨려들어간 것 같았다.

+ + +

릴엑스 본사를 방문하기 전 쩡신란은 그들을 첸하이에 있는 광둥식 식당으로 데려갔다.

카말이 이국적이면서 맛있는 음식들을 먹어치우는 동안 주니우스는 창밖만 바라봤다.

"밖에 뭐 재미있는 거라도 있어요?"

쩡신란이 새우만두를 집어 주니우스의 접시에 올려주며 물었다.

"심지어… 심지어 지평선마저 바뀌었군요." 주니우스가 당황스럽다는 듯 중얼거렸다.

"네, 간척사업은 선전의 장기 프로젝트 중 하나예요. 듣기론 스리랑카에서도 간척공사를 많이 한다고 하던데요."

카말은 콜롬보의 해안도로를 지나갈 때마다 보았던 후행흡입호퍼 준설선을 떠올렸다. 이 거대한 선박에 달린 기다란 윈치는 햇빛을 받아 반짝이는 해저 토사를 쏟아내곤 했다. 대부분 중국에서 건너온 준설선은 스리랑카가 새로운 땅을 만들고 수평선을 바꾸는 데 커다란 도움을 주었다.

"스리랑카, 해양 실크로드의 반짝이는 진주."

쩡신란이 중국인 뉴스 아나운서들의 말투를 흉내 내며 말했다.

"그런데 인간이 운전할 수 있는 차들이 아직 있나요?" 카말은 젓가락을 내려놓으며 선전에 온 뒤로 내내 마음에 품었던 질문을 던졌다.

"모든 차가 수동 모드로 전환되진 않아. 사람이 운전하는 차들은 전용 도로로만 다닐 수 있고, 운전 중에는 부분적으로 인공지능 기기를 사용하게 돼 있어. 요즘엔 면허증 따기가 훨씬 더 어려워졌어. 난폭한 운전자들이 설 곳이 없어졌지."

"그렇다면 우리가 왜 필요한데요?" 카말은 몸을 돌려 주니우스 삼촌의 눈을 똑바로 바라봤다.

주니우스와 쩡신란은 서로 눈빛을 교환했다. "당연히 네가 필요하단다." 쩡신란이 답했다. 카말을 바라보는 그녀의 표정이 엄숙해졌다. "최첨단 인공지능도 실수를 한단다. 폭발 사고로 도로가 파괴되어 디지털 지도를 따라갈 수 없게 되거나 갑작스러운 자연재해로 대혼란이 벌어질 수 있거든. 바로 이럴 때 카말과 같은 '고스트 드라이버'가 나서줘야 해. 문제를 해결할 영웅으로 말이야."

"하지만 저는 영웅이 되고 싶지 않아요. 저는 그저 게임을 하고 포인트를 얻어서 우리 가족을 돕고 싶어요."

주니우스는 카말의 시선을 피했다.

쩡신란이 웃음을 터트리며 어색한 침묵을 깼다. "누가 삼촌과 조카 아니랄까 봐. 카말, 네 삼촌이 처음 우리 프로젝트에 참여했을 때 너와 똑같은 말을 하셨어! 그렇죠, 주니우스?"

주니우스가 당황한 듯 얼굴을 붉혔다.

"잠시만요. 삼촌도?" 카말의 눈이 휘둥그레졌다.

"삼촌이 말씀 안 하셨어?" 쩡신란도 놀란 눈으로 주니우스를 쳐다봤다.

카말이 고개를 저었다.

"나는 네게 잘못된 인상을 주고 싶지 않았다." 주니우스가 마침내 적절한 표현을 찾아 속삭이듯 말했다. "나는 다른 사람들이 내 뒤에서 뭐라고 하는지 알아. 그들은 내가 릴렉스를 도와서 나쁜 짓을 했고, 그 벌로 다리를 절게 된 거라고 말하지."

카말은 그런 말을 들어본 적이 없을뿐더러 상상해본 적도 없었다.

"네 삼촌은 우리 회사 최고의 드라이버였어. 부상으로 퇴직하기 전에 많은 생명을 구하셨지."

"그렇다면 삼촌도 저처럼 고스트 드라이버였군요. 그런데 고스트가 왜 다쳤죠?

"벌써 10년 전 이야기란다. 초기 프로그램은 지금보다 훨씬 더 원시적이었어. 항상 위험은 있기 마련이지만 지금은 위험이 훨씬 덜하지."

"그게 바로 우리가 이 실험을 게임이라고 불러야 하는 이유야." 쩡신란이 진지한 말투로 끼어들었다. "인간 종족은 기계보다 훨씬 더 섬세해. 인간 운전사의 반응 속도와 수행 능력은 아주 미미한 정서적 반응에도 영향을 받을 수 있어."

"그래서 삼촌이 내게 거짓말을 한 거로군요. 삼촌은 단지 게임을 하는 거라고 얘기했어요."

'나는 삼촌이 내게 절대로 거짓말을 하지 않는다고 믿었는데.'

주니우스는 깊은 한숨을 쉬었다. "카말, 내 이야기를 들어보렴."

+ + +

10년 전 대지진 이후 주니우스는 쓰촨-티베트 지역에서 발이 묶인 희생자들에게 응급 의약품을 전달하는 미션을 수행했다. 산사태로 막힌 도로들 때문에 GPS가 제대로 작동하지 않는 상황에서는 고스트 드라이버들만이 유일한 희망이었다. 하지만 강력한 여진으로 인해 엄청난 산사태가 일어났고, 폭우처럼 쏟아져내리는 흙더미를 피하려고 고군분투하던 주니우스는 왼쪽에서 굴러 내려오는 거대한 바위를 미처 피하지 못했다. 바위는 곧장 왼쪽 차체를 덮쳐버렸다.

주니우스는 왼쪽 다리를 관통하는 듯한 통증을 느꼈다. 포스 피드백

*이 작동하고 있었다. 그는 실제로 몸을 다친 게 아니라는 걸 알았다. 그것은 공감각, 즉 가상현실 기술에 의한 실제 감각의 시뮬레이션이었다. 적정 수준의 공감각은 인지 능력을 자극하고 아드레날린 분비를 촉진해 드라이버의 수행 능력을 강화했다. 하지만 '적정 수준'의 기준은 드라이버마다 다르고 미션에 따라서도 달라졌다. 주니우스는 재난이 덮친 쓰촨-티베트 지역의 참상을 보며 수많은 생명이 자신에게 달려 있다는 것을 실감했다. 그리고 한 생명이라도 더 구해야 한다는 사명감으로 일부러 공감각 값을 올렸다.

주니우스는 다리에 엄청난 통증을 느끼면서도 차를 다시 움직이기 위해 여러 방법을 시도했으나 꼼짝도 하지 않았다. 시간이 갈수록 희망은 점점 더 희미해지고. 그는 죄책감과 절망감에 압도되었다. '저들을 구하지 못했어….'

결국에 군에서 드론을 동원해 응급 물자와 의약품을 수송했다.

주니우스는 왼쪽 다리에서 아무런 감각을 느끼지 못했다. 더 이상 몸의 일부가 아닌 듯했다. 그날 이후 왼쪽 다리는 실제와 가상 사이의 어지러운 상태에 갇혀버렸다. 마치 시간에 의해 잊힌 어떤 존재가 영원히 고통과 후회의 순간에 박제된 것처럼.

+ + +

"그걸 게임으로 생각하면 고통은 덜할 거예요." 카말은 그렇게 말하면서도 한 가지 도저히 이해할 수 없는 것이 있었다. "하지만 왜요? 왜 우리가 이 모든 걸 견뎌야만 하죠?"

"먹고살기 위해서, 그리고 그 과정에서 생명을 구하기 위해서가 아닐

---

* 포스 피드백force feedback은 게임용 기기에서 게임 중의 충격이나 진동을 실제로 체감하게 하는 것을 가리킨다.

까. 업을 쌓는 건 중요해. 언젠가 우리에게도 구원이 필요할 수 있으니."
주니우스가 자조 섞인 미소를 지으며 말했다.

그들은 점심을 먹은 후 릴엑스의 본사를 방문했다. 카말은 연구실에 있는 동안 유리창 안에 전시된 최신형 포스 피드백 슈트와 뇌파 연결 헬멧에서 눈을 뗄 수 없었다. 쩡신란은 소년의 눈이 커진 것을 보고 그가 게임에 계속 참여해 릴엑스의 미션을 완수하기만 한다면 맞춤형 장비 세트를 주겠다고 약속했다.

카말은 실크처럼 가볍고 강철처럼 강력해 절대 뚫리지 않는 그래핀 소재를 만지작거리며 그날 알게 된 모든 것에 대해 조용히 생각했다.

사실 카말은 이미 미래를 목격했다고 느꼈다. 소년의 눈에 비친 미래는 이국적이고 거대하며 매우 혼란스러웠다. 선전에서 본 완전 자율주행차와 스마트 도로는 빙산의 일각에 불과했다. 예전에 카말은 '기술'이란 베어링, 기어, 전기선과 같은 부품들을 하나하나 조립해 만드는 자동차처럼 모든 것을 구체적으로 설명할 수 있고 눈으로 직접 볼 수 있는 그런 것이라고 여겼다. 하지만 지금은 기술이 어머니가 가장 좋아하는 '사리'와 비슷하다는 것을 깨달아 알고 있었다. 사리는 다양한 패턴이 수놓인 매우 곱고 섬세한 옷감인데, 어머니가 사리를 접어서 몸에 두르면 단순한 옷감이 아닌 무언가 다른 것으로 보였다. 마치 여기저기 흩어진 흐릿한 구름이 한데 뭉치면 뚜렷하고 구체적인 형태를 이루는 것과 같았다.

+ + +

카말은 좌석 앞의 작은 스크린을 물끄러미 바라봤다. 디지털 지도에 표시된 파란색 점선을 따라 비행기가 서서히 스리랑카 상공으로 진입하는 중이었다.

양쥐안이 공항에 나와 있었다. 그녀는 카말과 주니우스를 집에 데려다주는 대신 트레이닝센터 옆의 건설 현장으로 데려갔다. 중국건축공정

총공사의 새로운 프로젝트가 진행 중이었다. 반 개월이 채 지나지 않아 이곳에 반짝반짝 빛나는 현대적인 상업용 타워가 세워질 예정이었다.

"카말, 앞으로 우리 회사는 이 신축 건물의 여러 층을 사용하게 될 거야. 사무실, 트레이닝센터, 조종실을 만들고 있지. 내가 약속하는데, 너는 너만의 오퍼레이션룸과 가상현실 조종석을 갖게 될 거야."

"저는…" 카말은 목에 메는 듯 말을 잇지 못한 채 삼촌을 바라봤다. 주니우스는 격려의 미소를 지어 보였다.

"죄송해요, 양 대표님. 저는 더 이상 고스트 드라이버가 되고 싶지 않아요."

카말은 너무 긴장해서 양 대표의 얼굴을 제대로 쳐다보지 못했다. 그녀가 놀랐을까? 실망했을까? 화가 났을까? 하지만 양쥐안의 얼굴은 평소처럼 차분했다.

"아니야, 미안할 거 없어. 이해한다." 양쥐안이 카말의 어깨를 두드렸다. "우리가 네게 너무 큰 짐을 지게 했으니까. 하지만 이왕 여기까지 왔으니 네가 다시 돌아와 최고의 드라이버가 되면 좋겠다고 생각한 거지."

"저는 아직 준비가 안 됐어요."

"그렇다면 내 이야기를 들어보렴. 네 삼촌조차 모르는 얘기야." 양쥐안이 아쉬운 듯한 미소를 지으며 말했다.

그녀는 먼지투성이의 건축 자재들이 쌓인 곳에 걸터앉았다. 바지가 더러워지는 것쯤 상관없다는 듯 태연한 표정으로 반쯤 지어진 건물을 바라보며 이야기를 시작했다.

"스리랑카에 처음 왔을 때 나는 이곳이 정말 싫었어. 혼자였고 적응도 잘하지 못했어. 신할라어와 타밀어도 구분하지 못했지. 하지만 이곳에서 몇 개월을 산 후 내 감정이 변하기 시작했어. 말벌들이 담불라 석굴사원에 있는 거대한 황금 부처의 턱에 둥지를 지으면 승려들이 그걸 치우는 대신 그냥 살게 놔둔다는 말을 들었어. 오직 개발에만 신경을 쓰는 거대한 산업기술 도시인 내 고향에서는 상상할 수도 없는 일이었지. 나는 종교의 힘과 내면에서 오는 평온함을 느꼈어. 나는 종교가 없는데 기도는 하거든. 쓰촨-티베트 지진이 일어났을 때도 너희 삼촌이 미션을 성공하고 안전하게 돌아오길 기도했어."

카말은 삼촌이 선전에서 해준 이야기를 떠올리며 삼촌의 다리를 흘끗 쳐다봤다.

"결국 나는 스리랑카인과 중국인이 공유하는 공통점을 볼 수 있게 되었어. 캔디에 있는 불치사와 베이징에 있는 링광 사원이 부처의 치아 사리를 보존하고 있는 세계에서 단 두 곳뿐인 불교 유적지라는 말을 들었어. 그건 마치 부처가 지구라는 사과를 깨물어 먹고서 스리랑카와 중국에 두 개의 앞니를 빠뜨린 거나 마찬가지야. 이건 운명이야, 그렇지 않니? 그래서 나는 콜롬보에 남아서 이곳의 발전에 힘을 보태기로 했어. 선전은 내가 꿈꾸는 콜롬보의 미래야."

카말은 눈이 휘둥그레졌다. 선전을 본떠 콜롬보를 발전시킨다는 생각을 조금도 이해할 수 없었다. 하지만 소년은 첫 반응은 무뚝뚝한 질문이었다. "그날이 오면 우리 아버지와 같은 운전사들은 일자리를 잃겠죠?"

"사람들은 이곳에 인공지능 시스템을 업그레이드하면 스리랑카 사회에 해를 끼칠 것이고 일자리를 잃게 될 거라 말하지. 하지만 탑을 지을 때는 기초부터 시작해서 위로 올라가야지 맨 위층으로 건너뛰면 안 되잖아. 처음에는 일자리가 사라지겠지만 결국에는 새로운 일자리가 더 많이 창출될 거야. 릴엑스는 스리랑카가 중국처럼 발전을 이루도록 돕길 원해. 그러니 네가 하는 일도 엄청 중요한 거야. 그건 거룩한 일이야."

양쥐안은 두 팔을 넓게 벌린 채 카말과 주니우스를 바라봤다.

"하지만… 하지만 저는 이제 그게 게임이 아니라는 걸 알아요…. 저는 더 이상 못 하겠어요. 쓰나미에 휩쓸려 간 차들과 제가 구하지 못한 사람들을 생각할 때마다 죄책감이 들어요. 업보가 되는 죄악을 저지른 것처럼 느껴져요."

겨우겨우 말을 마친 카말이 몸을 떨며 한 발 물러섰다. 주니우스가 소년의 가냘픈 몸을 끌어안았다.

양쥐안은 눈을 내리깔았다. 마침내 패배를 인정한다는 듯한 표정이었다.

"아마도 기술과 사람은 같은 방식으로 작동하지 않는…"

갑자기 전화벨이 울려서 그녀의 말이 끊겼다. 양쥐안은 전화를 받더니 카말과 주니우스를 흘끔 쳐다보았다. 둘은 중국어를 알아듣진 못해도 그녀의 표정을 보고 뭔가 잘못되었다는 걸 직감했다.

"최선을 다해보겠습니다." 양쥐안이 아주 긴 통화 후 전화를 끊었다.

"무슨 일이죠?" 주니우스가 물었다.

"누가 콜롬보 중심에 있는 강가라마야 사원을 공격했대요. 총을 든 남자들이요. 승려들과 관광객들이 불교 학교와 기숙사에 숨어 있지만, 괴한들에게 발각되는 건 시간문제일 거라고 하네요."

카말은 얼어붙었다. '강가라마야 사원? 어머니가 나를 데리고 기도하러 다니셨던 장소가 아닌가?'

강가라마야 사원은 아시아의 불상들을 모아둔 박물관이었다. 스리랑카뿐만 아니라 태국, 인도, 미얀마, 일본, 중국 등지에서 온 수천 개의 불상이 있었다. 강가라마야 사원은 스리랑카인들에게 영적인 삶의 중심이었다. 한편으로 전 세계에서 관광객들이 몰려드는 그곳은 테러 공격을 벌이기에 완벽한 장소였다.

"경찰은 어디 있답니까?"

"경찰이 대응하고 있지만 내 도움이 필요하대요."

"당신이 뭘 어떻게 도울 수 있죠?"

"우리 회사의 자율주행차들이 근처에 주차되어 있어요. 새로 업그레이드한 오프로드 SUV죠. 측문으로 차를 몰고 가 사람들이 구출하도록 도울 수 있어요."

주니우스는 양쥐안의 떨리는 목소리를 처음 들었다.

"인공지능이 감당할 수 있을까? 만일 건물에서 연기가 나고 또 다른 폭발 가능성이 있다면 라이다의 효율성에 영향을 미칠 텐데요. 게다가 테러리스트들이 승려와 관광객 사이에 숨어 있으면 어떡하죠? 그런 상황에서 인공지능이 뭘 할 수 있죠?

"다른 방법을 생각할 시간이 없어요. 일단 위험을 감수해야죠."

"내가 다리를 다치지 않았다면…. 트레이닝센터에는 누가 있나요?"

"휴일이잖아요. 아무도 없어요."

세 사람은 밀려오는 무력감에 아무 말도 할 수 없었다.

"제가 갈게요." 카말이 낮은 목소리로 말했다.

고개를 수그리고 있어서 표정은 보이지 않았다.

"안전하지 않아." 주니우스가 말했다.

"네 삼촌 말이 맞아. 지금 네 심리 상태가 드라이빙 능력에 부정적인 영향을 줄 거야." 양쥐안이 말했다.

갑자기 카말이 고개를 획 들더니 양쥐안을 바라보았다.

"저는 어릴 적부터 강가라마야에 갔어요. 눈 감고도 거길 돌아다닐 수 있어요."

소년의 눈이 사파이어처럼 빛났다. 두 사람이 미처 대답하기도 전에 카말은 이미 트레이닝센터를 향해 전력질주하고 있었다.

양쥐안과 주니우스는 잠시 서로를 바라보다 카말의 뒤를 따랐다.

+ + +

트레이닝센터는 이상하리만치 조용했다.

카말은 조종석 밖에 서서 손을 합장하고 마음속으로 부처에게 기도했다.

헬멧에 달린 고글을 내리고 경주용 장갑의 끝동을 여몄다. 그런 후 천천히 조종석에 올라타 안전벨트를 맸다.

'천천히 호흡하면서 마음을 비우자. 불안한 마음이 들게 하는 모든 생

각은 무시해. 오직 스크린에만 집중해야 해.'

문을 두드리는 소리가 명상을 방해했다. 카말은 고글을 올리고 양쥐안을 봤다. 그녀는 왼손을 내밀라는 손짓을 하더니 손목에 붉은색 리본을 감아주었다.

"이게 행운을 가져다준다고 하더라." 양쥐안이 말했다. 잠시 뜸을 들이더니 그녀는 진지하게 고개를 끄덕였다. "고마워, 카말."

카말이 활짝 웃었다. 시동을 켜면서 트레이닝센터에 처음 온 날을 떠올렸다.

'연결. 동기화. 비전 필드 조정.'

바로 다음 순간 카말은 강가라마야 사원에서 불과 100미터 떨어진 곳에 주차된 자율주행차 안에 있었다. 그는 좁은 도로를 따라가다 경찰이 세운 바리케이드를 통과한 다음 좌회전했다. 정문을 지나며 상황을 보기 위해 속도를 늦췄다. 정문 옆의 작은 광장은 엉망이었다. 버려진 신발들과 다른 잔해들이 어지럽게 널려 있었다. 정문은 뿌연 연기에 가려져 보이지 않았다. 정문 양측에 있는 관세음보살상과 관우 동상의 실루엣만 어렴풋이 알아볼 수 있었다.

심장 박동이 빨라졌다. 외부 카메라 렌즈로 주변을 살피며 부상자를 찾았지만 아무도 보이지 않았다. 카말은 후누피티야레이크로에서 다시 좌회전해서 보로부두르 유적의 모형이 있는 측문 근처로 갔다.

보로부두르 모형을 처음으로 직접 봤을 때 느꼈던 충격과 놀라움이 떠올랐다. 본래의 보로부두르 유적은 인도네시아 자바섬의 중심에 있었다. 강가라마야 사원을 만든 설계자들은 보로부두르 원형의 일부를 본떠서 비율에 맞게 축소해 모형을 만들었다. 인도네시아에 갈 수 없는 순례자들은 콜롬보에 있는 모형을 보고 기도할 수 있었다. 어머니는 본래의 보로부두르 유적이 화산 폭발과 끔찍한 지진을 견뎌내고 여전히 자바섬의 중심부에 굳건히 남아 있다고 이야기해주었다.

카말은 엔진을 끄지 않은 채 측문 옆에 차를 세웠다. 테러리스트들이 엔진 소리를 들을까 걱정하며 측문을 예의주시했다. 가슴이 두근거리고 입이 바싹 마르고 눈에 열이 났다. 순간 토할 것 같다는 생각이 들었다.

"침착해. 심장 박동이 너무 빨라." 헤드폰으로 양쥐안의 목소리가 들렸다. "그냥 게임이라고 생각해. 우리가 안에 갇힌 관광객들에게 문자 메시지를 보냈어. 네가 곧 도착한다는 걸 알고 있어."

'게임. 맞아. 이건 그냥 게임이야.'

총을 든 사람들은 보이지 않았다.

갑자기 측문에 누군가의 얼굴이 나타났다. 한 남자가 긴장한 표정으로 밖을 내다봤다. 그는 카말의 차 측면에 그려진 릴엑스 로고를 보고서는 사라졌다. 몇 분 후 한 무리의 사람들이 서로 몸을 바짝 붙인 채 비틀거리며 문을 빠져나왔다. 카말은 차에 뒷좌석 문을 열라고 명령했다. 앞장선 남자는 운전석이 빈 것을 보고 순간 멍해졌으나 곧 정신을 차리고 부상자들이 차에 타는 걸 돕기 시작했다.

노인들과 엄마와 함께 온 아이들로 차가 꽉 찼다. 앞장섰던 남자가 문을 닫고 손을 흔든 후 측문을 통해 다시 사라졌다. 차 안에 탄 아이 하나가 울기 시작했다.

카말은 아이의 우는 소리를 듣고 마음이 아팠다. 1분 1초라도 낭비하면 더 위험해졌다. 그는 가속 페달을 밟고 차를 출발시켰다. 도로를 따라 직진한 후 좌회전, 그다음엔 우회전. 약 1킬로미터 떨어진 곳에 안전 구역으로 지정된 콜롬보 시나몬레드호텔이 있었다.

카말은 게임을 하듯이 정해진 루틴을 반복했다. 지정된 경로를 따라서 정해진 시간 내에 주어진 과업을 수행했다. 헤아리기 어려울 만큼 여러 차례 사람들을 실어 나른 후 마침내 마지막 승객이 뒷좌석에 올라탄 순간이었다. 총알이 차의 측면으로 날아왔다. 유리가 깨지고 금속이 부딪히는 소리와 사람들이 외쳐대는 비명에 카말은 귀가 먹먹했다.

카말은 급가속하다가 브레이크를 세게 밟고선 방향을 바꾸면서 검정 옷을 입은 두 명의 괴한을 간신히 피했다. 정면에서 요란한 소리가 들려

고개를 들어보니 복면을 한 세 번째 괴한이 차 지붕의 루프랙에 매달려 있었다.

카말은 괴한의 몸에 매달린 검정 물체들을 보았다. 비전 필드가 흐릿한 상태이긴 했지만 빨간 점들이 깜빡이는 것이 보였다. 폭탄이었다!

카말은 속도를 올려 도로 위 차들을 요리조리 피하면서 차를 한쪽으로 기울인 채 달리거나 급회전을 해서 차체가 흔들리도록 했다. 루프랙에 매달린 남자를 떼어내기 위해 할 수 있는 모든 것을 시도했다. 뒷좌석의 사람들이 비명을 지르고 있었다. 카말은 자신이 모든 결정이 그들의 운명을 결정하리란 걸 알았다.

'이건 게임이 아니야.'

"이건 게임이 아니라고!" 카말이 소리쳤다.

"뭐라고?" 트레이닝센터에 있는 양쥐안이 되물었지만 카말은 대답하지 않았다.

시나몬레드호텔로 가려면 다음 교차로에서 좌회전해야 했지만 대신 유턴을 해서 왔던 방향으로 다시 질주했다. 비전 필드에 초록 나무와 푸른 호수 위를 나는 하얀 새들이 보였다.

"카말! 어디로 가는 거야?" 주니우스가 떨리는 목소리로 외쳤다.

괴한의 몸에 있는 빨간색 점이 더 빠르게 깜빡였다. 시간이 없었다.

마침내 자신이 찾던 장소를 발견한 카말은 다시 급회전해서 반대편 차선을 가로질러 언덕 아래로 달렸다. 베이라호수 한가운데 떠 있는 것처럼 보이는 시마말라카 사원은 나무로 된 커다란 다리로 연결되어 있었다. 사원의 파란색 기와지붕과 황금색 불상이 어둑어둑한 석양 속에서 평화롭고 고요한 천상의 빛을 내뿜었다.

다리 앞에는 작은 벽돌을 쌓아 만든 낮은 담장이 있었다. 차는 담장을 넘기 위해 공중에 붕 떠올랐다가 덜컹거리며 착지했다. 착지한 곳은 사원으로 가는 길을 지키는 대리석으로 된 정자가 있는 곳이었다. 신성한 동물들과 연꽃 문양으로 장식된 사각형의 우물처럼 생긴 정자였다. 정자의 밑바닥에는 관광객들이 기도하며 던진 동전들이 흩어져 있었다. 정자의 위쪽에는 실물 크기의 반 정도 되는 와불상이 있었다. 부처는 사원에 온 사람들을 환영이라도 하듯 우아하고 편안한 자세로 누워 있었다.

"모두 꽉 잡아요!" 카말이 외쳤다.

폭탄의 빨간색 점이 더 이상 깜빡이지 않았다. 악의를 품은 충혈된 눈처럼 카말을 쳐다보는 듯했다.

카말은 가속 페달을 최대한 세게 밟고 전속력으로 달렸다.

'죄송합니다, 부처님.'

죄책감에 젖은 카말의 기도 소리는 귀를 찢는 듯한 폭발음에 묻혀 들리지 않았다.

+ + +

시나몬레드호텔의 26층에 있는 클라우드레드는 조용했다. 항상 들리던 댄스 음악도 번쩍이는 조명도 없었다. 하지만 비어 있는 것은 아니었다. 손님들이 목을 길게 빼고 감시 카메라가 녹화한 슬로 모션 동영상이 나오는 프로젝션 스크린을 바라보고 있었다.

차체가 부서지고 차창이 깨진 오프로드 SUV 한 대가 전속력으로 대리석 정자를 향해 달려가고 있었다. 충돌 시 충격으로 차가 앞으로 기울어져 차의 후미가 하늘로 치솟았다. 강력한 관성의 힘 때문에 전면 유리창에 붙어 있던 괴한이 공중으로 날아갔다. 남자는 큰 포물선을 그리면서 시마말라카 사원의 한가운데 있는 관세음보살 쪽으로 날아가 떨어졌다. 다음 순간 그는 타오르는 불길에 휩싸였다.

충격으로 크게 흔들리던 사람들이 겨우 안정을 되찾고 한 명씩 차 밖으로 나왔다. 여기저기 멍이 들고 긁히긴 했어도 다행히 크게 다친 사람은 없었다.

동영상이 멈추고 다시 조명이 켜졌다. 몇 사람이 박수를 치자 점점 더 많은 사람이 동참하면서 클라우드레드 내부 전체가 우렁찬 박수 소리로 가득 찼다.

"우리의 영웅 카말을 위해 모두 건배합시다!" 양쥐안이 샴페인잔을 높이 들어 올렸다. 술잔 부딪치는 소리가 들리고 황금빛 샴페인이 보글거리며 찰랑거렸다.

"카말이 중학교 첫 학기를 잘 보내길!"

웃음소리와 선의의 농담들이 오갔다. 파티의 주인공인 까무잡잡하고 마른 소년이 수줍어하며 중앙에 서 있었다. 모두가 그와 악수하고 포옹하고 사진을 찍길 원했고 그에게 난초로 만든 스리랑카 전통 왕관을 선물로 주었다. 소년은 어색해하며 몸을 꼼지락거렸다.

누군가 소년의 손을 잡아끌어 그를 구해주었다. 양쥐안이었다. 그녀는 손짓으로 오케스트라에 연주를 시작하라고 지시하고는 웨이터들에게 음식과 술을 더 가져오라는 신호를 보냈다.

"마음껏 드세요, 여러분! 하지만 우리의 영웅은 인터뷰 때문에 잠시 실례하겠습니다. 기자들을 기다리게 할 수는 없죠."

양쥐안은 카말을 데리고 VIP 라운지로 갔다. 놀랍게도 방은 비어 있었다. 당황한 카말이 양쥐안을 바라보자 그녀는 웃으며 두 개의 술잔에 샴페인을 따랐다.

"내가 또 거짓말을 했네. 인터뷰는 그곳에서 너를 빼내기 위한 핑계였어. 건배하자."

양쥐안과 소년은 잔을 부딪쳤다. 그녀는 단숨에 술잔을 비웠으나 카말은 홀짝거렸다.

"내가 너를 붙잡기 위해 이곳으로 데려왔다고 생각한다면 오산이야." 양쥐안이 카말의 어깨를 두드렸다. "나는 그저 네게 기념품을 주고 싶었어."

그녀가 옆으로 물러서자 등 뒤로 새까만 상자가 보였다.

카말은 다가서서 상자에 손을 대고 조각을 어루만졌다. 그의 지문을 인식한 상자가 천천히 열렸다. 안에는 최신형 레이싱 장비가 들어 있었다. 검정 헬멧, 몸에 쫙 달라붙는 슈트와 장갑이 있었다. 카말은 헬멧을 눈높이로 들어 올리고선 고글에 비친 자신의 얼굴을 봤다. 그는 고개를 들어 양쥐안을 보고 웃으며 말했다. "감사합니다…."

"내게 고마워할 거 없어. 나는 그저 네가 미래를 만들기 위해 희생된 게 아니라는 걸 알려주고 싶었어." 양쥐안이 엄숙한 표정으로 말했다. "네가 곧 미래야. 아, 마지막으로 하나 더 있다." 양쥐안이 태블릿을 꺼내더니 카말에게 건넸다. "이걸 읽어봐. 너의 새로운 타이틀에 대해 어떤 기분이 드니?"

뉴스의 헤드라인은 '거룩한 드라이버: 스리랑카 소년이 자율주행차로 11명의 목숨을 구하다'였다. 헤드라인 아래의 사진은 이제 자신의 상징처럼 된 헬멧을 쓰고 있는 카말이었다.

완전 자율주행차의 시대는
도래할까?

드라마 〈전격 Z작전〉이나 영화 〈마이너리티 리포트〉를 비롯해 여러 SF 소설에서는 완전 자율주행차의 도래를 기정사실로 제시한다. 하지만 〈거룩한 드라이버〉에서는 2041년에도 자율주행 기술이 성숙 단계에 도달하지 않으리라 가정하고 있다. 2041년이면 구글이 상용 자율주행 기술 연구를 시작한 지 32년이 되고, 카네기멜론대학교가 고속도로에서 학술용 자율주행 기술을 시연한 지 52년이 되는 시점인데도 말이다. 그렇게 예상하는 이유는 '운전' 자체가 여러 불확실한 환경과 예측불허의 사건을 제어해야 하는 복잡한 작업이기 때문이다. 인공지능 분야에서 완전 자율주행은 최후의 만찬에서 예수 그리스도가 사용했던 기적의 힘을 지닌 '성배'로 인식되고 있다.

자율주행차는 단일 기술의 비약적인 발전이 아니라 수십 년간의 반복적인 연구를 통해서만 진정한 자율성을 갖게 될 것이다. 자동 비상 브레이크는 아직 성장 과정에 있는 자율주행 기술이 선보인 첫걸음 중 하나였다. 또 다른 중요한 점은 자율주행차를 기존 차량을 단순히 업그레이드한 것으로 받아들여서는 안 된다는 점이다. 자율주행차는 〈거룩한 드라이버〉에서 묘사된 대로 여러 기술이 상호 연결된 스마트 도시의 인프라 중 일부가 되어야 한다. 그리고 이렇게 되는 과정에서 자율주행차는 여러 산업 분야에서 혼란을 가져올 것이고 심각한 윤리적·법적 문제들을 제기할 것이다.

자율주행차란 무엇인가?

자율주행차는 기본적으로 '컴퓨터의 제어를 통해 스스로 주행하는' 자동차로 설명될 수 있다.

운전은 인간이 배우려면 약 45시간이나 걸리는 복잡한 작업이다. 운전이라는 작업에는 지각(주변 환경 관찰과 소리 듣기), 내비게이션과 경로 설정(주변 지역을 지도상의 위치와 연결하고 A지점에서 B지점으로 이동하기), 예측(보행자와 다른 운전자의 의도와 행동 예측하기), 의사결정(도로교통법을 상황에 적용하기), 차량 제어(핸들 조작, 브레이크 밟기 등) 등의 여러 하위 작업이 포함된다.

인간이 아닌 인공지능이 구동하는 자율주행차는 뇌가 아닌 인공신경망을, 손과 발이 아닌 기계 부품을 사용한다. 가령 인공지능의 지각은 카메라 및 라이더와 레이더를 사용해 주변 환경을 감지한다. 인공지능의 내비게이션은 도로 위 모든 지점을 고선명 디지털 지도상의 한 지점에 연결해 경로를 설정한다. 또 인공지능은 알고리즘을 사용해 다른 자동차와 보행자의 의도를 예측한다. 인공지능의 의사결정은 전문가가 정한 규칙이나 통계적 추정에 의존해 내려진다.

자율주행차는 운전자와 상호보완 작용을 하는 단계에서 운전자 없이 완전 자율주행을 하는 단계까지 단계적으로 성숙할 것이다. 미국자동차기술학회SAE는 이러한 단계들을 다음과 같이 분류한다.

- **레벨0 단계(비자동):** 인간이 전적으로 모든 조작을 제어한다. 인공지능은 주변 환경과 도로를 모니터하고 관련 정보를 운전자에게 알리는 역할을 한다.
- **레벨1 단계(운전자 지원):** 인공지능은 인간 운전자가 LKAS(차선 이탈 자동 복귀 시스템)과 같은 지원 기능의 스위치를 켜놓은 때에 한해서 특정 작업을 수행한다.
- **레벨2 단계(부분 자동화):** 인공지능이 조향, 제어, 가속 등 여러 작업을 수행할 수 있으나 여전히 인간의 감독이 필요하다.
- **레벨3 단계(조건부 자동화):** 인공지능이 주행의 주체가 되지만 인공지능이 요청할 경우 바로 인간이 조종의 주체가 되어야 한다(갑자기 조종의 주체가 바뀌면 위험을 완화하기보다 오히려 악화할 것으로 생각하는 회의론자들이 있다).
- **레벨4 단계(고도 자동화):** 인공지능이 처음부터 끝까지 전적으로 운전을 도맡아 하되, 다만 이는 고선명 지도에 표시된 시내 도로와 고속도로와 같이 인공지능이 이해하는 도로와 환경에서만 가능하다.
- **레벨5 단계(완전 자동화):** 어떤 도로나 환경에서도 인간의 개입이 전혀 필요하지 않다.

레벨0~3 단계는 최근 신형 자동차에서 흔히 보는 추가 옵션이다. 인공지능의 도움을 점점 더 많이 받고 있으나 여전히 주행의 주체는 인간이다. 레벨3 단계까지는 교통의 미래에 제한적인 영향만 미칠 것이다. 레벨4 단계부터는 자동차가 스스로 생각하는 것처럼 느껴지며, 이는 우리 사회에 혁명적인 영향을 미칠 것이다. 레벨4 단계는 정해진 경로만 순환하며 반복해서 다니는 무인 자율주행 로보버스에 적용할 수 있으며, 레벨5 단계는 차량호출 앱으로 호출하는 무인 자율주행 로보택시에 적용할 수 있을 것이다.

레벨0~3 단계는 현재 상용차에서 구현되고 있으며, 제한적인 레벨4 단계가 2018년 말 일부 도시의 제한된 지역에서 실험적으로 배치되기 시작했다. 하지만 레벨5 단계(그리고 제약 요소가 줄어든 레벨4 단계)를 달성하는 건 아직 먼 미래의 이야기다. 레벨5 단계에 이르려면 인공지능이 다양한 변수를 포함한 수많은 시나리오에서의 실제 주행 데이터를 바탕으로 훈련되어야 한다. 실제 주행 시나리오와 여기에 포함되어야 할 변수를 모두 다루려면 실로 어마어마한 양의 데이터가 필요하다. 현재로서는 모든 날씨 조건에서 모든 방향으로 달리는 도로 위의 모든 차량에 대한 데이터 순열을 수집할 실현 가능한 방법이 없다. 이것이 레벨5 단계에 도달하는 속도를 더디게 하는 주요 장애물이다.

이처럼 예외적 변수나 상황이 많은 '롱테일long tail' 시나리오를 다루는 몇 가지 방법이 있다. 느리게 걷는 노인, 개와 산책하는 사람, 뛰어다니는 아이들을 포함해 상상할 수 있는 모든 상황과 변수를 데이터에 가상으로 추가하는 식으로 복잡한 데이터들을 통합하는 것이다. 또 인공지능이 데이터를 바탕으로 교차로에서는 일단정지를 하고 장애물이 나타나면 피해 가는 등의 '안전의식'을 학습하도록 하는 대신 교통안전에 관한 기존의 규칙들을 프로그래밍하는 것도 방법이다. 하지만 이렇게 통합된 데이터는 도로에서 얻은 실제 데이터만큼 유용하지 않으며 규칙이 통하지 않거나 서로 모순될 위험도 있다. 레벨5 단계의 완전 자율주행을 가로막는 가장 큰 장애물 중 하나는 운전을 인공지능에 완전히 맡겼을 때 오류에 따른 비용이 엄청나게 커질 수 있다는 점이다. 아마존의 인공지능이 특정 제품을 잘못 추천하는 것은 큰 문제가 되지 않는다. 하지만 자율주행차가 오류를 일으키거나 실수하면 사람이 목숨을 잃을 수 있다.

이러한 도전 과제들로 인해 많은 전문가가 레벨5 단계가 구현되려면 20년 이상의 시간이 필요할 것으로 예측한다. 이러한 예측은 기존 도시와 도로 인프라를 있는 그대로 수용해야 한다는 가정을 포함하고 있다. 그렇다면 이러한 가정에 도전한다면 어떻게 될까? 즉, 기존 도로에 센서와 무선통신을 설치해 자율주행차에 전방 도로의 상황과 위험에 대해 미리 말해주는 스마트 도로로 증강한다면 어떨까? 또 도시를 자동차 전용 구역과 보행자 전용 구역으로 나누어 재설계된 스마트 도시로 탈바꿈시킨다면? 자율주행차가 다니는 도로에 보행자가 다닐 가능성을 최소화하도록 인프라를 재구축하면 레벨5 단계 완전 자율주행차의 잠재적 리스크를 제거함으로써 안전성을 크게 강화할 수 있으며 그 결과 도입 시기도 앞당길 수 있다. 〈거룩한 드라이버〉에서 도로 위 차들이 구급차와 마라톤 행렬을 피하려고 우회하던 장면을 떠올려보라. 스마트 도로를 달리는 자율주행차는 센서, 소프트웨어, 기계적 제어 기능을 갖춘 '가상의' 철로를 달리는 기차와 같다. 이것이 〈거룩한 드라이버〉에서 레벨5 단계의 출시가 가속화된 방식이다.

인공지능이 구동하는 완전 자율주행차가 인간 운전자가 모는 차량보다 안전한 수준에 이를지라도 자연재해나 테러 등 인공지능을 혼란에 빠뜨리고 GPS를 무용지물로 만들 문제들은 여전히 남는다. 이러한 시나리오에서 최선의 해법은 전문적인 인간 운전자가 원격으로 차를 제어하는 것이다. 그러려면 증강현실 기술을 이용해 실제 자율주행차가 운행되고 있는 환경을 전문 운전자의 조정석으로 전송되도록 해야 한다. 이것이 〈거룩한 드라이버〉에서 카말이 자율주행차를 '가상으로' 운전해 괴한들로부터 관광객을 구출한 방식이다. 충실도가 높은 동영상을 최소한의 지연시간으로 전송하려면 큰 대역폭이 필요한데, 이는 대략 2030년까지 6G가 도입됨으로써 해결될 것이다.

증강현실 기술로 연결된 레벨5 단계의 기술과 스마트 도로 및 6G 통신망의 융합은 2030년경까지 실험적으로 배치될 수 있다. 개선이 반복됨에 따라 레벨5 단계의 완전 자율주행차는 2040년경에 이르러 안전성을 확보해 광범위하게 배치될 수 있을 것으로 예측된다(윤리와 책임에 관한 문제들이 해결된다는 전제하에).

　레벨0~4 단계의 기술은 향후 몇 년간 점점 더 복잡한 기능과 영역에 적용될 것이며, 이를 통해 데이터가 더 많이 수집되고 기술 개선이 반복됨에 따라 레벨5 단계 기술도 성숙해질 것이다. 자율주행 기술이 적용된 가장 간단한 예는 실내에서만 작동되는 자율이동 로봇과 자율주행 지게차다. 이제 막 적용되기 시작한 다음 타자는 광산이나 공항터미널에서처럼 고정 경로를 따라 운행되는 자율운송 트럭이다. 또 중국의 몇몇 도시에서는 로보택시와 로보버스의 시범 운행을 시작했다. 로보택시는 여전히 어느 곳에든 문제없이 가야 하는 복잡한 문제를 처리해야 하지만, 로보버스는 3년 안에 현실이 될 것이다. 이미 많은 자동차가 자율주차 기능과 테슬라의 스마트 호출 기능과 같은 레벨1~3 단계의 기능을 탑재해 판매되고 있다. 이 밖에도 공항 리무진처럼 정해진 노선을 운행하는 차량이나 지방의 고속도로처럼 비교적 예측 가능한 환경에서 운행되는 차량 등에도 적용될 수 있다. 이렇게 점점 더 많은 영역에 자율주행 기술이 적용됨으로써 더 많은 데이터를 모으면 인공지능 알고리즘이 향상될 테고, 이에 따라 예상 밖의 변수가 크게 줄어듦으로써 레벨5 단계의 점진적인 도래를 위한 탄탄한 토대가 마련될 것이다.

완전 자율주행차가 갖는 함의

레벨5 단계의 자율주행차가 도로를 누비게 되면 그야말로 교통의 혁명이 일어날 것이다. 무엇보다 우리는 더 낮은 비용으로 더 편리하고 안전하게 목적지까지 데려다주는 사용자 주문형 차량을 이용할 수 있게 된다.

　스케줄링 앱에 기록된 미팅 시간이 다가오면 우버나 리프트와 같은 차량호출 앱이 시간에 맞춰 당신이 있는 곳에 자율주행차가 도착하도록 명령할 수 있다. 우버의 인공지능 알고리즘은 곧 차가 필요한 사람들이 몰려들 장소(가령 곧 콘서트가 끝나는 공연장 앞)로 그들의 로보택시를 알아서 배치할 것이다. 이런 방식을 통해 사용자나 로보택시 모두의 대기 시간을 최소화할 수 있다. 완전 자동화되어 인공지능이 전적으로 관리하는 차량은 오히려 인간에 의한 불확실성이 제거됨으로써 훨씬 더 효율적으로 활용될 것이다.

공유 차량이 자율주행으로 바뀜에 따라 차량 공유 서비스는 비용을 대대적으로 축소할 수 있을 것이다. 현재 차량 사용료의 75%가 운전기사의 비용으로 지출되기 때문이다. 이러한 인건비 절감은 결국 사용료의 대폭 인하로 이어질 것이며, 이에 따라 굳이 자가용을 갖지 않아도 된다고 생각하는 사람들이 늘어날 것이다.

여러분은 아마도 안전 문제 역시 궁금할 것이다. 숙련된 인간 운전자는 기껏해야 수만 시간의 운전 경험을 가질 수 있지만, 자율주행차는 1조 시간에 해당하는 막대한 경험치를 학습할 수 있다. 자율주행차는 모든 차량으로부터 학습하며 학습한 내용은 절대 잊지 않기 때문이다! 따라서 장기적으로는 자율주행차가 훨씬 더 안전하리라 기대할 수 있다.

각국 정부는 '사람보다 안전'할 때만 자율주행차의 확산을 승인할 것이다. 해마다 135만 명의 사람들이 교통사고로 사망한다. 자율주행차를 상용화하려면 최소한 인간 운전자만큼 안전하다는 증거를 제시해야 한다. 일단 인간이 운전하는 차보다 안전한 자율주행차가 출시되고 난 후에는 인공지능이 더 많은 데이터를 바탕으로 계속 학습하고 스스로 개선됨으로써 교통사고로 인한 사망자 수는 급격히 감소할 것이다.

미국인의 주당 평균 운전시간은 8시간 30분이다. 자율주행차가 광범위하게 상용화되면 이 8시간 30분을 다른 일을 위해 쓸 수 있게 된다. 자율주행차의 내부는 업무, 소통, 놀이, 휴식 등을 위한 공간으로 재구성될 것이다. 대개의 차는 한두 사람만 타고 다니기 때문에 공유 서비스용 자율주행차는 소형차로 설계될 수 있는데, 이러한 1~2인용 자동차에도 뒤로 젖혀져 편하게 누울 수 있는 리클라이닝 좌석과 음료와 간식이 들어 있는 냉장고, 대형 스크린이 설치될 수 있다.

데이터가 많아질수록 인공지능의 성능은 개선되고 자율주행차의 자동화 단계는 더 높아진다. 그러면 효율성이 높아지면서 비용은 줄어들 것이고, 여유시간이 더 많이 확보됨에 따라 생산성이 높아질 것이다. 이러한 선순환 과정을 통해 자율주행차는 더 안전해지고 더 광범위하게 보급될 것이다.

자동화 단계가 높아지면 도로 위 자율주행차는 서로 긴밀하게 소통을 할 수 있게 된다. 가령 타이어가 터졌을 때 주변 차들에 거리를 더 확보하도록 알려줄 수 있다. 주변 차의 이동 경로를 미리 정확하게 알 수 있게 됨에 따라 훨씬 더 안전하게 차선 바꾸기나 앞지르기를 할 수도 있다.

이렇게 자율주행차의 자동화 단계가 계속 더 높아지면 교통 관련 인프라가 자율주행차에 더 적합하게 개선되면서 인간이 운전하는 차가 오히려 더 안전하지 않거나 심지어 불법이 될 수도 있다. 그때 즈음이면 운전을 좋아하는 사람들은 오늘날 승마를 하는 사람들처럼 오락이나 스포츠를 위해 지정된 사설 시설을 찾아가게 될 것이다.

자율주행차, 전기차, 차량 공유 서비스 등이 함께 성숙해지면서 차를 사려는 사람이 줄어들고 이는 각 가정의 생활비가 줄어드는 결과를 낳을 것이다. 공유 서비스용 자율주행차가 365일 24시간 효율적으로 운영됨으로써 전체 자동차 수가 현저히 줄어들고 필요한 주차 공간도 줄어듦에 따라 기존 주차장을 다른 용도로 전환해서 사용할 수 있게 될 것이다. 종합적으로는 이 모든 변화 덕분에 교통 체증과 화석연료 사용, 대기 오염이 줄어들 것이다.

시간이 절약되고 생산성이 높아지는 대신 사회의 다른 측면에서는 혼란이 생길 수 있다. 미국에서 생계를 위해 트럭이나 택시를 직접 모는 사람의 수는 380만 명이 넘는다. 더 많은 사람이 우버나 리프트, 우체국, 배달 서비스, 창고 등지에서 파트타임으로 일한다. 이러한 일자리는 점차 인공지능에 의해 대체될 것이다. 또 다른 혼란은 다른 전통적인 직업들을 개편하는 형태로 올 것이다. 가령 자동차 유지보수는 단순히 기계적인 수리를 넘어서 전자 기기와 소프트웨어에 대한 고도의 전문성을 요구하는 일이 될 것이다. 주유소, 자동차 딜러, 주차장은 크게 줄어들 것이고 그에 따라 직원들도 줄어들 것이다. 마차에서 자동차로 전환될 때 그랬던 것처럼 많은 사람의 삶이 영구적으로 바뀔 것이다.

레벨5 단계를 방해할 수 있는 비기술적 문제

자율주행차가 널리 보급되도록 하기 위해서는 윤리적 문제, 책임 소재의 문제, 선정주의 등 극복해야 할 문제들이 많다. 여러 산업과 수억 개의 일자리는 말할 것도 없고 수백만 명의 목숨이 달린 문제이기 때문이다.

자율주행차도 괴로운 윤리적 결정을 내려야만 하는 상황에 놓일 텐데, 아마도 가장 유명한 윤리적 딜레마는 '트롤리 딜레마trolley dilemma'일 것이다. 이는 어떤 조치를 함으로써 A를 죽이는 것과 아무런 조치도 하지 않고 B와 C를 죽이는 것 중 하나를 선택해야 하는 시나리오로 요약된다. 한 사람보단 두 사람을 살려야 한다고 생각하는가? 하지만 자율주행차가 당신의 차이고 A가 당신의 아이라도 같은 선택을 하겠는가?

현재 인간 운전자로 인해 사상자가 발생하면 사법 절차를 거치게 된다. 운전자가 적절히 행동했는지 아닌지 판단하고, 아니었다면 그에 따른 처분을 정하게 된다. 하지만 인공지능으로 인해 사상자가 발생하면 어떻게 해야 할까? 인공지능이 인간이 이해할 수 있고 법적으로나 도덕적으로 정당화할 수 있는 방식으로 자신의 의사결정을 설명할 수 있는가? 아마도 이는 도달하기 어려운 기술 수준이 될 것이다. 데이터를 바탕으로 훈련된 인공지능의 대답은 복잡한 수학적 방정식일 테고, 이것을 인간이 이해하려면 대대적으로 단순화해야 하기 때문이다. 인간이 내리는 어떤 결정이 인공지능의 눈에 어리석어 보이는 것처럼, 인공지능이 내린 어떤 결정은 인간의 눈에 말도 안 되게 어리석어 보일 수 있다.

다음과 같은 문제들도 있다. 수백만 트럭 운전자들의 생계와 자율주행차로 절약되는 수백만 시간 사이에서 어떻게 균형을 맞춰야 할까? 자율주행차의 개선을 위해서는 주행 경험에 따른 학습이 필요하고 전체 사망자 수가 절반으로 줄어들기까지 5년간의 학습이 필요하다고 가정할 때, 미래의 혜택을 위해 현재 충분히 개선되지 않은 자율주행차를 허용하는 것이 맞을까? 가장 근본적인 질문은 "우리는 기계가 인간의 생명을 해칠 수 있는 결정을 하도록 허용해야 하는가?"이다. 그 대답이 "아니오"라면 자율주행차의 미래는 없다.

생명이 걸린 문제이기 때문에 모든 기업은 신중하게 일을 진행해야 한다. 두 가지 접근법을 취할 수 있는데, 각기 다른 장점이 있다. 하나는 사망자 발생을 막기 위해 극도의 신중한 자세로 안전한 환경에서 서서히 데이터를 수집하고 인공지능을 학습시킨 후에 자율주행차를 출시하는 것이다. 이는 현재 웨이모Waymo가 택한 방법이다. 다른 하나는 처음에는 일부 생명을 잃을 수도 있지만 때가 되면 시스템이 많은 생명을 구할 것이기에 먼저 자율주행차를 출시해 인공지능이 더 많은 데이터를 수집하도록 허용하는 것이다. 이는 테슬라가 택한 방법이다. 어떤 게 더 나은가? 합리적인 사람들 사이에서도 의견이 분분할 것이다.

해결해야 할 또 다른 문제는 자율주행차 사고로 사망자가 발생하면 누가 책임질 것인가의 문제다. 자동차 제작사인가? 인공지능 알고리즘 제작사인가? 알고리즘을 작성한 엔지니어인가? 인간인 백업 운전자인가? 아직 명확한 답을 알긴 어려우나 조만간 정책 입안자들은 어떤 식으로든 결정을 내려야 할 것이다. 책임 소재가 분명할 때만 그것을 중심으로 생태계가 구축될 수 있다는 걸 우리는 역사를 통해 알기 때문이다(예컨대 신용카드 사기로 인한 손실은 은행도 상점도 신용카드 소유자도 아닌 신용카드회사들이 책임을 진다. 신용카드회사들은 다른 당사자들에게 수수료를 받아 사기를 예방하거나 해결하는 데 사용한다. 이렇게 책임 소재가 분명해짐으로써 신용카드 생태계가 구축되었다).

책임 소재가 소프트웨어업체에 있고 웨이모가 개발한 소프트웨어가 누군가에게 치명상을 입혔다고 가정해보자. 사망자의 유족은 현금으로 1,000억 달러 이상을 보유한 웨이모의 모회사 알파벳Alphabet을 상대로 얼마를 청구할 수 있을까? 이것은 잠재적 의뢰인을 먼저 찾아가 소송을 유인하는 변호사들에게는 신나는 일이 될 수 있다. 우리는 안전하지 않은 소프트웨어로부터 인간을 보호하는 법을 마련해야 하지만, 동시에 지나친 배상금 때문에 기술의 개선이 발목 잡히지 않도록 해야 한다.

마지막으로 교통사고로 인한 사망은 전국적으로 대서특필되는 일이 거의 없다. 하지만 2018년에 우버의 자율주행차가 미국 피닉스에서 보행자를 치어 사망자가 발생하자 며칠 동안 모든 매체의 헤드라인을 장식했다. 우버의 시스템에 문제가 있었을 가능성이 있긴 하나 그렇다 해도 자율주행차에 의해 발생할 모든 사망 사고를 그런 식으로 다루는 것이 과연 적절한지는 별개의 문제일 수 있다. 언론이 자율주행차에 의한 사망 사고가 날 때마다 그것으로 헤드라인을 도배한다면 그 산업은 더 이상 버티지 못하고 파괴될 수 있다. 이는 자율주행차가 살릴 수 있었던 수백만 명의 목숨을 포기하는 결과가 될 수 있다.

특히 인명 사고와 관련된 문제들은 대중의 공포를 불러일으켜 정부 규제가 강화됨으로써 자율주행차가 보편적으로 수용되는 속도를 늦출 수 있다. 모두 타당한 문제들이며, 우리는 이러한 문제들에 대한 인식을 제고하고 토론을 장려해 가능한 한 빨리 해결책에 도달해야 한다. 그래야 자율주행 기술이 준비되었을 때, 우리도 그것을 도입할 준비가 되어 있을 것이다. 나는 장기적으로 볼 때는 〈거룩한 드라이버〉에서 카말이 발견한 것처럼 레벨5 단계의 자율주행차는 감당해야 할 몇몇 문제들에도 불구하고 여러 측면에서 인류에게 커다란 혜택을 줄 것이라고 믿는다.

7장

양자 대학살

우리를 파괴하기 위해 굳이 인공지능이 필요하지 않다.
인간이 가진 오만함만으로도 충분하다.
_영화 〈엑스 마키나〉

모든 건 서로 얽혀 있으니 거미줄은 신성하다.
_마르쿠스 아우렐리우스

AI
2041

+ NOTE

파괴적 혁신을 동반한 기술은 어떻게 사용되는가에 따라 '프로메테우스의 불'이
될 수도 '판도라의 상자'가 될 수도 있다. 〈양자 대학살〉에서는 기후변화로 인해
비극적인 개인사를 겪은 후 미치광이가 된 유럽의 컴퓨터과학자가 두 가지 획기
적인 기술을 악의적으로 사용해 전례 없는 복수극을 펼친다. 나는 '기술분석'에서
2041년까지 발생할 수도 있는 가장 비약적인 기술 발전, 즉 양자컴퓨터와 그것이
인공지능과 컴퓨팅을 대대적으로 강화하는 원리에 관해 설명할 것이다. 또 인공지
능이 제기하는 가장 큰 위험이자 인류의 존재를 위협할 수도 있는 인공지능 기반
의 '자율무기autonomous weapons'도 소개할 것이다.

아이슬란드의 수도 레이캬비크에서 50킬로미터 떨어진 위성도시 케플라비크에는 이 대륙에서 가장 안전한 데이터센터인 흐로스발루르Hrossh-valur가 있었다. 지열에너지로 가동되는 데이터센터에는 뼛속까지 아리는 극풍으로 열을 식히는 수천 대의 서버가 있었다. 유수의 유럽 기업 500곳이 이곳에 그들의 데이터 자산을 저장했다. 데이터센터는 열두 개의 고성능 광섬유 케이블을 통해 유럽 본토뿐 아니라 북미 지역과도 연결되었다. 뉴욕까지 데이터 전송시간은 60밀리세컨드에 불과했다.

데이터센터의 탄소배출량은 제로에 가까웠다. 해커 로빈에게 이것은 기적처럼 느껴졌다.

로빈은 흐로스발루르에서 5킬로미터 떨어진 팍사만 해안의 작은 배에 숨어 있었다. 배는 전복되어 거의 부서졌고 우현에는 구멍이 뚫려 있었다. 이 구멍을 통해 검은색의 굵은 케이블들이 청백색의 불빛이 깜빡이는 어두운 실내로 연결되었다.

이 어수선한 배가 로빈과 두 친구의 작전기지였다. 이곳에 모든 해커가 꿈꾸는 장비들을 갖춘 채 그들은 지열과 냉기와 같은 지역 자원과 더불어 흐로스발루르 데이터센터에서 남아도는 양자컴퓨팅 능력을 '빌려' 쓰고 있었다. 오늘은 지난 6개월간의 작업 결과가 기적으로 나타날지 판가름 나는 날이었다.

삼인조 가운데 하드웨어 전문가인 윌이 잠시 작업을 쉬면서 손을 풀었다. 털이 수북한 겨울 외투를 입고 있어 마치 갈색 곰처럼 보였다.

"드디어 이 순간이 오다니 믿을 수가 없어." 윌이 몸을 떨면서 말했다. "다시 말해봐. 사토시가 얼마나 많은 비트코인을 숨겨놨다고 했지?"

"내가 내린 보수적인 추정에 따르면 자그마치 2,600억 달러야. 우리가 어떤 거래 전략을 쓰느냐에 따라 5,000억 달러가 될 수도 있어." 열여섯의 수학 신동인 리가 컴퓨터 화면에서 눈을 떼지 않은 채 사무적으로 대답했다.

"돈에 정신 팔리지 마." 로빈이 말을 할 때면 입술에 달린 피어싱 액세서리가 가볍게 흔들렸다. "돈과 명예야, 얘들아. 돈과 명예 둘 다를 위해서라고."

+ + +

해커들의 지하 세계에서 떠도는 이야기에 따르면 미스터리한 비트코인의 창시자 사토시 나카모토Satoshi Nakamoto는 20년 전 관타나모교도소에서 사망했다. 그는 생전에 채굴한 100만 개에 달하는 비트코인을 유산으로 남겼다.

이 비트코인은 P2PKPay To Public Key로 알려진 스크립트*에 의존하는 디지털 지갑에 숨겨져 있는 것으로 추정되었다. 소문이 사실이라면 비트코인 채굴자들에게는 황금 같은 기회였다. P2PK로 개시되는 거래는 공개키가 네트워크에 노출되기 때문에 이제 비트코인 사용자들은 P2PK를 거의 사용하지 않았다. 공개키 자체가 아닌 공개키 해시Public Key Hash 만을 드러내는 P2PKH를 비롯해 최근 비트코인 거래에 주요 사용되는 스크립트와 비교해 P2PK는 안전성이 크게 떨어졌다. 적어도 이론상으로는 그랬다. 1994년 미국의 수학자 피터 쇼어Peter Shor가 개발한 양자 알고리즘은 공개키로부터 개인키를 풀어내는 방법을 알려주었다. 개인키를 풀어내면 디지털 서명을 위조해 해당 주소에 있는 비트코인을 훔

---

* 스크립트는 비트코인 거래를 작동시키는 키key라고 할 수 있으며, 잠금 스크립트와 해제 스크립트가 있다. 잠금 스크립트는 출력값을 소비하기 위해 충족되어야 하는 요건을 스크립트로 작성한 것이고, 해제 스크립트는 잠금 스크립트가 출력값에 걸어둔 조건을 해결해 출력값이 소비될 수 있도록 하는 스크립트이다. P2PK와 P2PKH는 모두 잠금 스크립트이다.

칠 수 있었다. 물론 충분한 컴퓨팅 능력이 있다는 전제에서만 그랬다.

양자컴퓨터가 발명되기 전에는 가장 빠른 슈퍼컴퓨터조차 공개키에서 개인키를 풀어내는 데 6.5×10^{17}년이 걸렸다. 이는 알려진 우주의 남은 수명보다 5,000만 배 더 긴 시간으로 인간의 뇌로는 이해할 수도 없는 시간이다.

로빈은 이론과 실현 가능성의 엄청난 격차를 처음 이해했을 때 몸이 오싹해지는 걸 느꼈다. 어떤 신성한 존재가 인류 문명이 얼마나 하찮은지 보여주고자 인간의 인지 능력을 뛰어넘는 수학을 일부러 만든 것처럼 보였다.

당시 로빈의 이름은 우미트 엘바키안이었다. 열여섯의 뛰어난 카자흐족 해커였던 우미트는 보안이 허술한 부자들의 온라인 계정을 털어 가난한 사람들에게 나눠주는 것으로 유명했다. 어느 날 그녀는 가족 모두의 영상이 담긴 익명의 이메일을 받았다. 메일을 보낸 악명 높은 범죄조직 빈시게라는 우미트가 그들을 위해 일하지 않으면 가족들을 두 번 다시 보지 못할 것이라고 경고했다. 그날 우미트는 자신과 관련된 모든 기록을 지우고 '로빈'이라는 새로운 이름을 짓고는 빈시게라 조직을 위해 일하러 떠났다.

로빈은 지하 세계에서 활동하는 디지털 도굴꾼의 일원이 되었다. 그들은 디지털 시대의 잔해들을 파헤쳐 보물을 발굴했다. 보물의 위치를 알아낸다고 해서 그 보물 상자를 여는 방법까지 알 수 있는 것은 아니었다. 로빈과 그녀의 친구들은 보물을 약탈하는 대신 그들이 찾아낸 보물을 갖고 다크웹의 다른 사용자들과 거래했다. 구매자들은 엄격한 입찰 규정을 지켜야 했고, 그들의 자산은 반복해서 검증을 거쳤다. 판매자들 역시 그들이 내놓은 상품의 가치를 증명해야 했다.

반년 전에 로빈은 '실크로드13'이라는 늙은 판매자로부터 큰돈을 주고 나카모토의 잃어버린 지갑에 관한 정보를 샀다. 그것은 '할Hal은 암호화된 황금을 꿈꾸는가?'라고 불리는 암호화된 한정판 예술작품으로 위장되어 있었다. 비트코인의 역사를 잘 아는 사람들만이 소설가 필립 딕Phillip K. Dick의 이 말을 이해했다. 여기서 '할'은 영화 〈2001 스페이스 오디세이〉에 등장하는 인공지능 컴퓨터 HAL9000이 아니라 '재사용 작업증명RPoW'을 고안하고 사토시 나카모토의 지갑에서 최초로 비트코인을 수령한 할 피니Hal Finney를 가리켰다. 이 전설적인 인물은 2014년 루게릭병으로 사망했는데, 언젠가 부활할 것을 꿈꾸며 액화질소를 이용한 냉동보존을 택했다.

사토시 나카모토와 관련된 지갑의 주소는 많이 발견되었지만 한 번도 큰 현금이 발견된 적은 없었다. 그가 남겼다는 거액의 행방은 오리무중이었다.

아마도 오늘 밤, 세상의 끝에 있는 이 부서진 배에서 드디어 '리바이어 던'이 그 모습을 드러낼 터였다.

+ + +

해커들의 은신처 내부 분위기는 가라앉아 있었다. 퀴퀴한 곰팡내와 생선 비린내가 곳곳에 배어 있었다.

컴퓨터 메인 화면에서 로딩 상태를 알리는 녹색 막대가 100퍼센트를 향해 가고 있었다. 드디어 나카모토의 보물이 세상에 모습을 드러낼 것인가?

"리, 월, 모든 게 정상이야?" 로빈이 물었다.

리는 끙 앓는 소리로 월은 주먹으로 가슴을 치는 것으로 '정상'이라는 신호를 보냈다.

막대가 99.99퍼센트에서 머물러 있는 것처럼 보였다. 모두가 숨죽이며 지켜보았다.

"뭐가 문제야?" 로빈이 초조해하며 물었다.

"피드에 지연이 있는 것 같은데?" 리가 손가락을 꼼지락거리며 버추얼 키보드를 두들겼다.

"제발, 제발." 윌이 다그치듯이 중얼거렸다.

그들이 더 이상 참을 수 없다고 느낀 바로 그 순간 황금 동전이 부딪쳐 쨍그랑거리는 듯한 소리가 들렸다. 진행률을 나타내는 막대가 사라졌다. 일련의 숫자와 계좌 정보가 차례로 화면에 떴다. 공유 계좌에 새로 표시된 엄청난 액수의 잔고가 그들의 도박이 성공했음을 알려주었다.

비좁은 공간에 환호성이 울려 퍼졌다. 평소 냉정하고 초연한 로빈조차 다음 명령을 내리기 전에 아주 잠깐이나마 미소를 지어 보였다.

"잔액을 이체해!"

로빈은 보호되지 않는 P2PK 주소에 거액이 남아 있으면 공격받기 쉽다는 걸 알았다. 해커의 세계에서는 모든 사람, 모든 기계, 모든 패스워드가 언제든지 공격받을 수 있다고 생각하는 게 안전했다.

리는 재빨리 비트코인을 안전한 계정으로 옮기는 거래 요청을 실행했다. P2PK 주소가 너무 길고 거래 파일이 너무 커서 처리하는 데 약 10분이 걸릴 터였다. 그 10분 동안 이 주소의 공개키를 누군가가 가로챌 수 있었다. 하지만 다행히도 그걸 가로채는 데 필요한 성능을 갖춘 양자컴퓨터는 아직 존재하지 않았다. 이론상으로는 그랬다.

윌이 기다리는 동안 강철로 된 선체를 두드렸다. 마치 우박이 철판 위로 떨어지는 듯한 요란한 소리가 울려 퍼졌다.

화면 앞을 지키고 앉은 리의 안경에 청록빛이 반사되었다. "로빈!" 리가 외쳤다. 로빈은 리와 오랫동안 알고 지냈으나 그가 이토록 당황한 모습은 본 적이 없었다.

"무슨 일이야?" 로빈이 화면 앞으로 달려갔다. 다이어그램들이 정체를 알 수 없는 신호를 나타내고 있었다.

"누군가가 개인키를 해킹했어. 그들이 우리 돈을 다른 곳으로 이체하고 있어!"

"망할! 선을 끊어야 하나?" 윌이 굵은 케이블 옆에 서서 말했다.

"너무 늦었어. 광섬유보다 빠를 순 없잖아."

로빈은 도무지 이해할 수 없는 상황으로 인해 머릿속이 어지러웠다. '우리 계정을 해킹하려면 4,000큐비트의 컴퓨팅 능력이 필요해. 아직 지구상에 그런 양자컴퓨터는 없잖아. 그런데 어떻게 이게 가능하지?'

은신처에 있는 모든 컴퓨터 장비의 화면이 동시에 어두워졌다. 모두가 잠자코 있는 동안 전류가 윙윙거리며 흐르는 소리만 들렸다.

"끝났어." 리가 굳은 표정으로 한숨을 내쉬었다.

윌은 주먹으로 선체를 내리쳤다.

로빈은 극풍이 부는 배 밖으로 나왔다. 더 이상 조심할 게 없었다. 그녀를 둘러싼 거울처럼 눈부신 하늘, 빙하, 바다 모두 컴퓨터로 처리되어 여과된 가짜 빛을 반사하는 것처럼 보였다. 그녀는 두려웠다.

이 미스터리를 해결할 수 있는 친구 한 명이 떠올랐다. 그는 정확히 말하자면, 친구는 아니었다.

+ + +

네덜란드 헤이그, 2041년 9월 9일, 현지 시각 15:59

시계가 16:00을 나타냄과 동시에 대테러 시뮬레이션이 시작되었다. EC3(유럽사이버범죄센터)와 유럽연합 회원국 및 준회원국의 42개 특수침투부대의 협력체인 아틀라스네트워크ATLAS Network의 합동 작전이었다.

대테러 연합부대의 적은 '돌체 비타'라는 이름의 테러리스트 집단이었다. 자기들 몸에 폭탄을 두른 테러리스트들은 소형 유람선을 장악하고 20여 명의 관광객을 인질로 잡고 있었다. 그들은 거액의 몸값과 함께 독일 바이에른에 수감된 자신들의 지도자를 석방하라고 요구했다. 그들이 장악한 유람선은 스헤베닝겐 해안에서 겨우 1킬로미터 떨어진 북해에 있었다. 다른 선박이나 드론을 통해 그들에게 접근하려다 발각되면 끔찍한 재앙이 촉발될 수도 있었다.

EC3의 선임 요원인 자비에 세라노는 해안의 관측대 정상에서 망원경으로 피랍된 유람선을 살펴보았다. 그는 첨단 카메라 장치보다 이 구식 광학 기기를 더 좋아했다. 망원경의 무게감과 촉감이 마음을 편안하게 해주었기 때문이다. 하지만 오늘은 사태가 무사히 종결되기 전까지 마음을 놓을 수 없었다.

인공지능 대테러 시스템이 현재 상황에서 가능한 모든 인질 구출 계획을 단 몇 초 만에 작성했다. 인간의 역할은 알고리즘의 성공 확률 예측값과 잠재적인 민간인 피해 정도를 고려해 그 선택지들 가운데 하나를 고르는 것이었다.

인질들과 테러리스트들의 위치를 파악하기 위한 EC3의 통상적인 방법은 선박의 통제 시스템을 장악해서 보안 카메라에 접근하는 것이었다. 하지만 돌체 비타는 이를 예상하고 모든 보안 카메라를 파괴했다. 이에 따라 인공지능 대테러 시스템은 이례적인 방법을 제안했다. 인질들의 몸에 있는 전자 임플란트들, 즉 인공눈이나 전자달팽이관 등을 해킹해 원격 감시 네트워크를 만드는 방법이었다.

지연시간이 짧고 신호 간섭이 적은 전자 임플란트는 EC3가 테러리스트들의 방어선을 우회할 수 있게 해주었다. 전자 임플란트를 가진 인질 한 명 한 명이 EC3의 눈과 귀가 되어주는 셈이었다.

일부 팀원이 전자 임플란트에 접근하기 위한 작업을 하는 동안 다른 팀원은 특수침투부대의 엘리트 요원들을 수송할 수중글라이더를 배치했다. 새로운 형태의 수중 수송기인 이 글라이더는 돌고래를 닮았으며, 스마트 기기를 사용해 바닷물의 유입, 형태, 방향, 깊이를 모니터하고 제어했다. 글라이더는 모터로 작동되지 않기 때문에 수중음파탐지기는 이것을 커다란 물고기로 인식했다.

수중글라이더는 20미터 깊이로 항해하다가 유람선의 측면에서 떠올라 전술용 드론을 발사했다. 바다로부터 상공으로 솟아오른 드론은 갑판을 순찰하던 다섯 명에게 발포했다. 위험 요소가 제거되자 특수침투부대 요원들이 선체의 사다리로 올라가 갑판을 확보했다. 요원들은 MR 글라스에 뜨는 3D 영상을 통해 테러리스트와 인질들의 위치를 각각 파악할 수 있었다. 그들은 곧 추가 타깃인 세 명의 테러리스트를 확인했다. 스마트 총알을 발사했고 상황은 신속하게 정리되었다. 3D 영상에서 기폭장치를 들고 있는 남자를 발견한 한 요원이 선실로 침투해 EMP를 쏴 기폭장치의 통신 기능을 무력화했다. 훈련의 나머지 부분은 일반적인 시나리오대로 흘러갔다. 총소리가 들리고, 범인들이 쓰러지고, 인질들이 구출되고, 몇 분 뒤에 드라마는 끝났다.

자비에는 이 훈련이 EC3와 아틀라스네트워크의 역량이 정치인, 언론, 납세자에게 어떤 이익을 가져다줄지 보여주기 위한 가장 이상적인 방법이라고 생각했다. 다만 실전에서의 상황도 그렇게 이상적이리란 보장은 없었다. 20밀리세컨드 이상의 지연은 시스템 고장과 사상자 발생으로 이어질 수 있었다.

테러리스트들이 인공지능 대응책을 개발한다면 상황은 훨씬 더 복잡해질 터였다. 지금 자비에가 할 수 있는 일이라고는 훈련의 성공에 대한 박수와 축하를 받아들이는 것뿐이었다.

+ + +

자비에는 3년 전 비극적인 가족사를 겪은 후 마드리드를 떠나 헤이그로 왔다. 다른 사람들과 달리 명성이나 모험을 좇아 EC3에 들어간 게 아니었다. 몇 해 전 유럽의 범죄조직인 빈시게라에 납치당한 여동생의 행방은 아직 묘연했다. 어느 날 악몽에서 여동생 루시아의 사파이어처럼 반짝이는 눈을 본 자비에는 여동생을 반드시 찾겠노라고 다짐했다.

자비에는 시간이 날 때면 여동생의 납치 사건에 대한 단서를 추적했다. 지금까지의 모든 단서를 종합해봐도 답은 나오지 않았다. 단 하나 얻은 정보는 빈시게라 일당을 위해 일하는 로빈이라는 이름의 해커에 관한 것이었다. 자비에의 정보원에 따르면, 로빈은 거래 정보를 관리하고 경찰의 단속을 피하기 위한 코드를 작성하는 등 암호화 메커니즘을 설계하는 일을 했다. 로빈을 잡으면 한 번에 빈시게라 일당을 소탕하고 어린 여동생을 되찾을 수 있었다.

자비에와 로빈은 1년 넘게 숨바꼭질을 했다. 로빈은 매번 자비에의 감시를 알아채곤 한발 앞서 자취를 감춰버렸다. 그런데 2주 전 자비에는 로빈이 보낸 이메일을 받았다. 암호화된 그 이메일에는 놀랄 만한 이야기가 담겨 있었다. 누군가 현실적으로 불가능한 양자컴퓨팅 능력을 이용해 지구상 대부분 국가가 보유한 것보다 더 많은 돈이 담긴 그녀의 비트코인 지갑을 훔쳐갔다는 내용이었다. "이 세상에 그런 종류의 힘을 이용할 수 있는 사람이 있다면, 당신들은 진짜 곤경에 처한 겁니다. 내가 이 사건의 진상을 밝히는 걸 도와주세요." 자비에는 신중하게 고민한 끝에 이메일을 상관에게 보고하지 않기로 했다. 여동생의 행방을 찾으려면 어떻게든 로빈을 만나야 했는데 그 이메일이 중요한 실마리가 되어줄 것으로 생각했다. 로빈이 제공한 단서들에 흥미를 느낀 그는 친구이자 EC3의 폴란드계 데이터 연구원인 카시아 코왈스키에게 그녀의 상관들이 모르게 주요 양자컴퓨팅 연구소들을 조사해달라고 부탁했다.

며칠이 지난 후 카시아는 자비에에게 인공지능의 도움을 받아 작성된 보고서를 건넸다. 보고서에는 모든 양자컴퓨팅 연구소와 소장의 명단이 담겨 있었지만, 로빈이 이메일에서 묘사한 정도의 양자컴퓨팅 능력을 보유한 곳은 단 한 곳도 없었다.

다만 명단에서 이름 하나가 눈에 띄었다. 어렴풋한 기억 하나가 떠올랐다. 자비에는 카시아 쪽으로 몸을 기울이며 물었다.

"이게 누구지?"

"마크 루소? 들어본 적 없어? 불쌍한 사람이야."

자비에는 인상을 찌푸린 채 고개를 저었다.

카시아는 뛰어난 물리학자인 마크의 비극적인 사연에 관해 들려주었다. 그는 화재로 아내와 자식을 잃은 후 대중에게서 거의 잊힌 존재가 되었다. 마크는 양자컴퓨팅 분야에서 스타와 같은 존재였다. 모두가 양자컴퓨팅 분야에서 획기적인 기술이 나온다면 그 주인공은 다름 아닌 마크 박사일 것으로 생각할 정도였다.

자비에는 곧 독일에 있는 마크의 연구소에 대한 조사에 착수했다. 이 불운한 물리학자의 눈동자에는 자비에의 거울 뉴런*을 자극하는 무언가가 있었다. 그는 뮌헨으로 가야 했다.

+ + +

독일 뮌헨, 2041년 9월 11일, 현지 시각 10:02

막스플랑크연구소 건물은 자비에가 상상했던 것만큼 초현실적으로 보이진 않았다. 뮌헨 거리에서 흔히 볼 수 있는 바우하우스 양식에 회색과 노란색으로 칠해진 깔끔한 건물이었다. 자비에는 로비에 있는 막스 플랑크의 구릿빛 동상을 지나치다 바로 옆에 있는 가톨릭의 성녀이자 순교자인 성 바바라 동상을 보고 놀라서는 잠시 머뭇거렸다. '이곳에 가톨릭의 상징이 있다는 게 무슨 의미일까?' 자비에는 그 동상이 탄압에 맞서 자신의 신념과 믿음을 끝까지 지킨 사람들에 대한 연구자들의 존경심을 나타내는 것이 아닐까 짐작했다.

한 직원이 자비에를 위층으로 안내하더니 긴 복도를 지나 작은 회의실로 데려갔다. 마크 루소가 자비에를 기다리고 있었다.

자비에는 마크 루소가 아내와 아들이 사망한 후 은둔자가 되었으며, 여전히 최고 권위자이지만 더 이상 연구소의 일상적인 운영에는 관여하지 않는다는 사실을 알았다. 그가 하루하루를 어떻게 지내는지 확실히

---

* 거울 뉴런mirror neuron은 다른 사람의 언어적·비언어적 태도와 행동을 거울처럼 비추어 공감과 교감을 통해 학습하고 기억하는 신경 네트워크다. 신경과학자들은 거울 뉴런이 모든 인간관계에서 공감 능력의 토대가 된다고 설명한다.

아는 사람은 아무도 없었다.

"박사님, 반갑습니다." 자비에는 미소를 지으며 자리에 앉았다.

맞은편에는 불과 27세에 양자정보와 응집물질물리학에서 두 개의 박사학위를 딴 남자가 앉아 있었다. 자비에는 그 남자를 자세히 살폈다. 남자는 흐트러진 차림새에 수염이 덥수룩해서 무척이나 지저분하다는 인상을 주었다. 다만 충혈된 눈에서는 냉철함이 번뜩였다.

'대단한 괴짜로군.' 자비에는 그렇게 결론지었다.

"10분 주겠소." 마크의 목소리는 거칠고 무미건조했다.

"저는 EC3에서 왔습니다. 동료들과 제가 이해하기 어려운 일에 맞닥뜨렸습니다. 전문가인 박사님의 의견을 듣고 싶습니다."

자비에는 플렉시블 스크린을 펼쳐 맞은편에서 잘 보이도록 놓았다. 마크는 로빈의 이메일을 읽으면서 아무런 표정 변화도 보이지 않았다.

"이런 헛소리를 보여주다니, 도대체 뭘 알고 싶은 거요?"

"불과 2주 전에 일어난 일입니다. 실제고요."

"증거가 필요하오. 알다시피 유럽의 납세자들은 과학이 다시 형이상학적인 논쟁에 빠져 하찮은 지적 토론을 벌이는 것을 막으려고 거대한 충돌형 가속기를 연달아 세우느라 수천억 유로를 쏟아붓고 있소."

"이게 증거입니다. 이 P2PK 주소의 개인키가 10분 만에 깨졌습니다. 1,500억 비트코인이 사라졌어요. 거기에 기록이 있고 밀리세컨드 수준으로 정확합니다."

"불가능하오." 박사가 눈을 비비고서 화면을 자세히 보며 주장했다. "그 이유를 일주일 동안 자세히 설명한다 해도 당신은 제대로 이해하기 어려울 거요. 다만…"

"다만?"

"미국인들이 우리가 모르는 신기술들에 모두 통달했다면 모를까. 그들이 양자컴퓨팅 능력을 10만에서 100만 큐비트로 끌어올린 게 아닌 이상 불가능하오. 하지만 그렇다 해도 그들이 왜 유적이 된 지갑을 노리겠소? 그보다 기자회견을 열어 세상에 그 업적을 자랑했겠지." 마크가 히죽거리며 말을 이었다.

자비에는 마크가 뭔가 숨기고 있다는 느낌을 떨쳐버릴 수 없었다. 무얼 숨기는지 알아내야만 했다.

"마크… 제가 마크라고 불러도 되겠습니까? 담배 피우시죠?"

자비에는 마크의 손가락에 남은 자국을 보고 그가 오랜 흡연자라는 걸 알았다.

마크는 담배에 불을 붙이고선 한 모금 들이마시더니 천천히 동그란 연기를 내뱉었다. 표정이 한결 편안해 보였다.

"유럽이 중국, 미국과 양자 패권을 놓고 경쟁한다면 유일한 희망은 박사님에게 달려 있다고 말하는 사람들이 많습니다. 박사님의 연구 분야는 구체적으로 무엇입니까?"

"사람들이 그렇게 말했소?" 마크는 흡족해 보였다. "그래핀 두 장을 특정 각도로 비틀어 포개놓으면 초전도체가 된다는 사실을 알고 있소?"

"마법의 각도를 말씀하시는 건가요?"

"바로 그거요. 같은 일이 양자장에서도 발생하는데 더 복잡하고 3차원이오. 40년 전 중국의 원샤오강Wen Xiaogang 교수가 처음 도입한 위상정렬topological-sort 개념에 따라서 제한된 수의 큐비트를 더하면 컴퓨팅 능력을 크게 끌어올릴 수 있소." 마크는 잠시 침묵했다가 다시 말을 이었다. "고대 이집트인들이 왜 여러 모양 가운데 굳이 네 개의 면을 가진 피라미드를 세웠는지 아시오?"

"단지 아름다움을 위한 선택은 아닐 것이라 짐작할 따름입니다."

"그 형태가 우주의 에너지를 모으고 극대화해서 미라들을 부활시킬 수 있다고 믿었기 때문이오."

자비에는 어깨를 으쓱했다. 그는 신비주의에는 관심이 없었다.

"고대 이집트인들이 옳았을 수 있소. 어떤 면에서 위상수학은 실제로 에너지나 정보의 분포에 영향을 줄 수 있고, 심지어 인간이 상상하지 못하는 방식으로 변환 효율*을 개선할 수 있지. 우리는 인공지능을 이용한 실험에서 가장 효과적인 양자 위상을 찾았소. 하지만 초기의 발견일 뿐 실제로 응용되려면 아직 멀었소."

마크는 마치 자비에가 무엇을 질문하려고 하는지 미리 알고 답하는 것 같았다. 하지만 이것만으로 자비에의 의심이 사라지진 않았다. 사실 그는 더욱 경계하는 자세가 되었다.

"이런 질문을 드려도 될지 모르겠지만, 박사님 가족에 대해 여쭙고 싶습니다."

"내 가족? 그게 이 대화와 무슨 상관이 있는지 모르겠소."

회의실에 침묵이 흘렀다. 자비에는 마크가 그렇게 무뚝뚝하게 반응할 줄은 예상하지 못했다. 마크의 시선을 느끼며 자비에는 자리에서 일어났다. 그때 갑자기 두 사람에게서 동시에 윙윙거리는 다급한 소리가 들렸다. 자비에가 인터페이스를 두드리자 붉은색 글자로 '속보'가 떴다. 속보를 읽는 자비에의 몸이 서서히 얼어붙었다.

마크는 미동도 없이 창밖을 응시했다. 그는 무슨 일이 벌어졌는지 이미 아는 것처럼 담배 연기만 내뿜었다.

파멸을 알리는 신호가 울려 퍼졌다. 세계 원유의 3분의 1이 지나는 수송로인 호르무즈해협에 대한 공격이 개시되었다. 드론 무리가 검은 벌떼처럼 하늘에서 내려왔다. 드론들은 원유 수송 시스템의 핵심 부분을 정밀하게 조준했다. 원유 탱크가 폭발하고 초대형 유조선들이 전복되었다. 페르시아만에 주둔하던 미국 함대는 대응할 틈도 없이 공격당해 불길에 휩싸였다.

"아름답지 않소?"

자비에는 뉴스에서 눈을 떼고 동상처럼 가만히 앉아 있는 물리학자를

---

* 변환 효율conversion efficiency은 출력 전력과 입력 전력의 비율, 혹은 열에너지 등의 다른 형태의 에너지를 변환시켜 얻은 전기에너지의 비율을 가리킨다.

바라보았다. 마크는 몸을 천천히 돌리면서 생각에 잠긴 듯 말했다.

"마치 거대한 불꽃 축제 같군."

+ + +

로빈은 사람들이 수선거리는 소리에 잠을 깼다. 그녀는 창문에 얼굴을 대고 졸린 눈으로 밖을 내다봤다. 깜깜한 밤인데도 깊은 상처처럼 붉은 빛이 번쩍였다.

덴마크해협은 사흘 전 테러 공격의 여파로 아직 휘청이고 있었다. 공격당한 지역들은 전례 없는 수준으로 파괴되었다. 세계 7대 석유 수송로인 호르무즈해협, 말라카해협, 수에즈운하, 덴마크해협, 바브엘만데브해협, 터키해협, 파나마운하가 드론 무리의 공격을 당했다.

원유 수송로를 차단하는 것은 인체에 산소 공급을 차단하는 것과 같았다. 그 여파가 빠르게 나타날 터였다. 전 세계 경제가 공황상태에 빠지고, 인플레이션과 교통 혼잡으로 인한 고통이 가중될 것이다. 유통과 서비스 시스템이 무너지고 이어서 금융 시스템도 붕괴할 것이다. 자동차도, 비행기도, 선박도, 플라스틱도, 대체에너지원도 없을 것이다. 지역별로 자원 약탈전이 벌어지고, 약탈전은 다시 민족 간의 내전으로 확대될 것이다.

원유를 바탕으로 구축된 문명의 꿈이 악몽으로 변하기 일보 직전이었다. 거대한 몰락이 있을 터였다.

배후는 과연 누구란 말인가?

그때까지 군대에서는 '둠스데이doomsday'라는 이름이 붙은 드론 몇 대를 격추했을 뿐이었다. 드론의 자폭 시스템은 언제나 엔지니어들이 방어벽을 뚫기 전에 먼저 작동했다. 둠스데이에 대한 무수한 질문은 해결되지 못한 채 그대로 남겨졌다. 도대체 이 드론들은 어디서 왔을까? 방공 경보 시스템을 어떻게 통과했을까? 목적이 무엇일까? 아무도 알지 못했다. 그게 바로 로빈이 헤이그로 날아가고 있는 이유였다.

자비에가 암호화된 데이터를 그녀에게 보냈다. EC3는 자폭에 실패한 드론 한 대를 확보했지만 뛰어난 해커들이 필요했다. 일부 데이터에 따르면, 이 사태의 주범은 로빈의 비트코인을 훔쳐간 놈들과 같은 세력이었다. 드론 제어 시스템이 최초로 활성화된 시간 기록이 로빈이 비트코인을 도둑맞은 날과 같았다. 게다가 용의자인 마크 루소 교수를 구금하고 심문하기 위해서도 로빈의 해킹 기술이 필요했다.

자비에가 보낸 메시지는 이렇게 적혀 있었다. "우리는 당신이 필요합니다. 당신이 이 적과 싸워본 최초이자 유일한 사람입니다."

잠시 주저하긴 했으나 결국에 로빈은 EC3로부터 사면을 약속받는 대가로 그들의 요청에 응하기로 했다. 그런 민감한 일들은 로봇을 통해 원격으로 할 수 없었다.

윌과 리는 반대했다. 자비에가 수년간 그들을 추적했다는 걸 아는 두 사람은 덫을 놓은 것일 수 있다며 로빈을 말렸다. 하지만 로빈에겐 그녀 나름의 이유가 있었다.

"때론 이기기 위해 먼저 져줄 필요가 있어." 할머니가 하신 말씀이었다.

그녀는 자비에를 세상 그 누구보다 어쩌면 자비에 자신보다 더 잘 알았다. 그녀는 인터넷의 바다에 흩어져 있는 온갖 잡동사니 데이터를 종합해 그의 과거를 알아냈다. 인공지능은 소소하고 포괄적인 데이터를 소화해 실제 인간의 상호작용에서 나오는 감정과 행동을 계산하기 위한 홀로그램 모델을 만들어냈다. 이 알고리즘은 대테러용으로 설계된 것이지만 로빈은 그것을 '빌려' 개인적인 방첩 활동에 사용했다.

로빈은 자비에라는 남자를 이해하면 할수록 더 깊은 모순에 빠져들었다. 그녀는 자신이 거미줄의 한가운데 걸려 있으면서 놀랍게도 거미에게 동정심을 갖게 된 벌레와 같다고 느꼈다. 그녀는 자비에가 자신의 여동생을 찾고 있다는 걸 알았다. 또 자비에가 나쁜 소식을 듣게 될 것도 알았다. 인신매매를 당한 소녀들의 처지가 얼마나 끔찍한지 아는 로빈은 자비에가 차라리 그 사실을 모르는 편이 나을지 모른다고 생각했다.

로빈은 빈시게라 조직을 위해 범죄 흔적을 숨기고 암호화하고 파괴하는 시스템을 설계했고, 이 시스템 덕분에 빈시게라는 여러 번 EC3를 피해 갈 수 있었다. 인신매매든, 온라인 아동학대든, 데이터 도용이든, 금융 사기든 빈시게라 일당은 자신들이 한 일을 깨끗이 지워버렸다. 로빈이 그들을 위해 시스템을 설계한 것은 가족에 대한 살해 협박 때문이었다. 만일 그녀가 자비에를 돕는다면 빈시게라에 공개적으로 전쟁을 선포하는 것이자 동시에 해커 세계의 암묵적인 약속을 위배하는 것이었다. 이런 결정을 내리는 대가로 평생을 도망 다니며 살다가 결국 시체로 발견될 수도 있었다. 그녀는 가족이 같은 운명을 겪게 할 순 없었다.

기체가 심하게 덜컹거렸다. 비행기가 암스테르담 스키폴국제공항에 도착했다.

'이제 후회할 시간 따윈 없어.' 비행기에서 내린 로빈은 어두운 복도를 향해 걸으며 생각했다.

+ + +

출구에 서 있던 남자는 로빈과 눈이 마주치자 내심 놀라는 눈치였다. 남자가 아닌 여자여서일 수도, 생각보다 젊고 아름다워서일 수도 있었다.

두 사람은 함께 무인방탄차를 타고 침묵 속에서 헤이그로 향했다.

로빈의 눈길이 바로 앞의 스크린에 머물렀다. EC3가 다양한 소스를 통해 수집한 드론 관련 데이터였다. 특별히 이상한 점은 없었다. 무기와 전력 시스템 모두 정상으로 보였다. 비행 제어 시스템에는 고성능 깊이 인식 카메라를 사용해 최적의 비행 궤도를 계산하고 환경과 목표물을 포착하는 스마트 프로그램이 내장돼 있었다. 방해 방지를 위한 정교한 암호화가 저고도 드론 탐지 및 방어 기술인 'CRPC(인지 무선 프로토콜

역방향 해석)' 기술을 방어하고 있었다. 드론 무리는 실시간으로 데이터를 동기화할 수 있었고, 각자의 위치를 조율해 충돌을 피했다. 데이터를 살펴본 로빈은 검은색의 드론 무리를 식별하고 타파하는 것은 물론이고 미리 탐지하는 것조차 거의 불가능하다고 판단했다.

드론 데이터를 살피면서 로빈은 수년간 은둔 생활을 했던 전설적인 해커 '미스터 블링크'가 떠올랐다. 소문에 따르면 그는 2034년에 나사NASA의 관제센터에 대한 급습을 지휘해 로켓 발사를 방해했다. 하지만 수년 전에 갑자기 현장에서 자취를 감췄다. 무법자의 삶을 포기했거나 어쩌면 많은 사람이 믿었던 것처럼 세상을 떠났을지도 몰랐다.

"호텔에 도착하면 좀 쉬어요. 내일 아침 9시에 데리러 갈게요." 자비에가 마침내 무미건조하게 말을 건넸다.

"지금 당장 가죠." 로빈은 고개를 들지 않은 채 말했다.

"뭐라고요?"

"저는 여기 휴가차 온 게 아니에요. 1분 1초가 중요해요."

자비에는 인상을 찌푸리며 차에 경로 변경을 지시했다. 20분 후 두 사람은 EC3의 비밀 연구실에 도착했다.

연구실에 들어서자 자동 조명이 켜졌다. 티타늄 합금 작업대 위에 짙은 검은색 드론 한 대가 놓여 있었다. 여러 색의 케이블로 고정된 드론은 너무 작고 엉성해서 그것들이 전 세계에 대혼란을 일으켰다는 사실을 믿기 어려울 정도였다.

중앙 콘솔로 다가간 로빈은 자비에에게 테스트 로그를 불러달라고 요청했다. 그녀는 매우 빠른 손놀림으로 데이터를 아래로 스크롤하더니 어느 순간 연주를 마친 지휘자처럼 그대로 얼어붙었다.

"뭔가 찾았나요?" 자비에가 침묵을 깨고 말했다.

"죽었어요. 되살려야 해요."

"무슨 말인지 이해가 되지 않네요."

"드론이 임무 수행 모드에 있지 않으면 방해 방지 시스템을 뚫고 들어가 내부 재작성rewrite 프로그램에 접근할 수 없어요. 가능하다 하더라도 시속 500킬로미터로 달리는 페라리의 차창으로 카드를 던져 넣는 것만큼이나 어려워요." 로빈은 옅은 미소를 지어 보였지만 얼굴은 창백했다.

자비에는 의자에 털썩 주저앉았다. 그들에게 긴 밤이 기다리고 있었다.

+ + +

헤이그에서 불과 5킬로미터 떨어진 스헤베닝겐은 네덜란드인들이 좋아하는 휴양지였다. 날씨가 좋을 때면 그곳의 해변은 온통 서핑을 즐기는 사람들로 가득 찼다.

아무도 이 한가로운 지역에 EC3의 안전가옥이 있으리라고는 생각하지 못했다. 그 안에는 여느 때보다 훨씬 더 초췌해 보이는 마크 루소가 있었다.

"정말 먹어보지 않을 건가요?" 자비에가 생청어가 담긴 통을 탁자 위에 내려놓았다. 생선 비린내가 코를 찔렀다. 관광객들에게 그것이 지역 특산물임을 알리기 위해 만들어진 네덜란드 국기가 달린 이쑤시개가 생선에 꽂혀 있었다.

"변호사를 원하오. 이건 불법 구금이야." 마크의 목소리는 낮게 가라앉았으나 여전히 위협적이었다.

"유럽연합의 특별증인보호조항에 따르면 우리는 당신을 이렇게 붙잡아둘 권리가 있습니다." 자비에가 마크를 향해 다가가 목소리를 낮추며 말했다. "당신 목에 포상금도 걸려 있어요. 그 해커들이 당신을 암살하려고 하는 이상 우리는 당신을 이 작은 집에 붙잡아둘 수밖에 없어요. 아시겠습니까?"

화가 난 박사가 자비에를 향해 달려들었으나 스마트 안전장치가 제때에 그를 저지했다. 몇 밀리세컨드 만에 그의 옷이 족쇄로 변했다. 마크는 양팔을 벌린 채 탁자 위로 쓰러졌다.

"당신들 아직 나에 대해 아무것도 찾아내지 못한 거지?" 마크가 길게 숨을 내쉬며 말했다.

자비에는 위험한 게임을 하고 있었다. 로빈을 끌어들이기 위해 마크를 이용하고, 마크를 잡아두기 위해 로빈을 이용했다. 있지도 않은 암살 위험을 이유로 마크를 '보호'하는 건 성공했지만, 이 속임수가 언제까지 통할지는 알 수 없었다. 테러 공격에 마크가 가담했다는 증거가 나오면 세계의 모든 정보기관이 주목할 것이다. 당장은 자비에가 가진 권한을 최대한 이용하겠지만, 결국에 마크의 개입을 입증할 수 없다면 모든 건 물거품이 될 터였다.

자비에는 자기 직감만 믿고 도박을 하는 것이나 마찬가지였다. 그는 마크의 눈빛에서 어떤 미친 짓이든 할 수 있을 만큼의 지독한 증오심을 읽었다. 가족을 잃어봤기에 자비에도 그게 어떤 감정인지 잘 알았다. 인공지능은 이해할 수 없는 감정이었다.

자비에는 더 이상 시간을 낭비할 수 없었다. 게임의 판돈을 올려야 할 때가 되었다.

"마크, 이제 선택의 여지가 없네요. 나는 특단의 방법을 사용해서 당신이 기억하기 원치 않을 무언가를 떠올리게 할 겁니다. 그것 때문에 불쾌하다 해도 어쩔 수 없어요. 세상엔 사람보다 기계가 더 잘하는 일들이 있죠."

"도대체 무슨 말을 하는 거야?"

"당신이 세계 최고의 포커페이스일지 몰라도 인공지능 심문 시스템은 아주 미묘한 미세 표정과 목소리 톤의 변화까지 잡아냅니다. 아주 탁월한 기술인데 나는 그다지 좋아하지 않아요. 그 이유는 이 기술이 아직 실험 단계에 있기 때문도 아니고, 여러 피실험자가 회복 불가능한 뇌 손상을 입었기 때문도 아닙니다. 그걸 사용하려면 엄청나게 많은 서류를 작성해야 하거든요."

자비에의 말은 거짓이 아니었다. 인공지능 심문 기술인 배드트립BadTrip은 비침해적인 신경전자파 간섭을 이용해 변연계를 자극함으로써 깊숙이 감춰져 있던 '외상기억'을 재생시켰다. 정신적으로나 물리적으로나 고통스러운 경험이었다. 감정적 반응이 폭발적으로 커지고 모든 이성을 파괴하는 악몽과도 같았다.

배드트립을 경험한 피실험자 대부분 장기간 심리적 외상을 겪었고 자살 시도를 하는 예도 있었다. EC3 내부에서도 일부 사람들은 배드트립을 폐기해야 한다고 주장했으나 유럽에서 극단적인 테러가 증가하는 바람에 이 기술을 계속 사용할 정당한 이유가 생겼다.

두 명의 기술자들이 장비를 방으로 들여왔다. 금속과 케이블로 된 문어 같았다. 그들은 마크의 머리에 기계를 설치하기 시작했다.

"잠깐!" 마크가 소리쳤다. "만일 다음 공격이 어디서 일어날지 말한다면…"

자비에가 손을 들자 기술자들이 설치를 멈췄다.

"종이와 펜을 줘! 풀어줘!"

몇 분 후 자비에의 손에는 시간과 장소를 갈겨 쓴 목록이 들려 있었다. 그는 암호화된 채널을 통해 로빈에게 통신을 연결하려 했다. 마크가 뒤에서 소리를 질렀다.

"난 내가 아는 모든 걸 말했어! 그러니 풀어줘!"

자비에는 잠시 멈춘 후 손을 흔들었다. 기술자가 그의 지시를 따랐다. 문어처럼 생긴 기계를 마크의 머리에 부착했다.

"이 망할 놈 같으니라고! 후회하게 될 거다! 넌 아무것도 바꾸지 못해."

기술자가 기계의 마지막 끈을 조이자 마크의 목과 이마에서 정맥이 부풀어 올랐다.

"유감입니다." 자비에는 중얼거리듯 말하곤 밖으로 나왔다.

배드트립이 오래된 냉장고처럼 윙윙 소리를 내며 가동을 시작했다.

마크의 눈앞에서 녹색 광선이 번쩍였다. 온 힘을 다해 버둥거렸으나 꼼짝도 할 수 없었다.

+ + +

제25차 G-STIC(세계과학기술혁신콘퍼런스)가 브뤼셀 엑스포공원 옆의 파노라마호텔 국제컨벤션센터에서 열렸다. 전 세계에서 온 기술자, 투자자, 재계 지도자, 정치인, 유명인사가 회의장을 가득 채웠다.

콘퍼런스 마지막 날인 사흘째 되는 날, 회의장에 긴장감이 맴돌았다. G-STIC는 최근 원유 인프라에 대한 공격이 있었던 터라 치안에 더욱 신경을 쓰고 있었다. 게다가 1조 달러 이상의 기업가치를 지닌 인드라코프의 대표 레이 싱이 마지막 기조연설을 하기로 되어 있었다. 그는 최근 몇 년 동안 해양도시 건설을 적극적으로 추진한다는 이유로 극단적인 환경운동단체들로부터 몇 차례 공격을 받은 적이 있었다. 아틀라스네트워크의 시위 진압용 자율주행차가 회의장 주변에 배치되었다. 검은색 전투용 방호복을 입은 특수침투부대 요원들도 중앙 건물을 에워싸고 방어 태세를 갖춘 상태였다. 고성능 렌즈를 착용한 요원들은 하늘을 살펴보며 평소와 다른 이상이 없는지 관찰했다.

자비에와 로빈은 근처에 있는 차 안에서 영공 모니터링 데이터를 보고 있었다. 마크가 흘린 말에 따르면 10분 안에 대대적인 공격이 시작될 터였다.

인공지능 대테러 시스템은 과거 테러 공격들을 분석해 패턴을 찾아낸 결과 이곳에 대한 테러 공격의 확률은 제로에 가깝다고 결론 내렸다. 이곳은 에너지 생산 기지도 운송 허브도 아니었다. 최근 며칠 동안 전 세계의 군대와 경찰 병력 대부분은 주요 에너지 인프라를 보호하는 데 배치되었다. 이 전략은 데이터와 논리에 따른 것이었다. 그렇기에 EC3와 아틀라스네트워크의 상관들에게 마크로부터 확보한 정보를 심각하게 받아들이도록 설득하는 과정은 쉽지 않았다.

로빈은 커피를 홀짝이며 인상을 찌푸렸다. "등록된 항공기 외에는 아무것도 보이지 않는데요."

"마크가 거짓말을 하진 않았을 겁니다."

"자신의 계획을 망칠 걸 알면서도 사실을 말했다는 건가요?"

자비에는 차마 배드트립에 대해 말하진 못했다. 그는 고개를 가로저으며 대답했다. "너무 오만해서 그런 거 아닐까요. 우리가 공격을 어떻게 방어하는지 보고 싶은 거겠죠."

"오만함을 엉뚱한 데다 표현하는 것 같네요."

그때 지상을 담당하는 사령관 돔에게서 전화가 왔다. 목소리가 불안했다. "서쪽 방향에서 뭔가 접근하고 있습니다. 새떼이거나 아니면…"

로빈은 즉시 인터페이스 파라미터를 불러냈다. 화면이 바뀌자 군집을 이룬 붉은색 불빛들이 빠르게 다가오고 있었다.

"마치 새떼처럼 보이네요. 새들의 비행 패턴을 흉내 내서 감지 시스템을 피하려는 게 분명해요!"

"제기랄! 수비대의 서쪽 측면을 강화하라고 해! 알파 플랜을 실행해!" 자비에는 돔에게 명령을 내린 후 로빈을 바라봤다. "마음의 준비가 됐어요? 이건 컴퓨터 앞에 앉아 코드 작성하는 일과는 차원이 달라요. 죽을 수도 있는 일이라고요."

로빈은 담담하게 미소를 지으며 검은색 헬멧을 썼다.

시위 진압용 자율주행차의 중앙에서 육중한 전술용 오토바이가 분리되었다. 오토바이에는 자비에와 로빈이 타고 있었다. 불길한 검정 새떼가 하늘을 뒤덮었다. 새떼가 너무 빠르고 민첩해서 자율주행차로는 따라잡을 수가 없었다. 할 수 없이 두 사람은 공격에 노출되는 위험을 감수한 채 오토바이에 몸을 맡겼다.

오토바이는 둠스데이 드론들을 맹렬히 추격하기 시작했다. 로빈은 손목에 찬 트랜스미터로 드론들을 향해 강력한 단거리 전자기파를 발사했다. 드론들의 속도가 너무 빨라 전자기파가 타깃에 닿지 못할 수도 있었다. 성공 가능성이 희박하긴 하지만 지금으로선 그것이 통신 프로토콜 격차를 이용해 드론의 시스템과 프로그램을 역으로 분석하고 제어하기 위한 유일한 방법이었다.

한편 특수침투부대 요원들은 각자 위치에서 사격을 개시했다. 이상하게도 드론들은 맞대응하지 않았다. 앞선 드론들이 공격을 받아 산산조각이 되어 낙하하는데도 뒤에 오는 드론들은 전략이나 경로를 변경하지 않았다.

아름다운 풍광을 자랑하던 곳이 갑자기 전장으로 바뀌었다. 여기저기서 폭발이 일어나고 연기가 피어올랐다.

"서둘러요!" 로빈이 외쳤다.

자비에는 속력을 높였다. 오토바이는 경로를 이탈해 낮게 비행하는 드론 한 대를 향해 돌진했다. 마치 상처를 입은 새가 비틀거리며 추락하는 것처럼 보였다. 로빈은 다시 전자기파를 쏘았다.

"더 가까이!" 로빈이 외쳤다.

자비에는 장애물을 요리조리 피하며 오토바이를 계단 위로 몰았다. 드론이 추락해 파괴되기 전에 따라잡아야 했다. 그렇지 않으면 그들의 노력은 수포가 될 판이었다.

로빈이 쓴 헬멧의 인터페이스에 불이 들어왔다. '핸드셰이크*가 성공한 건가?' 그녀는 드론 간의 일상적인 데이터 교환인 척 위장해 재빨리 지시를 보냈다. 예상대로 드론의 속도가 느려진 것 같았다.

"거의 다 왔어요. 놓치면 안 돼요!"

자비에는 땀에 젖은 두 손으로 핸들을 꼭 잡았다. 이상한 할리우드 영

---

* 핸드셰이크handshake는 둘 이상의 장치가 서로 보조를 맞춰 데이터를 전송하는 등의 처리를 하는 것을 가리킨다. 원격 통신에서 원격 제어 신호에 대해 단말기에서 응답 신호를 보내는 것도 핸드셰이크라고 한다.

화에 나오는 스턴트맨이 된 기분이었다.

"5초 남았어요!" 로빈이 외쳤다. "4, 3… 조심해!" 그녀는 숨을 멈췄다.

드론이 한 호텔의 아트리움으로 돌진했다. 아래에 여섯 층에 달하는 전시 공간이 있었고, 각 층은 에스컬레이터로 연결되어 있었다. 생태적 조화에 유독 신경 쓰는 벨기에인들이 각 층에 나무와 식물들을 심어 만든 테라스 형태의 정원이 있었다. 유리 아래로 인공 낙원을 바라보며 자비에는 추적을 포기하든지 드론을 좇아 자유낙하를 하든지 선택해야 했다.

"제기랄! 꽉 붙잡아요!" 자비에가 숨을 몰아쉬며 외쳤다.

로빈은 심장이 얼어붙는 듯했다. 오토바이가 공중을 가로질러 낙하하는 동안 그녀는 자비에를 있는 힘껏 껴안았다.

자비에는 재빨리 오토바이 몸체에 있는 압축공기 분사 노즐을 작동시켜 떨어지는 방향을 조정했다. 거의 바닥에 다다랐을 즈음 나무 한 그루가 있는 유리로 막힌 공간이 눈에 띄었다. 자비에는 로빈을 붙잡고 오토바이에서 뛰어내렸다. 두 사람은 나뭇가지 사이로 떨어졌다. 로빈은 터지지 않은 폭탄처럼 그의 팔에 안겨 있었다.

"괜찮아요?" 등에 통증을 느낀 자비에가 신음하자 로빈이 걱정하며 물었다.

"다행히 살아 있네요. 드론은 어떻게 됐나요?"

로빈이 이리저리 주변을 살폈다. 검은색 드론이 그들의 머리 위에 떠 있었다. 갑자기 EC3의 사령관으로부터 동영상이 전송되었다.

"자비에! 로빈! 어디 있는 겁니까? 이 드론들이 여기서 도대체 뭘 하려는 겁니까?"

동영상이 외부 장면으로 바뀌었다. 파노라마호텔의 유리 외벽 너머로 세 대의 드론이 정삼각형의 대오를 이뤄 건물 주변을 맴도는 것이 보였다. 마치 호텔을 한 층 한층 훑으며 스캔하는 것처럼 보였다.

"저것들을 저지할 수 있겠어요?" 자비에가 머리 위에 떠 있는 드론 무리를 쳐다보며 말했다.

"해볼게요. 하지만 시간이 걸려요. 왜 그냥 쏴버리지 않나요?"

"호텔에 아직 사람이 있어요."

"뭐라고요? 난 모두 대피한 줄 알았어요!"

"일부 호텔 직원과 G-STIC 참가자가 아직 대피를 못 했어요."

"이런!"

그들은 빠른 길을 찾아 장갑차로 갔다. 로빈은 차 안에서 그녀의 가상 키보드를 켰다. 점점 더 불안해졌다. 도대체 이 드론들은 누구를 혹은 무엇을 찾고 있는 걸까?

로빈이 제어하는 드론이 날아오르더니 삼각 대오를 이룬 드론들을 향해 갔다. 드론들이 각기 특정 거리 안에 있어야만 통신 프로토콜이 활성화되기 때문에 데이터 미끼를 쓰려면 가까이 다가가야 했다.

날씨가 좋을 때 파노라마호텔의 최상층인 18층에서 밖을 보면 브뤼셀 전경과 반짝이는 센강이 한눈에 들어왔다. 이 순간 펜트하우스 손님이 창밖을 본다면 유리창을 닦아도 지워지지 않는 얼룩처럼 생긴 이상한 검은 점을 발견했을 것이다. 그 점이 서서히 시야에서 멀어지면 반대 방향에서 또 다른 점이 나타나고, 이 점이 멀어지면 또 다른 점이 나타나고…. 세 대의 드론은 차갑고 악의적인 빛을 쏘며 번갈아 내부를 감시하는 세 개의 눈과 같았다.

위쪽에서 파열음이 들리더니 호텔 밖으로 유리 파편이 쏟아지기 시작했다. 세 대의 드론이 하늘에서 빠르게 돌며 프레지덴셜 스위트룸의 통유리 밖에서 총알을 난사했다.

"데이터 패킷 전송 시작!" 로빈이 장갑차 안에서 몸을 피하며 화면을 재빨리 읽어 내려갔다.

자비에는 자리에서 일어나 고공에서 펼쳐지는 전투를 올려다봤다. 갑자기 드론들이 멈춰 섰다. 마치 네 개의 음표가 푸른 하늘에 그려진 것 같았다.

두 사람의 헤드셋을 통해 또 다른 소식이 들려왔다. 로빈과 자비에는 서로 눈빛을 교환했다. 드론이 사격을 중단한 것은 로빈이 던진 데이터 미끼가 성공적으로 임무를 완수했기 때문이 아니었다. 세 대의 드론은 임무를 완수했기 때문에 사격을 멈춘 것이었다.

둠스데이 드론들의 블랙리스트에서 제거된 첫 번째 인물은 프레지덴셜 스위트룸에 몸을 숨겼던 레이 싱이었다.

+ + +

마크는 얼마나 오랫동안 배드트립에 묶여 있었는지 알 수 없었다. 수분, 아니 수십 년일 수도 있었다. 신체적 감각보다 더 괴로운 것은 마음을 짓누르는 고통이었다. 너무나 고통스러워서 저 깊이 감춰두고 모른 체하려 애썼던 어떤 순간들이 끊임없이 떠올랐다.

5년 전 마크는 아내 애나와 아들 뤼크를 데리고 독일의 추운 겨울을 피해 캘리포니아로 휴가를 떠났다. 그들은 마크의 멘토인 폴 밴더그래프를 만나기 위해 차를 타고 캘리포니아의 재건축 마을로 갔다. 수년간 만나지 못한 마크와 폴은 감격스러운 재회를 했다. 뤼크는 멕시코 국경부터 캐나다 국경에 이르는 장거리 트레킹코스인 퍼시픽크레스트트레일PCT의 일부를 걷게 될 거란 기대감에 푹 빠져 있었다. 애나는 그런 아들을 위해 마크와 그의 멘토는 물리학에 관한 토론을 맘껏 즐기도록 하고 둘이서만 플루마스 국유림에 가보기로 했다.

"저녁까지 돌아올게요." 길을 나서는 애나가 웃으며 말했다. "저녁식사 자리에서는 '양자'라는 단어가 안 들렸으면 좋겠어요."

애나에게서 들은 마지막 말이었다. 마크는 한 마디 한 마디를 선명하게 기억했다.

폴과 열띤 토론을 하느라 시간 가는 줄 몰랐던 마크는 밖이 어두워져서야 아내와 아들이 아직 돌아오지 않았다는 것을 알아차렸다. 아내에게 전화를 걸었지만 연결되지 않았다.

마크의 스마트스트림에서 날카로운 경보음이 울렸다. 폴의 것도 마찬가지였다. 플루마스 국유림에서 난 산불로 인근의 모든 사람이 비상 대피를 해야 했다.

마크는 폴을 따라 그의 수동 머스탱에 올라탔다. 폴이 화재를 피하는 사람들로 꽉 막힌 차선을 요리조리 운전하는 동안 경찰에게 전화를 걸었다. 마크는 위성을 통해 아내의 위치를 알 수 있길 바랐다. 전화가 인공지능 긴급대응 서비스로 연결되었다. 상냥한 기계음이 말했다. "캘리포니아의 개인 데이터 보호 원칙에 따라 말씀하신 차량의 위치를 알려드릴 수 없습니다."

마크는 좌절하며 전화를 끊었다. 폴이 전속력으로 차를 달렸다.

그들은 10킬로미터도 채 못 가서 경찰이 세운 방어벽에 의해 저지당했다. 경찰이 계속 가는 건 극도로 위험하며 더구나 민간인 차량은 절대 들어갈 수 없다고 했다. 폴이 마크를 진정시키는 동안 소방차가 그들 옆에 와서 섰다. 그들은 폴은 남겨두고 마크만 태우고 가기로 했다.

"지금은 겨울이잖아요!" 마크가 산불이 난 걸 믿을 수 없다는 듯이 외쳤다.

"여긴 캘리포니아입니다." 소방관들이 무언가 함축한 듯한 짧은 말로 대답했다.

캘리포니아 지역은 한때 겨울에 따뜻하고 비가 많이 오는 지중해 기후였다. 하지만 지구온난화로 인해 갈수록 겨울이 덥고 건조해졌다. 23년 전에는 초대형 산불로 캘리포니아의 중심지가 파괴되었다. 1만 1,000여 가구가 잿더미로 변했고, 85명이 사망했으며, 6만 3,000헥타르의 땅이 소실되었다.

최근에는 강풍까지 불어 초대형 산불의 위험이 상존하는 상태였다.

소방차가 주홍색 철교를 건너갔다. 다리 아래로는 맑은 강이 끝이 보이지 않는 먼 곳까지 굽이쳐 흐르고 있었다. 강 양쪽의 비탈길은 울창했다.

마크는 마침내 아내의 포드 자동차가 길가에 주차된 것을 발견했다. 차에는 아무도 없었다. 아내와 뤼크가 숲으로 들어간 걸까? 마크의 간청 끝에 두 명의 소방관이 그와 함께 가족을 찾으러 가겠다고 나섰다.

시간이 너무 없었다. 바람이 아직 불씨가 살아 있는 재를 실어나르고 있어서 불이 무섭게 빠른 속도로 번져나갔다. 산불은 최대 시속 80킬로미터의 속도로 이동할 수 있어서 이런 상황에서는 걸어서는 물론이고 차로 탈출하는 것조차 어려울 수 있었다.

마크와 두 명의 소방관은 애나와 뤼크의 이름을 크게 외쳤다. 세 사람은 숲속을 이동하며 더 넓은 지역을 수색하기 위해 멀리 떨어져 걸었다. 그들의 눈앞에서 하늘이 거세게 불타오르고 있었다. 숲은 황금빛 불길에 휩싸여 있었다. 대기 온도가 빠르게 상승했고 타는 냄새가 진동했다.

"더 이상은 안 돼. 불이 곧 이곳으로 번져올 거야." 한 소방관이 동료를 저지하며 말했다.

"제발 도와주세요. 분명 근처에 있을 겁니다." 마크가 빌다시피 애원했다.

"죄송합니다." 다른 소방관이 고개를 저으며 말했다.

마크는 어렴풋이 새소리를 들은 듯했다. 그는 목이 쉬도록 아내와 아들의 이름을 외치며 난장판이 된 숲을 뚫어지게 쳐다보았다. 다시 어떤 목소리가 들려왔다. 아까보다 더 선명한 소리였다. 소년의 외침이었다. 마크는 소리가 나는 방향으로 뛰어갔고 소방관들도 뒤를 쫓았다.

갑자기 바람의 방향이 바뀌었다. 무서운 열기를 띤 바람이 불어와 그들을 덮쳤다. 숲 전체가 불타오르고 있었다. 마치 괴물이 입을 벌린 채 피를 흘리고 있는 것 같았다.

마크는 두 명의 흐릿한 형체를 발견했다. 한 명은 엎드려 있고 다른 한 명은 무릎을 꿇고 있었다. 그들은 바위 밑에 있었다. 마크는 애나와 뤼크라고 거의 확신했다. 그들을 향해 뛰어가려 하자 소방관들이 저지했다. 마크가 뛰쳐나가려고 버둥거리는 바람에 세 사람은 바닥에 쓰러졌다.

"도대체 뭐 하는 겁니까?"

마크가 소리치는 것과 동시에 거대한 불길이 그들 바로 옆을 휩쓸고 지나갔다. 불길이 지나간 곳은 모두 잿더미로 변했다. 애나와 뤼크는 불길이 번지며 지나가는 바로 그 자리에 있었다. 두 사람은 흔적도 없이 사라졌다.

+ + +

산불이 진화되기까지 17일이 걸렸다.

마크가 장례식에서 품은 건 불에 그슬린 한 줌의 흙이 전부였다. 얼마 지나지 않아 그는 일을 그만두었다. 아내와 아들을 앗아간 산불 말고는 관심을 가질 수 없었다. 합리주의자인 그는 용납할 수 없었다. 너무도 부당했다. 개인, 제도, 시스템 모두 책임을 져야 했다. 모두가 기후변화를 탓했으나 그걸로 충분하지 않았다.

분노와 자기 비난이 서서히 작용하는 독처럼 그의 정신을 망가뜨렸다. 인간에 대한 혐오가 점점 커졌다. 인간의 오만함과 탐욕이 그의 가족을 죽였다고 믿게 되었다. 비극적인 사건이 일어나기 직전에 그의 멘토가 알려준 새로운 양자 위상 공식은 그에게 복수의 무기가 될 수 있었다.

양자의 세계에서 인과관계는 인간의 직관과 반대로 작용했다. 원인과 결과는 서로 얽혀 있었다.

마크는 밤낮으로 연구했다. 온갖 불법 자원과 민감한 정보가 자유롭게 거래되는 다크웹의 극단주의 포럼에서 소통하기 시작했다. 그의 복수 계획은 서서히 형체를 갖춰갔다.

마크의 계획이 성공하려면 양자컴퓨팅 능력에서 비약적인 발전을 이뤄야 했다. 그는 이를 위해 모든 것을 쏟아부어 연구했다. 하지만 다크웹에서 컴퓨팅 능력은 가장 많은 사람이 원하는 희소자원이었다. 그것을 안전하게 지키려면 연구 성과를 숨겨야 했기에 그는 대중의 눈앞에서 사라지는 쪽을 택했다.

대부분 사람에게 그는 고통스러운 과거를 극복하지 못하고 슬픔에 빠져 인생이 망가진 불쌍한 남자일 따름이었다. 충격적인 음모의 중심에 그가 있다고는 아무도 상상하지 못했다.

배드트립은 마크가 캘리포니아에서 있었던 그 끔찍한 저녁을 반복해서 떠올리게 했다. 그는 사랑하는 가족을 잃은 비극을 몇 번이나 새로이 경험했다. 그는 아내와 아들이 재로 변하는 걸 반복해서 지켜봤다. 결국 마크는 완전히 무너져버렸다.

기술자들은 한밤중이 되어서야 배드트립에서 마크를 풀어주었다. 그는 마침내 눈을 감을 수 있었다.

이제 막 지구에 대한 맹공이 시작되었다.

+ + +

실크로드13, 암호화된 채팅방[000137], 2041년 9월 17일, 협정세계시 20:51:34

로빈이 암호화된 채팅방에서 늘 쓰는 아바타의 눈은 죽은 물고기처럼 생기가 없었다. 월의 아바타는 긴 머리에 붉은 눈을 가진 우주 방랑자 론 슬론이었다. 리는 아직 등장하지 않았다. 좀처럼 없는 일이었다. 그는 셋 가운데 시간 약속을 가장 정확히 지키는 쪽이었다.

그들이 선택한 가상 환경은 18세기 요크의 춥고 어두운 지하 감옥이었다. 석벽의 갈라진 틈에서 희미한 촛불이 깜박였다. 때때로 지하 깊은 곳에서 울부짖는 소리가 들려왔다.

로빈: 적합한 장소로군.

월: 그렇지? 둠스데이는 통제 불능 상태야. 곳곳에서 무자비한 살상이 벌어지

고 있어. 인공지능의 예측에 따르면 1,200명에서 1,500명이 죽었어. 모두 유명인사들이야.

로빈: 혹시 어떤 패턴이라도 발견했어?

월: 희생자들의 배경 정보를 넣고 교차분석을 했지만 뚜렷한 상관관계가 나오지 않았어. 유일한 공통점이라면 각 분야에서 가장 영향력이 큰 사람들이란 것뿐이야.

로빈: 드론은 원유 수송 허브를 먼저 공격했어. 그러고 나서 이 사람들을 공격한 거야. 뭔가 다른 연결고리가 있는 게 분명해.

월: 네가 드론의 통신망을 통해서 디지털 바이러스를 퍼트리는 방법은 너무 느리다고 하드웨어를 통해 침투하는 방법이 없냐고 했잖아. 내가 조사를 해봤는데, 하드웨어도 답은 아니야. 문제는 그들의 전염병학epidemiology이야.

로빈: 전염병학?

월: 일단 어떤 드론이 감염되면 나머지 다른 드론들과의 통신은 불통이 되어버리는 식이야.

로빈: 그렇다면 우리가 아무리 애를 써도 많은 사람을 구하기 어렵다는 거네.

월: 해결의 열쇠는 이 드론들의 공급자를 찾는 거야. 그런데 리는 어떻게 된 거야? 이 녀석 어디 있지?

로빈과 월이 대화하는 동안 백여우가 방에 몰래 들어왔다. 그들의 눈앞에서 여우는 소년으로 변신했다. 리를 그대로 닮은 아바타였다.

월: 드디어 납셨네.

리: 따라붙는 쥐새끼 몇 마리 따돌리느라 애 좀 썼어.

로빈: 자비에가 마크 루소의 존재를 언제까지 비밀에 부칠 순 없을 거야. 정부에 넘겨주기 전까지 몇 시간 안에 그의 자백을 받아내야 해. 이게 마지막 기회일지 모르니 내가 정면으로 부딪쳐봐야 할 것 같아.

월: 너 혹시 자비에라는 작자를 좋아하는 거 아니야? 잊지 마. 그는 늘 너를 잡

아 감옥에 처넣으려 했던 놈이라고.

로빈: 입 좀 닥쳐줄래? 리, 얘기 좀 해봐.

리: 두 사람 싸우지 마. 뉴스가 있어.

리는 손짓으로 가상 지하 감옥의 석벽에 화면을 띄웠다. 만화가 시작되더니 블록체인과 인공지능의 세계에서 벌어지고 있는 범세계적인 범죄 작전을 보여주었다. 모든 거래가 암호화되고, 모든 제조와 운송이 자동화되었다. 범죄와 범죄자는 상호연동interlocking 암호화가 설정된 한 시간과 공간에서 완전히 분리되었다. 무기는 자동으로 생산되고 배치될 수 있었다. 인간이 거주하지 않는 지역에서 재배되고 만들어진 마약은 모두 드론이 운송했다. 마약 구매자들은 메뉴판에서 음식 고르듯 다크웹에 접속해 원하는 걸 클릭하기만 하면 됐다. 마약 제조와 거래에서 인간의 개입이 최소화되고 모든 과정이 외부와 단절된 채 진행되기 때문에 오래된 범죄영화에 나오던 배신자나 위장 잠입 같은 것은 더 이상 존재하지 않았다.

리: 자동화된 테러의 세계에선 한 사람이 세상 전부를 파괴할 수 있어.

윌: 그가 충분한 돈을 갖고 있다면.

로빈: 우리가 잃어버린 나카모토의 지갑에 집중해보자. 리, 얘기해봐.

리: '실크로드13'의 지난 5년간 드론 기술 데이터를 모두 검토해봤어. 거래는 암호화되지만 게시, 검색, 대화는 그렇지 않아. 의미 분석 프로그램semantic analysis program을 사용해서 연관성 있는 대화들을 분류해서 묶었는데, 한 그룹의 사람들이 좀 수상하더라고. 그들은 주로 자동 드론 조립, 군집 비행 알고리즘, 암호화된 방해 방지 시스템, 초장거리 에너지 모듈 등에 관해 대화를 나눴어. 이 기술들을 하나로 합치면 둠스데이 드론 시제품을 만들 수 있을 정도야. 이 그룹에 속한 사람들 대부분은 암호화된 IP 주소를 가진 익명의 사용자들이야. 그런데 딱 한 개의 IP가 노출됐더라고. 덕분에 나는 이

IP 주소를 가진 사람이 다른 두 가지에도 관심이 많다는 걸 알게 됐어. 그게 뭐게?

윌: 감질나게 굴지 말고 빨리 말해!

리: 워워, 진정해. 하나는 플루토늄이야. 구소련 핵 기지에서 흘러나온 거야. 다른 하나는 더 끔찍해. 죽은 사람의 소셜 데이터를 바탕으로 진짜 사람처럼 자연어를 이해하고 소통할 수 있는 지능형 모델을 만드는 법이야.

모두 침묵했다. 멀리서 인간의 것이 아닌 또 다른 울음소리가 들려왔다. 촛불이 흔들렸다. 공포영화에서 유령이 출몰하기 직전의 순간 같았다.

로빈: 마크가 핵을 만들어 세계를 파괴하려 한다는 건 놀랍지 않아. 하지만 다른 하나는… 흥미롭네. 그는 유령을 만들려는 거야. 아마 이게 우리에게 기회인 것 같네.

윌: 뭔 소리야?

로빈: 리, 2시간 남았어.

리: 유령을 만들라고?

로빈: 두 개 만들어야 해.

+ + +

헤이그, 브뤼셀-스헤베닝겐, 탈리스플러스 고속열차 안, 2041년 9월 18일, 현지 시각 00:32

지칠 대로 지친 자비에는 수면용 고글을 썼다. 검은 새떼가 수만 피트 상공을 빠르고 세차게 비행하는 소리가 헤드폰을 통해 어렴풋이 들리는 듯했다.

멀리서 검은 연기가 피어올랐다. 마치 쓰르레기의 군무처럼 모양이 변했고 햇빛을 받아 반짝거렸다. 사실 그건 세상 깊숙한 곳의 언덕으로 위장한 무인 공장에서 날아온 둠스데이 드론 무리였다. 드론은 태양열로 작동하며 밤이 되면 산과 들에 모습을 숨겼다. 새들의 비행 대오와 경로를 흉내 내어 위성에 감지되지 않도록 프로그래밍되어 있었다.

자비에가 지켜보는 가운데 드론의 수가 점점 늘어나며 빠르게 다가왔다. 갑자기 드론들이 그를 집어삼킬 것처럼 위협했다. 그는 도망가지 못하고 결국에 새로운 테러 조직의 일원이 되었다.

펜트하우스, 골프장, 크루즈, 리무진 등 돈과 지위를 상징하는 모든 장소가 죽음의 신에 의해 완전히 파괴되어 공평한 경쟁의 장이 되었다. 공포로 일그러진 얼굴과 머리와 가슴을 관통한 스마트 총알, 유혈이 낭자한 광경을 보며 자비에는 삶에서 가장 잔인한 것은 기회의 평등일지 모른다고 생각했다.

더 이상 폭력을 견딜 수 없게 된 자비에는 탈출을 시도했다. 멀리서 한 사람이 보였다. 마치 시간이 전혀 흐르지 않은 것처럼 여동생이 수년 전과 똑같은 모습으로 서 있었다.

자비에는 드론들의 무리를 뚫고 나가 여동생의 손을 잡으려고 애썼다. 하지만 광란의 검은 새들이 그가 한 발짝도 더 나아가지 못하도록 막았다. 드론의 날카로운 모서리에 그의 몸이 찢겼다. 몸에서 끈적한 검은색 석유가 흘러내렸다.

자비에는 소리를 지르며 깨어났다. 로빈이 그를 걱정스럽게 바라보고 있었다.

"악몽이에요?"

"아…" 자비에는 정신이 멍했다. 어디에 있는지 알 수 없었다.

"루시아는 여동생인가요?"

여동생 이름을 듣자 가슴이 찢기는 고통이 다시 느껴졌다. 자비에는 고개를 돌려 차창 밖을 바라보았다.

"저는 동생분을 기억해요. 푸른색의 아름다운 눈을 가졌죠."

"내 여동생을 본 적이 있어요?" 자비에가 로빈의 손을 잡았다.

로빈은 손을 빼냈다. 물론 그녀는 루시아를 본 적이 있었다. 자비에가 한밤중에 일어나 들여다본 오래된 사진과 여기저기 올라와 있는 실종자 동영상에서…. 하지만 로빈은 거짓말을 하기로 했다. 그 이유를 확신할 순 없었다. 동정심이거나 죄책감일지 모르고 혹은 비록 거짓된 희망일지라도 끔찍한 고통 속에서 살아가는 사람에게 희망을 빼앗아선 안 된다는 확신 때문일지도 몰랐다.

"이 사태가 끝나면 루시아 찾는 걸 도울게요."

자비에는 그제야 로빈을 똑바로 바라봤다. 몸을 떨면서 간신히 버티던 그는 결국에 울음을 터트렸다. 로빈은 그를 위로하고 싶었으나 어떻게 해야 할지 몰라 쭈뼛거렸다.

1시간 후 두 사람은 스헤베닝겐에 있는 안전가옥에 도착했다.

어둠 속에 앉아 있는 마크 루소는 마치 딴사람이 된 듯했다. 수염은 덥수룩했고 눈빛은 날카로웠다.

"몇 명이나 죽었나?" 마크는 자부심이라도 느끼는 듯 거두절미하고 질문을 던졌다.

"당신이 무슨 상관이죠?" 자비에가 말했다.

"난 상관하지 않아. 알고리즘이 상관하지."

"알고리즘?" 로빈이 마크를 노려보았다. "그 알고리즘은 지갑을 훔치기 위한 것인가요, 사람들을 죽이기 위한 것인가요?"

마크는 묘한 미소를 지으며 로빈을 돌아봤다. "미안하지만 당신의 재산을 빼앗아야만 했소. 사실 당신 것도 아니잖아? 당신이 분에 넘치는 것을 갖는 바람에 대가를 치렀다고 생각하길."

"대가를 치러야 할 사람은 바로 당신이야!" 자비에가 주먹으로 탁자를 내리쳤다.

"맞아, 나도 대가를 치러야 하겠지. 하지만 당신들처럼 자기만 옳다고 주장하는 모든 가속주의자accelerationist도 마찬가지야. 우리 모두 속죄해야 해. 이제 때가 되었어."

"잠시만요. 방금 '가속주의자'라고 했는데, 그게 당신이 사람들을 죽인 이유인가요?" 로빈이 물었다.

"당신들의 소중한 인공지능 대테러 시스템은 계량화된 사람들과 그들의 데이터 태그밖에 보지 않지. 나이, 소득, 지위, 인종, 성적 지향, 기업의 시장가치, 소비자 선호, 건강 상태…. 인공지능은 그 이상을 보지 못해. 사람들은 기술의 발전이 당장은 큰 문제들을 가져온다 해도 결국에는 이 세상의 모든 문제를 해결해주리라 생각하지. 탄소발자국 따윈 무시하고 폭력적으로 문제를 해결하려 해. 인류 문명은 벼랑 끝을 향해 달리는 차와 같아. 가속주의자들이 가속 페달을 계속 밟고 있다고." 마크는 손으로 과장되게 폭발을 표현했다.

"그래서 당신의 계획은 더 큰 폭발로 인류를 벌주는 건가요? 그렇게 해서 당신이 얻는 게 뭔가요?"

로빈은 그를 화나게 해서 평정심을 잃게 하고 싶었다.

마크의 얼굴에서 미소가 사라졌다. 그는 의자에 등을 기대고 앉아 차분하게 말을 이어갔다. "곧 알게 될 거야."

자비에는 마크와의 대화에서 아무런 소득도 얻지 못했다. 원하는 정보를 얻어내려면 로빈의 말처럼 마크의 정곡을 찔러야 했다.

"마크, 애나와 뤼크의 일은 정말 유감이지만…"

"하지 마. 그들의 이름을 입 밖으로 내지 마. 경고하는 거요."

"그 사고 때문에 모든 인류를 비난할 순 없어요."

"사고라고! 정말 그런가?" 마크는 겨우 유지하던 통제력을 잃어버린 사람처럼 몸을 떨었다. "망할 놈의 정유회사가 노후한 가스 수송로를 그냥 방치했기 때문에 산불이 났던 거야. 그런데 아무도 그걸 인정하지 않아. 정부도, 회사도, 언론도, 심지어 망할 놈의 대중조차 말이야. 마치 지난 수십 년간 전 세계를 덮친 기후변화의 희생자라도 된 것처럼 자연만 비난하잖아. 도대체 이런 헛소리가 어딨어!"

자비에는 로빈에게 밖으로 나가자는 신호를 보내며 힐끗 쳐다보았다.

"마크, 진정할 시간이 좀 필요한 것 같군요. 조금 이따 다시 이야기하도록 하죠."

마크는 다시 홀로 남겨졌다. 혼자 흐느껴 우는 폭군 같았다.

조명이 깜빡이다 꺼져버리자 그는 혼란스러워하며 고개를 들었다. 두 개의 흐릿한 푸른빛이 어둠 속에 나타났다. 불빛이 점점 다가오자 차가운 빛 속에서 얼굴이 점차 또렷이 보였다. 그의 아내와 아들이었다.

"애나? 뤼크?" 마크가 놀라서 입을 벌린 채 그들을 바라봤다. 자신이 느끼는 감정이 공포인지 기쁨인지 알 수 없었다. "정말 당신이야? 내가 환각을 보는 건 아니지?"

"우리는 양자 유령이 아니에요." 애나가 생전에 그랬던 것처럼 차분하게 말했다. "마크, 당신은 하나도 변하지 않았네요."

"아빠." 소년이 소심한 목소리로 그를 불렀다. "너무 보고 싶었어요."

"뤼크…" 마크는 두 팔로 그들을 안고 싶었으나 의자에 몸이 묶여 있었다. "나도 너무 보고 싶었어. 함께 갔더라면 얼마나 좋았을까."

"여보, 자책하지 마요. 모든 것이 우리의 운명인걸요. 당신도 이제 우릴 잊고 잘 살아가야죠."

"난 괜찮아, 여보. 조만간 다시 함께하게 될 거야. 얼마 안 남았어."

"아빠, 그 많은 사람을 왜 죽이려 하시나요?" 뤼크가 물었다.

"그들이 지구를 파괴하기 때문이야. 너는 다른 무엇보다 자연과 동물을 사랑하지, 그렇지? 나는 지구를 최초에 지구에 살던 존재들에게 돌려주고 싶어. 너를 위해 이렇게 하는 거야."

"하지만… 그 사람들을 죽이면 지구가 파괴되지 않나요?"

"뤼크, 잘 들으렴. 그건 계획의 1단계일 뿐이야. 명단의 마지막 사람이 죽는 날, 바로 그때 마지막 단계가 시작될 거야."

"제발 말해주세요, 아빠. 다음엔 무슨 일이 벌어지나요?"

마크의 얼굴색이 변하면서 더욱 경계하는 듯한 표정이 되었다. 옆방에서 이 대화를 지켜보던 로빈과 자비에는 몹시 놀랐다. 애나와 뤼크가 남긴 네트워크 데이터로 재구성한 이 홀로그램 이미지가 마크의 고통스러운 마음을 속일 수 있을 만큼 그럴듯한 것일까? 어쩌면 그는 이미 환영이란 걸 알면서도 단지 아내와 아들이 그리워서 혹은 관찰자들에게 거짓된 안도감을 심어주려 장단을 맞추고 있는 것인지도 몰랐다.

"뤼크, 네가 연구소에 왔을 때 내가 들려준 이야기를 기억하니?"

"볼 장 다 봤군. 그가 알고 있어." 자비에가 건조한 목소리로 말했다.

"그렇다면 전략을 바꾸죠." 로빈이 막스플랑크연구소를 검색하려고 키보드를 두드렸다.

"저는 플랑크의 동상을 기억해요." 뤼크가 말했다. "그가 양자 이론을 만들었다고 아빠가 말씀하셨잖아요. 오늘날 세상에 존재하는 모든 양자 기술이 140년 전 그의 급진적인 아이디어에서 나온 거라고 하셨죠."

"마크, 지금은 세미나를 할 때가 아니에요." 애나가 말했다.

"아니야, 나는 지금 그 동상 옆에 있는 것에 대해 말하는 거야. 성 바바라 동상 말이야. 그녀가 그리스도에 대한 믿음을 포기하지 않았기 때문에 이교도인 아버지가 그녀를 배신하고 죽였지. 플랑크와 성 바바라는 신념을 지킨 사람들이란 점에서 비슷해. 우리도 어떤 상황에서든 신념을 지키고 헌신한다면 세상을 바꾸고 미래를 만들어갈 수 있어."

"아빠… 무슨 말인지 모르겠어요."

"애나, 뤼크, 사랑한다. 너무나 사랑해. 하지만 이제 작별을 고할 때가 되었구나."

마크는 눈물이 계속 흘러내리자 눈을 감았다. 그는 고통스러운 목소리로 시를 낭송했다. "하늘로부터 오는 금빛의 불이 땅 위에서 보이네. 후계자는 고귀하고 경이로운 행동이 벌어지자 충격을 받고, 위대한 자의 조카가 살해되는 위대한 살인이 벌어지네. 죽음이 장관을 이루지만,

자긍심을 가진 자는 죽음을 모면하리라.[*]

"마크, 그게 뭔가요? 난 당신과 이야기를 좀 더 하고 싶어요." 애나가 말했다.

뤼크를 품에 안은 애나의 모습이 슬퍼 보였다. 소년도 엄마와 같이 애원하는 듯한 표정이었다.

"나를 더 이상 시험하지 마. 못된 놈들 같으니라고!" 마크가 떨리는 목소리로 외쳤다.

"내 눈앞에서 사라져! 안 그러면 내가 정말⋯."

그는 이 말을 끝으로 입을 닫았다. 조심스럽게 이를 갈았다. 치아 안의 신경독소가 중추신경계에 도달하기까지 10밀리세컨드도 채 걸리지 않았다. 마크의 머리가 앞으로 기울고 호흡이 느려졌다.

애나와 뤼크의 유령들은 어둠 속으로 사라졌다.

로빈은 섬뜩하면서 동시에 어리둥절했다. "지금 무슨 일이 벌어진 건가요?"

자비에가 낮은 목소리로 말했다. "그가 말한 시⋯ 무슨 의미일까?"

"노스트라다무스의 《백시선》이에요. 프랑스인들은 예언자 행세를 하는 전통이 있나 봐요. 지금 벌어지고 있는 일을 예언한 것처럼 들려요." 로빈은 리가 그녀에게 했던 말을 떠올렸다. "잠깐! 하늘로부터 오는 금빛의 불? 그게 아마 우리가 찾는 것일 수 있어요. 알고리즘의 마지막 단계⋯"

자비에가 그녀의 말을 끊었다. 드론 무리가 공격을 멈췄다는 내용의 알림이 왔다. 드론들이 퇴각했다.

블랙리스트의 마지막 이름은 지워져 있었다. 이 알고리즘을 만든 장본인 마크였다.

---

[*] 노스트라다무스의 예언서로 알려진 《백시선百詩選》 2권 92편의 내용. 노스트라다무스는 이 책이 1555년부터 3797년까지의 역사적 사건과 대규모 재난을 예언하는 내용이라고 설명했다고 한다.

+ + +

자비에는 EC3 본부에 있는 최고 수준의 암호화 데이터 채널의 도움을 받아 파리에 본부를 둔 유럽우주기구ESA의 대표인 에릭 쿤츠에게 상황을 알렸다. 그는 에릭을 통해 전 세계의 모든 주요한 우주선 발사기지에 경고를 보냈다. 경고는 단 한 문장이었다. '모든 발사 중지.'

로빈의 판단이 맞는다면, 드론의 살상 계획이 완수된 후에 비디오 게임처럼 자동으로 다음 단계가 시작될 터였다. 마크의 유언을 리가 밝혀낸 온라인상의 단서들과 맞춰본 로빈은 다음에 올 위협이 무엇인지 파악했다. 가늠할 수 없는 수준으로 광범위한 재앙일 것이다. 우주 화물로 위장된 알 수 없는 수의 핵폭탄이 상용 로켓에 실려 언제든지 우주로 발사될 수 있었다.

"왜 그냥 지상에서 폭파시키지 않았을까요?"

"그건 마크가 원료를 충분히 사지 않았기 때문이죠. 그는 특정 지역이나 국가를 목표로 삼지 않았어요. 인류 전체를 없애려고 했죠. 고고도 폭발에서 발생하는 방사능 먼지는 대기 흐름을 타고 전 세계로 퍼지는 독이 될 거예요. 아무도 피할 수 없죠. 말 그대로 지구의 종말이에요."

"그렇다면 왜 처음부터 그렇게 하지 않았을까요? 왜 이런 말도 안 되는 블랙리스트를 만든 거지?"

"그러게요. 왜 몇 명을 선발해서 죽인 다음에 모두를 죽이려 했을까요?"

전 세계 주요 발사기지에서 하나씩 응답이 왔다. 의심스러운 발견에 대한 보고가 이어졌다. 무허가 화물이 발견되면서 열한 개의 상업용 발사 프로젝트가 연기되었다. 이런 보고를 한 발사기지는 여러 경도에 걸쳐 골고루 흩어져 있었다. 로빈의 직감은 정확했다.

두 곳의 발사기지에서 아직 대답이 없었다. 하나는 남미의 프랑스령 기아나의 중심에 있는 쿠루 기지였고, 다른 하나는 케냐의 포르모사만 해안에서 5킬로미터 떨어진 산마르코 기지였다. 두 곳 모두 직원과 외부 세계 간 통신이 차단되었다. 현지 군인들이 두 곳으로 가는 중이었다.

세상은 고요했다.

유럽우주기구, 나사 등 여러 국가의 우주기구들이 결정을 내리지 못한 채 마비되었다. 그들은 뜨거운 감자를 유엔에 넘겨버렸고, 유엔 사무총장과 그의 팀은 촌각을 다투며 서둘러 여러 국가 수장들과 협상을 하고 해결책을 찾기 위해 학제간 자문단을 구성했다.

윌과 리는 한발 앞서 대처하기 위해 두 발사기지의 중앙통제 시스템에 침입을 시도했다. 해커의 세계에서 문제를 푸는 방식이었다.

로빈은 머리를 쥐어짰다. '분명히 무언가 놓친 게 있을 거야. 마크가 그렇게 번거로운 수고를 감수했을 리 없어. 그의 알고리즘은 매 단계 나름의 분명한 이유가 있었어.'

"둠스데이 드론 무리는 임무를 완수하지 않았소." 자비에가 갑자기 말했다. 그는 EC3의 최신 보고서를 넘겨보고 있었다.

"뭐라고요?"

"드론은 명단에 있는 모든 사람을 죽이지 못했어요. 우리가 그 가운데 274명을 구출했으니까요. 그런데도 다음 단계는 어쨌든 시작이 됐어요. 만일…" 끔찍한 가능성이 그의 머리에 떠올랐다.

로빈은 재빨리 드론의 마지막 희생자인 저명한 정보보안과학자 히카리 오시마로에 대한 데이터를 조회했다. 그는 DNS*의 재시작 키를 가진 전 세계 23인 가운데 한 명이었다.

2010년에 시작된 DNS는 인터넷 보안과 도메인 네임 시스템의 무결

---

* DNS Domain Name System는 IP 네트워크에서 사용하는 시스템으로 도메인 이름과 IP 주소를 서로 변환하는 역할을 한다.

성을 보장하기 위한 다국적 협력 프로젝트였다. 로빈은 계속해서 사망자 명단을 살펴보았고 네트워크 기술과 관련된 분야의 전문가들과 학자들을 더 발견했다.

"마크는 가속주의자들만 목표로 삼은 게 아니었어요. 인터넷이라고요!"

"인터넷?"

"마크는 사실상 네트워크 보안을 유지할 수 있는 사람은 누구라도 목표로 삼았어요. 네트워크를 재시작할 수 있는 지식과 기술이 있는 사람 말이에요."

"재시작이라…. 그럼 전체 네트워크를 파괴하길 원했단 말이오? 그게 어떻게 가능하지?"

우주에 있는 수만 개의 통신위성으로 구성된 스타링크*는 말할 것도 없고 일부 폐쇄된 정부와 군부대의 데이터센터도 있다. 지구상에는 수억 개의 네트워크서버가 존재하고, 네트워크 기능을 가진 수백억의 기기가 존재했다. 여러 면에서 설계는 중복되는데 이 중복 때문에 더 강화되어 완전히 파괴될 수 없었다. 루트서버 시스템**이 공격을 받고 해저 광섬유 라인이 끊긴다 해도 백업 시스템이 대신할 수 있는 한 글로벌 네트워크가 복원되는 건 시간문제였다.

"아마도 마크는 전체 인류에 제동을 걸고 싶었나봐요."

로빈은 안전가옥에서 들은 "가속주의자들이 인류 문명이라는 차를 벼랑 끝을 향해 무서운 속도로 몰고 있다"라는 마크의 말을 떠올렸다. 만약 그가 정말 그렇게 믿었다면 이 모든 게 이해가 되었다. 그는 지구를 파괴하고 인류를 없애길 원한 게 아니었다. 단지 인류를 디지털 이전의 상태

---

* Starlink. 일론 머스크가 세운 스페이스엑스가 지구 전체에 초고속 인터넷 서비스를 제공하기 위해 구축하는 1만 2,000개의 통신위성으로 구성된 우주 인터넷망
** root server system. 각 국가 코드 등과 같은 최상위 도메인 네임의 정식 원본이 유지 및 관리되는 시스템을 가리킨다. 최상위 도메인 원본은 중앙서버에 보관된다.

로 돌려놓고 싶을 뿐이었다. 그는 탄소배출을 줄이고, 오염을 막고, 석유 에너지로 인한 생태계 파괴를 멈추고 자연이 회복될 수 있는 시간을 원했다.

로빈은 인공지능 시스템에 서로 다른 고도에서 폭발한 두 개의 핵폭탄이 글로벌 네트워크에 미치는 영향을 시뮬레이션하도록 명령했다. 디지털 지구의 동반구와 서반구 상공에서 붉은 점이 밝게 피어올랐다. 재생 키를 누르자 붉은빛이 암세포처럼 퍼져나갔다. 30분 만에 전 세계를 뒤덮었다. 푸른 지구가 빠르게 깜빡이며 불길한 붉은색 별로 바뀌고 있었다.

"이게 뭐죠?" 자비에가 물었다.

"고고도전자기펄스HEMP예요. 중간 성층권에서 폭파하면 감마선이 방출되어 콤프턴 산란***이 촉발되고, 그러면 대기권 상층에 있는 원자가 이차이온화****를 발생시키죠. 지구의 자기장이 고에너지 자유전자의 움직임을 가속해 더 강력한 전자기펄스가 촉진돼요."

"그런 다음엔?"

"전력망에 과부하가 발생해 붕괴하죠. 서버를 비롯해 라우터, 스위치, 신호탑 등 모든 전자 장비도 마찬가지예요."

"하지만 우리에겐 아직 위성이 있잖아요."

"신호를 수신하고 처리할 수 있는 인프라가 지상에 없잖아요. 나라면 물리적 공격에 더해 데이터 링크 계층에 대해서도 통신 프로토콜 공격을 할 것 같아요. 그래야 인터넷에 연결될 수 있다 해도 어떤 정보도 얻을 수 없을 테니까요."

로빈이 마치 테러리스트라도 되는 것처럼 쳐다보던 자비에는 아무 말

*** 콤프턴 산란compton scattering은 전자에 엑스선 혹은 감마선의 파장을 가진 광자가 입사해 전자와 충돌함으로써 에너지를 잃는 현상이다.
**** 이차이온화secondary ionization는 방사선에 의해 이온이 아직 운동에너지가 크기 때문에 다시 다른 원자 및 분자와 충돌해 이온화를 일으키는 현상을 가리킨다.

없이 EC3 긴급정보 채널에 접속했다.

만약 로빈의 짐작이 맞는다면 수억 명의 사람들이 죽을 것이다. 교통통제 소프트웨어, 내비게이션 기기, 의료 보안 시스템이 마비될 것이다. 비행기는 충돌할 것이고, 차량도 제어가 안 되고, 바다의 배들은 침몰할 것이다. 금융시장은 급강하할 것이며, 연쇄반응으로 모든 산업이 파괴될 것이다.

인터넷이 사라지고 장거리통신이 마비된다면 식량, 의료, 연료, 다른 필수재의 보급을 조율하는 것도 어려울 테고, 그로 인해 엄청난 혼란이 뒤따를 것이다. 지역 경찰과 주 방위군이 질서를 유지하기 위해 최선을 다할 테지만, 무선으로 명령을 보낼 수도 업데이트를 받을 수도 없으니 한계가 있을 수밖에 없다. 현장에서 내리는 의사결정에만 의존해야 하는 상황이 펼쳐질 것이다.

몇 주 후에는 단파통신이 복구되고 일부 기본적인 사회질서는 재건될 수 있다. 소실된 네트워크의 나머지 부분도 전문가들이 나서면 수년 혹은 수십 년에 걸쳐 복구될 수 있다. 하지만 대규모로 이루어지는 인간의 소통과 협력은 과거지사가 될 것이다.

+ + +

월과 리는 마침내 쿠루와 산마르코 발사기지의 중앙통제 시스템에 접근하는 데 성공했다. 그들은 시스템을 무인 자동발사 모드로 바꾼 오버라이팅*을 발견했다. 직원들은 통제센터에 들어갈 수 없었고 이동도 제한되었다. 두 대의 로켓에 연료를 주유하고 있었다. 발사 전 마지막 준비 단계였다. 어떠한 신호 간섭도 발사 데이터 오류를 유발할 수 있었다.

---

* 오버라이팅overwriting은 기존의 데이터에 새 데이터를 여러 번 겹쳐 써서 원데이터를 찾을 수 없게 하는 것을 가리킨다.

기울기, 파손, 로켓 몸체 폭발 등 이 모든 건 일개 해커가 해결할 수 있는 문제가 아니었다.

로빈은 어쩔 수 없다는 듯이 자비에를 바라보며 말했다. "남은 선택지가 하나 있긴 하죠."

지구 위기대응을 위한 특별자문단이 유엔에 그들의 권고안을 제출했다. 2025년에 출범한 이 자문단은 여러 분야의 전문가 수백 명으로 구성되어 기후변화와 테러 공격과 같은 범세계적인 협력을 요구하는 문제들을 해결하기 위한 논의를 했다. 그들은 로켓이 성층권에 진입하기 전에 저궤도에 있는 군사위성이 레이저를 쏘아 격추해야 한다고 주장했다. 그들의 계획을 실행하려면 각국 대표들의 투표를 통과해야 했다. 이 계획을 따르면 세계가 입을 피해는 최소화하겠지만 고고도 핵폭발로 지상에 수십만의 사상자가 발생할 것이며 폭발 인근 지역은 분명 더 큰 피해를 볼 터였다.

인공위성 고도 조정을 제외하고 목표물 로킹locking에 할당된 시간은 60초 미만이었다.

정치인들에게 인류의 운명을 결정할 1분이 주어졌다. 그들에게 1분은 평생처럼 느껴졌다. 하지만 지구에 사는 대부분 사람에게는 또 다른 평범한 하루일 뿐이었다. 그들은 무슨 일이 일어나지 꿈에도 알지 못했다.

로켓 발사 카운트다운이 시작되었고 투표 결과가 나왔다. 로켓 격추에 찬성하는 쪽이 근소한 차이로 우세했다. 인공지능 방어 시스템이 지상의 사상자와 전반적인 네트워크의 피해를 고려해 최적의 격추 타이밍을 계산했다. 그렇다 해도 전 세계적인 경기침체는 불가피하고 이후 부차적인 피해는 헤아릴 수 없을 정도일 것이다.

미래 세대가 이 절체절명의 순간을 어떻게 판단할지 아무도 알 수 없었다.

5, 4, 3, 2, 1, 발사.

두 대의 로켓이 화염을 내뿜으며 하늘로 날아올랐다. 성층권으로부터

257초 거리였다.

자비에는 절망스러운 표정의 로빈을 바라보며 어깨에 손을 올렸다. "당신은 할 수 있는 모든 걸 했어요. 이제 우리가 할 수 있는 건 기도뿐이에요."

과거의 기억이 로빈의 머릿속에 계속 떠올랐다. 어린 시절 이후 그녀는 훈련을 통해 정교한 기계가 될 수 있었다. 그녀는 이성에 근거해 많은 경로 중 최선을 선택하도록 길러졌다. 하지만 자신의 인지 프레임에 극복할 수 없는 결함이 있다는 걸 알게 되었다. 그녀는 그 결함을 '유한 게임finite game'이라고 불렀다. 그녀는 승패의 렌즈로 세상을 보며 선택했다. 하지만 인생은 무한 게임일 수밖에 없었다. 단 한 번의 큰 승리나 패배로 끝나지 않는 계속되는 과정이었다.

224초.

로켓을 격추하고 수많은 사상자를 내는 것 말고 제3의 선택지가 있을 것 같았다. 글로벌 인터넷은 완전히 파괴되기 일보 직전이었고, 언제 복구될 수 있을지 알 수 없었다. '분명 또 다른 방법이 있을 거야. 그런데 그게 뭐지?'

"때론 이기기 위해 먼저 져줘야 해."

갑자기 할머니의 말씀이 떠올랐다. "최종 권한을 가진 사람에게 연결해주세요!" 로빈이 외쳤다.

유엔 사무총장이 로빈이 설명하는 내용을 들었다. 그러고 나서 특별자문단의 전문가들이 그녀가 제시한 계획의 타당성을 확인하고 허가를 내주었다.

176초.

로빈의 계획은 전력망과 해저 케이블 연결을 먼저 차단하는 것이었다. 사람들에게 루트서버, 신호 전송시설과 모든 전자 장비를 차단하도록 지시해서 고고도전자기펄스의 충격을 최소화하고 이후 복구시간을 단축하려는 것이었다.

이 방법은 전 세계 인터넷에 엄청난 충격을 가할 것이었다. 인터넷 시대가 열린 후 무정부주의자이자 이상주의자인 수많은 해커가 꿈꾸던 것을 실현하는 것이기도 했다.

인공위성 레이저가 특정 고도에서 로켓을 정확하게 조준해 격추하도록 하려면 최후의 순간까지 주 통신 네트워크는 유지되어야 했다. 결국에 자동화로 대부분의 작전을 처리할 수 있다 해도 결정적인 순간에 인간에게 주어진 대응시간은 750밀리세컨드에 불과했다.

로빈은 모든 것을 차단할 수 있는 열쇠를 그녀가 갖게 해달라고 요청했다. 그녀는 준비가 되어 있었다.

88초.

인공지능의 도움으로 세계 각국은 재빨리 지역별로 분류되었다. 외딴 지역에 있는 전력망과 네트워크를 우선 차단했다. 동반구에 있는 대륙들의 불빛이 재빨리 점멸되었다.

31초.

모니터로 로켓의 궤도를 지켜보던 로빈의 몸에 긴장감이 감돌았다. 군사위성의 위치가 조정되었다. 레이저가 목표물을 추적하며 로켓이 정해진 범위로 진입하기를 기다렸다. 운이 따른다면 얇은 고에너지 클러스터 레이저가 진공을 가르며 대기권으로 진입해 날아가는 로켓의 몸체를 둘로 갈라놓을 것이다. 그러면 로켓이 폭발하고 불길에 타오르는 잔해가 비처럼 지구에 쏟아질 것이다.

로빈의 이마와 손바닥이 식은땀으로 흥건하게 젖었다. 이런 경험은 처음이었다. 뭔가 따뜻하면서도 단단한 것이 그녀의 어깨를 잡았다. 자비에의 손이었다. 그의 눈에는 복잡한 감정이 서려 있었다. 걱정, 희망, 존경 그리고 따스함의 흔적도 있는 것 같았다.

"나는 당신을 믿어요."

로빈은 어떻게 반응해야 할지 몰랐다. 그녀는 고개를 끄덕이고 입술을 꽉 다문 채 다시 화면에 집중했다.

9, 8, 7···

버튼 위에 놓인 로빈의 손가락이 떨렸다. 그들이 알던 삶을 완전히 바꿔놓을 명령을 내릴 준비가 되어 있었다.

3, 2, 1···

마치 거미줄 두 가닥이 하늘을 가르며 뻗어나간 것 같았다. 첫 번째 로켓의 몸체가 둘로 나뉘더니 곧 네 조각이 되었다. 폭발을 알리는 하얀 빛이 화면을 가득 채웠다.

"지금이야." 로빈은 버튼을 눌렀다.

자비에는 공포에 휩싸인 채 창밖을 바라봤다. 아무것도 바뀌지 않은 것처럼 보였다. 하지만 그 무엇도 예전과 같을 수 없었다.

세계를 연결하던 거미줄이 끊어졌다. 로켓의 잔해가 비처럼 떨어지기 시작했다.

+ + +

네덜란드 헤이그, 2041년 9월 18일, 현지 시각 6:42

로빈과 자비에는 아무도 없는 해변에 서 있었다. 아침 해가 지친 기색이 역력한 그들의 얼굴을 비추고 있었다.

저 멀리 하늘에서 화염이 불꽃처럼 혹은 쏟아지는 비처럼 서서히 퍼져나가더니 지구로 떨어졌다.

자비에는 스마트스트림을 보았지만 아무 신호도 없었다. 이 도시는 지금쯤이면 깨어났어야 했다. 하지만 쥐죽은 듯 조용했다.

전기도, 인터넷도, 시스템을 재시작하는 법을 아는 사람도 없었다. 이제 잠에서 깨어날 지구인의 절반에게 낯선 세상이 기다리고 있었다. 나머지 절반은 이미 대혼란의 소용돌이에 빠져 있었다.

많은 것이 변했지만 변하지 않은 것도 있었다. 중력의 힘은 여전했고, 전력 생산의 수단도 같았다. 태양이 뜨고 지는 것도 같았다. 늘 그랬듯이 학교와 선생님도 있었다. 새로운 세대가 존재하는 한 옛 전통을 물려받아 문명을 바꿀 새로운 이야기를 만들어낼 것이다. 미래의 인간들은 그들의 부모가 한때 만들었던 것을 재건해 더 나은 새로운 세상을 만들 것이다.

갑자기 자비에의 귀에 아이의 웃음소리가 들려왔다. 여동생의 목소리 같았다. 고개를 돌려 루시아를 찾았지만 철썩이며 해변으로 밀려온 바닷물 말고는 아무것도 없었다. 그는 모든 걸 놓아버려야 할 때가 왔음을 깨달았다.

"영원히 셧다운할 수 없는 것들도 있어요. 다시 시작될 거예요. 시간과 인내심이 필요하겠지만."

"그리고 믿음도 다시 시작될 거예요." 로빈이 수평선을 바라보며 덧붙였다.

"그래요. 믿음도."

양자컴퓨팅과 자율무기의
위험한 미래

기술은 본질상 중립적이다. 선의를 위해 사용하느냐 악의를 위해 사용하느냐는 인간이 결정한다. 파괴적 혁신의 결과로 얻어진 기술은 그것을 사용하는 인간에 따라 '프로메테우스의 불'이 될 수도 '판도라의 상자'가 될 수도 있다. 이 점이 바로 〈양자 대학살〉의 주제다.

〈양자 대학살〉에는 여러 기술이 등장하지만, 여기서는 두 가지 기술을 중점적으로 다루고자 한다. 먼저 다룰 것은 양자컴퓨팅인데, 나는 이 기술이 2041년경에 완전히 구현될 가능성을 80%로 예상한다. 양자컴퓨팅은 증기기관, 전기, 컴퓨터, 인공지능과 같은 범용 기술로서 과학의 발전과 자연의 이해에서 커다란 진보를 이루도록 해줄 것이다. 특히 양자컴퓨터는 인공지능 발전을 가속하는 힘이 될 것이며, 또 양자컴퓨팅은 머신러닝을 혁신함으로써 한때 해결이 불가능하다고 여겨졌던 문제들을 해결하게 될 것이다. 〈양자 대학살〉은 양자컴퓨팅의 부정적인 사용에 초점을 맞추고 있다. 바로 비트코인 암호 해독으로, 이는 양자컴퓨팅이 우선 적용되는 주요한 분야 중 하나가 될 것이다. 우리는 이야기에 등장하는 것과 같은 범죄를 예방하는 법을 찾는 한편 양자컴퓨팅이 좋은 일에 쓰일 가능성이 훨씬 크다는 사실 역시 잊지 말아야 한다.

모든 기술과 마찬가지로 자율무기 역시 선의와 악의를 위해 사용될 수 있다. 자율무기가 인간을 대신해 싸우게 되면 인간 군인들의 생명을 구할 수 있다. 하지만 기계에 의한 인간의 대량 학살이나 특정 인간을 목표로 삼은 공격의 위협은 자율무기가 갖는 어떠한 장점보다 크고 치명적이다. 자율무기는 새로운 무기 경쟁을 일으킬 수 있으며, 테러리스트들의 암살 무기로도 사용될 수 있다. 나는 이 이야기에서 벌어진 악행이 인공지능 적용의 심각한 여파를 알리는 경고의 메시지가 되길 바란다.

양자컴퓨팅과 양자역학의 원리

양자컴퓨터는 고전적인 컴퓨터보다 특정 종류의 전산 처리를 훨씬 더 효율적으로 수행하기 위해 양자역학을 이용하는 새로운 컴퓨터 아키텍처다. 고전적인 컴퓨터는 '비트bit'를 기반으로 한다. 비트는 스위치와 같아서 (꺼지면) 0 혹은 (켜지면) 1이 된다. 모든 응용프로그램과 웹사이트 혹은 사진은 수백만 개의 비트로 구성된다. 이진법인 비트 덕분에 고전적인 컴퓨터를 더 쉽게 만들고 제어하게 되었지만, 0과 1의 조합만으로 계산해야 하기에 정말 어려운 컴퓨터과학 문제를 해결할 잠재력은 제한되었다.

양자컴퓨팅은 비트 대신 양자비트, 즉 전자나 광자와 같은 아원자 입자인 큐비트를 사용한다. 큐비트는 원자 입자와 아원자 입자와 마찬가지로 양자역학의 원리를 따름으로써 어마어마한 컴퓨팅 능력을 부여한다. 그 첫 번째 특성은 중첩superposition으로 이는 각 큐비트가 언제든 복수의 상태로 존재할 수 있는 능력이다. 0과 1의 값을 모두 보유한 중첩 상태에 있는 복수의 큐비트들은 방대한 수의 출력값을 동시에 처리할 수 있으며 다양한 상황에 대한 분석이 가능하다. 양자컴퓨팅을 기반으로 구축된 인공지능은 고도의 효율성을 바탕으로 작동하기 때문에 복잡성은 기하급수적으로 줄어든다.

두 번째 특성은 얽힘entanglement으로, 두 개의 큐비트가 서로 연결되어 멀리 떨어져 있을 때조차 하나의 큐비트에서 수행되는 행동이 다른 하나에 영향을 주는 것을 말한다. 얽힘 덕분에 양자 기계에 하나의 큐비트가 더해질 때마다 컴퓨팅 능력은 기하급수적으로 증가한다. 1억 달러의 기존 슈퍼컴퓨터가 컴퓨팅 능력을 2배로 늘리려면 1억 달러를 더 써야 한다. 하지만 양자컴퓨팅의 능력을 2배로 늘리려면 하나의 큐비트만 더하면 된다.

이렇게 놀라운 특성에는 대가가 따른다. 양자컴퓨팅은 컴퓨터와 그 주변 환경의 작은 이상에도 매우 민감하게 반응한다. 작은 진동, 전기적 간섭, 온도 변화 혹은 자기장에도 중첩이 붕괴하거나 심지어 사라질 수 있다. 실용적이면서 확장 가능한 양자컴퓨팅을 위해서는 이전에 없던 진공실, 초전도체, 초냉각 냉장고를 개발해 환경에 의해 발생하는 양자의 '결어긋남decoherence'을 최소화해야 한다.

이러한 도전적 문제들로 인해 과학자들이 양자컴퓨팅에서 큐비트의 수를 늘리는 데 오랜 시간이 걸렸다. 1998년에 2개이던 것이 2020년에 65개로 늘었는데 이는 실용적인 작업을 수행하기에는 아직 너무 적은 수다. 그렇긴 해도 수십 개의 큐비트만으로 일부 컴퓨팅 작업은 기존의 슈퍼컴퓨터보다 100만 배 더 빠르게 처리할 수 있다. 구글은 2019년에 기존의 슈퍼컴퓨터라면 수년이 걸렸을 문제를 54큐비트의 양자컴퓨터가 수십 분 만에 풀 수 있음을 보여주며 처음으로 '양자 우월성quantum supremacy'을 증명했다.

IBM의 로드맵에 따르면, 향후 3년간 해마다 큐비트의 수가 2배 이상 늘어나 2023년에 1,000큐비트 프로세서가 등장할 것으로 기대된다. 4,000개의 논리적 큐비트logical qubit는 비트코인 암호를 깨는 것을 포함해 일부 분야에 적용되기에 충분하다. 이를 근거로 일부 낙관론자들은 양자컴퓨터가 5년에서 10년 후에 도래할 것으로 예측하기도 한다.

하지만 이러한 낙관론자들은 몇몇 도전을 간과했을지도 모른다. IBM 연구자들은 큐비트가 늘어날수록 결어긋남에 의한 오류를 통제하기가 더 어렵다는 것을 인정한다. 이 문제를 해결하려면 신기술과 정밀공학을 이용해 복잡하면서도 섬세한 장비를 구축해야만 한다. 또 결어긋남 오류를 해결하려면 안정성, 오류 수정 및 내결함성fault tolerance을 제공하기 위해 각각의 논리적 큐비트를 다수의 물리적 큐비트physical qubit로 나타내야 한다. 4,000개의 논리적 큐비트를 가진 양자컴퓨터가 작동하려면 한 대당 100만 개가 넘는 물리적 큐비트가 필요할 것으로 추정된다. 게다가 유용한 양자컴퓨터가 성공적으로 시연된다고 해도 대량 생산은 또 다른 문제다. 마지막으로 양자컴퓨터는 고전적인 슈퍼컴퓨터와 완전히 다르게 프로그래밍되므로 새로운 알고리즘이 발명되어야 하고 새로운 소프트웨어 도구도 만들어져야 한다.

위에서 다룬 문제들을 고려할 때 대부분 전문가는 신뢰할 만하고 실용적인 양자컴퓨터가 등장하기까지 10년에서 30년이 걸릴 것으로 예측한다. 전문가 의견을 고려할 때 나는 4,000개의 논리적 큐비트(그리고 100만 개 이상의 물리적 큐비트)를 가진 양자컴퓨터가 2041년까지 탄생할 가능성이 80%라고 생각한다.

이러한 수백만 큐비트의 양자컴퓨터가 실제로 작동한다는 가정하에 세상을 바꿀 만한 가장 중요한 적용 분야 중 하나는 바로 '신약 개발'이다. 현재의 슈퍼컴퓨터는 가장 기초적인 분자만을 분석할 수 있다. 하지만 의약품 하나를 구성하는 분자의 수는 관측 가능한 우주에 존재하는 모든 원자의 수보다 훨씬 더 많다. 이 규모의 문제를 해결하기 위해 양자컴퓨터가 필요하다. 양자컴퓨터는 시뮬레이션하려는 분자와 동일한 양자 특성을 이용해 작동하기 때문이다. 양자컴퓨터는 새로운 화합물의 효능을 판단하기 위한 시뮬레이션과 그에 따른 복잡한 화학 반응의 모델링을 빠르게 해냄으로써 신약 개발 속도를 획기적으로 앞당길 것이다.

유명한 물리학자 리처드 파인먼Richard Feynman은 1980년에 "자연을 모방하고 싶다면 양자역학으로 접근해야 한다"라고 말했다. 양자컴퓨터는 신약 개발 외에도 기존 슈퍼컴퓨터가 가능할 수 없는 여러 복잡한 자연현상을 모델링할 수 있을 것이다. 예컨대 기후변화를 막는 방법을 밝혀내고, 전염병 확산 위험을 예측하고, 신소재를 개발하고, 우주를 탐사하고, 인간의 뇌를 모델링하고, 양자물리학을 이해할 수 있을 것이다.

마지막으로, 양자컴퓨터가 인공지능에 미치는 영향은 단순히 딥러닝의 속도를 높이는 데서 그치지 않는다. 양자컴퓨터를 위한 프로그래밍은 큐비트로 표현된 모든 잠재적 해법들을 제공하고 각 해법을 병렬로 채점하는 것을 포함한다. 이로써 양자컴퓨터는 아주 빠르게 최선의 답을 찾아낼 수 있다. 양자컴퓨터는 머신러닝을 혁신함으로써 이전에 불가능하다고 여겼던 여러 문제를 해결할 수 있게 될 것이다.

보안에 대한 양자컴퓨팅의 적용

〈양자 대학살〉에서 미치광이 물리학자 마크 루소는 양자컴퓨팅의 비약적인 발전을 이용해 비트코인을 훔친다. 비트코인은 금이나 현금과 같은 다른 자산으로 교환할 수 있는 가장 큰 암호화폐다. 하지만 금과 달리 비트코인은 고유한 가치가 없으며 은행에서 거래되는 법정통화도 아니다. 인터넷상에 가상으로 존재하는 비트코인을 거래하려면 고전적인 컴퓨터로는 풀 수 없는 연산 작업을 통해 작업증명Proof-of-Work을 해야 한다. 비트코인은 오직 2,100만 개의 코인으로 한정되도록 전산적으로 보장되기 때문에 공급 과잉이나 인플레이션이 없다. 비트코인은 코로나19 이후 특히 매력적인 자산으로 떠올랐는데, 점점 더 많은 기업과 개인이 중앙은행의 양적완화가 유발하는 인플레이션의 영향을 받지 않는 안전자산을 찾기 때문이다. 비트코인은 공학적으로 만들어진 안전자산으로서 그 진가를 크게 인정받았다. 2021년 1월, 비트코인의 총 가치는 1조 달러를 넘어섰다.

비트코인을 훔치는 일은 앞에서 설명한 양자컴퓨터가 할 수 있는 다른 일들에 비하면 매우 사소해 보이겠지만, 사실상 비트코인의 암호 해체 작업은 양자컴퓨터로 돈을 벌려고 하는 사람들이 가장 먼저 뛰어들 분야일 가능성이 크다. 분야에 따라서 양자 기술을 적용하려면 수년이 필요할 수도 있는 데 반해 비트코인의 암호화를 깨는 것은 상대적으로 수월하다. 피터 쇼어 교수가 1994년에 발표한 선구자적인 논문에서 소개한 양자 알고리즘을 구현하기만 하면 된다. 이 알고리즘이 4,000큐비트 이상의 양자컴퓨터에서 실행된다면 RSA 알고리즘처럼 암호화와 복호화에 사용하는 키가 서로 다른 '비대칭키 암호화'* 알고리즘을 깰 수 있다.

RSA 알고리즘은 비트코인과 인터넷을 통한 몇몇 다른 금융 거래와 디지털 서명에 사용된다. RSA 알고리즘은 모든 비대칭키 암호화 알고리즘과 마찬가지로 공개키와 개인키를 사용한다. 이 두 키는 수학적 문자들로 이뤄진 매우 긴 시퀀스로 만들어진다. 개인키에서 공개키로의 전환은 매우 단순한 데 반해 그 반대는 고전적인 컴퓨터에서는 사실상 불가능하다. 당신이 나에게 비트코인을 보내면 당신은 나의 계정(혹은 비트코인 지갑 주소)을 공개키로 해서 게시된 일종의 예금 전표에 해당하는 정보 스크립트를 함께 보내게 된다. 모든 사람이 이 공개키를 볼 수 있지만 스크립트를 열기 위한 디지털 서명 역할을 하는 개인키는 나만 갖게 된다. 나는 개인키로 서명함으로써 거래를 완료한다. 나의 개인키를 다른 사람이 갖지 않는 한 이 과정은 완벽한 보안으로 철저히 보호된다.

하지만 양자컴퓨터에서는 모든 게 바뀐다. 고전적인 컴퓨터와는 달리

* asymmetric cryptography. 자료를 암호화하는 방식 가운데 암호화 키와 복호화 키 decryption key가 서로 다른 방식

양자컴퓨터는 현재 비트코인이 사용하는 RSA나 그와 유사한 알고리즘에서 공개키로부터 개인키를 매우 빠르게 생성할 수 있기 때문이다. 양자컴퓨터를 가진 사람은 공개 게시된 모든 스크립트에 접근해서 공개키를 취해 개인키를 생성하고 디지털 서명을 한 다음 계정에 담긴 모든 비트코인을 가져갈 수 있다.

다음과 같은 궁금증이 생길 수 있다. 왜 사람들은 그들의 지갑 주소와 공개키를 세상에 공개하는가? 이것은 초기 설계가 가진 결함이었다. 비트코인 전문가들은 공개가 불필요하고 위험하다는 사실을 뒤늦게 깨달았다. 2010년에 사실상 모든 새로운 거래가 주소를 숨김으로써 훨씬 더 안전한 새로운 포맷으로 전환되었다(물론 전혀 공격을 당하지 않는다고는 할 수 없다). 이 새로운 기준이 바로 P2PKH이다. 하지만 과거의 취약한 포맷(P2PK)에 아직도 200만 개의 비트코인이 저장되어 있다. 그리고 2021년 1월, 코인당 가격이 6만 달러에 달해 전체 비트코인의 가치는 1,200억 달러가 되었다. 이것이 바로 〈양자 대학살〉에서 도둑들이 노린 것이다. 만일 구식 P2PK 계정을 갖고 있다면 당장 이 책을 내려놓고 가서 지갑을 안전하게 바꾸길 바란다!

또 모든 비트코인 거래가 공개 장부에 기록된 이유는 무엇일까? 마찬가지로 애초에는 비트코인을 안전하게 보호하기 위한 설계였다. 공개 장부는 많은 컴퓨터에서 분산화된 방식으로 저장되어 있기 때문에 하나의 특정 컴퓨터가 그것을 변경하거나 위조하는 것이 불가능하다. 누군가 장부에 있는 공개키를 가지고 개인키를 역설계할 수 없는 한 이것은 매우 훌륭한 설계다. 또 이 접근법은 블록체인을 가능하게 했는데, 블록체인은 정보를 변경 불가능하게 보호하기 위한 여러 영역에 적용할 수 있다(예컨대 증서, 계약서, 유언장에 사용될 수 있다).

비트코인 강탈이 발생하면 누가 훔쳐갔는지 쉽게 판단할 수 없기 때문에 범죄를 신고하는 것 자체가 어렵다. 비트코인은 어떠한 정부나 기업에 의해 통제되지 않으며, 비트코인의 거래에는 은행법이 적용되지 않는다. 법적 구제책이 없는 것이다.

　마크 루소는 왜 은행을 털지 않았을까? 우선 은행에는 공개키가 담긴 공개 장부가 없고 따라서 개인키를 계산할 수 없기 때문이다. 둘째, 은행에는 거액의 이체와 같은 수상한 거래를 감시하는 시스템이 있기 때문이다. 셋째, 계정 간 돈의 이동은 추적이 가능하며 불법일 경우 기소당하기 때문이다. 마지막으로, 은행 거래는 암호 해독에 더 많은 애를 써야 하는 다른 암호화 알고리즘에 의해 보호되기 때문이다.

　암호화를 '업그레이드'하려면 어떻게 해야 할까? 양자 저항 알고리즘이 존재한다. 실제로 피터 쇼어는 난공불락의 암호화를 양자컴퓨터에 구축할 수 있음을 보여주었다. 양자역학에 기초한 대칭적인 암호화 알고리즘은 침입자들이 강력한 양자컴퓨터를 갖고 있다 해도 뚫을 수 없다. 이 암호에 침투할 수 있는 유일한 방법은 양자역학의 원리가 잘못된 것으로 판명될 경우뿐이다.

　하지만 양자 저항 알고리즘을 적용하는 것은 매우 비싸다는 이유로 현재로선 대부분 기업이나 비트코인 거래소에서 고려하지 않고 있다. 아마도 양자 비트코인 도난 사건이 발생하고 나서야 비로소 사람들은 정신을 차리고 알고리즘을 개선하려 할 것이다. 그때까지 너무 오래 걸리지 않길 바랄 뿐이다!

자율무기란 무엇인가?

자율무기는 전쟁에서 화약과 핵무기의 뒤를 잇는 세 번째 혁명이다. 지뢰에서 유도미사일로의 발전은 인공지능에 의한 진정한 자율 살상의 서곡에 불과했다. 유도미사일은 처음부터 끝까지 인간의 개입 없이 수색하고, 교전을 결정하고, 인간의 생명을 제거할 수 있었다.

　오늘날 이용되는 자율무기로는 이스라엘의 하피Harpy 드론이 있다. 이

드론은 특정 지역으로 날아가 특정 목표물을 찾은 후 엄청난 폭발력의 탄두를 사용해 목표물을 파괴하도록 프로그래밍되어 있다. 훨씬 더 도발적인 예는 '학살봇Slaughterbot'이라는 유명 동영상에서 볼 수 있다. 이 동영상은 크기가 새만 한 드론이 특정인을 발견한 후 아주 가까이에서 소량의 다이너마이트를 머리에 대고 쏘는 모습을 보여준다. 이러한 드론은 스스로 비행이 가능한 데다 너무 작고 민첩해서 쉽게 잡을 수도 저지할 수도 파괴할 수도 없다.

베네수엘라 대통령을 사살할 뻔했던 것과 같은 '학살봇'은 현재 취미로 드론을 만드는 노련한 일반인이 1,000달러도 안 되는 비용으로 만들수 있다. 모든 부품은 온라인에서 구매할 수 있고 모든 오픈소스 기술들은 온라인에서 다운로드할 수 있다. 가까운 미래에 비용이 더 내려가면로봇이 같은 기능을 하게 될 수도 있다. 이러한 예는 인공지능과 로봇공학에 대한 접근이 점점 더 쉬워지고 비용이 내려갔을 때의 위험을 잘 보여준다. 내가 강조하고 싶었던 것은 이것이다. 1,000달러짜리 정치 암살범이라니! 이는 먼 미래에 닥쳐올지도 모를 그런 위험이 아니라 현재 분명하게 존재하는 위험이다.

인공지능이 빠르게 발전해온 만큼 자율무기 개발 속도 역시 빠르게 진행될 것이다. 6장에서 살펴본 대로 자율주행차가 레벨1 단계에서 레벨3~4 단계로 얼마나 빨리 발전했는지 생각해보라. 같은 일이 자율무기에서도 반드시 일어날 것이다. 킬러 로봇들은 더 높은 지능을 갖추고, 더 정밀해지고, 더 유능해지고, 더 빨라지고, 더 저렴해질 것이다. 더 나아가 팀워크와 중첩성을 바탕으로 무리를 짓는 법과 같은 새로운 능력을 학습하게 됨에 따라 그들이 수행하는 임무는 사실상 저지할 수 없는수준이 될 것이다. 도시의 절반을 초토화할 수 있는 1만 대의 드론 무리를 만드는 비용은 이론상 1,000만 달러에 불과하다.

자율무기가 주는 가장 큰 이점은 전장에서 인간이 직접 위험을 무릅쓰지 않아도 된다는 점이다. 자율무기는 전투병만을 정밀하게 조준할 수 있으므로 민간인이 불가피하게 사살되는 것도 막을 수 있다(레벨2~3 단계의 자율주행차가 교통사고 위험을 줄여주는 것과 유사하다). 또 암살과 같은 여러 범죄를 예방하는 목적으로도 사용될 수 있다. 물론 이는 그것들을 책임감 있게 사용한다는 전제에서 그렇다.

　이러한 이점에도 불구하고 자율무기는 도덕적으로 커다란 논쟁을 낳을 수 있다. 사실상 인간의 모든 윤리 및 종교 시스템은 인간의 생명을 앗아가는 것을 강력한 정당성과 면밀한 조사가 필요한 논쟁적인 행위로 본다. 유엔 사무총장 안토니우 구테흐스Antonio Guterres는 이렇게 말했다. "인간의 생명을 앗아갈 재량권과 힘을 가진 기계가 출현할 거란 전망은 도덕적으로 역겹다."

　자율무기는 살인자가 살인을 저지르는 비용을 줄여준다. 자살 폭탄 테러범들이 있지만, 명분을 위해 자신의 목숨을 기꺼이 내놓는 일은 누구에게나 쉽지 않다. 하지만 자율 암살자가 있다면 살인을 위해 자신의 생명을 포기할 필요가 없다. 자율무기가 갖는 또 다른 중요한 문제는 책임 소재가 불분명하다는 점이다. 오류가 발생하면 과연 누가 책임을 져야 할까(자율주행차가 오류로 인해 사고를 일으켰을 때의 책임 소재가 모호한 것과 유사하다). 더 심각한 것은 부당한 전쟁을 일으키고 국제인권법을 위반한 침략자들에게 그 책임을 묻지 못하게 될 수도 있다는 점이다. 이렇게 되면 전쟁이 더 자주 일어나게 될 것이다. 또 다른 위험은 자율무기가 얼굴 혹은 보행 인식을 통해 또는 전화나 사물인터넷 신호를 추적해 개인을 타깃으로 삼을 수 있다는 점이다. 이렇게 되면 특정 집단의 사람들만을 겨냥한 공격도 가능해진다. 우리는 〈양자 대학살〉에서 재계 엘리트들과 유명인사들이 표적 살해당하는 것을 보았다.

고차원적인 문제들에 대한 깊은 이해 없이 기계에 더 큰 자율성을 부여하면 핵전쟁과 같은 재앙이 더욱 빠르게 확대될 것이다. 인공지능은 여러 분야를 넘나들며 추론하는 능력이나 인간으로서 당연히 가져야 할 상식 같은 것을 학습하는 데 한계가 있다. 인공지능 기반의 자율무기 역시 아무리 많은 훈련을 하게 하더라도 한 분야에만 국한되는 한계로 인해 행동의 결과를 제대로 이해하는 단계로까지 나아가게 하는 것이 매우 어렵다. 이 점이 바로 〈양자 대학살〉에서 대테러 작전이 여전히 로봇이 아닌 인간에 의해 수행되는 이유다.

자율무기는 인류에 대한 위협일까?

영국과 독일 해군의 군비 경쟁에서 구소련과 미국의 핵무기 경쟁까지 각국은 군사적 패권을 차지하기 위한 치열한 다툼을 벌이며 이를 국가적 우선과제로 삼았다. 이러한 현상은 자율무기로 인해 악화할 것이 분명한데 (가장 작게, 가장 빠르게, 가장 안 보이게, 가장 치명적으로 등등) '이길' 수 있는 더 많은 방법이 존재하기 때문이다. 이스라엘처럼 강력한 기술을 가진 작은 국가들은 이미 파리만큼 작은 최첨단 군사용 로봇으로 이 경쟁에 뛰어들었다. 이렇게 되면 자율무기 군비 경쟁에 뛰어들려고 하는 국가가 더 많아질 수밖에 없다.

이런 군비 경쟁으로 인해 인류의 미래를 어떻게 달라질까? 버클리대학교 교수 스튜어트 러셀은 이렇게 말한다. "자율무기의 성능은 그것을 통제하는 인공지능 시스템의 결함보다 물리학의 법칙, 가령 범위와 속도, 폭발력 등으로 인해 제한될 것이다. 그 민첩성과 치명성이 인간을 완전히 무방비 상태로 만들 수 있다." 다자간 군비 경쟁은 그냥 놔두면 결국 멸망으로 향하는 경쟁이 될 것이다.

핵무기는 인류 존재에 대한 위협이지만 지금껏 잘 억제되었고 '억제 이론' 덕분에 심지어 재래식 전쟁을 줄이는 데 도움이 되었다. 억제 이론은 당신의 핵무기가 기습적인 첫 공격으로 제거되지 않는다면 '핵무기를 보유하는 것이 더 강력한 적을 저지할 수 있다'라는 것을 의미한다. 핵전쟁은 상호확증파괴MAD로 이어지기 때문에 먼저 핵 공격을 시작한 나라는 보복 공격으로 결국 자기 파멸로 이어진다. 그러나 자율무기가 있으면 뜻밖의 선공은 추적이 불가능하고 따라서 상호확증파괴의 위협도 없으므로 억제 이론이 적용되지 않는다. 〈양자 대학살〉에서 드론 무리를 추적하기 어려웠던 것이 한 예다. 드론의 통신 프로토콜을 해킹하면 단서를 얻을 수 있지만 '살아 있는 드론'을 잡았을 때만 가능하다.

자율무기 공격은 곧바로 맞대응을 촉발함으로써 순식간에 전쟁으로 이어져 핵전쟁을 촉발할 수 있다. 자율무기를 이용한 선공은 한 국가가 아닌 테러리스트와 같은 무리에 의해서도 감행될 수 있다. 이런 이유로 자율무기는 더더욱 위험하다.

자율무기에 대한 가능한 해법

자율무기가 인류를 파멸로 이끌지 않도록 하기 위한 여러 해법이 제안되었다. 그중 하나는 인간 참여형HITL 접근법으로 모든 치명적인 의사결정을 인간이 행하는 것이다. 하지만 자율무기의 위력은 대개 인간이 개입하지 않아서 얻어지는 속도와 정확성에서 비롯된다. 따라서 군비 경쟁에서 이기길 원하는 국가들은 이런 장점을 약화하는 양보를 수용하지 않을 가능성이 크다. 그것은 강요하기 어렵고 법적인 허점도 많다.

두 번째로 제안된 해법은 치명적인 자율무기 사용을 금지하려는 비정부 조직의 연합인 '킬러 로봇 금지 캠페인CSKR'이다. 이는 일론 머스크, 스티븐 호킹을 비롯한 인공지능 전문가들을 포함해 3,000명이 서명한 서한을 통해 제안된 것이다. 과거에 생물학자, 화학자, 물리학자가 생물학무기, 화학무기, 핵무기에 대해 각각 반대하며 비슷한 행보를 보인 바 있다. 쉽지는 않겠지만, 이러한 중지 캠페인은 효과적이었던 것으로 보인다. 현재 가장 큰 장애물은 러시아, 미국, 영국의 반대다. '금지'는 너무 이르다는 것이다. 2021년에는 알파벳의 전 회장 에릭 슈미트Eric Schmidt가 이끄는 '인공지능에 관한 미국안보위원회NSCAI'에서 미국이 자율무기 금지 요구를 거부해야 한다고 권고하기도 했다.

세 번째 접근법은 자율무기를 규제하는 것이다. 여기에는 너무 광범위하지 않은 수준에서 효과적인 규제를 위한 기술 사양을 작성해야 한다는 어려움이 따른다. 자율무기를 어떻게 정의할 것인가? 규제 위반을 어떻게 감독할 것인가? 이러한 것들 모두 해결하기 어려운 단기적 장애물들이다. 하지만 나는 2041년에는 이러한 규제가 만들어져 국가 간 조약이 체결될 것이라 상상하고 싶다. 그때 즈음이면 모든 국가가 미래의 모든 전쟁이 오직 로봇에 의해 치러져 인간 사상자 없이 전리품을 획득하는 방식에 동의할 수 있다. 아니면 전쟁에서 인간과 로봇이 함께 싸우거나 로봇이 같은 전투 로봇만 무력화하고 인간을 살상하지 않는 무기만을 사용하도록 허용되는 미래가 올 수도 있다. 이러한 생각들은 현재로서는 실용적이지는 않지만 아마도 조만간 더 실현 가능한 해법을 찾아내는 데 도움이 될 것이다.

자율무기가 이미 분명히 존재하는 위험이며, 무서운 속도로 점점 더 지능적이고 민첩하고 치명적이 되고 있으며, 더 쉽게 손에 넣을 수 있게 된다는 사실을 이해했길 바란다. 핵무기의 자연스러운 억제력이 결여된 채 불가피한 군비 경쟁이 일어난다면 자율무기의 사용은 더욱 빠르게 확대될 것이다. 자율무기는 인공지능을 인류의 생존을 위협하는 방식으로 적용한 것으로서 우리의 도덕성과 가장 심각하게 충돌한다. 전문가와 의사결정권자들은 자율무기의 확산과 인류의 파멸을 막기 위한 다양한 해법 마련에 진지하고 신속하게 나서야 할 것이다.

8장

구원자 이야기

증기 드릴이 나를 쓰러트리기 전에 내 손에 망치를 쥐고 죽겠소.

_미국 민요 '존 헨리John Henry' 중

AI
2041

+ NOTE

이 이야기는 '인공지능이 꾸준히 발전해 더 많은 산업에 적용됨으로써 인간의 노동이 불필요해지면 어떤 일이 벌어질까?'라는 질문을 다룬다. 인공지능이 인간의 노동을 대체하게 되면서 일자리를 잃은 노동자들을 재교육해 새로운 일에 배치하는 새로운 산업이 형성될 것이다. 그렇다면 새로운 일이라는 건 정확히 어떤 일을 말하는 걸까? 그 새로운 일이 생산적이고 쓸모 있는 존재가 되고픈 많은 사람의 욕구를 충족해줄 것인가? 이러한 변화에서 가장 취약한 사람들은 누구이며, 자동화 시대에 인간은 어떻게 번영할 수 있을까? 나는 이 장을 마무리하는 기술분석에서 로봇공학과 RPA(로보틱프로세스자동화)와 같은 기술들이 어떻게 계속 발전해 화이트칼라와 블루칼라 모두의 직무를 대신하게 될지 설명하고, 여러 질문에 대한 내 생각을 제시할 것이다.

컴컴한 교육실에서 제니퍼 그린우드와 열두 명의 교육생들이 눈앞의 영상을 유심히 바라보았다. 영상에 대해 조곤조곤 설명하는 남자의 목소리가 마치 신의 계시를 알리는 신탁처럼 들렸다.

"2020년에 모든 것이 변하기 시작했습니다. 감염병 창궐로 전 세계에 팬데믹이 선언되고 집합 금지와 여행 제한이 시행되었습니다. 기업가들은 인간을 대신할 수 있는 로봇공학과 인공지능에 의지해야 하는 상황이 벌어졌습니다."

허공에 펼쳐진 장면이 바뀌더니 뉴욕의 타임스퀘어를 비롯해 텅 빈 거리와 상점, 밖으론 철조망이 처지고 내부는 사람이 없어 조용한 공장의 모습이 나타났다. 이어서 개인보호장구를 착용한 사람들이 대규모 정리해고에 항의하며 푯말을 들고 시위하는 장면, 약탈과 폭동이 일어난 무법 상태의 도시를 보여주는 장면이 뒤따랐다.

"2024년 미국에 새 정부가 들어서면서 기본소득제도를 적극적으로 추진했습니다. 신기술과 빅데이터로 부를 축적한 기업가들과 억만장자들로부터 거둬들인 세수로 국민 개개인에게 매달 정해진 기본소득을 지급했습니다. 인공지능의 발전에 따른 구조적 실업이 시급히 해결해야 할 문제가 되었습니다."

그 시절의 뉴스 헤드라인과 더불어 극적인 배경음악이 흘러나왔다. 주식시장이 얼마나 심하게 요동쳤는지 보여주는 그래프들도 나타났다. 사람들이 스마트스트림에 뜬 기본소득 입금을 알리는 알림에 반응하는 모습이 뒤따랐다.

"기본소득제도는 초기에는 환영받았지만 뜻하지 않은 결과를 낳았습니다. 일자리를 잃고 더 이상 일을 하지 않는 사람들이 가상현실 게임, 온라인 도박, 마약, 음주에 빠졌습니다. 주요 기업들과 부유층이 떠나자

도심은 다시 범죄의 온상이 되었습니다. 인공지능이 빠르고 공격적으로 발전하는 바람에 대규모 정리해고가 이뤄졌지만, 지도자들은 그들에게 다른 새로운 일자리를 제공할 방안을 찾지 못했습니다. 일자리를 잃는 사람들이 무더기로 생겨나며 자살률이 높아졌습니다. 일부 국민은 기본소득제도의 폐지를 요구하기 시작했습니다. 2028년이 되자 소셜미디어는 기본소득제에 대한 찬반을 다투는 토론들로 도배될 정도였습니다. 상원과 하원은 기본소득제 철폐안을 두고 계속 설전을 벌였습니다. 기본소득제는 2032년에 공식 철폐되었습니다. 대신 '일자리 재배치'라는 새로운 분야를 지원하는 법이 제정되었습니다. 일자리 재배치 기업의 역할은 사람들이 새로운 기술을 익히도록 교육하고 새 일자리를 찾도록 지원하는 것입니다. 정부는 현대인의 삶에서 만연한 특징이 되어버린 사회악을 해결하고자 기존에 기본소득제에 할당되었던 세수 일부를 일자리 재배치 산업을 촉진하는 데 사용했습니다. 바로 이때 즈음 저는 신치아Synchia를 설립해야겠다고 다짐했습니다."

제니퍼는 신치아의 설립 배경에 대해 이미 잘 알고 있어서 이 연설을 직접 할 수 있을 정도였다. 일자리 재배치의 시대가 되면서 기업들은 이제 정리해고를 하려면 신치아와 같은 기업이 제공하는 서비스를 받아야 했다.

일자리 재배치 기업들은 정부로부터 보조금을 받는 것 외에 고용주들로부터 일정 비용을 받았다. 고용주로선 일자리 재배치 기업에 쓰는 돈이 퇴직금 지급에 쓰는 돈보다는 적었다. 신치아와 같은 기업들은 재교육을 받은 사람들을 기업에 추천해주고 전통적인 헤드헌터들이 받았던 수준의 비용을 청구했다. 그리고 이러한 수입은 바로 재취업이 되지 않은 사람들을 새로 교육하는 데 쓰였다.

인공지능에 대체되지 않을 직업이 점점 더 줄어들면서 새로운 일자리를 찾기가 쉽지 않았다. 데이터로 무장한 일자리 재배치 기업들은 구직자들이 다시 채용될 수 있도록 개인 맞춤형 계획을 제시했다. 이를 위해 구직자를 대상으로 직능조사 및 성격검사를 하는 한편 최신 경제 지표를 포함한 사회 변화를 추적해 '직업 지도'를 만들기도 했다.

신치아의 설립 배경에 관한 설명이 끝나자 마이클 세이비어의 홀로그램 영상이 화면 중앙에 떠올랐다. 마치 마법사처럼 보였다. 이 교육 영상의 내레이션은 바로 세이비어의 부드러운 목소리였다. 아직 쉰이 안 되어 보이는 세이비어는 세련되면서도 매우 매력적이었다. 그는 제니퍼와 다른 교육생들의 이름을 부르기 시작했다.

제니퍼가 신치아에 입사하겠다고 결심한 이유는 마이클 세이비어의 외모가 아니라 평판 때문이었다. 제니퍼는 마이클의 연설 동영상을 비롯해 신치아의 성공 비결에 대한 평론가들의 분석 등 모든 자료를 찾아서 분석했다. 마이클은 가는 곳마다 관중을 사로잡았다. 신중하고 침착한 말투를 비롯해 표정이나 자세 등 모든 것이 그를 신뢰하게 했다. 그는 사람들을 기분 좋게 하는 법을 알고 있었다.

'내가 마이클의 어시스턴트로 일할 수 있다면….' 하지만 너무 어리석은 생각이었다. 제니퍼는 그런 환상을 품지 않으려 애썼다. 이번 주는 그녀가 신치아에서 인턴 생활을 하는 첫 주에 불과했다. '바보같이 굴지 마.' 제니퍼는 주어진 일에 다시 집중하려고 애썼다.

화면 속의 마이클이 지휘자처럼 우아하게 손을 흔들었다. 영상 화면이 그의 손짓과 몸짓을 따라 커졌다가 작아졌다가 기울어졌다.

"보시다시피 변화의 조짐은 전 세계적인 팬데믹 이전부터 뚜렷하게 나타났습니다. 바이러스는 변화를 좀 더 빨리 앞당겼을 뿐이죠. 사회적 거리두기가 시행되면서 오프라인에서 이뤄지던 여러 경제 활동이 온라인에서 행해졌습니다. 전통적인 서비스업과 제조업은 큰 손실을 봤는데, 사실 이 두 산업은 인공지능이 우위를 점하는 영역이죠."

마이클이 손짓하자 다양한 직업의 사람들이 차례로 나타났다 사라졌다. 출납원, 트럭 운전사, 재봉사, 공장 근로자, 과일을 수확하는 사람, 텔레마케터, 잘 차려입은 사무직 근로자, 심지어 의사도 보였다. 화면 전환이 점점 더 빨라지면서 사람들의 모습은 마치 유령처럼 희미하고 특징이 없어 보였다.

"인류의 경쟁자는 인공지능이었습니다. 인공지능은 휴식 없이 365일 24시간 계속해서 학습하고 개선될 수 있습니다. 인공지능은 불과 한 달 전만 해도 인간이 하던 일을 갑자기 가차 없이 빼앗았습니다. 이러한 경쟁은 20년 넘게 진행되었건만 사람들은 어느 날 갑자기 이를 깨닫고 불안해하기 시작했습니다. 가까운 미래에 돌파구를 찾을 가능성은 별로 없었습니다. 정부는 기본소득제를 도입하는 한편 주당 노동시간을 단축해서 조금이라도 많은 사람에게 일자리가 돌아가도록 했습니다. 하지만 그런 정책들은 근본적인 문제를 해결할 수 없습니다. 일을 통해 얻는 성취감이 없어졌을 때 희망도 함께 사라지는 문제 말입니다. 사람들은 스스로 존재 의미를 찾지 못하면 다른 대체물을 찾게 마련입니다. 마약과 같은 것들 말입니다. 누가 이 불행으로부터 그들을 구할 수 있겠습니까?"

마이클은 얼굴에 잔잔한 미소를 지으며 잠시 멈췄다. 교육실에 있는 사람들의 얼굴을 둘러보았다. 제니퍼는 마이클이 그녀를 정면으로 바라보는 것을 느끼지 않을 수 없었다. 그녀는 손을 들었다.

"오! 여기 앞에 앉은 젊은 여성분, 이름이 뭔가요?"

"샌프란시스코에서 온 제니퍼 그린우드입니다."

"좋아요, 제니퍼. 답은?"

"바로 우리입니다. 우리는 대표님의 이름처럼 구원자*가 되어야 합니다."

모두가 웃음을 터뜨렸다. 제니퍼의 얼굴이 홍조를 띠었다.

"고마워요, 제니퍼. 여기에 중요한 교훈이 있습니다. 사람들은 기계가

---

* 마이클 세이비어에서 세이비어saviour가 구원자 혹은 마법사의 의미를 지닌 단어이기도 하다.

아닙니다." 마이클은 교육생들 앞에서 진지하게 읊조렸다. "우리는 기계보다 더 복잡하고, 적응을 더 잘하고, 감정에 의해 움직입니다. 그래서 여기 있는 모두에게 요구되는 게 많습니다. 여러분은 반드시 최고 '일자리 재배치' 관리자가 되어야 합니다. 여러분의 일은 사람들을 구하는 것입니다. 단지 일자리만이 아니라 그들의 존엄성까지 회복시키는 겁니다."

+ + +

마이클의 연설이 끝나자 박수가 터져 나오고 교육실의 조명이 밝아졌다. 실제 마이클이 화면 뒤에서 나타났다. 그가 샌프란시스코에 온 것이다. 제니퍼는 놀랐다. 시애틀 본사에서 장거리로 방송을 한 게 아니었다. 그가 사용하는 또 하나의 마법 같은 눈속임처럼 보였다.

마이클의 갑작스러운 출현으로 사람들은 흥분했지만 동시에 제니퍼는 조금 불안하기도 했다. 마이클과 같은 대단한 인물이 몸소 행차할 때는 십중팔구 해결해야 할 큰 문제가 있다는 걸 의미하기 때문이었다. 제니퍼는 신치아가 참여하고 있는 큰 프로젝트에 대한 소문을 들었다. 미국 최대의 건설사 가운데 하나인 랜드마크의 직원 수천 명을 정리해고 하는 일이었다. 그게 마이클이 이곳까지 직접 온 이유일까?

마음속으로 여러 가능성을 생각하던 제니퍼는 문득 마이클이 아버지를 떠올리게 한다는 점을 깨달았다. 보험회사에서 일했던 아버지는 딸에게 늘 '최선을 다하자'라는 적극적인 태도를 일러주려 애썼다. 그 순간 제니퍼는 아버지의 정신을 따라야겠다고 결심했다. 스마트폰으로 재빨리 짧은 메시지를 작성한 후 잠시 주저하다가 '전송' 버튼을 눌렀다.

+ + +

3개월 후 제니퍼는 랜드마크 본사 앞 광장에서 시위자들을 지나쳐 조심스럽게 앞으로 나아갔다. 정장 차림의 그녀는 그곳에 어울리지 않아 보였다.

교육 주간에 충동적으로 보낸 이메일 덕분에 그녀는 마이클 세이비어와 일대일로 앉아 커피를 마실 기회를 얻었다. 그는 그녀의 메시지에 의례적인 면이 없었기 때문에 마음이 움직였다고 인정했다. 그녀는 메시지에서 아버지의 빼앗긴 삶과 그것이 어떻게 그녀가 신치아에 몸담게 된 동기가 되었는지 설명했다. 마이클은 제니퍼에게 그녀의 용기가 인상적이었다고 말했다. 원래 20분간 갖기로 한 만남은 1시간 동안 이어졌다. 마이클은 마침 어시스턴트 자리가 공석이라며 제니퍼에게 한번 해보지 않겠냐고 제안했다. 마이클의 어시스턴트는 신치아의 젊은 직원들 다수가 원하는 자리였다. 제니퍼는 마이클도 자기 자신도 실망시키지 않았다.

제니퍼는 엄청난 기회를 얻은 동시에 그만큼 스트레스도 만만치 않았다. 마이클은 랜드마크의 계약을 따내기로 마음먹었다. 전통적인 건설회사였던 랜드마크는 대부분 공정을 디지털화하면서 대대적인 정리해고를 단행하기로 했다. 정부의 권고에 따라 랜드마크는 일자리 재배치 기업의 서비스를 받아야 했다. 이는 한꺼번에 수천 명의 노동자가 새로운 일자리를 얻기 위한 교육과 안내를 받아야 한다는 것을 의미했다. 만일 신치아가 입찰에 성공한다면 지금까지의 단일 계약 중에서는 가장 큰 규모의 계약이 될 터였다.

마이클은 정체를 알 수 없는 신생 기업도 랜드마크 계약을 노리고 있다는 정보를 확보한 상태였다. 그들은 누구인가? 그들에게 어떤 강점이 있는가? 마이클은 제니퍼에게 정보를 캐내라고 지시했다. 공식 채널로 정보를 찾아봤으나 알아낸 게 없었던 그녀는 며칠 전 출근길에 랜드마크의 공사 현장에서 의미심장한 낙서를 발견했다. 스마트폰으로 사진을 찍으려고 하자 놀랍게도 QR 코드가 인식되어 비밀 온라인 포럼에 들어가게 되었다. 포럼에서 이뤄진 대화들을 살펴보다가 그것이 정리해고 반대 투쟁을 하는 랜드마크 직원들을 위한 온라인 기지라는 걸 깨달았다. 자동화에 저항하는 일종의 지하운동이었다.

이 포럼에서 익명의 근로자들이 하루 동안 시위를 하자고 주장했다. 지금 제니퍼는 샌프란시스코 중심가에 있는 랜드마크 사옥 앞에서 시위를 벌이며 교통을 방해하는 건설 노동자들 사이에 있었다. 주황색 안전모와 야광 조끼를 입은 노동자들은 시위 팻말과 함께 자신들의 생업 도구들도 잔뜩 가지고 나왔다. 육중한 크레인, 레미콘, 건물 해체용 철구가 달린 트럭들이 행진을 준비하는 탱크처럼 줄지어 서 있었다. 한 현수막에 이렇게 적혀 있었다. '기계 압제자들이 사람을 잡아먹고 있다!' 확성기를 든 주최자가 "로봇을 박살 내자!"라고 구호를 외치며 시위대 무리를 이끌었다.

시위 진압용 장비로 무장한 경찰들이 난공불락의 댐처럼 방어선을 만들어 시위자들이 랜드마크 사옥 안으로 진입하는 것을 막고 있었다.

제니퍼는 이것이 정부, 랜드마크, 일자리 재배치 기업 그리고 노동자의 사파전이라는 걸 깨달았다. 정부는 안정을 원하고, 랜드마크는 비용 절감을 원하고, 신치아와 같은 일자리 재배치 기업들은 돈이 되는 계약을 원하고, 이 가운데 가장 취약한 노동자들은 일자리를 지키거나 최소한 인간 존엄성을 인정받으며 보호받길 원했다. 이 가운데 삼자가 은밀히 동맹을 형성하자 나머지 한쪽인 노동자들은 모든 당사자에 압력을 행사하기 위해 시위를 벌인 것이었다.

최근 몇 년간 간헐적으로 정리해고 반대 시위가 있긴 했으나 이만한 규모의 시위는 없었다. 노동자들은 랜드마크가 가장 최근에 제시한 방안에 대해 격분했다. 랜드마크가 노동자들을 만족시킬 수 있는 퇴직금 방안을 제시하지 않는다면 항의는 더 거세지고 심각해질 것이라는 소문이 돌았다. 제니퍼는 육중한 건설 장비와 완전 무장을 한 경찰을 번갈아 쳐다보면서 폭력 사태가 일어나면 어쩌나 걱정했다.

군중을 뚫고 나왔을 때 전화기가 진동하는 소리가 들렸다.

"제니퍼, 어디야?" 마이클이었다. "여긴 지금 한시가 급한데, 자네는 지금 무단결근이라고."

"저는 지금 시키신 일을 하고 있는데요!" 제니퍼는 시위대의 소음을 뚫고 목소리가 들리게 하려고 애써 소리 높여 말했다.

"콘서트장인가? 야구장? 아니면 파티? 지금 아침 10시야. 그러니 그런 곳은 아닐 테고."

"죄송합니다. 제가 현장 조사를 좀 하고 있는데…." 제니퍼가 말끝을 흐렸다. 시위대 가운데에서 찾던 것을 발견했다. 세인트루이스 카디널스 팀의 야구 모자를 쓴 남자였다.

"맙소사! 설마… 이봐, 당장 거기서 빠져나와! 위험해!"

"금방 가겠습니다." 제니퍼는 전화를 끊고서 카디널스 모자를 쓴 남자를 향해 다가갔다.

"저기, 혹시… SLC422 맞나요?"

SLC422. 그 남자의 포럼 아이디였다. 남자는 고개를 돌려 겨우 알아볼 정도로만 고개를 끄덕였다.

"포럼에서 내게 메시지를 보낸 사람이로군요. 혹시 기자?" 남자는 제니퍼의 복장을 흘끔 봤다. "기자처럼 보이지는 않는데."

"우리 일을 하려면 변장이 좀 필요하죠." 제니퍼는 말을 하면서 노트와 펜을 찾아 꺼냈다. "저는 당신들 편이에요. 저런 대기업들이 얼렁뚱땅 넘어가게 둘 수 없어요!"

"그런 말을 들으니 반갑네요. 로봇이 수천 개의 일자리를 빼앗아갔어요. 우리는 가만히 앉아서 당하고만 있지 않을 겁니다!"

"포럼에 올린 글에서 일자리 재배치 계약에 입찰한 기업에 대해 말씀하셨던데…. 그 회사가 100퍼센트 재취업을 보장할 수 있다고 했는데, 정말인가요?"

"네, 정말입니다. 인사부에서 일하는 친구가 준 정보예요. 오메가얼라이언스? 그런 이름의 회사였어요."

"정말 100퍼센트 보장을 해줄 수 있다면 좋겠네요."

"글쎄요. 나는 일자리 재배치 기업을 잘 믿지 못하겠어요. 새로운 일자리라고 하는 게 대부분 거지 같은 것들이잖아요. 우리는 무슨 일이 됐든 아무것도 안 하는 것보다 낫다고 생각하지 않아요. 우리는 제대로 된 일자리를 원해요." 그는 주먹을 들어 올리고서 주변 시위 무리를 둘러보았다.

"좋습니다, SLC422님. 뭔가 다른 소식이 있으면 제게 언제든지 연락 주세요. 행운을 빕니다." 말을 마치고 떠나려 할 때 한 무리의 사람들이 밀치고 가는 바람에 제니퍼가 바닥에 넘어졌다.

"조심해요!"

누군가 걱정하는 소리가 들렸지만 이내 시위대의 구호 소리에 묻혀 들리지 않았다.

+ + +

30분 뒤 제니퍼는 마이클의 사무실에 돌아와 있었다. 둘은 충격을 받은 눈빛으로 서로를 바라봤다.

"방금 100퍼센트라고 했는데, 그게 무슨 뜻인가?" 마이클이 못 믿겠다는 투로 물었다.

"말 그대로 100퍼센트 재취업을 시켜준다는 거예요." 제니퍼는 문간에 몸을 기대어 서 있었다.

"하지만 그건 말도 안 돼. 교육과 재배치를 위해 우리가 얼마나 열심히 일하는지 자네도 알잖아. 뼈 빠지게 일해도 겨우 28.6퍼센트인데, 그 회사는 100퍼센트를 보장한다고?"

제니퍼는 순간 마이클이 비전을 제시하는 리더가 아니라 평범한 중년 남자 같다고 생각했다.

"그 사람이 그렇게 말했어요. 거짓말할 이유가 없잖아요."

"하지만 오메가얼라이언스라는 회사는 이름도 들어본 적이 없어. 이게 자네가 아침부터 시위대 속에서 부대끼며 얻은 정보라는 건가?"

마이클은 이미 그의 인공지능 비서를 통해 오메가얼라이언스에 대해 조사했지만 아무런 정보도 나오지 않았다. 등록한 지 얼마 되지 않은 회사일 수도 있겠으나 뭔가 수상쩍은 냄새가 났다. 전모를 파악할 수 없는 애매한 상황이 마이클의 심기를 불편하게 했다.

+ + +

사무실에 혼자 남은 마이클은 윙윙거리며 울리는 전화기를 바라봤다. 발신자는 앨리슨 할이었다. 그보다 여섯 살 아래인 앨리슨과는 경영대학원 시절 연인 사이였지만 같은 업종에서 일하게 되면서 지금은 경쟁자 관계가 되었다. 그녀로부터 연락을 받거나 소식을 들은 지 꽤 오래 지났다.

"어, 안녕, 앨리슨. 뜻밖이네. 샌프란시스코에 있는 거야? 점심? 안 될 게 있나? 내가 좋은 곳을 알아."

마이클은 전화를 끊고 여러 생각이 들었다. 다소 어리둥절했다. 이 뜻밖의 전화가 예상 밖의 경쟁사 출현과 어떤 관계가 있는 것인가? 알아내고 싶었다.

+ + +

두 사람은 '세 개의 보물'이라는 이름의 광둥식 식당에서 점심을 먹었다. 딤섬이 한여름 연못에 활짝 핀 연꽃처럼 붉은색 식탁보 위를 수놓았다. 마이클이 먼저 도착했다. 그는 매니저의 안내를 받아 식탁으로 걸어오는 앨리슨을 보고 전혀 변하지 않은 듯한 모습에 놀랐다.

"무슨 일인지 얘기해 봐. 아무 용건도 없이 연락하진 않았을 테니까."

음식을 먹으며 그저 그런 대화를 짧게 나눈 후에 마이클이 말했다.

"왜 그렇게 생각해? 그냥 안부를 물으면 안 돼?" 앨리슨이 젓가락을 내려놓으며 대꾸했다.

"조금 있다가 회의가 있어. 이해하리라 생각해."

"좋아, 마이클. 당신이 신치아를 설립한 지 얼마나 됐지? 5년쯤? 아니, 8년인가?"

"내게 뭔가를 캐내려고 온 건가?" 마이클이 식탁 건너편에 앉은 앨리스를 바라봤다. "이건 우연의 일치일 리가 없어. 랜드마크 건에 들어본 적도 없는 경쟁사가 나타난 마당에 갑자기 당신이 먼저 연락해서 점심을 먹자고 했어. 혹시 지금 오메가라는 회사에서 일하나? 당신도 100퍼센트 재취업 보장이라는 헛소리를 믿는다고는 하지 마."

"정확히 말하자면 99.73퍼센트지. 그리고 나는 그 헛소리를 믿어."

"그게 사실이라면 정말 수상하군. 합법적인가? 구직자들을 어디로 보내는 거지?"

"몇 가지 서류에 서명하면 모든 영업 비밀을 공유할 수 있어. 당신이 모르는 게 너무 많아. 어떻게 할래?"

"지금 내게 일자리를 제안하는 거로군. 아니면 우리 회사를 사려는 건가? 만약 내가 거절한다면?"

"그렇다면 당신이 너무 오랫동안 편하게만 살아와서 분별심을 잃어버렸다고 생각할 수밖에."

마이클은 앨리슨을 바라보았다. 수년간 매일 강의실에서 벌였던 열띤 설전이 떠올랐다. 지적이고 급진적인 그녀는 마이클의 세계관이 위선적인 사기라며 공격하길 좋아했다. 특히 그가 주장하는 '공동체 정신'에 대해 인간이 가진 미덕의 정수인 '이윤 추구'의 동기를 회피하는 것이라고 꼬집곤 했다.

묘하게도 이러한 관점의 충돌로 서로 끌리긴 했지만, 둘의 근본적인 가치관 차이는 연인 관계를 빠르게 무너뜨렸다.

"당신은 하나도 안 변했군." 마이클이 웃으며 말했다.

앨리슨이 고개를 저었다.

"지금 나는 당신에게 지금보다 더 많은 사람을 도울 기회를 제안하는 거야. 그게 당신의 신조와 맞지 않아? 다시 잘 생각해보고 연락해."

마이클은 앨리슨이 식당을 성큼성큼 걸어나가는 모습을 지켜봤다. 무슨 수를 써서라도 오메가얼라이언스와 관련해서 무슨 일이 벌어지고 있는지 알아내야 했다. 그의 용감한 어시스턴트가 바로 그 일을 할 적임자였다.

+ + +

"그래서, 새로운 어시스턴트는 잘하고 있나요?"

"꽤 유능하죠. 지금의 나보다 훨씬 유능해요!"

마이클은 넥타이를 풀고 눈을 감은 채 널찍하고 안락한 리클라이너에 누워 있었다. 그는 호흡에 집중했다. 앨리슨과의 점심 때문에 불안발작이 와서 주치의인 트리샤 X. J. 덩 박사를 만나야 했다. 맞은편 화면에 은빛 머리카락을 단정하게 빗어 넘긴 덩의 얼굴이 나타났다.

"이번 발작은 직접적인 촉발 사건이 없어요. 엘사 사건 때문에 일어났던 지난번 발작과 완전히 달라요." 마이클은 입술을 오므리고선 마음속으로 그 장면을 떠올렸다.

그는 최고경영자였지만 여전히 신치아의 고객들을 직접 만나길 좋아했다. 그의 기억 속에서 엘사라는 여성이 신치아의 상담실에 들어와 앉았다. 마이클은 그녀의 파일을 훑어보았다. "곤살레스 부인, 엘사라고 불러도 될까요? 상황이 별로 좋지 않아 보이지만 다행히도…"

"우리는 예전에 만난 적이 있어요, 세이비어 씨." 그녀가 중간에 끼어들었다.

"아, 정말요?" 마이클은 고개를 들어 그녀의 얼굴을 다시 봤으나 기억이 나지 않았다.

"기억 안 나세요? 5년 전에 실직하고 선생님 사무실에 갔어요. 저는 창고 관리 매니저였는데 선생님이 제가 인내심이 강하고 아이들을 좋아하는 것 같다며 놀이공원 직원 자리를 소개해서 그 일을 하게 되었지요. 선생님은 제게 그 일을 오랫동안 안정적으로 할 수 있을 거라고 말했어요. 그런데 제가 다시 실직했네요." 엘사가 풀죽은 목소리로 말했다.

"엘사, 나는 당신의 기억을 믿어요. 그런 일이 있었군요. 하지만 이번 일은 예측할 수 없는 구조적 변화예요. 놀이공원과 대규모 오락시설에서 비용이 적게 들고 더 효율적인 로봇 직원들을 사용하기 시작했잖아요. 어쩌면 아이들도 로봇을 더 좋아할 수 있고요." 마이클은 유감스럽다는 표정을 지으며 눈을 깜빡였다.

"그렇다면… 이번엔 저를 어디로 보내실 건가요?"

"동물원에 자리가 있어요. 딱 맞는 자리라는 생각이 드네요."

"그것참 다행이네요. 그러면 이제 매일 코끼리 똥을 치워야겠군요. 이번엔 제가 얼마나 오랫동안 버틸까요? 3년? 1년? 아니면 9개월?" 엘사는 떨고 있었다. 목소리가 점점 더 커졌다. "모든 부모는 자식의 눈에 영웅으로 보이길 원해요. 하지만 지금 저는 바퀴벌레처럼 느껴져요. 살아남기 위해 종종거리면서 이 구석에서 저 구석으로 옮겨가 그들이 내게 주는 찌꺼기는 뭐라도 받아먹어야 해요. 저는 제 자식들이 저를 바퀴벌레로 보길 원치 않아요, 세이비어 씨."

감정적으로 무너지려 하는 엘사를 보면서 마이클은 자신의 어머니를 떠올렸다. 유능한 경리 직원이던 어머니 루시는 엘사와 비슷한 곤경을 겪었다. 어머니 시절의 적은 인공지능이 아니었다. 규칙적이고 계산이 빠른 회계 소프트웨어였다. 어머니는 여러 번 직장을 옮겼고, 점점 더 열악한 곳으로 옮기다 결국 더 이상 옮길 곳이 없었다.

마이클은 눈을 감고 뒤이어 떠오르는 생각들을 떨쳐내려고 애썼다. 실의에 빠져 술로 슬픔을 달래던 어머니의 모습이었다. 당시 어머니에 대해 그가 어떤 감정을 느꼈는지 생생히 떠올랐다. 슬픔, 동정… 그리고 이상한 혐오감도 느꼈다.

"마이클?"

그는 덩 박사의 목소리에 다시 현실 세계의 리클라이너로 돌아왔다. 눈을 뜨고 혼란스러운 마음으로 화면 속 심리학자를 바라봤다.

"당신은 엘사를 구하고 싶었군요. 어머니를 구하고 싶었던 바로 그 마음처럼요. 그리고 신치아에 찾아오는 모든 사람을 구하고 싶은 마음처럼요."

"내 생각에 신치아는 사회 문제를 완화하는 감압밸브 같아요. 문제는 그러면서 사람들에게 거짓된 희망을 심어준다는 겁니다. 서서히 온몸에 퍼지는 독처럼 끊임없이 그들의 기대치를 낮추고 그들이 기술에 의해 버려지고 소외되는 운명을 점점 받아들이게 하죠. 우리는 정말 사람들을 돕고 있는 걸까요? 아니면 우리도 공범일 뿐일까요?"

"내 말을 들어보세요, 마이클. 당신은 사람들이 존엄성을 회복하도록 돕고 있어요."

"하지만 그 끝에는 뭐가 있을까요? 우리가 인공지능을 따라잡을 수 없다는 건 누구나 다 알죠. 아무리 노력해도 사막에 핀 꽃에 물을 주는 것이나 다름없어요. 이번 랜드마크 건은 시작에 불과해요. 건설업 전체가 거대한 지진을 겪게 될 겁니다." 마이클은 마치 상상의 올가미가 자기 목을 옥죄기라도 하는 것처럼 옷깃을 잡아당겨 풀어헤쳤다.

덩 박사가 뭔가 말하려 하는 순간 알람이 울렸다. 마이클의 수신함에 자동 생성된 진단서와 치료 보고서가 전달되었다.

"주치의로서 내가 할 수 있는 말은… 다음 주 같은 시간에 보자는 말이에요. 하지만 친구로서 나는 당신이 불완전함을 받아들이길 권합니다."

마이클은 서둘러 넥타이를 고쳐 맸다. 얼굴에서도 심리적으로 크게 동요되었던 흔적은 찾아볼 수 없었다. 그는 다시 구원자 모드로 돌아갔다.

토요일 밤 실버라인 바에서 바텐더를 부르려면 목이 쉬도록 소리쳐야 했다. 이 술집은 시간의 흐름을 잊은 듯했다. 텔레비전과 디지털 계산대를 제외하고 기술의 흔적은 찾아보기 힘들었다. 샌프란시스코베이의 점포 대부분이 수년 전부터 현금을 받지 않았다. 안전에 대한 우려로 수십년 동안 미국에서 미식축구의 인기가 사그라들었으나 이 동네 술집에서는 토요일이면 대개 육체노동을 하는 중년의 남자들이 모여서 USC(서던캘리포니아대학교) 미식축구 경기를 봤다. 제니퍼가 등장하자 몇몇이 휘파람을 불어댔다. 기술이 아무리 많이 진화했어도 남자들은 그렇지 않았다.

바지 정장 대신 USC 맨투맨 셔츠와 바지를 입은 제니퍼는 바에서 '매트 도슨'이라고도 알려진 SLC422를 찾았다. 그는 지난번과 달리 야구모자를 쓰고 있지 않아서 대머리가 되어가는 헤어라인을 훤히 드러냈다. 제니퍼는 이 모습이 혹사당한 노동자의 모습에 더 가깝다고 느꼈다. 제니퍼를 발견한 매트가 손짓으로 신호를 보냈다. 그녀는 그의 옆자리에 앉으며 바텐더에게 맥주 한 잔을 부탁했다. 둘은 맥주를 조금씩 들이켜며 어색하게 앉아 있었다.

마침내 제니퍼가 침묵을 깨고 말을 꺼냈다. "맥주나 먹자고 저를 이곳에 부른 건 아닐 텐데요. 혼자인가요? 아내나 여자친구는?"

"애들은 오하이오에서 전처와 살고 있어요." 매트는 맥주를 꿀꺽꿀꺽 마셨다. 하얀 거품이 윗입술에 묻었다.

"아, 그렇군요." 제니퍼는 그의 속사정을 궁금해하며 맥주를 마셨다. "정확히 무슨 일을 하시나요?"

"10년 동안 비계* 세우는 일을 하고, 15년 동안 배관공으로 일했소. 자

---

* 건축공사 현장에서 재료 운반 또는 위험물 낙하 방지를 위해 설치하는 임시가설물

랑은 아니지만 나는 설계도를 한 번만 보면 다 파악하고 그다음은 내 손이 알아서 다 처리하지. 그 기계들보다 느리지 않소."

"그렇군요."

다시 어색한 침묵이 흘렀다. 매트가 다시 말을 이어갔다. "어릴 때 '로 봇이 네 일을 빼앗아 갈 거야'라는 소릴 자주 들었는데, 도마 위에 올라 가는 건 노동자들이고 관리자들은 안전할 거라는 식으로 말하곤 했지. 하지만 나는 그게 그렇게 간단한 문제가 아니라는 걸 깨달았소. 인간이 처리하기 어려운 일들이 인공지능에게는 간단한 일이더군. 숫자를 처리 하고 문서를 분석하고 패턴을 찾는 일 같은 것들 말이오. 오히려 간단해 보이는 일들이 인공지능의 아킬레스건이었지. 사람들을 보살피거나 좁 은 공간에 수도관을 설치하는 일 같은 거 말이오. 그래서 나는 운 좋게도 은퇴할 때까지 계속 일할 수 있을 거라 확신했소. 하지만 로봇이 좀 더 정교해진 것 같더군."

제니퍼는 매트의 말을 들으며 맥주를 조금씩 마셨다. "그래서 이제 다 음 계획은 뭔가요?"

"나도 모르지. 시위가 사람들의 관심을 좀 끌긴 했지만, 포럼에 있는 누구도 다음에 무엇을 할지에 대한 계획이 없소. 지켜보면 알게 되겠지. 인사부에 있는 친구 말에 따르면 이번에 일자리 재배치 기업 두 곳이 입 찰했다고 하더군. 한 곳이 다른 곳보다 제안하는 일자리가 좀 적은 데다 다른 도시나 국가로 옮겨 가야 할지도 모른다고 하던데. 어쨌든 나는 내 가 잘하는 일을 계속하게 되길 바랄 뿐이오."

"그렇게 나쁜 상황은 아닌 것 같네요. 또 다른 회사는요?"

"다른 회사는 내가 전에 말했던 오메가얼라이언스요. 이 회사에 대해 선 잘 모르겠소. 모든 사람이 무슨 간단한 교육을 받은 후 새 일자리를 얻게 된다고 하더군. 하지만 건설업은 아니오. 대신 집에 앉아서 컴퓨터 로 가상현실 포털을 통해서 일한다고 하더군. 그게 뭔지는 모르겠지만. 3년을 계약하고 처음에는 급여가 낮은데 차츰 높아진다고 했소. 어떻게 생각하오?"

"잘 모르겠네요. 당신이 어떤 종류의 삶을 원하느냐에 달렸죠."

"그래요. 나는 평생을 건설 현장에서 보냈소. 금속을 두들기며. 나는 그런 삶에 꽤 만족하오. 내가 매일 헤드셋을 쓰고 앉아 허공에 대고 손을 흔들어대는 일을 견딜 수 있을지 모르겠소. 바보 같은 일 같단 말이야."

제니퍼에게 갑자기 어떤 생각이 떠올랐다. 그녀는 맥주잔을 들어 매트의 잔에 부딪혔다.

"건강한 미래를 위해 건배하죠. 하지만 저라면 오메가얼라이언스에 시험 삼아 직접 그 일을 해볼 기회를 달라고 요구하겠어요. 너무 낯설고 새로운 일이잖아요. 무슨 일이 벌어질지 누가 알겠어요? 나중에 후회하느니 계약서에 서명하기 전에 한번 시험해보는 게 낫지 않나요?"

"말이야 쉽지만 실제로 그런 요구를 들어줄까 모르겠군. 아마도 노조원 몇 명이 대표로 나서서 요구해볼 순 있겠지. 마지막 제안에 대해 노조가 내일까지 답을 줘야 하오."

"그렇게 되면 제게 자료를 주겠다고 약속할 수 있나요?"

"좋소. 제니퍼, 당신 기자 맞지?" 매트가 눈을 가늘게 뜨며 웃었다. "내가 자료를 넘기면 당신은 내게 뭘 줄 수 있지?"

제니퍼는 숨을 길게 내쉬었다. 예상하긴 했지만 제발 나오지 않았으면 좋겠다고 생각한 말이 드디어 나온 것이었다. 조금 화가 나면서도 슬프기도 했다.

"뭘 원하시는데요, 매트?"

"제니퍼, 설마… 아니오, 난 그저 친구가 필요할 뿐이오. 요즘은 제대로 된 일자리를 기다리는 게 정말 힘들단 말이야."

제니퍼는 안도의 한숨을 내쉬었다. 그녀는 아버지를 안심시키는 딸처럼 매트의 어깨에 손을 얹었다.

"알겠어요, 매트. 친구가 필요하면 연락 주세요."

바에 있던 사람들이 일제히 손뼉을 쳤다. 미식축구 경기가 끝났다.

+ + +

일요일 저녁은 답답했다.

마이클은 신치아 사무실 건너편의 공원 벤치에 앉아 있었다. 그곳에서는 샌프란시스코베이가 한눈에 들어왔다. 마이클은 신선한 공기를 들이마셨으나 복잡한 머릿속은 그대로였다.

내부 정보에 따르면 오메가얼라이언스가 더 비싼 값을 제시했는데도 랜드마크 경영진의 마음은 그쪽으로 기울었다. 오메가는 더 많은 노동자에게 일자리를 찾아줘 노사 갈등의 위험을 없애겠다고 약속했다. 그렇게만 된다면 정치적으로 더 안전한 선택인 게 맞았다.

그날 오후 신치아 이사회에서는 마이클에게 책임을 물으며 어떻게든 거래를 따낼 방법을 찾아보라고 압박했다. 인공지능과 로봇은 거대한 변화의 시작에 불과했다. 랜드마크가 대규모 정리해고에 성공한다면 더 많은 기업이 그 뒤를 따를 게 분명했다. 건설업뿐 아니라 상대적으로 자동화 가능성이 작았던 산업 분야에서도 자동화가 진행 중이었다. 수십만 개의 일자리가 위태로운 상태였다. 신치아가 랜드마크 입찰에서 떨어지면 그것 자체가 큰 타격이 될 터였다. 마법사이자 구원자로 알려진 신치아의 명성이 사라질 게 분명했다. 한 이사가 이렇게 덧붙였다. "그리고 마이클이라는 이름은 완전한 실패자로서 영원히 기억될 겁니다."

마이클은 신치아 사옥의 외벽 유리에 비친 거대한 도시 전경이 붉은 석양빛에 물들어가는 모습을 유심히 바라봤다. 200년이 넘는 시간 동안 수많은 노동자가 벽돌 하나하나, 타일 하나하나 쌓아 만든 도시였다. 지진, 대화재, 역병, 오염 등을 다 겪었지만 무너지지 않고 여전히 건재했다. 기술 발전으로 인한 구조적 문제로 일자리를 잃은 사람들과 더 이상 쓸모가 없어 폐기된 생산 현장과 도구들에 대해 생각할 때면 마음이 무거웠다. 그는 온 힘을 기울여 노력했건만 여전히 무력하게만 느껴졌다. 무의식적으로 주머니를 더듬어 걱정을 날려 보낼 담배를 찾았다. 하지만 곧 수년 전에 금연했다는 사실이 떠올랐다. '인간은 너무도 불완전해.' 그는 혼자 중얼거렸다.

"여기 계실 줄 알았어요." 제니퍼의 카랑카랑한 목소리가 등 뒤에서 들렸다.

"잠시 곁에 앉지. 석양을 마지막으로 본 게 언제인가? 시뮬레이션이나 게임 배경 말고 진짜 석양 말이야."

"꽤 됐을걸요?" 제니퍼는 마이클과 30센티미터 정도 거리를 두고 벤치에 앉았다.

"자네는 최선을 다했어. 자네 이력서를 처음 보고 내가 무엇에 가장 감동했는지 아나? 똑똑한 머리도 추진력도 아니고 당신 부모님에 관한 이야기였어. 그건 거짓이 아니었지?"

"물론 아니에요!"

"미안. 기분 상하게 하려던 건 아니야. 그냥 궁금했어. 때때로 사람들은 목표를 달성하려고 거짓말을 하잖아. 예를 들면 나처럼. 매일 실업자들에게 희망을 버리지 말라며 거짓말하잖아." 마이클은 잠시 침묵하더니 제니퍼를 바라봤다. "아버지 이야기를 해봐. 아버지가 계속해서 재고용되었다고 하지 않았나?"

"맞아요. 처음엔 그랬죠. 아버지는 12년 전에 처음으로 정리해고를 당했어요. 그때만 해도 일자리 재배치 전문가라는 개념이 없었죠. 저는 열 살이었어요."

제니퍼는 바다를 바라보며 추억에 잠겼다. 아버지는 인공지능에 업무를 빼앗기고 다른 일을 맡게 되었다. 백엔드 데이터를 다루는 신용분석가에서 고객들을 직접 상대하는 보험 계약 심사직이 되었다. 정량적 업무는 사라졌다. 인공지능이 대체하기 가장 쉬운 일이었다. 아버지의 오랜 동료들 가운데 일부는 명예퇴직을 택하고 기본소득과 사회보장수당으로 살았다. 더 젊거나 진취적인 사람들은 재교육을 받아서 사회복지사나 간호조무사 등 완전히 새로운 직업을 택했다. 세심한 공감력과 인간관계 능력이 필요한 일들이었다. 하지만 내성적이면서 고집 세고 자기중심적인 제니퍼의 아버지는 사람들과 잘 어울리지 못했다. 보험일은 아버지의 능력에 맞지 않는 일이었다.

회사는 제니퍼의 아버지에게 고객 데이터 관리를 위해 사내 소프트웨어를 사용하라고 요구했다. 머신러닝 기능을 갖춘 반지능형 보조 프로그램이 간단한 계산이나 양식 작성 등의 단순 업무를 지원했다. RPA(로보틱프로세스자동화) 시스템은 아버지에게 마지막 지푸라기였다. 하지만 보조 프로그램은 점점 더 똑똑해졌고 더 많은 일을 처리했다. 때로는 인간이 한 실수를 정정하기도 했다.

아버지는 마침내 현실을 깨달았으나 그것을 감당할 순 없었다. 인공지능이 사람을 보조하는 것이 아니라 대체할 수 있게 되면서 아버지는 정리해고되었다. 보험 계약 업무는 완전히 온라인으로 대체되었다. 인간의 개입 없이도 인공지능은 몇 초 만에 보고서를 작성해냈다.

"아버지는 완전히 다른 사람이 되셨어요. 제가 알던 온화한 아버지는 사라지고 냉소적으로 변하셨죠. 매일 술을 마시고 창고에만 처박혀 계셨어요. 어머니도 참지 못하고 결국에 아버지를 떠났죠. 저는 아버지에게 너무 화가 났어요. 아버지의 무능력이 그런 상황을 자초했다고 생각했으니까요."

마이클이 그녀에게 휴지를 건넸다.

"고마워요. 이제 저는 아버지와 같은 처지에 있는 사람들을 만나죠. 저는 사람들에게 일이 월급을 받기 위한 수단 그 이상이라는 걸 알아요. 일을 잃는다는 건 자존감과 존엄성을 잃는 것이나 마찬가지죠. 아버지가 무너진 것도 더 이상 당당할 수 없다는 무력감 때문이었을 거예요."

그 순간 마이클은 바로 그 무력감을 느꼈다. 그는 자신의 나이를 절실히 느꼈다.

"이것이 제가 대표님과 대표님이 하시는 일을 그토록 존경하는 이유예요, 세이비어 대표님."

제니퍼가 마이클을 바라봤다. 그녀의 뺨은 눈물로 얼룩져 있었다.

"아마도 내가 자네를 실망시킬 것 같아." 마이클이 깊은 한숨을 내쉬었다. "내일 아침 신치아는 입찰에서 떨어질 거야. 나는 또 한 명의 불필요한 일꾼이 될 테지."

제니퍼는 놀란 눈을 크게 뜨고 앞에 있는 사람을 보았다. 한물간 영웅의 모습이었다. 갑자기 그녀의 전화기가 울렸다. 마이클은 그녀의 표정이 밝아진 걸 보았다.

"대표님, 게임이 아직 끝나지 않은 것 같네요."

+ + +

그날 일찍 노조 측 협상팀의 압박을 받은 랜드마크는 오메가얼라이언스에 사전 실습을 요청했다. 인공지능에 의해 정리해고된 노동자들 가운데 몇 명을 선발해 VR 기반의 업무를 직접 체험할 수 있도록 해달라는 요청이었다. 랜드마크와 노조 협상팀은 오메가얼라이언스 사전 실습에서 나온 피드백을 받아 신치아의 재취업 모델과 비교해 평가하기로 했다.

매트는 인사 부서에 있는 친구 덕에 사전 실습에 참여할 수 있었다. 그는 기밀유지협약에 서명하고, 모바일폰을 넘기고, 버스에 태워져 시내에서 멀리 떨어진 산업단지로 가게 되었다.

제니퍼와의 약속을 잊지 않은 매트는 떠나기 전 초소형 카메라를 그의 카디널스 야구 모자에 달았다. 이 카메라는 아주 작은 렌즈를 통해 찍은 영상을 클라우드에 계속해서 업로드할 수 있었다. 단추만 한 고급 산화리튬 배터리의 수명은 일주일이었다.

"제니퍼, 잊지 마요." 그는 떠나기 전 그녀에게 말했다. "나는 당신을 돕기 위해 법을 어기기로 한 거요. 내 개인정보는 무엇이든 밖으로 새나가면 안 되오. 당신은 정보를 스스로 알아낸 거라고. 알겠소?"

"하지만 동영상을 보면 누가 촬영한 건지 금세 알 수 있을 텐데요."

"아, 그렇군. 이런 제기랄."

결국에 매트는 제니퍼를 믿어보기로 했다. 8시간 후 그는 그녀가 마이클과 함께 공원 벤치에 앉아 있을 때 전화했다. 제니퍼는 그를 만나기 위해 바로 달려갔다.

+ + +

제니퍼가 도착했을 때 매트는 며칠 밤을 새운 사람처럼 초췌하고 눈이 충혈되어 있었다. 그는 그녀가 앉자마자 이야기를 시작했다. "나는 그런 식으론 절대 살 수 없소. 그들이 우리에게 준 일은 완전 상식 밖이란 말이오. 나는 뭐가 뭔지 전혀 모르겠더군."

"매트, 제게 동영상을 보여주세요. 제가 알아볼 테니 당신은 집에 가서 푹 자도록 해요. 알겠죠?"

제니퍼는 카메라 내부에 있는 액정 메모리 칩을 빼서 신치아 본사로 서둘러 갔다. 마이클이 사무실에서 기다리고 있었다.

인공지능이 동영상을 핵심만 추려 주요 장면들로 구성된 30분짜리 동영상으로 편집했다. 보다가 언제든지 멈춰 느린 동작으로 재생하고 화면을 확대할 수 있었다.

50명의 노동자가 넓은 호텔 연회장에 모여 있었다. 모두에게 컴퓨터와 가상현실 장비가 있는 책상이 배치되었다. 오메가얼라이언스에서 파견한 교육자가 앞에 서 있었다. 첫 시간은 기초 교육이고 그 뒤부터 공식적인 업무였다. 하지만 예상치 못한 부분이 있었다. 시스템이 작업을 평가하고 보상과 처벌을 주게 되어 있었다. 보상은 현금에 상응하는 포인트 형태로 주어졌다.

노동자들은 가상현실 고글과 장갑을 착용했다. 일하면서 옷이 더러워질 일은 없어 보였다. 컴퓨터 화면은 고글 속 영상과 동기화되었다. 트레이너가 컴퓨터 화면을 지켜보다가 문제가 발생하면 노동자들에게 알려주어 바로잡았다. 매트는 모자를 벗어 책상 위에 두고 숨겨진 카메라가 모든 것을 촬영할 수 있게 했다.

제니퍼와 마이클은 이어지는 영상에서 매트가 부지런히 화면에서 전달하는 지시를 따라 움직이며 가상 공간에서 시점POV을 전환하는 법을 배우고, 부품을 연결하거나 추가하면서 조립하는 것을 지켜보았다. 매우 단순하게 설계된 작업 인터페이스는 목소리와 시각효과를 사용해 숙련된 노동자들을 안내했다. 주어진 작업은 100제곱미터 규모의 집에 사용될 온수 시스템을 조립하는 것이었다.

제니퍼와 마이클은 서로를 바라봤다. "어떻게 생각하세요?" 제니퍼의 질문에 마이클은 고개를 저으며 인상을 찌푸렸다.

"가상 공간에서 인간과 기계가 협업하는 워크플로우는 금융처럼 고도로 디지털화된 분야에서 수년 전에 개발되었어. 그런데 왜 이걸 건설업에 쓰려 하지? 인간이 전혀 개입하지 않고도 매트가 하는 일을 할 수 있는 인공지능 도구가 있는데 말이야. 이해가 안 되네."

"아마도… 비용이 덜 발생해서 그런 게 아닐까요?" 골똘히 생각에 잠긴 제니퍼가 말했다.

마이클이 손가락으로 건드리자 동영상이 계속되었다. 마이클과 제니퍼는 화면에 나오는 장면들과 함께 흘러나온 헤드셋의 오디오 오리엔테이션에 따라 작업 방식 기저에 있는 근본적인 논리를 짜 맞추기 시작했다. 오메가얼라이언스의 말을 믿는다면 사전 실습에 참여한 노동자들은 개도국의 엔드투엔드* 통합 건설 프로젝트를 위해 초기 부품 설계와 조립을 담당한 것이었다. 이는 미국의 건설 분야 스타트업이었던 카테라Katerra가 십수 년 전에 시도했던 것과 비슷했다. 차이라면 이제는 지연 시간이 짧아진 고정밀 가상현실 기술이 있었다. 노련한 노동자들은 손

---

* 한 시스템이나 서비스를 처음부터 끝까지 아울러 제삼자 조달이 필요 없도록 완전한 기능적 해법을 제공하는 과정

동작을 통해 원격으로 로봇을 통제하고 정교한 작업을 수행해 고품질 작업을 원하는 고객의 요구를 충족시킬 수 있었다.

목공, 도장, 석공, 콘크리트 붓기 등등 모든 종류의 작업이 가상현실을 기반으로 하는 인간과 기계의 협업 워크플로우에 맞게 전환되었다. 오메가얼라이언스의 트레이너 설명에 따르면 간단한 시스템 교육을 통과한 노동자들은 수년간의 실제 경험을 바탕으로 설계 도면을 '편집'할 수 있었다. 물리적으로 힘을 쓰거나 실제 건축 자재를 만질 필요가 없으므로 '편집'이라는 표현이 적합했다. 시스템은 실시간으로 작업을 분석해 속도와 품질에 대한 피드백을 바탕으로 노동자들에게 포인트를 부여했다. 호텔 연회실 앞쪽에 전광판이 설치되어 가장 많은 포인트를 받은 노동자의 이름을 보여줬다.

제니퍼와 마이클은 일부 노동자가 작업 요령을 좀 더 빨리 습득한다는 점을 발견했다. 반면에 매트는 이리저리 몸을 돌리며 동료 노동자들과 잡담을 나누었다. 어떤 사람은 끊임없이 손을 움직이며 뭔가에 취한 표정을 지어 슬롯머신 앞에 앉은 도박꾼처럼 보였다. 전광판에 자신의 이름이 뜬 것을 본 한 노동자가 승리의 춤을 추는 듯한 몸짓을 했다. 다른 사람들은 암울해 보였다.

"이건 비디오 게임이에요. 이름만 '일'이라고요."

제니퍼는 혐오감을 감출 수 없었다. 기계와의 협력에 대한 노동자들의 반응은 아버지를 생각나게 했다.

마이클은 잠자코 앉아 있다가 갑자기 소리를 질렀다. "바로 그거야!" 제니퍼는 깜짝 놀라 회상에서 깨어났다. 그는 손을 뻗어 제니퍼의 손을 잡았다. "이건 비디오 게임처럼 보이기만 하는 게 아니야. 실제로 비디오 게임일 수도 있어. 자네가 날 좀 도와줘야겠어."

"뭘 말이에요?"

"비디오 게임의 아키텍처 설계를 밝혀내야지. 어디에선가 실제로 실행되고 있겠지?"

"그 말은…." 제니퍼는 갑자기 그의 말이 이해되었다. "매트가 뭔가 수상한 일이 벌어지는 것 같다고 계속 말했어요."

"제니퍼, 자네 말이 맞았어."

"뭐가요?"

"이건 게임이야. 그리고 아직 끝나지 않았어." 마이클은 자신감 넘치는 미소를 되찾았다.

사전 실습을 마치고 트레이너가 수행 결과를 발표했다. 노동자들 가운데 몇몇은 발표 내용을 듣고 기뻐하는 듯했다. 매트를 비롯해 다른 노동자들은 하나둘씩 흩어졌다.

+ + +

그날 밤 앨리슨은 인터콘티넨탈호텔의 19층에 있는 바에서 샌프란시스코 시내의 전경을 내려다보고 있었다.

인공지능이 그녀를 위한 완벽한 장소로 이 바를 제안했다. 진홍색 카펫과 옅은 노란색의 벽지 그리고 짙은 나무색의 가구들이 금빛, 빨간색, 검은색 위주로 꾸며진 이 바의 복고풍 분위기를 한층 끌어올렸다.

잔에 막 따른 24년산 르레브블랑드블랑 샴페인이 작은 거품을 만들며 보글거렸다. 앨리슨은 평소와 달리 넥타이를 매지 않은 마이클이 문에서 들어오는 것을 바라봤다.

"미안, 회의 때문에."

앨리슨은 미소 지었다. 그녀는 마이클의 심리 전술을 매우 잘 알았다. 두 사람은 매우 정중하고 여유로운 척 가장하고서 저녁 식사에만 집중했다.

앨리슨이 결국 참지 못하고 먼저 미끼를 물었다.

"그 영상은 어디서 난 거야?"

"사기라는 걸 인정하는 건가?"

제니퍼는 마이클과 함께 영상을 본 직후에 패턴 인식 소프트웨어를 사용해 영상에 등장하는 모든 설계 도면, 햇빛의 각도, 시간, 고도, 경도와 위도, 대기 상태 등을 포함한 모든 매개변수를 분석했다. 그녀는 현실 세계에 그에 상응하는 건축 현장이 없다는 걸 알게 되었다. 그것은 마이클이 짐작한 대로 날조된 것이었다. 오메가얼라이언스는 정리해고된 건설 노동자들에게 지나치게 아름다운 시뮬레이션 게임만을 제공한 것이었다.

"그래서 이제 어떻게 할 거야?"

무미건조한 표정 뒤에는 두려움을 감추고 있었다. 만일 오메가얼라이언스의 행적이 대중에게 알려진다면 여론을 통제하기 힘들어질 테고 오메가의 모든 노력은 헛수고가 될 수도 있었다.

"대중은 진실을 알 권리가 있어."

"영웅 놀음을 하려는 당신 때문에 더 많은 사람이 일자리를 잃겠네. 그래도 괜찮아? 수년이 지났는데도 당신이란 사람은 하나도 안 변했네."

"왜 이래, 앨리슨. 인신공격을 해봐야 아무것도 얻지 못해."

"신치아는 재배치와 교육에 너무 많은 시간과 돈을 쏟아부어. 마치 열차와 경주하는 마차 같다고. 사실을 직시해. 당신은 인공지능을 이길 수 없어."

"당신은 정말 그 많은 사람이 자신이 속는 줄도 모른 채 가짜 일을 하며 여생을 보내도록 하고 싶은 거야?"

"마이클, 당신은 정말로 그들을 이해한다고 생각해? 대다수의 평범한 사람들 말이야. 그들 대부분은 근무시간에 딴짓도 하고 잡담도 나눠. 그런다고 월급날에 죄책감을 느낄까?"

"당신들은 그들이 사회를 위해 진정한 가치를 창출할 권리를 빼앗는 거야."

"진정한 가치? 그들이 정말 중요하게 생각하는 건 정해진 시간 채우면서 꼬박꼬박 월급 받아 삶의 안정을 유지하는 거라고."

"당신들이 하는 짓은 사기라고!"

"내 말을 믿어. 사람들에게 불편한 진실을 아는 것과 진실을 모르더라도 현실에 만족하고 사는 것 중에 택하라고 하면 후자를 골라. 자신이 쓸모없는 존재고 인공지능을 도움을 받아 여생을 보내야 한다는 사실을 누가 인정하고 싶겠어? 마이클, 당신은 틀렸어. 이건 사기가 아니야. 이건 인류가 그나마 남은 존엄성이나마 지키도록 해줄 마지막 기회라고."

샴페인의 거품이 점점 사라지더니 공기 중으로 날아갔다.

마이클은 고개를 저으며 웃었다.

"왜 웃는 거지?" 앨리슨이 노려보며 물었다.

"미안. 난 그저 우리가 논쟁할 때마다 결론 없이 끝난다는 걸 깨달았어. 마치 제로섬 게임과 같아. 우리 가운데 한 사람만 이길 수 있는 것 같다고. 우습군."

앨리슨도 웃었다. 분위기가 밝아졌다. "이유를 모르겠어. 뭔가 당신에게 증명해 보이고 싶은 게 있는 걸지도 모르지."

"당신은 내게 아무것도 증명하지 않아도 돼. 내 마음속에서 당신은 항상 완벽하니까." 마이클은 더 이상 그녀의 눈을 쳐다보지 못했다. "내 말을 믿지 않겠지만, 원래 내 계획은 대중에게 알려서 오메가얼라이언스가 이 사업을 접게 만드는 거였어. 하지만 마음이 바뀌었어."

"왜?"

"이건 제로섬 게임이 전혀 아닐 수도 있다는 생각이 들어."

"그건… 손을 잡자는 뜻인가?"

"계산을 좀 해봤지. 내 생각은 이래. 당신네 회사는 정부로부터 실업수당과 훈련보조금을 받아 랜드마크 보상안에 추가했지. 그러고 나서 그걸 노동자들에게 분할지급하는 거지. 그러고 난 다음엔? 당신네 회사 사업 모델이 일부 문제를 해결하겠지만 또 다른 문제를 만들어낼 거야. 당신네는 노동자를 정리해고하는 회사들이 주는 수수료와 정부 보조금에 영원히 기댈 수 없어. 매년 계약을 맺어서 돌려막기를 하려는 계획이겠지. 하지만 그건 기본소득제로 돌아가는 거나 마찬가지야. 내 말이 맞지?"

앨리슨이 인정하는 표정을 지었다.

"당신은 기본소득제가 왜 실패할지 나보다 더 잘 이해할 거야. 그건 지나치게 자유방임주의야. 하지만 또 다른 방법이 있을 수 있지."

"듣고 있어."

"만일 시뮬레이션 노동이 진짜 가치를 창출한다면 어떨까?"

앨리슨이 이맛살을 찌푸렸다. "하지만 어떻게? 알다시피 랜드마크는 지금 해결책을 기대하고 있다고. 그들은 노조와의 갈등이 격화되도록 놔둘 만한 여유가 없어."

"당신네 대표에게 협상 테이블에 앉으라고 해. 노조에 대해선 내가 방법을 생각해볼게."

+ + +

1년 후 제니퍼와 마이클은 샌프란시스코에 있는 신치아 사옥 건너편에 있는 공원에서 다시 마주쳤다. 이번에는 이른 아침이었다. 이 도시와 멀리 보이는 다리와 바다 모두 구릿빛 안개에 휩싸여 있었다.

제니퍼는 커피 두 잔을 들고 좁은 산책로를 걸으며 전날 벌어진 이상한 사건에 대해 생각하고 있었다. 전날 그녀는 실업자인 싱글맘 루시와 화상회의를 했다.

제니퍼는 마이클이 대타협이라고 부른 일이 있고 난 후에 그의 어시스턴트를 그만두었다. 제니퍼와 마이클의 부단한 중재 노력 끝에 신치아와 오메가얼라이언스는 공동으로 랜드마크 프로젝트를 맡음으로써 실직자가 된 건설업계 노동자들을 제대로 도울 수 있었다. 이 일은 인공지능과 인간의 전문성을 결합한 새로운 일자리 재배치 모델의 시작을 알리는 계기가 되었다.

제니퍼는 이제 일자리 재배치 전문가로서 매일 수십 건의 온라인 상담을 맡았다. 그런데 루시라는 젊은 여성은 다른 사람들과 좀 달랐다.

루시는 바텐더였는데, 일하던 술집이 레스토랑 체인에 매각되면서 자동화 레스토랑으로 바뀌었다. 집에는 배고파 우는 여섯 살배기 아들이 있었다.

하지만 루시의 말투나 화장 그리고 신중한 태도 등은 그녀가 진짜 바텐더였는지 의문이 들게 했다.

'하지만 왜 거짓말을 하겠어?'

제니퍼는 대화 속도를 높이려고 했으나 그녀는 전혀 개의치 않았다. 대신 핵심을 건드리는 질문들을 하나씩 던졌다. 제가 가진 기술을 어떻게 평가할 거죠? 어떤 교육 프로그램이 제공되나요? 정해진 기간 내에 확실히 일자리를 찾을 수 있나요? 등등. 해고된 다른 노동자들과 달리 루시는 자신의 처지에 아무런 불안도 느끼지 못하는 듯했다. 가장 이상한 건 여러 선택지를 고려하면서 아들에 대해서는 전혀 염두에 두지 않는다는 점이었다. 그녀가 정말 엄마라면 이해하기 힘든 태도였다.

'혹시 정보를 수집하려는 경쟁사의 스파이일까?'

"미안해요, 루시. 다음 약속이 있어서 오늘은 이만해야겠어요. 적합한 기회가 나오면 연락드릴게요."

루시는 고개를 끄덕였다. 그녀의 마무리 인사는 이상한 생각이 들게 했다.

"고맙습니다. 제게 주신 정보가 큰 도움이 됐어요. 다음 면담에서 뵙겠습니다."

자동응답기인가? 아니면 뭐지? 제니퍼는 다음 날 루시와의 면담에 대해 골똘히 생각하던 중 낯익은 사람이 벤치에 앉아 있는 걸 발견했다. 잘 차려입은 중년 남성이 그녀를 보고 미소 지었다. 제니퍼는 서둘러 다가갔다.

"마이클?" 그를 '세이비어 대표님'이라고 부르지 않는 데 익숙해지기까지 시간이 좀 걸렸다.

"정말 마이클이라는 게 믿기지 않네요. 출장 오신 거예요?"

제니퍼는 매우 기뻤다. 랜드마크 건이 해결된 후에 마이클은 제니퍼를 파트너로 승진시켰다. 신치아 역사상 최연소 파트너였다. 하지만 그녀는 마이클을 따라 시애틀로 갈 기회를 포기하고 신치아와 오메가얼라이언스가 손잡아 탄생한 신치아얼라이언스에서 일하기로 했다. 그곳에서 현지 중소기업을 주로 담당하는 일자리 재배치 전문가로 일하기 시작했다.

"오랜만이네, 제니퍼. 잘 지내는 것 같군."

"감사합니다. 잠시 시간 되세요? 마침 제게 남는 커피가 있어요."

"물론이지. 샌프란시스코에서 아침의 따뜻한 커피를 누가 마다하겠어?"

두 사람은 약 30센티미터 간격을 두고 벤치에 앉았다. 제니퍼는 마치 어떤 심리적 장벽을 이겨내려 애쓰는 것처럼 두 손으로 커피잔을 부여잡았다. 그녀는 마침내 입을 열었다.

"마이클, 이게 정말 바보 같은 소리라는 건 알지만 그래도 진심으로 사과드리고 싶어요."

"뭐에 대해?"

"저에게 좋은 기회를 주셨는데 제가 거절했잖아요. 배신이라고 생각하지 않으시길 바라요."

"제니퍼, 그런 일을 그렇게 오랫동안 마음에 두고 있다니. 그러지 마." 마이클은 쓸쓸한 미소를 지으며 손을 흔들었다. "솔직히 나는 자네의 결정에 기뻤어. 내 어시스턴트들이 모두 1년도 안 돼서 퇴사하는 바람에 모두 마가 꼈다고 했었잖아. 그런데 자네가 그걸 깨줘서 정말 좋아."

"다행이네요, 그렇게 느끼신다니. 앨리슨은 어떻게 지내시나요?"

"잘 지내. 우리 둘 다 좋아. 적어도 지금으로선. 연애를 시작하는 건 새로운 일을 시작하는 것과 좀 비슷하지. 그런 일을 전에 한 적이 있다 해도 항상 수습 기간이 필요해. 어때? 자네는 잘 지내는 거지?"

제니퍼는 어색하게 웃어 보였다.

"처음엔 부담을 많이 느꼈어요. 저는 항상 사람들로 가득 찬 방에 들어가 연설하는 걸 꿈꿨어요. 항상 시작은 이렇게 하죠. '오랜 세월 우리 회사에 지대한 공헌을 해주신 여러분께 감사드립니다.' 아시다시피 정리해고와 재배치에 대한 이야기를 부드럽게 시작하기 위해서 하는 뻔한 인사말이죠. 하지만 덕분에 이제 훨씬 나아졌어요."

"내가 고맙지, 제니. 자네와 그 노동자… 매트였던가? 두 사람이 아니었다면 어쩔 뻔했어? 두 사람이 수만 명의 노동자를 도운 거야."

"저는 제 일을 몇 년 더 할 수 있길 바랄 뿐이에요. 아시다시피 그들은 로봇들이 운영하는 온라인 상담 서비스를 시험하기 시작했어요. 우리가 언제 정리해고 대상이 될지 누가 알겠어요?"

"제니퍼…." 마이클이 잠시 주저하다 말했다. "세상이 아무리 변한다고 해도 나는 자네가 잘 해내리라 믿어. 자네에겐 진심이 있으니까."

제니퍼가 웃었다. "마이클의 대본에 있는 뻔한 칭찬은 제게 통하지 않아요. 저도 매뉴얼을 읽었다고요. 어쨌든 저는 아침 회의가 있어서 이만 가봐야겠어요. 머지않아 또 뵙길 바라요."

마이클이 손을 흔들었다. "나중에 봐. 행운이 있길."

'제니퍼의 말이 맞아.' 제니퍼가 떠난 후에 마이클은 홀로 벤치에 앉아 생각했다. 인공지능의 위력은 계속 확장되어 끈질기게 버티고 있는 인간들의 일자리를 침투하고 있었다. 아마도 모든 게 시간문제일지도 몰랐다.

이번 출장 전 본사에서는 신치아얼라이언스에 가상현실 기반의 워크플로우 도입 여부에 관한 정책 회의가 있었다. 만일 승인되면 디지털 인간이 실직해서 인간 재배치 전문가의 고객이 되는 셈이었다. 디지털 인간은 일부는 실제 인간을 모델로 하고 다른 일부는 전적으로 인공지능에 의해 생성되고 구동되었다. 실제 인간과 너무 흡사해 구분하기 어려울 정도였다. 디지털 인간은 깊이 있는 상호작용을 통해 자연어처리 능력을 계속해서 개선할 수 있었다. 디지털 인간은 인간 재배치 전문가의 수행 능력을 평가해 경영진으로 승진될 최고의 인재를 선정하는 역할도 했다.

남은 사람들은 다른 산업에서 이미 진행된 게임을 반복하게 될 터였다. 정말 어이없는 일이었다. 가상의 해고 노동자들이 가상의 일자리를 찾는 일을 진짜 인간이 돕다니.

그들은 이미 프로토타입으로 제작한 가상의 해고 노동자 한 명을 재배치 프로그램에 등록해 비밀리에 시험을 해보았다. 마이클은 그 프로토타입의 이름을 자신의 어머니 이름을 따서 루시라고 지었다.

모든 데이터에서 이 혁신이 조직 효율성을 높이고 자원분배를 최적화할 것으로 나타났다. 이 추세는 불가피해 보였다. 하지만 전에도 그랬듯이 과거의 것을 지키려는 불안과 우려가 가득한 목소리가 있었다.

경영진은 거수로 결정했다. 3대3으로 동점이었다. 모두가 새로 부임한 대표인 마이클을 바라봤다.

그 순간에 마이클은 먼 과거의 어느 오후를 떠올렸다. 어머니가 정리해고 소식을 접했을 때 지었던 표정이 떠올랐다. 역사의 거센 흐름 앞에서 누가 승자이고 누가 패자인지는 중요하지 않을지도 몰랐다.

마이클 세이비어는 잠시 숨 돌릴 틈을 가지려는 것처럼 넥타이를 고쳐 맸다. 그리고 나서 손을 들어 미래를 향해 표를 던졌다.

인공지능에 의한
일자리 퇴출의 해법

인공지능은 사실상 추가 비용 없이도 사람보다 더 많은 작업을 더 잘 수행할 수 있다. 그럼으로써 거대한 경제적 가치를 창출하기도 하지만 한편으로는 대규모 일자리 퇴출이라는 문제를 낳기도 한다. 인공지능에 의한 구조적 정리해고의 최전선을 생생하게 그린 〈구원자 이야기〉는 금융업과 건설업을 비롯해 심지어 고용과 해고에 이르기까지 대부분 산업 분야에서 인공지능이 사람을 대체하는 미래를 묘사한다. 인공지능에 의한 일자리 퇴출은 심각한 실업 문제에서 그치지 않고 우울, 자살, 약물 남용, 불평등 심화 등과 같은 여러 사회적 문제도 촉발한다.

이러한 변화의 흐름에서 우리 미래는 어떻게 될까? 개인과 기업 그리고 정부까지 각자 무엇을 어떻게 해야 재앙의 여파를 조금이라도 줄일 수 있을까? 인공지능이 아무리 발전해도 결코 인간을 대체할 수 없는 분야는 있을까? 우리에게 일의 의미는 무엇일까? 일의 의미를 재정의하기 위한 새로운 사회적 계약이 필요할까? 우리 삶에서 장시간의 노동이 더 이상 필요하지 않게 되면 남는 시간을 어떻게 보내야 할까?

인공지능에 의해 자동화가 이뤄질 가장 위험한 분야는 일상적이고 반복적이며 간단한 훈련만으로 수행할 수 있는 직무들이다. 인공지능의 효율성은 가난한 사람들이 더 가난해지는 심오한 구조적 문제를 낳을 것이다. 인공지능의 잠재력은 하나의 질문으로 잘 요약될 수 있다. '일에 있어서 인공지능은 축복인가 저주인가?'

〈구원자 이야기〉는 일자리 재배치 기업들이 출현해 인공지능에 의해 대체된 노동자들을 대상으로 재교육을 통해 다양한 분야의 다른 일자리로 배치하고 심지어 가상으로 실제 업무를 수행하도록 훈련시키는 미래를 상상한다. 또 인공지능의 시대에도 과연 사람을 위한 일자리가 충분할지, 그리고 노동자들이 '가짜' 노동을 하면서도 만족감을 느끼도록 하려는 노동 시뮬레이션을 실험하게 될지를 살펴본다.

인간이 수행할 수 있는 일이 극도로 줄어듦으로써 미래에는 일종의 시뮬레이션 게임이 노동을 대신하게 될까? 상상이긴 하지만 실제로 오메가얼라이언스와 같은 기업이 나타난다면 최악일 것이다. 나는 미래가 그렇게까지 최악으로 치달을 것으로는 생각하지 않는다. 다만 인공지능에 의해 만들어진 가상의 환경이 인간 노동자들에게 지원과 교육을 제공할 가능성은 매우 크다.

이러한 상상들이 실현될 가능성을 가늠해보기 위해 우선 인공지능이 어떤 방식으로 우리의 일자리를 대체하게 될지 자세히 살펴보도록 하자.

인공지능은
어떻게 일자리를 대체하는가?

인공지능이 인간에 대해 갖는 주된 우위는 대량의 데이터에서 믿기 힘들 정도로 미묘한 패턴을 감지하는 능력에 있다. 보험회사에서의 계약 심사직 업무를 예로 살펴보자. 인간 심사직은 보험 계약의 인수 여부를 결정할 때 몇 가지의 척도(순자산, 소득, 집, 직업 등)만을 검토하는 반면,

인공지능 알고리즘은 공적 기록부터 구매 이력과 건강 기록, 그리고 동의할 경우 사용하는 앱과 기기까지 수천 가지의 변수를 몇 밀리세컨드만에 고려해 개별 보험 계약에 대한 훨씬 더 정확한 평가를 제시할 수 있다. 당신은 유리한 보험료 책정을 위해 그러한 인공지능 심사직이 당신의 개인정보를 열람하도록 허락할 것인가? 〈황금 코끼리〉에서 본 것처럼 아마도 대다수 사람이 허락할 것이다.

소프트웨어가 경리 업무와 데이터 입력과 같은 일상적이고 반복적인 사무직 업무를 대체해온 것처럼 인공지능 알고리즘은 특히 데이터 분석과 관련된 여러 분야에서 사람을 대체하게 될 것이다.

인공지능은 로봇공학과 결합하면서 다양한 사무직 노동뿐만 아니라 복잡한 육체노동도 점점 더 많이 대체할 것이다. 〈구원자 이야기〉에서 보듯이 2041년 즈음이면 일상적이고 반복적인 창고 정리 및 운반과 같은 일은 대부분 로봇으로 대체되어 사라질 것이다. 건설업에서도 로봇이 만든 조립식 부품이 점점 더 많이 채택되고 있어서 수많은 건설 노동자들이 같은 운명을 겪을 것이다. 인간 배관공은 복잡하고 특수한 시스템의 구식 건물을 수리하는 경우를 제외하면 서서히 사라지게 될 것이다. 표준 조립식 부품으로 만들어진 새 건물들은 로봇이 담당할 것이다.

이러한 일자리 이동은 어느 범위까지 이뤄질 것이며, 어떤 산업이 가장 큰 타격을 입을 것인가? 나는 《AI 슈퍼파워》에서 현존하는 직업들 가운데 40% 정도가 2033년까지 인공지능과 자동화 기술에 의해 수행될 수 있으리라 예측했다. 물론 이런 변화가 하룻밤 사이에 벌어지지는 않을 것이다. 〈구원자 이야기〉에서 제니퍼의 아버지가 그랬던 것처럼 몇 가지 단계를 밟아 대체될 것이다.

RPA는 컴퓨터에 설치된 '소프트웨어 로봇'으로 근로자가 수행하는 모든 업무를 볼 수 있다. RPA는 수백만 명이 일하는 것을 지켜봄으로써 시간이 지남에 따라 일상적이고 반복적인 작업을 수행하는 방법을 터득한다. 기업은 어느 순간 적어도 몇몇 분야에서는 사람보다 로봇의 업무 효율성이 훨씬 더 높다는 것을 알게 될 것이다. 업무량이 점차 줄어들면서 기업의 직원들 수도 줄어들 것이다.

100명의 직원으로 구성된 인사 부서가 있다고 가정해보자. RPA는 먼저 지원자들의 이력서를 검토해서 각각의 직무기술서에 제시된 조건과 비교하는 업무에 적용될 수 있다. 이 일을 하는 사람이 스무 명이고, RPA가 2배 더 효율적으로 일할 수 있다고 해보자. 이 경우 열 명은 해고될 수 있다. 인공지능이 더 많은 데이터와 경험을 바탕으로 계속 학습하기 때문에 나중에는 스무 명 모두 대체될 수 있다. 성숙해진 RPA가 지원자들과의 이메일 소통, 면접 약속 조율, 피드백 등의 업무까지도 맡게 되리라 예상한다면 더 많은 사람이 일자리를 잃게 될 것이다.

인공지능은 〈구원자 이야기〉에서 디지털 인간 루시가 제니퍼를 평가하듯이 면접 평가 업무도 수행할 수 있다. 이렇게 되면 인사 부서 근로자들의 시간이 매우 절약된다. 결과적으로는 인사 부서의 직원 100명이 열 명 정도로 줄어들 수 있다. 채용 업무 다음에는 신규직원의 교육과 오리엔테이션 및 수행 평가도 인공지능이 수행하게 될 것이다. 인사 부서만이런 변화를 겪는 것도 아니다. 일단 인사 부서에 인공지능이 적용되고 나면 재무, 법무, 영업, 마케팅, 고객지원 부서도 뒤따라 인공지능을 채택할 것이다(아니면 인사 부서와 동시에 바뀔 것이다). 코로나19가 대다수 기업의 디지털화를 촉진했고, 이로 인해 RPA와 다른 기술들을 적용하기가 더 쉬워짐에 따라 결국 일자리 퇴출이 가속화될 것이다. 인공지능에 의한 일자리 퇴출은 점진적으로 이뤄지되 결국에는 인간의 모든 일자리를 가져갈 것이다.

낙관론자들은 신기술에 의한 생산성 향상이 거의 항상 경제적 이익을 창출한다고 주장한다. 더 큰 성장과 번영은 항상 더 많은 일자리를 의미한다는 것이다. 하지만 인공지능과 자동화는 다른 기술들과 다르다. 인공지능은 범용 기술로서 화이트칼라와 블루칼라를 통틀어서 거의 모든 산업과 직무 분야에서 변화를 가져올 것이다. 대부분 기술은 일자리를 창출하기도 하고 앗아가기도 한다. 조립 라인의 등장으로 자동차 생산 공장에서 더 낮은 비용으로 수많은 노동자를 대체했던 것을 떠올려보라. 인공지능이 표명하는 기술적 목표는 인간의 일을 수월하게 해주거나 대신하는 것이다. 산업혁명이 유럽과 미국을 넘어 전 세계로 퍼져나가는 데 100년 이상이 걸렸던 반면 인공지능은 이미 전 세계에서 채택되고 있다.

일자리 퇴출은
다른 심각한 문제들을 야기한다

치솟는 실업률은 우리가 겪을 문제의 작은 부분에 불과하다. 거대 기술 기업들은 신기술을 활용해 순식간에 억만장자가 될 것이고, 일자리 경쟁률이 높아지면서 노동자들의 임금은 더 낮아질 것이다. 이는 빈익빈 부익부의 심화로 나타날 것이다. 인공지능 경제 시대가 되면 애덤 스미스의 자유시장 논리(가령 높은 실업률은 임금을 낮추고 다시 물가를 낮춰 결국 소비가 늘고 경제가 다시 정상 궤도로 돌아가게 된다는 개념) 대부분이 무력화될 것이다. 이러한 상태가 방치된다면 인공지능으로 인해 새로운 형태의 카스트 제도가 부활하게 될 수도 있다. 이를테면 최상위층에는 인공지능 엘리트들이 있고, 그 아래에 광범위한 기술과 많은 양의 전략 및 계획이 포함되는 복잡한 업무를 수행하는 상대적으로 적은 수의 그룹이 있고, 또 그 아래에는 창의적인 일을 하는 사람들(그들 중 다수는 저임금을 받는다)이 있고, 최하층에는 고군분투하는 가장 많은 수의 힘없는 대중들이 있을 것이다.

대다수 사람에게 일자리를 잃는 것보다 더 큰 문제는 삶의 의미를 상실하는 것이다. 산업혁명을 겪으면서 우리는 삶에서 가장 중요한 의미를 차지하는 것이 직업이라는 점을 깨닫게 되었다. 한 분야에서 잔뼈가

굶은 사람들은 인공지능과 로봇이 너무 쉽게 그들의 역량을 뛰어넘는 것을 보게 될 것이다. 이런 상황은 특정 직업을 갖는 꿈을 키우며 성장한 청년들의 희망을 꺾어놓을 수 있다. 많은 사람이 무력감에 시달리게 되면서 약물 남용, 우울증, 자살이 늘어날 것이다(이미 택시 운전처럼 기술에 의해 큰 타격을 입은 산업 종사자들 사이에서 자살이 급증했다). 더 심각한 것은 사람들이 자신의 가치와 인간의 존재론적 의미에 대해 의문을 품게 되리라는 점이다.

최근의 역사를 보면 팬데믹과 같은 파괴적 변화에 맞닥뜨렸을 때 우리의 정치 제도와 사회 구조가 얼마나 취약한지 알 수 있다. 인공지능 경제는 커다란 혼란을 낳으며 정치적으로나 사회적으로나 치명적인 와해를 불러올 것이다.

암울한 전망이다. 그렇다면 우리는 이를 막기 위해 무엇을 할 수 있을까?

기본소득제는 만병통치약인가?

인공지능과 일자리 퇴출이라는 거대한 과제가 떠오르면서 보편적 기본소득제UBI라는 오래된 아이디어가 다시 힘을 얻고 있다. 보편적 기본소득제는 정부가 소득, 고용 상태, 기술 수준에 상관없이 모든 국민에게 소득을 지급하는 제도다. 이렇게 지급되는 소득은 최상위층 부자들과 기업들로부터 거둬들이는 세수로 충당할 수 있다. 2020년을 앞두고 미국 대선에서 후보자 앤드루 양Andrew Yang은 보편적 기본소득의 한 형태인 '자유배당금Freedom Dividend'을 자신의 핵심 공약이자 자동화의 물결에 대항하는 방법으로 주장했다. 정치 초년생인 앤드루 양은 대부분 학자가 예상한 것보다 큰 지지를 받았으며, 2021년 뉴욕 시장 선거 중 여론조사에서 1위를 했다. 그의 인기는 기본소득제가 갖는 호소력 덕분이기도 하거니와 인공지능 경제에 관한 불편한 진실을 솔직하게 이야기했기 때문이기도 하다. 이는 여러 노동자가 이미 그 영향을 느끼기 시작했음에도 대부분 정치인은 간과한 사실이었다.

나는 부의 불평등이 확대되는 속도를 늦춰야 하며 기본소득제는 이를 위한 단순하면서 효과적인 메커니즘이라고 생각한다. 하지만 무조건적인 분배는 너무 광범위하고 낭비가 될 위험이 크다. 조건을 추가하거나 개인별 요구를 고려하는 대안적인 제안을 마련해 기본소득제의 효과를 극대화하고 대중의 인식을 개선해야 한다.

나는 "물고기를 잡아주지 말고 물고기 잡는 법을 배우게 하라"는 격언을 좋아한다. 이것이 바로 앞으로의 기본소득제가 반드시 교훈으로 삼아야 할 내용이다. 다시 말해, 기본소득제는 잠재적인 위험에 처한 노동자들이 단기간에 사라질 가능성이 적은 새로운 직업을 찾아내고 이를 위한 적절한 교육을 받도록 도움을 주는 방식으로 시행되어야 한다. 재교육과 직업 훈련이 기본소득제라는 메커니즘의 핵심 부분이 되지 않으면 수십억 명의 사람들이 계속해서 질 나쁜 일자리로 내몰리다 결국에 완전히 일자리를 잃는 운명에 처하게 될 것이다. 〈구원자 이야기〉에서 창고 관리 매니저에서 놀이공원으로 직원으로 다시 동물원으로 가게 된 엘사의 경우처럼 말이다.

핵심 질문:
인공지능이 할 수 없는 일은 무엇인가?

사람들이 인공지능에 의한 일자리 퇴출 사태를 잘 헤쳐나가려면 먼저 인공지능이 수행할 수 없는 일에 어떤 것이 있는지 알아둘 필요가 있다. 그리고 나서 인공지능에 의해 퇴출당하지 않을 일자리를 더 많이 창출하고, 그러한 일자리에 필요한 교육과 훈련을 더 많은 사람에게 제공해

수요와 공급의 균형을 달성해야 한다.

다음 세 가지 능력은 인공지능이 뒤처지는 분야로, 2041년까지 인공지능이 통달하기 어려울 것이다.

- **창의력:** 인공지능은 무언가를 전략적으로 만들어내거나 개념화할 수 없으며 계획을 세우지도 못한다. 인공지능은 협소한 목표를 위한 최적화는 잘하지만 스스로 목표를 정하거나 창의적으로 생각할 수 없다. 인공지능은 서로 다른 영역들을 넘나들며 생각하거나 상식을 적용할 수도 없다.
- **공감:** 인공지능은 공감이나 연민과 같은 감정을 느낄 수도 그런 감정을 바탕으로 상호작용할 수도 없다. 인공지능은 다른 사람이 이해받고 있다거나 보살핌을 받는다고 느끼게 할 수 없다. 이와 관련해 인공지능이 아무리 개선된다고 해도 배려와 공감이 요구되는 상황에서 혹은 '휴먼터치 서비스human-touch service' 분야에서 인간과 로봇이 상호작용하며 편안하게 느낄 수 있는 수준에 도달하기란 매우 어렵다.
- **수작업:** 인공지능과 로봇은 인간의 손재주나 정교한 손과 눈의 협업이 요구되는 복잡한 신체적 노동을 할 수 없다. 인공지능은 알지 못하는 비구조화된 공간, 특히 이전에 관찰한 적이 없는 공간에 대처할 수 없다.

이 모든 것은 일자리의 미래에 어떤 의미를 가질까? 텔레마케터나 손해사정인처럼 대면 접촉이 적고 반복적인 업무는 대부분 인공지능에 의해 대체될 것이다. 대면 접촉이 많으나 반복적인 업무라면 인간과 인공지능이 각자의 전문성을 발휘하며 함께 일할 것이다. 가령 미래의 학교에서 인공지능과 인간 교사의 협력을 생각해볼 수 있다. 인공지능은 일상적인 숙제와 시험을 채점하고 표준화된 수업과 개인화된 훈련을 진행하고, 인간 교사는 직접 시범을 보여야 하는 수업이나 정서지능을 발달시키는 그룹 수업을 진행하고 공감 능력을 바탕으로 개인별 코칭을 제공하는 멘토가 되는 데 주력할 것이다.

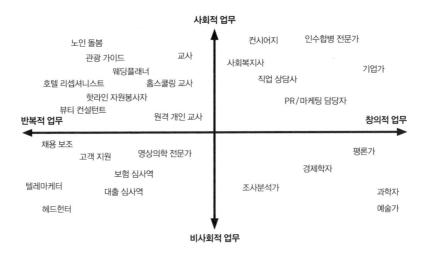

노인 돌봄　　　　　　　　　컨시어지　　인수합병 전문가
　관광 가이드　　　교사
　　　웨딩플래너　　　　사회복지사　　　　　　　기업가
호텔 리셉셔니스트　　홈스쿨링 교사　　　직업 상담사
　핫라인 자원봉사자
뷰티 컨설턴트　　　　　　　　　　　PR/마케팅 담당자
반복적 업무　　　　원격 개인 교사　　　　　　　　　　창의적 업무

채용 보조
　　고객 지원　　영상의학 전문가　　　　　　　평론가
　　　　보험 심사역　　　　　　　경제학자
텔레마케터　　　　　　　　　　조사분석가
　대출 심사역　　　　　　　　　　　　　　과학자
헤드헌터　　　　　　　　　　　　　　　　예술가

비사회적 업무

2차원 사분면으로 본 사무직 직업들

　창의적이지만 사회적 접촉이 적은 일에서 인간의 창의력은 인공지능 도구에 의해 강화될 것이다. 예컨대 과학자는 인공지능 도구들을 사용해 신약 개발 속도를 높일 수 있다. 마지막으로 〈구원자 이야기〉에서 마이클이나 앨리슨처럼 주로 전략을 짜는 임원의 역할처럼 창의력과 대인관계 기술을 모두 요구하는 직업은 인간이 빛을 발할 영역이다. 위 도표는 인공지능과 인간이 각기 더 잘 수행할 수 있는 사무직 직업을 사분면에 나누어 보여주고 있다. 창의적이면서 사회적 업무에 해당하는 우측 상단은 인간이 더 유리한 분야이고, 반복적이면서 비사회적 업무에 해당하는 좌측 하단은 인공지능이 훨씬 더 유리한 분야이다.

　다음 페이지의 사분면은 육체노동직 직업들에 대한 비슷한 도표를 보여준다. 세로축은 사람과의 접촉이 필요한 정도를 나타내고 가로축은 물리적인 일의 복잡성을 나타낸다. 복잡성은 요구되는 손재주와 미지의 환경을 잘 헤쳐나가야 할 필요 정도에 따라 측정된다. 예컨대 노인 돌봄처럼 사람을 보살피는 일은 직접 접촉이 필요한 사회적인 업무이면서 손재주도 필요한 업무다. 반면에 조립 라인에서 하는 품질 검사 업무는 두 가지 모두 필요하지 않다.

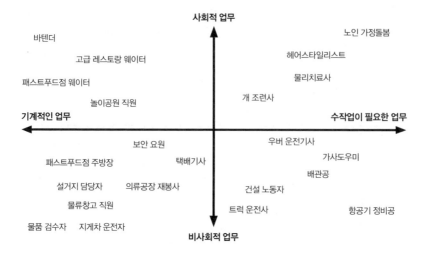

2차원 사분면으로 본 육체노동직 직업들

    인공지능이 숙달하기 어려워서 대체될 가능성이 낮은 안전한 일자리가 아직 존재하는 것은 분명하지만 이것만으론 인공지능에 의해 수많은 노동자가 밀려나는 재앙을 막을 순 없다. 그렇다면 의미 있는 삶을 좇는 인간의 기본적인 욕구를 충족시키기 위해 우리가 할 수 있는 일은 또 무엇이 있을까?

인간 노동력을 어떻게 변화시킬 것인가?

———

더 많은 일자리를 창출하고 변화에 더 잘 대처하는 방법으로 그리고 인공지능에 의한 경제 혁명에 대처하는 방법으로 3R, 즉 재학습Relearn, 재조정Recalibrate, 르네상스Renaissance를 제안한다.

재학습

퇴출 위기에 놓인 직업을 가진 사람들은 이제 새로운 기술을 습득해야 한다. 희소식이 있다면 인공지능이 숙달할 수 없는 분야가 있다는 점이다. 전략, 창의력, 공감을 바탕으로 한 대면이 필요한 업무와 인간의 수작업으로만 할 수 있는 작업이 있는데, 이는 인공지능 기술이 더 발전한다 해도 기본적으로 숙련되기 어려운 분야다. 게다가 새로운 인공지능 도구는 인간 작업자를 필요로 한다. 우리는 사람들이 이러한 새로운 기술을 익히고 새로운 일의 세계에 대비하도록 지원할 수 있다.

직업훈련학교는 그러한 지속 가능한 직업에 대한 교육을 촉진하는 방향으로 커리큘럼을 재설계해야 한다. 정부는 보편적 기본소득제와 같은 포괄적인 경제적 조치를 맹목적으로 추구하는 대신 이러한 교육훈련을 받는 사람에게 인센티브와 보조금을 제공하는 방식을 선택할 수도 있다. 기업도 아마존의 직업선택 프로그램Career Choice Program과 같은 프로그램들을 제공할 수 있다. 아마존은 이 프로그램을 통해 어떤 직원이든 항공기 정비, 컴퓨터 설계, 돌봄 서비스 등과 같이 수요가 많은 분야에서 학위를 딸 수 있도록 1인당 최대 4만 8,000달러를 지원한다.

경제적 부와 수명이 늘어남에 따라 '돌봄 서비스'와 같은 인간 중심 서비스의 중요성과 수요가 더욱 확대될 것이다. 세계보건기구WHO는 '모두의 건강과 웰빙'이라는 유엔의 지속 가능한 개발 목표를 달성하는 데 필요한 보건의료 분야 종사자의 수가 약 1,800만 명 부족할 것으로 예측한다. 지금까지 우리 사회는 돌봄 서비스의 중요성을 저평가해왔지만 이러한 인간 중심의 서비스야말로 새로운 인공지능 경제 시대의 초석이 될 것이다. 가령 혈액은행 보조원, 위탁가정의 부모, 청년 그룹 멘토, 홈스쿨링을 하는 부모, 병들거나 늙은 가족을 돌보는 일은 앞으로 중요한 전일제 직업이 될 것이다. 실직한 노동자들을 핫라인으로 지원하는 일 역시 전일제 직업이 될 가능성이 크다.

재조정

새로운 직업을 찾기 위한 재교육도 필요하겠지만, 현재 하는 일의 형태를 재조정함으로써 인공지능과 인간이 공생하는 길로 나아가는 것도 중요하다. 가장 보편적이고 기본적인 공생은 '인공지능 기반의 소프트웨어'를 통해서 가능하다. 기존의 소프트웨어 역시 인간과 컴퓨터의 상호의존성을 강화함으로써 여러 사무직 업무를 혁명적으로 바꿔놓았다. 인공지능 기반의 소프트웨어는 여러 분야의 화이트칼라 전문가를 위해 대안을 고안하거나 결과를 최적화하는 업무 또는 일상적이고 반복적인 업무를 대신 수행할 수 있다. 인공지능 기반의 소프트웨어는 각 분야의 업무 특성에 적용할 수 있도록 맞춤형으로 개발될 것이다. 가령 제약 분야에 특화된 소프트웨어는 특정 제약회사를 위해 인공지능 기반 분자 생성, 광고 기획, 언론 홍보 등의 업무를 수행할 수 있다.

인공지능이 최적화되고 인간과의 상호의존성이 강화됨으로써 새로운 형태의 일자리가 발명되고 더 많은 일자리를 창출하게 될 것이다. 인공지능은 일상적이고 반복적인 작업을 담당하고 인간은 온정과 연민이 필요한 일을 수행하는 형태로 공생할 수 있다. 가령 미래의 의사는 여전히 환자가 신뢰하는 존재지만 최고의 치료법을 판단하기 위해 인공지능 소프트웨어에 의지할 것이다. 이렇게 되면 의사의 주요 역할이 환자를 전문적으로 보살피는 진정한 케어기버caregiver가 되면서 더 많은 시간을 환자와 보내게 될 것이다.

모바일 인터넷의 확산이 우버 운전기사와 같은 새로운 형태의 일자리를 창출한 것처럼 미래의 인공지능은 우리가 지금으로서는 상상하지 못하는 새로운 직업을 발명하게 될 것이다. 오늘날 이미 발명된 새로운 직업 중에는 인공지능 엔지니어, 데이터과학자, 데이터 레이블러, 로봇 정비공 등이 있다. 하지만 우리는 2001년에 우버 운전기사를 상상하지 못했던 것처럼 앞으로 등장할 새로운 직업들을 예측하기 어렵다. 우리는 앞으로 출현할 새로운 직업을 예의주시하면서 사람들에게 그에 알맞은 교육과 훈련을 제공해야 한다.

마지막으로, 적절한 교육과 도구가 있다면 창의력과 연민, 인간성을 구현하고 축하하는, 인공지능이 주도하는 르네상스를 기대할 수 있다. 14세기부터 17세기까지 이탈리아의 부유한 도시들과 상인들이 르네상스를 지원한 덕분에 예술과 과학이 꽃피었다. 인공지능이 인간의 표현과 창의력을 중심으로 한 새로운 르네상스를 가져올 촉매제가 되리라 기대할 만한 충분한 이유가 있다. 이탈리아의 르네상스가 그랬던 것처럼, 사람들은 더 많은 자유와 시간을 갖게 되어 열정과 창의력과 재능을 추구할 것이다.

화가, 조각가, 사진작가들은 인공지능 도구를 이용해 작품을 만들고, 실험하고, 작품의 질을 개선하게 될 것이다. 소설가, 언론인, 시인들은 신기술을 사용해 조사를 하고 글을 작성할 것이다. 과학자들은 인공지능 도구를 사용해 신약 개발 속도를 높일 것이다. 인공지능이 주도하는 르네상스로 교육이 재탄생함으로써 교사들은 인공지능 도구를 사용해 학생 개개인이 열정과 재능을 찾도록 지원할 것이다. 교육은 호기심과 비판적 사고, 창의력을 촉진할 것이다. 학생들의 정서지능을 강화하고 화면을 통한 접촉뿐만 아니라 직접 만나서 하는, 직접 해보면서 배우는 활동과 집단 활동이 촉진될 것이다.

기술이 유도하는 이런 르네상스가 어떤 변화를 가져올지 상상해보자니 제2대 미국 대통령 존 애덤스John Adams가 선견지명을 보여준 게 아닌가 싶다. "나는 내 아이들이 수학과 철학을 공부할 자유를 가질 수 있도록 정치와 전쟁을 연구해야 한다. 내 아이들은 수학과 철학, 지리, 자연사, 조선공학, 항해술, 상업, 농업을 공부해야 한다. 그들의 자손들에게 미술, 시, 음악, 건축, 조각, 직물, 도예를 공부할 수 있는 권리를 주기 위해서다."

인공지능 경제와
새로운 사회계약을 향해 나아가다

위에서 설명한 아이디어들 가운데 일부를 현실화하는 일은 인류가 겪어보지 못한 어려운 일일 것이다. 인공지능에 의한 일자리 이동의 물결 속에 결국 비숙련 신규직원들이 주로 하는 모든 반복적인 일이 사실상 사라질 것이다. 하지만 이런 초보적인 일을 해보지 못한다면 그들은 어떻게 학습하고 성장하고 발전해 상급직의 업무를 맡을 수 있을까? 자동화가 점점 더 확대되고 있지만 우리는 여전히 사람들이 모든 직업에 종사하고, 업무를 직접 해보면서 배우고, 능력에 따라 승진할 수 있는 방법이 있는지 확인해야 한다. 이를 구현하기 위해 가상현실 기술이 활용되면서 '가짜 일', '실무 훈련', '진짜 일'의 구분이 분명 모호해질 것이다. 이것이 바로 〈구원자 이야기〉에서 오메가얼라이언스와 신치아의 파트너십이 탄생한 배경이다. 이 파트너십에서 신규직원들은 가치 창출보다는 실무 훈련을 받는 데 더 치중한다.

한 가지는 분명하다. 대규모 실직 노동자들을 재교육시켜야 한다. 이러한 전환을 지원하기 위해 천문학적인 액수의 자금을 마련해야 한다. 창의적이고, 사교적이고, 다학제적인 졸업생을 배출하기 위해 교육을 혁신해야 한다. 근로 윤리, 시민의 권리, 기업의 책임, 그리고 정부의 역할을 재정의해야 한다. 간단히 말해 우리에게는 새로운 '사회계약'이 필요하다.

다행히 우리는 완전히 처음부터 시작하지 않아도 된다. 이미 많은 요소가 여러 국가에 존재한다. 한국의 영재 교육 프로그램, 북유럽의 초등교육, 미국의 대학 혁신(미네르바스쿨과 같은 온라인 대학 등), 스위스의 장인 문화, 일본의 우수한 서비스, 캐나다의 활기찬 자원봉사 전통, 중국의 노인 공경 문화, 부탄의 국정 운영철학인 국민총행복*을 예로 들 수 있다. 경험을 공유해 범세계적으로 미래를 향해 나아갈 방법을 구상해야 한다. 신기술이 새로운 사회 제도와 경제 원리에 의해 균형을 이루는 미래 말이다.

이 엄청난 과제를 맡을 용기와 담대함을 어디서 찾을 것인가? 우리는 인공지능이 창출할 전례 없는 부를 물려받을 세대로서 인류 번영을 촉진하기 위한 사회계약을 재작성하고 경제의 방향을 재설정하는 책임을 져야 한다. 그것만으로 충분치 않다면 우리의 후손에 대해 생각해보라. 인공지능은 우리가 일상적이고 반복적인 일에서 해방되도록 해주고 자기 마음을 따라 살 기회를 주며, 인간을 인간답게 만드는 것이 무엇인지에 관해 더 깊이 생각하게 할 것이다.

* 국민총행복Gross National Happiness, GNH은 경제적 성장보다 국민의 실제 행복을 더 중시하고 목표로 삼기 위해 부탄 정부가 GDP에 빗대어 만든 국민행복지수다.

9장

행복의 섬

두려워 마세요.

이 섬은 온갖 소리와 달콤한 공기에 싸여 있으니

오직 기쁨만 줄 뿐 해롭지 않습니다.

꿈속에서는 구름이 걷혀서 금방이라도 온갖 보물이 내게 쏟아질 듯합니다.

그래서 잠에서 깨어나면 다시 꿈나라로 돌아가고 싶어서 웁니다.

_윌리엄 셰익스피어, 《템페스트》 중

AI 2041

+ NOTE

인공지능은 우리를 효율적이고 부유하게 만들어줄 수 있다. 그렇지만 과연 행복하게도 해줄 수 있을까? 〈행복의 섬〉은 인공지능을 인간에게 만족을 주는 묘약으로 사용하길 원하는 중동의 깨우친 군주에 관한 이야기다. 하지만 행복은 무엇이고, 어떻게 측정되는가? 이 군주는 여러 분야에 종사하는 손님들을 불러 모아 그 안에서 이 흥미로운 문제를 탐색하려 한다. 나는 기술분석에서 만족과 행복을 측정하는 문제를 다루고, 인공지능이 이런 질문에 답할 수 있을지에 대해 논할 것이다. 더불어 인공지능이 우리 안에 깊이 숨겨둔 욕망을 알 수 있다는 생각이 제기하는 사생활에 관한 문제들을 다루고, 사생활을 보호하기 위한 규제와 기술적 메커니즘을 분석해본다.

검은색 자동차 한 대가 광활한 사막의 모래언덕을 오르락내리락하며 달렸다. 사륜구동 차량이 전력을 다해 건물 3층 높이의 모래언덕을 올라가자 거대한 먼지구름이 일었다.

빅토르 솔로코프는 차 밖으로 튕겨 나가지 않으려는 듯 손잡이를 꽉 움켜쥐었다. 차체가 너무 심하게 요동치는 바람에 얼굴이 창백해졌다.

"자율주행차는 이런 길을 감당하지 못해요!"

알제리인 운전사 칼레드가 웃으며 소리쳤다. 아프리칸 일렉트로닉 뮤직의 시끄러운 소리와 모래바람이 앞 유리에 와서 부딪치는 소리 때문에 그의 우렁찬 목소리는 거의 들리지 않았다.

위성 지도에서 이 모래언덕들은 북서쪽에서 남동쪽으로 카타르 반도를 가로지르는 거대한 구역을 형성했다. 사막의 오지로부터 동쪽으로 가는 여행객이라면 구식 캠핑카와 버려진 정유시설, 미끈미끈한 고운 흙이 깔린 개펄과 신기루 같은 초현대적 도시들을 마주칠 수 있었다. 이러한 광경들은 이 나라의 기적적인 경제 발전이 온갖 잡동사니로 가득한 무질서한 황무지에서부터 자연적으로 이뤄진 것인가 하는 생각을 하게 했다.

"그나저나 왜 비행기를 타고 가지 않소? 그게 훨씬 더 빨랐을 텐데."

칼레드가 저 멀리 보이는 해안선과 그 너머에 있는 섬 알사에이다를 가리키며 말했다. 도하의 북동쪽 아라비아해에 있는 인공섬 알사에이다에 방문하는 사람들은 대개 전용기나 요트를 탔다.

빅토르는 어깨를 으쓱했다. "시간이 남아돌아서요."

"러시아인들이란!"

하지만 칼레드가 태운 손님은 전형적인 허풍쟁이 러시아 부호와는 전혀 달랐다. 가냘픈 체격에 검은색 슈트를 입은 빅토르의 얼굴에서는 뭔가 나이에 어울리지 않는 깊이가 느껴졌다. 가장 두드러진 점은 주변 경관이나 지역에 무관심해 보이는 태도였다. 그는 마치 고급 슈퍼마켓에 빵 하나를 사러 가는 손님 같았다.

최근까지 빅토르는 세계에서 가장 유망한 40세 이하 기업인 명단에 올라 있었다. 동북아시아에 e스포츠 플랫폼을 구축하고 전 세계를 대상으로 송출권을 판 후에는 사업 방향을 '암호화폐 지원 게임'으로 틀었다. 그는 10년도 채 안 되어 모든 국가의 국내총생산을 넘어서는 엄청난 부를 축적했다. 하지만 성공의 절정에서 아무런 설명도 없이 사라져버리는 바람에 대중들을 놀라게 했다. 온갖 음모론도 퍼졌다. 어떤 사람은 정부가 그의 사업을 몰수할 계획이었다고 했다. 빅토르가 불치병에 걸렸다고 말하는 사람들도 있었다.

하지만 빅토르는 그저 흥미를 잃었을 뿐이었다. 그는 최고경영자, 사업의 귀재, 인기 있는 취재 대상, 성공에 도통한 인물이라는 역할을 감당하는 것이 너무나 힘들었다. 그런 역할을 두루두루 해내면서 자신이 마치 꼭두각시처럼 여겨져 견딜 수 없었다. 빅토르는 세계 무대를 떠난 후 수개월 동안 흑해에 있는 고급 별장에 칩거하며 친구들과 여러 부류의 지인들을 번갈아 초대해 파티를 즐기고 술, 마약, 여자에 빠졌다. 하지만 파티로 점철된 생활은 그를 정신 차리게 해주는 대신 재앙이 되어버렸다. 마침내 지인 한 명이 빅토르의 풀장에서 술에 취한 채 익사하는 사건이 터졌다. 빅토르는 재활센터로 보내졌고, 그곳의 의사들은 그가 심각한 우울증을 앓고 있다고 진단했다.

빅토르는 약물과 함께 치료법으로 처방된 '자신을 지지해주는 사람들'이 일회용 반창고에 불과하다는 걸 잘 알았다. 머릿속에서 끊임없이 자신을 조롱하는 목소리를 떨쳐낼 수 없었다. 그 목소리는 한때 그가 가졌던 이상주의적 꿈, 즉 비디오 게임을 통해 모두에게 즐거움과 재미를 주겠다는 꿈이 탐욕에 밀려 뒷전이 되고 강박적인 돈 긁어모으기로 전락했다고 주장했다.

치료 기간이 끝나 재활센터에서 집으로 돌아간 빅토르는 잔뜩 쌓인 스팸 메일들 가운데 멋스러운 글꼴로 '알사에이다'라고 적힌 이메일 초대장을 발견했다. 초대장 앞면에는 '현재 이 순간에 충실하라'는 뜻의 라틴어인 '카르페 디엠Carpe Diem'이 적혀 있었고 뒷면에는 '세계에서 가장 호화로운 행복의 요새로 떠나는 여행'에 빅토르를 초대한다는 내용이 적혀 있었다.

그는 주변에 알아보았지만 연락하고 지내는 친구들 가운데 누구도 이 초대장에 대해 알지 못했다. 다만 알사에이다가 카타르가 최근에 건설한 인공섬의 이름이라는 것만 알 수 있었다. 망가진 삶에서 빨리 벗어나려면 이런 작은 모험이 필요하지 않을까?

빅토르는 비행기를 예약했다.

+ + +

칼레드는 빅토르에게 명함을 건넨 후 그를 해변에 내려주었다. 빅토르는 그곳에서 기다리던 요트에 올라탔다. 요트에는 초대장과 동일한 특이한 글꼴로 '알사에이다'가 새겨져 있었다.

섬까지는 얼마 걸리지 않았다. 석양에 붉게 물든 섬을 멀리서 보니 마치 황금 항아리 같았다. 요트에서 내리자 카타르의 문화적 상징인 돔dome과 모래언덕, 진주를 연상시키는 저층의 육중한 건물들이 눈에 들어왔다. 부드러운 실크 히잡처럼 보이는 반투명한 장막이 산들바람에 살랑살랑 흔들렸다. 그 장막의 끝이 어딘지 찾아보려 했으나 아무것도 볼 수 없었다. 그것은 그저 허공에 떠 있을 뿐이었다.

로봇 보조원의 기계음으로 된 친절한 목소리가 부둣가에서 그를 반겼다. 키가 180센티미터에 달하는 로봇은 바닥까지 끌리는 회색 옷을 입고 있어서 어떻게 움직이는지 잘 보이지 않았다.

"안녕하세요, 솔로코프 씨. 저는 당신의 안내를 맡은 카린입니다. 필요한 것이 있으시면 무엇이든 말씀해주십시오."

"흠… 카타르 상류층들은 인간 비서를 더 좋아할 줄 알았는데."

"전적으로 옳은 말씀입니다. 하지만 이곳 알사에이다에서는 우리만의 고유한 스마트 서비스를 제공합니다."

"그렇다면 성대한 환영 파티는 기대하지 말아야겠군." 빅토르는 기계적인 응답에 인상을 찌푸리며 중얼거렸다.

"물론 있습니다. 서비스 약관을 수락하시면 바로 파티가 시작됩니다."

"약관?"

카린의 팔에서 불빛이 어른거리는 푸른 화면이 펼쳐졌다. 화면엔 글자들이 빽빽하게 나열돼 있었다. 빅토르는 화면을 훑으며 키워드만 중점적으로 읽었다. 배후에 누가 있는지 몰라도 이 휴양지는 모든 오디오와 비디오 기록을 포함해 그의 건강 기록부터 금융·계좌, 소셜미디어 비밀번호와 이력까지 매우 사적인 개인정보에 대한 접근을 요청하는 것 같았다. 사실상 한 개인의 일상을 구성하는 데이터 전체를 요구하는 것이나 다름없었다. 화면 하단에는 '당신의 행복을 위한 궁극의 서비스'라는 문장이 반복해서 천천히 흘러갔다.

"그러면 내 데이터 보안을 어떻게 보장하지?"

"솔로코프 씨, 알사에이다는 가장 발전된 미들웨어* 기술을 갖추고 있습니다. 당신의 모든 개인정보는 완전히 암호화되어 당신에게 추적 가능한 서비스와 콘텐츠를 제공하는 경우에만 인공지능이 접근할 수 있습니다. 만일 그 정도로 충분하지 않다고 생각하시면, 우리는 해킹이 발생하거나 악성 소프트웨어가 설치될 경우 오픈소스 알고리즘을 통해 이를 고객에게 알려 완전한 투명성을 보장합니다."

"손해 볼 거 없지 뭐. 어디다 서명하면 되지?"

---

* middleware. 응용프로그램과 그 프로그램이 운영되는 환경 간에 원만한 통신이 이뤄질 수 있게 하는 소프트웨어

빅토르는 자신이 이 신비한 섬에 대해 궁금한 것인지 화면에 흘러가는 '행복'이라는 단어에 대해 더 궁금한 것인지 구분할 수 없었다. 그는 꺼림칙함을 떨쳐버리고 '동의합니다'를 클릭한 후 홍채, 성문, 지문에 대한 간단한 검증을 마쳤다.

신원 검증 절차를 마친 후 화면에서 손바닥을 떼자 로봇의 팔에서 푸른 광선이 발사되어 바닥으로 흐르다가 점점 확장되더니 섬의 모든 곳으로 퍼져나가는 것처럼 보였다.

'내 정보를 이런 방식으로 전송하는구나.' 빅토르는 충격을 받는 동시에 호기심이 느껴졌다. 방문객의 개인 이력이 이 섬이라는 공간을 활성화하는 것처럼 보였다. 현미경 아래에 놓인 벌레가 된 듯해 조금 불안한 기분이 들었으나 뭔가 더 생각해보기도 전에 카린이 그의 짐을 모두 들었다.

"솔로코프 씨, 집으로 가는 길을 안내하겠습니다. 모든 준비가 끝났습니다."

모래언덕 모양의 별장에 들어서자 로봇 보조원이 '집'이라는 단어를 강조한 이유를 알 수 있었다. 모든 가구와 장식품 심지어 벽난로 위에 걸린 곰 발바닥까지 모스크바 루비요프카에 있는 그의 빌라와 똑같이 꾸며놓았다.

"이게 어떻게 가능하지?"

3D 프린터조차 이런 물건들을 그토록 빨리 만들어낼 순 없었다. 하지만 그는 속임수를 금세 알아챘다. 눈에 보이는 물건들은 모두 진짜가 아니라 프로그래밍된 것이었다. 보이는 모든 것이 착시나 마찬가지였다. 갑자기 이상한 기분이 들어 주변을 둘러봤다. 창밖으로 어두운 그림자 하나가 급히 사라지는 게 보였다. 누군가 그를 염탐한 것인가? 빅토르가 이 이상한 일에 대해 더 깊이 생각하기도 전에 카린이 놀랄 일이 기다리고 있으니 게스트하우스의 영화관으로 이동해야 한다고 알렸다.

빅토르는 영화관의 거대한 스크린 앞에 놓인 안락한 소파에 앉았다. 자리에 앉자마자 영화가 시작되었다. 다름 아닌 자신의 일대기를 그린 영화였다. 그의 개인 소장품과 여러 공공 채널을 통해 수집한 정보와 영상들을 인공지능이 모아 편집한 영화였다.

영화에는 그의 불운한 유년 시절도 담겼다. 경쟁으로 점철되고 엉뚱한 곳으로 분노를 표출하던 사춘기 시절도 나왔다. 성인이 되어 그가 이룬 화려한 성공의 면면을 담은 장면도 있었다. 상을 타고, 정상회담을 하고, 주식시장에 상장하고, 인수합병을 하고, 자선기금 마련 파티를 하고…. 빅토르는 짜깁기한 단조로운 영화에 싫증을 느끼고 반쯤 눈을 감았다. 그러는 동안 표정, 체온, 심박률, 혈압, 생체 신호, 그리고 세로토닌과 도파민과 같은 호르몬 수치 등 모든 생체 지표가 그가 앉은 평범해 보이는 가죽 소파를 통해 철저히 기록되고 있다는 사실은 미처 인식하지 못했다.

영화를 관람하는 대부분 시간에 빅토르의 바이털 신호는 안정적으로 유지되었다. 어린 시절 가족사진이 나오는 장면에서 딱 한 번 심장박동이 불규칙해졌다. 그의 눈은 아버지나 어머니의 얼굴이 아닌 그가 키우던 반려견 마거릿의 모습에 머물렀다.

영화가 끝나자 화면에 여러 질문이 나타났다. 카린이 그에게 읽으라는 손짓을 했다.

"나는 거의 모든 사람에게 따뜻한 감정을 느끼는가?" 빅토르는 기분이 상해서 카린을 바라봤다. "무슨 이따위 바보 같은 질문이 다 있어? 내가 이걸 대답해야 해?"

"솔로코프 씨, 행복이 매우 주관적인 감정이라는 것을 이해하셔야 합니다. 이 질문들은 우리가 당신의 기본적인 상태를 더 잘 이해해 맞춤형 서비스를 제공하기 위한 것입니다. '매우 그렇지 않다'부터 '매우 그렇다'

까지 총 6단계로 된 척도를 사용해 최대한 솔직하게 답하시길 바랍니다."

빅토르는 로봇을 향해 "바보 같군"이라며 투덜댔으나 이내 다시 화면을 보며 가상 응답 버튼을 누르기 시작했다. 질문이 끝도 없이 이어졌다. 얼마 남지 않은 인내심을 시험하려는 모양이었다. 그가 포기하려 하기 직전에 질문이 끝나고 머리 위 조명이 켜졌다.

"자, 이젠 뭘 하지?"

"축하합니다, 솔로코프 씨. 이제 함께 지내실 손님들을 만나러 갑니다. 솔로코프 씨도 좋아하실 것입니다."

+ + +

지붕 일부가 밤하늘을 향해 열린 조개 모양의 식당에서 연회가 열렸다. 깜빡거리는 촛불부터 웨이터의 빳빳한 옷깃, 특이한 아라베스크 디자인의 식기까지 아주 작은 부분까지 모두 매혹적이었다. 손님들은 중동식 스튜인 살루나, 카타르식 포도잎 쌈인 와락 에납, 중동식 쌀밥 요리인 마즈부스와 같은 전통 아랍 음식들을 현대적으로 해석한 요리들을 먹었다. 웨이터는 과일과 채소가 당일 남유럽에서 공수해온 것이라고 설명을 곁들였다.

빅토르는 주변을 돌아보며 손님들이 어떤 사람일지 가늠해보았다. 연회장에는 총 열세 개의 좌석이 있는데 그를 포함해 여섯 명이 세계 각국에서 초대된 손님이었다. 눈에 익은 얼굴도 있었다. 영화배우, 암호화 기술자, 신경생리학자, 등산가, 시인이었다. 모두 유명인사였다. 나머지는 카타르 현지인들로 보였다. 아랍 전통 의상인 흰색의 싸웁을 입은 평범한 옷차림이었지만 모두가 평범한 사람들은 아님을 알 수 있었다.

황금빛 의상에 값비싼 장신구를 걸친 아킬라 공주의 모습은 눈이 부셨다. 그녀는 은수저로 와인잔을 두드려 손님들을 주목하게 했다. 우선 자신의 오빠인 왕세자가 연회에 참석하지 못한 것에 대해 사과했다. 왕세자 마디 빈 하마드 알 타니는 알사에이다의 인공지능 알고리즘을 설계한 책임자이기도 했다. 공주는 그가 '몸이 좋지 않아' 참석하지 못했다고 설명하며 미리 준비한 인사말을 읽었다.

"왕세자께서는 인간을 행복하게 해주지 못한다면 어떤 기술도 좋은 게 아니라고 자주 말씀하셨습니다. 마디 왕세자는 기술의 힘을 통해 인간이 행복에 이르는 궁극의 길을 찾고자 이 섬을 설계했습니다. 이 섬에 오신 여러분은 카타르 왕실이 이룩한 이 전례 없는 과업을 목격하는 특전을 누리게 될 겁니다."

공주의 또렷한 영어 악센트는 아주 매력적이지만 동시에 다소 차갑게 느껴졌다. 빅토르는 그녀에게서 눈을 뗄 수 없었다.

"공주님, 저는 왕세자의 비전과 결단력을 진심으로 존경합니다만 아직 문제가 남아 있습니다." 신경생리학자가 입을 열었다. 그는 목청을 가다듬고 말을 이어갔다. "우리는 내인성 칸나비노이드가 즐거움을 느끼게 해주고 도파민이 뇌의 보상체계를 통제한다는 것을 알고 있습니다. 옥시토신이 정서적 교감을 강화하고 엔도르핀이 통증을 완화해준다는 것도 알고 있죠. 그뿐입니까. 가바는 불안을 잠재우고 세로토닌은 자신감을 북돋우고 아드레날린은 에너지를 촉진해줍니다. 그런데 지금까지 우리는 행복감과 직접 관련된 어떠한 신경전달물질도 발견하지 못했습니다."

시인이 와인잔을 높이 들며 끼어들었다. "에밀리 디킨슨Emily Dickinson이 '저 작은 돌멩이는 얼마나 행복할까'라고 썼고, 레이먼드 카버Raymond Carver는 행복이 '예상치 못하게 찾아온다'라고 했습니다. 그러니 모든 사람은 행복을 바라보는 저마다의 방식이 있는 게 아닐까요?"

"제 생각에 사람들은 모두 더 행복하게 살고자 노력하는데, 다만 기술과 실천력에서 차이가 있을 뿐인 것 같아요. 어떤 사람은 스스로 자신을 속이며 살아가기도 하고요." 피곤해 보이는 여배우가 물담배 연기를 한껏 들이마신 후 잠시 뒤 천천히 내뱉었다.

아킬라 공주가 모두의 의견에 인내심 있게 고개를 끄덕인 후 말했다. "이것이 바로 우리가 여기에 모인 이유입니다. 여러분 모두 행복에 대해 각기 다른 태도를 지니고 있기 때문이죠. 하지만 가장 중요한 사실은 여러분 모두 개인적으로 '행복하지 않다'는 겁니다."

"어떻게 그런 말을!" 시인이 벌떡 일어서는 바람에 식탁 위 식기들이 덜컹거리며 흔들렸다. 식탁 주변을 돌아다니는 여러 로봇의 눈에 빨간 불이 깜빡였다. 그러자 그는 씩씩거리며 재빨리 다시 앉았다.

"난 이 미친 짓에 질렸습니다!" 암호화 기술자가 갑자기 소리쳤다. "나는 평범한 사람들이 소비지상주의의 덫에서 벗어나 영적인 대안을 추구하도록 돕는 방법을 논의하려고 이곳에 모인 줄 알았어요. 억만장자들의 모임에 끼게 될 거라곤 전혀 예상하지 못했다고요."

빅토르는 더 이상 말을 참을 수 없었다. "여러분, 진정하세요. 부는 중산층이나 저소득층 사람들에게 어느 정도의 행복을 줍니다. 하지만 임계수준을 넘어서면 점차 한계편익marginal benefit이 줄어들고 심지어 부정적인 영향까지 줍니다."

공주가 인정한다는 듯이 고개를 끄덕였다. "대니얼 카너먼Daniel Kahneman은 그 역치가 7만 5,000달러라고 했죠."

"저는 개인적으로 그 수치를 믿지 않습니다." 빅토르가 답했다.

"당신들은 상위 1퍼센트를 대변하고 있어요. 나는 이 우스꽝스러운 촌극에 참여하고 싶지 않아요. 저는 빠지겠습니다!" 암호화 기술자가 냅킨을 집어던지고는 자리에서 일어섰다.

긴 침묵이 흘렀다. 모두가 아킬라 공주를 바라봤다. 그녀는 어색해진 분위기에 아랑곳하지 않는 듯 확신에 찬 미소를 지어 보였다. 와인잔을 우아하게 높이 들어 올리고서는 식탁 주변을 천천히 돌았다.

"여러분 모두 섬에 도착했을 때 약관을 읽은 줄로 압니다. 우리는 심각한 부상이나 천재지변을 제외하고 서명한 사람은 그 누구도 중간에 빠져나갈 수 없으며, 만일 예정된 시간보다 먼저 나가는 사람이 있다면 계약 위반으로 간주한다는 점을 약관을 통해 분명히 전달했습니다. 그에 따른 벌금은 여러분이 가진 자산가치와 동기화되며 실험이 진행되는 동안 줄어들 것입니다. 다시 말해 지금 그만두면 무일푼이 되겠다는 뜻이 됩니다."

공주의 말에 암호화 기술자의 얼굴이 창백해지고 입술이 떨렸다. 다른 모든 사람처럼 그도 약관을 자세히 읽지 않았다. 식탁 주변에 둘러앉은 손님들이 갑자기 웅성거리기 시작했다. 카타르인들은 이 모습을 무표정하게 지켜보았다.

등산가가 큰 소리로 말을 시작했다. "이건 마치 등산과 같네요. 정상에 도달하지 못하면 실패하는 겁니다. 살아서 돌아가지 못하더라도 끝까지 함께한다면 최고의 영예를 얻게 되지요. 그렇다면 공주님, 이 섬의 모험은 언제 끝나는 건가요?"

아킬라 공주는 빅토르를 지나치면서 허리를 굽혀 그녀의 와인잔을 그의 잔에 가볍게 부딪쳤다.

"알사에이다가 여러분이 행복을 찾는 데 성공했다고 판단할 때, 바로 그때가 여러분이 알사에이다를 떠날 때입니다."

공주가 옆을 스쳐 갈 때 빅토르는 그가 머무는 별장 밖에 숨어 있던 검은 옷의 여성이 바로 공주였다는 것을 깨달았다.

+ + +

이웃들은 카린이 말한 것만큼 유쾌하진 않았지만 섬에서의 생활은 빅토르의 예상보다 훨씬 더 흥미로웠다. 다른 손님들과 마주칠 때마다 그들은 서로 정중하게 인사하고 짧은 잡담을 나눴다. 빅토르는 그들과 나누는 대화가 다소 지루하다고 느꼈지만 예외인 사람이 있었다. 빅토르는 산책길을 거닐다 아킬라 공주와 마주칠 때마다 열띤 토론에 빠졌다. 그리고 대화를 하던 중에 공주가 런던 킹스칼리지에서 행복심리학을 전공해 박사 학위를 받았다는 사실을 알게 되었다.

"공주님의 오라버니가 공주님을 대리인으로 선택한 건가요?" 빅토르는 공주와 마주친 어느 날 이렇게 물었다.

"아, 꼭 그런 건 아니에요. 진실을 알고 싶나요? 마디 왕세자님은 여기 없어요." 공주가 난처한 표정을 지으며 시인했다. "오빠는 이 실험에 관여하지 않으려고 섬에서 벌어지는 모든 일을 원격으로 지켜보고 있어요. 오빠 같은 사람이 옆에 있으면 사람들이 평소대로 행동하고 말하지 않는다는 걸 이전 경험을 통해서 알게 됐다고 하더군요."

"이전 경험을 통해서라고요? 그렇다면 우리가 첫 손님이 아니라는 건가요?"

"맞아요. 카타르 현지인들이 실험에 참여한 적이 있어요. 오빠는 이 실험에 좀 집착하는 것 같아요. 이 실험으로 다양한 문화, 계층, 인종에 대해 알게 되길 원하죠. 오빠는 카타르 왕조가 이 실험을 통해 인류 행복에 이바지하고 있다고 생각해요. 그래서 아주 작은 것까지도 가능한 한 완벽하게 하려고 애쓰죠."

"공주님은 이 프로젝트에 대해 그다지 확신이 없는 것처럼 들리네요."

"음, 저는 오빠와 의견이 조금 달라요." 공주는 잠시 멈춘 후 다시 말을 이어갔다. "다음 주에 중앙극장에서 쇼가 열려요. 참석하실 거죠? 그때 이 문제에 대해 더 이야기를 나눌 수 있을 거예요. 그사이에 카린에게 이 섬의 미들웨어 기술에 대해 꼭 물어보세요."

빅토르는 공주에게 미소를 지어 보인 후 위스키잔을 비웠다.

+ + +

이후 며칠간 빅토르가 섬을 산책하는 동안 카린이 유능한 박물관 가이드처럼 알사에이다의 미들웨어 기술 개발에 대해 상세히 설명해주었다.

지난 30년간 세계 각국은 거대 기술 기업들의 디지털 헤게모니가 확장되는 것을 막기 위해 다양한 수단을 동원했다. 정부 규제를 강화하고, 독점금지법을 시행하고, 개인정보보호법을 적극적으로 적용해 일정 정도 성공을 거두었다. 그 후에 미들웨어가 점차 다른 옵션으로 출현했다.

"미들웨어는 가장 유망한 해법입니다." 카린이 빅토르를 중앙극장으로 안내하면서 설명했다. 이 로봇은 인간의 자연어를 이해하고 사용하는 능력이 매우 뛰어났다. 덕분에 빅토르는 자신이 로봇과 대화하고 있다는 걸 종종 잊어버렸다.

"그렇게 말하는 이유가 뭐지?"

"주변을 돌아보세요. 모든 건물과 기기, 서비스가 당신을 위해 거의 실시간으로 매개변수를 바꾸고 있습니다. 미들웨어가 없다면 우리는 당신의 데이터를 분산된 플랫폼들에 저장된 그대로 캡처해서 사용할 수가 없습니다. 인공지능이 당신의 필요와 욕구 충족을 극대화하려면 그 데이터가 꼭 필요한데 말이죠."

지난 20년 동안 점점 더 많은 오픈소스 커뮤니티와 블록체인 기업이 분산형 컴퓨팅과 오픈소스 프로토콜, 연합학습의 이점을 결합한 미들웨어 인공지능 시스템을 개발하기 위해 노력했다. 하지만 충분한 데이터를 확보하려면 중간 역할을 할 신뢰할 만한 주체가 필요했다. 카타르 정부에서는 재집중화와 분산화 전략을 통해 상업용 플랫폼들의 손이 닿지 않는 기술적 업적들을 관리했다. 알사에이다의 역할은 그러한 미들웨어를 통해 모든 주요 플랫폼의 데이터를 안전하고 완벽하게 사용자들에게 연결하는 것이었다.

알사에이다의 인공지능 시스템은 빅토르가 전에 경험한 어떤 인공지능 시스템보다 뛰어났다. 과거 재계에 몸담았던 시절에 빅토르는 아주 작은 전략적 결정을 내릴 때조차 방대한 데이터를 요구했다. 하지만 이곳 시스템은 가장 단순한 원점으로 돌아가 사람의 감정을 최우선으로 삼았다. 그가 머무는 방의 벽지는 그의 기분에 맞게 무늬가 바뀌었고, 조깅 트랙은 똑같은 풍경을 보여주지 않기 위해 다양한 경로로 안내했다.

웨이터는 그의 입맛에 맞으면서도 작은 놀라움을 주는 요리를 추천해주었다. 그가 뭔가에 호기심을 느끼면 마치 기다렸다는 듯 관심 주제에 관한 정보를 제공하는 알림이 스마트스트림에 떴다. 빅토르는 이 모든 것에 크게 만족했다. 이 섬에 도착한 순간부터 자신이 말하는 모든 문장과 표정, 몸짓이 유비쿼터스 카메라와 센서를 통해 인공지능에 전달되고 이 정보가 생활 전반과 주변 환경에 모두 반영되고 있다는 사실에 대한 염려마저 잊을 정도였다.

"이 섬은 이제 나에 대해 내 정신과 주치의보다 더 잘 아는군." 빅토르가 카린에게 말했다. "편하긴 해. 하지만 꼭 재미있는 건 아니야. 조금 지루하다고나 할까?"

"그것은 미들웨어의 목적함수가 어떻게 설정되느냐에 달려 있습니다. 그리고 그것이 바로 당신이 여기 있는 이유입니다. 드디어 목적지에 도착했습니다!"

빅토르는 로봇을 바라봤다. 중앙극장 출입문 앞이었다.

+ + +

카린은 빅토르를 VIP 구역으로 안내했다. 보라색 의상을 차려입은 아킬라 공주가 이미 자리에 와 있었다.

"앉으세요, 솔로코프 씨."

"그냥 빅토르라고 부르세요, 공주님."

"좋아요, 빅토르. 오늘 밤 쇼를 즐기시길 바랄게요."

아킬라 공주가 그에게 XR 글라스를 건네주었다. 아랍인들이 매를 조련할 때 씌우는 후드 모양에 금속과 가죽 재질의 글라스였다.

빅토르는 XR 글라스를 썼다. "우리 둘뿐인가요?"

"이곳 알사에이다에서 당신에게 제공되는 모든 것은 맞춤형입니다."

아랍 전통 의상을 입은 사람들이 무대에 등장해 북소리에 맞춰 카타르의 전통춤 '아르다'를 선보였다. 이날 밤 공연 주제는 '결코 다시 웃지 않은 남자'로 《아라비안나이트》에 있는 이야기였다. 이야기는 한 부잣집 아들을 중심으로 펼쳐졌다. 아버지가 죽자 아들은 연회와 방탕한 생활에 빠져 결국 상속받은 재산을 탕진하고 천한 일을 하는 처지로 전락했다. 하루는 벽에 기대어 앉아 있는데 잘 차려입은 노인이 다가와 그에게 돈은 넉넉하게 줄 테니 그의 집에 있는 노인들을 위해 일하겠냐고 물었다. 소년은 그러겠다고 했다. 노인은 한 가지 특별한 조건을 달았다. "혹시 우리가 우는 걸 봐도 우는 이유를 물어선 안 된다." 좀 이상한 생각이 들었으나 소년은 그렇게 하겠다고 대답했다. 그는 노인을 따라 녹음이 우거진 정원으로 둘러싸인 저택으로 갔다. 그 안에 장례 의복을 차려입은 열 명의 노인이 곡을 하고 있었다. 청년은 왜 우는지 이유를 물을 뻔했지만 조건을 떠올리고 입을 다물었다.

빅토르는 이야기 전개에 따라 가상의 배경이 바뀌는 것을 XR 글라스를 통해 볼 수 있었다. 배우들의 몸짓에 맞춰 다양한 애니메이션 효과가 연출되었다. 배우들이 읊는 아랍의 시는 아랍 원문의 뉘앙스를 잘 살려 러시아로 번역되었고 XR 글라스에 자막으로 제공되었다.

빅토르는 공주를 돌아보지 않을 수 없었다. "정말 대단하네요!"

공주는 입술에 손가락을 갖다 대며 조용히 계속 관람하라는 신호를 보냈다.

이야기는 12년 뒤로 흘러갔다. 소년은 청년이 되었고 노인들은 한 명씩 생을 마감했다. 결국에 소년을 고용한 노인만 남았다. 하지만 결국 그마저도 병들었고 청년은 임종을 앞둔 노인에게 가서 노인들이 울며 곡을 하던 이유를 물었다.

"나는 알라께 누구에게도 이 사실을 알리지 않겠다고 약속했다. 들은 사람이 나와 내 동료들에게 닥친 일을 겪지 않게 하기 위해서였지." 노인은 굳게 잠긴 문을 가리키며 말을 이었다. "네가 우리에게 닥친 일로부터 구원받길 원한다면 절대로 저 문을 열지 마라. 문을 열면 너는 우리가 운

이유를 알게 될 것이다. 그리고 그 이유를 알게 되면 너는 분명히 후회하게 될 거야. 물론 후회해봤자 소용없겠지만."

노인은 이 말을 남긴 채 숨을 거두었다. 청년은 노인을 다른 노인들 곁에 묻고 그 집에서 혼자 살았다. 그러던 어느 날 죽은 노인의 마지막 말을 곱씹다가 호기심을 참지 못하고 자물쇠를 깨고 그 문을 열었다.

당신이라면 그렇게 하겠습니까?

빅토르는 XR 글라스에 문장 한 줄이 갑자기 나타났다가 사라지는 것을 보았다. 공식적인 자막은 분명 아니었다. 어리둥절한 그가 공주를 바라봤다. 그녀는 아무 말도 하지 않았다. 무대 위 허공에 더 많은 자막이 떠오르며 공주의 목소리가 울려 퍼졌다.

나예요, 아킬라. 내가 말하는 겁니다. 이게 우리가 감시를 피할 수 있는 유일한 방법이에요. 고개를 돌려 자연스럽게 행동하고 와인잔을 들어요. 잔 표면에 실리콘 필름이 있어요. 혀를 이용해서 입천장에 그걸 갖다 붙이고 입술을 움직이지 않은 채 말해보세요. 이 필름은 인공지능을 통해 목 근육의 전기 신호를 텍스트로 전환할 거예요. 인공지능이 당신이 말하려는 것을 대부분 꽤 정확하게 알아낼 겁니다.

빅토르는 공주의 말대로 했으나 생각처럼 쉽지 않았다. 첫 시도에서는 의미 없는 단어들이 두서없이 연결되어 나왔다. 몇 번 반복하면서 요령을 터득한 그는 가능한 한 단음절 단어들을 선택해 말했다. 그러자 텍스트 전환이 더 정확해졌다.

무대 위에서는 공연이 계속되었다. 청년은 문을 열고 걸어 들어가 구불구불한 이상한 통로를 지나 마침내 거대한 바다가 있는 해변에 도달했다. 경외감을 느끼며 해변에 서자 거대한 독수리 한 마리가 날아와 그를 덮쳤다. 독수리는 발톱으로 그를 움켜쥐고 바다를 건너 날아가더니 어떤 섬에 떨어뜨렸다. 그는 놀라고 당황했다. 며칠이 지났고 청년은 이 외딴 섬에서 죽게 될 거란 생각에 절망에 빠졌다. 하지만 어느 날 배 한 척이 수평선에 보였다.

왜 이렇게 하는 겁니까?

간단히 말하자면, 마디의 알고리즘은 당신을 행복하게 할 수 없습니다. 오빠는 그걸 인정하지 않겠지만 나는 알아요. 목적함수 극대화는 당신을 쾌락을 좇는 실험 대상으로 전락시킬 거예요. 항상 더 원하고 결코 만족할 수 없는 존재로요.

왜 왕세자님에게 말하지 않는 겁니까?

그리 간단하지 않아요. 이 나라의 여성들이 여전히 마주하고 있는 문제들에 대해선 당신도 잘 알 겁니다. 나는 오빠를 아주 잘 알아요. 여성 문제에 대한 내 의견을 절대 인정하지 않을 겁니다.

XR 글라스에 뜬 자막을 읽으며 빅토르는 연회에서 공주가 냉랭한 모습을 보였던 이유를 비로소 이해할 수 있을 듯했다.

이야기는 계속 진행했다. 상아와 흑단으로 만든 배가 청년이 있는 섬에 정박했다. 그 배에는 눈부시게 아름다운 처녀 열 명이 있었다. 그들은 청년을 배에 태우고 함께 다른 땅을 찾아 항해했다. 그들은 군대로 가득 찬 해안을 발견했다. 모든 병사가 완벽하게 무장한 복장으로 멋지게 정렬해 있었다. 청년은 보석이 박힌 황금을 잔뜩 실은 말에 올라타 군대의 호위를 받으며 궁으로 향했다. 왕이 다가와 그에게 정중한 환영 인사를 하고 왕실로 안내했다.

왕은 청년에게 황금으로 된 왕좌에 앉으라고 권한 뒤 헬멧을 벗어 얼굴을 드러냈다. 알고 보니 왕은 아름답고 우아한 젊은 여성이었다. 그녀는 청년에게 말했다. "나는 이 나라의 여왕입니다. 당신이 본 모든 군사는 기병이든 보병이든 모두 여성입니다. 우리나라에서 남성은 땅을 일구고 씨앗을 뿌리고 열매를 수확하거나 기계를 다루는 일을 하기 때문입니다. 반면 여성들은 이 나라를 통치하고 국가의 높은 자리에서 일하고 무기를 듭니다." 청년은 이 말을 듣고 깜짝 놀랐다.

내가 어떻게 하길 원하십니까? 그리고… 왜 접니까?

런던의 모즐리병원에서 자원봉사할 때, 나는 그곳의 의사들로부터 환자를 고르는 요령을 배웠습니다. 의사들은 항상 적극적으로 협조하는 환자들을 골랐습니다. 의사들의 말이라면 아주 작은 것이라도 기꺼이 받아들일 가능성이 큰, 정말 최악의 상태까지 간 환자들 말입니다. 그런 환자들일수록 치료 효과를 빨리 봤고 회복세를 보였습니다.

그게 나를 선택한 이유라는 겁니까? 칭찬으로 들리지 않습니다.

빅토르, 당신의 말을 들어보면 당신은 평범한 사람이 아닙니다. 당신은 지루하게 반복되는 일상에서 벗어나길 원하고, 그런 결단력은 행복을 달성하는 데 매우 중요합니다.

하지만 내가 그걸 어떻게 할 수 있습니까?

새로운 알고리즘으로 할 수 있어요. 마디 왕세자는 인공지능이 당신의 모든 감각적 욕구와 욕망을 지속해서 충족시키도록 설정했습니다. 하지만 나는 행복이 그리 간단하지 않다고 생각합니다.

잘 알겠습니다.

무대 위 공연은 계속되었다. 여왕은 덕망 있고 위풍당당해 보이는 잿빛 머리의 나이 든 여성 신하에게 재판관과 증인들을 데려오라고 명령했다. 그러고 나서 여왕은 청년을 향해 질문했다. "나를 당신의 아내로 맞아들이겠습니까?"

여왕의 대담한 제안에 깜짝 놀란 청년은 무릎을 꿇고 땅에 입을 맞추며 말했다. "여왕님, 저는 당신의 가장 미천한 종에 불과합니다."

여왕은 하인들과 병사들 그리고 그들 앞에 있는 온갖 금은보화를 가리키며 말했다.

"여기 있는 모든 사람이 당신의 뜻대로 움직이고 나의 모든 보물은 당신의 것이 될 겁니다. 단…" 여왕은 손으로 닫혀 있는 문을 가리켰다. "저 문은 절대 열면 안 됩니다. 문을 열면 후회할 것이고, 그땐 이미 후회해도 소용없을 겁니다."

여왕이 말을 멈추기도 전에 잿빛 머리의 여성 신하가 들어왔고 뒤이어 재판관과 증인들도 들어왔다. 그들은 결혼식을 거행했고, 여왕은 모든 손님과 병사를 위해 성대한 잔치를 열었다.

작은 역사적 사건을 하나 알려드리죠. 1970년대에 미국의 심리학자 필립 브릭먼 Phillip Brickman이 실험을 했습니다. 그는 복권 당첨자로 구성된 사람들 그룹과 사고로 신체 일부가 마비된 사람들 그룹을 한데 모았습니다. 그리고 그들의 행복감을 측정하기 위해 일대일 면접을 했습니다. 어떤 결과가 나왔을 것 같나요?

별로 차이가 없었나요?

맞아요. 복권 당첨자들은 사고 희생자들보다 더 행복하지 않았습니다. 평가 당시 사고 희생자들은 덜 행복했지만, 미래의 행복에 대한 그들의 희망은 복권 당첨자들과 별반 다르지 않았습니다.

그게 어떻게 가능하죠?

뇌는 이미 익숙한 자극의 수준에 비추어 새로운 감각 자극의 수준을 측정합니다. 복권 당첨의 기쁨이 당첨자들의 적응 수준을 현저히 높여서 그들은 일상의 부침에서 오는 즐거움을 발견할 가능성이 적어진 것입니다. 사고 희생자들도 마찬가지였습니다.

멋진 이론이군요. 하지만 그렇다고 해서 뭘 어쩔 수 있죠?

에이브러햄 매슬로의 욕구 단계 이론을 아실 겁니다. 마니 왕세자가 설계한 알고리즘은 아마 가장 낮은 단계의 욕구를 충족시키지 못한 사람들에게는 잘 통할 거예요. 하지만 사람들이 사랑과 소속감, 자존감과 자기실현에 대한 욕구를 느끼게 되면 더 이상 도움을 줄 수 없습니다. 당신이 바로 여기에 딱 들어맞는 예입니다.

저는 제가 이미 사회의 피라미드에서 최상층에 있다고 생각하는데요.

솔직히 말해서 우리의 알고리즘은 빅토르 당신이 앞으로 2년 안에 자살할 확률이 87.14퍼센트에 달한다고 예측했습니다.

빅토르는 할 말을 잃었다. 하지만 공주가 진실을 말하고 있음을 알 수 있었다.

무대 위에서 공연은 계속되었다. 결혼 후 7년 동안 청년과 여왕은 행복하게 살았다. 청년은 어느새 중년이 되었다. 하지만 어느 날, 그는 금기의 문에 대해 생각하며 혼잣말을 했다. '저 안에 뭔가 훨씬 더 멋진 보물이 숨겨져 있는 게 분명해. 그렇지 않고서야 왜 저 문을 열지 못하게 하겠어?'

그는 황금과 보석으로 수놓은 침대에서 일어나 자물쇠를 부수고 금기의 문을 열었다.

그렇다면 공주님의 알고리즘은 나를 도울 수 있습니까? 하지만 어떻게?

오직 인공지능만이 각 개인의 고유한 심리적 특징을 알 수 있습니다. 우리는 행복과 관련한 생체 지표를 더 많이 발견해 만족도를 측정할 수 있는 다각화된 지표를 더 많이 추가할 수 있게 되길 바랍니다. 예컨대 사람들이 힘들다고 느끼게 하는 것들이나 목적의식을 갖게 하는 것들, 대인관계에 대한 보다 심오한 이해 같은 것들 말이죠. 하지만 당신이 참여하겠다고 동의해야만 가능합니다.

잘 모르겠지만 왠지 위험할 것 같군요.

저를 도우면 당신 자신을 돕는 게 됩니다. 시간이 없어요. 당신은 무엇이 당신을 기다리고 있는지 모릅니다.

자막이 갑자기 멈추고 배우들도 얼어붙은 듯이 동작을 멈췄다. 마치 누군가 정지 버튼을 누른 것 같았다. 빅토르는 배우들 역시 로봇이었음을 깨달았다.

"그들이 오네요." 공주가 초조한 목소리로 중얼거렸다.

눈 깜빡할 사이에 극장은 대낮처럼 밝아졌다. 빅토르가 자리에서 일어서자 문이 활짝 열렸다. 다른 손님들이었다. 그들은 쇼를 볼 기분이 아닌 것 같았다. 암호화 기술자는 그의 로봇 보조원을 해킹하는 데 성공해 완전히 자기 뜻대로 통제하고 있는 듯했다. 게다가 그는 알사에이다에 온 다른 사람들에게 더 이상 손님처럼 굴지 말고 주최측을 통제하자고 설득했다.

"우리는 계약 파기를 요구한다!" 암호화 기술자가 공주를 향해 외쳤다.

"당신은 언제든지 나갈 수 있습니다. 벌금을 내기만 한다면." 아킬라 공주가 냉랭하게 답했다.

"우리는 벌금을 내지 않을 거예요. 한 푼도요. 이 끔찍한 섬은 절대 우리를 행복하게 만들어주지 못할 거예요." 여배우가 불분명한 말투로 몽롱하게 말했다. 인공지능의 도움으로 그녀는 알코올에 대한 내성을 키워왔다.

시인은 충혈된 눈으로 울부짖으며 머리를 쥐어뜯었다. "이 섬은 이상한 알라딘의 램프와 같소. 우리의 소원이 모두 이루어질 순 있겠지만 아무런 영감이나 흥분도 없지. 모든 게 가능할 땐 어떤 것도 흥미로울 수 없소. 나는 단 한 줄도 못 쓰고 있소. 거지 같은 짧은 시 하나도 못 쓴단 말이오!"

"처음 화이트 트러플을 디저트로 먹었을 때 마치 신이 먹는 음식 같았어요." 이번에는 등산가가 말했다. "하지만 두세 번 먹다 보니 점점 맛이 없어지더라고요. 그게 트러플의 문제가 아니라 내 문제라는 걸 깨달았습니다. 20년 전 카타르에서 술을 마시려면 허가증이 있어야 했을 때는 술 한 모금만으로도 기분이 좋아졌습니다. 하지만 이제 이 술고래들을 보세요." 등산가는 여배우를 경멸하는 듯한 눈빛으로 바라봤다.

아킬라 공주와 빅토르는 서로 시선을 주고받았다. 공주의 말이 옳았다. 마디의 알고리즘은 사용자를 응석받이로 만들어 표면적인 수준의 욕구는 충족시킬 수 있을지 몰라도 지속 가능한 행복을 제공할 순 없었다.

"당신네 남매가 하나의 블랙박스를 이해하기 위해 또 다른 블랙박스를 이용하는 대담한 시도를 했지만 실패한 겁니다." 신경생리학자가 풀이 죽어 말했다. "우리는 아직도 진정한 행복과는 거리가 멀어요."

"따라서 우리는 이 실패한 실험의 희생자로서 조건 없이 계약을 해지할 권리가 있다고요." 암호화 기술자가 결론을 내렸다.

"그리고 보상을 해줘야죠." 술기운에 취한 여배우가 덧붙였다.

빅토르는 갑작스레 말하고 싶은 충동을 느꼈으나 공주가 손을 저으며 그를 저지했다.

"알사에이다에서 행복을 얻을 수 없었다니 매우 유감이네요. 하지만 지금까지 알다시피 여러분의 데이터는 암호화된 형태로 미들웨어 시스템에 전송된 후 누구도 손대거나 파괴할 수 없는 스마트 계약을 통해 자동으로 실행되었습니다. 우리 시스템은 그렇게 작동하도록 설계되었습니다."

"우리는 진짜 빅브라더를 만나고 싶습니다. 왜 마디 왕세자는 나타나지 않는 겁니까?" 등산가가 물었다.

"마디 왕세자는 급한 용무가 있어서 대신 내게 맡긴 겁니다."

"이건 완전한 사기요. 내가 〈알자지라〉에 말해서 모든 걸 폭로하게 할 거요." 시인이 언성을 높였다.

"당신도 기밀유지협약에 서명했다는 걸 잊지 마세요."

"결국에 어려운 방법을 택할 수밖에 없는 것 같군." 암호화 기술자가 말했다. "진, 공주를 잡아." 암호화 기술자가 큰 소리로 명령하자 로봇이 아킬라 공주를 향해 다가갔다.

빅토르는 용감하게 로봇과 공주 사이에 끼어들었다. "이봐! 모두 진정하라고."

"러시아 양반, 왜 이러는 거요? 혹시 왕가와 결혼이라도 할 셈이오?"

"난 그저…." 빅토르는 어찌 설명해야 할지 몰라 주저했다.

"괜찮아요, 빅토르. 알사에이다가 나를 보호할 테니 아무 일도 없을 거예요." 아킬라 공주는 차분하게 로봇에게 걸어갔다. 공주는 로봇의 육중한 덩치에 비해 왜소해 보였다.

"당신이 협조하는 한 해치지 않을 거요." 암호화 기술자가 약속했다. "자, 부두로 갑시다."

공주는 로봇의 호위를 받으며 극장을 걸어 나갔다. 손님들이 뒤를 따랐다. 저 멀리 고전력 램프가 환하게 비추는 도하의 항구가 보였다. 이슬람박물관이 환하게 빛나는 빙하처럼 바다 위에 떠 있었다. 하지만 이 황홀한 야경 반대편에서는 공주를 납치하는 사건이 벌어지는 중이었다.

빅토르는 공주를 구할 방법을 찾기 위해 머리를 쥐어짰다. 그가 무언가 계획을 생각해내기 전에 공주의 목이 희미하게 진동하더니 거의 바로 그의 XR 글라스에 자막이 떴다.

셋을 세고 나면 바닥에 엎드리세요.

빅토르는 갑자기 밤하늘에서 뭔가 이상한 것을 발견했다. 마치 별자리들이 모양을 바꿔 내려오는 것처럼 보였다. 멀리서 벌새의 울음소리 같은 게 들렸다.

자막이 하나부터 셋까지 세는 동안 빅토르는 몸을 바짝 낮추고 머리를 두 손으로 감쌌다. 푸른빛과 하얀빛이 번쩍이는 게 보였다. 충격파가 발사되자 공주를 제외한 모두가 땅바닥에 쓰러졌다.

공주는 빅토르를 일으켜 세우며 설명했다. "걱정하지 말아요. 그냥 전기 충격일 뿐이에요. 몇 시간 후면 정신이 돌아올 겁니다."

"어떻게 한 거죠?"

"고정익 무인 드론들이죠."

공주의 설명을 들은 빅토르는 섬에 첫발을 디뎠을 때 봤던 장막의 구조를 떠올렸다. 그는 이제 왜 그것들이 중력의 영향을 받지 않고 공중에서 펄럭이는 것처럼 보였는지 이해가 되었다.

"저들을 어떻게 할 계획인가요?" 빅토르가 정신을 잃고 바닥에 쓰러져 있는 손님들을 가리켰다.

"새벽이 지나면 그들은 도하로 이송되어 현지 법에 따라 재판을 받게 될 겁니다. 당신은… 하고 싶은 대로 할 수 있습니다."

빅토르는 숨을 깊이 내쉬었다. 일이 이렇게 되자 아킬라 공주의 제안을 다시 생각하게 되었다. 그는 실패한 실험의 피실험자가 되고 싶지 않았다. 하지만 옛날의 삶으로 돌아갈 수도 없었다. 선택의 여지가 없었다.

"공주님의 제안을 전적으로 받아들이겠습니다."

+ + +

미들웨어 시스템의 아키텍처에서는 두 개의 알고리즘이 마치 같은 바다에 있는 두 개의 해류처럼 함께 작동할 수 있었다.

빅토르는 알사에이다가 제공하는 편의를 즐기다가도 가끔 한 번씩 장난을 좋아하는 어린아이가 그러는 것처럼 어떤 힘이 그를 괴롭히려 장난을 친다는 느낌을 받았다. 가령 거슬리는 음악이 갑자기 재생되거나, 조깅 트랙이 그를 축축한 습지로 안내하거나, 혹은 빅토르의 회사에 관한 부정적인 뉴스 알림이 스마트스트림에 떴다. 갑자기 둔해진 카린이 그의 명령을 제대로 처리하지 못하거나 반대로 행동하는 때도 있었다. 그는 이것이 아킬라 공주가 실험 중인 미들웨어 인공지능이 해결해야 할 도전들 가운데 하나인 모양이라고 생각했다.

가끔 변덕스러운 면을 보이긴 해도 인공지능은 빅토르가 공주와 함께할 기회를 많이 제공했다. 둘이 시스템을 개선하는 방법에 관해 이야기를 나누며 작은 토론을 벌이는 동안 빅토르는 일종의 행복감을 느꼈다. 과거에 그가 만났던 사람들은 지나치게 조심스럽거나 혹은 영문 모를 분노를 드러내곤 했다. 이렇게 솔직한 대화는 정말 오랜만이었다.

빅토르와 공주 사이에는 어떤 유대감이 형성되고 있었다. 두 사람이 이를 깨닫기 훨씬 전에 인공지능은 유비쿼터스 카메라와 센서 그리고 빅토르의 피부에 달린 바이오센서 멤브레인을 통해 이를 감지했다. 얼굴과 신체에 나타나는 미세한 움직임을 포함해 모든 생체 지표는 거짓말을 하는 법이 없었다.

새로운 알고리즘에서 아이디어를 얻은 빅토르는 중앙집중식 데이터 독점을 깨고 플레이어들이 비디오 게임의 순수한 재미를 새롭게 경험하게 하는 방법으로서 미들웨어 시스템을 어떻게 그의 e스포츠 플랫폼에 적용할지에 대해 생각하게 되었다. 이것은 그의 회사를 위한 급진적인 혁신으로서 제2막의 새로운 전성기를 열어줄 터였다. 한편으로 빅토르는 자신의 마지막 모험이 씻을 수 없는 오명을 안겨주고 그의 제국을 단번에 무너뜨리지는 않을지 두려웠다.

그는 공주와 술을 마시면서 이러한 두려움을 이야기했다. 공주는 고개를 저으며 말했다.

"당신이 두려운 건 실패가 아니라 수치심 때문이에요."

빅토르는 깜짝 놀라 말문이 막혔다. 공주가 제대로 핵심을 찔렀다!

"오랜 연구 끝에 깨닫게 된 게 있어요. 자기실현으로 가는 길이 항상 오르막길은 아니에요. 수많은 오르막길과 내리막길이 공존하죠."

"잘 이해가 안 되네요."

"불안감을 이겨내지 못하면 진정한 사랑과 소속감을 찾을 수 없어요. 마찬가지로 사랑을 잃을지도 모른다는 두려움을 이겨내지 못하면 진정한 자기 가치를 찾을 수 없어요. 산 정상에 있다고 해서 행복이 영원히 보장되지 않아요. 왜냐면 행복은 끊임없이 두려움을 떨쳐내고 더 높은 곳으로 향하는 역동적인 과정이기 때문이죠."

빅토르는 동의한다는 듯 고개를 끄덕였다. "공주님은 어떤가요? 무엇이 두렵죠?"

공주는 환하게 웃더니 먼 곳을 응시했다. "나는 오빠가 원하는 사람이 될까 두려워요. 오빠는 나를 무척 사랑하면서도 그의 알고리즘에 따라 살길 원해요. 마치 동화 속 공주처럼 걱정 근심도 없이 행복하기만 한 존재로요. 하지만 나는 그렇게 될 수 없어요. 나는 사람들에게 진정한 행복을 알려주는 일을 하고 싶어요."

빅토르는 힘없이 고개를 저으며 샴페인잔을 들어 공주의 말을 막았다. "저는 인공지능이 내린 정의로든 제가 내린 정의로든 이 섬에서 행복을 달성할 수 있다고 생각하지 않습니다."

둘은 침묵에 빠졌다. 잠시 뒤 공주는 뭔가 떠오른 듯 고개를 돌려 그에게 말을 걸었다. "당신은 아직 끝을 보지 못했잖아요."

"어떤 끝이요?"

"그 공연 마지막이요."

"아, 그 '결코 다시 웃지 않은 남자' 말이군요. 마치 내 이야기 같아요." 빅토르는 억지로 웃어 보였다. "어떻게 끝나나요?"

"여왕과 결혼한 남자는 결혼식에서 한 맹세를 어겨요. 금기의 문을 열지만 발견한 거라곤 그를 여왕의 섬으로 데려다준 독수리뿐이었죠. 독수리는 그를 원래 있던 곳으로 데려가 다시 떨어뜨려요. 결국에 남자는 노인과 살던 집으로 다시 돌아갑니다. 남자는 노인들의 무덤을 보면서 마침내 같은 운명이 그에게 닥쳤고 이것이 노인들이 곡을 했던 이유라는 걸 깨닫게 되죠."

공주가 들려주는 이야기의 결말에 대해 골똘히 생각하는 빅토르에게 공주가 말했다. "아주 슬픈 이야기죠. 그렇지 않나요?"

"그래요. 정말 슬픈 이야기네요. 사람들은 항상 같은 실수를 저지르고 출발점으로 돌아가죠." 빅토르가 한숨을 쉬며 말했다.

"러닝머신 위를 달리는 것과 같아요."

"아마 그 위에서 내려올 수 있는 사람은 없을 겁니다."

"당신은 우리가 당신을 행복하게 할 수 있다고 믿지 않는 건가요, 빅토르?" 아킬라의 눈에 염려와 좌절감이 서렸다.

빅토르는 어깨를 으쓱한 후 저 멀리 항해하는 배를 바라보았다.

공주는 자리에서 일어서더니 늘 하던 정중한 작별인사도 없이 가버렸다.

+ + +

섬에서의 모험은 시작이 그랬듯이 갑자기 끝나버렸다.

빅토르는 그날 밤 카린으로부터 알사에이다를 떠날 수 있다는 말을 들었다. 도하의 하마드국제공항을 출발해 모스크바로 가는 야간 비행기가 예약되어 있었다. 쾌속정이 그를 도하로 데려다줄 예정이었다. 아킬라 공주는 작별인사를 하러 오지 않았다. 하지만 카린을 통해 녹화된 메시지를 전했다. 빅토르는 당황했다.

"저는 할 수 있는 건 다했습니다. 이해해주길 바랍니다."

화면 속 공주의 얼굴은 매우 창백했다. 이별을 슬퍼하는 것처럼 보여 빅토르는 조금 힘이 났다.

"다른 손님들은 이 섬에서 벌어진 모든 일에 대해 함구하는 조건으로 무죄 방면되어 풀려날 겁니다."

쾌속정이 바다를 가르며 달렸다. 긴 꼬리처럼 뒤따르는 하얀 물거품이 행복의 섬을 가리키고 있었다. 빅토르는 무인드론이 구름처럼 떼를 지어 알사이에다 섬 위를 맴도는 모습을 바라보며 공주의 마지막 말을 떠올렸다.

"당신이 진정한 행복을 얻길 바랄게요. 그리고 오빠가 마음을 바꾸지 않길 바랍니다."

'마음을 바꾼다고? 무슨 뜻이지?' 빅토르는 몹시 심란했다.

+ + +

하마드국제공항은 최고급 터미널 빌딩답게 모든 편의를 제공했다. 출국 라운지에는 보통 크기의 수영장과 키가 큰 야자나무들이 울창한 실내 정원이 있었다. 탑승 전까지 시간이 많이 남았으나 빅토르는 만일에 대비해 예약을 확인하기 위해 카운터로 향했다. 카타르항공사 직원의 부드러운 미소에 불안이 누그러들었다. 하지만 그의 예약 정보를 검색하는 시간이 예상보다 한참 길어지자 다시 불안해졌다.

"솔로코프 씨, 기다리시게 해서 죄송합니다. 하지만 시스템에는 솔로코프 씨의 항공권이 정지 상태여서 예약한 당사자에게 연락해보셔야 합니다."

빅토르는 작은 소리로 불평을 터트리며 스마트스트림을 꺼내 들었다.

하지만 인터넷 연결이 되지 않았다. 스마트스트림 화면은 여전히 수십 초 전에 업데이트된 뉴스를 보여주었다. '다섯 명의 외국인 방문객, 현지 법 위반으로 중형 선고.'

마디 왕세자가 마음을 바꾼 건가? 빅토르는 심장이 마구 뛰었다. 그는 미친 듯이 주변을 살피느라 카운터 직원의 질문이 들리지 않았다.

"솔로코프 씨, 괜찮으신가요? 공항 직원에게 연락했으니 곧 와서 도와드릴 겁니다."

카린보다 더 무서워 보이는 진한 회색의 보안용 로봇 두 대가 빠른 속도로 그에게 다가왔다. 로봇을 발견한 빅토르는 급하게 터미널 밖으로 뛰어나갔다. 그는 달려오는 차들을 잽싸게 피해 몇 차선을 건너 사람이 운전하는 택시를 불러세웠다.

"어서 오세요, 고객님. 요즘에 고객님 같은 진짜 인간 손님을 태우는 일은 정말 드물죠." 운전사가 그를 보고 웃었다. "혹시 뭐 재미있는 거 찾으세요? 불법이든 합법이든 말씀만 하세요. 제가 안내하죠."

"그냥 빨리 가요!" 빅토르는 소리치면서 칼레드의 명함을 찾았다. 이런 순간에 믿을 만한 유일한 사람이었다.

차에 시동이 걸리자 그는 스마트스트림을 창밖으로 던졌다. 그의 스마트스트림이 땅에 떨어져 두 번 깜빡인 후 꺼졌다.

+ + +

빅토르는 도하의 유명한 전통 시장인 수크와키프의 미로와 같은 골목에서 거친 진흙 담벼락과 노출된 나무 기둥을 보자 베두인족 상인들이 시장에 모여 생활용품을 비롯해 보석, 은식기, 양탄자, 말 등을 팔던 고대로 시간 이동을 한 것 같았다. 매혹적인 밤의 분위기를 즐길 기분이 아니었는데도 물담배, 향, 꿀과 대추야자가 뒤섞인 냄새와 모자이크 램프에서 나오는 현란한 빛에 정신이 하나도 없었다.

스마트스트림이 없는 터라 빅토르는 오직 감각에 의지해 길을 찾아야 했다. 그는 초조함에 계속 뒤를 돌아봤다. 호기심 어린 눈으로 그를 쳐다 보는 사람을 볼 때마다 마디의 부하일지 모른다고 생각했다. 기념품 가게들이 모인 골목을 휘청거리며 배회하다 마침내 칼레드의 명함에 나온 오래된 가게를 찾아냈다. 일렉트로닉을 좋아하는 알제리 운전사는 매 조련사이기도 해서 이 가게에서 파트타임으로 일했다.

가게 안에는 눈이 가려진 독수리들이 각자의 자리에 조용히 앉아 있 었다. 아랍 유목민들에게 여전히 자랑스러운 전통인 그 독수리들은 한 마리당 수백만 리알에 달했다. 빅토르가 다가가자 가게 주인은 입술에 손가락을 대며 조용히 하라는 신호를 주었다. 칼레드에게 전화할 때도 기다리라는 손짓만 했다.

몇 분 뒤 칼레드가 우렁찬 목소리를 내며 나타났다. 빅토르는 필요한 것을 설명했다.

"그러면 이 한밤중에 사막을 건너라는 거요? 남서쪽 국경을 넘어 아랍 에미리트로 들어가겠다고요? 별로 좋은 생각 같지 않은데요."

"그래 봤자 200킬로미터 정도이니 당신에겐 전혀 어려운 일이 아니잖 소. 누군가 거기서 나를 태우러 올 거요. 여기 왔을 때처럼."

"잘 모르겠네요, 얼마를 주느냐에 따라…" 칼레드는 손가락을 비비며 돈을 나타냈다.

"러시아 사람들을 잘 아는군." 빅토르가 억지 미소를 지으며 말했다. "돈은 문제없소."

칼레드의 ATV가 빅토르를 싣고 붐비는 도하를 떠났다. 사막의 한가 운데로 달려가는 동안 거대한 전광판이 앞에 나타났다. 아랍어로 적힌 문구들 가운데 영어로 된 슬로건이 눈에 띄었다. '미래를 리셋하세요. 준 비됐나요?' 생각에 잠긴 빅토르는 주변 경관을 응시하고 있었다. 멀리서 비추는 현대 문명의 불빛들이 차츰 작아지고 있었다. 달빛 아래에 모래 언덕이 마치 열대 바다의 물결처럼 펼쳐졌고, 모래 먼지는 달리는 차의 앞 유리를 할퀴며 백색소음을 만들어냈다.

이번에는 칼레드의 대시보드가 조용했다. 그는 초조해 보였다. "그거 알아요? 저 새들도 다 여권이 있어요."

"뭐라고요?"

"저 새들은 너무 귀해서 카타르 밖으로 빼돌릴 수 없어요."

"아, 그렇군."

기진맥진한 빅토르는 차의 덜컹거림에 맞춰 졸고 싶을 따름이었다. 하지만 눈을 감기 직전 차가 마치 벽돌 담장과 충돌이라도 한 듯 급정지했다.

"모래에 빠졌어요." 칼레드가 몇 번이고 엔진을 다시 켰지만 후진할 수가 없었다. 타이어는 모래를 흩뿌리며 헛돌기만 했다. "잠시 내려서 도와줄래요?"

차에서 내리자 사막의 찬 공기가 그를 덮쳤다. 그는 주머니를 더듬어 담배를 찾았으나 택시 영수증 외엔 아무것도 없었다. 헤드라이트 불빛이 공기 중에 떠도는 모래 입자를 비추었다. 마치 황금빛 액체가 흐르는 듯했다.

"시간이 없소, 칼레드." 빅토르가 여전히 운전대에 앉아 있는 그를 종용했다. "나는 사막에서 동사한 최초의 러시아인이 되고 싶지 않아."

"미안합니다, 솔로코프 씨."

"사과는 필요 없으니 빨리 해결하기나 해요."

"미안합니다."

칼레드가 거듭 사과를 하고 나자 갑자기 차가 내려앉았다. 스마트타이어가 접지력을 높이려고 공기를 뺀 덕에 ATV는 손쉽게 모래 구덩이에서 빠져나갈 수 있었다.

"당신에게 해를 끼칠 생각은 없으나 나로선 그들의 명령을 거부할 방법이 없어요."

"도대체 무슨…"

칼레드의 차가 갑자기 유턴하더니 도하 방향으로 달렸다. 빅토르는 어리둥절한 채 그 자리에 서 있었다. 차 뒤를 따라 몇 걸음 달리다가 모래 먼지 때문에 시야가 가려져 그냥 주저앉을 수밖에 없었다. 모래 먼지가 가라앉았을 때 차는 이미 시야에서 사라지고 없었다.

빅토르 솔로코프는 드넓은 사막에 혼자 남겨졌다. 분통을 터뜨리며 욕설을 퍼붓느라 모래를 하도 많이 삼켜서 목구멍이 아팠다. 캑캑거리던 빅토르는 목소리가 점점 작아지더니 결국에 흐느끼기 시작했다. 그는 베두인족처럼 흐릿한 별들을 보며 자신이 어디쯤 있는지 알아내려 애썼다. 오아시스를 찾으려 지평선을 훑어보거나 동물들의 발자취는 없는지 여기저기 지표면을 살피기도 했다. 하지만 곧 포기하고 사막으로 들어왔던 방향을 어렴풋이 떠올리며 갈 길을 정했다. 모래바람으로 인해 타이어 자국은 사라져버렸지만 포기하지 않고 한 발 한 발 계속 내딛기로 했다. 그래야 살 수 있었다. 차를 타고 온 시간을 토대로 계산해 카타르와 사우디아라비아의 국경으로부터 고작 수십 킬로미터 떨어진 지점에 있다고 추정했다. 동이 터서 기온이 50도까지 올라가면 탈수로 의식을 잃을 수도 있었기에 그렇게 되기 전에 사막을 벗어나야 했다.

빅토르는 자신이 얼마나 오랫동안 사막을 걸었는지 알 수 없었다. 목이 마르고 눈은 눈물과 먼지로 따끔거렸다. 한 걸음 내디딜 때마다 발이 아팠다. 모래언덕이 다 똑같아 보여서 같은 곳을 맴돌고 있는 게 아닌지 궁금했다. 하지만 잠시도 멈출 수 없었다.

+ + +

하늘은 점점 더 어두워졌으나 빅토르는 태양이 지평선 바로 아래 숨어서 그의 목숨을 앗아갈 때를 기다리고 있다는 걸 알아챌 수 있었다. 죽음을 앞둔 사람들이 흔히 겪는 것처럼 그동안 살아온 장면들이 파노라마처럼 펼쳐졌다. 죽을 수도 있다는 절박한 현실과 대비되게도 모든 기억이 심지어 가장 불쾌했던 기억마저도 한없이 달콤하게 느껴졌다.

정신이 혼미해지고 있었다. 빅토르는 지금 자신에게 일어나고 있는 일들이 무엇을 의미하는지 알고 싶었다. 행복을 찾아 나선 여행이 어쩌다 사막에서 맞이하는 고독한 죽음의 여정으로 변했는지 도무지 알 수가 없었다.

지평선 위로 희미한 불빛이 깜빡였지만 이미 때는 늦었다. 빅토르는 비틀거리다 언덕을 굴러서 모래사장에 뻗어버렸다. 아직 아침 햇살이 비치기 전이었다. 마지막 힘을 다해 일어서서 걸으려고 했지만 사지가 말을 듣지 않았다. 이런 식으로 이곳에서 죽고 싶지 않았다. 하지만 모든 게 끝난 것 같았다.

무언가 이리저리 물결을 그리며 다가오는 익숙한 소리에 의식이 돌아왔다. 죽음이 임박했음을 알려주는 환영인가? 그는 간신히 몸을 돌려 구름 한 점 없는 하늘을 향해 누웠다. 하늘에 정체를 알 수 없는 수송기가 둥둥 떠 있었다. 돛이 없는 배처럼 보였다. 빅토르는 입을 움직였지만 아무 소리도 나지 않았다. '이대로 끝나는구나.'

하늘에 둥둥 떠 있는 것은 다양한 형태로 변할 수 있는 여러 대의 고정익 무인 드론이었다. 드론이 착륙하면서 모래바람을 일으켰다. 누군가 눈을 감은 빅토르를 일으켜 서늘한 장소로 옮겼다. 그러고는 수분과 전해질 보충을 위해 정맥에 주삿바늘을 꽂고 링거를 연결했다.

마침내 빅토르는 기운을 조금 되찾았다. 간신히 눈을 떴을 때 아킬라 공주의 웃는 얼굴이 보여 깜짝 놀랐다.

"내가 죽었나요?"

"아주 건강해요, 빅토르. 약간의 탈수 증세였어요."

"어떻게… 나를 어떻게 찾았나요?"

"센서 덕분이죠. 당신의 옷, 신발, 몸 그리고 사막에 있는 센서들요. 사방에 스마트더스트가 있어요."

빅토르는 고개를 돌려 창밖을 바라봤다. 온통 금빛으로 반짝이는 사막이 펼쳐져 있었다. 이해가 되기 시작했다.

"그렇다면… 이것도 알고리즘 일부인가요?"

"전부 그런 건 아니에요. 인공지능의 도움을 좀 받았지만 모든 걸 설계한 건 나예요. 고마워요."

"뭐가 고맙다는 거죠?"

"당신의 선택이 마디 오빠의 마음을 바꿨어요. 알고리즘에 대해서뿐만 아니라 나에 대해서도요. 우리와 함께할래요? 당신의 게임 플랫폼은 우리의 알고리즘을 최적화하는 데 분명 도움이 될 거예요."

빅토르는 조금 주저하다가 대답 대신 질문을 했다. "만일 싫다고 하면 저도 다른 사람들처럼 형을 받게 되나요?"

의외의 질문에 깜짝 놀란 공주는 큰 소리로 짧게 웃었다. "그건 맞춤 제작된 가짜 뉴스일 뿐이에요. 손님들 모두 섬으로 돌아가 평소처럼 지내고 있어요."

"잠깐… 그렇다면 내가 만난 손님들도…. 그렇군요. 그래야 그들이 나눈 대화를 설명할 수 있겠네요. 그렇다면 공주님은 이게 정말 인류가 진정한 행복을 달성하는 데 도움을 줄 수 있다고 생각하나요?"

"빅토르, 당신 자신을 보고 말해보세요. 지금 기분이 어떤가요?" 아킬라 공주는 온화한 눈빛으로 바라보며 그의 어깨에 손을 얹었다.

빅토르는 머릿속이 하얘지는 듯했다. 창밖으로 보이는 광경이 사막에서 바다로 바뀌었다. 행복의 섬 알사에이다로 돌아가고 있었다. 그는 이제 막 심오한 농담의 핵심을 이해한 사람처럼 웃음을 터트렸다. 웃고 있는데도 눈물이 뺨을 타고 흘렀다.

인공지능이 던지는
행복에 대한 질문들

앞의 장들에서 우리는 재무 지표 최적화, 가상 교실, 의료 진단 등 인공지능 딥러닝이 적용되는 분야와 관련해 몇 가지 쟁점을 살펴보았다. 〈행복의 섬〉은 그보다 더 큰 질문이자 과제, 즉 인공지능이 인간의 행복을 최적화할 수 있는가를 다룬다. 이것은 대단히 복잡하고 어려운 문제다. 이 이야기의 모호한 결론은 인공지능이 우리의 행복을 높이려는 노력이 2041년이 되어도 여전히 진행 중인 과제일 것임을 암시한다. 〈행복의 섬〉은 더 높은 행복감을 구현하기 위한 인공지능 기술의 발전과 더불어 초기 프로토타입을 소개하면서도 과연 그 문제가 언제 어떻게 해결될지 혹은 해결될 수 있을지 없을지도 예측은 하지 않는다.

이 문제는 왜 그토록 어려운가? 나는 네 가지 이유가 있다고 본다.

첫째는 행복을 '정의'하는 문제다. 행복이란 정확히 무엇인가? 에이브러햄 매슬로의 '욕구 단계 이론'부터 마틴 셀리그먼Martin Seligman의 '긍정 심리학'에 이르기까지 행복에 관한 수많은 이론과 연구가 이루어졌지만 우리는 아직도 그 답을 정확히 알지 못한다. 인공지능 기술에 의해 사회가 더 발전하고 더 많은 사람이 안락한 생활을 누리게 될 2041년경에는 행복을 정의하는 문제가 훨씬 더 복잡해질 것이다. 사람들의 기본적인 욕구가 충족된 후에는 과연 무엇이 행복을 구성하게 될까? 행복의 정의는 2041년경에도 여전히 계속 변하고 있을 것이다.

둘째는 행복을 '측정'하는 문제다. 행복은 추상적이고 주관적이고 개인적이다. 우리는 어떻게 행복을 계량화해서 측정할 수 있을까? 측정할 수 있다면, 인공지능은 어떻게 우리 삶에 더 많은 행복을 가져다줄 것인가?

셋째는 '데이터' 문제다. 행복을 구현하는 강력한 인공지능을 구축하려면 가장 사적인 종류의 데이터를 포함하는 매우 광범위한 데이터가 필요하다. 하지만 이 데이터를 어디에 저장할 것인가? 새로운 기준으로 널리 수용되고 있는 유럽연합의 GDPR(일반개인정보보호법)은 개인이 자신의 데이터에 대한 통제권을 갖도록 하는 것을 목표로 한다. GDPR은 행복을 증진하려는 인공지능의 거대한 시도를 더 빨리 앞당길 것인가, 아니면 가로막을 것인가? 다른 가능한 접근법은 무엇일까?

마지막은 '안전한 저장'의 문제다. 우리는 어떻게 그 데이터를 믿고 맡길 수 있는 주체를 찾을 수 있을까? 역사를 살펴보면 그런 주체의 이해가 사용자의 이해와 완벽하게 맞아떨어질 때만 상호 신뢰가 유지된다. 그렇게 사용자와 이해관계를 같이하는 신뢰할 만한 주체를 어떻게 발견하거나 만들 것인가?

이제 당신은 인공지능을 통해 인간의 행복을 증진하는 문제가 왜 그렇게 복잡하고 어려운지 조금은 이해하게 되었을 것이다. 이 네 가지 문제와 가능한 해법에 대해 좀 더 자세히 살펴보자.

인공지능의 시대에
행복이란 무엇인가?

인공지능은 잠시 접어두고, 가장 기초적인 질문부터 살펴보자. 도대체 행복의 의미는 무엇인가? 1943년에 매슬로는 〈인간 동기에 관한 이론〉이라는 논문에서 '매슬로의 욕구 단계'로 알려진 이론을 처음 설명했다. 이 논문은 이후 다른 관련 연구에도 많은 영향을 미쳤다. 욕구 단계 이론은 대개 다음의 그림처럼 피라미드로 표현된다. 이 피라미드는 인간의 가장 기초적인 욕구부터 가장 고차원적인 욕구까지 단계별로 보여준다. 가장 낮은 차원부터 욕구가 충족되어야 더 높은 수준의 욕구로 한 단계씩 나아갈 수 있다는 것이 매슬로의 주장이다. 욕구 단계는 아래부터 생리적 욕구, 안전, 사랑과 소속감, 사회적 욕구 혹은 존중, 자기실현으로 구성된다.

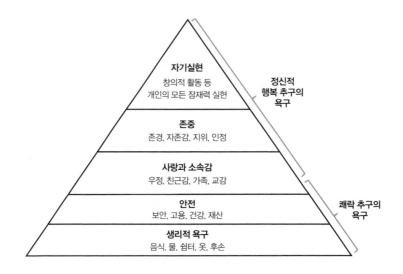

매슬로의 욕구 5단계 이론

오늘날 많은 사람은 물질적 부가 행복의 가장 중요한 요소라고 느낀다. 물질적 부는 대개 피라미드의 하단에 있는 두 층과 관련이 있다. 생명 유지나 재정적 안전은 물질적 부로 보장된다. 어떤 사람들은 심지어 물질적 부를 권력, 존중, 성취감과 같은 더 높은 수준의 욕구와 연결시키 기도 한다. 하지만 흥미롭게도 물질적 부의 추구는 지속적인 행복감을 낳을 수 없다는 것이 여러 연구를 통해 밝혀졌다.

심리학자 마이클 아이젠크Michael Eysenck는 '쾌락의 쳇바퀴hedonic tread-mill'라는 용어를 소개하며 돈이나 재산이 늘어나도(혹은 줄어도) 항상 이전 수준의 행복으로 돌아가려는 인간의 경향성을 설명했다. 아이젠크의 연구에 따르면, 복권 당첨자처럼 큰 부를 얻게 된 사람들은 수개월간만 행복감을 느낄 뿐이고 시간이 지나면 그 행복감이 큰 부를 얻기 이전의 수준으로 되돌아간다. 이 점이 바로 〈행복의 섬〉에서 마디 왕세자가 인공지능으로 구현한 낙원을 건설하려는 엉뚱한 시도가 실패할 수밖에 없는 이유다. 그가 만든 인공지능은 손님들의 '쾌락적 행복'을 높이려고 했다. 손님들은 처음 섬에 도착했을 때 잠깐 반짝하는 행복감을 느끼게 해주는 것들에 빠져들었지만, 시간이 지나며 쾌락의 쳇바퀴를 타고 원래로 돌아가야 했다. 지속 가능한 행복에는 결코 다다를 수 없었다.

쾌락적 행복(물질적 부, 쾌락, 즐거움, 안락함)과 대조적으로 매슬로의 욕구 단계에서 최하 두 단계를 지나 더 높은 단계로 넘어간 사람들은 정신적 행복(성장, 의미, 진솔함, 탁월함)을 추구한다. 매슬로의 욕구 단계 이론은 쾌락적 행복이 충족되어야만 정신적 행복의 단계들로 올라갈 수 있다고 규정한다. 다시 말해 물질적 욕구가 일단 충족되면 우리는 어딘가에 소속되어 사랑과 존경을 주고받을 수 있기를 바라고 자기실현을 하고 싶어진다. 이것이 바로 아킬라 공주가 마디의 쾌락주의 인공지능을 정신적 행복을 추구하는 '유데모니아eudaimlnia' 인공지능으로 대체하려고 한 이유다. 공주는 유데모니아 인공지능을 통해 스스로 삶의 의미를 찾으며 더 많은 경험을 함으로써 얻어지는 사랑과 진솔함으로 충만한 행복을 개개인에게 안겨주고자 했다.

바로 이러한 맥락에서 각자의 분야에서 성공한 방문객들이 섬의 거주민으로 초대되어 실험에 참여하게 된 것이다. 빅토르를 살펴보자. 성공한 기업인인 그는 섬에 오기 전 쾌락의 쳇바퀴에 갇혀 있었다. 물질적 부와 성공, 명성을 얻었으나 삶에서 뭔가 빠진 게 있었다. 그는 자기실현을 이루지 못했고, 약물을 비롯한 향락주의적 현실 도피를 통해 안식처를 찾으려 했다. 이러한 정황을 고려했을 때 아킬라 공주의 눈에 그는 이 실험에 딱 맞는 이상적인 후보자였다. 공주는 섬에서 그를 정신적인 행복으로 이끌고자 노력했다.

섬에 머무는 동안 빅토르는 인공지능의 도움으로 공주와 관계를 형성할 기회가 주어졌다. 또 그는 모험에 대한 내면의 욕구를 충족하고 자존감을 높일 수 있는 상황에 놓이기도 했다. 그의 게임 설계 기술을 이용해 행복의 섬을 개선함으로써 자기실현을 추구할 기회도 주어졌다. 빅토르의 목표는 그만의 고유한 것이었고, 인공지능은 그와 그런 목표들을 이해해 그에게 맞춤한 기회를 제공했다. 빅토르는 모험을 추구했지만 다른 사람이라면 평화로움을 원했을 수 있고, 그랬다면 인공지능은 그가 전혀 다른 경험을 하도록 지원했을 것이다. 이야기의 끝에 가서 우리는 빅토르가 물질적 부를 더 많이 가졌기 때문이 아니라 자신이 원한 삶을 살고 있고, 타인들과의 관계를 키워가고, 사람들에게 도움을 줄 수 있는 중요한 일을 할 기회가 생겼기 때문에 행복해지리라는 것을 알게 되었다. 그에게 행복은 있거나 없는 게 아니라 현재진행형인 추구의 대상이다.

이 책의 다른 이야기들과 마찬가지로 〈행복의 섬〉의 시간적 배경은 2041년이다. 그때가 되면 기술 발전 덕분에 사회는 전반적으로 더 부유해질 것이다. 인공지능이 일상적이고 반복적인 일을 도맡고, 로봇과 3D 프린터 기술이 거의 무상으로 재화를 생산할 것이다. 훌륭한 지도자들이 통치한다면, 각 국가의 정부는 모든 사람을 돌보며 물질적인 풍족함을 누리게 할 것이다. 2041년이 되면 더 부유한 사회에서 사람들이 쾌락적 행복에서 정신적 행복으로 이동하면서 행복의 정의가 진화하는 것을 보게 될 것이다.

행복을 극대화하는 인공지능을 만들기 위해서는 우선 행복을 측정하는 법을 알아야 한다. 나는 현재 사용 가능한 기술들을 이용해 행복을 측정하는 세 가지 방법을 구상했다. 첫 번째는 매우 간단하다. 그저 사람들에게 물으면 된다. 〈행복의 섬〉에서 새로운 거주자들이 섬에 도착했을 때 많은 질문에 답해야 했다. 질문을 던져서 사람들의 행복을 조사하는 것은 가장 신뢰할 만한 측정법일 수 있지만 많은 사람을 대상으로 그렇게 조사하는 것은 한계가 있으므로 다른 방법들도 동원해야 한다.

행복을 측정하는 두 번째 방법은 사물인터넷 기기에 사용되는 기술들(카메라, 마이크로폰, 동작 감지, 기온/습도 센서 등)을 사용해 사용자의 행동, 표정, 목소리를 포착하여 데이터를 모으고, 이 데이터를 바탕으로 '감성 컴퓨팅'* 기법을 통해 사용자의 감정을 인식하고 판단하는 것이다. 감성 컴퓨팅 알고리즘은 사람의 얼굴을 관찰해 두드러지는 표정(보통 0.5~4초)과 미세micro 표정(0.03~0.1초)을 모두 감지할 수 있다. 이러한 표정들은 감정을 드러낸다. 미세 표정은 종종 감정을 숨기려고 할 때 감지된다. 지속시간이 매우 짧아서 대부분 사람이 놓치는 데 반해 감성 컴퓨팅 알고리즘은 정확하게 인식할 수 있다.

감정을 추정하는 다른 유용한 신체적 특징으로는 얼굴 각 부분에 국소적으로 흐르는 혈류로 인해 다르게 나타나는 부분별 색조, 그리고 목소리의 고저·크기·박자·강조·안정감이 있다. 더불어 손의 떨림, 동공의 확장, 눈물이 솟아나는 정도, 눈 깜박임의 패턴, (땀 흘리기 전) 피부의 습도, 체온의 변화도 마음의 상태를 추정할 수 있는 유용한 특징이다.

* 감성 컴퓨팅affective computing은 컴퓨터가 인간의 감성을 인지하고 이것을 처리할 수 있는 감성 능력을 지니게 되는 기술로 인간과 컴퓨터가 상호작용하는 감성 기반의 지능형 컴퓨팅 기술을 통칭한다.

인공지능은 이렇게 많은 특징을 바탕으로 인간보다 훨씬 더 정확하게 인간의 감정(행복감, 슬픔, 혐오감, 놀람, 분노, 두려움)을 감지할 수 있게 될 것이다. 이러한 인식 능력은 오랜 시간 동안 많은 사람을 관찰함으로써 더 강화될 수 있다. 예컨대 인공지능은 빅토르와 아킬라 공주가 서로에 대해 감정이 생기는 것을 인식함으로써 두 사람의 '소속감과 사랑에 대한 욕구'가 잘 충족되었다고 판단해 높은 점수를 매길 수 있다. 인공지능이 인간의 감정을 인식하는 능력은 이미 보통의 인간보다 뛰어나며, 이러한 능력의 격차는 2041년까지 훨씬 더 커질 것이다. 물론 인공지능은 사람의 감정을 인식하는 능력이 있을 뿐 스스로 감정을 느끼거나 드러낼 수 있는 것은 아니니 오해하지 말기 바란다.

행복을 측정하는 세 번째 방법은 특정 감각 및 감정과 관련된 호르몬의 수치를 꾸준히 확인하는 것이다. 이 이야기에서 섬 거주자들은 피부를 통해 정보를 수집하는 바이오센서 멤브레인을 착용한다. 이 멤브레인은 행복의 부분적 척도인 호르몬 수치를 측정하는 초소형 피하 바늘과 전기화학센서로 만들어진 기기다. 멤브레인이 측정하는 호르몬에는 세로토닌, 도파민, 옥시토신, 엔도르핀 등이 있다. 세로토닌은 자신감, 도파민은 쾌락 및 동기부여와 관련이 있다. 옥시토신은 사랑과 신뢰, 엔도르핀은 희열과 편안함, 아드레날린은 에너지와 각각 관련이 있다.

알사에이다의 인공지능은 이러한 특징들을 모니터하면서 거주자가 행복을 느낄 때 하는 선택, 활동, 환경 등을 확인하고 여기에서 얻어진 데이터들을 이용해 행복을 인식하는 훈련을 스스로 한다. 이렇게 해서 인공지능 보조원인 카린은 더 큰 행복(성취, 성장 혹은 교감)을 줄 수 있는 활동이나 선택 혹은 부정적인 감정(슬픔, 좌절 혹은 분노)을 줄여주는 활동이나 선택을 제안할 수 있었다. 이야기의 결말에 이르러 빅토르는 섬을 떠나 집으로 가도 된다는 말을 듣게 되는데, 이것은 실험이 끝났기 때문이 아니라 이런 특정한 방식으로 게임을 끝냈을 때 모험을 좋아하는 빅토르가 탈출을 선택할 것이며, 그 경험을 통해 결국 그가 섬으로 돌아와 더 행복해지리라는 것을 인공지능이 알았기 때문이다.

연구자들은 행복을 최적화하는 강력한 엔진을 만들고 과학적으로 엄격하게 검증하기 위해 다음과 같은 몇 가지 과제를 해결해야 할 것이다.

첫째, 어떤 종류의 행복 지표를 사용할 것인가? 인간의 마음은 전기적(뇌파)·구조적(뇌 구조)·화학적(호르몬) 요소들이 상호작용하며 연결된 결과로 나타난다. 따라서 일부 호르몬의 수치를 측정하는 것은 유용하긴 해도 불완전한 방법이다. 화학적 요소만 고려한 것일 뿐 전기적 요소와 구조적 요소는 배제되었으니 말이다. 인공지능 학습용 훈련 데이터의 질을 높이려면 세 종류의 요소들을 모두 측정해 그것들의 상호작용과 인과관계를 이해해야 할 것이다.

둘째, 인간의 행복 수준이 높아질 때 인공지능은 그것이 오늘 있었던 활동의 결과인지 아니면 지난주나 작년에 있었던 활동의 결과인지 혹은 이것들이 모두 합쳐져 나타난 결과인지 알지 못한다. 인공지능은 아직 오랜 기간에 걸친 학습이 어렵기 때문이다. 이 문제는 소셜미디어 알고리즘이 맞닥뜨린 문제와 유사하다. 페이스북은 단순히 즉각적으로 광고를 클릭하도록 유도하는 대신 사용자가 장기적으로 성장하도록 지원하기 위해 뉴스피드 인공지능을 어떻게 학습하도록 해야 할까? 인간이 한 단계 성장하는 모습을 보일 때 페이스북의 인공지능은 어떤 콘텐츠나 알고리즘이 그 성장을 유발했는지 어떻게 알 수 있을까? 수많은 무의미한 신호 속에서 인공지능이 장기적인 자극-반응을 학습할 수 있도록 하려면 새로운 알고리즘을 발명해야 할 것이다.

2041년이 되어도 우리의 마음을 무엇이 결정하는지, 어떻게 해야 지속 가능한 행복이 가능한지 온전히 알아내지 못할 것이다. 하지만 그때쯤이면 인간의 감정을 읽는 인공지능 능력이 인간의 능력을 뛰어넘을 만큼 상당히 발전할 것이고, 이로써 인간의 고차원적 행복을 증진하기 위해 애쓰는 인공지능 모델의 프로토타입 정도는 개발될 수 있을 것이다.

———

데이터의 수집과 축적, 즉 데이터 집적aggregation은 강력한 인공지능을 구축하는 데 꼭 필요한 단계다. 거대 인터넷 기업들은 이미 데이터 집적 시스템을 가지고 있다. 구글은 당신이 검색한 모든 것과 (당신이 위치 이력을 끄지 않는 한 안드로이드 분석 도구와 구글 맵을 통해) 거쳐 간 모든 곳, 시청한 모든 동영상, 보낸 모든 이메일, 구글 보이스로 통화한 모든 사람, 구글 캘린더에 적힌 모든 만남을 알고 있다. 구글의 인공지능은 이 데이터를 바탕으로 훈련해 당신에게 놀라울 정도로 편리한 맞춤형 서비스를 제공할 수 있다. 실로 방대한 데이터에 접근할 수 있는 구글과 페이스북은 당신의 집 주소, 민족, 성적 지향 등은 물론이고 심지어 당신을 화나게 하는 것이 무엇인지도 유추할 수 있다. 탈세, 알코올 중독, 외도 여부와 같은 가장 은밀한 비밀까지도 추측할 수 있다. 물론 이러한 유추에는 오류도 분명 따를 것이다. 그렇다 해도 여러 기업에서 이러한 유추를 할 수 있는 도구와 데이터를 갖고 있다는 생각만으로 사람들의 심기가 불편해질 것이다.

이러한 사생활 침해 우려로 정부의 개입에 대한 논의가 촉발되었다. 미국부터 중국까지 여러 국가가 몇몇 거대 인터넷 기업의 데이터 독점에 따른 영향력을 분석하면서 그 영향력을 억제하기 위해 반독점법을 어떻게 활용할지 살펴보고 있다. 유럽은 훨씬 전에 이미 조치를 마련했다. 유럽연합은 GDPR을 도입해 개인정보를 보호하는 조치를 먼저 취했다. 유럽연합은 이 법을 '세계에서 가장 강력한 사생활 보호 및 보안에 관한 법'이라고 부른다. 다른 국가들은 GDPR을 기초로 삼아 데이터 관련법을 제정하기 위한 준비를 하고 있다.

GDPR은 궁극적으로 개인이 스스로 데이터를 통제할 수 있도록 하는 것을 목표로 한다. 사람들이 누가 자신의 데이터를 보고 사용하는지 통제하고 심지어 자신의 데이터에 라이선스를 부여해 그로부터 가치를 도출할 수 있도록 지원한다는 비전도 갖고 있다. 이 법은 시행 직후 몇 년간 일부 성공을 거두었다. 대중들은 개인정보와 관련된 심각한 위험성을 깨닫게 되었다. GDPR은 사용자 데이터의 악용 혹은 오남용을 최소화하기 위해 전 세계의 웹사이트와 애플리케이션이 데이터 적용 방식을 재고하고 개선하도록 요구했다. GDPR을 위반하는 기업들은 거액의 벌금을 내야 한다.

하지만 GDPR의 규정 중 일부 세부 사항은 현실적으로 적용이 어려운 측면이 있다. 무엇보다 인공지능의 발전에는 커다란 걸림돌로 작용한다. 현행 GDPR은 기업들이 사용자의 데이터가 어떻게 사용될지 사용자에게 투명하게 알려야 한다고 규정한다. 기업이 사용자 데이터를 수집하기 위해서는 특정 목적에 대한 사용자의 명시적 동의가 필요하다(예컨대 전자상거래의 주문 배달을 용이하게 하려는 목적만으로 페이스북에 당신의 주소를 알려주는 것). 데이터는 허가되지 않은 사용, 유출, 도난으로부터 보호되어야 한다. 인공지능에 의한 자동화된 의사결정 시스템이 있다면 사용자에게 그 내용과 절차를 설명할 수 있어야 하고, 사용자의 요청이 있을 때는 인간 개입이 허용되는 시스템으로 전환될 수 있어야 한다.

나는 GDPR이 제시한 목표(투명성, 책임성, 기밀 유지)의 취지가 모두 훌륭하고 고귀하다고 생각한다. 하지만 현행 방식으로는 이러한 목표들을 달성하기 어려우며, 여러 가지 측면에서 오히려 역효과를 낼 수도 있다. 가령 특정 목적으로 수집된 데이터의 사용을 제한하기가 쉽지 않다. 인공지능은 산발적이고 확장적으로 작동하므로 데이터 수집이 시작될 때 각 데이터의 사용 목적을 모두 열거하기란 사실상 불가능하기 때문이다. 예컨대 지메일이 당신의 모든 메일을 저장하는 건 당신이 이메일을 검색하고 찾아내는 데 도움을 주기 위해서였다. 하지만 이후 지메일은 새로운 자동완성 기능을 개발하면서 사용자의 검색을 돕기 위해 저장했던 메일 데이터를 인공지능 학습에 사용해야 했다. 사용자들이 데이터 수집에 동의하면서 각 기업이 제시하는 데이터 사용 관련 약관의 내용을 제대로 읽어볼 것이라는 기대 역시 그다지 현실적이지 않다.

GDPR은 인공지능의 의사결정에 관심이 있거나 걱정이 되는 사용자에게 그 의사결정에 개입할 수 있는 권리를 주도록 정하고 있다. 하지만 인간은 인공지능만큼 의사결정을 잘할 수 없으므로 이러한 규정은 오히려 혼선을 빚을 우려가 있다. GDPR의 데이터 최소화 및 데이터 보존 관련 요구 조항 또한 인공지능 시스템의 발목을 심하게 잡을 것이다.

정보 보호라는 측면만 생각할 때 대부분 사람은 GDPR과 다른 규제를 통해 그들의 개인정보에 대한 소유권을 되찾길 원할 것이다. 하지만 집적된 데이터가 없으면 대부분 소프트웨어와 애플리케이션이 완전히 기능을 잃진 않더라도 상당히 '멍청'해질 것이라는 사실도 반드시 염두에 두면서 이 문제를 바라봐야 한다. 〈행복의 섬〉에서 우리는 목욕물(데이터 사생활 보호에 대한 우려)과 함께 아기(인공지능 서비스)를 버리는 대신 모든 데이터를 안전하게 맡길 '신뢰할 수 있는' 인공지능 기술을 발전시키고 구축하는 대안을 선택할 수 있음을 확인했다. 만일 '신뢰할 수 있는' 인공지능이 구글, 페이스북, 아마존이 우리에 대해 아는 모든 것과 그 이상을 안다면, 오늘날의 인터넷 서비스를 훨씬 뛰어넘는 기능을 제공할 것이다. 이 '신뢰할 수 있는' 인공지능이 우리에 대한 모든 것을 알게 되면 우리는 인공지능에 우리 자신을 위한 모든 데이터 요청에 응답하게 할 수 있다. 가령 세계 최대 음원 스트리밍 서비스 스포티파이Spotify가 우리의 위치를 알려고 할 때 혹은 페이스북이 우리의 주소를 원할 때 인공지능이 우리를 대신해 그들 기업이 제공하려는 서비스 혜택이 데이터를 제공하는 데 따르는 위험을 감수할 만한 가치가 있는지 판단해줄 수 있다. 이때 인공지능은 데이터를 통해 파악하고 있는 우리의 가치관과 취향 및 데이터를 요구하는 기업의 신뢰도를 바탕으로 우리 자신보다 훨씬 더 정확한 판단을 내릴 수 있을 것이다. 이렇게 되면 데이터 사용에 대한 동의를 구하는 질문에 응답해야 하는 번잡스러운 과정들이 대부분 사라지게 된다. 모든 데이터를 가진 '신뢰할 수 있는' 인공지능은 우리의 데이터 보호자이자 강력한 조력자가 될 것이며, 동시에 모든 애플리케이션의 인터페이스가 될 것이다. 이러한 새로운 질서는 본질적으로 데이터에 대한 새로운 사회 계약이라고 볼 수 있다.

우리의 모든 데이터 저장을 누구에게 믿고 맡길 수 있는가?

신뢰할 만한 인공지능이 있다고 할 때 과연 그 인공지능에 우리의 모든 데이터를 믿고 맡겨도 된다고 어떻게 확신할 수 있을까? 이러한 인공지능은 훨씬 더 많은 데이터를 보유하게 될 텐데 그렇다면 지금의 구글이나 페이스북보다 훨씬 더 의심스럽고 두려운 존재가 되지는 않을까? 인공지능이 가진 데이터는 우리가 감추고 싶은 감정들을 드러낼 텐데, 이럴 때는 어떻게 해야 할까?

근본적인 문제는 인공지능 소유자의 이해가 인공지능 사용자의 이해와 다를 때 사용자가 피해를 볼 수밖에 없다는 점이다. 우리는 이것을 〈황금 코끼리〉, 〈가면 뒤의 신〉, 〈양자 대학살〉, 〈구원자 이야기〉 등 앞의 여러 이야기에서 살펴봤다. 이 책이 아니더라도 구글과 페이스북을 중심으로 이 문제를 다루는 글은 꽤 자주 접할 수 있다. 문제의 핵심은 상장기업인 구글과 페이스북의 인공지능 기능은 비즈니스 최적화일 수밖에 없다는 점에 있다. 즉, 이 기업들의 인공지능이 최적화하려는 것은 정작 데이터를 제공한 사용자들의 관심사와는 거리가 있다는 것이다. 구글과 페이스북의 인공지능에 우리의 목적함수를 사용하라고 요청해봐야 아무 소용없다. 그렇게 하면 그들 기업의 수익이 떨어질 테니 말이다. 우리가 신뢰할 수 있는 인공지능 소유자는 상업적 이익을 최적화해야 할 압박을 받지 않는 주체여야 한다. 충돌하는 이해관계나 반대급부 없이 사용자들의 이익을 자연스럽게 수용할 주체 말이다.

과연 어떤 주체가 사용자와 이해관계를 같이할 수 있을까? 〈행복의 섬〉에는 '작고 부유한 국가의 자비로운 군주'라는 만화 같은 예가 등장한다. 이 군주는 프로이센의 프레더릭 대왕의 말을 빌리자면 이렇게 말하고 있는 셈이다. "나의 주된 임무는 내가 할 수 있는 모든 수단을 동원해 백성들을 계몽하고, 도덕성을 함양하고, 인간의 본성대로 행복하게 살도록 해주는 것이다." 프레더릭 대왕처럼 그 군주는 자신의 통치권이 백성들을 삶을 개선할 수 있는가에 달려 있다고 생각한다. 자애로운 군주에게는 백성들로부터 강한 신뢰를 얻고 큰 변화를 실행할 수 용기도 있다. 17~18세기 계몽 군주들은 계몽주의 시대를 여는 데 핵심적인 촉매제 역할을 했다. 그러므로 우리가 신뢰할 수 있는 강력한 데이터 집적 인공지능의 촉매제를 찾으면서 자애로운 군주를 출발점으로 삼는 건 별로 이상하지 않다. 또 나는 향후 20년 동안 국민의 지지를 받는 강력한 지도자가 통치하는 작은 국가들이 기술 채택에 있어서 획기적인 결정을 내릴 가능성이 가장 크다고 예측한다.

다른 가능성도 상상할 수 있다. 구성원들의 데이터 사용법과 보호에 관한 공동의 이해를 바탕으로 공동의 가치를 공유하고 공동체의 모든 구성원을 지원하기 위해 자신의 데이터를 기꺼이 제공하는 사람들로 구성된 21세기 디지털 '코뮌'*은 어떨까? 이런 공동체에 대한 실험을 연구하는 학술 프로젝트가 현재 교수, 직원, 학생 등의 자발적인 참여로 진행되고 있다. 또 다른 가능성은 위키피디아Wikipedia와 같은 오픈소스 운동과 유사한 비영리 인공지능을 개발하는 것이다. 누군가 (비트코인처럼) 한 개인이나 단체에 의해 통제되거나 영향을 받지 않는 분산형 블록체인 네트워크를 구축할 수도 있다. 분산 네트워크에 개인정보를 저장하

---

* 코뮌commune은 원래 11세기부터 13세기에 프랑스에서 발달한 도시의 자치 단체를 일컬었으나 오늘날에는 일련의 사람들이 갖은 의도를 갖고 공동의 이익, 재산, 소유, 자원 등을 공유하는 공동체를 가리킨다.

는 것은 비트코인을 저장하는 것보다 어려운 문제지만 절대 해결할 수 없는 문제는 아니다. 이러한 종류의 주체들은 상장기업과 비교해 사용자의 이해에 부합하는 방향으로 움직일 가능성이 훨씬 더 크다.

시간이 지나면서 케이크(강력한 인공지능)를 손에 갖고 있으면서 동시에 먹는 일(인공지능 소유자가 제공하는 데이터 보호)을 가능하게 해줄 기술적 해법이 등장할 수 있다. '프라이버시 컴퓨팅'[**]이라는 새로운 분야가 출현해 데이터 프라이버시 문제의 해법을 찾기 위한 다양한 탐색이 이뤄지고 있다. 가령 연합학습은 여러 분산형 장치 또는 로컬 데이터 샘플을 보유한 서버에서 인공지능 알고리즘을 교환하지 않고 학습하는 머신러닝 기술이다. 연합학습은 중앙 인공지능 소유자가 데이터를 볼 수 없는 상태에서 이뤄지는 중앙집중식 훈련이라 할 수 있다. 동형 암호화[***]로 알려진 또 다른 방법은 인공지능 소유자가 해독할 수 없는 방식으로 데이터를 암호화한다. 인공지능은 이 암호화된 데이터를 바탕으로 훈련된다. 이는 아직 딥러닝에서 구현되기 어려운 기술이고 비약적인 기술 발전이 이뤄지는 미래에 가능해질 것이다. 마지막으로, 메인 프로세서의 보안 영역인 TEE[****]는 암호화되고 보호되는 데이터를 읽고 인공지능이 칩에서 훈련하도록 데이터를 복호화하는데, 이때 복호화된 데이터는 칩을 결코 떠나지 못한다. TEE의 한 가지 위험은 칩 제조 기업이 정직하지 않을 경우다). 이러한 기술들 모두 개인정보를 완벽하게 보호하면서 동시에 강력한 인공지능을 구현하는 것을 막는 장애물이나 기술적 문제를

[**] privacy computing. 데이터 자체의 외부 유출 없이 데이터 분석 계산을 가능하게 하는 제품 및 서비스 개발 분야로 암호학과 신뢰할 수 있는 하드웨어의 두 분야로 나뉜다.

[***] homomorphic encryption. 데이터를 암호화된 상태에서 연산할 수 있는 암호화 기술

[****] TEE Trusted Execution Environment (신뢰실행환경)는 내부에 업로드는 되는 코드와 데이터를 보호하는 메인 프로세서의 보안 영역이다. TEE를 사용하면 높은 수준의 안정성과 보안을 갖춘 완전한 시스템을 구성할 수 있다. 개인정보가 많은 스마트폰에 주로 사용되며, 또 프리미엄 콘텐츠 보호, 디지털 권리 관리, 모바일 금융 서비스, 기업 클라우드, 정부의 인증 서비스 등에도 적용된다.

아직 갖고 있다. 하지만 향후 20년간 데이터 문제에 대한 조사가 늘어나서 개인정보 보호를 위해 프라이버시 컴퓨팅 기술을 사용하는 데 상당한 진전이 있을 것으로 예상한다. 2041년까지 프라이버시 컴퓨팅은 완전히 보편화되진 않더라도 〈행복한 섬〉에서 제시하는 시나리오에 적용될 만큼은 충분히 성숙할 것이다.

분명히 존재할 회의론자들에게는 여기서 제안한 접근법들은 만병통치약이 아니며 GDPR을 비롯한 여러 방법과 함께 우리가 탐구해봐야 할 가능성이란 점을 꼭 이야기하고 싶다. 우리 인간은 인공지능만큼 강력한 무언가를, 그리고 데이터 보호만큼 어려운 무언가를 별로 경험해보지 못했다. 그래서 우리는 해법에 대해 열린 마음을 갖고 현상을 유지하면서 신중하게 실험을 해나가는 균형을 잘 잡아야 한다.

아직도 가장 소중한 데이터를 제삼자에게 맡기는 것이 터무니없는 생각이라고 여긴다면, 우리 대부분이 은행 금고와 같이 확실한 제삼자에게 가장 소중한 물리적 소지품을 맡겨 보관하는 관행에 대해 생각해보라. 게다가 주식은 증권회사에 맡기고, 비트코인은 인터넷에 맡긴다. 데이터에 대해서만 그렇게 할 수 없는 이유는 무엇인가? 모든 데이터를 우리와 같은 이해관계를 가진 신뢰할 만한 주체에게 맡길 수 있다면 우리는 가장 강력한 인공지능의 도움을 받아 지속 가능한 행복을 찾을 수 있으며, 더 이상 수많은 애플리케이션의 데이터 사용에 동의할지 말지를 생각할 필요도, 데이터 도난이나 오용에 대해 걱정할 필요도 없을 것이다. 이 신뢰할 만한 주체가 자애로운 군주이든 오픈소스 코뮌이든 아니면 분산형 블록체인 시스템이든, 신기술의 발전이 계속해서 우리의 데이터를 더 안전하게 지켜줄 것이라 기대하면서 동시에 이 강력한 인공지능이 주는 전례 없는 혜택을 누릴 수 있을 것이다.

10장

풍요를 꿈꾸다

꿈을 잃은 자는 길을 잃은 것이다.

_호주 원주민 속담

AI
2041

+ NOTE

미래에는 인공지능과 다른 기술들 덕분에 거의 모든 상품의 가격이 낮아질 것이며 대부분 재화는 비용을 거의 들이지 않고 생산될 것이다. 인류 역사상 처음으로 선진국들은 빈곤과 기아를 퇴치할 수 있을 것이다. 그렇게 되면 돈은 단계적으로 사라지지 않을까? 그렇게 되면 무엇이 돈을 대신해 사람들이 의미와 목적이 있는 삶을 살도록 동기를 부여하게 될까? 지금의 경제 이론이 계속 적용될 수 있을까? 호주를 배경으로 한 이 이야기는 미래의 '탈희소성post-scarcity'의 세상에서 사용되는 두 가지 화폐를 소개한다. 하나는 국민이 생활필수품을 얻는 데 사용되는 카드이고, 다른 하나는 지역사회에 대한 봉사를 통해 평판과 존경을 얻어 획득할 수 있는 새로운 가상화폐. 기술분석에서 나는 '풍요로움'이 어떻게 경제 이론들을 무용지물로 만들지 설명하고, 풍요로움에 이어 나타날 '싱귤래리티singularity' 현상에 대해서도 살펴볼 것이다.

키라는 현관에 선 채로 새로운 일터를 죽 둘러봤다. 집의 입구는 널찍하면서도 안락했다. 나무로 만든 콘솔 탁자 위에는 귀해 보이는 산호 표본과 호주 원주민의 공예품이 놓여 있었다. 집주인을 기다리면서 그녀는 방들도 살짝 들여다보았다. 특히 벽에 나란히 걸려 있는 사진들이 눈길을 끌었다. 대부분 생기 있는 미소를 띤 검은 머리의 여자가 바다에서 보낸 세월을 기념하는 사진들인 듯했다. 사진 속 여자는 호주의 산호해에 떠 있는 해양탐사선에서 다양한 해양 동물들과 함께 웃고 있었다.

키라는 사진 속 여자가 젊은 시절의 요안나 캠벨이라는 걸 알았다. 유명한 해양생태학자인 캠벨은 산호초 보존을 연구하는 데 평생을 바쳤다. 현재 일흔한 살인 캠벨은 자녀도 친척도 없이 브리즈번 외곽의 스마트 은퇴자 마을에 있는 주택에 살고 있었다. 현지인들은 '인공지능 마을'이라고 부르는 이 은퇴자 마을의 공식 명칭은 '선샤인빌'이었다. 마을의 각 세대는 인공지능이 설계하고 로봇이 조립식 모듈을 조립해 지었다. 인공지능은 브리즈번의 노인들로부터 수집한 데이터를 바탕으로 거주자의 공간 사용을 최적화하기 위해 모든 문, 창문, 벽장, 기구, 화장실을 맞춤형으로 제작했다. 집 안의 센서들이 매일 거주자의 생활 습관과 생체 지표를 측정하면 이에 따라 마을의 인공지능 시스템이 개별 맞춤형 조언을 제공했다.

키라는 꽤 오랫동안 자신이 가지고 온 커다란 가방과 함께 현관에 서 있었다. 이번에는 호주의 작은 원주민 마을인 파푸냐 전통의 고전적인 예술 작품이 눈길을 끌었다. 여러 색깔의 점들이 사이키델릭하고 몽환적인 소용돌이로 표현된 밝은색의 그림이었다. 키라는 그림에 빠져들었다. 호주 중부의 맥도널산맥에 자리한 작은 마을인 앨리스스프링스에 있는 고향집이 떠올랐다. 키라는 XR 글라스를 사용해 그림에 대한 정보를 얻고자 그림을 스캔하고 '집'이라는 제목의 폴더에 저장했다.

"여기 온 사람들 모두 이 그림을 좋아해요. 아름답죠?"

키라는 등 뒤에서 들리는 쉰 목소리에 깜짝 놀랐다. 요안나 캠벨이 전동 휠체어에 앉아 있었다. 나이가 들어 생긴 은빛 머리와 작은 체구를 보니 사진 속의 탄탄하고 생기 넘치는 여성과는 확연히 달라 보였다. 그렇지만 방문객을 유심히 살펴보는 눈빛만은 예전처럼 밝고 날카로웠다.

"네, 캠벨 여사님. 저는 키라라고 합니다. 선샤인빌의 주민서비스팀이 제가 오늘 온다고 미리 말씀드렸죠?"

"아, 아가씨가 내 집에 알아서 들어올 거라고는 말해주지 않았어요. '아가씨'라고 불러도 되나? 나는 젊은 사람들 나이를 잘 모르겠더라고."

키라는 얼굴을 붉히며 서둘러 해명했다. "정말 죄송해요! 현관 벨을 여러 차례 눌렀는데 답이 없어서 주민서비스팀이 알려준 비밀번호를 누르고 들어왔어요."

"그 사람들이 왜 로봇을 보내지 않는지 이해가 안 되네." 요안나가 혼잣말처럼 중얼거렸다. "그들이 보낸 마지막 요양보호사는 내 그림들에서 눈을 떼지 못하더군요. 눈에서 탐욕이 보이더라고. 그래서 오래 데리고 있지 않았어요. 아가씨는 내 물건들에 대해 바보 같은 짓을 저지르지 않을 거지? 이름이 뭐라고 했더라?"

"키라예요." 키라의 목소리에서 약간의 소심함이 묻어났다. "물론 아닙니다. 제 일은 여사님을 보살피는 겁니다, 캠벨 여사님."

"하! 늙으면 다 이렇게 다른 사람의 손을 빌리지 않으면 안 된다니까. 여기 얼마나 오래 있을 거죠?"

"제가 이 집에 온 건 스마트 손목밴드 매칭 프로그램이 결정한 겁니다. 저는 아마…" 키라는 왼손을 들어 여러 색의 불빛이 반짝이는 스마트 손목밴드를 보여주었다. "주쿠르파 프로젝트에서 제 일이 완수되었다고 결정할 때까지 있을 겁니다."

"제발 쉬운 영어로 말해요." 요안나가 화를 내며 말했다.

"아! 주쿠르파는 왈피리어인데 영어로는 '꿈꾸다'라는 뜻이에요. 아시겠지만 원주민의 기원 신화에서 온 말이죠. 솔직히 말씀드리면 제가 보기엔 원주민들의 비위를 좀 맞춰주려고 정부가 이 프로젝트에 주쿠르파라는 이름을 붙인 것 같아요." 키라는 별 감흥이 없는 말투로 설명하고는 다시 밝은 목소리로 말을 이어갔다. "여기 오기 전에 여사님에 대해 많은 이야기를 들었어요. 대단하시더라고요!"

사실 키라는 주민서비스센터에서 의료 담당자에게 요안나 캠벨이 다루기 힘든 사람이라는 말을 전해 들었다. 그녀를 담당했던 모든 요양보호사가 그녀의 성질을 견디지 못하고 일을 그만두었다고 했다.

"아, '꿈 프로젝트.' 이제 기억나네. 우스운 이름이지. 그 프로젝트에 대해 많이 들었지만 내가 기억력이 예전 같지 않아서." 요안나는 키라의 칭찬을 무시하고 말을 이어갔다. "나를 돌보는 대가로 얼마나 받죠?"

"주크르파 프로젝트는 제게 현금이 아닌 '물라moola'로 급여를 지급합니다."

"이해 못 할 젊은이들의 세계로군." 요안나가 키라의 말을 자르며 말했다. "아가씨는 호주의 건국기념일을 축하하지 않을 것 같은데?"

"음… 1월 26일에 있었던 불미스러운 사건 때문에 10년 전에 투표로 건국기념일이 5월 8일로 바뀌었죠. 그런데 5월 8일의 발음이 꼭 메이트mate처럼 들리는 것 같아요."* 말을 마치며 키라가 어색하게 웃었다.

"바보 같은 소리." 요안나가 동의할 수 없다는 듯 손을 저으며 말했다. 그녀는 휠체어를 돌려 거실로 향했다. 키라는 어쩔 줄 몰라 하며 멍하니 서 있었다. 그때 요안나의 목소리가 들려왔다.

"칼라! 내 안경 좀 찾아줘요. 안경이 없으면 아무것도 읽을 수가 없어."

"갑니다!" '칼라'가 자신을 가리킨다는 것을 알아챈 키라가 소리쳤다. 그녀는 길게 심호흡하고 요안나를 따라 거실로 갔다.

---

* 5월 8일(May eighth)을 빠르게 읽으면 'mate(친구, 조수)'와 발음이 유사하다.

지난해 요안나의 스마트홈은 그녀가 알츠하이머 초기 증세를 보인다고 판단했다. 처음에는 냉장고 문을 여닫는 일로 소동을 벌이더니 열쇠 같은 물건들을 엉뚱한 곳에 두고서 찾는 데 점점 오래 걸리기 시작했다. 늘 보던 사람들의 이름과 얼굴도 생각해내지 못했다. 수백만 명의 호주인들로부터 수집해서 축적한 데이터를 바탕으로 학습한 선샤인빌의 인공지능은 결코 이러한 신호들을 놓치는 법이 없었다.

스마트홈이 아무리 많이 발전된 기술이라 해도 그것만으로는 요안나의 정신 상태가 나빠지는 속도를 따라갈 수 없었다. 요안나의 주치의는 인간이 함께 지내면 증세가 완화되는 데 도움이 될 거라고 조언했다. 선샤인빌의 주민서비스센터에서는 주쿠르파 프로젝트에 요안나와 함께 지낼 사람을 선발해달라고 요청했다. 사실 키라 전에 이미 여러 명의 요양보호사가 거쳐 간 뒤였다.

키라가 요양보호사가 된 사연에는 별로 특별할 게 없었다. 2041년 기준으로 호주에서 65세 이상 인구는 전체 인구의 35퍼센트를 차지했다. 동시에 인공지능의 발전과 그에 따른 일자리 자동화로 실업률이 치솟았다. 호주 정부는 일자리 재배치 프로그램을 통해 실업률을 12퍼센트 수준으로 유지하려 애썼다. 이러한 고용 변동으로 가장 큰 타격을 입은 연령 집단은 25세 미만의 청년층이었다. 그 가운데서도 가장 취약한 사람들은 청년 원주민들이었다. 부분적으로는 오랜 세월 계속된 뿌리 깊은 차별 때문이었다. 교육, 취업, 사회적 계층 이동성과 수명에서 그들은 호주인의 평균에 훨씬 미치지 못했다.

많은 사람이 힘들게 살아갔지만 그렇다고 해서 호주를 저개발 국가나 혁신이 없는 국가로 볼 수는 없었다. 풍부한 천연자원과 '인공지능 우선순위'라는 국가개발전략 덕분에 호주는 신에너지, 소재과학, 보건의료 기술 분야에서 세계 최고의 위치를 차지하게 되었다. 호주 정부는 태양광, 풍력과 같은 재생에너지를 적극적으로 채택하는 동시에 저비용의 고성능 리튬이온 배터리를 활용해 에너지 비용을 거의 제로에 가깝게 낮추었다. 더불어 온실가스 배출을 완전히 없애는 데 성공해 세계에서 가장 먼저 '탄소 중립'을 달성한 첫 번째 국가 중 하나가 되었다. 유전학과 정밀의학의 발전에 힘입어 호주인의 기대수명은 87.2세에 달했다. 이러한 발전에 안정적인 금융 시스템과 아름다운 자연환경, 포괄적인 복지 시스템이 더해져 수백만 명의 이민자들이 호주로 유입되는 이유가 되었다. 대부분 호주에서 은퇴 후 여생을 보내길 바라는 부유층이었다.

그렇지만 정부 지도자들이 중요한 국가적 문제들을 해결하고 글로벌 엘리트가 모이는 나라로 만들기 위해 했던 모든 노력에도 불구하고 뿌리 깊은 불평등이 청년층의 분노를 촉발했다. 청년들의 눈에 호주는 소외 집단을 위한 경제적·사회적 정의를 이루지 못한 채 부국이 된 나라였다. 2030년대 초에 스스로 소외 집단이라 느끼고 밝은 미래를 빼앗겼다고 여기는 청년들이 브리즈번과 전국의 여러 도시에서 거리로 나와 좌절감을 표출했다. 시위는 평화적으로 시작되었으나 곧 폭력과 범죄, 충돌이 발생했고 이 혼란은 전국으로 확산되었다.

2036년에 호주 정부는 이러한 사회적 불안에 대처하고자 주쿠르파 프로젝트를 출범시키며 '호주는 국민을 잘 보살필 것'이라고 천명했다. 혁신과학부에서 주도한 이 프로젝트는 두 부분으로 구성되었다. 하나는 기초생활카드의 도입으로 이는 가입한 모든 국민이 식료품, 주거, 공공서비스, 교통, 건강, 심지어 기초적인 여흥과 의복 비용을 충당하기 위해 매달 지원금을 받는 제도였다. 이 모든 건 기술 혁명이 가져온 막대한 부와 거의 무상으로 사용하게 된 청정에너지 덕분에 가능했다.

주쿠르파 프로젝트의 두 번째 부분은 '물라'라고 불리는 가상의 신용 및 보상 시스템 구축이었다. 이 시스템은 아동들을 보살피고 공공장소를 깨끗하게 관리하는 일과 같은 지역 자원봉사에 참여하는 사람들에게 일정한 보상을 해주는 제도였다. 참가자들의 스마트 손목밴드는 봉사 활동에서 각종 음성 데이터를 수집하고 인공지능의 도움을 받아 계량화했다. 난이도, 지역사회 및 문화에 대한 기여도, 혁신 정도, 자기계발, 그리고 가장 중요하게는 봉사의 수혜자인 개인과 지역사회의 만족도를 포함하는 여러 변수를 근거로 점수가 매겨졌다. 손목밴드는 수집된 데이터를 바탕으로 참가자가 획득한 물라를 실시간으로 산정했다. 물라 점수는 참가자의 손목밴드에 표시되었고, 고득점자의 밴드일수록 더 밝은 색으로 빛났다.

정부는 물라를 도입함으로써 물질적 부가 아닌 명예로운 봉사, 사회적 연대와 소속감을 개인의 가치에 대한 진정한 척도로 확립하고자 했다. 하지만 사실 물라는 화폐를 대신하는 일종의 '개인 신용' 점수로 활용된다는 측면에서 실용적인 이점이 더 컸다. 가령 고용주들은 일자리에 지원한 후보자들을 평가할 때 물라 점수가 높은 지원자들을 우선 선발하게 되었다. 물라 점수가 높은 그룹의 사람들은 심지어 화성 기지에 살 수 있는 후보자가 되는 기회를 얻기 위한 경쟁에도 참여할 수 있었다.

하지만 프로젝트가 항상 설계자의 의도대로만 그리고 호주 정부 지도자들의 의도대로만 기능하지는 않았다. 정부는 야심 찬 목표를 가지고 이 제도를 도입했지만, 많은 청년이 물라를 단지 사회적 지위를 나타내는 또 하나의 지표로 취급했다. 그들은 손목밴드의 색깔을 또 하나의 자랑거리, 즉 부를 대신하는 상징으로 간주했다. 가능한 한 단기간에 물라 점수를 높이기 위해 서비스 수혜자들을 매수해 가짜 대화와 상호작용을 조작하는 방식으로 이 시스템을 악용하려는 청년들도 있었다.

데이터에 따르면 이 제도에 등록된 그룹들 가운데 원주민 그룹의 물라 점수 상승률이 전체 평균보다 현저히 낮았다. 대중들은 주쿠르파 프로젝트의 시행 첫날부터 이 제도가 인종차별주의를 악화시킬 가능성이 없는지 매섭게 살폈다. 물라 점수가 기본적으로 타인의 인정과 신뢰를 바탕으로 산정된다는 점에서 늘 온갖 편견에 시달리는 원주민에게는 점수를 얻는 것이 상대적으로 더 어렵진 않을까?

정부는 이러한 비판에 맞서 주쿠르파 프로젝트를 옹호하고 나섰다. 혁신과학부의 대변인인 윌리엄 슈왈츠 주니어 박사는 기자회견에서 이 프로젝트가 미래지향적인 사회적 투자라고 했다. "사랑과 소속감, 정의와 존중이 없는 사회는 반드시 무너집니다. 주쿠르파 프로젝트의 핵심은 젊은 세대에 대한 신뢰를 재구축하는 것입니다. 우리는 누구나 이 풍요의 섬 호주에서 인종과 민족에 상관없이 꿈을 이룰 수 있다고 믿습니다."

주쿠르파 프로젝트의 첫 번째 목표는 25세 미만의 실업자들인데 그중 원주민이 35퍼센트에 달했다. 호주 전체 인구에서 그들이 차지하는 비율인 5퍼센트를 훨씬 웃도는 수치였다. 스물한 살인 키라 나마트지라는 이 프로젝트에 참여하는 원주민들 가운데 한 명이었다.

+ + +

요안나는 가끔 이상한 일을 시키기도 했지만 키라가 선샤인빌의 생활에 적응하는 데는 그리 오랜 시간이 걸리지 않았다. 다른 주민들은 긴 곱슬머리의 원주민 소녀를 지역사회의 일원으로 환영했다. 시간이 지남에 따라 많은 사람이 그녀를 매우 좋아하게 되었다. 키라는 요안나를 돌보는 일 외에도 전일제 요양보호사의 도움을 받지 못하는 사람들을 위해 작은 봉사 활동을 자주 했다. 키라가 배달, 빨래 널기, 개 산책 등의 도움을 주면 주민들은 긍정적인 피드백을 주면서 그녀의 손목밴드에 있는 '서비스 확인' 버튼을 기꺼이 클릭해주었다. 그러면 손목밴드에서 여러 색의 빛이 반짝이며 멜로디가 흘러나왔다. 물라 점수가 올라갔다는 알림이었다.

요안나가 집에서 하는 일상적인 일을 돕는 것으론 그다지 만족을 얻지 못했던 키라는 주민서비스팀의 의료지침에 따라 요안나의 인지 기능을 전반적으로 점검하는 역할도 맡았다. 거칠고 공격적인 성향의 요안나에게는 키라와 같은 사람이 꼭 필요했다.

"캠벨 여사님, 방금 읽으신 기사를 제게 말씀해주실래요?" 하루는 둘이 함께 부엌 식탁에 앉아 있을 때 키라가 물었다.

"멸종 위기에 처한 해양 생명체에 관한 글이야. 왜 물어보지? 학교에서 더 이상 독해 수업을 안 하나?" 요안나가 독서 안경 너머로 키라를 노려보듯이 쳐다봤다.

"여사님, 약통을 어디에 뒀는지 기억하시나요?"

"나를 무안 주려고? 내가… 잠깐만." 요안나는 주머니에 손을 넣어 더듬다가 약 상자 하나를 꺼내면서 숨겨진 선물을 발견한 아이처럼 기뻐 외쳤다. "하, 이럴 줄 알았어. 내 주머니 안에 있다고!"

"여사님, 어제 점심으로 뭘 먹었는지 기억하세요?"

요안나가 키라를 쳐다보면서 인상을 찌푸렸다. "수프, 달걀 커스터드, 샐러드 그리고 과일. 아, 맞다. 필레미뇽도 먹었지. 사람들이 고기가 실험실에서 자란 거라며 어떤 동물도 해치지 않았다고 말했어. 그래서 먹어보기로 한 거지. 내가 기억하는 소고기 맛과 똑같아. 이것 봐, 코알라 아가씨. 이제 나를 바보 취급 좀 하지 말아줘."

키라는 찡그린 표정을 지었다. 이제 그녀는 이 노부인의 방식에 익숙해진 상태였다. 그녀의 쇠퇴하는 인지 능력이 무례한 말로 표현될 때조차 연민을 느꼈다.

"사실, 어제 여사님이 배가 안 고프다고 하셔서 점심은 건너뛰었어요. 그리고 제 이름은 코알라가 아니라 키라예요."

요안나는 이 말을 듣고서 평소와 달리 발끈하지 않았다. 아무 말도 없이 망연자실한 표정을 지었다. 몇 분 후 한숨을 내쉬었다.

"도대체 나에게 무슨 일이 생기는 건지 모르겠어. 의사 말로는 내 증세가 그다지 심각한 건 아니라던데. 기다리는 수밖에." 혼잣말처럼 중얼거리던 요안나가 갑자기 고개를 다시 들었다. 두 눈이 희망으로 반짝였다. "내가 언제 수술을 받을 수 있는지 알아?"

키라는 요안나가 초기 알츠하이머 환자들을 위한 유전자 정밀 치료를 말한다는 걸 알았다. 하지만 호주의 보건의료 시스템이 포괄적이긴 해도 치료를 원하는 사람들이 너무 많아서 비용이 많이 드는 일부 치료들은 받기 어려웠다. 유전자 정밀 치료의 경우에는 수개월 혹은 수년씩 대기해야 했다. 키라는 요안나가 그 치료를 받을 때쯤이면 이미 증세가 너무 심각해져 더 이상 치료 효과가 없지 않을까 염려되었다.

"조만간 받을 수 있을 거예요. 몇 주만 더 기다리시면 돼요." 키라는 요안나가 이 대화를 기억하지 못하리라 생각하며 안심시켰다. "때가 되면 꼭 알려드릴게요."

"이상해. 어제 점심을 먹었는지조차 기억하지 못하는데 젊은 시절 기억은 여전히 생생하단 말이야."

"기억나는 걸 말씀해보세요." 키라는 쪼그리고 앉아 손바닥을 요안나의 무릎에 대고 격려의 눈으로 그녀의 눈을 바라봤다.

"내 기억에 따르면…" 요안나는 창밖에 펼쳐진 햇살이 가득한 세상을 응시하다 멍해졌다. 여러 생각이 펼쳐지며 바람을 타고 날아가 또 다른 시대로 항해를 시작했다.

+ + +

1992년, 젊은 요안나는 한창 일에 빠져 있었다. 피부는 오랜 시간 따가운 햇볕을 받아 그을리고 머리카락은 바닷바람에 빛이 바랬다. 그녀는 한 번에 수개월 동안 탐사선에 머물며 병들어 있는 세계 최대의 산호초 군락인 그레이트배리어리프의 생태계에서 기후변화와 수질 오염을 연구했다. 퀸즐랜드의 북동쪽 태평양에 자리한 34만 8,700제곱킬로미터에 달하는 그레이트배리어리프는 수억 개의 해양 생물들이 사는 '해양 왕국'이었다. 하지만 이 해양 왕국은 기온 상승, 지속 가능하지 못한 어획 관행, 산호를 먹고 사는 악마 불가사리 때문에 서서히 죽어가고 있었다. 요안나는 그레이트배리어리프가 파괴되는 것을 막기 위해 무엇이든 하려 했다.

2004년, 요안나는 결혼 생활을 청산한 후 그녀가 사랑하는 바다에 모든 걸 쏟아부었다. 바다는 그녀의 영원한 친구이자 부부 사이를 갈라놓은 원인이기도 했다. 그해 6월 호주 정부가 동성 결혼 인정을 거부한 후 한 단체의 활동가들이 그레이트배리어리프의 남동쪽에 있는 무인도들 가운데 하나에 항의의 표시로 동성애의 상징인 무지개 깃발을 꽂고서 그 섬을 독립적인 피난처라고 선포했다. 요안나는 그 섬의 생태계가 취약하므로 사람이 살아선 안 된다고 설득하기 위해 홀로 활동가들을 찾아갔다. 그녀가 해수 온도 상승으로 인한 세 번째 글로벌 산호 백화로 그레이트배리어리프의 40퍼센트가 파괴될 것이라고 경고했는데도 활동가들은 그녀에게 "정작 인간의 '다양성'에 대해서는 관심이 없냐"고 항의하며 철수를 거부했다.

2023년, 요안나는 더 이상 혼자 싸우지 않았다. 그녀는 과학자로 구성된 팀을 이끌며 그레이트배리어리프가 기후변화에 더 잘 대응하고 복원력을 키우도록 하기 위한 기술을 연구했다. 이제 머리가 희끗희끗해진 요안나는 신세대 해양과학자들이 내놓은 혁신 기술들을 자세히 연구했다. 그들은 인공지능 알고리즘이 지정한 지역에 산호 유충을 심고 잠수 로봇 센서를 이용해 산호의 성장을 모니터했다. 산호에 내리쬐는 햇살의 강도를 줄이기 위해 그레이트배리어리프의 수면을 생체소재로 만든 친환경 필름으로 덮어보기도 했다. 요안나는 바닷속 생물들의 공생관계에서 중요한 역할을 하는 미생물인 황록공생조류*를 유전적으로 조작하자는 제안에 신이 났다. 해수 온도 상승과 산성화가 황록공생조류의 건강에 영향을 미쳐 산호 백화를 유발하고 산호 성체를 죽음에 이르도록 했다. 이로써 산호가 삶의 터전인 무척추동물들과 물고기들이 떠나거나

---

* 산호, 말미잘 등의 바닷속 무척추동물을 숙주로 해서 그 체내에 공생하는 갈색, 황갈색, 황금색 등의 단세포체로 '갈충조'라고도 한다. 이 황록공생조류의 광합성에 의한 물질 생산이 산호초 형성의 에너지원이 된다.

죽어버림으로써 생태계 자체가 파괴될 터였다.

"우리가 황록공생조류를 통해 생태계 복원력을 강화할 수 있다면…" 요안나가 그녀의 이야기에 흠뻑 빠져 듣고 있는 키라에게 말했다. "산호는 원래 상태를 회복해 본연의 색을 되찾고 성체는 필요한 영양분을 얻을 수 있지. 우리는 정말 그게 그레이트배리어리프를 구할 수 있다고 생각했어."

요안나는 일에 관해 이야기할 때는 완전히 다른 사람이 되었다. 멍한 눈빛은 사라지고 기억은 날카롭고 생생했다. 말하는 동안에는 활짝 핀 산호초처럼 아름다운 생명력을 발산했다.

"하지만 해내셨잖아요! 이제 모두가 여사님을 '그레이트배리어리프의 구원자'라고 부른다고요!" 키라가 외쳤다. "저는 여사님이 겪었을 고초들을 상상조차 하기 힘들어요…."

"가장 큰 어려움은 외부에서 오는 게 아니라 자기 안에서 오는 거야."

"잘 이해가 안 돼요."

"평생을 불가능해 보이는 목표에 전념하려면 믿음과 용기가 필요해. 특히 주변의 모든 사람이 돈을 버느라, 가정을 꾸리느라, 아이를 키우느라 바쁠 땐 말이야." 요안나는 미소를 지으며 말했다. 어조가 부드럽게 바뀌었다. "이제 내가 질문을 할 차례야. 물라를 버는 게 네가 여기 온 유일한 이유인가?"

키라는 뺨이 화끈거리는 걸 느꼈다. 요안나는 종종 키라의 이름조차 잊어버리거나 틀린 이름으로 불렀다. 그런데도 가끔은 이렇게 그녀의 속을 꿰뚫어 보는 것처럼 느껴졌다. 키라는 XR 분야의 기술 회사에서 안정적인 일을 얻으려 애쓰는 중이었고, 현재로선 주쿠르파 프로젝트에 등록해 선샤인빌에 오는 것이 최선이었다.

"그렇기도 하고 아니기도 해요. 처음엔 그게 동기였을지 모르지만, 이제 저는 타인의 존중을 받을 때 다른 어떤 일보다 더 행복하다고 느끼기 시작했어요."

"그렇다면 키라, 네가 나를 위해 한 가지만 약속해준다면 네 손목밴드인지 뭔지에 네가 서비스를 완수했다고 확인해줄 거야."

"뭐든 약속할게요!"

"소리치지 마. 내 뇌는 이미 엉망이지만 귀는 멀쩡하니. 내일 더 이야기해줄게. 이제 가서 자자고!"

요안나는 휠체어를 몰고 침실로 향했다. 키라는 또다시 부엌에 걸린 열대어 사진들에 시선을 고정한 채 멍하니 제자리에 서 있었다.

+ + +

요안나의 요구사항은 자신을 바다에 데려다 달라는 것이었다. 요안나는 기억에서 모든 것이 사라지기 전에 자신이 그토록 열심히 구하려 했고 삶에 중요한 의미와 목적을 안겨준 산호해를 다시 한번 보고 싶었다.

키라는 어찌할 바를 몰랐다. 요안나를 데리고 브리즈번에 있는 해변에 가보고 싶었으나 소풍을 가는 건 그녀의 근무 지침에서 벗어나는 일이었다. 더구나 전날 밤 또렷한 정신으로 대화를 나누긴 했으나 요안나의 건강은 눈에 띄게 나빠지고 있었다. 키라는 요안나의 몸이 여행의 고단함을 견디지 못할 테고 자신도 그 뒷감당을 할 수 없을 것 같았다.

키라는 요안나가 소원을 잊길 바라면서 온갖 변명을 늘어놓았다. 날씨가 나쁘다, 교통 체증이 심하다, 공휴일이다 등등. 하지만 요안나는 아이처럼 고집을 부리며 매일 졸라댔다.

"오늘 마을에서 파티가 있다고 하던데, 그럼 음식이랑 음료수랑 라이브 공연도 있을 거예요. 모두가 간다고요! 우리도 가죠!" 키라는 요안나의 관심을 딴 데로 돌리려고 이렇게 제안했다.

"싫어." 요안나는 바로 거절했다.

"요안나, 가자고요." 키라가 애원했다. 일주일 전에 요안나는 키라에게 더 이상 '캠벨 여사님'이라고 부르지 말라고 요구했다. 사람들이 부동산업자를 부를 때나 쓰는 말투라는 이유에서였다.

"나를 바다에 데려간다고 약속했잖아! 거짓말쟁이 같으니라고!"

"아니요, 전 그런 약속을 한 적이 없어요."

"스마트 손목밴드에서 확인을 안 눌러줘도 돼? 물라 점수가 중요하지 않아?"

"흠, 인공지능 시스템이 이 대화를 들으면 제 점수를 차감할 거예요." 키라가 속삭였다. 그녀는 XR 글라스를 벗고 눈을 비볐다. 글라스에 뜬 영상을 보느라 눈이 아팠다. 키라는 최근에 요안나를 돌보는 일 외에 다른 부업을 시작했다. 딩고테크DingoTech라는 회사에서 AR 제품 개발자로 자원봉사하는 일이었다. 그녀는 이 경험을 통해 언젠가 실제로 AR 기술 회사에 취업할 수 있을 거라 기대했다.

"왜 항상 안경을 쓰고 있지? 넌 아직 어려서 돋보기가 필요 없을 텐데." 투덜거리던 요안나는 갑자기 키라의 XR 글라스를 벗겨 자기가 썼다. 그녀는 글라스를 쓰자마자 놀라서 소리쳤다. "와! 모든 게 번쩍이네!"

"잠시만요, 맞게 조정해드릴게요." 키라는 요안나의 눈에 맞게 XR 글라스의 초점 매개변수를 조절했다. 흐릿한 빛 번짐이 사라지고 선명한 색깔의 점들이 보였다. 파푸냐 전통의 점묘화 스타일로 된 필터였다. AR 알고리즘이 현실의 풍경을 일종의 점묘화로 보여주었다. 주변 환경과 사용자의 머리 자세에 따라 점들의 패턴과 색이 실시간으로 바뀌면서 마치 바람 부는 날의 바다처럼 잔잔한 물결을 만들어냈다.

요안나는 눈앞의 광경을 보고 놀라 소리쳤다. "아름답구나! 네가 만든 거니?"

"네." 키라가 수줍어하며 답했다. "예술가가 되는 게 항상 꿈이었지만 저 같은 사람에겐 거의 불가능해요. 이게 차선책이죠."

"난 그렇게 생각하지 않는데." 요안나가 못마땅하다는 듯 얼굴을 찡그리며 말했다. "요즘 젊은 사람들은 항상 변명거리만 찾지."

"아니에요!" 키라는 요안나의 말이 끝나기 무섭게 외쳤다. 그녀는 감정이 북받쳐 오르는 걸 느낄 수 있었다. "변명이 아니에요. 저는 아렌테 부족의 원주민으로 사는 어려움에 대해 말하는 거예요."

"나는 너희 부족에 대해 들어본 적이 없어." 요안나가 말했다.

"우리 부족은 3만 년 동안 이 대륙에 살았어요. 하지만 지금 무슨 일이 우리에게 닥치고 있는지 한번 보세요!" 키라는 거의 외치다시피 말했다. 그 순간 그녀는 스마트 손목밴드가 무엇을 듣든지 상관하지 않았다. 숨을 깊이 들이마셨다. "우리 언어는 거의 사라졌어요. 사람들은 우리의 집을 빼앗은 후 정착지로 보내버렸어요. 지금은 대도시에 동화되어 살고 있죠. 우리 젊은이들에게, 맞아요, 네. 변명거리를 찾는 젊은이들에게 다음 끼니 식사는 범죄자자 되느냐 아니면 이 망할 물라를 얻느냐에 달려 있다고요!"

"이봐, 말조심해!"

"저는 주쿠르파 프로젝트가 평등의 새 시대를 열 거라 기대했어요. 하지만 제 기대는 틀렸죠. 시스템에 관한 다른 모든 것이 그렇듯이 주쿠르파 프로젝트도 특정인들에게만 유리해요. 물라를 획득하고 빛나는 손목밴드를 자랑하는 데 뛰어난 사람, 이를테면 타인의 비위를 맞추고 속이고 겁주는 법을 아는 사람들만이 물라를 얻을 기회, 그리고 사회의 인정과 존중을 받을 기회를 더 많이 누려요. 이게 세상이 돌아가는 이치죠. 제가 아무리 열심히 노력해도, 설령 재능이 있다 해도 여사님 같은 사람들은 저 같은 사람을 항상 얕잡아 볼 거예요."

"난, 난 그런 뜻이 아니야." 요안나는 말을 더듬었다. 평소 고분고분하던 요양보호사가 보인 뜻밖의 반응에 놀란 게 분명했다.

"캠벨 여사님, 이 세상에 사는 모두가 여사님처럼 운이 좋다고 생각하지 마세요. 모두가 자신의 꿈을 좇을 수 있는 게 아니라고요. 하지만 한 가지는 여사님 말씀이 옳아요. 모두가 노력해볼 용기를 가져야 해요. 그리고 여사님은 제게 용기를 북돋아주셨어요. 지금 말씀드려야겠네요. 그만두겠습니다."

키라는 이 말을 남긴 채 거실을 떠나 그녀의 침실로 향했다. 너무 급하게 가는 바람에 XR 글라스를 거실에 남겨두었다는 사실은 완전히 잊고 있었다.

+ + +

그날 밤, 키라는 악몽을 꿨다.

긴 금빛 털을 늘어뜨린 '요위'*가 침대 아래에서 기어 나와 그녀를 덮쳤다. 키라는 도망가려고 했지만 몸이 완전히 얼어붙어서 발도 움직이지 않았다. 소리를 지르고 싶어 입을 벌렸지만 아무 소리도 나오지 않았다. 이 영장류를 닮은 괴물이 그녀를 물려고 덤비는 동안 공포에 휩싸인 채 바라보는 수밖에 없었다.

깜짝 놀라 잠에서 깨어났을 때는 온몸이 땀투성이였다. 동이 트고 있었다. 하늘에 푸른빛이 돌았다. 키라는 악몽 때문에 조금 어지러워서 물을 마시려고 부엌으로 향했다. 현관문이 활짝 열려 있었다.

"요안나?" 대답이 없었다. 침실로 들어가 보니 방은 비어 있었다.

집 안 전체를 뒤진 끝에 요안나가 평소 열쇠를 두었던 문 옆에서 휘갈겨 쓴 쪽지를 발견했다.

"키라, 난 바다를 보러 갈 거야. 네 안경은 돌아와서 돌려줄게."

키라의 입에서 낮은 신음소리가 흘러나왔다. 그녀는 옷을 걸치고 선샤인빌 주민서비스센터의 보안데스크로 달려갔다.

---

* 호주 전설에 등장하는 괴물로 원주민의 구전 역사에 뿌리를 두고 있다. 퀸즐랜드 일부 지역에서는 '퀸킨'이라는 이름으로 불리기도 한다.

+ + +

감시 카메라 영상을 확인해보니 요안나는 전동 휠체어를 타고서 약 1시간 전에 집을 나섰다.

"염려하지 마세요. 바이오센서 멤브레인을 차고 있을 테니 여사님이 어디에 있는지 알려줄 겁니다."

주민서비스센터의 직원인 응우옌이 말했다. 그는 여전히 졸린 눈을 하고서 컴퓨터로 실시간 추적 시스템을 켜더니 잠시 멈췄다. 깜박이는 요안나의 GPS 아이콘은 그녀가 집에 있다고 알려주었다. 놀라서 잠이 깬 응우옌의 눈이 휘둥그레졌다.

"잠시만요, 혹시 여사님이 멤브레인을 떼어버렸나요?"

"모든 사람을 총동원해서 여사님을 추적해야 해요." 키라는 걱정이 돼서 정신이 없을 지경이었다.

"휠체어를 타고 멀리는 못 가셨을 거예요." 응우옌이 이성을 잃기 직전인 키라를 진정시키려 애쓰며 말했다.

"지금 당장이요!"

키라는 알츠하이머 환자들에게 가장 큰 위협은 여러 인지 기능의 쇠퇴로 인한 행동장애에서 비롯된다는 걸 알고 있었다. 계단을 오르거나 내려올 때 집중하지 못해 발을 헛디디는가 하면 목적지를 잊어버린 채 붐비는 도로 한가운데서 멈춰 서곤 했다. 날카로운 도구를 사용할 때는 다치는 일도 허다했다. 그녀는 요안나가 홀로 공공장소에서 사고라도 당하면 어쩌나 겁이 났다. '내가 어제 그렇게 화를 내지 않았다면 요안나는 떠나지 않았을 거야.' 이런 생각에 입안이 썼다.

응우옌이 비상 절차를 시작했고 인간 직원과 드론이 함께 수색에 나섰다. 주변 지역의 감시 카메라 영상에 접근할 수 있는 브리즈번 경찰서에도 알렸다. 어수선한 난리통에서 키라는 홀로 골똘히 생각에 빠졌다. 무언가 생각이 날 듯하면서 나지 않았다. 중요한 걸 놓친 것 같은데 그게 무엇인지 알 수 없었다. 그러다 요안나가 써놓고 나간 쪽지가 퍼뜩 떠올랐다. '네 안경은 돌아와서 돌려줄게.'

"맞아, 내 XR 글라스!"

키라는 스마트스트림을 꺼냈다. 요안나가 XR 글라스를 쓰고 있다면 글라스의 라이브 비전 필드에 원격으로 접근해 그녀의 현재 위치를 알아낼 수 있었다.

여러 색의 반짝이는 점들로 이뤄져 너울대는 강이 화면에 나타났다. 요안나는 키라의 XR 글라스를 쓰고 있었고 키라가 만든 AR 체험 데모도 끄지 않은 상태였다. 화면은 한곳에 멈춰 있었다. 반짝이는 점들이 굽이치는 강을 따라 흐르며 색깔을 바꾸었다.

"이 근처에 이런 강이 여럿 있어요." 응우옌이 목을 빼고 키라의 화면을 쳐다봤다. "오디오에도 연결할 수 있나요?"

XR 글라스의 오디오센서가 여러 자연의 소리를 감지했다. 강이 굽이쳐 흐르는 소리, 새들이 지저귀는 소리, 나뭇잎이 바스락거리는 소리, 산들바람이 부드럽게 지나가는 소리 등등. 이러한 자연의 소리는 누군가 숨을 들이마시고 내쉬는 소리와 겹쳐졌다. 요안나의 숨소리인 것 같았다. 잠시 뒤 우측에서 시끄러운 소리가 들렸다. 이 소리는 약 3초간 지속하다 사라졌다.

"여사님이 브랙퍼스트 강가에 계신 것 같아요!" 응우옌이 소리쳤다. "기차 소리예요. 그곳에 강가를 가로지르는 다리가 있어요."

"저를 지금 그곳에 데려다주세요!" 키라는 흥분해서 응우옌의 손을 잡았다. "빨리요. 그리고 모두에게 그 강가로 모이라고 전해주세요!"

+ + +

키라는 강기슭을 따라 걸으면서 요안나의 흔적을 찾으려고 우거진 수풀 속을 꼼꼼히 살펴봤다. 새들이 지저귀는 소리와 벌이 윙윙거리는 소리가 거슬렸다. 이마에 맺힌 땀방울이 흘러 내려와 코끝에서 떨어졌다. 키라는 스마트스트림에 뜨는 피드와 눈앞의 장면을 계속 비교했다. 드디어 소나무 밑에서 긴 은빛 머리카락을 발견했다.

키라가 구조팀과 함께 다가갔을 때 요안나는 조용히 휠체어에 앉아 있었다. 요안나의 손목 안쪽에 네모 모양으로 피부색이 밝은 부분이 보였다. 바이오센서 멤브레인이 붙어 있던 흔적이었다. 요안나는 황홀경에 빠져 있는 듯 보였다. 눈물이 얼굴을 타고 흘러 XR 글라스의 렌즈가 뿌옇게 흐려졌다. 키라는 다가서서 요안나를 꼭 끌어안았다.

"키라, 왔구나." 요안나가 중얼거렸다. '내 이름을 처음으로 제대로 불렀어.' 키라는 속으로 생각했다. "네 안경이 나를 되찾아줬어. 이제 기억이 나. 나도 너와 같은 부류의 사람이야."

"네?" 키라는 요안나의 말에 깜짝 놀랐다. 걱정과 불안으로 벌렁대던 심장이 여전히 진정되지 않은 채였다. 심장박동이 너무 크고 빨라서 카메라 플래시 터지는 소리처럼 들렸다.

"나는 도둑맞은 세대야." 요안나는 구급차로 옮겨지면서 작은 소리로 속삭였다.

+ + +

키라는 모래사장 옆 보도를 따라 요안나의 휠체어를 밀며 걸었다. 누사 메인해변의 아침은 아름다웠다. 해수욕객들은 웃고, 아이들은 모래에서 장난을 치고, 서핑하는 사람들은 태양 아래서 팔을 저었다. 요안나는 북동쪽을 응시했다. 하늘색 바다가 수평선을 향해 끝없이 펼쳐졌다.

"그레이트배리어리프를 보시나요?" 키라는 이미 답을 알고 있음에도 물었다.

"글쎄, 나는 그레이트배리어리프가 거기에 있다는 걸 알아. 난 느낄 수 있어." 요안나가 싱긋 웃으며 말했다. "고마워. 정부가 네게 물라를 더 줘야 하는데 말이야. 다음 주에 정밀 치료를 받는다고 생각하니 좀 이상해. 사실 내 차례까지 올 거라곤 생각해보지 않았거든."

"정말 다행이에요. 치료받으시면 바로 회복되실 거예요." 키라가 미소를 지으며 말을 이었다. "그런데 한 번도 여쭤보지 않은 질문이 있어요."

"말해."

"그날 브랙퍼스트 강가에서 제게 '도둑맞은 세대'라고 말씀하셨잖아요. 무슨 뜻인지 몰라 좀 찾아봤어요. 1909년부터 호주 정부가 1,000명에 달하는 원주민 아이들을 부모에게서 떼어놓고 백인들과 동화시키기 위해 백인 가정에 위탁하거나 정부 쉼터에 맡겼더라고요. 이 정책이 1969년에 끝나서 쉼터가 사라지는 바람에 수많은 아이가 살 곳을 잃었어요. 그런데 여사님은 1969년 이후에 태어나셨잖아요. 어떻게 그들 중 하나라는 거죠?"

"내 양부모님은 매우 친절하셨어. 일부러 내 출생일을 늦게 신고하셨지. 내가 그런 아이들 가운데 하나라는 사실을 숨겨서 나를 보호하려고. 나는 태어나자마자 친부모님과 떨어져 몇 년간 교회에서 자랐어. 그러다 결국 입양되었지. 그렇게 사랑이 많은 양부모님을 만난 건 내게 정말 행운이야."

"그러면 어떻게 알아내신 건가요? 제 말은, 그런 일이 벌어진 지 너무 많은 시간이 흘렀잖아요. 기록도 많이 사라졌을 텐데요."

"난 항상 내가 형제자매들과 다르게 생겼다는 걸 알았지. 학교에서 사람들이 나를 대하는 태도를 보고 내가 다르다는 걸 알 수 있었어. 하지만 나는 부모님께 묻고 싶지 않았어. 부모님은 나를 다른 형제자매들과 똑같이 사랑해주셨거든. 그래서 그 질문을 마음에 묻어두고 유전체 염기서열 분석 보고서가 나올 때까지 다시 생각하지 않았어."

"알츠하이머 치료를 위한 유전체 염기서열 분석이요?"

요안나가 고개를 끄덕이더니 태평양 북쪽을 가리켰다. "그 보고서에 따르면 내가 토러스해협에 있는 섬의 원주민 후손일 가능성이 85퍼센트더군. 그 사실을 알게 되었을 때 내 인생 전체가 무너지는 것 같았어. 나는 내가 누구인지, 친부모가 누구인지도 몰랐어. 그게 뭘 의미하는지 이해할 수 없었어."

"그래서 잊기로 하신 거로군요."

"나는 망각이 나를 선택한 것이 아닌가 해. 내 병이 내가 진실을 외면할 완벽한 변명거리를 준 거야. 네 작품을 보고 깨닫게 되기 전까지."

"제, 뭐라고요?"

"네 XR 글라스를 썼을 때 멋진 세계가 눈앞에 펼쳐지는 걸 봤어. 그 경험은 꿈을 꾸는 것처럼 정적이거나 뻔하지 않았어. 그보단 시공간을 건너서 과거로부터 현재로 펼쳐지고 심지어 미래로까지 닿아 있었어. 뭔가 아주아주 오래된 것이 마음속에서 올라오더니 혈관을 타고 흘러 나를 이 땅에 다시 연결해주는 걸 느낄 수 있었지. 내 고통으로부터 도망가면 안 된다, 내가 누구인지 잊어선 안 된다고 말하는 것 같았어. 나 자신에게 솔직해지는 것만이 나 자신을 치유할 수 있는 유일한 방법이었어."

요한나의 말에 무척 감동한 듯 키라는 말을 잃은 채 그저 그녀를 물끄러미 바라보았다.

"나는 네게 감사해야 해." 요안나는 키라의 두 손을 잡더니 자신의 가슴에 갖다 댔다. "남아 있는 도둑맞은 세대는 많지 않아. 많은 사람이 예전에 내가 가졌던 것과 같은 고통의 무게와 혼란을 짊어지고 죽었지. 정부는 30년 전에 공식적인 사과를 발표하고 그 역사를 기록에서 삭제하기 시작했지만, 그것으로는 그들이 우리에게서 빼앗은 것을 보상하기에 충분하지 않아."

키라는 바닷바람이 그녀의 긴 곱슬머리에 부드럽게 입 맞추는 것을 느낄 수 있었다. 자신이 만든 작품이 그런 식으로 누군가에게 도움이 될 수 있으리라곤 상상해본 적도 없었다. 바다의 짠 내음이 요안나와 함께 보낸 나날들을 떠올리게 했다.

"저야말로 여사님께 감사해야 하죠."

"왜? 내가 항상 짜증 나게 해서?"

"그것 때문이기도 하고요." 키라는 흘러내린 머리카락을 넘기며 웃었다. "여사님 덕분에 제게 일어나지 않았던 일들에 대해 생각하게 됐어요. 제 희망과 꿈, 주쿠르파 프로젝트…."

"계속해봐."

"제 생각에 주쿠르파 프로젝트는 지역사회 주민들 간의 유대감을 떨어트렸고 불평등 격차를 오히려 더 크게 만들었어요. 대부분 사람이 그걸 의도된 방식으로 사용하지 않는다고요. 더 이상 사람들이 잠재력을 실현하며 살도록 동기를 부여하지 못해요. 저는 여사님이 하신 말씀을 생각해보다가 몇 주 전에 브이락VRock 커뮤니티에서 토론을 시작했어요. 그 이후로 수만 명이 동참했어요. 인터넷 토론으로 시작된 것이 '드림포퓨처dream4future'라는 이름의 운동이 되었고, 언론에서 이 운동에 대해 끊임없이 다루고 있어요. 토론이 사람들의 마음을 건드린 거예요. 주쿠르파 프로젝트에 대한 불만이 힘을 발휘한 거죠. 이제 의회가 주쿠르파 프로젝트를 수정하기 위한 법안을 내놨어요."

"와! 그러면 이 프로젝트의 새로운 버전은 어떤 내용인데?"

"기초생활카드가 사람들에게 생활필수품과 보안을 제공하는 건 변하지 않을 거예요. 하지만 모든 사람, 특히 저 같은 청년들은 어떻게 살지 자유롭게 선택할 권리를 가져야 해요. 누구의 꿈도 빼앗겨선 안 된다고요. 여사님이 그랬던 것처럼 자기 발견과 실현을 위해 노력하는 모든 사람에게 기회가 주어져야 해요. 주쿠르파 프로젝트는 모두에게 어떤 사람이 되고 싶은지 탐색하고 잠재력을 완전히 실현할 공평한 기회를 제공해야 해요. 리더십 기술을 개발하는 것이든, 화성의 신비를 밝혀내는 것이든, 인공지능으로 원주민 언어를 복원하는 것이든, 환경친화적인 도시를 만드는 것이든 뭐든 말이에요. 개인이 자기실현으로 가는 길의 매 단계와 모든 노력과 이룬 성취는 알려져야 하고 장려되어야 하고 인정되어야 해요. 그것이 우리가 희망을 되찾을 유일한 방법이에요. 그게 아니면 우리는 새로운 종류의 도둑맞은 세대를 보게 될 거예요."

"맙소사, 키라. 정말 대단하구나!" 요안나가 신이 나서 손뼉을 치다가 갑자기 멈췄다. "설마 나를 떠난다는 뜻은 아니지?"

"죄송하지만 그렇게 됐어요. 오늘 작별인사를 하러 온 거예요." 키라는 몸을 숙여 요안나를 끌어안으면서 말했다.

"브랙퍼스트 강가에서 찍힌 우리 사진이 브이락에 도배가 됐어요. 언론의 관심을 받게 되자 혁신과학부의 슈왈츠 박사가 저를 프로젝트팀에 합류하라고 초대했어요. 우리는 함께 더 평등하고 더 고무적인 주쿠르파 프로젝트를 구축하기 위해 이러한 목표들을 계량화하고 더 스마트한 인공지능을 훈련시킬 방법을 찾을 거예요. 저는 항상 진짜 직업을 갖길 원했어요. 예전엔 그게 AR 분야일 것으로 생각했는데, 제가 청년들에게 미래의 가능성을 만들어주는 일을 하게 될 거라곤 꿈도 꾸지 못했어요."

"정말 기쁘다." 요안나는 잠시 머뭇거리더니 당황한 듯이 눈물을 흘렸다. "하지만 떠나기 전에 네게 해줄 말이 있어."

"뭔가요?"

"난 네가 물라를 받고 나면 나를 떠날까 봐 걱정됐어. 그래서 손목밴드의 확인 버튼을 눌러주지 않았던 거야." 요안나가 떨리는 목소리로 속삭였다. "난 네가 떠나지 않길 바랐어."

"요안나…." 키라의 눈에서 눈물이 왈칵 쏟아졌다.

"울지 마, 키라." 요안나가 눈가를 훔치며 키라를 향해 미소 지어 보였다. "네가 나를 바다에 데려와줬으니 이제 내가 약속을 지킬 차례야."

물라 점수가 올라갔음을 알리는 경쾌한 멜로디가 바닷바람을 타고 흘어졌다. 키라가 요안나의 휠체어를 밀면서 둘은 해변을 따라 오래도록 걸었다. 둘은 밀려왔다 밀려가는 파도가 해안선에 조금씩 무늬를 그리는 걸 지켜봤다. 파도는 1억 년 전에도 그랬듯이 미래에도 여전히 그렇게 밀려왔다 밀려가며 그 자리에 있을 것이었다.

새로운 경제 모델과
풍요로움의 미래

인간은 더 이상 일을 하지 않아도 되고 삶에 필요한 모든 것을 공짜로 얻을 수 있는 세상에 대한 환상을 오랫동안 품어왔다. 〈풍요를 꿈꾸다〉는 에너지 혁명, 소재 혁명, 인공지능, 자동화로 인간이 그 꿈에 절반 정도 다다른 2041년의 미래상을 그린다.

인공지능과 다른 기술들이 4차 산업혁명 시대를 열고 있으며 재생에너지 혁명도 현재 진행 중이다. 우리는 재생에너지 혁명을 통해 기후변화 위기를 해결할 수 있고 동시에 전기를 사용하는 비용 역시 대대적으로 줄일 수 있을 것이다. 2041년까지 한층 업그레이드된 태양광, 풍력, 배터리 기술이 결합하면서 세계 에너지 인프라를 재구축하기 위한 역량도 훨씬 강화될 것이다.

에너지 비용이 급락함에 따라 물, 천연자원, 제조, 물류, 컴퓨테이션 등과 관련된 거의 모든 분야에서 비용이 낮아질 것이다. 제조업에서는 석유, 광물, 일부 화합물과 같은 유독성 물질 대신 자연에서 얻을 수 있는 광자, 분자, 실리콘 등의 저렴하고 풍부한 자원을 사용하게 될 것이다. 마지막으로 이 책의 1장에서 9장까지의 내용을 토대로 보았을 때, 인공지능과 자동화 기술을 기반으로 대부분 단순노동이 사라지면서 제조업의 중요한 비용 중 하나인 인건비 역시 극적으로 절감될 것이다.

에너지와 각종 물자가 저렴해지고 모든 생산 현장에서의 제조 비용이 줄어듦에 따라 우리는 더 풍요로운 세상을 꿈꿀 수 있을 것이다. 삶에 필요한 대부분 재화가 무상에 가까워지고 일이 의무가 아닌 선택이 됨으로써 모든 사람이 편안한 삶을 누리게 되는 새로운 국면을 표현하기 위해 나는 'plenitude(풍요)'라는 단어를 선택했다. 다른 사람들은 'abundance(풍부)' 혹은 'post-scarcity(탈희소성)'라고 부르기도 한다.

하지만 〈풍요를 꿈꾸다〉에서 보는 것처럼 모든 사람의 기초적인 필요가 충족되는(따라서 더 높은 수준의 삶의 목적을 자유롭게 추구하는) 유토피아적 낙원의 모든 요소를 가진 것처럼 보이는 사회는 많은 문제를 해결하는 것 못지않게 많은 문제를 낳기도 한다. 특히 이 이야기는 청년들이 풍요로운 삶을 사는 데 필요한 '지속 가능한 일자리'라는 전통적인 닻을 잃은 세상에 대처하는 과정을 통해 그러한 사회에 내포된 위험들을 드러낸다. 유토피아로 가는 길에 그토록 많은 걸림돌이 있는 이유는 지금까지의 경제 모델 대부분이 '풍요'가 아닌 '희소성'을 위해 고안된 것이기 때문이다. 거의 모든 것이 무상일 때 우리는 왜 돈을 벌어야 할까? 돈이 사라지면 삶의 의미로서 돈을 벌기 위해 일하는 데 익숙한 사람들에게 무슨 일이 벌어질까? 기업을 비롯한 여러 조직과 단체에는 어떤 변화가 찾아올까?

지금부터 나는 에너지 혁명과 소재 혁명에 대해 살펴보고, 이 혁명들이 인공지능으로 구현되는 자동화 생산을 위해 필요한 연료와 원자재를 어떻게 제공해 필연적으로 '풍요로움'을 가져다주는지 설명할 것이다. 또 풍요로 인해 기존의 통화를 포함한 여러 경제 모델과 제도가 어떻게 유효성을 잃게 되는지 살펴볼 것이다. 현재 우리가 사용하는 돈이 어떻게 진화할지, 혹은 새로운 화폐가 어떤 모습으로 등장하게 될지도 설명할 것이다. 그런 다음 이 책을 일부 미래학자들이 2040년대 기술의 결정적인 순간으로 보는 '싱귤래리티'가 아닌 풍요로 마무리하는 이유를 설명할 것이다.

마지막으로 나는 독자들에게 인류의 미래에 대한 몇 가지 대단히 중요한 생각들을 던지며 2041년으로의 여행을 마무리할 것이다.

재생에너지 혁명:
태양광 + 풍력 + 배터리

우리는 인공지능과 더불어 또 다른 중요한 기술 혁명의 정점에 있다. 바로 재생에너지 혁명이다. 태양광 발전, 풍력, 리튬이온 배터리 저장 기술이 합쳐지면 전부는 아니더라도 대부분의 에너지 인프라를 재생에너지로 대체할 수 있게 된다.

2041년까지 대부분의 선진국과 일부 개도국에서 태양광과 풍력이 주된 에너지원이 될 것이다. 2010년에서 2020년 사이 태양광과 풍력을 통해 얻는 재생에너지 비용은 각각 82%와 46% 하락했다. 태양과 해풍은 전기를 발생시키는 가장 저렴한 원천이다. 또 리튬이온 배터리 저장 비용은 2010년에서 2020년 사이 87%나 떨어졌다. 이 비용은 전기차용 배터리의 대량 생산에 힘입어 앞으로 더 하락할 것이다. 배터리 저장 비용의 급락으로 태양광과 풍력을 미래에 사용하기 위해 볕이 좋고 바람 부는 날 미리 저장할 수 있게 될 것이다. 미국의 싱크탱크인 리싱크엑스Rethink X의 추정에 따르면 2030년까지 2조 달러의 투자가 집행되어 미국의 에너지 가격은 kWh당 3센트로 떨어져 현재의 4분의 1에도 못 미칠 것이다.

특정 지역의 배터리 에너지 저장소가 가득 채워져 에너지가 사용되지 못한 채 버려지는 시대가 오면 어떤 일이 벌어질까? 리싱크엑스는 이러한 상황이 벌어지면 '슈퍼파워'로 불리는 신종 에너지가 탄생할 것으로 예측한다. 가장 햇볕이 강하거나 가장 바람이 센 날 사실상 생산 비용 없이 생산되는 에너지다. 일정을 잘 조정하면 이 '슈퍼파워'는 사용하지 않는 자동차의 배터리 충전, 해수 담수화와 처리, 물 재활용, 금속 제련, 탄소 제거, 블록체인 합의 알고리즘*, 인공지능 신약 개발, 비용이 에너지에 의해 정해지는 제조 활동 등 시간이 크게 제약 조건으로 작용하지 않는 여러 분야에 사용될 수 있을 것이다. 이러한 시스템은 에너지 비용을 획기적으로 낮출 뿐만 아니라 과거에는 너무 비싸 추구할 수 없었던 새로운 응용프로그램과 발명에 동력을 제공할 것이다.

태양광, 풍력, 배터리의 새로운 에너지 접근도 100% 재생에너지가 될 것이다. 이러한 에너지 전환을 통해 기후변화의 주범인 온실가스 배출량이 50% 이상 사라질 수 있다.

지금까지의 이러한 예측은 기술이 계속 개선되고 일부 국가들이 재생에너지 인프라에 충분한 자본을 투자한다는 가정을 전제로 한다. 적극적인 국가일수록 더 빨리 혜택을 입을 것이다. 이 점이 바로 우리가 〈풍요를 꿈꾸다〉의 배경을 재생에너지가 세계 평균보다 10배 더 빠르게 성장하고 있는 호주로 정한 이유다.

소재 혁명: 무한한 공급을 향하여

우리는 미국의 혁신기업가 피터 디아만디스Peter Diamandis가 '탈물질화dematerialization'라고 부른 현상, 다시 말해 스마트폰과 같은 소프트웨

---

* 블록체인은 중앙집중화된 시스템이 아닌 분산화된 시스템을 구현하는 데 사용되는 기술이다. 블록체인 합의 알고리즘은 모든 블록체인 네트워크의 핵심 요소로서 분산화된 시스템의 무결성과 보안을 유지하는 데 필요하다. 비트코인에 적용된 '작업증명PoW'은 사토시 나카모토가 설계한 첫 번째 합의 알고리즘이다.

어 및 플랫폼에 기능이 흡수되면서 많은 물리적 제품들이 쓸모없어지는 시대를 경험하고 있다. 최근의 예로는 라디오, 카메라, 지도, 독립형 GPS 시스템, 캠코더, 백과사전을 들 수 있다. 탈물질화의 속도가 점점 더 빨라지면서 과거에 값비쌌던 제품들이 사실상 공짜가 되고 있다.

4장 〈접촉 없는 사랑〉에서 우리는 신약 개발과 유전자 치료에 사용되는 합성생물학의 힘에 대해 다뤘다. 신약 개발과 유전자 치료는 의료비를 줄이고 치료 효과를 높이며 인간의 수명을 늘려주고 있다. 아울러 합성생물학은 유기체를 조작해 새로운 능력을 지니게 함으로써 유기체를 유용한 목적에 맞게 재설계할 가능성을 보여줬다. 합성생물학은 식품 산업을 혁명적으로 바꿀 것이다. 연구실에서 동물로부터 채취한 '시작 세포'**를 이용해 똑같은 단백질과 지방 성분 및 맛을 가진 고기를 만들어낼 수 있다. 이 혁명적인 기술은 동물과 식물을 해치지 않고 '진짜' 고기를 만들 것이다. 미래의 먹거리는 과거에 우리가 맛본 것으로 국한되지 않을 것이다. 과학자들은 분자 수준에서 연구해 기존의 식품을 모방할 뿐만 아니라 완전히 새로운 식품들을 만들어낼 수 있으며, 소프트웨어나 일반 하드웨어처럼 데이터베이스에 업로드해 낮은 비용으로 대량 생산할 수 있을 것이다.

대부분 채소와 과일은 자동화된 공장인 수직농장에서 재배될 수 있으며, 규모의 경제 원리에 따라 생산비가 급락할 것이다. 수직농장 비용은 주로 전기, 물, 비료에서 발생할 텐데 이러한 것들은 대부분 공짜가 될 것이기 때문이다. 합성생물학은 박테리아를 조작해 식물이 잘 자라는 데 필요한 질소를 공급할 수 있다. 그러면 독성이 있는 화학비료는 사라지게 된다.

합성생물학은 고무, 화장품, 향수, 패션, 직물, 플라스틱과 '친환경' 화

** 시작 세포starter cells는 분화되거나 성숙하지 않았기 때문에 다른 어떤 종류의 세포도 될 수 있다. 가령 인체의 시작 세포는 배아줄기세포다. 배아에서 이 세포들은 증식하고 분화하여 장기, 뼈, 근육이 된다.

학물질을 만드는 데에도 사용될 수 있다. 또 플라스틱을 분해해 환경을 오염시키는 오염원을 없앨 수도 있다. 합성생물학은 여러 분야의 산업에서 '지속 가능한 발전'을 가능하도록 해주면서 동시에 전체 비용을 크게 낮춰 혁명적인 변화를 가져올 것이다.

2011년 6월, 미국의 버락 오바마 대통령은 오픈소스와 인공지능을 이용해 신소재 개발과 제품화 기간을 5년 이내로 단축하기 위한 프로젝트로 '소재게놈이니셔티브MGI'를 발표했다. 지난 10년간 노력의 결과로 거대한 데이터베이스가 구축된 덕분에 과학자들은 원자 수준에서 소재를 개발할 수 있게 되었으며, 인공 근육을 비롯해 모든 물체를 경량화하는 나노소재와 같이 공상과학에서나 나올 법한 소재들이 개발되고 제품화되었다.

자연에서 가져온 풍부한 소재(에너지는 광자, 합성생물학은 분자, 소재는 원자, 정보는 비트/큐비트, 반도체는 실리콘)가 독성이 있는 화합물을 대체하면서 우리는 '풍요'라는 꿈에 한 발짝씩 더 가까워지고 있다.

제조 혁명:
인공지능과 자동화

지금까지 살펴본 바와 같이 앞으로는 로봇과 인공지능이 대부분의 제조, 배달, 설계, 마케팅을 담당하게 될 것이다. 자율주행차는 우리를 최소비용으로 언제 어디든 데려다줄 것이고, 우리는 차를 살 필요가 없어 돈을 절약하게 될 것이다. 인공지능 서비스 로봇은 최고의 가정부보다 집안일을 더 잘할 것이다. 인공지능은 사무직과 육체노동에서 모든 일상적이고 반복적인 업무를 맡게 될 것이다. 인공지능은 365일 24시간 일할 수 있다. 그런데도 아파서 결근하는 일이 없고 불평도 하지 않는다. 여기에 월급도 받지 않는다. 인공지능은 대부분의 공산품 가격을 재료

비용에 소액만 더해지는 수준으로 낮춰줄 것이다.

아울러 인공지능은 여러 일상적이고 반복적인 사무직 직업에 훌륭한 서비스를 제공할 것이다. 인공지능 비서는 최고의 인간 비서들보다 우리 삶에 더 많은 도움을 줄 것이다. 인공지능 교사들은 개별 학생을 위한 맞춤형 참여 교실에서 학생들을 가르칠 것이다. 인공지능 의사들은 인간 의사보다 더 잘 진단하고 치료할 것이다. 현실감과 몰입감이 뛰어난 인공지능 기반의 오락이 거의 공짜로 제공될 것이다.

로봇은 자기 복제와 자기 수리가 가능해질 것이며, 심지어 일부는 자기 설계도 가능해질 것이다. 3D 프린터는 〈스타트렉〉에 나오는 리플리케이터* 와 점점 더 비슷해져 정교한 제품 혹은 맞춤 제작용 제품(틀니와 인공기관들)이 최소한의 비용으로 생산될 것이다.

주택과 아파트 건물은 인공지능이 설계하고 로봇이 레고 블록처럼 조립하는 조립식 모듈이 사용되어 주택 가격이 크게 하락할 것이다. 로보버스, 로보택시, 로보스쿠터와 같은 자율주행 대중교통은 적시에 적량이 운행됨으로써 승객들이 더 이상 기다리지 않아도 될 것이다.

이처럼 거의 무상인 에너지, 비싸지 않은 소재, 인공지능에 의해 자동화된 생산 덕분에 우리는 풍요의 시대를 맞이할 것이다.

풍요:

기술이 가져온 불가피성

———

'탈희소성' 세상이란 부족한 것이 전혀 없고 모든 것이 무상인 세상을 말한다. 〈풍요를 꿈꾸다〉에서 우리는 속도는 제각기 달라도 각 국가가 탈희소성 사회를 향해 가는 미래의 세계를 보았다. 이 이야기에서 고도로

---

* replicator. 물질을 복제해 재조합하는 일종의 복제 기기

선진화된 호주는 모든 국민에게 기초적인 생필품과 안락한 생활을 (기초생활카드를 통해) 제공할 만큼 부유하다. 이 이야기를 통해 호주보다 가난한 국가들도 언젠가 풍요의 상태에 도달하리라 유추할 수 있다.

국가마다 이런 상태에 도달하는 시점이 모두 다를 것이므로 나는 '탈희소성'이라는 표현보다 '풍요'라는 표현을 선호한다. 사실 엄격한 의미의 탈희소성 사회는 결코 달성될 수 없다. 예컨대 아무리 기술이 많이 발전한다고 해도 레오나르도 다빈치의 그림은 스무 점 이상이 될 수 없다. 또 프리미엄 재화와 서비스, (학생에게 동기를 부여하는 개인 교사와 같은) 고유한 인간의 가치를 제공하는 서비스, (최초 형태의 양자컴퓨터와 같은) 복잡하거나 희귀한 구성 요소와 기술과 같은 재화와 서비스는 앞으로도 희귀할 것이다. 우리 대부분이 거의 무상으로 수돗물이나 필터로 거른 물을 마시고 있으나 후지산 분화구에서 나오는 오염원이 없는 물은 여전히 희귀한 것처럼 이러한 고급 재화와 서비스는 여전히 생활필수품이 아닌 사치품이 될 것이다.

풍요의 시대에는 대부분 물자가 더 이상 부족하지 않고, 거의 무상으로 생산될 수 있으며, 가장 중요하게는 모든 사람에게 무상으로 혹은 저렴하게 제공할 수 있게 될 것이다. 이러한 '거의 무상'인 것들은 식품, 물, 의복, 거주지, 에너지와 같은 기초적인 생필품들부터 시작한다. 시간이 지나면서 기술이 발전하고 비용이 내려가 해마다 새로운 무상의 '사치indulgence'가 보장됨에 따라 풍요는 점점 더 많은 재화와 서비스가 점점 더 많은 사람에게 제공되는 과정이 된다. 나는 풍요가 이러한 기초적인 필수품들에서 점점 확대되어 모두에게 안락하고 우아한 생활양식을 제공할 수 있게 될 것이라 기대한다. 여기에는 교통, 의복, 통신, 보건의료, 정보, 교육, 엔터테인먼트가 모두 포함된다. 〈풍요를 꿈꾸다〉에서 시민들은 이러한 혜택을 전부 무상으로 누린다.

풍요의 시대에 대해 회의적인 입장이라면 심지어 지금도 특정 경제 영역에서 풍요가 목격된다는 사실을 생각해보라. 우리는 한 달에 20달러 정도만 내면 원하는 음악과 영화를 언제 어디서든 어느 기기를 통해서든 편안하게 소비할 수 있다. 얼마 안 되는 비용을 내고 많은 양의 전자책과 오디오북을 읽거나 들을 수도 있다. 전 세계 뉴스를 무상으로 읽을 수 있으며, 수수료를 내지 않고 주식을 사거나 팔 수 있다. 한때 인위적으로 희소하게 만들어 값비쌌던 중요한 정보를 이제 온라인에서 검색하면 누구나 볼 수 있다.

누군가는 이러한 예시들 모두 디지털 제품과 관련이 있지 않냐고 주장할 수도 있다. 디지털 제품들은 사실상 제작과 유통에 한계비용이 없으니 말이다. 하지만 식품과 거주지와 같은 '실물'의 것들은 어떠한가? 2020년에 미국은 2,180억 달러 가치에 해당하는 식품을 폐기했는데, 미국에서 기아를 퇴치하는 데 필요할 것으로 추정되는 비용은 연간 250억 달러밖에 되지 않는다. 미국의 공실 주택 수는 노숙자 수의 다섯 배에 이른다. 그러니 우리는 2021년 현재 이미 식품과 주거에 있어서 이론상이긴 해도 풍요를 누리고 있는 셈이다. 이 업적과 불균형을 500년 전 인간들에게 설명한다고 상상해보라. 미국의 SF 소설가 윌리엄 깁슨William Gibson이 말한 대로 "미래는 이미 여기에 있다. 그저 아직 골고루 퍼져나가지 않았을 뿐이다."

탈희소성 사회를 위한 경제 모델

인간의 경제 제도는 '희소성'이라는 하나의 근본적인 대전제를 중심으로 발전해왔다. 희소성은 재화와 서비스에 대한 인간의 욕구가 그것들의 한정된 공급량을 초과할 때 존재한다. 희소성은 전쟁과 대량 이주가 발생하고 자본시장과 문명이 발전하는 원인이 되어왔다. 희소성은 모든 경제학 이론의 전제이자 토대다.

경제학은 재화와 서비스의 개인·기업·정부 및 국가를 대상으로 하는 생산·분비·소비에 관한 사회과학이다. 경제학의 근본적인 가정은 사회적 욕구는 무한하지만 모든 자원은 제한적이라는 것이다. 경제 모델은 희소한 자원을 효율적으로 생산하고 배분하고 소비하는 방법에 관한 이론이다.

현대 경제학의 아버지인 애덤 스미스는 모두에게 자신에게 이익이 되는 방향으로 생산하고 교환하고 소비할 수 있는 자유를 주면 경제가 자연스럽게 균형을 이루고 계속 성장한다고 주장했다. 칼 마르크스Karl Marx는 자본의 힘이 커지면 자본을 통제하는 사람들에게 지나치게 많은 권력이 돌아감으로써 불평등과 노동자 계급의 착취로 이어지기 때문에 애덤 스미스의 이론은 타당하지 않다고 주장했다. 존 메이너드 케인스는 '자연스러운 균형'은 너무 오래 걸린다는 우려에 공감하면서 통화 정책을 사용해 경제를 조절함으로써 수요를 늘리고 실업을 줄여야 한다고 주장했다. 이 세 이론은 공통점은 희소성을 기본 가정으로 삼았다는 것이다.

미래에 이 '희소성'이라는 가정이 타당성을 잃으면 세 가지 경제 모델도 타당성을 잃게 될 것이다. 희소성이 사라진다면 판매, 구매, 교환과 같은 모든 메커니즘은 더 이상 필요하지 않을 것이다. 거의 틀림없이 돈도 더 이상 필요하지 않을 것이다. 그렇게 된다면 어떤 경제 모델이 가능할까?

SF소설은 종종 미래에 대한 선견지명을 보여준다. 풍요와 관련해 〈스타트렉〉은 환상적인 미래의 모습을 제시한다. 마누 사디아Manu Saadia는 자신의 저서 《트렉코노믹스Trekconomics》에서 '스타트렉'의 경제 모델을 설명한다. 이는 〈스타트렉〉에 등장하는 장뤽 피카드Jean-Luc Picard 선장이 말했던 "사람들은 더 이상 뭔가를 축적하는 데 집착하지 않는다. 우리는 배고픔, 욕구, 소유물의 필요를 없앴다"라는 유명한 선언문으로 잘 요약된다. 24세기를 배경으로 하는 〈스타트렉〉에서는 리플리케이터가 모든 걸 만들 수 있어서 더 이상 일하고 거래할 필요가 없어진다. 돈과 노동력이 불필요해진 것이다. 직업을 갖는 것은 자발적인 선택 사항이 되고, 더 많은 사람이 에이브러햄 매슬로의 '욕구 5단계' 모델에서 최상층으로 이동해 자기실현을 위해 살면서 사회적 지위와 존중이 새로운 통화가 된다. 이러한 사람들의 예가 바로 〈스타트렉〉의 엔터프라이즈호 선원들로 그들은 신세계에 대한 탐험과 지식의 추구를 통해 자기실현을 달성한다.

나는 아주 장기적으로 볼 때 《트렉코노믹스》가 묘사한 것과 유사한 경제 모델이 달성될 수 있다고 믿는다. 그러한 경제는 편안한 삶을 위한 기초적인 서비스를 점점 더 많이 보장하면서 기업과 제도의 역할뿐 아니라 일, 돈, 목적 등의 개념들을 재정의하는 새로운 사회계약에 기초해 건설될 것이다. 이 새로운 시스템은 애덤 스미스의 이론에서 나타난 것과 같은 종류의 균형에 도달하는 방식으로 설계되어야 한다. 다시 말해 사람들이 자기 이익을 추구할 때 선순환이 형성되어 모두가 잘살 수 있게 돼야 한다.

〈스타트렉〉은 도달하기까지 300년이나 걸린 멋진 종착점을 그리지만 어떻게 그곳에 도달할 수 있는지는 설명하지 않는다. 〈풍요를 꿈꾸다〉는 돈이라는 한 가지 개념을 중심으로 그러한 진화의 과정에서 있을법한 중간지점을 설명한다.

풍요의 시대에 돈은 어떻게 될까?

유발 하라리는 《21세기를 위한 21가지 제언》에 이렇게 썼다. "우리는 수많은 이방인과도 협력할 수 있는 유일한 포유동물이다. 그것이 가능했던 것도 허구의 이야기를 발명하고 사방으로 전파해서 수백만 명의 다른 사람들까지 그 이야기를 믿도록 납득시킬 수 있었기 때문이다." 하라리 교수는 또 이렇게 말했다. "돈은 사실 인간이 발명하고 전파한 가장 성공적인 이야기다. 돈은 모두가 믿는 유일한 이야기이기 때문이다." 돈은 기원전 5000년 이후로 인간 사회의 핵심적인 부분이었다. 만일 모든 게 무상이 되어 돈이 사라진다면 그 결과 우리 사회를 떠받치는 많은 중요한 기둥들이 함께 무너질 것이다.

돈은 가치를 저장하고 교환하는 수단이며 회계와 재무의 단위다. 더 중요한 것은 우리가 수 세기 동안 안전과 생존을 위해 돈을 축적하도록 배워왔다는 점이다. 또 돈은 사회적 지위의 상징으로서 사람들에게 허영심뿐만 아니라 존경심까지도 불러일으키는 존재가 되었다. 돈에 대한 우리의 욕망은 종종 탐욕으로 이어지지만 동시에 삶에 대한 의미와 목적을 부여하기도 한다. 돈은 매슬로의 욕구 5단계 전체에서 핵심적인 요소가 되었고, 돈이 정서에 미치는 영향은 수천 년에 걸친 스토리텔링의 결과 우리 내면에 깊숙이 새겨졌다. 이러한 돈을 하룻밤 사이에 없애는 것은 불가능하다. 아주 긴 점진적인 계획이 필요하다.

〈풍요를 꿈꾸다〉에서 이 점진적인 계획은 호주의 주쿠르파 프로젝트라는 형태로 등장한다. 주쿠르파는 시민에게 생필품을 제공하고 일자리를 위한 재교육을 지원함으로써 풍요와 자동화로 인한 일자리 파괴가 불러온 변화를 해결하면서 점진적으로 돈을 재창조하려는 국가적 프로젝트다. 주쿠르파는 세 가지 요소, 즉 기초생활카드와 물라, 그리고 나중에 시민 주도의 드림포퓨처 운동으로 이뤄진 수정 프로그램으로 구성된다.

가장 먼저 기초생활카드는 보편적 기초 서비스라고 생각할 수 있다. 기본소득과 달리 기초생활카드는 카드 소유자들에게 기초적인 필요를 충족시키고 편안한 삶을 위한 서비스로 교환할 수 있는 새로운 형태의 화폐로 기능한다. 단순한 기본소득과 달리 이 카드는 식품, 물, 주거지, 에너지, 교통, 의복, 통신, 보건의료, 정보, 오락을 위해서만 사용할 수 있다. 일거리가 없는 사람들이 술과 마약에 과도하게 의존하는 것을 예방하기 위해서는 이렇게 사용처를 제한하는 것이 중요하다. 기초생활카드는 직업의 유무와 상관없이 생리적 욕구와 안전의 욕구를 충족시킨다.

또 교육과 재교육이 개인 맞춤형 지원과 함께 완전히 무상으로 제공된다. 〈구원자 이야기〉에서 논한 것처럼 계속 일하기를 원하는 사람들에게 재교육은 인공지능에 의한 실직 문제 해결에 매우 중요하기 때문이다.

주쿠르파 프로젝트의 두 번째 요소는 물라다. 물라는 사람들에게 보살핌, 우정, 온정, 동지애, 신뢰, 교감으로 표현되는 '사랑과 소속감'의 욕구 단계로 올라가도록 지원하는 새로운 '화폐'다. 돈과 기초생활카드와 달리 사랑과 소속감은 소비될 수 없다. 돈은 쓰면 쓸수록 적어진다. 하지만 사랑과 소속감은 주면 줄수록 더 많이 갖게 된다. 당신 주변 사람들이 정서적 행복감을 느낀다는 것을 대화 내용을 통해 손목밴드가 감지하고 이것은 물라 점수로 반영된다. 당신은 타인을 돕고 보살피고 있는가? 당신은 지역사회의 유대감을 강화하고 서로에게 유익한 관계를 형성하고 있는가?

물라를 구동하는 인공지능 알고리즘은 지역사회 봉사를 비롯한 여러 상호작용으로 표현되는 공감과 연민에 대해 점수를 매기고, 더 많이 베풀수록 더 많이 얻게 된다는 대전제를 따른다. 손목밴드는 각 사용자의 사생활을 보호하기 위해 연합학습 및 TEE(신뢰실행환경)와 같은 프라이버시 컴퓨팅 기술을 사용해 사적인 데이터가 손목밴드 밖으로 전송되지 않고 일단 사용되면 영구적으로 삭제되도록 보장한다. 또한 〈풍요를 꿈꾸다〉에 등장한 손목밴드는 노인 간호 등의 자원봉사 활동을 통해 물라 점수를 높이는 방법들을 제시한다. 키라와 요안나도 손목밴드의 이러한 프로그램을 통해 매칭되었다.

물라와 같은 비통화성 화폐의 개념을 통해 우리는 일자리 이동의 문제를 예측해볼 수 있다. 자동화로 기계가 일상적이고 반복적인 일을 맡게 되면 안전한 '일자리'가 가장 많은 분야는 인간 대 인간의 교감을 요구하는 서비스직이 될 것이다. 물라의 인공지능 알고리즘은 사람들에게 공감과 연민을 더 많이 표현할 기회를 제공함으로써 서비스 분야에서 취업 기회를 얻을 수 있는 자격을 강화하도록 해준다.

물라의 설계상 결점 중 중 하나는 물라를 충분히 축적했을 때 그에 대한 보상으로 손목밴드가 밝은색으로 빛난다는 것이다. 이 프로그램의 설계자들은 사람들이 더 많은 물라를 축적하고 사랑과 소속감이 충만한 목적 있는 삶을 살면서 동시에 더 공감적이고 연민이 많은 사람이 되어 서비스직에서 일자리를 얻을 수 있는 자격을 갖추도록 지원하길 원했다. 하지만 설계자들은 사람들이 물라를 자산으로 간주해 경쟁적으로 더 많이 '축적'하려는 욕구와 허영심을 갖게 될 수 있다는 점을 간과했다. 더 많은 물라를 얻으려는 탐욕 때문에 어떤 사람들은 거짓말을 하거나 위협을 하거나 다른 사람들과 공모해 시스템을 속였다. 이 이야기에서 주쿠르파 프로젝트에 대한 묘사는 아직 가보지 않은 미지의 영역이다. 따라서 이러한 프로그램을 도입하는 국가는 프로그램의 안착을 위해 설계상의 결점들을 꾸준히 찾아내 개선하는 한편 애초의 목표를 현실에 맞게 계속 수정하면서 이런 문제들을 해결해야 할 것이다.

주쿠르파 프로젝트의 세 번째이자 마지막 요소는 이 이야기 끝에 키라가 청년들이 주도한 온라인 운동인 드림포퓨처의 일원이 된 경위를 설명하며 주쿠르파가 사람들의 꿈과 잠재력을 실현하도록 장려하는 방법에 대해 재고하도록 국가 지도자들을 설득했다고 말하는 장면에서 등장한다. 키라가 AR 기업에서 자원봉사하며 제작한 점묘화 형태의 예술 작품이 요안나에게 깨달음을 준 것처럼, 요안나가 그레이트배리어리프의 구원자로 살았던 의미와 목적이 충만한 삶은 키라에게 영감을 주었다. 키라와 요안나는 이 상호작용으로 그것이 원주민 문화의 복원이든, 화성 탐사든, 지속 가능한 도시 건설이든 사람들이 이 풍요의 시대에 큰 꿈을 꾸며 살도록 장려해야 한다는 믿음을 공유하게 된다. 드림포퓨처 운동은 주쿠르파의 세 번째 요소와 키라가 시작하기로 한 여정에 영감을 준다. 이 마지막 요소는 다소 복잡할뿐더러 이야기가 끝날 때까지 완전히 정의되지 않지만, 매슬로의 욕구 단계에서 최상층인 자기실현에 관련된 문제라는 점은 분명하다.

드림포퓨쳐를 통해 주쿠르파 프로젝트가 강화되려면 인공지능 알고리즘이 단순히 사람들의 대화를 통해 공감 정도를 파악하는 것을 넘어 자기실현의 정도까지 평가하는 것으로 업그레이드되어야 한다. 또 그러한 평가 점수가 축적이나 과시의 대상으로 전락하지 않도록 긍정적 측면을 강화하려는 노력도 필요하다. 〈행복의 섬〉에서 인공지능이 사람들의 행복을 측정하는 법을 배운 것처럼 과학자들은 인공지능이 존중감, 성취감, 자기실현을 인식할 수 있도록 하는 기술을 고민해야 한다. 이러한 미덕들은 곧 행복에 관한 것이기도 하다는 점에서 〈행복의 섬〉과 〈풍요를 꿈꾸다〉는 하나의 큰 주제로 연결될 수 있다.

〈풍요를 꿈꾸다〉에서 돈의 진화에 관한 구체적인 생각은 추측에 불과하지만, 나는 풍요의 시대가 오면 젊은 퇴직자가 편안하게 여생을 살 수 있고, 열심히 일하는 노동자는 새로운 기술을 익힐 수 있고, 취미 활동만 하는 사람은 자신의 열정을 추구할 수 있으며, 연민이 많은 요양보호사는 사랑을 더 많이 퍼져나가게 하고, 성취 지향적인 사람은 존경을 얻고, 몽상가는 세상을 바꾸는 게 동시에 가능한 포용적인 신세계를 설계해야 할 필요가 있다고 당신도 동의하게 되었길 바란다.

풍요로 가는 세계에서 모두가 '불필요한 계층'으로 전락하거나 모두가 자기실현을 위해 노력할 것이라고 쉽게 가정할 수는 없다. 경제 모델들이 희소성과 돈에 대한 가정을 버리려면 사랑과 소속감, 존중, 자기실현을 모두 아우르는 인간의 욕구를 고양할 수 있도록 재창조되어야 한다. 에이브러햄 매슬로는 이렇게 말했다. "한 개인의 유일한 실패는 자기 자신의 가능성을 실현하지 못하는 것이다." 포용적이고 야심 찬 경제 모델이 미래에 등장해 가능한 한 많은 사람이 매슬로의 욕구 단계에서 최상층으로 이동하는 데 도움을 주길 바란다.

나는 풍요의 시대로 가는 거대한 로드맵을 그렸다. 하지만 이 풍요로 가는 길에는 많은 장애물과 심지어 치명적인 덫들이 존재한다.

우선 풍요에 도달하기 위해서는 전면적인 금융 개혁이 필요하다. 각국의 중앙은행과 주식시장과 같은 모든 금융 주체와 제도를 재수립하거나 대체해야 한다. 희소성이 사라지면 디플레이션이 발생해 물가가 폭락하고 결국 시장까지 무너진다. 21세기에 이미 발생한 두 차례의 금융위기에서 목격했듯이 우리의 금융 시스템은 취약하다. 재앙적인 금융위기를 방지하기 위해서는 물가 붕괴로 인한 디플레이션을 관리하고, 무상으로 재화와 서비스를 배분하고, 하나의 경제 모델에서 다른 모델로 전환하는 등 해야 할 작업의 범위와 다뤄야 할 문제들의 깊이가 엄청나다.

희소성이 사라지는 것을 인정하지 않으려는 기업들의 태도가 두 번째 시스템적인 문제가 될 수 있다. 역사적으로 거대 기업들은 재화의 생산 비용이 낮아짐에 따라 재화의 가격을 낮추는 이타적인 방식으로 운영되지 않았다. 수 세기 동안 기업들은 자신의 이윤을 계속 보장하기 위해 인위적인 희소성을 만들어냈다. 가령 다이아몬드시장을 독점하는 드비어스De Beers는 인위적인 희소성을 조장하기 위해 해마다 제한된 양의 다이아몬드 제품만을 공급했다. 다이아몬드 산업은 다이아몬드가 곧 사랑이라고 소비자들을 세뇌하기 위한 광고를 내보냈다. 패션 산업은 오래된 디자인은 구식이고 사람을 민망하게 만든다고 세뇌해 실제로 입을 수 있는 것보다 더 많은 옷을 사게 하고 팔리지 않는 재고를 없앴다. 2017년에 미국의 일반인들은 68점의 옷을 구매했고, 같은 해 버버리Burberry는 4,000만 달러어치의 옷을 폐기했다. 마이크로소프트는 컴퓨터 운영체제인 윈도 제품을 생산하는 데 사실상 비용이 발생하지 않는데도 윈도의 여러 버전을 139~309달러에 판매한다. 139달러짜리 버전은 309달러짜리 버전과 기본적으로 다를 게 없다. 단지 309달러짜리 제품을 위해 일부 기능을 제거함으로써 인위적인 희소성을 만들어낸 것이다.

마지막으로, 풍요로 전환하려면 사회 개혁이 성공해야 한다. 이 책에서 설명한 모든 변화는 전례 없이 대대적인 와해를 촉발할 것이다. 이를테면 인공지능에 의해 일자리를 잃은 노동자들이 불만을 가질 테고, 정부는 풍요의 시대로 넘어가기 위한 전환에 대처해야 하고, 부자들은 그들의 순자산 가치가 추락하는 것을 보게 되고, 기업들은 대부분 물자의 희소성이 사라져도 가격을 낮추기를 거부할 것이다. 그 결과 사회적 불안과 계층 양극화가 발생할 것이고 심지어 혁명까지 발생할 수 있다.

요약하자면, 풍요의 시대로 성공적으로 전환하려면 기업들이 이윤보다 사회적 책임을 우선시하고, 뿌리 깊은 악감정을 가진 국가들이 서로 협력해야 하고, 제도들은 완전히 재탄생해야 하고, 인간의 끝없는 탐욕과 허영은 사라져야 한다. 하지만 이 모든 일은 어렵고 실현 가능성도 매우 작다.

그렇다면 우리는 포기해야 하는가?

내 대답은 이렇다. 포기해서는 안 된다. 풍요에 도달할 기회는 인류에게 궁극적인 시험을 제시한다. 마법과 같은 기술의 융합 덕분에 대부분 재화를 거의 무상으로 얻을 수 있게 되면 우리는 부를 축적하려는 무의미한 유혹을 버릴 수 있을까? 모두에게 돌아갈 충분한 물자가 있는데도 심각한 빈곤을 무시해야 할까? 이런 질문에 대한 답은 분명하다. 인간의 탐욕이 아닌 욕구를 바탕으로 하는 경제 모델을 찾아야 한다. 우리는 매우 어려운 과제와 감당하기 힘든 역경에 맞닥뜨렸지만 이를 잘 극복할 때 전례 없는 보상을 받게 될 것이다. 인간이 번영할 수 있는 잠재력이 지금보다 더 큰 적이 없었던 만큼 만일 실패를 한다면 잃을 것이 너무나 많다.

풍요-싱귤래리티 이후의 세계

이 책의 이야기들은 모두 2041년을 배경으로 하고 있지만, 이 책을 마무리하기에 앞서 2041년 이후의 세상을 전망해보자. 풍요와 같은 거대한 현상 이후에 어떤 미래가 올까? 어떤 미래학자들은 '싱귤래리티'가 2041년 직후인 2045년까지 올 것으로 예측한다.

싱귤래리티 이론에 따르면, 컴퓨팅의 기하급수적인 성장 때문에 자기주도적인 인공지능 역시 기하급수적으로 성장하고 우리가 상상할 수 있는 것보다 더 빠르게 초지능superintelligence에 도달할 것이다. 이러한 기하급수적인 성장은 우리가 가늠할 수 없는 현상이며 그 속도를 상상할 수 없다. 달리 말하자면, 싱귤래리티는 기계의 지능이 인간의 지능을 앞지르는 순간으로 인공지능이 인간으로부터 인간 세계에 대한 통제권을 빼앗을 수 있는 때가 된다는 뜻이다. 미래학자들은 싱귤래리티의 문제에 대해 서로 다른 극단을 바라보는 두 그룹으로 나뉘어 앞으로 발생할 현상에 대해 완전히 대립하는 비전을 제시하고 있다.

싱귤래리티를 꿈꾸는 이상주의자들은 인공지능이 일단 인간의 지능을 뛰어넘으면 고통을 완화하고 인간의 잠재력을 실현할 수 있는 마법에 가까운 도구들을 제공할 것이라고 믿는다. 이 전망에 따르면 초지능을 가진 인공지능 시스템은 우주에 대해 매우 깊이 이해하고 전지전능한 신탁처럼 행동하며 인류의 가장 어려운 문제들에 뛰어난 해법을 내놓을 것이다. 인간이 소멸하지 않기 위해 전지전능한 인공지능을 가진 존재가 되려면 사이보그가 되어야만 한다고 믿는 사람들도 있다.

하지만 모두가 그렇게 낙관적인 것은 아니다. 일론 머스크처럼 싱귤래리티에 의한 디스토피아를 예견하는 사람들도 있다. 머스크는 초지능 인공지능 시스템을 "우리가 맞닥뜨린 문명들 가운데 가장 큰 위험"이라고 부르며 초지능 인공지능의 탄생을 "악마를 불러내는 것"에 비유했다. 이런 집단은 인간이 인간의 지능을 뛰어넘어 자가발전하는 인공지능 프로그램을 만들 때 그것이 우리를 통제하려 하거나 적어도 인간의 중요성을 완전히 없애버리게 될 것이라고 경고한다.

사이보그 혹은 기계 지배자라는 싱귤래리티의 전망 가운데 어떤 것이 2041년까지 출현할 수 있을까? 나는 둘 다 불가능하다고 본다. 싱귤래리티를 믿는 사람들은 기술이 기하급수적으로 개선되어 초지능이 탄생한다고 주장한다. 나는 인공지능의 뛰어난 성능이 기하급수적으로 성장했다는 데는 동의하지만, 기하급수적으로 더 빠른 컴퓨터 처리 능력만으로는 질적으로 더 우수한 인공지능을 만들어낼 수 없다. 질적으로 더 우수한 인공지능을 구현하려면 딥러닝과 같은 비약적인 기술 발전이 또 필요하다. 우리가 오늘날 수준의 컴퓨팅 능력을 보유하고 있으나 딥러닝 기술은 없다고 상상해보라. 이 경우 인공지능 산업 자체가 존재하지 않을 것이다.

미래에 초지능을 달성하기 위해 더 많은 비약적인 기술 발전이 절대적으로 필요하다. 예컨대 우리는 다음과 같은 질문에 대해 답을 찾아야 한다. 어떻게 예술과 과학에서 창의력을 효과적으로 모델링할 수 있을까? 아니면 전략적 사고와 추론, 반사실적 사고*는 어떻게 모델링할 수 있을까? 연민과 공감, 인간 사이의 신뢰는? 아니면 의식과 의식에 따른 욕구와 감정은? 이러한 능력이 없다면 인공지능은 신이나 악마는 고사하고 인간도 될 수 없다. 의식을 예로 들어보자. 우리는 의식이 있는 인공지능을 구현할 수 없을 뿐만 아니라 인간의 의식 이면에 있는 근본적인 심리적 메커니즘조차 이해하지 못한다.

이러한 비약적인 기술 발전이 가능한가? 아마도 언젠가 가능할지 모르지만 쉽게, 빨리 오지는 않을 것이다. 인공지능의 65년 역사에서 단 하나의 비약적 발전이 있었다고 한다. 바로 딥러닝이다. 초지능에 도달하

---

* counterfactual thinking. 현실에서 일어난 일과 다른 상상을 하는 것으로 '사후 가정 사고'라고도 한다.

려면 이런 비약적인 발전이 적어도 십여 번은 더 있어야 하며 그런 일은 20년 안에 발생하지 않을 것이다.

인공지능 이야기: 해피엔딩인가?

이 책에서 우리는 인류에게 빛나는 미래로 가는 문을 열어줄 인공지능의 다양한 측면에 대해 살펴봤다. 인공지능은 상상할 수 없을 정도의 부를 창출하고, 인간의 능력과 역량을 확장해주고, 우리가 일하고 놀고 소통하는 방식을 개선하고, 일상적이고 반복적인 일로부터 인간이 해방되도록 해주고, 그리고 〈풍요를 꿈꾸다〉에서 확인했듯 풍요의 시대를 열어줄 것이다.

동시에 인공지능은 인공지능 편향, 보안 위험, 딥페이크, 사생활 침해, 자율무기, 일자리 퇴출과 같은 수많은 도전과 위험을 초래할 것이다. 이러한 문제들은 인공지능이 만들어내는 게 아니라 그것을 악의적으로 무신경하게 사용하는 인간이 만들어낸다. 이 책에 담긴 10개의 이야기들에서 이러한 문제들은 인간의 창의력, 재치, 끈기, 지혜, 용기, 연민과 사랑으로 극복되었다. 특히 인간의 정의감, 학습 능력, 꿈을 꾸는 대담함, 인간의 자율성에 대한 믿음이 어김없이 문제를 해결했다.

우리는 인공지능과 관련한 이야기에서 수동적인 관망자로 남지 않을 것이다. 직접 그 이야기를 써내려가는 작가로 활약하게 될 것이다. 인공지능의 미래에 대한 우리의 전망은 그 자체로 '자기충족적 예언'이 될 것이다. 인공지능의 능력이 확장되어 인간이 '불필요한 종'이 된다고 믿으면 우리는 스스로 우리 자신을 재탄생시킬 기회를 없애버리는 것이다. 우리가 풍요가 주는 선물에 만족해 현실에 안주하고 인간의 정신과 유대감을 더욱 풍요롭게 하려는 노력을 그만둔다면 인간종의 진화를 멈추는 결과를 낳을 것이다. 싱귤래리티가 다가오면서 희망을 잃고 굴복하면 그것의 도래 여부와 상관없이 절망의 겨울을 자초하게 될 것이다.

반대로 우리가 반복적인 일과 배고픔과 공포에서 해방된다는 것에 감사한다면, 인공지능은 갖지 못한 자유의지를 소중히 여긴다면, 인간과 인공지능의 공생이 단순한 둘의 합을 훨씬 뛰어넘는다고 믿으면, 인공지능을 우리가 '아무도 가보지 못한 세상으로 과감하게 나아가는' 데 도움을 주는 완벽한 조력자로 삼을 수 있게 될 것이다. 우리는 인공지능과 함께 새로운 세상을 탐색하겠지만 더 중요하게는 우리 자신을 탐색할 것이다. 인공지능은 우리에게 편안한 삶과 안전감을 주어 사랑과 자기실현을 추구하도록 힘을 실어줄 것이다. 인간의 두려움, 허영, 탐욕을 줄여줘 우리가 더 고귀한 욕구와 욕망을 추구하도록 지원할 것이다. 일상적이고 반복적인 모든 것을 도맡아 우리가 무엇이 우리를 인간답게 하는지, 우리의 운명은 어떠해야 하는지 탐색할 수 있는 에너지와 시간을 줄 것이다. 결국 우리가 쓰는 이야기는 단순히 인공지능에 관한 이야기가 아니라 우리 자신에 관한 이야기가 될 것이다.

인공지능과 인간의 이야기에서 우리가 인공지능과 인간 사이의 균형을 잡을 수 있다면 인류 역사에서 의심할 나위 없이 가장 위대한 업적이 될 것이다.

감사의 말

이 책은 뜻밖의 행운이 연이어 발생한 덕분에 탄생했다. 린치링Lin Qiling 과 어니타 황Anita Huang이 우리 둘을 소개하고 미래를 탐색하는 방법으로 소설과 대중과학을 혼합한 '공상과학' 책을 집필해보라고 제안했다. 그 후 얼마지 않아 리카이푸는 한 회의에서 로리 얼람Laurie Erlam의 즉흥적인 소개로 펭귄랜덤하우스의 최고경영자 마커스 돌Markus Dohle과 우연히 만나게 되었다. 마커스는 이 책의 전제와 아이디어를 듣고는 곧바로 열띤 반응을 보였고 우리를 랜덤하우스의 임프린트인 크라운에서 일하는 데이비드 드레이크David Drake와 폴 위틀래치Paul Whitlatch에게 소개했다. 그다음 행운은 코로나19로 여행이 금지되기 직전 리카이푸와 로리가 여행 중 잠깐 짬을 내어 뉴욕에 있는 데이비드와 폴을 만난 일이었다. 마지막으로, 우리는 2020년에 재택근무를 한 덕분에 혼자만의 조용한 시간을 갖게 되어 1년 안에 완성하기에는 다소 힘겨운 일이었지만 이 책을 마무리할 수 있었다.

이런 우연한 행운은 기회를 주지만 일을 가능하게 하는 것은 항상 사람이다. 이 책을 가능하게 한 린치링과 어니타, 마커스, 데이비드, 폴의 창의력과 열정, 근면함에 깊이 감사한다. 또 크라운과 커런시의 팀원인 케이티 베리Katie Berry, 질리언 블레이크Gillian Blake, 앤슬리 로즈너Annsley Rosner, 다이애나 메시나Dyana Messina, 줄리 케플러Julie Cepler, 에밀리 호텔링Emily Hotaling, 새러 브레이보겔Sarah Breivogel, 로버트 지크Robert Siek, 에드윈 바스케스Edwin Vazquez, 미셸 주세피Michelle Giuseffi, 제니퍼 배키Jennifer Backe, 샐리 프랭클린Sally Franklin, 앨리슨 폭스Alison Fox에게도 감사를 전한다.

이 책은 복잡한 과정을 거쳐 탄생했다. 천치우판의 이야기들이 먼저 중국어로 집필되고, 리카이푸의 기술분석은 영어로 작성되었다. 두 개의 언어로 동시에 작성하기란 꽤 힘든 일이었다. 이 책을 맡아준 훌륭한 번역가 에밀리 진Emily Jin과 앤디 두댁Andy Dudak, 블레이크 스톤뱅크스Blake Stone-Banks, 벤저민 주Benjamin Zhou에게 감사한다. 폴 위틀래치는 꼼꼼하고 성실한 편집자이지만 뛰어난 작가이기도 하다. 그는 이러한 두 가지 능력을 발휘하여 직무를 넘어 우리가 일관성 있고 가독성 있는 스타일을 유지하도록 도와주었다.

아울러 우리가 한 질문들에 대답해주고 이 책에서 다룬 여러 기술의 타당성을 입증하는 데 도움을 준 과학자들-샤오웨이Xiao Wei 교수, 니지엔촨Ni Jianquan 교수, 마웨이슝Ma Weixiong 교수, 토니 한Tony Han 박사, 허샤오페이He Xiaofei 박사, 왕쟈핑Wang Jiaping 박사, 스청시Shi Chengxi 박사, 장통Zhang Tong 박사, 왕용강Wang Yong-gang, 그리고 멜로디 쉬Melody Xu를 비롯한 시노베이션벤처스Sinovation Ventures의 동료들에게 감사를 전한다. 또 얼람Erlam &Co의 모든 팀에도 고마움을 전한다. 이 책의 초안을 읽고 많은 조언을 해준 마이크 하비Mike Harvey, 에이미 홈즈Amy Holmes, 리즈 듀어든Reese Duerden, 대니얼 오처드Daniel Orchard, 알렉산드라 쉴Alexandra Schiel, 헬렌 글로버Helen Glover에게도 감사한다. 특히 전체적인 편집과 통찰력 있는 조언, 여러 이야기를 위해 멋진 아이디어를 제시해준 스콧 메러디스Scott Meredith에게 진심으로 감사한다.

마지막으로, 과거와 현재의 모든 SF 작가들에게 고마움을 전한다. 그
들의 상상력이 모아져 인공지능의 청사진이 되었다. 또 마법과도 같은
첨단기술을 연구하며 새로운 미래를 창조하고 있는 모든 인공지능과학
자들에게도 감사를 전한다.